CARL G. RASMUSSEN

Historisch-geografischer Atlas zur Bibel

Dr. Carl Rasmussen war sieben Jahre lang Dekan des *Institute of Holy Land Studies* in Jerusalem. Er unterrichtet z. Zt. als Professor für Altes Testament am Bethel College in St. Paul/Minnesota (USA).

Originally published in the U.S.A.
under the title
ZONDERVAN NIV ATLAS OF THE BIBLE

Grand Rapids, Michigan

Übersetzt von Dagmar Gleiss, Marlis Stubenitzky und Meike Ditthardt

Bestell-Nr. 392.632
ISBN 3-7751-2632-5
2. Auflage 2000, Hänssler Verlag, D-71087 Holzgerlingen

Abbildung Umschlag: Fußbodenmosaik um 560 n. Chr. – sogenannte Palästinakarte. Ausschnitt: Mündung des Jordan in das Tote Meer. Aufgenommen in Mackaba (Jordanien) in der St.-Georgs-Kirche.
Archiv für Kunst und Geschichte, Berlin
Umschlaggestaltung: Daniel Dolmetsch
Lektorat: Uta Müller und Silke Begerau
Satz: INITIAL, 71679 Asperg
Druck und Bindung: G. Canale & C.S.p.A., Turin
Printed in Italy

Inhalt

Anhang

Vorwort

1967 unternahmen meine Frau und ich eine Reise, die die Grundrichtung unseres Lebens verändern sollte. Wir reisten nach Jerusalem und trugen uns als Studenten am *Institute of Holy Land Studies* ein. In dieser Zeit erwachte mein Interesse an der historischen Geografie der Bibel und wuchs auch noch nach meinem Examen bei weiteren Forschungen in den Vereinigten Staaten. Aber besonders in meiner siebenjährigen Amtszeit als Dekan des Institute of Holy Land Studies wurde mir deutlich bewusst, wie außerordentlich nützlich die historische Geografie für das Verständnis der Heiligen Schrift ist. Als ich wieder in den Vereinigten Staaten war und eine Lehrtätigkeit im Bethel College (Minnesota) ausübte, vertiefte sich diese Überzeugung immer mehr, zumal ich außer vor Studenten auch in zahlreichen Gruppen Bibelunterricht gab und Vorträge hielt und sah, wie diese Teilnehmer die historischen Aspekte ihres Glaubens sicherer einzuordnen lernten. Die Kenntnis der geografischen Aspekte der Geschichte verhilft uns zum vertieften Verständnis aller Texte.

Viele haben meine Arbeit an der historischen Geografie der Bibel unterstützt; aber mit besonderer Hochachtung und Dankbarkeit denke ich an den verstorbenen Dr. Douglas Young und seine Nachfolger am Institute of Holy Land Studies, die dieses Forschungszentrum in Jerusalem auch christlichen Studenten zugänglich gemacht haben. Besonderer Dank gilt auch Prof. Anson Rainey, meinem Lehrer und späteren Kollegen in Jerusalem, der mich wie auch seine anderen Studenten so bereitwillig an seinem reichen Wissensschatz teilhaben ließ, und meinem Freund James Monson, ebenfalls aus Jerusalem, von dessen Begeisterung und Fachkenntnis nicht nur ich, sondern unzählige Studenten und Lehrer profitiert haben. Bei der Fertigstellung dieses Buches haben Mrs. Judith Hadley aus Cambridge und Daryl und Wendy (Youngblood) Morrissey das Manuskript ganz oder teilweise gelesen und viele hilfreiche Ideen beigesteuert. Die Ansichten, die in diesem Buch vertreten werden, sind aber meine eigenen und weichen in manchem deutlich von denen meiner oben genannten Freunde ab.

Das Schreiben dieses Werks hat mehrere Jahre gedauert und die Mitarbeiter des Verlages Zondervan Publishing House – Dr. Stanley Gundry, Ed van der Maas, Gerard Terpstra, Ginny Vander Jagt, Jan Ortiz und Ruth van der Maas – haben mich in dieser Zeit mit viel Geduld ermutigt. Auch hatte ich das Glück, in Jerusalem mit den Mitarbeitern der kartografischen Gesellschaft Carta zusammenzuarbeiten: den Herren Emmanuel und Shay Hausman, Lorraine Kessel, Avraham Cohen, Amnon Shmaya, Yosef Valency und Shula Hod. Ihre Gastfreundschaft, ihre Anregungen und ihre kreativen und technischen Fähigkeiten weiß ich sehr zu schätzen. Danken möchte ich auch dem Verwaltungsrat des Bethel College, der mir zwei Sabbatjahre gewährt hat – diese haben mir sehr geholfen, das Buch fertig zu stellen – und dem Christian College Consortium für ein großzügiges Stipendium, das die Kosten des Studiums in Jerusalem decken half. Auch die Mitarbeiter des Institute of Holy Land Studies und des Ökumenischen Instituts Tantur waren bei meinen häufigen Aufenthalten in Jerusalem immer sehr gastfreundlich.

Besonders schön war es, die Faszinationen des Landes der Bibel mit meiner Frau Mary zusammen zu erleben – und neuerdings auch mit meinen drei unerschrockenen Reisegefährten John, Peter und Andrew. Durch Marys ermutigende Haltung und ihre Fürsorge für die Familie, wenn ich in Israel oder in den Vereinigten Staaten für das Vorhaben unterwegs war, ist es überhaupt erst möglich geworden, dieses Buch fertig zu stellen. Ihr widme ich dieses Buch mit tiefer Dankbarkeit und Liebe. Es wäre mir eine Freude, wenn der Leser dahin käme, unsere Liebe zum Land, zum Volk und zum Gott der Bibel zu teilen.

Abkürzungen

ANEP	Pritchard, J. B. (Hg.): *Ancient Near East in Pictures Relating to the Old Testament.* 2. Aufl., Princeton: Princeton University Press, 1969
ANET	Pritchard, J. B. (Hg.): *Ancient Near Eastern Texts Relating to the Old Testament.* 3. Aufl., Princeton: Princeton University Press, 1969
AT	*Altes Testament*
BA	*Biblical Archaeologist*
BAR	*Biblical Archaeology Review*
BASOR	*Bulletin of the American Schools of Oriental Research*
EAEHL	Avi-Yonah, M., und Stern, E. (Hg.): *Encyclopedia of Archaeological Excavations in the Holy Land* (4 Bde.) Jerusalem: Masada Press, 1975–1978
Elb.	Elberfelder Übersetzung
FB	Frühe Bronzezeit
ha	Hektar
Hg.	Herausgeber
H.	Horbat
IDB	Buttrick, G. A., u. a. (Hg.): *Interpreter's Dictionary of the Bible* (4 Bde.). New York: Abingdon, 1962
IDBS	Crim, K., u. a. (Hg.): *The Interpreter's Dictionary of the Bible: Supplementary Volume.* Nashville: Abingdon, 1976
IEJ	*Israel Exploration Journal*
JBL	*Journal of Biblical Literature*
J.	Jebel
Kh.	Khirbet
Lu 84	*Lutherbibel von 1984*
LXX	*Septuaginta*
MB	Mittlere Bronzezeit
MBA	Aharoni, Y., und Avi-Yonah, M.: *The Macmillan Bible Atlas*. Revidierte Aufl., New York: Macmillan 1977
MT	Masoretischer Text
N.	Nahr/Nahal
NASB	*New American Standard Bible*
NBD	Douglas, J. D. und Hillyer, N. (Hg.): *New Bible Dictionary*. 2. Aufl., Wheaton: Tyndale, 1982.
NEB	*New English Bible*
NIV	*New International Version of the Bible*
NT	*Neues Testament*
PEQ	*Palestine Exploration Quarterly*
RSV	*Revised Standard Version*
SB	Späte Bronzezeit
T.	Tell (arabisch)/Tel (hebräisch)
TA	Tel Aviv
u. a.	und andere
V.	Vers
W.	Wadi
ZPEB	Tenney, M. C. (Hg.): *Zondervan Pictorial Encyclopedia of the Bible* (5 Bde.). Grand Rapids: Zondervan, 1975
°C	Grad Celsius

Einführung

Wenn man an den Nahen Osten denkt, hat man die verschiedensten Assoziationen. Manche sehen Ölquellen vor sich, die das Bild der Wüsten von Saudi-Arabien, Iran und Irak beleben. Andere denken an Straßenkämpfe in einer Stadt des Nahen Ostens oder Wüstenkämpfe mit Panzern und Flugzeugen. Bilder von Moscheen und Minaretten, Basaren, Kamelen und Wüsten erstehen vor dem inneren Auge. Für manche sind die Bilder von Juden am wichtigsten, wie sie nach Palästina zurückkehren, den Staat Israel gründen und die Wüste zum Blühen bringen. Aber vielen bleibt der Nahe Osten rätselhaft und fern. Wie dem auch sei, für Christen und Juden ist der Nahe Osten besonders interessant, denn Christen wie Juden glauben, dass Gott im Leben und durch das Leben von Menschen und Völkern in diesem Gebiet so gehandelt hat, dass diesen Ereignissen und Völkern bleibende weltweite Bedeutung zukommt.

Dieser Atlas ist in der Überzeugung geschrieben worden, dass es viel leichter ist, sich ein Bild vom Ablauf der historischen Ereignisse im Nahen Osten zu machen, wenn man die Geografie des Gebietes im Grundsatz verstanden hat. Das heißt nicht, dass die Geografie den Lauf der Geschichte bestimmt hätte, aber andererseits sollte man doch sehen, dass historische Ereignisse oft stark von der geografischen Umgebung beeinflusst wurden, in der sie stattfanden. Der erste Teil dieses Atlasses beginnt also mit einer geografischen Beschreibung des Nahen Ostens und der Betrachtung seiner Hauptregionen. Weil die meisten biblischen Ereignisse in der Gegend stattgefunden haben, die heute in den Staaten Israel und Jordanien liegt, wird der Geografie dieser Länder besondere Aufmerksamkeit gewidmet. Zum besseren Verständnis der Geografie der jeweiligen Gebiete im Nahen Osten haben die Kartografen von Carta besondere »Reliefbilder« erstellt, die die Topografie der einzelnen Gebiete sehr lebendig darstellen. Diese Karten werden ergänzt durch Tabellen, Diagramme und Bilder, um dem Leser den Zugang zur Welt der Bibel zu ermöglichen.

Der zweite Teil des Atlasses ist historisch und beschäftigt sich mit den Ereignissen vom 3. Jahrtausend v. Chr. an bis zum Fall Jerusalems im Jahr 70 n. Chr. Dieses Buch soll zwar keine Geschichte Israels sein, aber Texte aus der Bibel und anderen Quellen, die sich zur geografischen Illustration anbieten, bilden einen Schwerpunkt. Wegen des Zusammenspiels von Zeit und Raum bei historischen Ereignissen muss auch ihre zeitliche Abfolge berücksichtigt werden; zur Festlegung der archäologischen Perioden und der Regierungszeiten der Könige von Ägypten, Assyrien usw. sind die ziemlich allgemein anerkannten Daten aus der *Encyclopedia of Archaeological Excavations in the Holy Land* benutzt worden. Die Datierung der Könige von Juda und Israel richtet sich aber nach E. Thiele (siehe Bibliografie). Die Daten der frühen Geschichte Israels – der Patriarchen, des Auszugs aus Ägypten, der Eroberung Kanaans und der Richterzeit – werden direkt aus dem Bibeltext entnommen und stimmen nach Meinung des Autors recht gut mit bekannten außerbiblischen Chronologien überein. Es ist dem Autor bewusst, dass es auch andere chronologische Anordnungen gibt; aber ein Atlas ist nicht der Ort, sie alle im Einzelnen zu diskutieren. Interessierte Leser finden in den Anmerkungen der entsprechenden Kapitel Hinweise auf einen Teil der Literatur zu dem Thema. Eine allgemeine Zeittafel findet sich im Anhang, aber am Anfang jedes Kapitels finden sich genauere Tabellen, um das Verständnis des jeweiligen Zeitabschnitts zu erleichtern. Ein besonderes Kapitel ist Jerusalem gewidmet; darin werden die neueren Ergebnisse der topografischen, archäologischen und historischen Forschung für diese bedeutendste der biblischen Städte dargestellt. Der zweite Teil des Atlasses schließt mit einem Aufsatz über die »Historische Geografie als Wissenschaft«.

Der dritte Teil besteht aus einem Anhang. Er enthält die Fußnoten zu den einzelnen Kapiteln, außerdem eine Bibliografie ausgewählter wichtiger Werke über Geografie und Geschichte der Bibel, Begriffserklärungen, eine Zeittafel, ein Bibelstellenregister, ein Personenregister und ein Ortsregister. In Letzterem finden sich Anmerkungen zur Identifikation biblischer Orte. Genauere Informationen über bestimmte geografische Namen findet der Leser im Allgemeinen in den gängigen Enzyklopädien und Lexika zur Bibel, aber auch in den Werken von P. Abel, Y. Aharoni, M. Avi-Yonah, Z. Kallai und anderen. Besonders empfehlenswert ist auch »Herders Großer Bibelatlas«. Dem interessierten Laien wird auch empfohlen, bekannte Zeitschriften wie *The Biblical Archaeology Review* und den *Biblical Archaeologist* zu benutzen, um sich über die neuesten archäologischen Entdeckungen auf dem Gebiet der biblischen Geschichte, Archäologie und Geografie auf dem Laufenden zu halten.

Bei der Herstellung der Karten muss man entscheiden, welchen historischen Ort man mit einem bestimmten biblischen Ort identifizieren soll, damit man die Stellen auf der Karte einzeichnen kann. Die Lokalisierung von Orten ist keine exakte Wissenschaft. Und um manche der damit verbundenen Schwierigkeiten kennen zu lernen, sei dem Leser »Die historische Geografie als Wissenschaft« am Ende des Buches empfohlen. Viele haben bei der Identifikation biblischer Orte Pionierarbeit geleistet, aber die Beiträge von E. Robinson, Abel, Aharoni, Avi-Yonah und Kallai sind von besonderer Bedeutung (siehe Bibliografie). Die allermeisten Ortsbestimmungen in diesem Atlas beruhen auf ihrer Vorarbeit, aber in Anbetracht neuerer Forschungen sind kleinere Änderungen vorgenommen worden.

Die Schreibung der biblischen Namen folgt der Schreibweise der Lutherbibel von 1984. Arabische und hebräische Ortsnamen sind ins lateinische Alphabet übertragen worden, und diese Übertragungen klingen im Allgemeinen ziemlich ähnlich wie die Originalbezeichnungen. Wer die jeweilige Sprache kennt, dürfte keine Schwierigkeiten haben, das genaue hebräische oder arabische Wort zu erkennen. Bibelzitate richten sich nach der Lutherbibel von 1984, wenn nichts anderes angegeben ist. Wenn außerbiblische Texte zitiert werden, wird die englische Standardübersetzung *Ancient Near Eastern Texts Relating to the Old Testament (= ANET)* benutzt.

Dieser Atlas mit seinen zahlreichen Karten und Diagrammen enthält sehr viel Wissensstoff und zahllose Einzelheiten. Der Autor, die Kartografen und die Herausgeber haben alles getan, was sie konnten, um Fehler, Ungenauigkeiten und Unstimmigkeiten auszuschließen. Wenn aber doch solche auftauchen, sind Autor und Herausgeber dankbar für jede Korrektur, die von Lesern des Atlasses angebracht wird.

Dieses Buch ist aus meinen Erfahrungen in Unterricht und Praxis sowohl mit Hochschulstudenten als auch mit erwachsenen Forschungsgruppen entstanden, und so hoffe ich, dass Interessierte es für ihr persönliches Bibelstudium ebenso gebrauchen können wie für den Unterricht. Auch bin ich überzeugt, dass der geografische Teil für Reisende ins Heilige Land besonders nützlich ist, wenn sie sich auf ein einmaliges Erlebnis im Land oder in den Ländern der Bibel vorbereiten, und dass das ganze Buch ihnen vor, während und nach ihrer Reise in den Nahen Osten nützen wird.

Landschaft bei Emmaus im Tal Ajalon, vom Hügelland Juda aus gesehen.

Geografischer Teil

Einführung zum Nahen Osten

Der Schauplatz der wichtigsten Ereignisse des Neuen Testaments schließt alle größeren Länder ein, die auf S.13 zu sehen sind, und zusätzlich einige kleinere arabische Länder im Süden und Osten der arabischen Halbinsel. Diese große Landmasse begrenzen im Westen der Nil und das Mittelmeer, im Norden die Gebirge Amanos und Ararat und im Osten das Zagrosgebirge und der Persische Golf. Nach Süden bilden die Wüste Nafud und die Südspitze des Sinai eine ziemlich formlose Begrenzung. Zur Zeit des Neuen Testaments, besonders zur Zeit der Apostel, hatte sich der westliche Horizont der biblischen Welt schon so erweitert, dass Griechenland, Italien und sogar Spanien eingeschlossen waren.

Ein großer Teil des Nahen Ostens im engeren, alttestamentlichen Sinn besteht aus Wüste. Weite Strecken der heutigen Länder Syrien, Irak, Jordanien und Saudi-Arabien sind unfruchtbares Land: die Syrische Wüste, die Wüste Nafud und die große Arabische Wüste (Rub al-Khali). Diese riesigen Wüsten machen ca. 1 262 000 km^2 aus; das ist etwa die Hälfte der gesamten Fläche dieser Länder – ohne die Wüsten des Negeb, des Sinai und Ägyptens.

Außer den riesigen Wüsten haben auch die Meere und Buchten, die den Nahen Osten nach Süden, Osten und Westen begrenzen, das Leben dort entscheidend mitbestimmt. Das Wichtigste dieser Gewässer ist das Mittelmeer, denn von dort, aus dem Westen, kommt der lebenspendende Regen in den Nahen Osten (außer den Monsunregen im Süden Saudi-Arabiens, denen ein anderer Zyklus zugrunde liegt). Vieles, was im Nahen Osten geschieht, kann man als Wettstreit zwischen den Einflüssen der Wüste und denen des Mittelmeeres zusammenfassen. Das gilt für Geologie, Klima, Flora und Fauna, Landwirtschaft, Viehzucht und die Wanderbewegungen der verschiedenen Volksgruppen. Zum Beispiel sind zu gewissen Zeiten die wesentlichen ethnischen Einflüsse vom Meer gekommen – man bedenke die Landung und die historische Bedeutung der Philister, der Griechen und Römer –; zu anderen Zeiten kamen diese Einflüsse von den Stämmen, die in der Wüste oder an ihrem Rand lebten wie die Amalekiter, Moabiter, Edomiter, Israeliten und Ammoniter. Das Miteinander dieser verschiedenen Gruppen war manchmal friedlich, oft aber auch gewalttätig. Immer war es eine Wechselwirkung auf vielen verschiedenen Ebenen und man kann es sich als Kampf zwischen Wüste und Meer oder zwischen Wüste und bebautem Land vorstellen.

Klimatisch kann man das Jahr im Nahen Osten in zwei Hauptperioden einteilen: die Trockenzeit (die Sommermonate) und die Regenzeit (die Wintermonate). Die Regenmenge, die in den verschiedenen Gebieten des Nahen Ostens im Winter fällt, ist sehr unterschiedlich, aber im Allgemeinen bekommen die nördlichen Gebiete mehr Regen als die südlichen, in höheren Lagen fällt mehr Regen als im Flachland und die Gegenden am Mittelmeer bekommen mehr Regen als die weiter vom Meer entfernten. Dieser Winterregen lässt das Getreide wachsen, das im Nahen Osten überall dort angebaut wird, wo insgesamt mehr als 300 mm Niederschlag im Jahr fallen. In den Gebieten, in denen gewöhnlich mehr als 200 mm Regen fallen, wächst außerdem Wintergras, welches Schaf- und Ziegenherden als Weide dient.

Gewöhnlich bieten Quellen, Brunnen und Zisternen vielen Bewohnern des Nahen Ostens das ganze Jahr über genügend Trinkwasser. Die anderen bedeutenden Süßwasserspender sind außer dem Regenwasser die großen Ströme der Region: der Nil in Ägypten und Euphrat und Tigris im heutigen Syrien und Irak. Einige der ältesten Kulturen sind an den Ufern dieser Ströme entstanden, wo die Menschen ihre Felder mit Flusswasser bewässern konnten. Von diesen großen Kulturen nennt die Bibel die Großmächte Assyrien und Babylonien, deren Kernland am Euphrat und Tigris lag, und natürlich das mächtige Ägypten.

Man kann das Gebiet im Nahen Osten umreißen, in dem seit der frühesten Geschichte (etwa 3000 v. Chr.) die meisten Menschen gelebt haben, wenn man auf einer Karte die Regionen kennzeichnet, die von Nil, Tigris und Euphrat bewässert werden, sowie die Gegenden, in denen im Jahr mehr als 300 mm Regen fallen. Dieses Gebiet, in dem es genügend Wasser zum Anbau von landwirtschaftlichen Produkten gibt, hat ungefähr die Form einer Mondsichel mit einer Spitze im Nil und der anderen im Persischen Golf. Die Sichel reicht über Syrien, den Libanon und Israel und wendet sich über der öden Syrischen Wüste nach Süden. In diesem Gebiet, das passend »Fruchtbarer Halbmond« heißt, sind durch die Jahrtausende immer wieder Kulturen entstanden und verfallen.

Im Allgemeinen wurden in allen Gebieten des Fruchtbaren Halbmonds genug Weizen und Gerste angebaut, um die Einwohner zu versorgen, und manche Länder (z. B. Ägypten) konnten zu gewissen Zeiten Getreide in benachbarte und auch in entfernte Gegenden exportieren. Zwar produzierten die meisten dieser Länder genug Nahrungsmittel, aber vielen fehlten andere Rohstoffe für den täglichen Bedarf. Die mesopotamische Region z. B. brauchte Holz, Bausteine, Kupfer, Eisen, Zinn, Gold und Silber. Auch Ägypten hatte selbst nicht genug Holz, Kupfer und Eisen. Manche von diesen Rohstoffen konnte man aus Ländern innerhalb des Fruchtbaren Halbmonds bekommen (z. B. Holz aus Syrien und dem Libanon), aber andere Produkte wie Gold, Silber, Kupfer, Zinn und Eisen waren knapp und wurden oft aus Ländern außerhalb der Region eingeführt. Und mit der Einfuhr dieser Rohstoffe in den Fruchtbaren Halbmond und der

Der Nahe Osten heute
Schwarzes
Meer
ALBANIEN
GRIECHENLAND
Athen
KRETA
Ankara
TÜRKEI
GEORGIEN
Tiflis
Kaukasus
ARMENIEN
Ararat
Eriwan
Kaspisches Meer
Amanos
Nikosia
ZYPERN
LIBANON
Beirut
Damaskus
SYRIEN
Euphrat
Tigris
IRAN
Zagros
Bagdad
IRAK
Mittelmeer
ISRAEL
Jerusalem
Amman
JORDANIEN
Kairo
SINAI
Wüste Nafud
Kuweit
Persischer Golf
LIBYEN
ÄGYPTEN
SAUDI - ARABIEN
ARABISCHE HALBINSEL
Nil
Rotes Meer
Er Rijad
0
200 km

Der Nahe Osten in der Antike
EUROPA
Hattuscha
HETITISCH-HURRI
Kanesch
Delphi
Athen
Mykene
Milet
Pylos
Sparta
MINOISCH-MYKENISCHE KULTUR
Rhodos
Knossus
KRETA
Phaistos
Tarsus
Karkemisch
Gosan
Ninive
ASIEN
Ebla
Aleppo
Haran
Ugarit
Hamat
Arwad
Qatna
AMORITISCH
Euphrat
SUMERISCH-AKKADISCH
Assur
Tigris
Nuzi
Ekbatana
ZYPERN
Byblus
Tadmor
Mari
Akkad?
Sidon
Damaskus
Tyrus
Hazor
Babel
Susa
Megiddo
Ramot Gilead
Jerusalem
Kyrene
Mittelmeer
Gaza
Zoan
Alexandria
ÄGYPTISCH
On
Kadesch-Barnea
Duma
Ur
Memfis
Elat
Arabische Wüste
AFRIKA
Nil
Rotes Meer
Tema
Theben
Fruchtbarer Halbmond
Haupthandelswege
AMORITISCH Kulturelle Einflussbereiche
0
200 km

Ausfuhr von Nahrungsmitteln und Fertigwaren wie Textilien entwickelte sich ein Netz von Verbindungsstraßen zwischen den verschiedenen Ländern.

Obwohl es viele Möglichkeiten gab, von einer Stadt zur anderen zu gelangen, bevorzugten Reisende die meistgenutzten Straßen, um nicht an Stellen zu geraten, die das Fortkommen erschwerten, wie Sümpfe, Flüsse, überflutete oder aufgeweichte Gebiete oder solche, die allzu sandig oder felsig waren oder in denen feindliche Völker und Stämme lebten oder Wälder und Straßen, die lange und mühsame Kletterpartien über Berge und Hügel erforderten. Auch vermied man im Allgemeinen weite Reisen durch große Wüstengebiete wegen des Wassermangels und der Gefahr durch feindliche Stämme. Einer der wichtigsten Haupthandelswege verlief etwa 2850 km weit von Ur im südlichen Mesopotamien bis nach Theben in Südägypten. Er führte durch große Städte wie Babel, Mari, Tadmor, Aleppo, Ebla, Damaskus, Hazor und Gaza. Anscheinend hatte diese Straße als ganze keinen Namen, aber sie bestand ja aus kürzeren Teilstrecken von einer Stadt zur anderen und diese kürzeren Strecken hatten höchstwahrscheinlich eigene Namen. Der Teil der Straße z. B., der von Ägypten aus nach Osten über den nördlichen Sinai in den Süden Kanaans oder des Philisterlandes führte, war bekannt als »der Weg durch das Land der Philister« (2. Mose 13,17). Dieser Name ist ein typisches Beispiel für den Brauch, Straßen als »den Weg nach (oder durch) X« zu bezeichnen, wobei X ein Ortsname ist. Andere Teile dieser wichtigen Fernstraße hatten sicher auch Namen, aber sie sind nur selten in den historischen Quellen überliefert.[1]

Eine »Fernstraße« weckt vielleicht Vorstellungen von Beton- und Asphaltstraßen, die kreuz und quer durch ein Land führen; aber man darf nicht vergessen, dass »Straßen« in der Antike und bis weit in die Römerzeit (etwa 200 n. Chr.) gewöhnlich ungepflasterte Wege waren. Diese Wege wurden von Steinen befreit und einigermaßen von Pflanzenwuchs und umgestürzten Bäumen freigehalten und manchmal geebnet. In der frühesten Zeit wurden Waren meist mit Eseln transportiert. Eine solche Karawane legte gewöhnlich zwischen drei und fünf Kilometern in der Stunde zurück. Irgendwann im 2. Jahrtausend v. Chr. fing man an, auf den Wüstenwegen Kamele zu benutzen. Diese Tiere konnten im Durchschnitt Lasten von 180 kg tragen und schließlich fing man an, sie auch auf anderen Straßen einzusetzen. In früher Zeit gebrauchte man auch Ochsenkarren, um sperrige Gegenstände zu transportieren, aber wegen der schlechten Qualität der Straßen wurde der Gebrauch von Wagen und Lastkarren nicht allgemein üblich, bis die Straßen in der Römerzeit besser ausgebaut wurden.

Eine Fernstraße brachte den Einwohnern der nahe gelegenen Zentren sowohl Positives als auch Negatives. Einerseits hatten diese Zentren unmittelbaren Zugang zu den Waren, die die reisenden Händler mitbrachten, und die Einwohner konnten Zölle erheben und den Karawanen Dienstleistungen anbieten (Mahlzeiten, Unterkunft, Geleitschutz usw.) und so ein zusätzliches Einkommen verdienen. Andererseits kamen mit diesen Reisenden in den Karawanen neue Einflüsse von außen – religiöser, politischer, wirtschaftlicher und anderer Art –, die nicht immer begrüßt wurden. Außerdem rückten auch manche der riesigen Kriegsheere, die die Großmächte des Altertums besaßen – die Ägypter, Assyrer, Babylonier, Perser, Griechen und Römer – auf eben diesen Fernstraßen vor und brachten Tod, Verwüstung und Verschleppung mit sich.

Ein Blick auf die Karte auf S. 13 zeigt, dass die wichtigsten Straßen, die die Kontinente Europa, Asien und Afrika miteinander verbanden, durch das Gebiet von Israel und Syrien führten. In dieser Region siedelte Gott die Nachkommen Abrahams an, damit sie in seinem Bund leben sollten. Hier wurden sie geprüft, ob sie sich von heidnischen Einflüssen fernhalten würden, ob sie ein Licht für die Nachbarvölker seien und ihre Sicherheit letztlich mehr von Gott erwarten würden als von militärischer Stärke. Es wurde ihnen gesagt, dass Gehorsam gegen Gottes Gebote Segen und Wohlstand bringen würde, Ungehorsam aber Strafe.

Mann führt eine Kamel-Karawane. Mosaik aus einer byzantinischen Kirche im Negeb.

Größenvergleich: Naher Osten und Europa

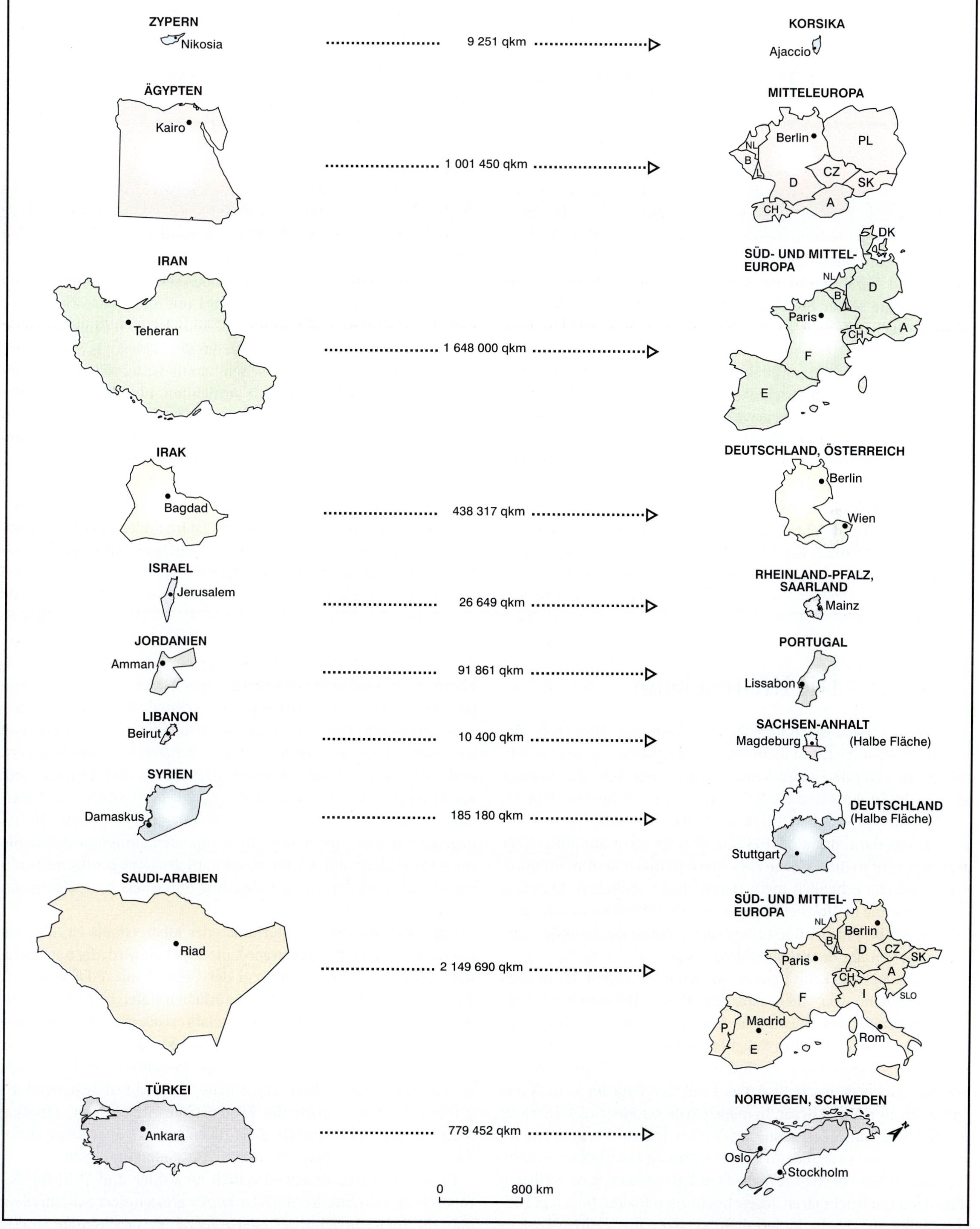

Die Geografie Israels und Jordaniens

Die fünf großen Nord-Süd-Zonen

Das Land Israel liegt an der südöstlichen Ecke des Mittelmeeres. Seine Nähe zum Mittelmeer und zur Arabischen Wüste hat großen Einfluss auf seine Topografie, sein Klima, Flora und Fauna und die Geschichte seiner Bewohner. Zu allen Zeiten haben die Wüste und das Meer miteinander um die Herrschaft über das Land gekämpft.

Israels Westgrenze, das Mittelmeer, bleibt seit jeher am gleichen Ort – im Gegensatz zur Ostgrenze, die immer wieder in Bewegung gerät. Zeitweise hat der Rand der Wüste im Osten als Grenze gedient, zu anderen Zeiten endete Israels Gebiet am Jordan. Diese Beweglichkeit zeigt sich darin, dass die Israeliten, die sich östlich des Jordans in Gilead ansiedelten, sich selbst als Teil Israels betrachteten, obwohl die traditionelle Ostgrenze des Landes Kanaan der Jordan war und das »Land Gilead« außerhalb des »Landes Kanaan« lag (4. Mose 34,12; Jos 22; Karte S. 91).

Die klassische Gebietsdefinition des Kernlandes von Israel kann man in dem Ausdruck »von Dan bis Beerscheba« (Ri 20,1; 1. Sam 3,20) zusammenfassen. Aber nach Süden reichte das Erbland Judas bis in die Gegend von Kadesch-Barnea und der Wüste Zin und in den Zeiten seiner Macht weitete es sein Herrschaftsgebiet sogar noch weiter nach Süden aus bis Elat am Roten Meer (1. Kön 9,26; 2. Kön 14,22; 2. Chr 26,2). Nur selten konnte Israel seinen Machtbereich bis Damaskus im Norden ausdehnen, obwohl dieses Gebiet traditionell zum Land Kanaan gehörte (4. Mose 34,7–11; Jos 13, 4–5; Karte S. 92). Die phönizische Küste im Nordwesten konnte Israel anscheinend nicht unter seine Herrschaft bringen – außer vielleicht zur Zeit Davids (2. Sam 24,7).

Dieses Buch behandelt in seinem geografischen Teil das Gebiet vom Gebirge Hermon im Norden bis Elat im Süden und vom Mittelmeer bis zur Arabischen Wüste, denn die meisten Ereignisse der biblischen Geschichte fanden hier statt.

Die Küstenebene

Von Westen nach Osten fortschreitend kann man fünf große Zonen unterscheiden, die in Richtung der Küste verlaufen: die Küstenebene, die zentrale Gebirgskette, den Jordangraben, das Gebirge jenseits des Jordans und die Wüste im Osten. Die Küstenebene erstreckt sich von Rosch HaNiqra im Norden bis zum Nahal Besor südlich von Gaza, das sind 193 km. Weil sie dicht am Mittelmeer liegt, regnet es in dieser Zone zwischen 640 und 400 mm, im nördlichen Teil fällt erheblich mehr Regen als im südlichen. Ergiebige Quellen wie die in Afek lieferten Wasser, aber meist bauten die Einwohner der Region Brunnen und nutzten damit das Grundwasser, das bis dicht unter die Erdoberfläche reicht.

Die Küstenebene kann man in vier Gebiete einteilen. Im Norden liegt die Ebene von Akko zwischen Rosch HaNiqra und dem Karmelbergland. Die Küste von Dor reicht vom Ausläufer des Karmel nach Süden bis zum Nahal Tanninim. Dort erweitert sie sich zur Ebene Scharon, die nach Süden bis zum Nahal Jarkon reicht; und im Süden erstreckt sich das Land der Philister vom Nahal Jarkon bis zum Nahal Besor. In manchen dieser Küstengebiete steigt das Gelände von Meereshöhe im Westen bis auf etwa 180 m im Osten an, bevor es sich dann zu der zentralen Gebirgskette erhebt. Die Küstenebene besteht zum größten Teil aus niedrigem welligem Hügelland mit fruchtbaren angeschwemmten Böden. In den nördlichen Teilen der Ebene laufen mehrere schmale, niedrige Kurkar-Klippen (aus Sandstein versteinerter Dünen) in geringer Entfernung parallel zur Küste. Im Süden sind eher schmale Sanddünenstreifen charakteristisch. Weil es keine größeren topografischen Hindernisse gab, wurde die Küstenebene zum natürlichsten Weg zwischen Nord und Süd, zwischen Babylonien-Assyrien-Syrien und Ägypten. Aber auch hier mussten die Reisenden sorgfältig bestimmte Stellen meiden: die Sanddünen, große Flüsse wie den Nahal Jarkon und die tief liegenden Gebiete, die in den Wintermonaten sumpfig wurden. Sie mussten auch darauf achten, dass es auf dem Weg genügend Trinkwasser gab und den gangbarsten Weg durch das Karmelbergland nehmen.

Eines der auffälligsten Merkmale der Küste Israels ist, dass sie kaum von größeren Vorgebirgen unterbrochen wird, die natürliche Häfen bilden könnten, außer in der Gegend von Akko und dem Karmelbergland. Weil es solche natürlichen Häfen nicht hatte, entwickelte sich Israel nie zu einem Seefahrervolk wie sein nördlicher Nachbar Phönizien. Akko, das durch ein kleines Vorgebirge etwas geschützt liegt, war in der ganzen Antike Israels größter Hafen; Joppe, das wenig natürlichen Schutz hatte, war nicht so bedeutend. Irgendwann wurden auch die Küstenstädte Achsib, Dor, Cäsarea, Aschdod, Aschkelon und Gaza als Häfen genutzt, aber keine außer Cäsarea wurde je so bedeutend wie Tyrus, Sidon und Byblus.

In Teilen der Küstenebene gedieh im Winter und Frühjahr Getreide und während des übrigen Jahres grasten dort Schafherden. Aber für die Weltmächte des Altertums zählte vor allem die Straße,

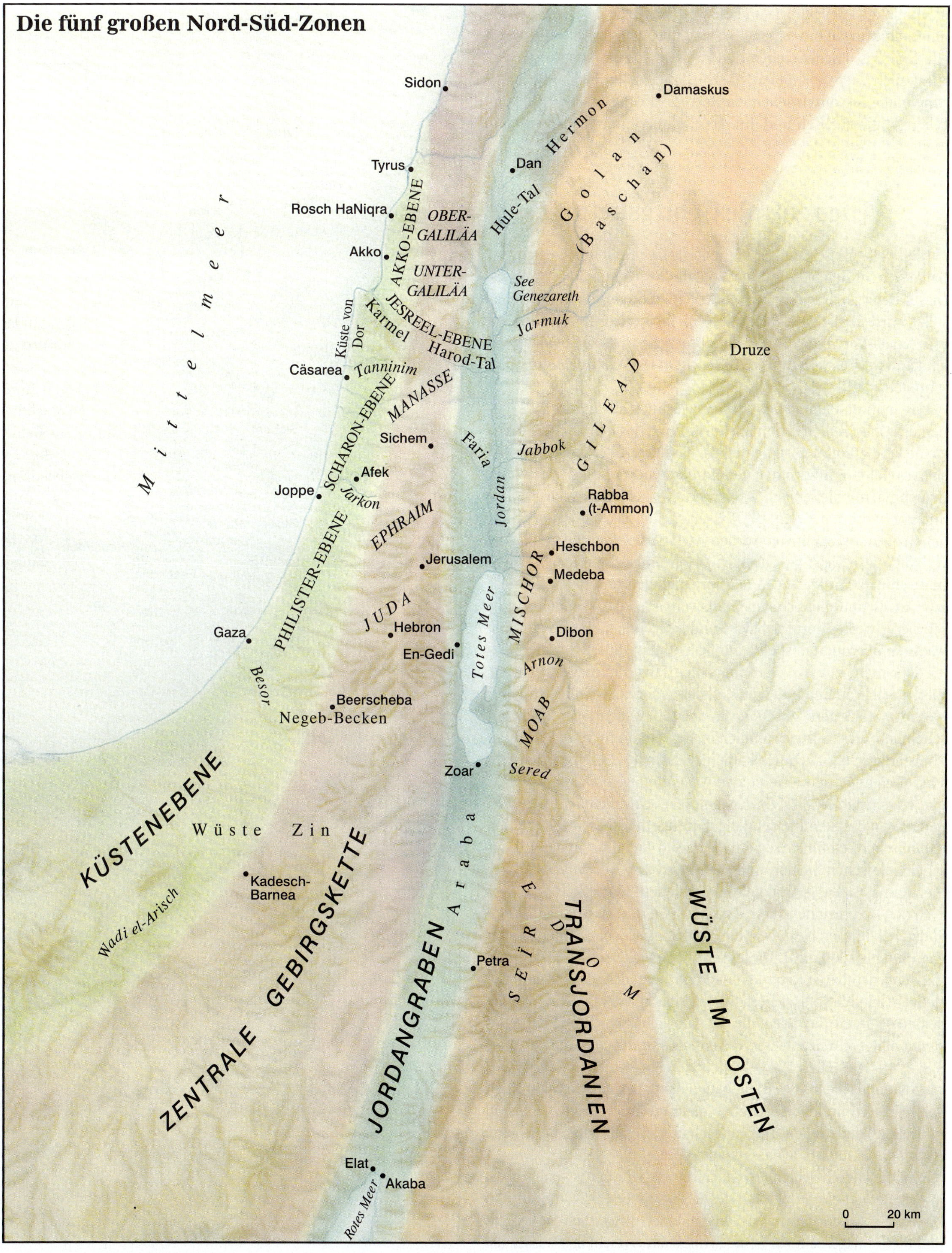
Die fünf großen Nord-Süd-Zonen
Sidon
Damaskus
Hermon
Golan (Baschan)
Tyrus
Dan
Hule-Tal
Rosch HaNiqra
AKKO-EBENE
OBER-GALILÄA
Akko
UNTER-GALILÄA
See Genezareth
Küste von Dor
Karmel
JESREEL-EBENE
Jarmuk
Harod-Tal
Mittelmeer
Druze
Cäsarea
Tanninim
MANASSE
SCHARON-EBENE
GILEAD
Sichem
Faria
Jabbok
Afek
Joppe
Jarkon
Jordan
Rabba (t-Ammon)
EPHRAIM
PHILISTER-EBENE
Heschbon
Jerusalem
Medeba
MISCHOR
JUDA
Hebron
Totes Meer
Gaza
Dibon
En-Gedi
Arnon
Besor
Beerscheba
Negeb-Becken
MOAB
Zoar
Sered
KÜSTENEBENE
Wüste Zin
Araba
Kadesch-Barnea
Wadi el-Arisch
ZENTRALE GEBIRGSKETTE
JORDANGRABEN
SEÏR
EDOM
TRANSJORDANIEN
Petra
WÜSTE IM OSTEN
Elat
Akaba
Rotes Meer
0
20 km

die durch die Ebene führte und die sie für ihre Handels- und Kriegsunternehmungen brauchten. Für die Einwohner war das nicht nur ein Segen; in Friedenszeiten hatten sie Einkünfte, indem sie den Karawanen Dienste anboten, aber in Kriegszeiten litt die Bevölkerung unter den durchziehenden Heeren, die ihre frisch geernteten Lebensmittel aufaßen und ihre Frauen und Kinder gefangen nahmen.

Die zentrale Gebirgskette

Die zweite große Zone ist die zentrale Gebirgskette, die sich von Galiläa im Norden bis zum Hochland des Negeb im Süden hinzieht. Dieses Gebirge, das an manchen Stellen mehr als 900 m hoch aufsteigt, wird in Ost-West-Richtung vom Tal Jesreel im Norden und vom Negeb-Becken im Süden unterbrochen; an diesen beiden Stellen kann man es verhältnismäßig leicht in Ost-West-Richtung überschreiten.

Das zentrale Gebirge besteht hauptsächlich aus harten Kalksteinen der Oberkreide (Cenoman, Turon) und des Eozän. Diese Kalksteine erodieren im Allgemeinen so, dass tiefe Täler entstehen. Ein solches Tal – im Sommer gewöhnlich trocken, aber im Winter manchmal mit fließendem Wasser gefüllt – heißt auf Arabisch *Wadi* und auf Hebräisch *Nahal*. Die Wasserscheide, also der Hauptkamm des Gebirges, verläuft von Norden nach Süden; diese tiefen Wadis verlaufen also, grob gesagt, nach Osten und Westen vom Gebirge und schütten ihr Wasser in den Jordangraben und ins Mittelmeer aus. Am Grund dieser tiefen Wadis vorwärts zu kommen ist sehr schwierig, weil es dort Felsblöcke und gelegentlich Klippen gibt. Die Wadis zu überqueren ist fast unmöglich; man müsste hundert Meter oder mehr einen steilen unebenen Hang hinunterklettern, die Talsohle überqueren und dann auf der anderen Seite über hundert Meter hinaufklettern. Aber Jonatan und sein Waffenträger haben anscheinend diesen ungewöhnlichen Weg genommen, als sie zum Philisterlager bei Michmas kamen (1. Sam 13,23–14,14; Karte S. 112). Weil es so schwierig ist, den Wadis zu folgen oder sie zu überqueren, führten die Straßen der zentralen Gebirgskette im Allgemeinen an den Bergkämmen entlang. Eine der meistbenutzten Straßen in biblischer Zeit führte sogar in Nord-Süd-Richtung an der Wasserscheide zwischen Sichem und Hebron entlang, vorbei an Silo, Bethel, Rama, Gibea, Jerusalem und Bethlehem (Karte S. 105).

In den Bergregionen zwischen Galiläa im Norden und Hebron im Süden bekommen besonders die Westhänge erhebliche Mengen Regen (500 bis 1000 mm). Dieser reichliche Niederschlag zusammen mit den fruchtbaren Roterde- und Rendzinaböden, die aus dem Gestein entstanden sind, sichert die Fruchtbarkeit der Gegend. Hier gedeihen – oft auf Terrassen, die die natürliche Schichtung der Kalksteine bildet – Weizenfelder, Olivenhaine und Weinberge (5. Mose 8,8; Ps 147,14; Hab 3,17–19). Mit den vielen Steinen, die sie von ihren kleinen Feldern entfernen, bauen die Bauern Mauern am Rand der Terrassen und bewirtschaften dann diese schmalen, 15 bis 30 m breiten Landstreifen. Die Landschaft zwischen Galiläa und Juda ist von dieser Art des Terrassenbaus geprägt.

Weil die oberen Schichten des Kalksteins sehr porös sind, sickert in den Bergen ein großer Teil des Regenwassers im Winter in den Boden. Es sickert dann weiter bis zu einer wasserdichten Schicht und fließt waagerecht zur Seite. Schließlich erreicht das Wasser die

Topographische Karte

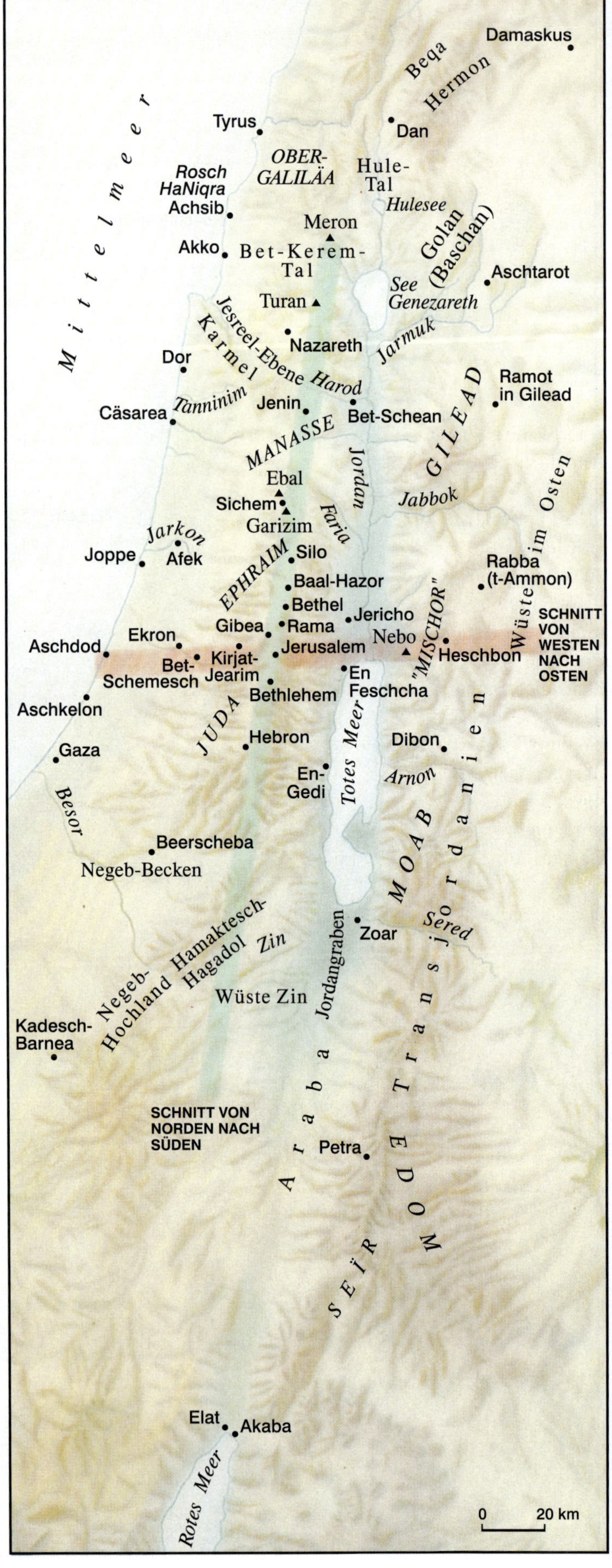

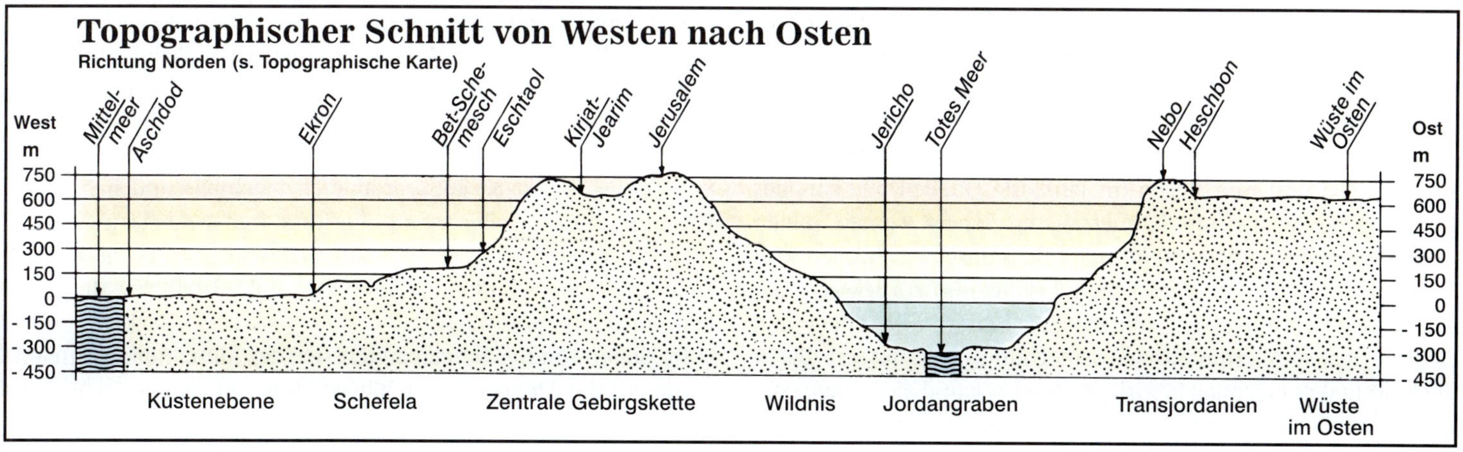

Oberfläche an einem Berghang oder in der Nähe einer Talsohle und tritt dort als Quelle aus. Manchmal sind bei diesen Süßwasserquellen Siedlungen entstanden. Aber weil diese kleinen Siedlungen oft an den Hängen der Wadis oder auf den Terrassen lagen, wo die Quellen waren, waren sie ziemlich schwer gegen Angriffe von oben zu verteidigen.

Um 1400 v. Chr. baute man schon Zisternen; damit war man nicht mehr vollkommen abhängig von natürlichen Wasservorkommen wie Quellen und Brunnen. Die Zisternen wurden aus den Kalksteinen gehauen und innen verputzt, damit sie dicht waren, um das Wasser des Winterregens für den Verbrauch im Lauf des Jahres zu sammeln. Solche glockenförmigen Aushöhlungen wurden im Bergland bald üblich. Weil die Öffnung oben klein war, kam nur wenig Sonnenlicht nach innen, so dass Algen in dem stehenden Wasser nur langsam wuchsen. Natürlich zog man Quellwasser (»lebendiges Wasser«) und Brunnenwasser dem abgestandenen Zisternenwasser vor (Joh 4,1–26). Eine rissige Zisterne, aus der das Wasser in den porösen Kalkstein gesickert war, war unbrauchbar (Jer 2,12–13).

In dieser zentralen Gebirgskette siedelten sich die Israeliten zuerst an: in Galiläa, Manasse, Ephraim und Juda. Weil die Weltmächte des Altertums hauptsächlich daran interessiert waren, die Küstenebene zu beherrschen, waren die israelitischen Dörfer und Höfe in den Bergen ziemlich sicher. Nur in Zeiten, in denen die Israeliten meinten, ihre Macht sei groß, zogen sie in die Küstenebene und versuchten sie zu erobern (z. B. zur Zeit Salomos, Usijas und Josias; Karten S. 120 und 128); das führte aber fast immer zu Konflikten mit mindestens einer der Großmächte und am Ende musste sich Israel jedes Mal wieder in sein Kernland im Gebirge zurückziehen. Fern vom Durchgangsverkehr bildet die zentrale Gebirgskette einen scharfen Gegensatz zur Offenheit, Unsicherheit und dem eher weltstädtischen Charakter der Küstenebene.

Der Grabenbruch

Die dritte große Zone in Israel ist der ausgeprägte Garben, der sich von Dan im Norden bis Elat im Süden erstreckt. Diese Senke ist ein Teil des großen Grabenbruchs, der sich 5 950 km von der Südtürkei bis nach Afrika hinein verfolgen lässt. Nördlich von Israel setzt sich der Bruch nach Nordosten in die libanesische Beqa-Ebene fort; nach Süden führt er durch das Rote Meer und nach Afrika hinein.

In Israel selbst reicht der Graben von Dan im Norden zur Südspitze des Toten Meeres, eine Strecke von 240 km, und geht dann weiter nach Südsüdwesten bis Elat, noch einmal 175 km. Die einzelnen Abschnitte dieses Grabenbruchs unterscheiden sich deutlich; im nördlichen Abschnitt fallen erhebliche Regenmengen (in Dan 636 mm), während der Niederschlag im Süden kaum der Rede wert ist

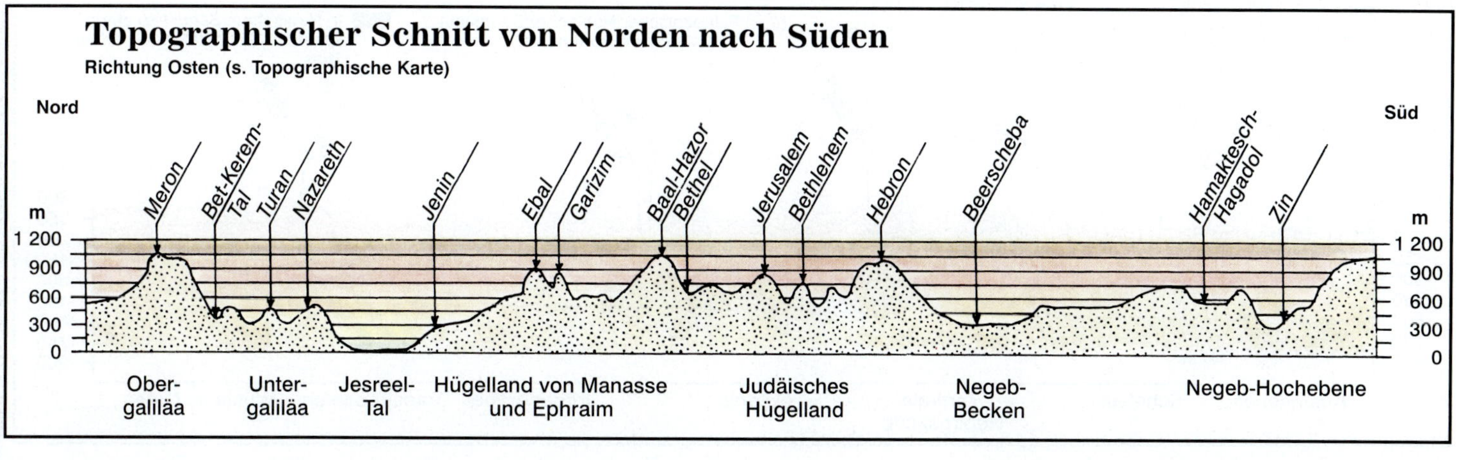

(50 mm an der Südspitze des Toten Meeres). Auf seiner ganzen Länge läuft Wasser von den Bergen im Westen und Osten in das Jordantal ab.

Der nördlichste Teil des Grabenbruchs, genannt das Huletal, ist etwa 32 mal 8 km groß. Das Becken hat Mittelmeerklima und bekommt etwa 600 mm Regen im Jahr. Die Quellen am Fuß des Hermongebirges, die vom Schmelzwasser gespeist werden, bilden den Oberlauf des Jordans. Beim Durchfluss durch das Becken wird der Jordan durch einen natürlichen Basaltdamm zurückgehalten; das Wasser sammelt sich hinter dem Damm und bildet den Hulesee, der im Altertum als See Semechonitis bekannt war. Bis in die jüngste Vergangenheit bewirkten dieser See und die Sümpfe, die durch ihn entstanden, dass man nur an den Rändern des Beckens wohnen konnte. Eine Nebenstrecke der überregionalen Fernstraße von Damaskus nach Ägypten verlief an seinem Westrand entlang.

Der Jordan fließt am Ende des Hulebeckens von Norden in den See Genezareth. Dieser berühmteste der biblischen Seen liegt 210 m unter dem Meeresspiegel und misst 21 mal 12 km. Das milde Mittelmeerklima macht diese Gegend sehr angenehm zum Wohnen. Das Meer selbst bietet reiche Fischvorkommen für die Bewohner der Gegend und mehrere kleine, aber fruchtbare Ebenen an seiner Küste sind zu allen Zeiten der Geschichte intensiv bewirtschaftet worden.

Der Jordan fließt an der südöstlichen Ecke wieder aus dem See Genezareth und weiter zum Toten Meer. Die Entfernung (Luftlinie) vom See Genezareth zum Toten Meer beträgt 105 km, während die Distanz des Flussbetts mit seinen Mäandern 215 km misst. Auf dem Weg bekommt der Jordan Wasser von den Flüssen Jarmuk und Jabbok im Osten und Harod und Faria im Westen. Der Jarmuk trägt am meisten bei: Er verdoppelt die Wassermenge, die im Jordan fließt. Bis in die neuere Zeit, in der Israelis und Jordanier anfingen, Wasser zu Handelszwecken abzuleiten, war der Jordan im Durchschnitt 30 Meter breit und ein bis drei Meter tief, aber nach starken Regenfällen im Spätwinter und Frühjahr konnte er stellenweise über 1,5 km breit werden.

Den Jordangraben zwischen dem See Genezareth und dem Toten Meer kann man in Nord-Süd-Richtung in drei langgestreckte Zonen einteilen. Das ganze Tal, das im Osten und Westen von den ost- und westjordanischen Bergen begrenzt wird, heißt im Arabischen *Ghor*. Die Talbreite reicht von 5,6 km an der engsten Stelle bis zu 22,5 km in der Nähe von Jericho; durchschnittlich sind es 12 km. Das Flussbett des Jordans und seine unmittelbare Umgebung heißen im Arabischen *Zor*; die Breite des Zor schwankt zwischen 180 m und 1,6 km. Dieses Gebiet ist außerordentlich fruchtbar und beherbergt Pflanzen und Tiere aller Art im Überfluss. In der Bibel wird es »das Dickicht« genannt (z. B. Jer 12,5; 49,19; 50,44). Beiderseits des Zor ist die *Qattara*, eine Einöde von kreide- und salzhaltigen Mergelböden, wo kaum etwas wächst.

Im Süden von Bet-Schean ändert sich das Klima rapide vom Mittelmeer- zum Steppen- oder Wüstenklima. Allgemein ist es sehr schwierig, in dem Steppen- und Wüstengebiet feste Siedlungen anzulegen, wenn es nicht Quellen gibt wie in Jericho oder ständig wasserführende Flüsse wie den Jabbok und den Faria. In den Sommermonaten ist es sehr heiß: Die durchschnittliche Tageshöchsttemperatur im August beträgt in Jericho 39° C.

Der Jordan beendet seinen Lauf mit der Mündung ins Tote Meer – das ist die am tiefsten gelegene Stelle auf der ganzen Erdoberfläche, nämlich 400 m unter dem Meeresspiegel. In der Bibel heißt es das »Salzmeer« wegen seines hohen Salzgehaltes. Dieses Meer hat keinen Abfluss, es misst 76 mal 18 km und ist in zwei große Teile geteilt: Zwei Drittel bilden den tieferen nördlichen und ein Drittel den flacheren südlichen Teil. Steile Klippen umgeben das Meer im Osten und Westen. Regen fällt selten; der Südteil des Meeres erhält nur 50 mm im Jahr. Die Temperaturen sind hoch, besonders in den Sommermonaten. Nur wo es Quellen (z. B. En Feschcha, En-Gedi, Zoar) oder ganzjährig wasserführende Flüsse gibt (z. B. Arnon, Sered), können Siedlungen entstehen. Wegen der steilen Klippen und der Wüstenbedingungen hat es in dieser Gegend nie viel Reiseverkehr gegeben.

Südlich des Toten Meeres geht der Grabenbruch noch 177 km bis zum Ufer des Roten Meeres weiter. Dieses Gebiet heißt auf modernen israelischen Karten »Arava« oder »Araba«, obwohl die biblische »Araba« (Jordantal) ursprünglich nördlich des Toten Meeres war (z. B. 5. Mose 3,17; Jos 11,2; 2. Sam 2,29). Von 400 m unter dem Meeresspiegel an der Oberfläche des Toten Meeres steigt das Tal auf 355 m über dem Meeresspiegel an einer Stelle 80 km nördlich von

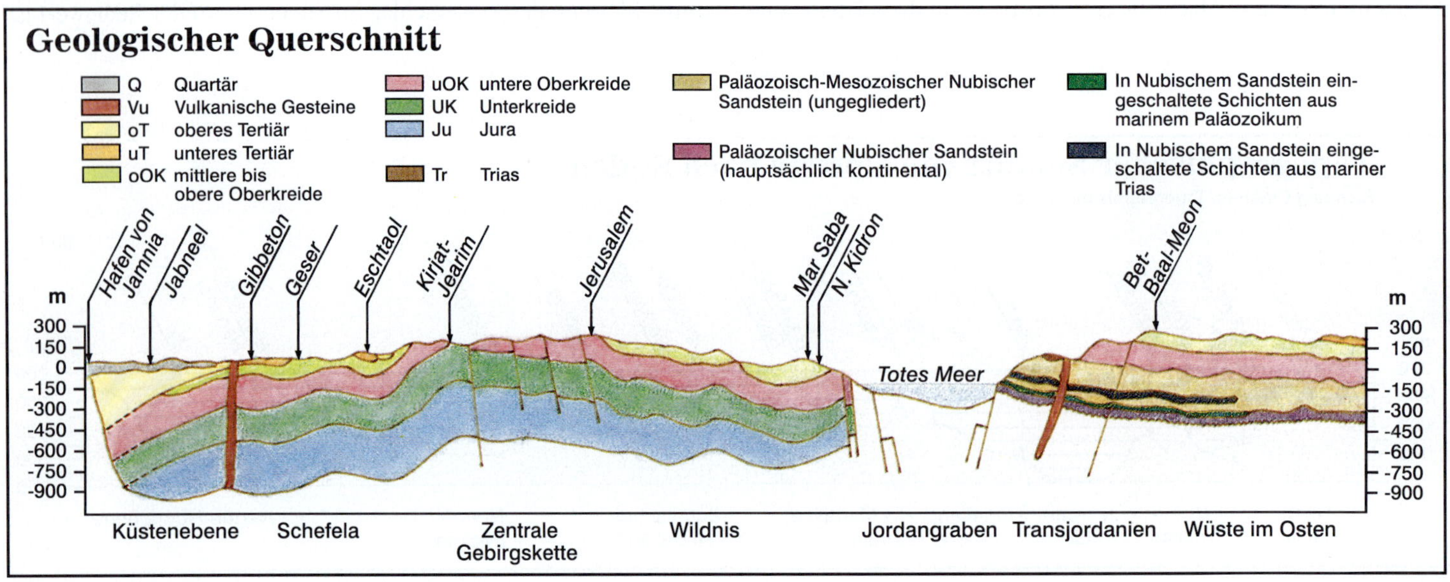

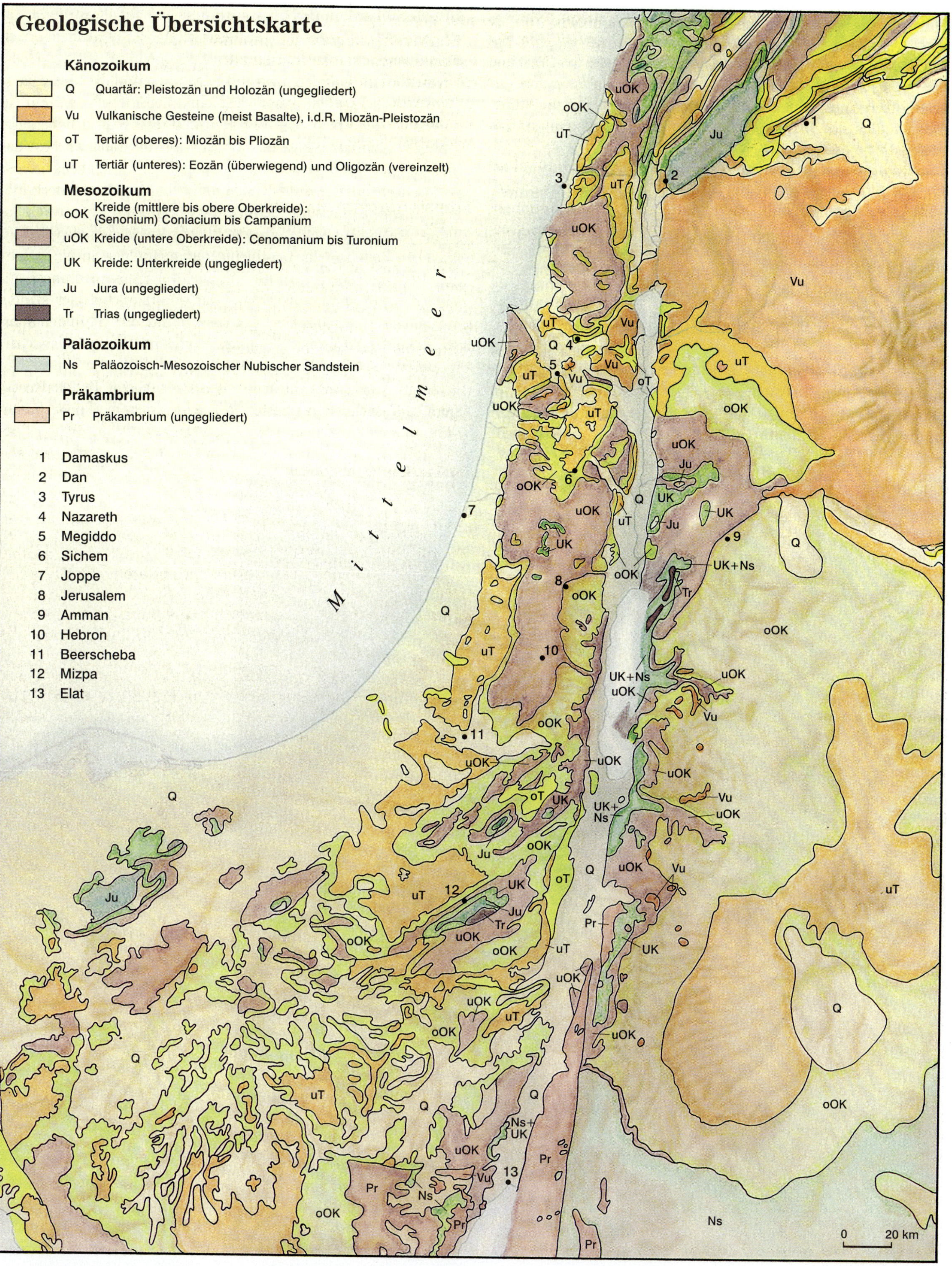
Geologische Übersichtskarte
Känozoikum
Q Quartär: Pleistozän und Holozän (ungegliedert)
Vu Vulkanische Gesteine (meist Basalte), i.d.R. Miozän-Pleistozän
oT Tertiär (oberes): Miozän bis Pliozän
uT Tertiär (unteres): Eozän (überwiegend) und Oligozän (vereinzelt)
Mesozoikum
oOK Kreide (mittlere bis obere Oberkreide): (Senonium) Coniacium bis Campanium
uOK Kreide (untere Oberkreide): Cenomanium bis Turonium
UK Kreide: Unterkreide (ungegliedert)
Ju Jura (ungegliedert)
Tr Trias (ungegliedert)
Paläozoikum
Ns Paläozoisch-Mesozoischer Nubischer Sandstein
Präkambrium
Pr Präkambrium (ungegliedert)
1 Damaskus
2 Dan
3 Tyrus
4 Nazareth
5 Megiddo
6 Sichem
7 Joppe
8 Jerusalem
9 Amman
10 Hebron
11 Beerscheba
12 Mizpa
13 Elat
Mittelmeer
UK+Ns
Ns+UK
0 20 km

Elat an, bevor es wieder zum Roten Meer abfällt. Die ganze »Arava« ist ein trostloses Wüstengebiet, eingeschlossen im Osten von den steil aufragenden Bergen von Edom und im Westen vom Hochland des Negeb. Im Altertum gab es hier praktisch keine Siedlungen, nur gelegentlich eine Festung, die die Karawanenwege schützen sollte, die von Edom zum Negeb führten, und auch die Verbindungsstraße zwischen Elat und Mittelmeerhäfen wie Gaza.

Elat ist das südlichste Ende Israels. Zu verschiedenen Zeiten benutzten die Israeliten den Hafen von Elat oder die Karawanenstraße nach Südarabien, um Kontakt mit fernen Ländern wie Ofir und Saba zu halten. Der südliche Teil des Grabenbruchs war also das Tor nach Arabien, Afrika und Indien.

Transjordanien

Östlich des Grabenbruchs erheben sich die hohen ostjordanischen Berge vom Hermongebirge im Norden bis zum Golf von Akaba (Golf von Elat) im Süden. Die Westhänge dieser Berge sind oft sehr steil, aber ihre Osthänge fallen nur allmählich zu den arabischen Wüstengebieten ab. Die Begrenzung dieses Gebietes nach Osten entspricht ungefähr der alten Eisenbahnlinie von Hejaz, die von Damaskus in Syrien nach Mekka in Saudi-Arabien führte.

Der nördlichste Teil dieser Landschaft heißt Baschan. Dazu gehört auch der Golan; das Gebiet reicht vom Fuß des Hermongebirges bis zum Fluss Jarmuk. Erloschene Vulkankegel prägen das Bild und der fruchtbare Boden ist vulkanischen Ursprungs. Diese Region liegt verhältnismäßig hoch und bekommt daher erhebliche Regenmengen und sogar Schnee. Das Reisen im Baschan ist im Winter wegen des schlammigen Bodens ziemlich schwierig. Zu manchen Zeiten in der Geschichte verlief eine der Nebenstrecken der überregionalen Fernstraße an seiner Nordgrenze entlang, direkt südlich des Hermon, und verband Dan und Damaskus.

Südlich des Baschan liegt das Land Gilead, das vom Jarmuk bis zur Höhe der Nordspitze des Toten Meeres reicht. Im Osten ist die Wüste nur 40 bis 48 km vom Jordan entfernt. Der Hauptfluss, der Gilead in zwei fast gleiche Teile teilt, ist der Jabbok. Der Boden besteht hauptsächlich aus harten Kalksteinen der Oberkreide (Ceno-

Frühling an der Grenze des Landes Edom. Im Hintergrund die zerklüfteten Berge Edoms.

man) und der Westteil des Landes ist geprägt von tiefen Tälern, ähnlich wie das Bergland von Juda. Seine topografische Gestalt und ausreichende Regenfälle bieten gute Möglichkeiten zum Anbau von Weizen, Oliven und Wein.

Das Gebiet südlich von Gilead, das bis zum Sered-Tal reicht, war das alte Stammesgebiet der Moabiter. Auch dieses wird von einem Fluss durchschnitten, dem prächtigen Arnon, der ins Tote Meer fließt. Nördlich des Arnon liegt eine Hochebene mit dem Namen Mischor, die stellenweise eine Höhe von 640 m erreicht. Dieses Land bekamen die israelitischen Stämme Ruben und Gad, aber es wurde zum Zankapfel zwischen Moab und Israel. Die Städte Heschbon, Medeba und Dibon beherrschten die Region.

Südlich des Mischor gibt es Erhebungen bis zu 1100 m. Dieses Gebiet zwischen dem Arnon und dem Sered war das Kernland von Moab. In dieser Region herrschen unterschiedliche Kalksteinablagerungen vor, weiter im Osten Gesteine aus Kreide; doch entlang der westlichen Klippen, die an das Rote Meer grenzen, sind die unteren Schichten des mehrfarbigen Nubischen Sandsteins sichtbar. Weil manche Sandsteinschichten ziemlich wasserundurchlässig sind, sind zahlreiche Quellen in der Landschaft verteilt. In dem Gebiet werden zwar mehrere Getreidearten angebaut, aber es ist nicht so fruchtbar wie Gilead im Norden, denn je weiter man nach Süden kommt, um so weniger Regen fällt. Mescha, einer der Könige von Moab im Altertum, war berühmt für die Schafe, die er züchtete und an Israel lieferte (2. Kön 3,4).

Südlich des Seredtales und bis nach Akaba erheben sich die Berge von Edom; manche von ihnen sind bis zu 1370 m hoch. An der Westseite der Kämme dieser Bergkette fällt genug Regen zum Anbau von Weizen und Gerste, aber in tieferen Lagen nimmt die Regenmenge rapide ab. In biblischen Zeiten war einer der Namen für dieses Gebiet Berg Seïr, »der Haarige«, wohl wegen des dichten Gestrüppes, das die Berge bedeckte. Auch hier beherrschen harter Kalkstein und Kreide die Landschaft, aber weil die steilen Abhänge im Westen, die aus Nubischem Sandstein bestehen, in der Abendsonne rot aussehen, ist der Name »Edom« (hebräisch: »rot«) sehr passend für diese Gegend. Die bekannteste Stadt dieser abgelegenen Gegend ist Petra, die Hauptstadt der Nabatäer (ca. 200 v. Chr. bis 200 n. Chr.). Dieses Volk nahm schließlich den Platz ein, den die Edomiter im Alten Testament innehatten.

Wie die Straßen in der zentralen Gebirgskette umgingen auch die Straßen in den ostjordanischen Bergen die tiefen Täler, wo es irgend möglich war. Die Hauptstraße war die Transjordanische Fernstraße, die Damaskus (und damit Assyrien und Babylonien) mit den Ländern verband, die im heutigen Saudi-Arabien lagen. Diese Fernstraße führte durch so bedeutende Städte wie Aschtarot, Ramot, Rabba (t-Ammon) und Heschbon. Diese Straße wurde auch die »Königsstraße« genannt (4. Mose 21,22; Elb.), obwohl dieser Name offenbar auch für eine andere Straße gebraucht wurde (4. Mose 20,17; Elb.). Wie dem auch sei, die Transjordanische Fernstraße war die bedeutendste Straße nach der Küstenstraße (»Der Weg am Meer« nach Jes 8,23, Via Maris), die Gaza und Damaskus verband.

Die Wüste im Osten

Die fünfte und letzte Zone ist das große Wüstengebiet im Osten der transjordanischen Berge. Im Norden ist dies zwar wegen der großen Vulkanberge und der Lavaströme des Jebel Druze eine unwirtliche Gegend, aber weil sie so hoch liegt, bekommt sie immer genügend Wasser zum Anbau von Nahrungsmitteln. Sonst fällt jedoch in diesem ganzen Gebiet kaum Regen und so erstreckt sich unfruchtbares Wüstenland etwa 725 km nach Osten bis zum Euphrat.

Aus dieser Wüste kamen viele Völker, die das grünere Ackerland des Fruchtbaren Halbmonds haben wollten. Zu verschiedenen Zeiten waren dies die Amoriter, die Aramäer, die Nabatäer und schließlich die Araber, die alle in die bebauten Gebiete eindrangen in dem ständigen Kampf zwischen Wüste und Ackerland, zwischen Wüste und Mittelmeer.

Israel und Jordanien – Deutschland

Jahreszeiten

In Israel ist das Jahr in zwei Hauptjahreszeiten eingeteilt: die Regenzeit (Mitte Oktober bis April) und die Trockenzeit (Mitte Juni bis Mitte September). Zwischen diesen Jahreszeiten liegen die Übergangsmonate.

Sommer: die Trockenzeit

Das Klima ist in Israel während der Sommermonate relativ stabil. Warme Tage und kühle Nächte sind die Regel und es regnet fast nie. In Jerusalem z. B. beträgt die durchschnittliche Tageshöchsttemperatur im August 30°C und die niedrigste Nachttemperatur im Durchschnitt 18°C.

Die Sommertage sind ziemlich wolkenlos; Israel ist sogar eines der sonnenreichsten Länder der Welt. An einem typischen Sommertag beginnt die Temperatur gleich nach Sonnenaufgang zu steigen. Nach kurzer Zeit kommt ein kühler Westwind vom Meer her auf. Er überquert die Küstenebene und erreicht gegen Mittag Jerusalem im Bergland und er kühlt so effektiv, dass die Temperatur in den Nachmittagsstunden nicht noch einmal stark ansteigt. Aber das Ostjordanland erreicht er erst am mittleren oder späten Nachmittag, so dass die Temperatur dort den größten Teil des Tages weiter steigt.

In den Sommermonaten reifen Trauben, Feigen, Granatäpfel, Melonen und andere Früchte, die die Bauern anbauen. Die Pflanzen nehmen im Sommer den Tau auf; im Übrigen versorgen sie sich durch tiefreichendes Wurzelwerk mit Wasser. Die meisten Früchte werden im August und September geerntet. Im Lauf des Sommers ziehen die Hirten mit ihren Schaf- und Ziegenherden nach Westen und lassen sie die Weizen- und Gerstenstoppeln auf den Feldern abfressen, die im Frühjahr abgeerntet worden sind. Weil der Boden in den Sommermonaten ziemlich trocken ist, kann man sich recht leicht fortbewegen. In biblischen Zeiten zogen Karawanen und Kriegsheere ohne Schwierigkeit durch den größten Teil des Landes und die Heere bedienten sich auf Kosten der Bevölkerung aus den reichen Getreidevorräten.

Winter: die Regenzeit

Die Regenzeit dauert von Mitte Oktober bis April und wird bestimmt durch häufige Unwetter, die vom Mittelmeer heranziehen. Sie bringen gewöhnlich drei Tage Regen, denen mehrere trockene Tage folgen (aber Abweichungen von dieser Norm sind häufig). Im Januar beträgt die Tagesmitteltemperatur in Jerusalem 12,5 ° C (die Temperaturen in anderen Städten finden sich auf der Karte S. 25). Daher fällt in Jerusalem nur ein- oder zweimal im Jahr Schnee und auch dann bleibt er selten länger als einen Tag liegen. Auch so machen Kälte, Wind und Regen das Leben im Bergland spürbar ungemütlich; die Bevölkerung nimmt diese Unannehmlichkeit aber gern in Kauf, denn man weiß um die lebenspendende Kraft des Regens.

In einem normalen Jahr pflügt der Bauer sein Feld und sät sein Getreide, nachdem der »Frühregen« von Oktober bis Dezember die hartgetrocknete Erde aufgeweicht hat. Das Getreide wächst in der Zeit von Dezember bis Februar, in der 75 % des Regens fallen und es reift noch im März und April, wenn der Regen nachlässt. Dieser »Spätregen« ist wichtig, wenn wirklich gute Ernten erreicht werden

Jährliche Niederschlagsmenge (Querschnitt)

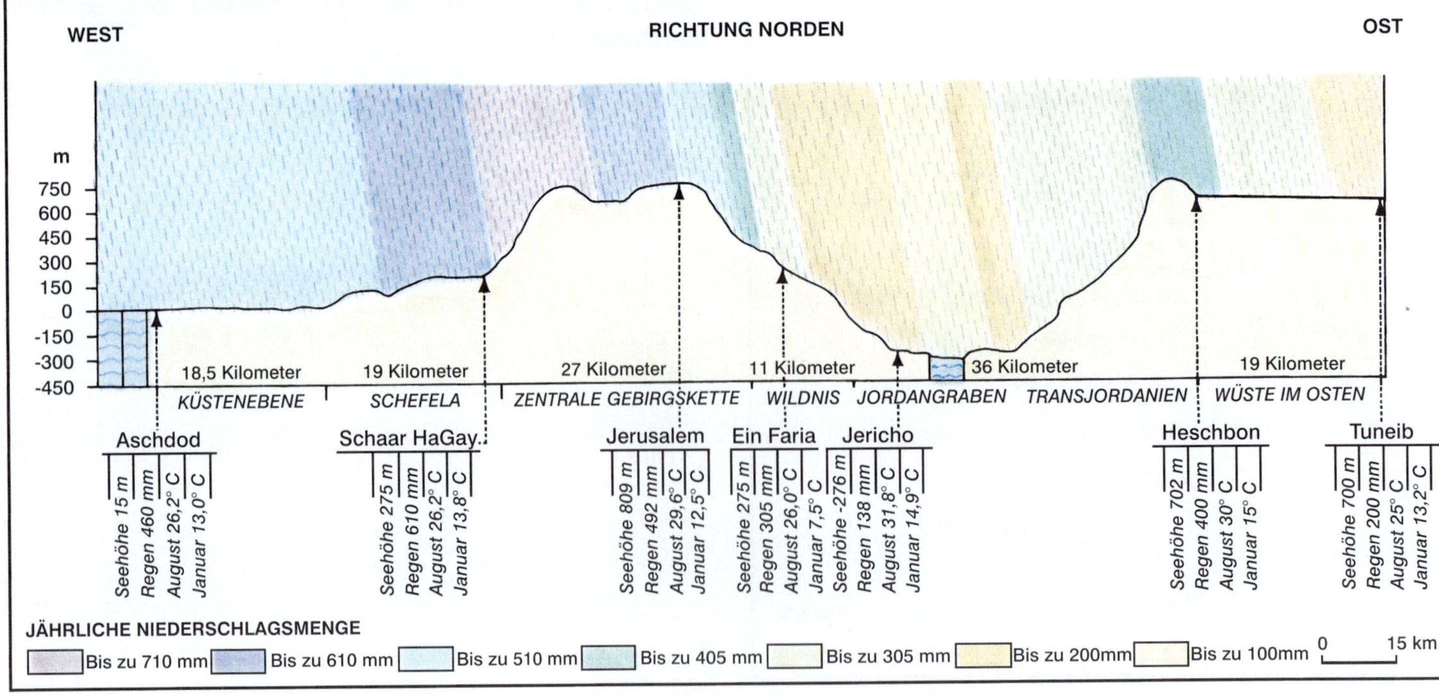

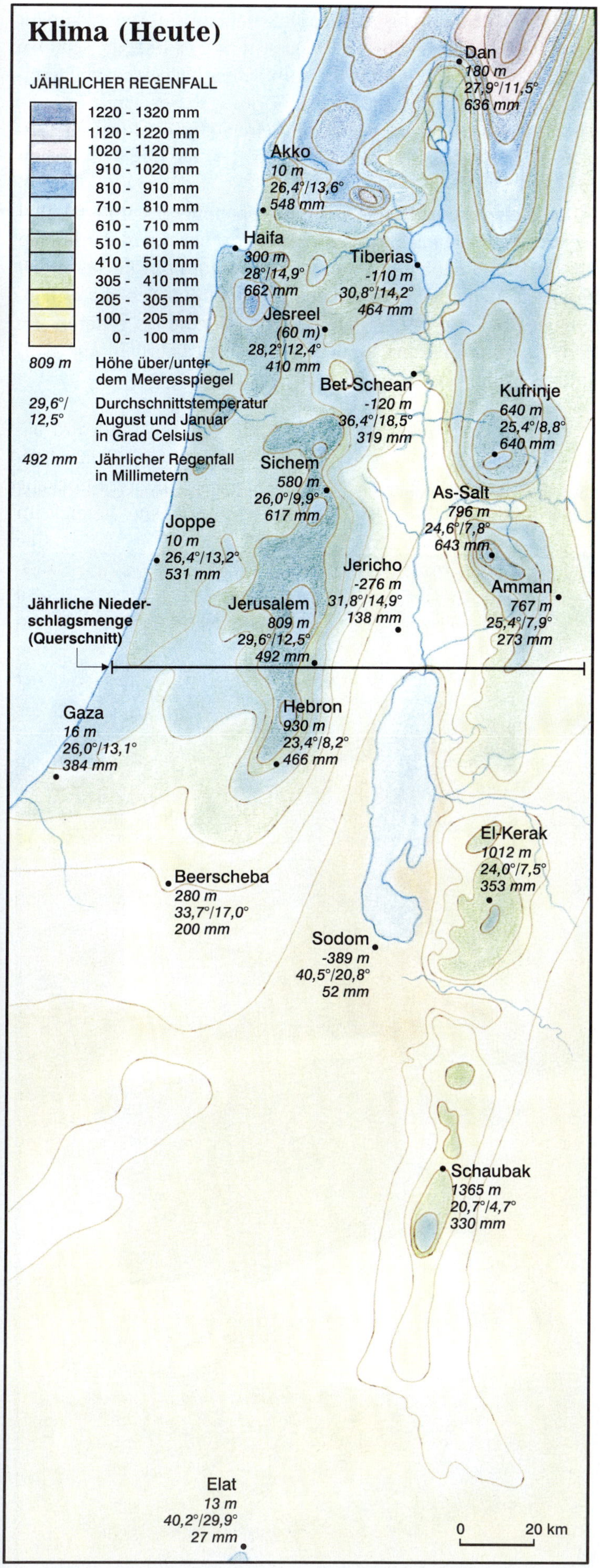

sollen. Die Bibel erwähnt ausdrücklich die drei Teile der Regenzeit in 5. Mose 11,14: »... so will ich eurem Lande Regen geben zu seiner Zeit (hebr. *māṭār*, Dez.-Febr.), Frühregen (hebr. *yôreh*, Okt.-Dez.) und Spätregen (hebr. *malqôsch*, März-April), dass du einsammelst dein Getreide, deinen Wein und dein Öl ...« (vgl. auch Jer 5,24; Hos 6,3). Weil Israel zwischen einer ariden (= trockenen) und einer humiden (= feuchten) Klimazone liegt, ist die Niederschlagsmenge in verschiedenen Landesteilen sehr unterschiedlich (Am 4,6–8). Die allgemeinen Prinzipien, die diese Unterschiede bestimmen und die gewöhnlich zusammenwirken, sind folgende:

1. Die Niederschlagsmenge nimmt von Norden nach Süden ab (beachten Sie die abnehmenden Mengen, die für die Städte im Jordantal von Dan bis Elat angegeben sind).

2. Die Regenmenge nimmt von Westen nach Osten mit zunehmender Entfernung vom Mittelmeer ab (beachten Sie die Angaben für die Orte in den Tälern Jesreel und Harod).

3. Die Regenmenge nimmt mit der Geländehöhe zu (vgl. die Angaben für Bergstädte mit denen für Städte in tieferen Lagen).

4. Die Regenmenge ist auf der Windseite der Berge (zum Meer hin) größer als auf der Leeseite (vgl. die Angaben für Schaar HaGay und Ein Faria, die auf derselben Höhe liegen, im Diagramm S. 24).

Der größte Teil des Landes nördlich von Beerscheba bekommt genug Regen für den Getreideanbau, also mehr als 300 mm im Jahr. Aber in den Gebieten, wo der Jahresdurchschnitt nur 300 bis 400 mm beträgt, ist der Getreideanbau sehr unsicher, denn eine Abweichung von nur 100 oder 150 mm kann eine Katastrophe auslösen. Dazu kommen für die Bauern im ganzen Land noch andere Risiken:

1. *Der Anfang der Regenzeit* verzögert sich manchmal bis zum Dezember, was zu einer verkürzten Wachstumsperiode führt.

2. *Das Ende der Regenzeit* kann schon im März eintreten, was auch die Wachstumsperiode verkürzt.

3. *Die Gesamtregenmenge* kann an einem Ort beträchtlich vom Durchschnitt abweichen, was oft vorkommt.

4. *Die Verteilung der Niederschläge* in einer Regenzeit kann sehr unterschiedlich sein. Z. B. können Teile des Landes in einem Jahr im Januar und Februar vier oder fünf Wochen lang ohne Regen bleiben, obwohl in dieser Zeit sonst der meiste Regen fällt. Eine solche lange Trockenperiode kann die Erntemenge drastisch verringern.

Wenn einer dieser Risikofaktoren eintritt oder mehrere zusammenwirken, kann dies das Wachstum des Getreides ernsthaft verzögern. In einem guten Jahr kann der Bauer »hundertfältig ernten«, was er gesät hat (siehe 1. Mose 26,12), aber eine Reihe von trockenen Jahren kann sich verheerend auswirken und konnte früher die Menschen aus dem Land vertreiben (1. Mose 12,10).

Die Israeliten wussten, dass Jahwe, der Herr, vom Anfang bis zum Ende des Jahres ständig über das Land wachte und dass es Segen bringen würde, seinen Geboten zu gehorchen, Ungehorsam aber

Dürre und Unglück nach sich ziehen würde (5. Mose 11,8–17). Aber bei der Ungewissheit, was die Menge und Verteilung des Regens angeht, ist es kein Wunder, dass manche Israeliten verleitet wurden, am Kult des Baal teilzunehmen, des kanaanäischen Sturmgottes, von dem man glaubte, er mache das Land fruchtbar.

Die Übergangszeiten

Die erste Übergangszeit dauert von Anfang Mai bis Mitte Juni. Die Temperaturen steigen allmählich und immer wieder gibt es heiße, trockene, staubige Tage, in denen der Wind von den Wüsten im Osten und Süden her weht. An diesen Tagen, die man nach dem jeweiligen Wind *chamsin*, *sirocco* oder *sharav* nennt, steigt die Temperatur oft um 14° C über den normalen Wert und die relative Luftfeuchtigkeit kann um bis zu 40 % sinken. Chamsin-Wetter kann für Menschen und Tiere sehr belastend sein und es lässt die schönen Blumen und Gräser, die das Land im Winter bedeckten, völlig vertrocknen (Jes 40,7–8). Die positive Wirkung dieser Winde ist aber, dass das heiße, trockene Wetter das Getreide vor der Ernte gut ausreifen lässt. In dieser Zeit erntet man zuerst die Gerste und dann den Weizen.

Die zweite Übergangszeit von Mitte September bis Mitte Oktober beendet das beständige trockene Sommerwetter. Sie ist die Zeit der Obsternte und die Bauern warten gespannt auf das Einsetzen der Regenzeit. Man erkennt das an den Gebeten um Regen, die zum jüdischen Ritus am letzten Tag des Laubhüttenfestes gehören. Im Herbst wird die Seefahrt auf dem Mittelmeer gefährlich (Apg 27,9) und das bleibt den ganzen Winter über so.

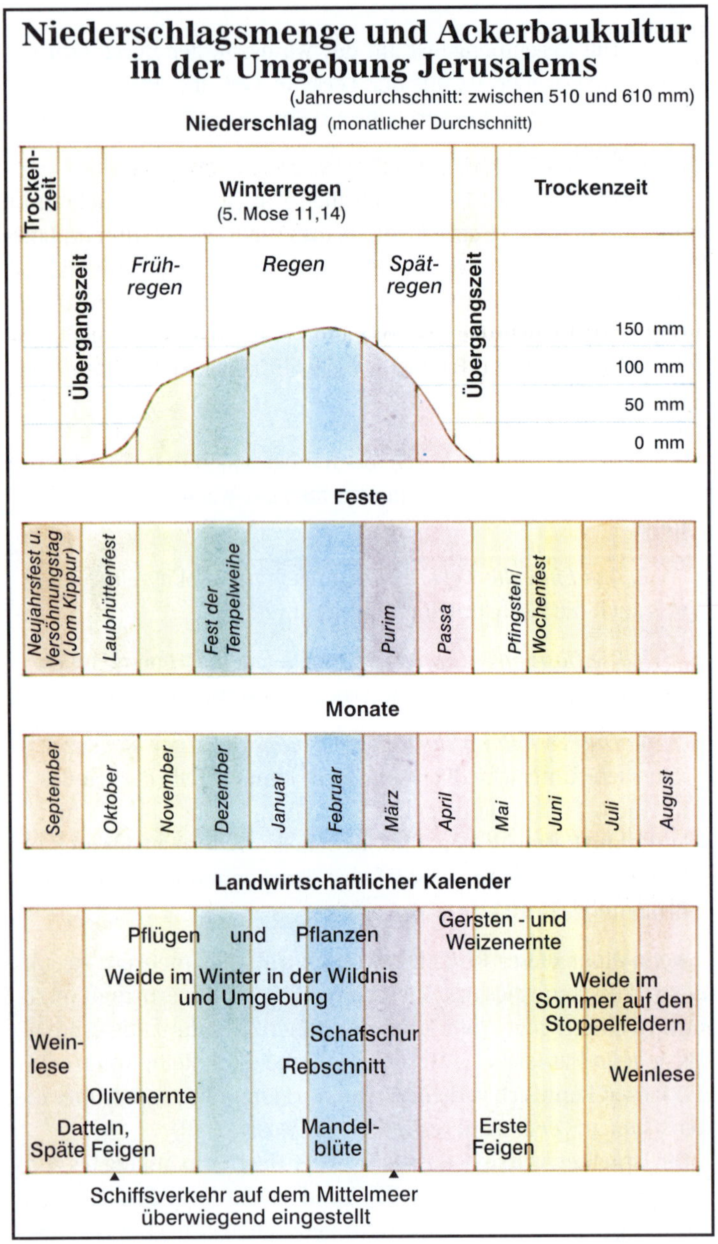

Rest eines römischen Meilensteins – ein typisches Erscheinungsbild an den großen Landstraßen.

Große natürliche Verkehrswege

Straßen und Reisebedingungen

Drei unterschiedliche Kategorien von Straßen entwickelten sich im alten Israel: große, überregionale Fernstraßen, solche, die verschiedene Regionen verbanden, und lokale Straßen. Einer der Zwecke der überregionalen Straßen war der Handel. Man brauchte sie, um Waren zu transportieren, die nicht überall verfügbar waren, wie bestimmte Nahrungsmittel, Kupfer, Eisen, Zinn, Gold, Silber, Weihrauch, Farben und Töpferwaren (sperrige Waren wie Holz und Steine wurden gewöhnlich auf Booten und Flößen verschifft).

Zusätzlich dienten diese Straßen den kriegerischen Auseinandersetzungen, den reisenden Handwerkern wie z. B. den Schmieden und der Umsiedlung ganzer Völker, der Nachrichtenübermittlung und den Pilgerreisen zu heiligen Stätten. Wer die Straßen kontrollierte, seien es nun Banditen oder eine beständigere zentrale Regierung, konnte aus dem Reiseverkehr ein beträchtliches Einkommen erzielen. Die zentrale Regierung konnte von den durchreisenden Karawanen Zölle erheben, Mahlzeiten und Übernachtungen verkaufen und den Karawanen militärisches Geleit gegen Bezahlung »anbieten«.

Wer an diesen Fernstraßen wohnte, war neuen geistigen, kulturellen, sprachlichen und religiösen Einflüssen ausgesetzt und das führte zwangsläufig zu einer gewissen Anpassung. So lässt sich die Offenheit Samariens für nichtisraelitische religiöse und kulturelle Einflüsse zum Teil damit erklären, dass man in und durch Samarien, verglichen mit dem abgelegenen Hochland von Juda, so leicht reisen konnte. Diese Offenheit wiederum führte zur Verschleppung des Nordreiches schon etwa 130 Jahre vor der Gefangenschaft Judas (s. S. 124–134). Auch während der persischen und griechisch-römischen Besatzungszeit führte der intensivere Kontakt zu anderen Völkern zu einer schnellen Anpassung.

Als Transportmittel für Lasten gab es im Altertum Esel, Wagen mit geschlossenen (speichenlosen) Rädern und Streitwagen. Später begann man Kamele zu verwenden, besonders in Karawanen, um schwere Lasten zu transportieren. Im zweiten und ersten Jahrtausend v. Chr. benutzte man Pferde zum Ziehen von Streitwagen und bei der Kavallerie; erst in der Zeit der Perser (538–332 v. Chr.) und danach wurden sie häufiger auch für gewöhnliche Reisen eingesetzt. Zur Zeit des Neuen Testaments waren alle diese Transportmittel in Gebrauch und weil die Straßen besser wurden, nahm die Nutzung von Wagen und auch von Streitwagen zu. Um nicht im Winter das schlammige, durchnässte Gelände durchqueren zu müssen, reiste man lieber in der trockenen Sommerzeit. Frühjahr und Sommer waren die »Zeit, da die Könige ins Feld zu ziehen pflegen« (2. Sam 11,1), weil die Straßen trocken waren und frisch geerntetes Getreide da war, um die Truppen zu versorgen.

Als Abraham im Land Kanaan ankam (ca. 2000 v. Chr.), gab es dort schon gute Verkehrsverbindungen. In alttestamentlicher Zeit wurden die Straßen zwischen verschiedenen Städten gangbar gemacht, aber nicht gepflastert. Zu den wesentlichen »Straßenbauarbeiten« gehörte es, Steine vom Weg zu entfernen, Bäume und Sträucher zu roden, flache Furten durch die Flüsse instand zu halten und vielleicht Pfade an steilen Hängen entlang zu ebnen. In neutestamentlicher Zeit hatten die Römer schon fortgeschrittene Straßenbautechniken entwickelt und wahrscheinlich hatte man in Syrien und Juda schon angefangen, ein ziemlich gut entwickeltes Straßensystem anzulegen. Zur römischen Straßenbautechnik gehörte es, das Straßenbett durch Einebnen des Bodens und Aushauen von Felsen vorzubereiten, die Straßenränder mit Randsteinen zu kennzeichnen, feuchte Stellen trockenzulegen und Pflastersteine zu legen.

Die überregionale Fernstraße

Die wichtigste Fernstraße, die durch Israel führte, verband Ägypten mit seinen Rivalen/Verbündeten im Norden und Osten (Syrern, Assyrern, Babyloniern, Persern, Hetitern, Hurritern usw.). Diese Straße wird manchmal »der Weg am Meer« (Jes. 8,23) oder »Via Maris« genannt. Diese Namen sind ungenau, denn nur Teile dieser Straße führten zur Küste oder daran entlang. Es scheint, als ob im Altertum nur Teilstrecken der Straße Namen hatten (z. B. der Teil, der von Ägypten durch den Sinai an die Küste des Philisterlandes führte, hieß »der Weg durch das Land der Philister«, 2. Mose 13,17), die ganze Straße aber keine eigene Bezeichnung hatte. Es ist wohl am besten, den Namen »Weg am Meer« nicht zu gebrauchen, denn es ist nicht einmal sicher, ob er überhaupt einen Teil dieser überregionalen Fernstraße bezeichnet hat (s. S. 14). Diese Straße durchquerte zuerst den nördlichen Sinai und führte dann von Gaza durch die Ebene der Philister und die Ebene Scharon in das Gebiet der Stadt Jaham; dabei umging sie Hindernisse wie Sanddünen, tiefgelegene nasse Stellen, den Jarkon und die Sümpfe der Ebene Scharon. Um von Jaham aus zur Ebene Jesreel zu kommen, musste man als Reisender einen der Pässe über das Karmelbergland überqueren, zum Beispiel den von Aruna nach Megiddo.

Die Küstenstraße nach Norden führte von Megiddo über Hannaton nach Akko und von dort weiter nach Tyrus und Sidon. Für die Reise von Megiddo nach Damaskus gab es mehrere Möglichkeiten und von dort konnte man weiter in die heutige Türkei oder zum Euphrat reisen. Eine große Straße führte von Megiddo in das Gebiet von Bet-Schean und von dort nach Norden zum Südufer des Sees Genezareth, wendete sich nach Nordosten, führte in den Flusstälern von Jarmuk und Rakkad (oder in den Bergen direkt nördlich davon) aufwärts und traf schließlich in der Gegend von Aschtarot und Karnajim auf die Transjordanische Fernstraße (= die Königsstraße). Eine andere Straße führte vom Gebiet von Bet-Schean weiter nach

Osten, in einer Furt über den Jordan und einen der Bergrücken hinauf zum Land Gilead. Wenn man Ramot-Gilead erreicht hatte, konnte man direkt nach Norden nach Damaskus weiterreisen.

Wieder eine andere Straße führte von Megiddo nordöstlich bis Hazor: an den Hängen des Berges Tabor entlang, weiter über den Arbel-Pass und nach Norden über Kinneret nach Hazor. Von der Römerzeit an führte auch eine Straße von Hazor nach Osten, überquerte den Jordan in der Nähe der Brücke der Töchter Jakobs und ging dann weiter die Golan-Höhen hinauf und nach Damaskus. Man konnte aber von Hazor aus auch nach Norden bis Dan und von da aus nach Osten bis Damaskus reisen; dann kam man an den Nordhängen des Gebirges Hermon vorbei. Außerdem führte eine wichtige Nebenstrecke der Fernstraße von Dan aus nach Nordnordosten in die libanesische Beqa-Ebene und weiter zu den Städten Hamat, Kadesch und Aleppo.

Die Königsstraße

Die zweite Fernstraße, nicht ganz so bedeutend wie die erste, führte von Damaskus nach Süden und parallel zum Jordan auf seiner ganzen Länge. Die Hauptstrecke dieser Straße verlief östlich der Wasserscheide in den transjordanischen Bergen. Daran lagen so wichtige Städte wie Karnajim, Aschtarot, Ramot-Gilead, Rabba (t-Ammon), Heschbon, Aroër, Kir in Moab und Bozra. An dieser Straße gab es genügend Wasser, aber man musste die Wadis von Jabbok, Arnon und Sered durchqueren und das war oft schwierig. Die östliche Nebenstrecke dieser Straße verlief am Rand der Wüste entlang. Sie umging die tiefen Wadis, aber man kam auf ihr nicht durch so viele bedeutende Handelszentren, es stand nicht so viel Wasser zur Verfügung und die Karawanen, die dort reisten, wurden oft von Wüstenstämmen überfallen. Diese beiden Wege trafen sich in Rabba, der Hauptstadt der Ammoniter, und trennten sich dann wieder weiter südlich. Schließlich konnten sich Reisende im Gebiet von Bozra nach Westen wenden und den Weg über Negeb und Sinai nach Ägypten nehmen oder nach Südsüdosten der Karawanenstraße in die große Arabische Wüste folgen. Diese transjordanische Fernstraße war besonders wichtig für den Transport von Luxusgütern wie Gold, Weihrauch (= Weihrauchroute) und Myrrhe aus Südarabien zu dem nahöstlichen Handelszentrum Damaskus.

Regionale und lokale Verbindungsstraßen

Viele regionale und lokale Straßen werden mit den jeweiligen Regionen zusammen behandelt. Aber außerordentlich wichtig für das Bibelstudium ist die regionale Straße, die von Beerscheba im Süden nach Sichem im Norden führte – über Hebron, Bethlehem, Jerusalem, Gibea, Rama, Bethel/Ai und Silo. Diese Straße wird in der Bibel immer wieder erwähnt. Manche nennen sie die »Straße der Patriarchen«, weil Abraham, Isaak und Jakob darauf wanderten, andere bezeichnen sie den »Höhenweg«, denn an vielen Stellen führt sie direkt an der Wasserscheide der Berge von Juda und Ephraim entlang. Auch wenn sie nicht direkt genannt wird, haben hier doch viele Ereignisse stattgefunden, die in der Bibel berichtet werden.

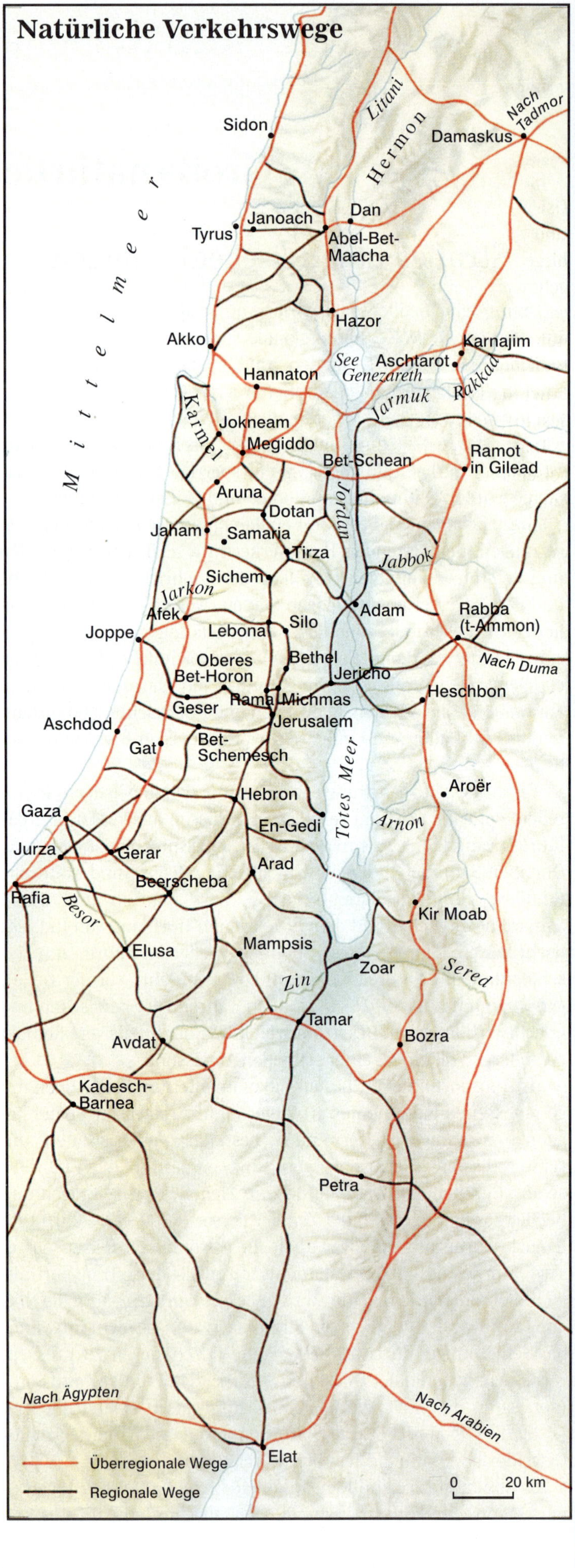

Die einzelnen Regionen Israels und Jordaniens

Baschan

Baschan ist eine Hochebene im Nordosten Israels. Sie misst in Ost-West-Richtung etwa 60 km und in Nord-Süd-Richtung 90 km und wird auf der Westseite vom Jordangraben, im Norden vom Gebirge Hermon und im Osten vom Berg Baschan begrenzt; im Süden geht es allmählich in das Land Gilead über. In der Mitte verlaufen von Norden nach Süden mehrere Reihen von erloschenen Vulkanen, deren Kegelformen das sonst ziemlich flache Gelände unterbrechen. Der Name Baschan scheint sich ursprünglich auf die Fruchtbarkeit des Landes bezogen zu haben und kommt im Alten Testament 49-mal vor.

Das Land nördlich des Jarmuk besteht aus vulkanischen Böden, Felsen und Bergen, während südlich des Flusses weiche kreidige Kalksteinablagerungen den Boden bestimmen. Im Ganzen fällt das Gelände des nördlichen Baschan von Nordnordost nach Südsüdwest ab. Diese nördliche Region wird durch den Nahal Rakkad in einen östlichen und einen westlichen Teil getrennt. Der westliche Teil bekommt fast 1 000 mm Niederschlag im Jahr; dies und der reiche vulkanische Boden machen ihn zu einer sehr fruchtbaren Gegend. In alttestamentlicher Zeit lagen im Süden und im Norden dieses westlichen Teils die halb unabhängigen Staaten Geschur und Maacha (s. Karten S. 103 und 117). Die Fruchtbarkeit der Gegend war bekannt: Die Schreiber der Bibel erwähnen öfter, wie fett die Tiere seien, die dort weideten, und dass ein Teil des Landes von Eichenwäldern bedeckt sei (z. B. Hes 27,6; 39,18). In neutestamentlicher Zeit war dieses Gebiet westlich des Nahal Rakkad als Gaulanitis bekannt. Es wurde im Römischen Reich zu einem bedeutenden Weizenanbaugebiet, obwohl es an manchen Stellen Basaltfelsen gibt, die das Pflügen erschweren.

Östlich des Nahal Rakkad regnet es nicht so viel und die Durchschnittsmenge von 300 bis 600 mm jährlich kann zwar gelegentlich Rekord-Weizenernten einbringen, aber in anderen Jahren kann es dort Dürrezeiten geben. Wahrscheinlich wurde dieses Gebiet in alt-

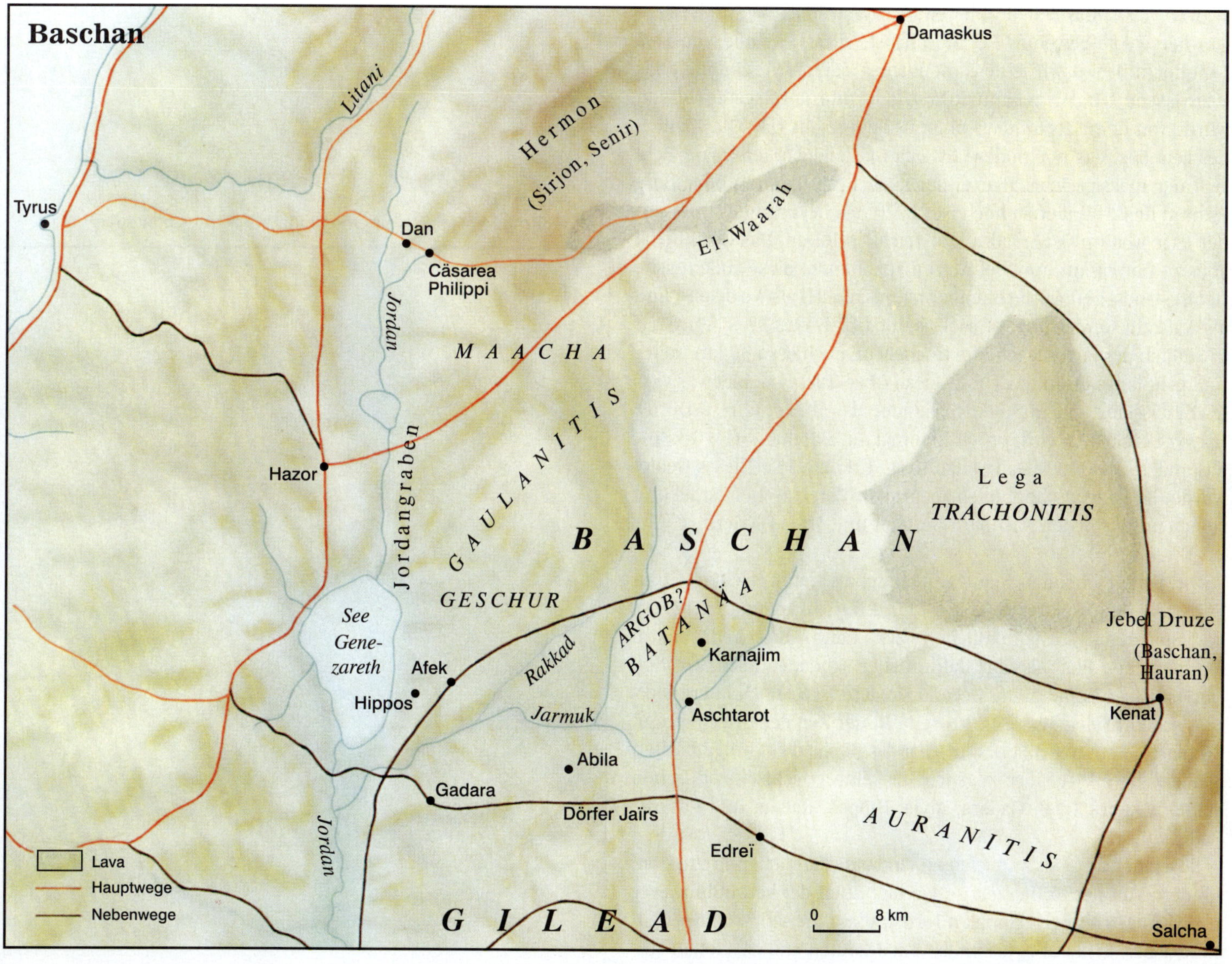

testamentlicher Zeit die Gegend von Argob genannt (5. Mose 3,13–14; 1. Kön 4,13); in neutestamentlicher Zeit war es als Batanäa bekannt. In dieser Gegend, die nach Norden hin feindlichen Überfällen ausgesetzt war, soll es »sechzig große Städte, ummauert und mit ehernen Riegeln« gegeben haben (1. Kön 4,13).

Am Nordrand von Baschan erhebt sich der Berg Hermon (auch Sirjon oder Senir genannt, 5. Mose 3,9) und beherrscht mit seiner Höhe von 2 814 m die Landschaft. Seine Gipfel sind mehr als sechs Monate im Jahr von Schnee bedeckt und manchmal sieht man sie noch aus über 160 km Entfernung; sie erhalten mehr als 1 500 mm Niederschlag jährlich. Diese Feuchtigkeit, von der ein großer Teil im harten Kalksteinboden des Berges versickert, speist die kräftigen Quellen, die sowohl den Jordan als auch die Oase von Damaskus mit Wasser versorgen. Hier bei Cäsarea Philippi, das am Fuß des Hermon auf der Südseite liegt, legte Petrus das denkwürdige Bekenntnis ab, dass Jesus der Messias sei (Mt 16,13–20; Mk 8,27–30). Sechs Tage später wurde Jesus vor Petrus, Jakobus und Johannes verklärt – wahrscheinlich irgendwo auf dem Berg Hermon (Mt 17,1–13; Mk 9,2–13). Östlich des Berges Hermon führt ein bedeutender erkalteter Lavastrom die Nordgrenze Baschans fort, der den Namen El-Waarah trägt. Weil der El-Waarah schwierig zu überqueren ist, führten die Straßen von Damaskus nach Süden östlich oder westlich an dem Lavastrom vorbei.

Im Osten ist Baschan durch weitere Lavaströme und durch Berge von der Wüste getrennt. Der nördlichste dieser Ströme, die Leja (»Zuflucht«), war in neutestamentlicher Zeit als Trachonitis, das »Zerrissene Land«, bekannt. Diese öde und abgelegene Gegend wurde von dem Tetrarchen Philippus beherrscht (Lk 3,1). Östlich der Leja liegt das noch ödere Es-Safa und südlich der Leja erhebt sich der massige Jebel Druze, der auch Berg Baschan oder Berg Hauran heißt. Weil er so hoch ist (1 770 m), bekommt er trotz seiner Lage weit im Osten jedes Jahr reichlich Regen. Das Gelände ist aber zu unwegsam, um viel Weizen anzubauen; diese vulkanische Gebirgslandschaft wurde offenbar hauptsächlich als Weideland und als Wald zur Gewinnung von Holz genutzt (z. B. Hes 27,6; 39,18).

Südlich des Jarmuk geht die Hochebene noch etwa 30 km weiter und geht langsam in das Land Gilead über. Dieses Gebiet war vielleicht dasselbe, das im Alten Testament als »Havvot Jaïr« (»Dörfer Jaïrs«) bezeichnet wird; es wird einmal »in Baschan« (Jos 13,30), das andere Mal »in Gilead« lokalisiert (1. Kön 4,13). Dieses Gebiet wurde von Israel erobert, blieb aber umstritten zwischen Israel und seinen nordöstlichen Nachbarn Geschur und Aram (Syrien) (1. Chr 2,23).

Die beherrschenden Städte von Baschan waren Aschtarot und Edreï, die Hauptstädte des Königs Og (z. B. Jos 12,4 und 13,12). In der späteren alttestamentlichen Zeit nahm das benachbarte Karnajim den Platz des bis dahin beherrschenden Aschtarot ein. Der östlichste Punkt in der Gegend, an dem Israel noch interessiert war, scheint Salcha gewesen zu sein. In der Zeit der Griechen und Römer (332 v. Chr.–324 n. Chr.) war das Gebiet dicht mit jüdischen Siedlern bevölkert, aber zugleich für seine griechisch-römischen Städte bekannt (z. B. Gadara, Abila, Hippos, Rafana und Cäsarea Philippi).

Baschan war nicht nur reich an landwirtschaftlichen Produkten, sondern von der Römerzeit an lag hier auch der Verbindungsweg zur wichtigsten überregionalen Fernstraße. Eine sehr wichtige Teilstrecke der Fernstraße, die in der Zeit des Alten und des Neuen Testaments benutzt wurde, führte um das Südende des Sees Genezareth und entweder gleich nördlich des Jarmuk die Westhänge des Baschan hinauf oder in den Tälern des Jarmuk und Rakkad entlang und weiter nach Damaskus. Afek war eine der Städte, die diese Straße sicherten, und hier kämpfte Israel mehrfach gegen die Aramäer (Syrer) (1. Kön 20,26.30; 2. Kön 13,7; s. Karten S. 126 und 129). Diese Straße war vermutlich ein Teil der römischen »Kornstraße«, auf der Getreide von Baschan über Niedergaliläa zum Mittelmeerhafen Ptolemaïs (AT Akko) transportiert wurde. Andere Nebenstrecken der überregionalen Fernstraße führten von Hazor und Dan durch Baschan nach Damaskus. Auch verlief die bedeutende Transjordanische Fernstraße (Königsstraße) gleich südlich von Damaskus durch Baschan oder, genauer gesagt, durch das Gebiet von Argob/Batanäa, mied den El-Waarah, die Leja und den Berg Baschan und führte durch Aschtarot und Edreï weiter nach Süden. Die meiste Zeit im Jahr war das Reisen in diesem Gebiet nicht schwierig, solange die Karawanen die Basaltströme und die Geröllfelder umgingen. Nur im Winter muss das Fortkommen der Karawanen durch Schnee und Schlamm behindert worden sein.

Der südliche Teil von Baschan wird vom Fluss Jarmuk begrenzt.

Das Huletal

Das Huletal ist der nördlichste Teil des großen Grabenbruchs in Israel. Es reicht vom Nordufer des Sees Genezareth nach Norden bis Dan, 37 km weit. Im Westen wird es von den steilen Hängen des östlichen Obergaliläas begrenzt, das stellenweise bis 490 m über die Talsohle aufragt. Im Osten ist der Übergang nach Baschan viel allmählicher und im Norden steigt das Land bei Dan und Abel-Bet-Maacha zur libanesischen Beqa auf.

Der Teil des Tales südöstlich von Hazor ist ein Basalt-»Pfropfen«, der von Baschan herabgeflossen ist und den ganzen Graben bis zum See Genezareth gefüllt hat. Das Jordanwasser sammelte sich nördlich vor diesem Hindernis und bildete einen mittelgroßen See. Schließlich fraß sich der Fluss auf dem Weg zum See Genezareth durch diese Basaltsperre. Hier hat der Jordan auf einer Länge von 16 km 275 m Gefälle; es ist die steilste Stelle im ganzen Flusslauf.

Vor dieser Basaltsperre standen bis vor kurzem ein kleiner See (Hulesee, 13 km^2) und ein Sumpfgebiet (31 km^2); 1958 legten die Israelis das Gebiet trocken. Josephus nannte den Hulesee See Semechonitis (z. B. Jüd. Krieg 3.10.7). In dem See und dem Sumpfland wuchsen Schilf und Papyrus. Auch wimmelte es darin von Vögeln, Fischen und Säugetieren.

Der Südteil des Huletales bekommt etwa 400 mm Regen im Jahr, der Nordteil fast 630 mm. Am Fuß des Hermon speisen eine Reihe von Quellen die fünf Flüsse, die sich zum Oberlauf des Jordan vereinigen; auch sie tragen noch zur Fruchtbarkeit des Landes bei.

Wegen des Sees und der Sümpfe lagen die größeren Siedlungen – Dan, Abel-Bet-Maacha und Hazor – an den höher gelegenen Tal-

Obergaliläa und Huletal

rändern. Dieses Gebiet war Einflüssen von außen stark ausgesetzt, weil die große überregionale Fernstraße von Ägypten zur Beqa im Libanon dort vorbeiführte. Außerdem verlief seit der Zeit zwischen den Testamenten eine Nebenstrecke dieser wichtigen Straße nach Damaskus direkt südlich des Hulebeckens. So war diese Region bei Invasionen von Norden und Nordosten gewöhnlich zuerst und am schwersten betroffen (so z. B. 1. Kön 15,20; 2. Kön 15,29 und Karte S. 129).

Obergaliläa

Der Name Galiläa erscheint im Alten Testament nur sechsmal, im Neuen aber vierundsechzigmal, besonders im Zusammenhang mit Jesus. Der Ursprung des Namens ist nicht ganz klar, aber anscheinend bedeutet er »Gegend« oder »Gebiet«. In alttestamentlicher Zeit nannte man die Region »das Galiläa der Heiden« (Jes 8,23), aber zur Zeit des Neuen Testaments wohnten dort schon viele Juden.

Eine Bruchlinie, die von Akko nach Osten bis zum Nordende des Sees Genezareth verläuft, teilt Galiläa in zwei große Gebiete. Diese Verwerfung wird durch ein Tal gekennzeichnet, das heute Bet-Kerem-Tal heißt, und dient als Grenzlinie zwischen den beiden Teilen. Nördlich des Bet-Kerem-Tals liegt Obergaliläa; es heißt so, weil es bedeutend höher liegt als Niedergaliläa. Ein steiler Felshang erhebt sich etwa 460 m aus dem Tal, so dass der Kontrast zwischen den beiden Regionen hier wirklich beeindruckend wirkt. Die Ostgrenze von Obergaliläa ist deutlich erkennbar durch den steilen nord-südlich verlaufenden Hang, der ins Huletal abfällt. Im Westen reicht Obergaliläa bis zur Ebene von Akko, an einer Stelle aber, bei Rosch HaNiqra, sogar bis zum Mittelmeer. Die Nordgrenze von Obergaliläa ist nicht klar erkennbar. Manche israelischen Geografen meinen, der Fluss Litani bilde seine natürliche Grenze, andere betrachten als solche die Bruchlinie, die von Rosch HaNiqra nach Nordosten in Richtung Tibnine verläuft.[1]

Ganz Obergaliläa, aber besonders der mittlere südliche Teil, ist ein Hebungsgebiet und von vielen Bruchlinien in Ost-West- und in Nord-Süd-Richtung durchzogen. Der Ostteil besteht aus hartem Kalkstein des Eozän, in dem an vereinzelten Stellen Basalt existiert; er entwässert nach Norden durch das Wadi Doubbe, das am Ende in den Litani mündet. Der Westteil besteht hauptsächlich aus harten Kalksteinen der Oberkreide (Cenoman, Turon) und steigt im Gebiet des Berges Meron bis auf 1208 m an; das ist die höchste Erhebung in ganz Israel außer dem Hermon. Dieses westliche Gebiet hat ein Gefälle nach Nordwesten, so dass die Flüsse nach Westen ins Mittelmeer fließen.

Im Ost- wie im Westteil gibt es guten Mutterboden und reichlicher Regen (600–1 000 mm) sichert die Fruchtbarkeit der Region. Die natürliche Vegetation des Gebietes war höchstwahrscheinlich der typische mediterrane Buschwald, aber Siedler haben die Bäume abgeholzt und Getreide angebaut. Diese Entwicklung fing wahrscheinlich mit der Ankunft der israelitischen Stämme an und war zur Zeit des Neuen Testaments schon grundsätzlich abgeschlossen: Der größte Teil des Gebiets wurde intensiv bebaut.

Weil das Gelände so zerklüftet ist, führten die großen Nord-Süd-Straßen um den östlichen und westlichen Rand Obergaliläas und umgingen die schwierige Passage. Anscheinend gab es aber eine Ost-West-Straße, die Damaskus mit der Hafenstadt Tyrus verband. Sie überquerte das Nordende des Huletales, führte durch Dan und Abel-Bet-Maacha, den felsigen Hang westlich von Abel-Bet-Maacha hinauf und oben auf den Klippen Obergaliläas entlang weiter nach Tyrus, an den Dörfern Bet-Anat und Kana vorbei. Eine andere Straße führte von Abel-Bet-Maacha nach Kedesch und von da nach Akko oder Achsib über Jiron und Bet-Schemesch. Diese Ost-West-Verbindungen müssen ziemlich wichtig gewesen sein, denn sie verbanden die Handels- und Wüstenstadt Damaskus mit dem Mittelmeer.

Zur Zeit des Alten Testaments siedelte sich der Stamm Asser im Westteil Obergaliläas an und Naftali wurde der Ostteil zugesprochen. Die Nordgrenze ihrer Gebiete scheint nicht weiter nördlich gelegen zu haben als die Nordgrenze Obergaliläas. In neutestamentlicher Zeit wohnten hauptsächlich Juden in dem Gebiet und der größte Teil wurde von Herodes Antipas beherrscht. Aber zu allen Zeiten waren die Bewohner dieser Gegend ziemlich abgeschirmt von äußeren Einflüssen, weil das Gelände so hoch liegt und so zerklüftet ist.

Die Ebene von Akko

Die Ebene von Akko liegt westlich von Galiläa und wird im Norden von Rosch HaNiqra begrenzt, im Westen vom Mittelmeer und im Süden vom Berg Karmel. Die Ebene ist in zwei Teile geteilt. Der Teil nördlich von Akko ist nur ein schmaler Landstreifen von ca. 20 mal 6 km mit abgeschwemmtem Boden aus den Bergen Obergaliläas. Die Wadis, die von den Bergen kommen, haben die Kurkar-Rücken (aus Sandstein versteinerte Dünen) durchbrochen, die parallel zur Küste verlaufen, und laufen jetzt ungehindert ins Mittelmeer. Die Küste besteht zum größten Teil aus einer unebenen, von der Brandung erodierten Kurkar-Platte, die das Anlegen von Schiffen dort schwierig macht.

Südlich von Akko ist die Ebene breiter (10 mal 15 km) und Sanddünen reichen von der Küste ins Inland hinein. Wegen der Dünen können die Wadis von den Bergen Niedergaliläas nicht direkt ins Mittelmeer entwässern; daher ist die Ebene außer einem höher liegenden Streifen dicht an den Bergen ziemlich sumpfig. Am Südende der Ebene mündet der Bach Kischon, der aus der Ebene Jesreel kommt, in die Bucht von Haifa.

Die Stadt Akko (Ptolemaïs) liegt dort, wo die beiden Teile der Ebene von Akko sich berühren. Die meiste Zeit in seiner Geschichte war Akko die führende Hafenstadt für ganz Israel und Transjordanien (man beachte die Straßen, die dorthin führen; s. Karte S. 33). Zusätzlich führte noch eine Strecke der überregionalen Fernstraße durch die Ebene an der Küste entlang nach Tyrus und Sidon, so dass der Durchreiseverkehr durch die Region intensiv war. Dieses Gebiet war für den Stamm Asser bestimmt, dieser aber hatte große Schwierigkeiten, die Kanaaniter zu besiegen, die in der Ebene wohnten, und das Gebiet war immer fremden Einflüssen vom Mittelmeer her ausgesetzt. Folglich war Akko/Ptolemaïs die meiste Zeit in seiner Geschichte entweder eine unabhängige Stadt oder von einer nichtisraelitischen Macht beherrscht. Hier in Ptolemaïs unterbrach der Apostel Paulus seine Reise nach Jerusalem am Ende der dritten Missionsreise (Apg 21,7).

Galiläa, die Ebene Jesreel und das Karmelgebirge

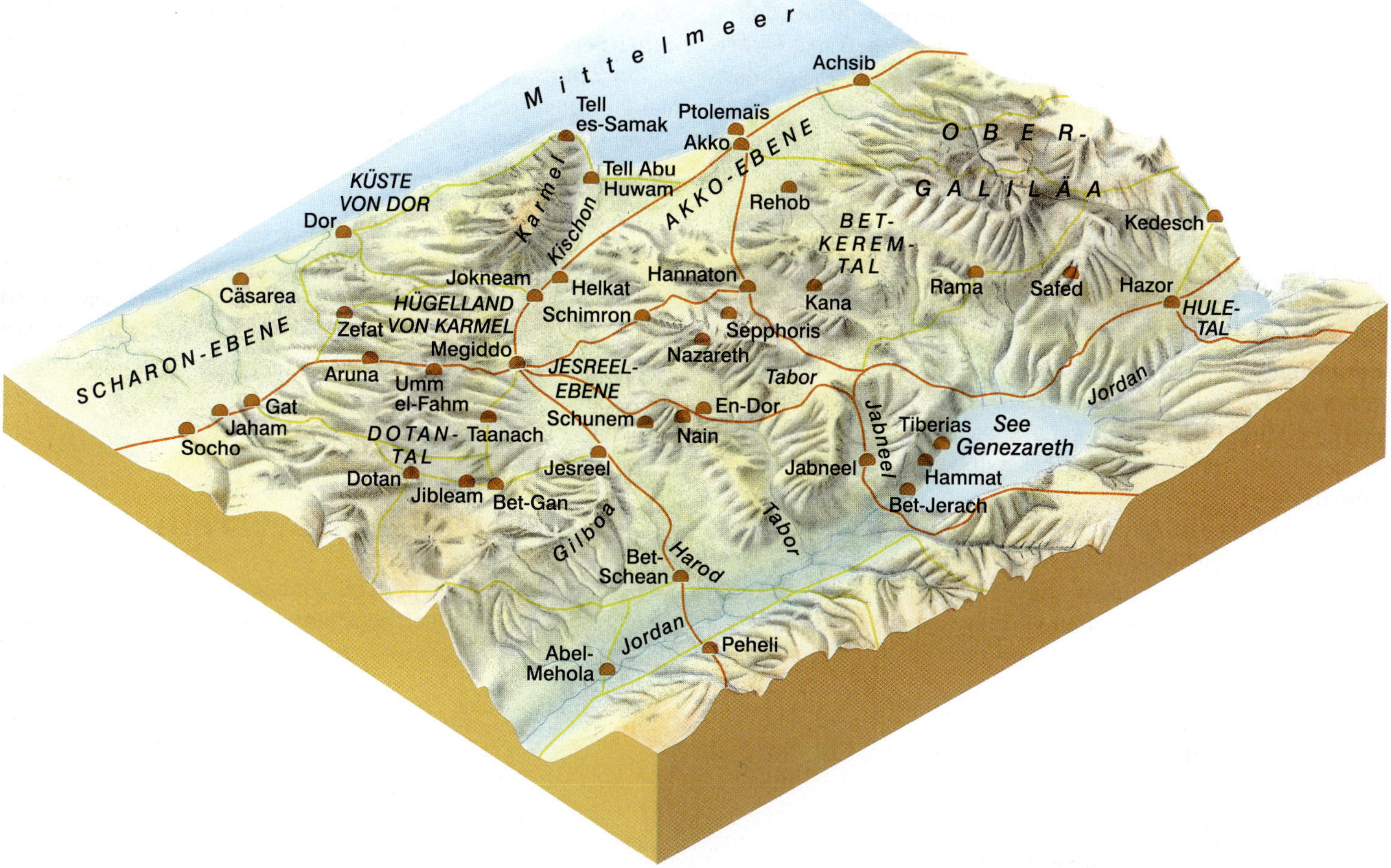

Niedergaliläa

Niedergaliläa liegt südlich von Obergaliläa und keiner seiner Berge ist höher als 610 m. Es wird im Osten durch den Jordangraben begrenzt, im Süden durch die Täler Harod und Jesreel und im Westen durch die Ebene von Akko.

Niedergaliläa kann man in zwei recht verschiedene Teile unterteilen, wenn man sich eine Linie von Norden nach Süden über den Berg Tabor vorstellt. Im Westteil bestehen die meisten Berge aus hartem Kalkstein der Oberkreide (Cenoman); nur in der Südwestecke treten weichere Ablagerungen des Eozän zutage. Diese Südwestecke mit ihren niedrigen wellenförmigen Hügeln könnte das Gebiet sein, das »das Gebirge Israel mit seinem Hügelland« genannt wird (hebr. Schefela – s. Jos 11,16); seine Struktur gleicht der des häufiger erwähnten »westlichen Hügellandes« von Juda (auch Schefela genannt). Die meisten Geländevertiefungen im westlichen Niedergaliläa verlaufen in Ost-West-Richtung. So trifft ein Reisender, der nach Norden oder Süden unterwegs ist, auf eine Reihe von Felsklippen mittleren Ausmaßes, zwischen denen breite fruchtbare Täler liegen. Wegen dieser Geländeform verlaufen die natürlichen Verbindungswege nicht nord-südlich, sondern ost-westlich. Das Gebiet erhält etwa 630 mm Regen im Jahr und das fruchtbare Schwemmland trägt noch zum natürlichen Reichtum der Region bei. In alter Zeit waren die Hügel mit Buschwald bedeckt und die Menschen bauten Dörfer und Straßen meist an den Hängen, um in den Tälern Ackerbau treiben zu können. Im Winter werden die breiten Täler teilweise überflutet, so dass das Fortkommen darin recht schwierig wird; aber im Frühjahr trocknen sie aus und geben gute Weizen- und Gerstenernten.

Von den Städten im westlichen Niedergaliläa sind Nazareth und Kana den Bibellesern am besten bekannt. Erstere liegt auf der südlichsten Felsenklippe im westlichen Niedergaliläa und von dort konnte man auf die Karawanen hinabschauen, wie sie auf der großen Fernstraße durch die Ebene Jesreel nach Süden zogen; vom Nordrand derselben Klippe aus konnte man Karawanen beobachten, die von Baschan zum Hafen von Akko/Ptolemaïs zogen. Zur Zeit Jesu war Nazareth eine sehr kleine und abgelegene Stadt in einer Senke aus Kalkstein oben auf dieser Klippe. Erst durch Jesus ist es zu der großen Stadt geworden, die es heute ist. Auch Kana war eine ziemlich unbedeutende Stadt; es lag am Südhang der Bergkette Jodefat. Heute findet man dort nur noch die kleine, unbewohnte Ruine Khirbet Qana. Hier tat Jesus das erste Wunder, von dem berichtet wird: Er verwandelte Wasser in Wein (Joh. 2,1–11). Aus außerbiblischen Quellen weiß man, dass es in neutestamentlicher Zeit im westlichen Niedergaliläa viele Siedlungen gab, von denen die wichtigste die Hauptstadt Sepphoris war, 5,5 km nordnordwestlich von Nazareth gelegen.

Im östlichen Niedergaliläa (dem Gebiet östlich der Nord-Süd-Linie über dem Tabor) laufen die Geländevertiefungen schräg von Nordwesten nach Südosten. Auch hier wechseln eine Reihe von Felsenklippen mit einer Reihe von Tälern ab (so dem Nahal Jabneel und dem Nahal Tabor), die ins Jordantal entwässern. Die Nordosthänge der Klippen sind ziemlich steil; die Südwesthänge neigen sich flacher. Der Boden ist hauptsächlich Basaltstein und vulkanischer Boden, wodurch die Landschaft etwas sanfter wirkt als im übrigen Galiläa. Das östliche Niedergaliläa reicht im Süden bis hinunter zum Tal Harod und hier liegen auch die berühmten weithin sichtbaren Erhebungen, der Hügel More und der Berg Tabor. Am Hügel More hat Gideon gegen die Midianiter gekämpft, Saul die Totenbeschwörerin von En-Dor befragt, Elisa den Sohn der Schunemiterin auferweckt (2. Kön 4) und Jesus den Sohn der Witwe von Nain (Lk 7). Debora und Barak stellten sich den Kanaanitern am Berg Tabor (Ri 4 und 5) und manche meinen, dies sei der Ort, an dem Jesus verklärt wurde, aber wahrscheinlicher war das der Berg Hermon.

Die überregionale Fernstraße verlief in nordöstlicher Richtung durch das östliche Niedergaliläa vom Berg Tabor bis zu den Hörnern von Hattin; von dort aus führte sie über den Arbel-Pass abwärts zum Nordwestufer des Sees Genezareth und weiter nach Norden bis Hazor. In römischer Zeit verlief die Kornstraße von Baschan nach Westen zuerst südlich am See Genezareth vorbei, dann aufwärts durch den Nahal Jabneel, wandte sich dann nach Westen und führte durch Sepphoris und Hannaton bis Akko/Ptolemaïs.

Zur Zeit des Alten Testaments war Niedergaliläa bis zur Ankunft der Israeliten (ca. 1400–1200 v. Chr.) nur dünn besiedelt. Vier der Stämme bekamen ihr Gebiet in Niedergaliläa: Issachar südöstlich vom Berg Tabor, Naftali nordöstlich, Asser nordwestlich und Sebulon westlich (s. Karte S. 99).

Weil die Landschaft in Niedergaliläa viel weniger zerklüftet ist als in Obergaliläa, ist Niedergaliläa fremden Einflüssen zu allen Zeiten stärker ausgesetzt gewesen. Man sollte auch bedenken, dass in den Evangelien zwar nur wenige Orte hier mit Namen erwähnt werden, dass Jesus aber einen großen Teil seines Lebens in den Hügeln und Tälern Niedergaliläas verbracht hat.

Der See Genezareth

Der See Genezareth liegt im Jordangraben an der Ostgrenze Niedergaliläas. Seine Oberfläche liegt etwa 390 m tiefer als die um-

See Genezareth

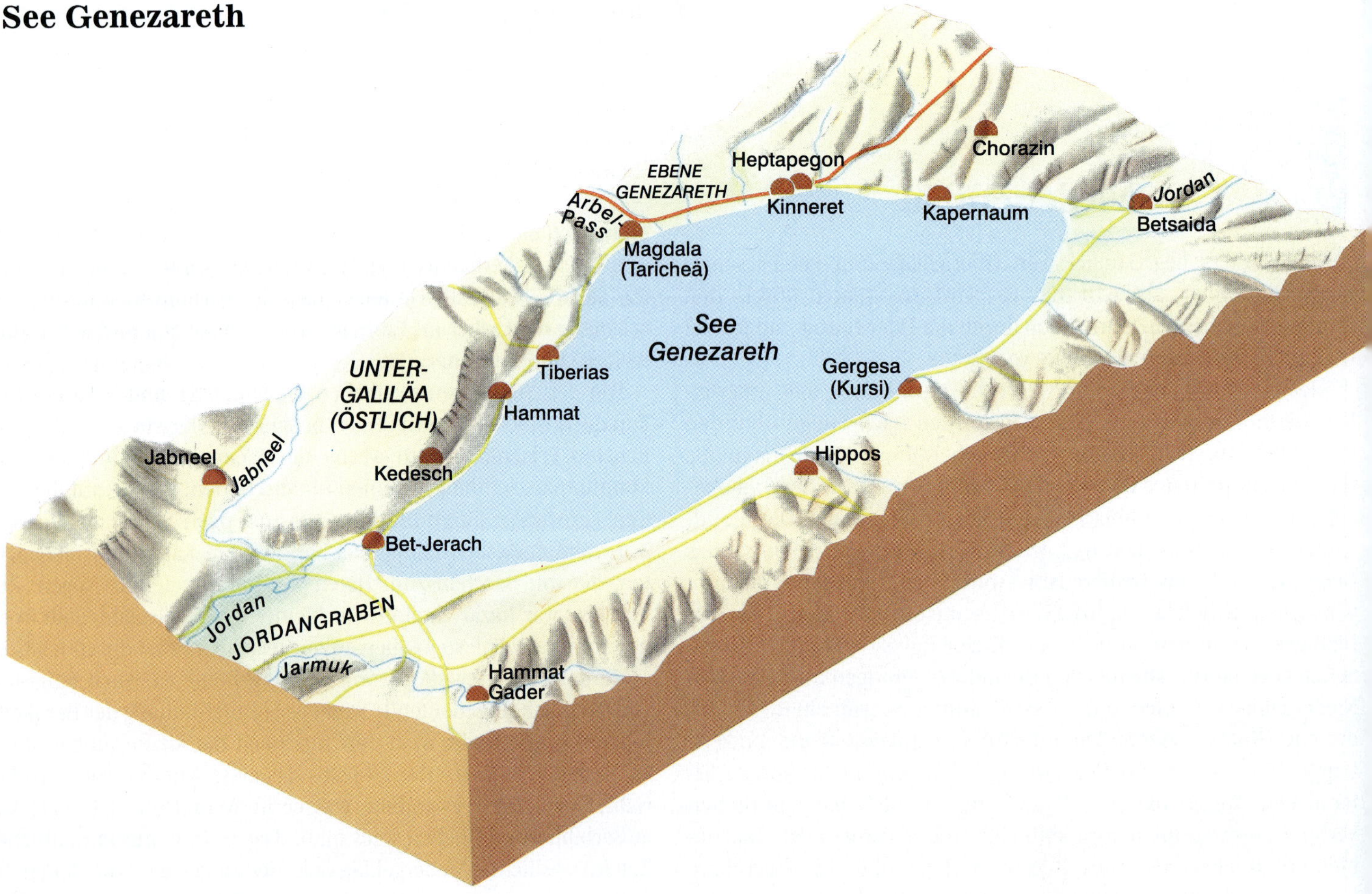

liegenden Berge und 210 m unter dem Meeresspiegel. Der See ist 21 mal 12 km groß und seine Küste ist ungefähr 48 km lang. Im Norden grenzt er an das Südende des Huletals, im Osten an die Hügel von Baschan, im Westen an die steilen Berghänge von Niedergaliläa und im Süden an die Weiterführung des Jordangrabens. Das Süßwasser des Sees Genezareth hat die Bewohner der Gegend zu allen Zeiten reichlich mit Fisch versorgt.

Im Alten Testament wird der See nur dreimal erwähnt und zwar unter dem Namen »See Kinneret«. Traditionell wird der Name Kinneret mit der harfenähnlichen Form des Sees in Verbindung gebracht, aber vermutlich ist der Name des Sees von der Stadt Kinneret übernommen worden, die an seiner Nordwestecke liegt. Die Namen, die man im Neuen Testament gebraucht, sind »See Genezareth«, »See von Tiberias« nach der Stadt Tiberias, die wohl etwa 20 v. Chr. gegründet wurde (Joh 6,1; 21,1), oder einfach »der See«.

Der See wird gespeist vom Jordan, der an seinem nördlichsten Ende hineinfließt, und von süßen und salzigen Quellen, die sich im See und um ihn herum befinden. In der Nordwestecke gibt es sieben salzige Quellen, Heptapegon genannt, und an seinem Westufer südlich von Tiberias sind die heißen Mineralquellen von Hammat (ein hebräisches Wort, das »heiß« bedeutet). Weil sie tiefer liegt, bekommt die direkte Umgebung des Sees weniger Regen als die umliegenden Berge; in Tiberias z. B. fallen nur 464 mm jährlich. Aber weil das Meer von ziemlich steilen Bergen umgeben ist, kann der Wind, wenn er an den Hängen hinabfällt, plötzliche heftige Unwetter darauf auslösen. Es gibt nicht viel flaches Ackerland am Seeufer, nur drei kleine, aber sehr fruchtbare Ebenen am Nordwest-, Nordost- und Südufer. Die am Nordwestufer war als Ebene Genezareth bekannt; Josephus schreibt, wie ungewöhnlich ihr Klima und ihre Früchte sind, und nennt so unterschiedliche Produkte wie Walnüsse, Palmen, Feigen, Oliven und Weintrauben (Jos, Jüd. Krieg, 3.10.8). Die Ebene um Betsaida nordöstlich des Sees wird von mehreren Bächen feucht gehalten, die ständig Wasser führen, und ist ebenso fruchtbar.

Südspitze des Sees Genezareth mit Blick nach Osten.

Das Alte Testament berichtet nicht viel über den See, aber es ist bekannt, dass die Städte an seinem Westufer dem Stamm Naftali zugesprochen wurden (s. Karte S. 99). In neutestamentlicher Zeit war die ganze Gegend schon dicht besiedelt. Im Osten waren z. B. die Städte Gergesa und Hippos, die zur griechisch-römischen Dekapolis gehörten, und am Westufer war die wichtigste Stadt Tiberias, das Herodes Antipas vor kurzem erbaut und zur Hauptstadt Galiläas gemacht hatte. Südlich von Tiberias waren die heißen Quellen von Hammat, nördlich die Handelsstadt Magdala oder Taricheä (vielleicht »eingesalzener Fisch«?, Jos, Jüd. Krieg 3.9.7), wo Fische für den Export konserviert wurden. In manchen Städten, die am Seeufer in seinem nördlichen Drittel lagen, hat Jesus gepredigt, so in Genezareth, Dalmanuta, Kapernaum, Chorazin und Betsaida.

Zu allen Zeiten hat es Wege rund um den See gegeben, die den sumpfigen Stellen am Ein- und Ausfluss des Jordan auswichen. Am Nordwestufer führte die überregionale Fernstraße, die aus den Hügeln des östlichen Niedergaliläa über den Arbel-Pass nach Magdala kam, über die Ebene Genezareth und dann weiter durch das Huletal nach Hazor.

Die meisten Berge, Felsblöcke und auch die Böden um den See stammen von Lavaausbrüchen. Die Häuser in der Gegend wurden meist aus schwarzem Basalt gebaut und weil sie nur wenige Fenster hatten und man zur Beleuchtung nur Öllampen besaß, muss es ziemlich bedrückend gewesen sein, darin zu wohnen. Dies könnte der Hintergrund für die Beschreibung des düsteren geistlichen Zustands in dieser Region sein (Jes 8,23). Aus den großen Basaltblöcken in der Gegend konnte man gute Mühlsteine für den Hausgebrauch machen, auch komplette große Mühlen für Betriebe, Ölpressen und andere Geräte für Handwerksbetriebe. Daher basierte der Wohlstand der Region zur Zeit des Neuen Testaments auf mehreren Faktoren: auf der Existenz der Hauptstadt Galiläas, Tiberias; den Kranken, die zur medizinischen Behandlung zu den heißen Quellen von Hammat und Hammat Gader kamen; der Fischindustrie; der Fruchtbarkeit des Landes; den Handelsstraßen, die durch das Gebiet führten, und der Herstellung von Geräten aus Basalt.

Die Ebene Jesreel

Der Begriff *Ebene Jesreel* wird in der Bibel nur wenig gebraucht; ihr griechischer Name Esdrelon kommt nur in der außerbiblischen Literatur aus der Zeit des zweiten Tempels vor. Die Ebene hat ihren Namen offensichtlich von der israelitischen Siedlung Jesreel übernommen, die an ihrem Ostende liegt. In der ersten Zeit, in der Israel das Land bewohnte, standen die meisten Städte im Tal unter kanaanitischer Herrschaft. Wenn ein Israelit von der Ebene sprach, würde er sie eher nach dem israelitischen Dorf Jesreel benennen als nach einer der nichtisraelitischen Städte wie Megiddo oder Taanach, die das Tal beherrschten.

Es gibt Meinungsverschiedenheiten darüber, was genau mit dem Namen Ebene Jesreel bezeichnet werden sollte; was in dieser Abhandlung als die eigentliche Ebene bezeichnet wird, hat die Form eines Dreiecks oder einer Pfeilspitze. Die drei Ecken sind Helkat im Nordwesten, der Berg Tabor im Nordosten und Bet-Gan im Südosten. Die nördliche Grenzlinie erstreckt sich über 27 km von Helkat zum Berg Tabor und wird vom südlichsten Höhenzug des westlichen Niedergaliläa gebildet, der Hügelkette von Nazareth. Die Südgrenze ist die Karmel-Bergkette, die 32 km lang von Helkat nach Bet-Gan verläuft. Die östliche Begrenzung ist nicht so deutlich; aber annähernd folgt sie einer imaginären, 17 km langen Verbindungslinie vom Berg Tabor nach Bet-Gan.

Die Ebene selbst besteht aus fruchtbarem Schwemmland von den umliegenden Bergen. Die Wasserscheide im Osten ist die Trennlinie zwischen den Tälern Harod und Jesreel. Von den Bergen Tabor und Gilboa her fließt der Bach Kischon nach Nordwesten, entwässert das Tal und zwängt sich durch den engen Ausgang bei Helkat auf einer Höhe von 24 m hinaus. Wegen seiner flachen Neigung wird das Tal im Winter sehr schlammig; im Altertum konnte man sich in dieser Zeit nur sehr schwer darin fortbewegen. Der größte Teil des Tales bekommt jährlich 500 mm Regen, aber in den umliegenden Bergen fallen 700 mm. Wahrscheinlich geschah es bei einem Unwetter im Winter (mit der nachfolgenden Bodenverschlammung), dass die Kanaaniter ihre Streitwagen stehen ließen, die im Morast feststeckten, und zu Fuß vor Deboras und Baraks Truppen flohen, die vom Berg Tabor kamen (Ri 4,15; 5,20–21; Ps 83,10; Karte S. 107). Die Regenzeit machte den Reisenden zwar Schwierigkeiten, aber die Bewohner der Region konnten im Frühjahr und Frühsommer überreiche Weizen- und Gerstenernten einbringen, die »wirklich Gott gesät hatte« (Hebr. *Yizr*^{e}*'e'l*: »Gott sät«).

Östlich der Wasserscheide, etwa von der Stadt Jesreel an, führt ein kleineres und schmaleres Tal, 17,5 mal 5 km, hinunter in die Gegend von Bet-Schean. Manche Geografen meinen, nur dies sei das biblische Tal Jesreel, aber hier wird es mit dem modernen Namen des Nahal (hebr.: »Tal«), der in seiner Längsrichtung verläuft, Tal Harod genannt. Dieses Tal wird im Norden vom südlichsten Hang aus Basaltboden des östlichen Niedergaliläa und im Süden vom steilen Hang des Berges Gilboa begrenzt, der sich bis 490 m über die Talsohle erhebt. Der größte Teil des Tales liegt tiefer als der Meeresspiegel und weil es auch bis unter den Grundwasserspiegel reicht, gibt es hier viele Quellen; so ist dies ein fruchtbares Gebiet, obwohl Bet-Schean nur 300 mm Niederschlag im Jahr bekommt.

Die Täler Jesreel und Harod sind eine landwirtschaftlich wichtige Gegend, aber strategisch sind sie noch bedeutender. Die große überregionale Fernstraße von Norden nach Süden musste durch das Tal Jesreel führen und zugleich verlief der einfachste Weg von der West- zur Ostgrenze Israels durch diese beiden Täler. Wer von Süden auf der überregionalen Fernstraße über einen der Karmelpässe reiste, erreichte Jokneam, Megiddo, Taanach oder Bet-Gan. Meistens kam er in Megiddo an, überquerte von da das Tal Jesreel auf einer der leichten Geländeanhöhen, die durch anstehenden Basalt gebildet werden, und reiste weiter nach Nordosten zum Berg Tabor. Wenn er von Megiddo aus zum Hafen von Akko, Tyrus oder Sidon unterwegs war, konnte er am Nordhang des Berges Karmel entlang und über den engen, nur 500 m breiten Pass bei Helkat gehen und von da weiter nach Norden, indem er von den Sanddünen Abstand hielt. Eine andere Straße, die vielleicht ebensoviel begangen wurde wie diese, führte von Megiddo aus in nördlicher Richtung direkt nach Schimron. Von da lief sie weiter über die niedrigen Hügel des östlichen Niedergaliläa nach Hannaton und schließlich nach Westen zur Ebene von Akko.

Die andere große Straße, die durch dieses Gebiet führte, verband Akko über die Städte Megiddo und Jesreel mit Bet-Schean. Diese Ost-West-Verbindungsstraße war außerordentlich wichtig, denn von Bet-Schean aus konnte man nach Nordosten zum Südende des See Genezareth kommen, von da hinauf nach Baschan und weiter nach Damaskus oder man konnte von Bet-Schean nach Osten reisen, den Jordan durchqueren, die Hügel von Gilead hinaufsteigen und schließlich bei Ramot Gilead auf die Transjordanische Fernstraße kommen.

Natürlich konnte jeder, der diese Täler beherrschte, auch die großen Straßen kontrollieren, die durch das Land führten. Die Stämme Sebulon, Issachar und Manasse, denen Städte in und um das Tal zugesprochen worden waren, hatten große Schwierigkeiten, die Kanaaniter zu besiegen, die dort wohnten (Ri 1,27–28 und 30); wahrscheinlich konnte Israel die Festungen in diesen Tälern nicht vor der Zeit Davids und Salomos wirklich beherrschen (1. Kön 9,15). Von der Zeit des ägyptischen Pharaos Thutmosis III. (1486 v. Chr.) bis heute ist die Ebene Jesreel die Bühne, auf der die Armeen der Welt an- und abtreten. Es passt also ganz ins Bild, dass dieses strategische Zentrum zum Ort jenes entscheidenden Endkampfes, der Schlacht von Harmagedon, gewählt worden ist (»Harmagedon« ist griechisch vom hebräischen *Har M*^{e}*giddô*: »Berg von Megiddo«, Offb 16,16).

Das Karmelbergland

Südlich der Ebene Jesreel ragen die steilen Felswände des Karmelberglandes auf. Der Name *Karmel* bedeutet »Pflanzung, Gartenland« oder auch »Gartengewächse« und in der Bibel ist der Vegetationsreichtum des Karmelberglandes zum Symbol für große Fruchtbarkeit geworden (z. B. Hld 7,6). Das Karmelbergland im weiteren Sinn erstreckt sich etwa 48 km vom Mittelmeer im Nordwesten zum Dotan-Tal im Südosten.

Geologisch lässt sich das Karmelbergland in drei verschiedene Regionen aufteilen. Das nördlichste von diesen ist der Berg Karmel im engeren Sinn (546 m). Er besteht hauptsächlich aus harten

Der Berg Karmel erhebt sich aus der Küstenebene.

Kalksteinablagerungen der Oberkreide (Cenoman, Turon) mit gelegentlichen Basaltvorkommen. Sein Nordwestausläufer reicht bis ans Mittelmeer und sein Westhang verläuft 32 km an der Küste entlang. Im Norden erhebt sich ein sehr steiler Abhang etwa 460 m über die Ebene Jesreel. Diese wilde Landschaft bekommt jährlich etwa 800 mm Regen und zusätzlich beträchtliche Mengen Tau, weil sie hoch und dicht am Meer liegt; im Altertum war sie zum größten Teil mit Bäumen bewachsen. Der Berg ist so massiv und seine Hänge sind besonders auf der West- und Nordostseite so steil, dass das Reisen in diesem Gebiet praktisch unmöglich war.

Der zweite Abschnitt des Karmelberglandes liegt südöstlich des eigentlichen Berges Karmel und wird das Gebiet Manasse oder die Schefela (Vorberge) des Karmel genannt. Seine Form ist rechteckig und es besteht aus weichem, kreidigem Kalkstein des Eozän. Wegen seiner geringeren Höhe (200–300m) fällt hier weniger Regen als auf dem Berg Karmel selbst und der kreidige Boden ist nicht sehr fruchtbar. Zwischen diesen beiden Abschnitten liegt ein oberkretazisches (Senon) Tal und ein Pass aus kreidehaltigen Steinen des Senon, über das man aus der Ebene Scharon nach Jokneam gelangen konnte.

Weiter nach Südosten liegt der dritte Abschnitt des Karmelberglands, der manchmal Gebiet Umm el-Fahm genannt wird. Dieser Teil ist auch rechteckig geformt und besteht wieder aus härterem Kalkstein des Cenoman-Turon. An manchen Stellen ist er bis zu 490 m hoch. Der Boden ist hauptsächlich fruchtbare mediterrane Roterde (Terra Rossa) und der jährliche Niederschlag von 500 mm macht das Gebiet recht ertragreich. Zwischen ihm und dem Gebiet Manasse im Nordwesten verläuft ein weiterer Pass, dessen Gesteine aus oberkretazischen Abfolgen (Senon) aufgebaut ist. Dieser führt von der Ebene Scharon nach Megiddo. Südöstlich des Gebietes Umm el-Fahm liegt wieder ein Gebiet, dessen Untergrund aus oberkretazischen Abfolgen besteht, namentlich das Dotantal, das diese Region vom Bergland von Manasse trennt; dieses Tal ist der dritte wichtige Pass durch das Gebirge. Die Geländeabschnitte, die aus Gesteinen des Senon bestehen und das Karmelbergland teilen, wurden wie andere Senongebiete überall im Land oft als Verbindungswege genutzt, weil sie gewöhnlich tiefer liegen als die Umgebung, ziemlich frei von Felsbrocken sind und in den Wintermonaten schnell trocknen.

Wahrscheinlich war das ganze Karmelbergland während des gesamten Altertums von dichtem Wald bedeckt. Im Text der Bibel hören wir nur von Elias und Elisas Verbindung zum Berg Karmel, aber die Städte an seiner Nordostseite – Jokneam, Megiddo und Taanach – sind als kanaanitische Zentren zu Recht berühmt. Das Karmelbergland hindert den Fluss des Nord-Süd-Verkehrs von der Ebene Scharon zur Ebene Jesreel und der von Akko; Reisende, Karawanen und Kriegsheere mussten also schon immer einen der drei Pässe benutzen oder versuchen, um den Nordwestausläufer des

Scharon, Manasse und Ephraim

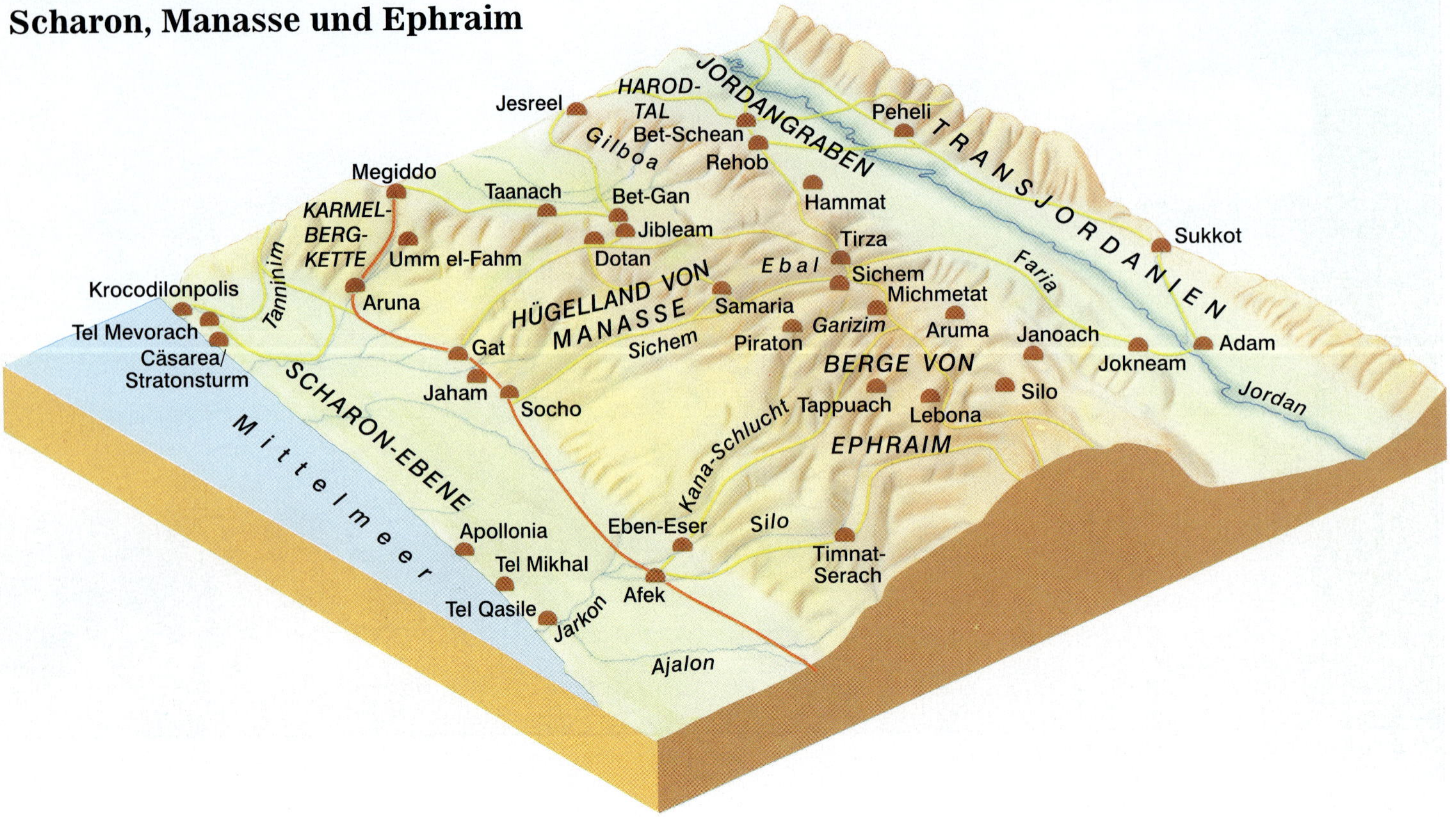

Berges zu gehen. Wenn man also die Pässe beherrschen konnte, konnte man den Nord-Süd-Verkehr auf dem Landweg zwischen den Kontinenten Afrika und Asien kontrollieren (man denke an Josias vergeblichen Versuch, den Pharao Necho durch einen Kampf bei Megiddo am Weiterziehen nach Norden zu hindern, 2. Chr 35,22).

Die Ebene Scharon

Südlich des Karmelberglandes liegt ein Teil der Küstenebene, der Scharon heißt; er wird im Norden durch den Nahal Tanninim (Krokodilfluss), im Osten durch das Vorgebirge von Ephraim und Manasse, im Süden durch den Jarkon und im Westen durch das Mittelmeer begrenzt. Die Ebene Scharon ist 48 mal 16 km groß, flach und besteht aus Schwemmland von den Bergen und Ablagerungen von Rotsanden des Mittelpaläolithikums (Moustérien). Die Gegenden, in denen diese Rotsande liegen, sind heute berühmt für ihre hervorragenden Zitrusfrüchte.

Am Westrand der Ebene Scharon verlaufen die drei Kurkar-Berge in Nord-Süd-Richtung parallel zur Küste. Einer dieser Höhenzüge bildet streckenweise die Küste selbst, die anderen beiden liegen etwas landeinwärts. Diese Berge blockieren den Wasserabfluss von den Wadis nach Westen, so dass sich in alter Zeit das Wasser hinter diesen Höhenketten sammelte und die Ebene Scharon dadurch sehr sumpfig war. In römischer Zeit wurden künstliche Abflüsse durch die Berge geschaffen und erst im 20. Jahrhundert wurden die Sümpfe vollständig trockengelegt.

In alttestamentlicher Zeit wurde die Ebene Scharon wegen der Sümpfe, der dichten Eichenwälder und eines undurchdringlichen Gestrüpps von Sträuchern nicht für den Ackerbau genutzt; seit kurzem wird sogar die Meinung vertreten, dass das Wort Scharon eine »bewaldete Ebene« bezeichnet.[2] Anscheinend wurde die Ebene Scharon zur Zeit des Alten Testaments nur als Weideplatz für Haustiere genutzt (1. Chr 5,16; 27,29). Wegen des sumpfigen Bodens musste auch die überregionale Nord-Süd-Fernstraße von Afek aus nach Norden am Rand der Ebene entlang über die Städte Socho, Jaham und Gat zum Karmel verlaufen; so mied sie die Berge im Osten und die Sümpfe im Westen. Erst nachdem Herodes der Große die Stadt Cäsarea an der Küste gebaut hatte, gab es überhaupt eine größere Straße, die in die Ebene hineinführte.

Römischer Damm in der Scharonebene, mit Blick nach Süden.

Nördlich der Ebene Scharon liegt ein schmaler Landstreifen von 32 mal 3,2 km zwischen den Westhängen des Karmel und dem Mittelmeer. Diese Verlängerung der Ebene Scharon nach Norden wird manchmal die Küste von Dor genannt nach der wichtigsten Stadt, die in alttestamentlicher Zeit in dieser Gegend lag. Der Landstreifen bot einen Durchgang am Berg Karmel vorbei von Tel Mevorach nach Tell es-Samak. Aber weil der Durchgang eng und die Gegend sumpfig war, wurde dieser Weg im Altertum nicht oft benutzt.

Zwischen dem Berg Karmel und dem Jarkon ist die Küstenlinie ziemlich gerade und nur bei Atlit und Dor gab es kleine natürliche Häfen. Zusätzliche Ankerplätze wurden bei Krocodilonpolis, Stratonsturm, Apollonia, Tel Mikhal und in der Nähe des Jarkon eingerichtet. Schiffe, die die Küste befuhren, konnten diese Ankerplätze nutzen; die Tjekker, ein Stamm der Seevölker, unternahmen um 1100 v. Chr. ihre Seereisen von Dor aus.[3] Aber erst als Herodes die riesige Stadt Cäsarea baute (ca. 22–10 v. Chr.), gab es in diesem Teil der Küste einen bedeutenden Hafen. In dieser Zeit wurde auch ein Teil der Sümpfe trockengelegt und landwirtschaftlich genutzt, um diese wichtige neue Stadt zu versorgen. Cäsarea sollte für über 600 Jahre zum beherrschenden Zentrum des Landes werden (6-639 n. Chr.).

Das Hügelland von Manasse

Östlich der Ebene Scharon erheben sich die Berge von Manasse und Ephraim. Sie sind Teil der großen zentralen Gebirgskette, die von den Bergen Karmel und Gilboa im Norden bis Beerscheba im Süden reicht. Von Norden nach Süden angeordnet liegen hier die alten Stammesgebiete von Manasse, Ephraim, Benjamin und Juda (s. Karte S. 98). Die geografischen Grenzen zwischen diesen Gebieten sind manchmal kaum zu erkennen; aber jedes Gebiet hat seinen eigenen Charakter und darum wird jedes für sich behandelt.

Das Hügelland von Manasse reicht vom Dotan-Tal im Nordwesten und dem Berg Gilboa im Nordosten bis zu einer gedachten Linie in der Kanaschlucht entlang, die die Ebene Scharon mit dem Jordantal verbindet. Die Mitte dieses Landesteils bildet ein Hebungsgebiet, bestehend aus Bergen, die aus eozänen Kalksteinen aufgebaut sind. An dessen Südspitze liegen die höchsten Berge im ganzen Land Manasse: der Berg Ebal mit 940 m und der Berg Garizim mit 881 m. In diesem zentralen Gebiet befinden sich mehrere breite, höher liegende Täler, in denen jährlich 500 bis 630 mm Regen fallen. An dessen Nordwestrand erhebt sich der Berg Gilboa fast 500 m über das Tal Harod. Sowohl die jährliche Regenmenge als auch die Zahl der taureichen Nächte auf dem Berg Gilboa liegt hier erheblich niedriger (vgl. Davids Worte beim Tod Sauls: »Ihr Berge von Gilboa, es soll weder tauen noch regnen auf euch«, 2. Sam 1,21).

Das Gebiet östlich des zentralen Berglandes ist in erster Linie aus Kalksteinen des Cenoman aufgebaut; näher zum Jordangraben hin sind einige kreidehaltige Kalksteine des Senon und Eozän aufgeschlossen. Dicht beim Grabenbruch nimmt der Niederschlag ab (250 bis 350 mm im Jahr), so dass man nur am Rand dieses Gebiets noch Acker- und Weideland findet. Durch die Hügel des östlichen Berglands von Manasse ziehen sich zwei parallele Verwerfungslinien, die das Wadi Faria begrenzen. Dieses Wadi ist zwischen 0,5 und 3 km breit, es beginnt bei Tirza auf 200 m Höhe, verläuft von Nordwesten nach Südosten in den Jordangraben und mündet in der Nähe der Furt bei Adam, 300 m unter dem Meeresspiegel. Weil es zum großen Teil unter dem Meeresspiegel liegt, schneidet das Tal auch den Grundwasserhorizont an und es gibt dort mehrere bedeutende Quellen. Das Wadi Faria bietet einen bequemen Weg vom Hügelland von Manasse zum Jordangraben und den Gebieten jenseits des Jordans. Außerdem verläuft ein dünnes »Band« von kreidehaltigen Gesteinen des Senon direkt von Sichem nach Bet-Schean und trennt geologisch das zentrale vom östlichen Gebiet Manasses. Dieses »Band« bietet eine zusätzliche Verbindung der Region zur Außenwelt, wie man an der alten Römerstraße erkennen kann, die ihm folgt.

Westlich der zentralen Gebirgskette liegen die niedrigen Kalkstein- und Kreidehügel und Täler von West-Manasse. Dieses Gebiet ist nicht so zerklüftet wie die beiden anderen und hier gibt es verhältnismäßig bequeme Wege in das Hügelland, z. B. über den Nahal Sichem oder das Dotan-Tal. Der Boden ist zwar nicht besonders fruchtbar, aber leicht zu bearbeiten und weil die Gegend auf der Windseite der Berge liegt, bekommt sie reichlich Regen; daher war sie im ganzen Altertum entweder mit Bäumen bewachsen oder intensiv bewirtschaftet.

Von allen Gebieten in der zentralen Gebirgskette ist das von Manasse den Einflüssen von außen am meisten ausgesetzt. Über den Nahal Sichem, das Dotan-Tal, das Wadi Faria und den »Graben« von Sichem nach Bet-Schean führen Straßen in das Gebiet. Außerdem konnte man auch von der Ebene Scharon ins Jordantal gelangen, indem man im Zickzack erst den Nahal Sichem hinauf bis Sichem ging, dann nach Nordosten bis Tirza und von dort wieder nach Südosten dem Wadi Faria bis ins Jordantal folgte. Diese Straße traf bei Sichem auf die »Wasserscheiden-« oder »Höhenstraße« von Jerusalem. So ist es kein Wunder, dass Sichem, das strategisch im Tal zwischen den Bergen Ebal und Garizim und an dieser wichtigen Straßenkreuzung lag, für lange Zeit die bedeutendste Stadt und zugleich auch die Hauptstadt des Landes war. Die Verlegung der Hauptstadt nach Tirza (z. B. 1. Kön 15,21 und 33) scheint auf eine bedächtigere, defensive, konservative Haltung in der Außenpolitik zu deuten. Aber als die Hauptstadt schließlich nach Samaria verlegt wurde (1. Kön 16), das nicht weit von der Ebene Scharon am Westhang der Berge lag, war das Nordreich allen kulturellen, religiösen und politischen Einflüssen aus dem Westen voll ausgesetzt (zu sehen an der Ankunft Isebels und ihrer Götter, 1. Kön 16,29–34). Schließlich wurde Samaria eine berühmte griechisch-römische Stadt und mit der Zeit löste ihr Name den Namen Manasse als Gebietsbezeichnung ab.

Das Hügelland von Ephraim

Südlich von Manasse liegen die Berge, die das Kernland bilden, das für den Stamm Ephraim bestimmt war (s. Karte S. 98). Das Hügelland von Ephraim wird im Westen von der Ebene Scharon begrenzt, im Osten vom Jordangraben, im Norden von der gedachten Ost-West-Linie an der Kanaschlucht entlang (s. S. 39) und im Süden von einer gedachten Linie von Osten nach Westen durch die Stadt Bethel. Von Norden nach Süden misst das Hügelland Ephraim 24 km und von Osten nach Westen etwa 43 km. Das Gebiet besteht ganz aus harten Kalksteinen des Cenoman und Turon. Diese Kalksteine verwittern zu tiefen Tälern, so dass das Hügelland von Ephraim eine unwegsame Gegend ist: Fast das ganze Gebiet besteht aus sehr steilen, felsigen Bergen, die manchmal Terrassen bilden, getrennt durch tiefe, steile Schluchten (s. o.). Das Hauptwadi ist der Silo; durch ihn fließt das Wasser der gesamten mittleren Region ins Mittelmeer.

Die Berge in der Gegend sind zwischen 580 und 975 m hoch; der höchste Gipfel ist der Baal Hazor (1016 m). Die Westhänge und die Berge im Zentrum erhalten reichlich Regen (500–700 mm jährlich), aber die Osthänge werden immer trockener, je näher man dem Jordangraben kommt. Der Boden ist fruchtbare mediterrane Roterde; Terrassenanbau ist verbreitet und auf den kleinen Ackerlandflächen werden Wein, Weizen und anderes angebaut.

Die wichtigste Straße durch das Gebiet ist die »Höhenstraße« (s. S. 28). Diese Straße hält sich im Allgemeinen dicht an der Wasserscheide und meidet die tiefen Schluchten im Osten und Westen in ihrem Verlauf von Jerusalem über Bethel und Silo nach Sichem. Weil der Kalkstein ohne Unterbrechung von der Küstenebene bis in den Jordangraben reicht, ist es sehr schwierig, die Berge von Osten oder Westen zu erreichen. Darum blieb Ephraim von direkten Invasionen meist verschont und konnte in Zeiten politischer Unruhen als Rückzugsgebiet dienen. Nicht ohne Grund sagte man, einer von den Leviten habe »weit hinten im Gebirge Ephraim« gewohnt (Ri 19,1); dies war sicher einer der abgelegensten Orte in der ganzen zentralen Gebirgskette.

Das Hügelland von Benjamin

Dieses Gebiet ist ungefähr dasselbe, das einst dem Stamm Benjamin gehörte (s. Karte S. 98). Es reicht von Bethel im Norden bis Jerusalem im Süden, 22 km weit. Seine Ostgrenze ist der Berghang zum Jordangraben, seine Westgrenze bilden die Westhänge der Hügel, die zur Küstenebene abfallen. In Ost-West-Richtung ist es im Schnitt etwa 43,5 km breit.

Der größte Teil des östlichen Benjamin ist eigentlich eine Fortsetzung der trockenen Wüste Juda nach Norden (150–400 mm Niederschlag jährlich). Es wurde hauptsächlich als Zufluchtsort für die Ausgestoßenen der Gesellschaft und als Winterweide für Schafe und Ziegen genutzt. Der mittlere und westliche Teil Benjamins bestehen aus hartem Kalkstein des Cenoman und Turon; der mittlere Teil, durch den die Wasserscheide verläuft, ist ein ziemlich hohes Tafelland (760 m). Diese »Benjamin-Hochebene« war der Kern des Stammesgebiets der Benjaminiten. Es ist kreisförmig und von den Städten Gibea im Süden, Geba im Osten, Mizpa im Norden und Gibeon im Westen umgeben. Hier fallen etwa 635 mm Regen im Jahr. Es gibt in dieser Gegend mehrere Quellen, wie überall in der zentralen Gebirgskette, und üblicherweise sammelte man Regenwasser in verputzten Zisternen. Auf den Gipfeln und Hängen der kleinen Kalksteinhügel, die die Hochebene beleben, bildeten sich Siedlungen. Der harte Kalkstein ist ziemlich leicht zu bearbeiten und man baute daraus die Hauswände; die Dächer aus Holz wurden mit Lehm verputzt. Die gepflegten Felder auf der Ebene haben fruchtbare Roterdeböden. In biblischer Zeit, besonders als die Israeliten ins Land kamen, gab es hier wahrscheinlich mehr Bäume als heute und auch ganze Wälder.

Südlich von Gibea liegt eine zweite Hochebene. Sie hat die Form einer Ellipse; an ihrem südlichen Ende liegt Bet-Kerem und im Westen die Quelle Neftoach. Die Stadt Jerusalem liegt am Ostrand der Hochebene. Diese »Jerusalem-Hochebene« gehörte teils zu Benjamin, teils zu Juda. Die Hauptstraße der Region von Hebron nach Sichem, die »Höhenstraße«, lief über diese beiden Ebenen dicht an den Dörfern und Gehöften von Bet-Kerem, Gibea, Rama, Mizpa und Bethel vorbei.

Östlich und westlich dieser Hochebenen stehen Bergkämme rechtwinklig zum Hauptverlauf der Gebirgskette. Diese Berge werden besonders im Westen durch tief eingeschnittene Schluchten zerteilt, durch die praktisch kein Reiseverkehr möglich ist. In der ganzen Gegend wird die Fortbewegung in Nord-Süd-Richtung sehr schwierig, sobald man sich von den Ebenen oder von der Wasserscheide entfernt. Die meisten bedeutenderen Ost-West-Straßen erreichen das Gebirge über einen der Bergrücken aus Kalkstein. Eine große überregionale Ost-West-Straße führte von Geser in der Küstenebene durch das Tal Ajalon, auf dem Bergrücken entlang, auf dem das Untere und Obere Bet-Horon lagen, über Gibeon nach Rama und traf dort auf die Höhenstraße. Von da aus konnte man nach Süden in Richtung Jerusalem oder nach Norden in Richtung Bethel gehen oder weiter durch die Wüste ins Jordantal und nach Jericho. Diese Straße, die von Westen kam, war der wichtigste Weg zur Hauptstadt Jerusalem, und alle, die im Lauf der Geschichte Jerusalem beherrschten, haben auch versucht, diesen Zugang zu kontrollieren (vgl. Karten S. 94 und S. 125, wo einige der vielen kriegerischen Auseinandersetzungen an dieser Straße festgehalten sind). Die ganze Benjamin-Hochebene war strategisch wichtig, wenn man diese Regionalstraßen beherrschen wollte. Die Hochebe-

Blick auf El-Jib (das biblische Gibeon) mit Blick nach Norden auf die Benjamin-Hochebene.

nen von Jerusalem und Benjamin gehörten sogar mit zu den Gegenden, in denen die meisten Ereignisse der biblischen Geschichte stattfanden (s. Karten S. 112, 126 u. a.).

Das Hügelland von Juda

Dem Stamm Juda wurde das größte Gebiet zugesprochen (Jos 15); dazu gehörte alles Land südlich von Jerusalem bis zur Südgrenze mit dem Sinai und in der ganzen Breite vom Mittelmeer bis zum Jordangraben. Die Philister gewannen aber die Herrschaft über die Küstenebene. Und der Negeb war zu trocken, um viele Menschen zu ernähren; also siedelten sich die meisten Judäer im Bergland von Juda an. Dieses Bergland ist der letzte Teil der Gebirgskette, die mit den Bergen Karmel und Gilboa beginnt und am Nordrand der Negeb-Senke aufhört. Das Bergland von Juda reicht von Jerusalem aus 64 km nach Süden bis Khirbet Ira und ist zwischen 18 und 22,5 km breit; seine Westgrenze ist die Schefela, seine Ostgrenze die Wüste Juda.

Das Hügelland von Juda besteht aus hartem Cenoman-Kalkstein und gleicht daher in vielem dem Hügelland von Ephraim und Benjamin (s. S. 40 und 41). Südlich der Hochebenen von Benjamin und Jerusalem werden die Berge höher und erreichen schließlich 1 019 m direkt nördlich der Gegend von Hebron; von hier an werden sie wieder niedriger, bis sie bei Khirbet Ira nur noch 400 m hoch sind. Die zentrale Wasserscheide zwischen Jerusalem und Hebron teilt sich bei Hebron in zwei Gebirgskämme. Einer dieser Kämme verläuft weiter fast genau nach Süden über Karmel und Maon bis nach Arad im Negeb; der andere biegt nach Südwesten ab, an Adorajim und Debir vorbei bis nach Beerscheba.

Dort, wo die beiden Wege sich zur großen Höhenstraße verbinden, liegt Hebron. Dies ist der natürliche Mittelpunkt des südlichen Hügellandes von Juda. Hoch in den Bergen gelegen und von allen Seiten durch die typischen trügerischen Wadi-Systeme geschützt, verteidigte es Juda nach Süden. Von hier aus konnte die Zentralregierung des Hügellandes auch Kontakt mit den Beduinen und Händlern des Negeb aufnehmen. In Hebron konnte man die Produkte des Berglandes – Weizen, Gerste, Oliven, Weintrauben, Granatäpfel und andere Früchte – gegen Schafe, Esel, Kamele, Lederwaren und andere Güter eintauschen, die aus den Wüstengegenden im Süden heraufgebracht wurden. Nach Hebron zog es die Patriarchen und in Hebron errichtete David zuerst seine Hauptstadt (s. z. B. Karte S. 77).

Wegen der Höhenlage gibt es in der Gegend zwischen Bethlehem und Hebron viel Regen (500–700 mm); aber südlich von Hebron nehmen die Niederschläge rapide ab. In den Wintermonaten fällt im Bergland von Juda gewöhnlich mindestens einmal Schnee, aber er bleibt im Allgemeinen nur einen oder zwei Tage liegen. Wegen der höheren Lage ist der Olivenanbau hier auch schwieriger als im Gebiet von Ephraim und Manasse. Andererseits sind Weinberge im Hügelland von Juda viel häufiger als in Ephraim und Manasse. Der Roterdeboden auf den kleinen Hochebenen und in den großen Tälern wie dem Lobetal wird zum größten Teil bewirtschaftet; auch die Terrassen an den steilen Hängen der Wadis wurden geebnet und bebaut. Die abgelegene Hügelregion zwischen Sichem und Hebron war zwar für die Großmächte des Altertums nicht von besonderer wirtschaftlicher, strategischer oder politischer Bedeutung, aber gerade hier haben einige der wichtigsten Ereignisse der Heilsgeschichte stattgefunden. Hier siedelte Gott in alter Zeit sein Volk Israel an, beschützte es und stellte es auf die Probe (siehe Historischer Teil).

Die Wüste Juda

Die Wüste Juda ist ein rechteckiger, ungefähr 96 km langer und 16 km breiter Streifen Land, eingezwängt zwischen den Berggipfeln von Juda und dem Jordangraben. Ihr Nordende ist nahe beim Wadi Auja, das 9 km nördlich von Jericho in das Jordantal eintritt. Ihre südliche Begrenzung ist nicht eindeutig, aber sie reicht mindestens bis zur Höhe der Südspitze des Toten Meeres. Die Wüste besteht hauptsächlich aus Felsen des Senon, Kreide, Mergel und Bändern von Feuerstein.

Die topografische Besonderheit der Region ist der steile Abfall der Kämme der judäischen Berge (760–915 m) bis zur Oberfläche des Toten Meeres (400 m unter dem Meeresspiegel). An manchen Stellen fällt damit das Gelände um 1 310 m auf einer horizontalen Strecke von nur 16 km. Es ist kein gleichmäßiger Hang, sondern sieht eher wie eine Reihe von Stufen aus, die in den Jordangraben hinabführen. Die unterste »Stufe« ist am stärksten ausgeprägt; sie besteht aus Kalksteinklippen von 100 bis 400 m Höhe, die sich am ganzen Westufer des Toten Meeres hinziehen.

Nach Osten zu nimmt die Niederschlagsmenge in der Wüste Juda drastisch ab: von 350 bis 700 mm im Hügelland von Juda auf weniger als 100 mm in der Nähe der Küste des Toten Meeres. Über die Hälfte des Wüstengebiets bekommt weniger als 200 mm Regen im Jahr. Wegen der Trockenheit und der geologischen Bedingungen ist hier jeder Anbau unmöglich. Die Böden aus den Senonkalksteinfelsen, aus Kreide und Mergel sind unfruchtbar. Außerdem bilden diese Ablagerungen des Senon, wenn es darauf regnet, an der Oberfläche eine wasserdichte Schicht, durch die kein Regenwasser in den Boden eindringen kann. Stattdessen läuft das Wasser schnell zum Toten Meer ab. Folglich ist die Wüste Juda eine zwar variationsreiche, aber trostlose Landschaft aus Ebenen, runden Hügeln, steil abstürzenden Hängen, tiefen Schluchten und Felsklippen. In dieser unwirtlichen Gegend gibt es nur zwei Stellen, wo man etwas anbauen kann: am Westrand der Wüste dicht bei der Wasserscheide der Berge von Juda und in der Buqeia. Weil die Wüste nahe bei Ballungsgebieten wie Hebron und Jerusalem lag, spürten alle Judäer ihren Einfluss auf ihr Leben. Es ist kein Wunder, dass die Botschaften der Propheten Amos und Jeremia, die aus Tekoa und Anatot kamen (beide liegen am Rand der Wüste), von Bildern der Wüste geprägt sind.

Trotz dieser widrigen Umstände findet man am Grund der Wadis gelegentlich eine Akazie oder ein paar Zwergsträucher. Nur während der Regenzeit im Winter erscheint etwas wie eine Grasdecke auf den natürlichen Terrassen, aber auch dann bleibt das wenige Grün auf die Nordhänge der Berge beschränkt. In dieser Regenzeit bringen die Hirten ihre Schafe und Ziegen in die Wüste, damit sie den spärlichen Pflanzenwuchs abweiden.

Größere Quellen gibt es nur im nördlichen Teil der Wüste im Wadi Auja und im Wadi Qilt; im mittleren und südlichen Teil gibt es

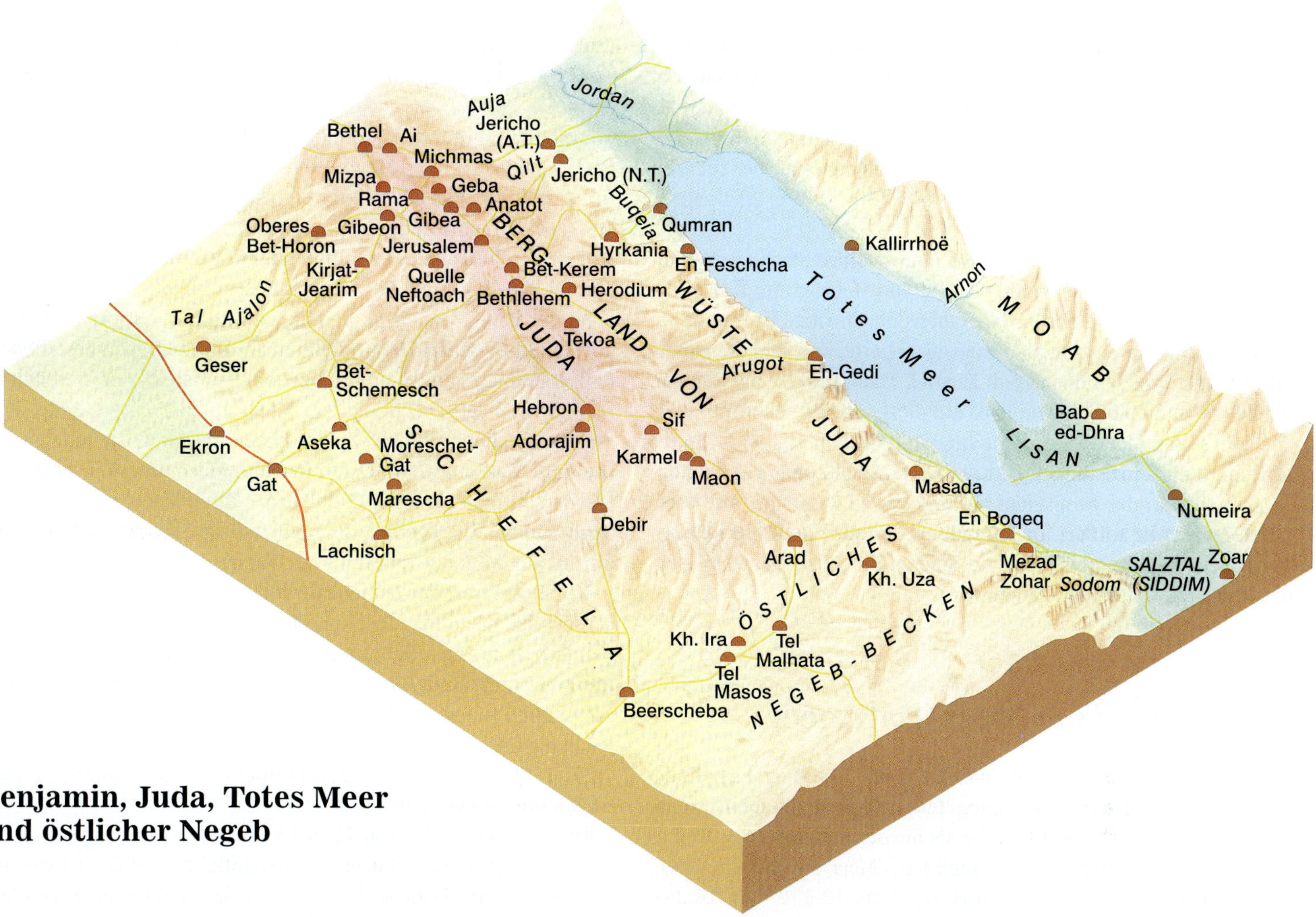

Benjamin, Juda, Totes Meer und östlicher Negeb

praktisch keine Süßwasservorkommen. Überall in dieser Wüste wurden Zisternen gebaut, um vom Wasser der Winterregen so viel wie möglich aufzufangen und zu speichern, damit man das Notwendigste zur Verfügung hatte, denn die Kreideablagerungen des Senon sind für solche Speicher gut geeignet. Es ist kein Wunder, dass diese felsige, kreidige, trockene und öde Gegend in der Bibel die »Wüste« genannt wird (hebr. *miḏbār*) oder auch »Jeschimon« (hebr. *y*^{e}*schîmōn*), der verlassene oder unbewohnbare Ort (1. Sam 23,19; 26,1.3).

In der Geschichte hat diese weitgehend unbewohnte Wüste als Rückzugs- und Zufluchtsort gedient (1. Sam 22,1–27,6). Herodes der Große (37–4 v. Chr.) baute mehrere Festungen in der Gegend – z. B. das Herodium, das Hyrkania und Masada – um sich dorthin zurückziehen zu können, wenn es mit seinen jüdischen Untertanen oder mit seiner ägyptischen Feindin Kleopatra Schwierigkeiten gab (Jos, Jüd. Krieg 7.8.4). Die Essener gingen nach Qumran, in die Einsamkeit der Wüste, um von der etablierten Priesterschaft in Jerusalem unabhängig zu sein und »den Weg des Herrn zu bereiten«. Johannes der Täufer wohnte in der »Wüste Juda«, als er die Menschen seiner Zeit zur Buße aufrief (Mt 3,1–12). Jesus wurde versucht, als er sich in die Wüste zurückgezogen hatte (4,1–11).

Die Wüste Juda war auch die östliche Verteidigungslinie von Juda. Wer von Osten eindringen wollte – von Moab, Edom oder aus der Arabischen Wüste –, musste zuerst das Tote Meer überqueren, die hoch aufragenden Klippen an seinem Westufer erklettern und dann durch eine wasserlose Wüste marschieren, ehe er größere Ballungsgebiete wie Jerusalem oder Hebron erreichte.

Die wichtigsten Straßen durch die Wüste Juda nahmen alle ihren Anfang bei den großen Wasservorkommen im Jordantal: den Quellen von Jericho, Ein Feschcha und En-Gedi. Von Jericho aus führten mindestens drei Straßen durch den Nordteil der Wüste hinauf ins Hügelland. Die nördlichste folgte dem Hügelrücken gleich nördlich des Wadis Qilt in die Gegend von Michmas, Ai und Bethel. Es ist gut möglich, dass Josua die eindringenden Israeliten auf diesem Weg ins Hügelland führte (Jos 7 und 8). Die mittlere Straße führte auf einer Strecke etwas südlich des Wadis Qilt und seiner Verzweigungen nach Jerusalem hinauf. Diese Straße verlief ungefähr an der alten Grenze der Stammesgebiete von Benjamin und Juda (15,5–8; 18,16–19). Heute kann man auf dieser Strecke Spuren der alten Römerstraße erkennen. Zur Zeit Jesu wurde diese Straße oft benutzt, wenn Juden zwischen Jerusalem und Peräa in Transjordanien verkehrten; auch Jesus selbst benutzte sie gelegentlich, wenn er von Jericho nach Jerusalem ging (z. B. Mt 20,17–21,3). Auf dieser Straße spielt auch das Gleichnis vom barmherzigen Samariter (Lk 10,30). Die dritte Straße von Jericho aus führt nach Südwesten und verbindet Jericho mit Bethlehem.

Im Mittelteil der Wüste Juda führte eine Straße von der Quelle von En-Gedi aus nach Nordwesten in die Gegend von Tekoa und Bethlehem. Bei En-Gedi führte sie als schmaler Serpentinenpfad 200 m die steilen Klippen hinauf; dieser Pfad ist vielleicht der biblische

»Höhenweg von Ziz« (2. Chr 20,16). Dann folgte der Weg dem Hügelrücken gleich nördlich des Nahal Arugot bis nach Tekoa. An dieser Strecke entlang hat man Reste sowohl von israelitischen als auch von römischen Festungen gefunden. Vielleicht kamen auf diesem Weg die Moabiter, Ammoniter und Mëuniter, die zur Zeit Joschafats in Juda einfielen (872–848 v. Chr.; 2. Chr 20,1–30; s. Karte S. 128).

Im Südteil der Wüste Juda verlief eine wichtige Straße vom Südende des Toten Meeres in die Gegend von Hebron. Sie führte die Klippen am Westrand des Jordangrabens bei Khirbet Uza hinauf, wo eine israelitische Festung den Zugang sicherte. Von dort führte die Straße nach Norden über Arad, Karmel, Maon und Sif bis Hebron. Vielleicht ist die Königin von Saba auf dieser Straße gekommen, als sie vom Roten Meer her Salomo besuchte (1. Kön 10,1–13). In römischer Zeit führte die Straße durch den Nahal Zohar auf die Klippen, vorbei an der römischen Festung Mezad Zohar im Tal. Diese Straße war sehr wichtig für Karawanen, die vom Roten Meer nach Jerusalem kamen, aber auch für solche, die Salz transportierten, das am Berg Sodom gewonnen wurde.

Das Tote Meer (Salzmeer)

Das größte Binnengewässer in Israel ist das Tote Meer. Es befindet sich in einem der tiefstgelegenen Teile des Jordangrabens; seine Oberfläche liegt etwa 400 m tiefer als die des Mittelmeeres. Weil es im Jordangraben liegt, wird es auch das »Meer am Jordantal« genannt (5. Mose 3,17; 4,49; s. auch Jos 3,16; 12,3; 2. Kön 14,25). Und weil seine Nordspitze genau östlich von Jerusalem liegt (nur 24 km), wird es manchmal auch das »östliche Meer« genannt (Hes 47,18; Joel 2,20; s. auch Sach 14,8).

Das Tote Meer wird durch eine Landzunge, die von Osten her hineinragt (arabisch *Lisan*, hebräisch *Laschon*), in zwei ungleiche Teile geteilt. Der nördliche Teil ist 50 km lang, der südliche nur 25 km und es ist im Schnitt etwa 15 km breit. Der nördliche Teil ist der tiefere von beiden; Lotungen in der Nordostecke haben ergeben, dass der Grund des Meeres etwa 400 m unter seiner Oberfläche liegt. Das Südende ist an der tiefsten Stelle nur 7,5 m tief.

Allerdings schwankt der Wasserstand des Toten Meeres von einem Jahr zum anderen erheblich. In trockenen Jahren kann der Wasserspiegel bis zu 5 m fallen und in besonders regenreichen Jahren kann er auch um ebenso viel steigen; dann wird das Meer im Ganzen 1,6 km länger. Der Grabenbruch an seinem Südende, der jetzt trockenliegt, ist ein Zeichen für diesen Wechsel von Schwund und Ausdehnung. In jüngster Zeit haben Israelis und Jordanier das Wasser des oberen Jordan und des Jarmuk als Trinkwasser und zur Bewässerung genutzt, so dass dem Toten Meer durch seinen wichtigsten Zufluss, den Jordan, erheblich weniger Wasser zugeführt wird; so ist sein Wasserspiegel sogar noch stärker gesunken. Viele neuere Karten zeigen noch eine 4,8 km breite Wasserfläche zwischen dem Lisan und der Westküste; aber heute ist das praktisch alles trockenes Land. Auch schon zu anderen Zeiten in der Geschichte und aus anderen Gründen war dieses Gebiet entweder trocken oder wenigstens so flach, dass man durchwaten konnte. Möglicherweise sind die Eindringlinge zur Zeit Joschafats (872–848 v. Chr.) an dieser Stelle über das Meer gekommen (2. Chr 20,1–30) und es gibt Belege, dass man es in römischer Zeit (63 v. Chr.–324 n. Chr.) und auch zu anderen Zeiten in der Geschichte überqueren konnte.

Steilabfälle – durch Tektonik (Verwerfungen) verursacht – östlich und westlich des Toten Meeres kennzeichnen eindeutig seine Küste. Im Westen erheben sich hinter dem schmalen Strand aus Kies und Mergel senkrechte Klippen teilweise bis zu 400 m über das Meer. An anderen Stellen fallen die Klippen direkt ins Meer ab, so dass nicht einmal Platz für einen Fußweg am Wasser bleibt.

An der Ostküste steigen die Klippen und Berge sogar noch weiter auf Höhen zwischen 760 und 900 m an. Diese Klippen bestehen aus Kalksteinablagerungen auf Nubischem Sandstein, der in weiten Bereichen freiliegt. Die Berge von Moab auf der Ostseite des Toten Meeres erhalten viel mehr Niederschläge als die Wüste Juda, so dass mehrere Wadis, die von Osten ins Tote Meer münden, beständige Quellen enthalten. An der Ostküste des Toten Meeres hat es nie eine Nord-Süd-Straße gegeben, denn auch diese Klippen reichen oft wie die auf der Westseite direkt bis ins Wasser.

Im Süden wird der östliche Strand breiter. Hier springt der zungenförmige Lisan ins Meer vor, eine sehr trostlose und unwirtliche Landschaft aus Kies, Schlamm und Mergelablagerungen, die zu Formen verwittert sind. Eine 21 km lange Senke am Südende des Meeres ist auch von solchen Ödland-Ablagerungen bedeckt. Das ist vielleicht die Gegend, die in der Bibel das »Salztal« (2. Sam 8,13; 2. Kön 14,7; 1. Chr 18,12; 2. Chr 25,11) oder das »Tal Siddim« (1. Mose 14,3,8 und 10) genannt wird.

Die Gegend um das Tote Meer ist aus mehreren Gründen extrem trocken: weil sie so tief liegt, sie im südlichen Teil des Landes und auf der Leeseite der Berge liegt und weil das Mittelmeer weit entfernt ist. Am Nordende des Meeres fallen im Jahresdurchschnitt 100 mm Regen, am Südende nur 50 mm. Die Bewölkung in der Gegend ist minimal und die Tagestemperaturen können sehr hoch werden. Im Sommer beträgt die durchschnittliche Tageshöchsttemperatur 35° C, im Winter 20° C. Weil das Meer im Osten und Westen von Klippen eingeschlossen, im Norden und Süden aber offen ist, können spätnachmittags starke Winde aufkommen, die Schaumkronen auf dem Meer verursachen.

Wegen der Hitze und Trockenheit verdunstet sehr viel Wasser, so dass der Wasserspiegel des Meeres relativ konstant bleibt. Das Meer hat keinen Abfluss und das verdunstende Wasser lässt die meisten Mineralien zurück. Heiße Schwefelquellen wie in En Boqeq und Kallirrhoë und die natürlichen Salzlager, die es hier gibt, tragen auch zu dem extrem hohen Mineralgehalt des Meeres bei – 25 Prozent im Vergleich zu fünf Prozent in anderen Meeren –, der bewirkt, dass das Wasser sich ölig anfühlt. Die Menschen im Altertum wussten von diesem hohen Mineralgehalt des Meeres und nannten es das »Salzmeer« (1. Mose 14,3; 4. Mose 34,3 und 12; 5. Mose 3,17; Jos 3,16; 12,3; 15,2 und 5; 18,19). Aber erst in der Moderne fingen Israelis und Jordanier an, die Natrium-, Magnesium-, Kalzium- und Kaliumchloride abzubauen. Die heißen Schwefelquellen waren allerdings bekannt für ihre Heilwirkungen und Herodes der Große zog sich nach Kallirrhoë zurück in der Hoffnung, dort von seiner tödlichen Krankheit geheilt zu werden (Jos, Jüd. Krieg 1.23.5).

Salz war in der Antike eine wertvolle Ware und es gibt Belege, dass der Berg Sodom an der Südwestecke des Toten Meeres zur Salzgewinnung genutzt wurde. Dieser schmale Berg besteht aus Salz, Gips,

Schiefer, Sand und Mergel. Der Fels ist durch Regenwasser zu phantastischen Formen verwittert und von Zeit zu Zeit haben Forscher in der Gegend unter den Salzfiguren »Lots Weib« erkannt (1. Mose 19,26)!

Direkt vom Toten Meer und seiner nahen Umgebung kam außerdem Bitumen, ein Erdölprodukt, das man gebrauchte, um Schiffe zu kalfatern (= Abdichten der Schiffsfugen mit Werg und Teer) und Medikamente herzustellen. Der Bericht vom Kampf der vier gegen die fünf Könige zur Zeit Lots und Abrahams erwähnt »Erdharz- (= Bitumen-)Gruben« im »Tal Siddim« (beim Toten Meer; 1. Mose 14,10). Später beschreibt Josephus, wie das Tote Meer in der Römerzeit »schwarze Bitumenmassen« auswarf, die auf der Oberfläche schwammen, »in Größe und Form wie enthauptete Stiere«, und wie Arbeiter das klebrige Material in ihre Boote hievten (Jos, Jüd. Krieg 4.8.4). Weil es hier Bitumen- und Schwefelquellen gab, kannten manche klassischen Schriftsteller das Meer als »See Asphaltitis«.

An der Küste des Toten Meeres gibt es größtenteils wenig oder gar keinen Pflanzenwuchs. Nur ein paar Tamarisken und andere Halophyten (salzliebende Pflanzen) gedeihen an seinen Ufern. Aber in Oasen wie En-Gedi und Zoar werden Pflanzen angebaut, auch so ungewöhnliche wie Dattelpalmen und Balsambäume. Solche Pflanzen gedeihen gut in dem heißen und süßwasserreichen Umfeld dieser Oasen.

Diese öde Gegend ist immer nur mäßig besiedelt gewesen. In der Mitte der Frühen Bronzezeit (3 150–2 200 v. Chr.) gab es große Siedlungen am Südostende des Meeres bei Bab ed-Dhra, Numeira, Zoar, Feifa und Khanazir (s. Karte S. 75). Während des Königreichs Juda (1 000–586 v. Chr.) wurden an der Westküste des Toten Meeres kleine Siedlungen gegründet, z. B. Orte wie Qumran und En-Gedi. In der späthellenistischen und frührömischen Zeit (ca. 152 v. Chr.–70 n. Chr.) gab es an der Westküste entlang kleine jüdische Siedlungen. Die Essener, die seit der Entdeckung der Schriftrollen von Qumran allgemein bekannt sind, siedelten sich in der Gegend von Qumran an. Weiter im Süden wohnten Juden in der Oase von En-Gedi, aber Herodes' große Festung Masada, hoch oben auf der Ebene eines steilen Felsens erbaut, beherrschte die ganze Landschaft am südlichen Toten Meer. Auch wenn die Lebensbedingungen am Toten Meer hart waren, waren es doch Orte wie Qumran, En-Gedi und Masada, zu denen die Enttäuschten und Ängstlichen flüchteten.

Die Ebene der Philister

Südlich der Ebene Scharon und westlich der Schefela (s. u.) liegt der südlichste Teil der Küstenebene innerhalb Israels. Im Norden vom Jarkon begrenzt, im Osten von der Schefela und im Süden vom Nahal Besor und Nahal Gerar, erstreckt sich die Ebene der Philister

Oase En-Gedi am Westufer des Toten Meeres.

gut 80 km an der Mittelmeerküste entlang. Im Süden ist sie breiter (40 km) als im Norden (16 km).

Die Küste selbst ist nicht durch irgendwelche Buchten unterbrochen außer einer bei Joppe, die durch ein kleines Vorgebirge gebildet wird. Die Hauptmerkmale der Küste sind Dünen, die im Süden weitläufiger sind als im Norden, und Kurkar-Rücken, die hier nicht so weitgehend freiliegen wie an der nördlichen Küste. Weiter im Land ist die Landschaft ziemlich flach. Die niedrigen, wellenförmigen Hügel sind im Südteil der Ebene höher; östlich von Gaza erreichen sie 100 bis 150 m, während sie im Nordteil nur 30 m hoch werden. Im Norden werden die roten Sande der Ebene Scharon immer weniger und mischen sich mit den Schwemmböden im mittleren Teil der Ebene der Philister. Im Süden werden die Schwemmböden von dem Lössboden abgelöst, den der Wind ablagert und der auch für den ganzen israelischen Negeb typisch ist (s. u.).

Wie überall im Land nimmt der Niederschlag ab, je weiter man nach Süden kommt, von 531 mm in Joppe bis unter 400 mm in Gaza. Getreide ist das Hauptprodukt, das in der Ebene angebaut wird, und so hatte es seinen Grund, dass die Philister den Getreide-

Philister-Ebene, Schefela und Westjuda

gott Dagon verehrten (1. Sam 5,2–5). Im südlichen Teil der Ebene, in der Nähe der Küste, gibt es extrem viele taureiche Nächte, im Schnitt 250 mm jährlich, so dass man hier im Sommer, wenn kein Regen fällt, Melonen anbauen kann.

Wenn das Getreide im Mai und Juni abgeerntet war, brachten die Schafhirten, die ihre Herden in der Wüste Juda oder im Negeb geweidet hatten, die Tiere wahrscheinlich in die Ebene und ließen sie die Stoppeln abfressen. Es kann sehr gut sein, dass ein Bauer und ein Hirte sich oft in ihrer Lebensweise ergänzten und vielleicht auch zur selben Familie oder zum selben Stamm gehörten.

In der Ebene der Philister bekommt man Trinkwasser aus Brunnen, die man in den Bettungen der Wadis gegraben hat, und aus Quellen (vgl. Abrahams und Isaaks Vorgehen in dieser Gegend, 1. Mose 26,15–33). Ausgrabungen hier haben gezeigt, dass Häuser, Stadtmauern und andere Bauten gewöhnlich aus sonnengetrockneten Lehmziegeln errichtet wurden, die irgendwann zerfielen. Durch wiederholtes Bauen auf den Resten alter Gebäude sind in der Gegend zahlreiche Tells entstanden. Das Reisen in diesem Bereich war ziemlich leicht; Hindernisse waren nur die Sanddünen an der Küste, die Hügel der Schefela im Osten und die tief liegenden Stellen, die in der Regenzeit morastig werden konnten. Zwei Strecken der großen überregionalen Fernstraße verliefen durch die Ebene der Philister: eine dicht an der Küste über Gaza, Aschkelon, Aschdod, Joppe und Afek und die andere im Binnenland über Tel Erani, Gat, Ekron, Gittajim und Afek. Beide Strecken umgingen das tief gelegene, leicht sumpfige Gebiet zwischen dem Nahal Ajalon und dem Nahal Jarkon. Außerdem musste die Küstenstrecke bei der strategisch gelegenen Stadt Afek nach Osten abbiegen, um dem Nahal Jarkon und den Sümpfen der Ebene Scharon auszuweichen und traf so auf die Binnenlandstrecke.

Der nördliche Teil der Ebene der Philister zwischen dem Jarkon und dem Ajalon hieß das »Tal Ono« (Neh 6,2) oder das »Tal der Handwerker« (Neh 11,35, Gute Nachricht). Der erste Name war von einer der Städte in der Gegend übernommen; der zweite geht vielleicht auf die alte Erinnerung zurück, dass die Philister in dem Gebiet Schmiede waren, die Handwerker, auf die die Israeliten unter der Herrschaft Sauls angewiesen waren (1. Sam 13,19–21). Die wichtigste Stadt in diesem Bereich neben Afek war Joppe (= Jafo), das in der biblischen Geschichte zeitweise der Haupthafen Judas war. Von hier aus brachte Salomo Holz nach Jerusalem (2. Chr 2,15), Jona versuchte von hier aus Israel zu verlassen (Jona 1,3) und hier besuchte Petrus den Gerber Simon (Apg 9,43).

Das eigentliche Philisterland nahm den größten Teil der südlichen Küstenebene ein, vom Nahal Ajalon bis zum Nahal Besor und Nahal Gerar. Dieses Gebiet mit den fünf Städten der Philister (Gaza, Aschkelon, Aschdod, Gat und Ekron, s. Karte S. 109) war dem Stamm Juda zugesprochen worden (Jos 15,45–47), blieb aber weitgehend außerhalb des israelitischen Machtbereichs. Als die Griechen kamen, wurde der Name »Palästina« üblich, der von »philistinisch« abgeleitet war, und irgendwann fing man an, ihn für das ganze Land Israel zu gebrauchen.[4]

Die gesamte Ebene der Philister war vielen Einflüssen von außen ausgesetzt. Zu allen Zeiten von Thutmosis III. (1486 v. Chr.) bis zu Napoleon (1799 n. Chr.) und Allenby (1918 n. Chr.) sind die Armeen der Weltmächte an dieser Küste auf- und abmarschiert. Die einen benutzten sie als Landweg zwischen Asien und Afrika, die anderen, wie die Philister und die Kreuzfahrer, als Brückenkopf, von dem aus sie versuchten, sich im Land festzusetzen.

Die Schefela

Die Schefela ist eine Übergangszone zwischen der Ebene der Philister und dem Bergland von Juda. Das hebräische Wort *Sch^e^fēlâh* (im AT 20-mal gebraucht) wird in der Lutherbibel mit »Hügelland« übersetzt. Der Begriff gibt die Sicht eines Israeliten wieder, der vom Bergland von Juda aus nach Westen und auf das Hügelland *hinunter*schaut.

Die Schefela ist etwa 43 km lang und 16 km breit. Sie besteht hauptsächlich aus weichen Kreidesteinen und Kalksteinen des Eozän und ist von zahlreichen Höhlen durchsetzt. Ihre niedrigen Hügel sind zwischen 90 und 365 m hoch – nur halb so hoch wie die westlichen Hügel des Hügellandes von Juda. Die Hügel sind etwa 1 bis 1,5 m dick mit Nari bedeckt, einer harten »kalkhaltigen« Gesteinskruste. Durch diesen Krustenüberzug wird die Oberfläche der Hügel unbrauchbar für landwirtschaftliche Zwecke außer zum Anbau von Bäumen und Sträuchern. In biblischer Zeit wuchsen auf diesen Hügeln Strauchwälder zusammen mit Maulbeerfeigenbäumen, die wegen ihrer feigenähnlichen Früchte angebaut wurden. In diesem Bereich fällt genug Regen, so dass man auf dem Schwemmland der relativ weiten Täler Getreide und Wein anbauen kann.

Die Dörfer baute man aus den mittelmäßigen örtlichen Kalksteinen auf die Gipfel und Hänge der Hügel, damit sie nicht wertvollen Ackerboden in den fruchtbaren Tälern verbrauchten. Die Hügel hier bilden keine zusammenhängenden Ketten wie im Hügelland von Juda. Darum führten die Straßen an den unteren Hängen der Hügel entlang, um einerseits die Talsohlen zu umgehen, die in der Regenzeit schlammig werden konnten, und andererseits häufige Auf- und Abstiege zu vermeiden. Das Wasser für die Bewohner der Gegend kam aus kleinen Quellen, Brunnen, die man in den Talsohlen grub, und vielen Zisternen.

In den nördlichen zwei Dritteln der Schefela liegen fünf Täler, die in der Heilsgeschichte eine bedeutende Rolle gespielt haben. Das Tal Ajalon ist die Begrenzung der Schefela nach Norden. Der Zugang von Westen zu diesem breiten Kalksteintal, das jetzt mit fruchtbarem Schwemmland gefüllt ist, wird durch die Stadt Geser geschützt. Die wichtigste Straße ins Hügelland von Juda und Benjamin führte durch dieses Tal nach Osten; so umging sie die tiefen gefährlichen Täler in Ephraim im Norden und ebenso die 16 km breite Folge von Hügeln und Tälern der Schefela im Süden. Dann führte die Straße den gleichmäßigen Bergrücken hinauf, auf dem das Untere und Obere Bet-Horon lagen, und kam schließlich bei Gibeon im Hügelland an. Im Tal Ajalon »ließ der Herr große Steine vom Himmel auf (die fliehenden Amoriter) fallen«; »da stand die Sonne still, und der Mond blieb stehen« (Jos, Jüd. Krieg 10,1–15; s. Karte S. 94). Hier, im Tal Ajalon, sammelten sich auch immer wieder die Philister, Ägypter, Seleukiden, Römer und viele andere, um ihre Angriffe auf das Hügelland von Juda und Benjamin vorzubereiten.

Südlich des Ajalon liegt das Tal Sorek, das im Westen von der Philisterstadt Timna und im Osten vom israelitischen Bet-Schemesch bewacht wurde. Viele Heldentaten Simsons fanden im

Tal Sorek statt (Ri 13–16; s. Karte S. 94). Und nach Bet-Schemesch schickten die Philister die unglücksträchtige Bundeslade, nachdem sie sie sieben Monate lang in ihrem Gebiet behalten hatten (1. Sam 5,1–7,2; s. Karte S. 111). Eine Ost-West-Straße, die nicht so bedeutend war wie die über Ajalon und Bet-Horon, führte durch das Tal Sorek nach Bet-Schemesch, dann über einen Kalksteinrücken hinauf nach Kirjat-Jearim und in die Berge bei Jerusalem.

Das Tal Elah (Eichgrund) liegt südlich des Sorek; hier verlief eine Straße in die Gegend von Bethlehem. In diesem Tal, das im Westen von der Philisterstadt Gat und im Osten von Aseka und Socho gesichert wurde, fand der denkwürdige Kampf Davids gegen Goliat statt (1. Sam 17; s. Karte S. 113).

Das Guvrin-Tal weiter südlich spielte keine so bedeutende Rolle in der biblischen Geschichte, obwohl dort eine wichtige Straße in die Nähe von Hebron durchführte. Die wichtigste Stadt in dem Tal war anscheinend Marescha, das in der Zeit zwischen den Testamenten unter dem Namen Marisa sehr bedeutend wurde. Der Prophet Micha stammte aus der nahe gelegenen Stadt Moreschet (Mi 1,1).

Das fünfte große Tal heißt heute Nahal Lachisch nach der bekannten biblischen Stadt Lachisch, die darin lag. Diese Stadt, die zuerst Josua (ca. 1400 v. Chr.; Jos 10,31–33; s. Karte S. 94) und später der Assyrer Sanherib eroberte (701 v. Chr.; s. Karte S. 134), hielt am längsten von allen judäischen Städten der eindringenden babylonischen Armee stand (ca. 586 v. Chr.; Jer 34,7; s. Karte S. 138). Lachisch sicherte eine wichtige regionale Straße, die über einen Bergrücken, auf dem die Stadt Adorajim lag, hinauf in die Nähe von Hebron führte.

In der ganzen Geschichte hat die Schefela als Pufferzone zwischen den Völkern gedient, die im Hügelland ansässig waren, und den meist mächtigeren, nach außen orientierten Völkern der Küstenebene: zwischen Hapiru und Ägyptern (ca. 1400 v. Chr.), Israeliten und Philistern (1200–700 v. Chr.), Judäern und Assyrern (701 v. Chr.), Judäern und Babyloniern (586 v. Chr.), Arabern und

Alter Teich im Negeb.

Juden (1948–67 n. Chr.). So ist dieses scheinbar friedliche, malerische Landwirtschaftsgebiet in Wirklichkeit ein blutiger Kampfplatz gewesen, wann immer die Völker aus der Küstenebene versuchten, in die Berge vorzudringen, oder die aus den Bergen es unternahmen, ihre Macht auf die Küstenebene auszudehnen.

Der Negeb (Südland)

Das Wort Negeb wird in der hebräischen Bibel 110-mal gebraucht, und seine Grundbedeutung kann entweder »trocken« oder »Süden« sein. Es bezeichnet oft ein bestimmtes Gebiet im Südteil des Landes Israel. Auf Karten vom heutigen Israel wird das Gebiet zwischen Beerscheba im Norden, Elat im Süden, dem Grabenbruch im Osten und dem Sinai im Westen Negeb genannt. Im biblischen Text dagegen bezeichnet Negeb (Südland) als geografischer Gebietsname einen begrenzten Landstreifen, der 16 km nördlich von Beerscheba beginnt und 16 km südlich endet. Er reicht von der Bergkette beim Grabenbruch im Osten bis in die Nähe der Dünen an der Mittelmeerküste. Was südlich dieses Gebietes lag, hieß die »Wüste Zin« und die »Wüste Paran«. Man ging also von Kadesch *hinauf* (nach Norden) ins Südland (4. Mose 13,22).

Topografisch kann man sich den Negeb als zwei nebeneinander liegende Senken vorstellen, wie eine Sanduhr, die auf der Seite liegt, mit Beerscheba an der engen Stelle der Sanduhr. Nördlich, östlich und südlich der beiden Senken liegt das Gelände höher. Das Wasser der östlichen Senke, deren Verwaltungszentrum Arad war, fließt durch den Nahal Beerscheba nach Westen, an Beerscheba vorbei und in die westliche Senke und mündet dort in den Nahal Besor.

Der Negeb und die Araba südlich des Toten Meeres

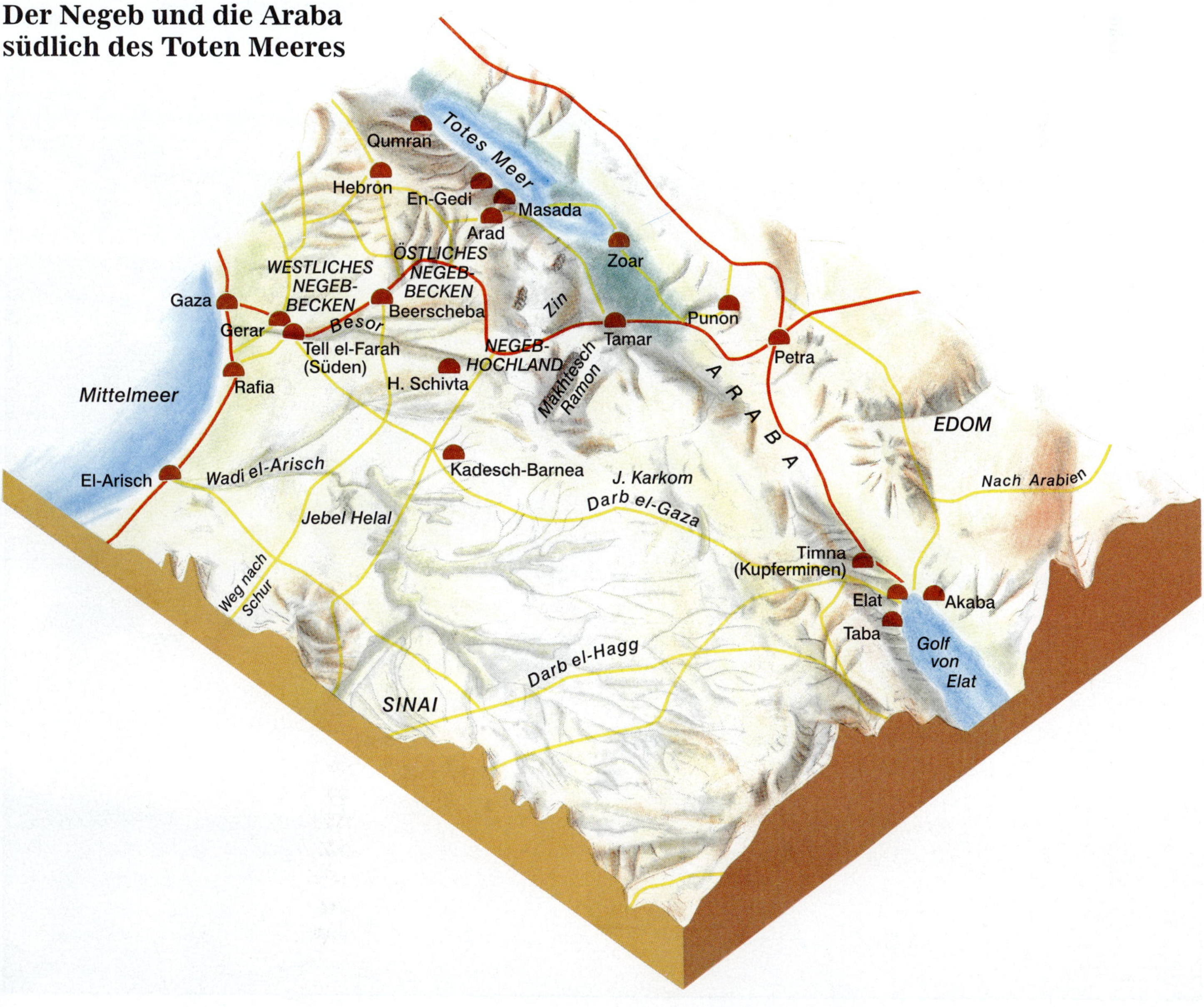

Der Boden der Negeb-Senke ist feines, vom Wind angewehtes (äolisches) Staubsediment, das man als Löss bezeichnet. Wenn es regnet, wird die Oberfläche des Lössbodens ziemlich wasserdicht, so dass ein großer Teil des Wassers schnell in die Wadis abläuft, anstatt im Boden zu versickern, und dabei kleine »Ödland«-Ablagerungen und -Strukturen schafft. Das meiste Wasser gewann man im Südland aus Brunnen, die man gewöhnlich in den Bettungen der Wadis grub, oft dort, wo zwei oder mehr Wadis sich trafen und das Wasser sich leicht sammeln würde. Beerscheba z. B., das »Schwurbrunnen« oder »Brunnen der Sieben« bedeuten kann (1. Mose 21,30–31; 26,33), lag am Zusammenfluss des Nahal Hebron mit dem Nahal Beerscheba. Das biblische Südland ist eine Übergangszone und bekommt nur 200 bis 300 mm Regen im Jahr; es gibt aber sehr häufig Abweichungen von diesem Mittelwert. Wenn der Wert erreicht wird, kann man Weizen und Gerste anbauen, aber nur einmal in drei bis vier Jahren wird eine gute Ernte eingebracht. Das

Wüste Zin.

Wort Negeb ist also sehr passend für dieses Gebiet: Es liegt südlich vom Kernland Israels und ist bedeutend trockener als die meisten Regionen im Norden.

Außer für ein wenig Landwirtschaft wurde das Südland auch als Weideland für Schaf- und Ziegenherden und zur Verteidigung Judas nach Süden gebraucht. Befestigte Städte wie Beerscheba und Arad dienten als Verwaltungs-, Verteidigungs- und Religionszentren. Als solches war Beerscheba im Allgemeinen der südlichste Vorposten des Landes Israel, wie der Ausdruck »von Dan bis Beerscheba« zeigt. Karawanen, die von Transjordanien, Arabien und vom Golf von Elat zu einem Mittelmeerhafen wie Gaza reisten, konnten sich in den leichten Hügeln des Südlandes leicht fortbewegen.

Südlich des Negeb liegt das sogenannte Negeb-Hochland. In diesem Gebiet, das aus Kalkstein und Kreide besteht, laufen mehrere Bergketten parallel zur Küstenlinie des Mittelmeeres – also von Südwesten nach Nordosten. In dreien dieser Bergkämme oder Sättel liegen drei elliptische kraterartige Senken, die auf Hebräisch *makhteschim* heißen (Einzahl *makhtesch*). Alle diese *makhteschim* sind sehr schwierig zu durchqueren, denn ihre Seitenwände sind zum größten Teil fast senkrechte Klippen. Die höchste Erhebung im Negeb-Hochland ist mit 1035 m der Har Ramon. Das Hochland wird durch den weiten, halbmondförmigen Nahal Zin, der nach Nordosten in den Grabenbruch führt, in einen nördlichen und einen südlichen Teil geteilt.

Das Negeb-Hochland ist eine aride Gegend, die nur 100 bis 200 mm Regen im Jahr erhält. Der Anbau von landwirtschaftlichen Produkten ist ohne teure künstliche Bewässerung kaum möglich und sogar das Beweiden ist schwierig, weil so wenig Gras wächst. Aber die Karawanen, die über Transjordanien und den Grabenbruch aus Arabien kamen, mussten durch dieses Gebiet ziehen, um ihre Waren zum Hafen von Gaza zu bringen. Die Bergkämme und die *makhteschim* lagen direkt auf den anderen Karawanenwegen und erwiesen sich als schwere Hindernisse für die Reisenden. Der einfachste Weg durch das Gebiet führte von Tamar im Tal aufwärts durch den Nahal Zin und von dort nach Nordwesten bis Gaza. Manchmal führten auch Straßen über die Bergkämme (besonders in römischer und byzantinischer Zeit), aber der Weg durch den Nahal Zin, die heutige »Sultansstraße«, war die Hauptverbindungsstraße.

Südlich des Negeb-Hochlandes fallen nur noch 25 bis 50 mm Regen im Jahr. Wer sich weiter nach Süden begibt, stößt auf breite Wadis wie das Paran und Zenifim. Auf dem Weg nach Elat erscheinen dann Sandstein- und Granitberge, wie sie für den südlichen Sinai und Transjordanien typisch sind.

Die »Araba« südlich des Toten Meeres

Der Teil des großen Grabenbruchs, der sich 175 km vom Südende des Toten Meeres bis zur Spitze des Golfs von Elat erstreckt, heißt auf modernen israelischen Karten *Haarava*, »die Araba«. In der Bibel wird das hebräische Wort *ʿarābā(h)* abwechselnd als »Wüste«, »Einöde« oder »Steppe« übersetzt (z. B. Hiob 24,5; Jes 35,1; Jer 51,43), aber es wird auch als geografische Bezeichnung gebraucht. In diesem letzteren Sinn bezeichnet sie den Teil des Grabenbruchs zwischen dem See Genezareth und der Südspitze des Toten Meeres. Weil das Tote Meer manchmal auch das »Meer der Araba« genannt wird, kann man annehmen, dass das Wort vielleicht den ganzen Grabenbruch bezeichnet hat; aber es werden kaum Ereignisse berichtet, die sich südlich des Toten Meeres zugetragen haben, und so gibt es keinen eindeutigen Beleg, dass das Wort dieses Gebiet bezeichnet.

Die Araba nach heutigem israelischen Sprachgebrauch, die südlich des Toten Meeres liegt, besteht aus verschiedenen Abschnitten. Vom Toten Meer aus 40 km nach Süden erstreckt sich eine stark zerklüftete »Ödland«-Gegend aus Lisan-Mergel und salzhaltigen Ablagerungen, die Sebkha, die zu manchen Zeiten vom Toten Meer bedeckt war (s. o. S. 14). Noch weiter südlich bedecken Kies und Felsbrocken die Talsohle und wer sich hier umschaut, sieht von Zeit zu Zeit das Kiesdelta eines Wadi. In seinem nördlichen und südlichen Teil ist das Tal von Felsklippen im Osten und Westen eingeschlossen, aber in der Gegend von Punon wird es bis zu 24 km breit und verliert zum Teil seinen Grabenbruchcharakter. 100 km südlich des Toten Meeres erreicht es sogar eine Höhe von 354 m über dem Meeresspiegel, bevor es wieder abfällt, und am Golf von Elat liegt es so hoch wie das Rote Meer. Näher bei Elat werden die Berghänge im Osten und Westen des Tales wieder steiler und an einer Stelle verengt sich das Tal auf eine Breite von nur 5,5 km.

Im Gebiet der Araba fallen zwischen 25 und 50 mm Regen jährlich; hier kann man also weder Ackerbau treiben noch Tiere weiden. Die Gegend ist vegetationslos, aber es gibt kleine Gruppen von salzliebenden Sträuchern und ab und zu eine Akazie oder Ginster, besonders in Bettungen der Wadis. In biblischer Zeit wurde die Araba hauptsächlich als Fernstraße genutzt. Weil es hier nur wenige Brunnen und Quellen gibt, haben die Völker, die jeweils die Kontrolle über die durch die Araba reisenden Karawanen beanspruchten, an diesen wichtigen Wasserstellen kleine Festungen gebaut.

Die Verlängerung des Roten Meeres nach Nordosten, der Golf von Elat/Aqaba, wurde in biblischer Zeit nicht so intensiv für die Schifffahrt genutzt, wie man erwarten könnte, denn die Nordwinde, die in dem schmalen Golf vorherrschen, machten es schwierig, dort hineinzufahren. Außerdem gibt es sehr viele Korallenriffe und gefährliche Strömungen und an der Küste nur wenige Süßwasservorkommen. Wenn aber Schiffe den Golf befuhren, konnten sie in Ezjon-Geber entladen werden. Die Ware wurde dann auf Kamele oder Esel geladen und die Karawanen zogen das Grabenbruchtal hinauf in die Gegend von Tamar und von da aus nach Nordwesten durch den Negeb.

Der beliebtere Handelsweg aus dem Fernen Osten war der über das Meer nach Südarabien, wo man außer den Waren, die die Schiffe brachten, auch Gold, Weihrauch und Myrrhe bekommen konnte. Von dort zogen die Karawanen über Jemen, Mekka und Medina nach Nordwesten bis ins südliche Edom. Karawanen, die auf die israelitische Seite des Jordan stiegen, kamen vielleicht bei Elat in den Graben hinab und zogen dann nach Norden, wahrscheinlicher aber folgten sie der Transjordanischen Fernstraße bis in die Gegend von Petra, wendeten sich dann nach Westen ins Tal hinunter und zogen weiter durch den Negeb nach Gaza. Wenn das Ziel einer Karawane Ägypten war, konnte sie bei Elat ins Tal hinabsteigen und weiter mitten durch den Sinai über den Darb el-Hagg zum heutigen Suez ziehen. In neuerer Zeit wurde der Darb el-Hagg häufig von Ägyptern genutzt, die nach Mekka und Medina pilgerten.

Das Einzige, was für die Araba sonst noch größere Bedeutung hatte, war der Kupferbergbau bei Timna in der Nähe von Elat im Chalkolithikum (späte Jungsteinzeit), in der späten Bronze- und der Römerzeit und die gelegentliche Kupfergewinnung bei Punon, das in den transjordanischen Bergen 53 km südlich des Toten Meeres liegt.

Bis heute betrachten viele die Araba als eine Art Grenze, die den Negeb im Westen von Edom im Osten trennte, aber es gibt Hinweise, dass die Edomiter sich zeitweise von Transjordanien aus in verschiedene Teile des Negeb ausbreiteten (4. Mose 20,16; 34,3), wie es auch später die Nabatäer taten. Es scheint sogar so, dass manche der judäisch-edomitischen Kriege um die Kontrolle der Handelsstraßen geführt wurden, die hier verliefen.

Gilead

In verschiedenen Varianten wird das Wort »Gilead« in der Bibel im ganzen 119-mal gebraucht. Es wird zwar gelegentlich als Personen- oder Stammesname, hauptsächlich aber als geografischer Begriff gebraucht und bezeichnet das Gebiet östlich des Jordantals zwischen dem See Genezareth im Norden und dem Toten Meer im Süden. Genauer gesagt, reicht dieses Gebiet von der Südgrenze Baschans, etwa 30 km südlich des Flusses Jarmuk (s. S. 36–37), 76 km weit bis etwa zur Höhe von Heschbon und dem Nordende des Toten Meeres. 5. Mose 3,10 legt nahe, dass die Hochebene (hebr. *mîschôr*) von Moab, ebenso wie Baschan, nicht als zum eigentlichen Gilead gehörig betrachtet wurden. Nordgilead wird im Osten von Steppe und alten Lavaströmen begrenzt und im Südosten vom Rand der Arabischen Wüste. Man kann die Grenzen sogar noch genauer festlegen, aber die Israeliten gebrauchen das Wort »Gilead« auch für alle israelitischen Gebiete östlich des Jordan (s. z. B. Jos 22).

Das Kernland von Gilead ist eine gehobene Kuppel aus harten Cenomankalksteinen mit oberkretazischen (Senon) Abschnitten im Norden und Südosten. Der Jabbok teilt diese Kuppel in zwei Teile und mit 1247 m am Jebel Umm ed-Daraj ist der nördliche der höhere. Wegen der Höhenlage regnet es in beiden Teilen Gileads reichlich, besonders an den Westhängen, und hier gedeihen Oliven, Getreide und Wein. In biblischer Zeit waren die Höhen von dichtem Wald bedeckt wie die vom Karmelbergland, Baschan und Libanon (z. B. Jer 22,6; 50,19). Gilead war berühmt für eine Salbe, die für medizinische oder kosmetische Zwecke gebraucht wurde (z. B. Jer 8,22; 46,11; 1. Mose 37,25). Das Bergland ist ähnlich strukturiert wie das Bergland von Juda und daher ist die Landschaft von vielen steilwandigen Schluchten zerschnitten und es gibt wenig ebenes Land. Das größte Wadi der Region ist der Jabbok, der bei Rabba (heute Amman) entspringt, zuerst nach Norden fließt und sich dann nach Westen wendet und in den Jordan mündet. Im Westteil seiner steilen Schlucht sind an den Wänden Nubische Sandsteinablagerungen freigelegt. Obwohl das Tal schmal ist, wird seine Sohle zum größten Teil bebaut, und es ist relativ leicht, darin von den Bergen Gileads bis nach Deir Alla (zur Ebene von Sukkot) im Jordantal hinabzusteigen. Es ist denkbar, dass die Straße, die in diesem Tal nach Sukkot führte, den Jordan durchquerte und im Wadi Faria hinauf bis Sichem führte, dieselbe war, auf der Abraham und später Jakob in das Land Kanaan kamen (1. Mose 12,5–6; 32,23–33,20). Die wichtigste Straße durch Gilead war aber der Teil der überregionalen Transjordanischen Fernstraße, der von Rabba der Ammoniter über Ramot (Gilead) nach Norden bis Aschtarot in Baschan führte.

Ursprünglich wurde der Nordteil Gileads dem halben Stamm Manasse zugesprochen, der Südteil aber Gad. Die Ammoniter haben anscheinend am Südostrand des Gebietes bei Rabba gewohnt, immer bereit, wenn möglich, in das Hochland einzudringen. Zur Zeit des Neuen Testaments galt der südwestliche Teil Gileads als zu Peräa gehörig (s. Karte S. 170), der Norden und Osten dagegen wurden zum Gebiet der Dekapolis gezählt. Zu allen Zeiten scheint die Gegend als Rückzugs- und Zufluchtsort gedient zu haben. David z. B. floh vor Absalom nach Mahanajim in Gilead und Jerobeam I. richtete seine Hauptstadt für kurze Zeit in Pnuël ein, vielleicht um dem Ägypter Schischak zu entgehen (1. Kön 12,25; s. S. 124).

Das Jordantal

Das Jordantal ist vom See Genezareth bis zum Toten Meer nur etwa 105 km lang, aber der Fluss selbst mit seinen Mäandern misst etwa 217 km. Die Breite des Flusses ist je nach der Jahreszeit und auch an verschiedenen Stellen sehr unterschiedlich; bei der Allenby-Brücke, 12 km nördlich des Toten Meeres, kann er von 22 bis zu 35 m breit sein. Forscher aus früherer Zeit berichten, dass manche Teile des Flusses bei Hochwasser fast 1,6 km breit wurden. Die Tiefe des Jordan bei der Allenby-Brücke liegt zwischen 1,3 und 4 m je nach Jahreszeit. Im Winter und Frühjahr, besonders zwischen Januar und März, ist der Wasserstand am höchsten. Man hat festgestellt, dass die Überschwemmungen in erster Linie daher kommen, dass der Jarmuk dann mehr Wasser führt, das aus Teilen von Baschan und Gilead kommt. Schattner vermerkt, dass die Wassermenge des Jarmuk sich bekanntermaßen in nur zwei Tagen »von 50 m^3/s auf 1 700 m^3/s« erhöhen kann – auf die 34-fache Menge.[5]

Trotz seiner Mäander ist das Gefälle des Jordan relativ stark und seine Strömung entsprechend. Das Wasser ist zwar meist flach, aber wegen der starken Strömung und der vielen Stromschnellen ist es fast unmöglich, mit kleinen Schiffen auf dem Fluss auf und ab zu fahren. 1848 passierte die Expedition von Lynch bei ihrer Reise auf dem Jordan etwa 27 große Stromschnellen.[6] Es gibt keine Anzeichen, dass man in biblischer Zeit Brücken über den Jordan gebaut hätte, aber die Karte von Medeba zeigt, dass man spätestens im 6. Jh. n. Chr. Boote gebrauchte, um Dinge über den Fluss zu bringen. Aus der Erwähnung von »Furten« in der Bibel kann man entnehmen, dass man solche flachen Stellen als die günstigsten Übergänge aussuchte. Har-El gibt etwa 54 Furten an, aber diese Zahl muss sich im Lauf der Jahrhunderte erheblich verändert haben.[7] Bei sumpfigen Ufern, starken Strömungen und schlammigem oder sehr steinigem Grund kann es gefährlich werden, wenn man durch das Wasser watet, schwimmt oder auf einem Tier hinüberreiten will.

Die Talsohle, in deren Mitte der Fluss sich windet, wird auf Arabisch *Zor* genannt und in der Bibel als das »Dickicht« bezeichnet (z. B. Jer 49,19; 50,44); das hebräische *g^{e}'ôn hayyardēn* kann man wörtlich mit »der Stolz des Jordan« übersetzen. Die Breite des Zor schwankt zwischen 180 und 1 520 m auf jeder Seite und beide Seiten waren früher mit dichter Vegetation wie Pappeln, Tamarisken, Weiden und verschiedenen Schilfarten bewachsen. In Überschwemmungszeiten verschwanden manche Bäume zeitweise fast

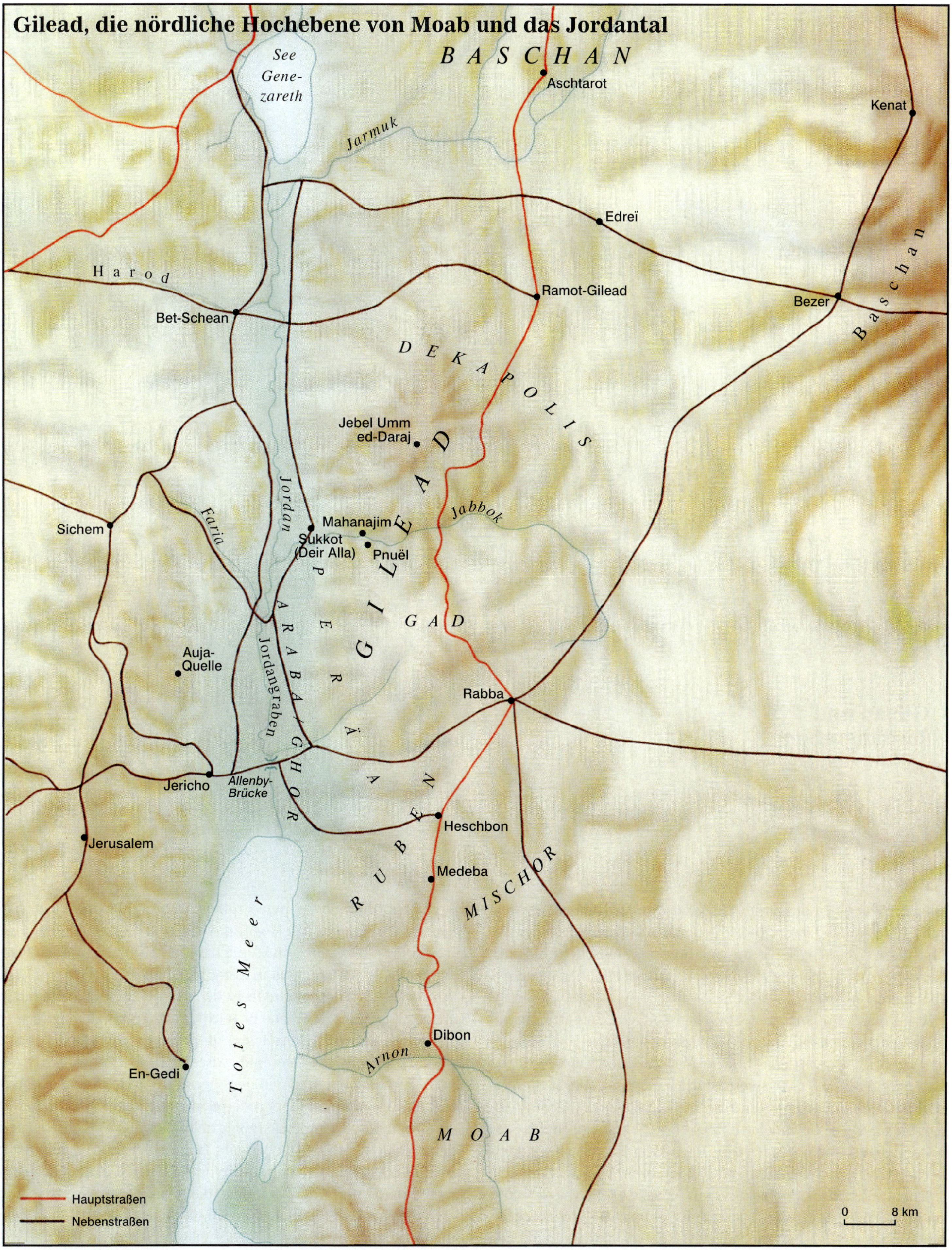
Gilead, die nördliche Hochebene von Moab und das Jordantal
See Genezareth
BASCHAN
Aschtarot
Kenat
Jarmuk
Edreï
Harod
Ramot-Gilead
Bezer
Baschan
Bet-Schean
DEKAPOLIS
Jebel Umm ed-Daraj
GILEAD
Jabbok
Sichem
Faria
Jordan
Mahanajim
Sukkot (Deir Alla)
Pnuël
PERÄA
GAD
ARABA / GHOR
Jordangraben
Auja-Quelle
Rabba
Jericho
Allenby-Brücke
Jerusalem
Heschbon
RUBEN
Medeba
MISCHOR
Totes Meer
Dibon
Arnon
En-Gedi
MOAB
Hauptstraßen
Nebenstraßen
0 8 km

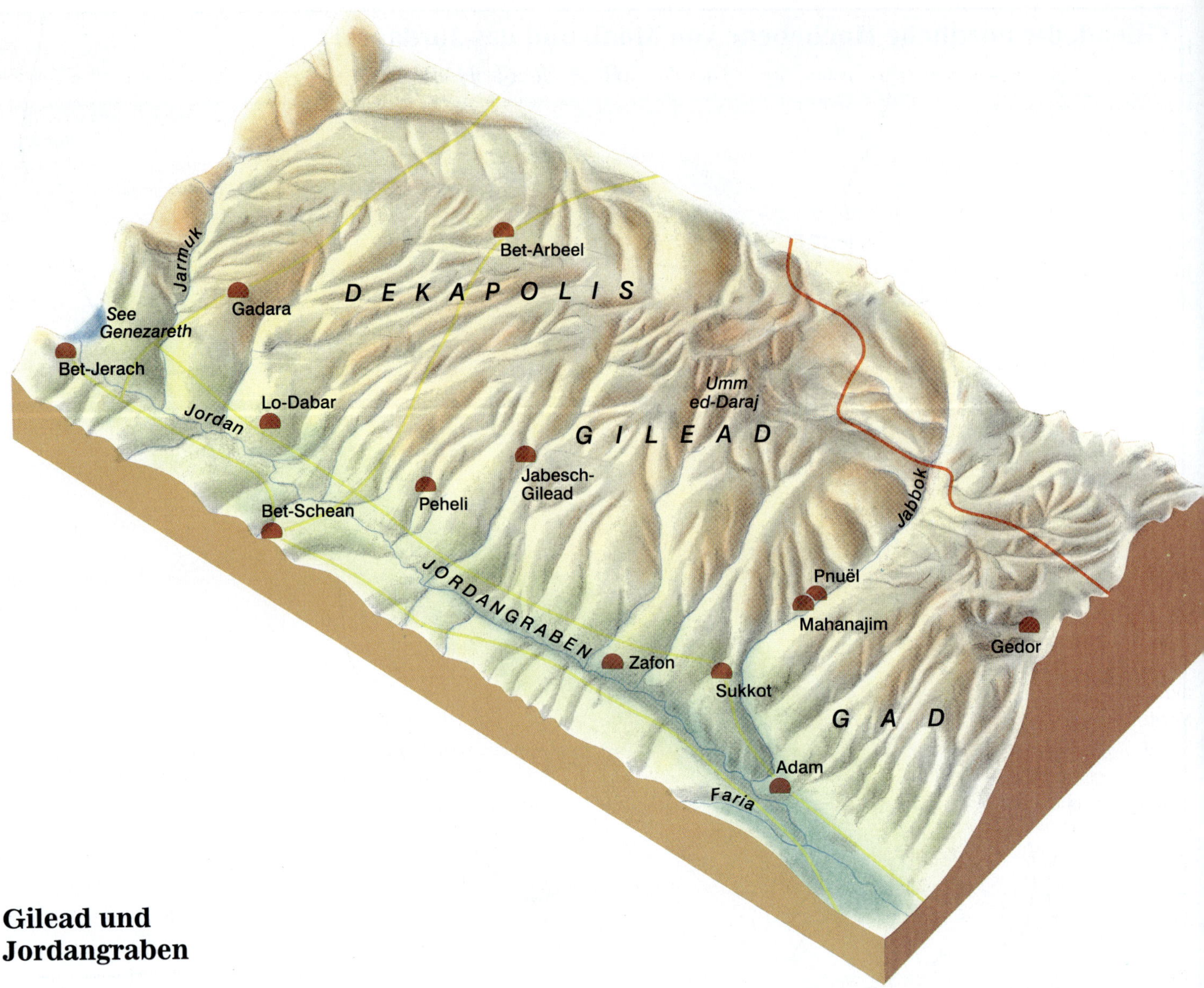

Gilead und Jordangraben

völlig im Wasser. In diesem dschungelartigen Dickicht gab es viele wilde Tiere – auch Löwen, Leoparden und Schakale. Wegen der Gefahr, die von diesen Tieren ausging, mieden Menschen und ihre Haustiere im Allgemeinen diese Region, außer wenn man den Fluss überqueren musste.

Wenn man vom Fluss weg *durch* den Zor geht, kommt man auf jeder Seite zu einem anderen Längsstreifen, der auf Arabisch *Qattara* heißt. Dieses Gebiet besteht aus Lisan-Mergelablagerungen aus Lehm und Gips, die wasserundurchlässig sind. Hier fließen erhebliche Wassermengen ab und es gibt überall kleine »Ödland«-Ablagerungen. Diese Geländeform fängt etwa 27 km südlich des Sees Genezareth an und reicht bis zum Toten Meer. Die beiden Qattara-Streifen sind zwischen einem und 3,2 km breit. Weil der Boden so unfruchtbar ist, haben sie keine Pflanzendecke, so dass sie verstärkt der Erosion ausgesetzt sind. Von Zeit zu Zeit brechen große Brocken von Lisan-Boden ab und die Stücke versperren eine Zeit lang den Durchfluss. Hier gibt es viele Erdbeben und schon mehrfach hat abgestürztes Material den Flusslauf völlig unterbunden: z. B. 1547 für zwei Tage, 1906 für zehn Stunden und 1927 für 27 Stunden (vgl. den Durchzug der Israeliten in Josua 3–4, bes. 3,16).

Der größte Teil des Jordantals ist der, der auf Arabisch *Ghor* heißt (in der Bibel Araba, s. S. 24). Er reicht im Osten bis zu den Bergen von Gilead und im Westen bis zu den Bergen von Manasse und Ephraim. Seine Breite schwankt zwischen 10 km im Norden, 4–5 km in der Mitte und 20 km in der Gegend von Jericho. Der Nordteil erhält genügend Regen für den Getreideanbau, aber weiter nach Süden nimmt die Regenmenge rapide ab bis auf nur 115 mm bei der Allenby-Brücke. Wo es Quellen gibt (wie in Bet-Schean, Auja und Jericho) oder ständig wasserführende Flüsse wie den Jarmuk, Jabbok, Harod und Faria, kann man die Pflanzen bewässern. In anderen Gegenden weideten die Ziegen von Januar bis März die mageren Stoppeln ab. Die Temperatur im Tal ist im Winter warm und im

Sommer sehr heiß (die mittlere Tagestiefsttemperatur im Januar beträgt in Jericho 10° C, die mittlere Tageshöchsttemperatur im August 39° C!). Daher lebten zwar Menschen im Nordteil des Tales und im Süden da, wo Quellen sind, aber das Tal gehörte nicht zu den am dichtesten besiedelten Gebieten im Land.

Heute ist der ganze Jordangraben dabei, sich in ein fruchtbares Anbaugebiet zu verwandeln, denn Israelis und Jordanier leiten Wasser aus dem Jordan, Harod, Faria und Jarmuk ab und bewässern damit in diesem natürlichen Gewächshaus die Felder. So hat sich der Jordangraben heute gegenüber dem oben beschriebenen Zustand im Altertum ziemlich verändert.

Moab

Der Name Moab erscheint in der Bibel am häufigsten als Stammesname für die Nachkommen Lots (1. Mose 19,36–38). Seltener bezeichnet er das Land, in dem sie wohnten. Im letzteren Sinn steht er für das Gebiet östlich des Toten Meeres – im Norden von Gilead, im Süden vom Bach Sered und im Osten von der großen Arabischen Wüste begrenzt. Es misst in Nord-Süd-Richtung etwa 90 km und in Ost-West-Richtung etwa 35 km. Seine Ostgrenze fällt annähernd mit der Hejaj-Bahnlinie zusammen.

Durch die Arnonschlucht, die stellenweise 700 m tief und von einem Rand zum anderen fast fünf km weit ist, wird Moab in einen Nord- und einen Südteil geteilt. Im Süden, zwischen Arnon und Sered, ist das ursprüngliche Kernland von Moab. Im Westen besteht es aus hartem Cenomankalkstein, der auf Nubischem Sandstein liegt; dieser bildet die prächtigen rötlichen Felsklippen am ganzen Ostufer des Toten Meeres entlang. In den östlichen Gebieten von Moab sind Basaltvorkommen augenscheinlich, jedoch herrschen kreidehaltige Gesteine des Senon und Hornsteine (Quarze) vor. Es gibt häufig Erhebungen über 1100 m und der Jebel ed-Dabab am Nordufer des Nahal Sered ist sogar 1305 m hoch. In diesen Höhenlagen fallen fast 400 mm Regen jährlich.

Das Land zwischen dem Arnon und der Region von Heschbon im Norden heißt die »Ebene« oder »Hochebene« (hebr. *mîschôr*; siehe z. B. 5. Mose 3,10; Jos 13,9 und 16); es liegt bedeutend niedriger und ist nicht so zerklüftet wie das Gebiet südlich des Arnon. An einer Stelle (1. Chr 5,16) wird es anscheinend Scharon genannt, was wahrscheinlich »bewaldete Ebene« bedeutet und zeigt, dass dieses Gebiet in biblischer Zeit zumindest teilweise bewaldet war.[8] Wegen der niedrigeren Lage regnet es im Mischor nur 250 mm im Jahr. In ganz Moab wurden hauptsächlich Weizen und Gerste angebaut und die Schafzucht war eine bedeutende Einnahmequelle. Von Mescha, dem König der Moabiter, wird berichtet, er habe dem König von Israel die Wolle von 100 000 Lämmern und 100 000 Widdern geliefert (2. Kön 3,4).

Den israelitischen Stämmen Ruben und Gad wurden Städte in der Hochebene zugesprochen (z. B. 4. Mose 32; Jos 13,15–28), aber immer in der Geschichte wollten auch andere Völker dieses Land besitzen, so die Amoriter, die Ammoniter aus dem Nordosten und besonders die Moabiter aus dem Süden. Gewöhnlich waren es die Moabiter, die zur Zeit des geteilten Reiches (931–722 v. Chr.) mit Israel um die Herrschaft über dieses Land kämpften.

Zwei Strecken der überregionalen Transjordanischen Fernstraße verliefen in Nord-Süd-Richtung durch Moab: die eine gleich östlich des Bergkammes im Westen und durch die Städte Rabba, Medeba, Dibon und Kir-Heres. Man musste auf diesem Weg die tiefen Schluchten des Arnon und Sered durchqueren, was ziemlich schwierig war. Die andere Strecke führte nahe der Grenze zur Wüste am Ostrand von Moab entlang. Hier waren die natürlichen Hindernisse nicht so groß, aber die Karawanen, die diesen Weg nahmen, wurden oft von Stämmen überfallen und beraubt, die aus der Wüste kamen.

Edom

Der Name Edom (»rot«) wurde zuerst als zweiter Personenname für Esau gebraucht (1. Mose 25,30) und dann später als Stammesname für seine Nachkommen (z. B. 1. Mose 36,1–17; 4. Mose 20,14–20). Diese Nachkommen, in denen wahrscheinlich auch Teile anderer Stammesgruppen wie z. B. der Horiter aufgegangen sind, ließen sich schließlich im Gebirge östlich des Grabenbruchs zwischen dem Südende des Toten Meeres und dem Nordende des Golfs von Elat/Aqaba nieder, auf einer Länge von 177 km.

Das Land Edom kann man geografisch in drei Teile einteilen. Der nördliche zwischen dem Seredtal und Punon, das 40 km südlich liegt, scheint das Kernland von Edom gewesen zu sein. Hier lag die bedeutende Stadt Bozra. Im Westen säumen Felsklippen aus Nubischem Sandstein die Araba, die Höhen im Zentrum bestehen aber aus hartem Cenonkalkstein, der im Osten von weiteren Kalksteinen der Kreide und dann von der Wüste abgelöst wird.

Der mittlere Teil von Edom reicht von Punon im Norden 80 km weit bis Ras en-Naqb im Süden und wird von einer hochliegenden Ebene mit Erhebungen über 1490 m ü. M. bestimmt; 8 km nordöstlich von Petra ist sein höchster Punkt mit 1736 m. Dieses Hochland misst von Norden nach Süden 48 km, biegt dann nach Südosten ab und reicht noch weitere 19 km in die Wüste hinein. Weil dieser mittlere Teil so hoch liegt, bekommt er zwischen 150 und 250 mm Regen im Jahr, so dass man etwas Ackerbau betreiben kann. In den Sommermonaten ist es in diesen Höhenlagen oft kühl; im Winter bleibt Schnee manchmal tagelang auf der Hochebene liegen, während die tiefer liegende Umgebung wenig oder gar keinen Niederschlag bekommt. Westlich dieser Hochebene sind die nubischen Sandsteinfelsen am Rand der Araba noch beherrschender als im Nordteil, und in eine der steilwandigen Schluchten eingebettet liegt die berühmte, in den Fels gehauene Stadt Petra, die eine Zeit lang die nabatäische Hauptstadt des Gebietes war.

Der dritte Teil des Landes Edom reicht von Naqb Ischtar 5 km nach Süden bis zur Höhe der Nordspitze des Golfs von Elat/Aqaba. Am nördlichen Rand dieses Gebietes weichen die nubischen Sandsteinablagerungen nach Südosten zurück und südlich von Gharandal bilden nun Granitberge den Ostrand des Grabenbruchs. Solche Granitfelsen säumen auch den Golf von Elat/Aqaba bis nach Saudi-Arabien hinein. Zwischen dem Granit- und dem Sandsteingebiet liegt das unwirtliche Wadi Hisma mit seinem großräumigen Schwemmlandboden (24–32 km), aus dem massive Tafelrestberge aus Sandstein herausragen. Hier regnet es sehr wenig: nicht einmal 50 mm im Jahr.

Das westliche Edom war nie dicht besiedelt, weil zu wenig Regen fällt und weil die Hänge zu steil und zerklüftet sind. Im nördlichen und mittleren Teil, besonders auf der Hochebene, konnten die Men-

Eingang zum Tal von Petra.

schen Getreide anbauen und Schafe, Ziegen und Kamele züchten. Bis in die Moderne hinein war Edom in den höheren Lagen bewaldet und vielleicht war das ein Grund, warum man es »das Gebirge Seïr« nannte (z. B. 1. Mose 36,9). Seïr, »der Haarige«, kann aber auch eine Anspielung auf Esau sein, dessen Nachkommen die Edomiter waren.

Der Hauptfaktor für Edoms wirtschaftliche Versorgung scheint die Kontrolle über die Karawanenstraßen gewesen zu sein. Die wichtige überregionale Transjordanische Fernstraße führte an seiner Ostgrenze entlang und umging so den unwegsamen Westhang und die Hochebenen. Beim heutigen Maan teilte sich diese Straße in zwei: Eine führte südostwärts nach Saudi-Arabien, von wo man Luxusgüter einführte, die aus Arabien oder sogar aus Indien und Afrika stammten. Die andere führte südwestwärts hinunter nach Elat an der Spitze des Roten Meeres. Drei Ost-West-Straßen verbanden die Araba mit der Transjordanischen Fernstraße: 1) Die nördlichste verlief im Wadi Fidan aufwärts und über Punon nach Bozra, 2) die mittlere im Wadi Musa hinauf nach Petra, und 3) führte eine Straße von der Araba-Oase Gharandal ins Gebirge hinauf. Alle diese Straßen verbanden Edom mit Ägypten und/oder dem Mittelmeerhafen Gaza. So mussten viele begehrte Luxusgüter auf dem Weg von Südarabien zu den ägyptischen Handelszentren, nach Damaskus und zu den Häfen am Mittelmeer, durch edomitisches Gebiet transportiert werden. Zeitweise konnten die Einwohner von Edom mit der Kontrolle dieser Karawanenstraßen großen Reichtum erwerben.

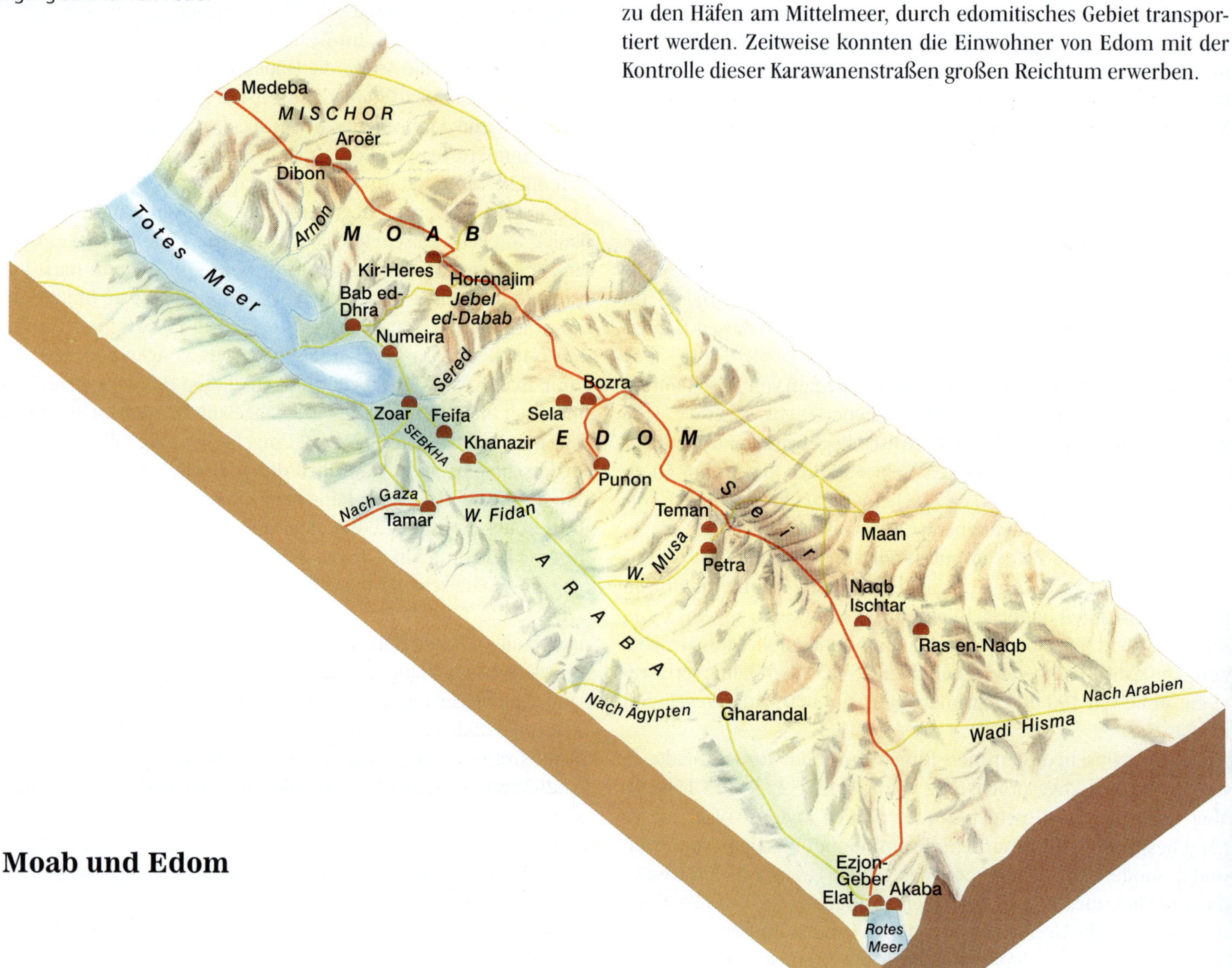

Moab und Edom

Die Geografie Ägyptens

Am äußersten Nordostrand von Afrika gelegen, war Ägypten in der ganzen Geschichte immer eines der großen Machtzentren im Nahen Osten. Das Kernland Ägyptens ist im Prinzip eine Flussoase nahe am Ostrand der Wüste Sahara. 95 % des Landes sind Stein, Sand und Wüste und nur 5 % sind fruchtbares Ackerland, dem der lebenspendende Nil kostbares Wasser und Schlamm bringt. Hier am Nil, auf dem »Schwarzen Land«, leben 95 % der Bevölkerung von Ägypten. Wie der griechische Geschichtsschreiber Herodot schreibt, ist »Ägypten ein Geschenk des Nils«.

Die traditionellen Grenzen des alten Ägypten waren das Mittelmeer im Norden, das Rote Meer bzw. der Golf von Suez im Osten, der erste Nilkatarakt (= Stromschnelle) bei Syene im Süden und eine Reihe von Oasen, die im Westen etwa 200 km vom Nil entfernt in Nord-Süd-Richtung hintereinander liegen. Verschiedentlich versuchte Ägypten, den Sinai im Osten, Nubien im Süden und Libyen im Westen zu beherrschen oder ihre Bodenschätze zu nutzen – mit wechselndem Erfolg.

Der Nil entspringt in Zentralafrika (der Weiße Nil) und im Hochland von Äthiopien (der Blaue Nil) und fließt von da aus nach Norden; er ist mit 6 670 km der längste Fluss der Welt. Die westliche Quelle, der Weiße Nil, liefert das ganze Jahr über Wasser; der Blaue Nil, der weiter im Osten liegt, gibt im Juni, Juli und August – der Zeit der Monsunregen im Hochland von Äthiopien – überreichlich Wasser.

Ägypten war geografisch in zwei Hauptgebiete geteilt: »Oberägypten«, das stromaufwärts (also südlich) liegt, reicht vom ersten Katarakt im Süden bis zum Anfang des Deltas bei Kairo, und »Unterägypten« ist das Delta selbst. In Oberägypten gibt es auf jeder Seite des Nils einen Streifen Ackerland, dessen Breite zwischen 10 km (bei Syene) und 25 km (bei Kairo im Norden) schwankt. In Oberägypten ist das Land auf beiden Seiten von Kalksteinfelsen eingeschlossen, die stellenweise (z. B. beim Jebel el-Silsila) dicht an das Flussbett herankommen. Im Westen liegt die bedrohliche Wüste Sahara, deren Unfruchtbarkeit nur vereinzelt durch eine Oase unterbrochen wird. Auf der anderen Nilseite liegt jenseits der Felsen die Arabische Wüste, eine ansteigende Hochebene aus Sand und Stein, die in die Bergkette übergeht, die am Roten Meer und am Golf von Suez entlang verläuft (1 220–2 130 m hoch). Die Arabische Wüste ist zwar sehr unwirtlich, aber zeitweise haben die Ägypter die Steinbrüche und die Gold-, Zinn- und Kupferminen dort genutzt. Mehrere Straßen, von denen die wichtigste durch das Wadi Hammamat führte, durchquerten die Arabische Wüste und verbanden so das Niltal mit dem Roten Meer – und auf diese Weise auch mit Ostafrika, Südarabien und sogar mit Indien.

Kanal in der Nähe des Nil zur Bewässerung der Felder.

Der Lebensrhythmus in Oberägypten wurde vom Nil bestimmt. Vor dem Bau moderner Staudämme, der im 19. Jahrhundert anfing und 1970 mit dem Bau des Assuandamms (Assuan = Syene) seinen Höhepunkt erreichte, stieg der Nil bei Syene/Assuan ziemlich regelmäßig zwischen dem 15. und 18. Juni. Je nach den örtlichen Bedingungen stieg er gewöhnlich zwischen 4,6 und 7 m über den normalen Wasserstand, trat über die Ufer und überflutete die ziemlich flachen Felder in der Nähe. Das schlammige Überschwemmungswasser stand mehrere Monate lang auf den Feldern und wenn es im September und Oktober zurückging, schwemmte es unerwünschte Salze aus und hinterließ eine neue fruchtbare Schlammschicht.[1] Im Oktober und November säten und pflanzten die Bauern in den nassen Boden und ernteten dann von Januar bis März.

Hauptsächlich wurden Weizen und Gerste angebaut – zeitweise diente Ägypten sogar als »Kornkammer« für andere Teile der Welt –, außerdem Gemüse, Datteln und Sesam. Es gab reichlich Fisch und auch Geflügel vom Nil – sowohl einheimische Arten als auch solche, die zweimal jährlich auf ihrem Flug von Europa nach Afrika und zurück hier durchzogen. In manchen Gegenden wurden Weintrauben angebaut, aber das verbreitetste Getränk war nicht Wein, sondern ein Gerstenbier. Auch Flachs baute man an und verarbeitete ihn zu Kleidung, Seilen und Segeln. Weißer Papyrus wurde zu Papier verarbeitet und exportiert.

Das Hauptzentrum des südlichen Oberägypten war Theben. Hier hat man im Lauf der Jahrtausende Paläste, Grabmäler und Tempel aus dem Kalkstein errichtet, den man in der Nähe fand. Die Bauern lebten meist in Lehmhütten, die gewöhnlich auf erhöhtem Gelände gebaut wurden, damit die jährlichen Überschwemmungen sie nicht zerstörten. Der Nil selbst war die Haupt»straße«, Lastkähne und Segelschiffe übliche Transportmittel. Die Strömung trug sie problemlos stromabwärts und flussaufwärts konnte man segeln, wenn man den hier vorherrschenden Nordwind ausnutzte.

Beim ersten von sechs Katarakten – Stellen, an denen der Nil so über harte Granitklippen fließt, dass gefährliche Stromschnellen entstehen – wurde die Weiterfahrt nach Süden unmöglich. Südlich des ersten Kataraktes lagen die Länder Nubien (vom ägyptischen *neb*, »Gold«, also »Goldland«), Kusch und schließlich Äthiopien. Zeitweise war Ägypten mächtig genug, das Land bis zum zweiten und – selten – sogar bis zum vierten Katarakt zu beherrschen. Aber umgekehrt stießen auch die Äthiopier, wenn Ägypten schwach war, nach Norden bis nach Oberägypten vor (z. B. während der 24. Dynastie etwa 720 v. Chr.).

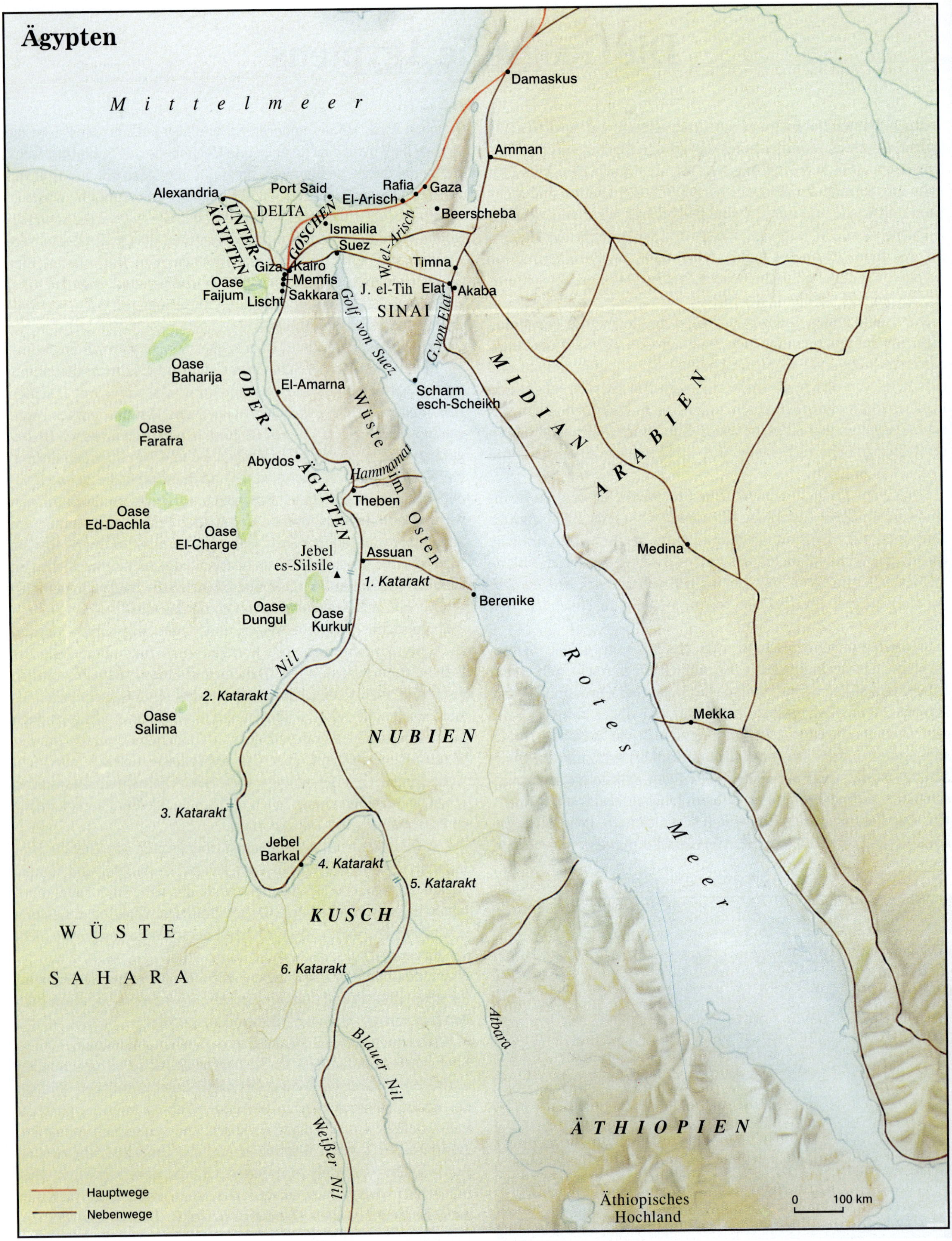

Ägypten
Mittelmeer
Damaskus
Amman
Rafia
Gaza
El-Arisch
Port Said
Alexandria
DELTA
UNTER-ÄGYPTEN
GOSCHEN
Ismailia
Beerscheba
W. el-Arisch
Suez
Timna
Giza
Kairo
Memfis
Sakkara
Lischt
Oase Faijum
J. el-Tih
Elat
Akaba
SINAI
Golf von Suez
G. von Elat
Oase Baharija
OBER-ÄGYPTEN
El-Amarna
Scharm esch-Scheikh
MIDIAN
ARABIEN
Oase Farafra
Wüste im Osten
Abydos
Hammamat
Theben
Oase Ed-Dachla
Oase El-Charge
Jebel es-Silsile
Assuan
1. Katarakt
Medina
Berenike
Oase Dungul
Oase Kurkur
Nil
Rotes Meer
2. Katarakt
Mekka
Oase Salima
NUBIEN
3. Katarakt
Jebel Barkal
4. Katarakt
5. Katarakt
KUSCH
WÜSTE SAHARA
6. Katarakt
Atbara
Blauer Nil
Weißer Nil
ÄTHIOPIEN
Hauptwege
Nebenwege
Äthiopisches Hochland
0
100 km

Jahreszyklus im Alten Ägypten

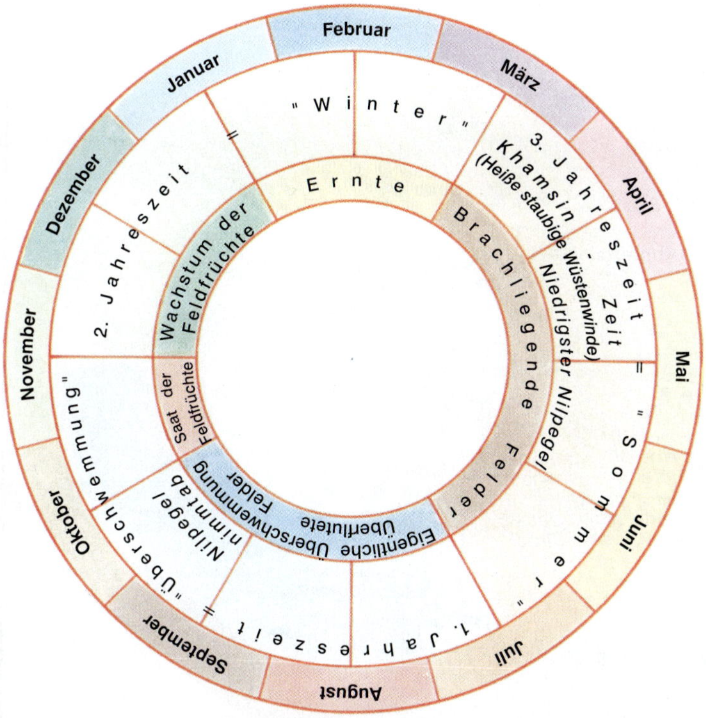

Das Deltagebiet nördlich des heutigen Kairo ist als »Unterägypten« bekannt (»Unter« heißt hier tiefer, also stromabwärts gelegen). Seine Form ist ungefähr dreieckig und es misst von Norden nach Süden 160 km und von Osten nach Westen 250 km; das ist eine Gesamtfläche von 22 000 km². Heute fließen zwei Hauptarme des Nil durch das Deltagebiet ins Mittelmeer, aber zur Zeit Herodots (ca. 450 v. Chr.) gab es sieben Nilarme (Bericht von Strabo, *Geog.* xvii. 1. 18). Dieses tief gelegene Gebiet ist mit einer dicken fruchtbaren Schlammschicht versehen, die im Lauf der Jahrtausende angeschwemmt worden ist, und von vielen Kanälen durchzogen. Das ganze Gebiet bringt enorme landwirtschaftliche Erträge ein. Weizen und Gerste, Obst- und Weingärten und Feigenbäume gibt es im Überfluss. Im Altertum bot dieses Sumpfgebiet Weideplätze für Rinder. Hier wuchsen viel Papyrus, Schilfrohr und Lotosblumen. Krokodile und Flusspferde waren häufige Tiere. Man konnte jederzeit reichlich Fisch bekommen, sowohl aus dem Nil als auch aus dem Mittelmeer, aber auch Wildvögel wie Enten und Gänse.

Das Küstengebiet des Deltas bekommt zwar jährlich 175 mm Regen, aber im Wesentlichen sind die Kulturpflanzen immer durch künstliche Bewässerung versorgt worden. Wie wichtig das Delta als Nahrungsquelle ist, wird daraus ersichtlich, dass in diesem Gebiet allein 55 % des gesamten bebaubaren Landes von Ägypten nördlich des ersten Katarakts liegen.

Im Delta haben die Siedlungen immer auf dem erhöhten Gelände zwischen den Kanälen gelegen. Und obwohl allgemein anerkannt ist, dass es von frühester Zeit an besiedelt war, gibt es bedeutende archäologische Funde erst vom 2. Jahrtausend v. Chr. an. Das kann 1. daher kommen, dass ältere Reste vom Schlamm bedeckt sind, 2. dass der Grundwasserspiegel angestiegen ist und 3. von der Wirkung des Salzwassers auf alte Bauten und Siedlungen.

Alte Verkehrswege sind im Delta schwer auszumachen, aber neben dem Landtransport war anscheinend auch der Schiffstransport auf dem Nil und den Verbindungskanälen sehr wichtig. Als z. B. Sinuhe (ca. 1950 v. Chr.) aus dem Land Kanaan nach Ägypten zurückkam, bestieg er im östlichen Delta ein Schiff und reiste so zu der Stadt Lischt (*ANET*, 21). Ins östliche Delta versuchten auch immer wieder Beduinen vom Sinai einzudringen, um die Versorgung ihrer Tiere mit Wasser sicherzustellen. Und von hier aus starteten die Armeen der mächtigen Pharaonen der 18. und 19. Dynastie (ca. 1500–1150 v. Chr.) ihre Feldzüge nach Kanaan und in asiatische Länder. In diesem reichen und fruchtbaren östlichen Delta, bekannt als das »Land Goschen«, siedelten sich nach dem biblischen Bericht Jakob und seine Nachkommen zu Beginn ihres Aufenthalts in Ägypten an (1. Mose 45 und 46; siehe Historischer Teil).

Östlich des Deltas liegt die dreieckige Sinai-Halbinsel mit einer Fläche von 61 100 km². Ihre Nordgrenze ist das Mittelmeer von Port Said im Westen bis Rafia oder Gaza im Osten. Die Westgrenze ist eine 130 km lange gedachte Linie von Port Said im Norden bis Suez im Süden – im Prinzip da, wo heute der Suezkanal verläuft, der wiederum dicht am alten Ostarm des Nils und/oder seinem östlichen Hauptkanal entlangführt. Die Südwestgrenze des Sinai ist der Golf von Suez, 290 km lang von Suez bis zur Südspitze des Sinai, Scharm esch-Scheikh. Seine Südostgrenze bildet die 190 km lange Küste des Golfs von Elat/Aqaba, aber die Ostgrenze auf dem Land ist nicht so eindeutig. Eine 200 km lange Linie von Elat/Aqaba bis in die Gegend von Rafia und Gaza gibt diese Grenze wohl ziemlich richtig an.

Die Nordküste des Sinai besteht hauptsächlich aus sandigen Ebenen und Dünen, die 40 bis 95 km ins Land hineinreichen. Der Grundwasserspiegel liegt ziemlich dicht unter der Erdoberfläche und zu allen Zeiten hat man hier Brunnen gegraben, um die Bewohner der Gegend und die Reisenden mit Süßwasser zu versorgen. Durch dieses Gebiet führte die wichtigste Verbindungsstraße zwischen Asien und Afrika. Nach neuesten Forschungen ist diese Straße von der frühesten Geschichte bis heute immer in Gebrauch gewesen. Nicht nur Handelskarawanen reisen darauf, auch die großen Armeen der Welt haben diesen Weg genommen: die alten ägyptischen, assyrischen, babylonischen, persischen, griechischen und römischen Heere und ebenso auch moderne britische, ägyptische und israelische Truppen.

Nach Süden zu werden die Dünen allmählich von einer Reihe von Bergen abgelöst; diese gehören zu einer Bergkette, die im Negeb im Nordosten anfängt. In diesen Bergen und in ihrer Nähe gibt es Wasservorkommen, besonders im Nordosten bei Kadesch-Barnea, wo die ergiebigste Quelle der Halbinsel liegt. Ziemlich dicht an der Grenzlinie zwischen der Küstenregion und dem Vorgebirge ist eine wichtige Straße, die Beerscheba mit dem heutigen Ismailia verbindet. Das könnte der biblische »Weg nach Schur« sein (1. Mose 16,7), auf dem man zur Zeit der Patriarchen nach Ägypten reiste. Südlich dieser Berge erhebt sich die weite, öde und leblose Wüste el-Tih, die nach Süden bis zum Jebel (arabisch: Berg) el-Tih ansteigt. Der größte Teil des nördlichen Sinai wird über das Wadi el-Arisch entwässert (den »Bach Ägyptens«), das bei El-Arisch ins Mittelmeer mündet. Ein Pfad, der Darb el-Hagg (»Wallfahrtsweg«) heißt, ver-

Die Sinai-Halbinsel und die Araba

bindet Elat und Aqaba im Osten mit Suez im Westen; er wurde erst in späterer Zeit – bis zum Ende des 19. Jahrhunderts – dadurch bedeutend, dass ägyptische Moslems ihn als Pilgerweg nach Mekka benutzten. In biblischer Zeit verband diese Straße Ägypten und Midian (im heutigen Saudi-Arabien) und verschaffte den Ägyptern Zugang zu den Kupferminen in Timna gleich nördlich von Elat/Aqaba.

Die Südspitze des Sinai besteht aus spitzen, wild zerklüfteten Granitfelsen, von denen manche über 2 600 m hoch sind. Im Westen liegt eine weite, flache Ebene (16–24 km breit) zwischen den Bergen und dem Golf von Suez, aber im Osten fallen die Steilhänge oft bis in den Golf von Elat/Aqaba ab. Manchmal fällt in dieser felsigen Granitlandschaft Schnee, aber im Ganzen ist die Niederschlagsmenge minimal. Wie im gesamten Nahen Osten nimmt auch auf dem Sinai die Regenmenge von Norden nach Süden ab: Die Mittelmeerküste z. B. erhält etwa 200 mm jährlich, die Südspitze des Sinai 10 mm. In den Granitbergen im Süden sammelt sich aber Wasser in den Wadis. Und es gibt mehrere Oasen, wo Quellen oder Brunnen sind. Die größte dieser Oasen im Südsinai ist die Oase Feiran am Fuß des Jebel Sirbal.

Weil das Gebiet so trocken und entsprechend unwirtlich ist, haben auf dem Sinai nie viele Menschen gewohnt. Eine Zählung 1937 ergab 18 000 Einwohner, von denen nur 2 500 im Süden lebten. In neuerer Zeit hat man angefangen, seine Bodenschätze zu nutzen, aber im Altertum waren die Ägypter hauptsächlich daran interessiert, die Türkisvorkommen im Wadi Magara und im Gebiet von Serabit el-Khadim abzubauen, denn Türkis war sehr begehrt zur Herstellung von Ringen, Zierperlen, Halsketten, Amuletten und Skarabäen. Es gibt zwar auch Kupferlager auf dem Sinai, aber anscheinend waren die Minen in Timna, gleich nördlich der Nordspitze des Golfs von Elat/Aqaba, zeitweise die wichtigsten Kupferlieferanten. Für solche, die die Bibel studieren, sind die Ereignisse um die Übergabe der Gesetzestafeln auf dem Berg Sinai besonders wichtig (s. Historischer Teil).

Die überlieferte Geschichte Ägyptens begann um 3 100 v. Chr. mit dem Zusammenschluss von Ober- und Unterägypten zu einem Land. Bereits im 3. Jahrtausend v. Chr. hatten die Ägypter Oberägypten in 22 Gaue eingeteilt. Und gegen Ende des 1. Jahrtausends v. Chr. waren 20 Gaue im Deltagebiet dazugekommen. In Zeiten, in denen die Zentralregierung verhältnismäßig schwach war, waren die Gaukönige oft recht einflussreich.

Nach Manetho (einem ägyptischen Priester, der um 282–245 v. Chr. schrieb) teilen die Historiker die Reihe der Könige in 30 oder 31 Dynastien ein. Moderne Historiker geben den Anfang der ersten Dynastie gewöhnlich um 3100 v. Chr. an und schließen die Reihe mit der ptolemäischen Dynastie (um 30 v. Chr.) ab. Zusätzlich ordnen Ägyptologen und Historiker diese Dynastien in größere Zeitabschnitte oder Epochen ein:

Dynastie:	Epoche:	Ungefähre Datierung:
I–II	Frühzeit	3100–2686
III–VIII	Altes Reich	2683–2160
IX–XI	1. Zwischenzeit	2160–2040
XI–XIII	Mittleres Reich	2040–1633
XIV–XVII	2. Zwischenzeit	1786–1558
XVIII–XX	Neues Reich	1558–1085
XXI–XXV	3. Zwischenzeit	1085–656
XXVI	Dynastie der Saiten/ Hauptstadt: Sais	664–525
XXVII–XXXI	Spätzeit	525–630
	Eroberung durch Alexander	332
	Herrschaft Mazedoniens	332–304
	Ptolemäer-Dynastie	304–30
	Eroberung durch Rom	30

Auf die Bedeutung dieser und anderer Epochen wird an den entsprechenden Stellen im Historischen Teil dieses Atlasses eingegangen. Hier möchte ich nur sagen, dass auf Zeiten einer starken Zentralregierung (z. B. im Alten und Mittleren Reich) jeweils Zeiten von Zerfall, Unruhen und politischen Wirren folgten (z. B. in der Ersten und Zweiten Zwischenzeit).

In Ägypten wurde eine der ersten Schriften entwickelt. Ihre Anfänge bleiben im Dunkel der Vorzeit; zur Zeit der Ersten Dynastie aber (ca. 3100 v. Chr.) war Schreiben im Land zum festen Bestandteil des Lebens geworden. Mehr als 3 000 Jahre lang (bis zum 4. Jh. n. Chr.) schrieb man in Ägypten Hieroglyphen. In der frühesten Schriftform gebrauchte man Ideogramme oder (im wörtlichen Sinne) Sinn-Bilder, die einen bestimmten Gegenstand darstellten oder eine Idee, die der Gegenstand vermitteln sollte (z. B. stellte eine Sonnenscheibe ☉ die Sonne dar, eine Hügelsilhouette, Bergland oder eine fremde Gegend, und Schreiben und verwandte Wörter wurden durch Schreibwerkzeuge wiedergegeben: Palette, Wassergefäß und Pinselbehälter). Zusätzlich wurden bald auch Lautzeichen oder Phonogramme verwendet; diese Bilder stellten einen Laut oder eine Lautfolge dar (z. B. das Ideogramm »Mund« für »r«, das Ideogramm »Haus« für »pr«). Insgesamt musste ein Schreiber über 700 Zeichen beherrschen.

Die Ägypter nannten ihre Sprache »die Worte des Gottes« und betrachteten sie als ein Geschenk des Gottes Thoth. Als die Griechen die Herrschaft in Ägypten übernahmen (ca. 332 v. Chr.), gehörten die ägyptischen Priester zu den wenigen, die die Schrift lesen und schreiben (d. h. einmeißeln) konnten; daher bekam sie den Namen »Hieroglyphen« (gr. *hieros* »heilig« und *glyphein* »meißeln«). Schon zur Zeit des Mittleren Reiches schrieben die ägyptischen Schreiber mit Schilfrohrfedern auf Papyrus eine abgewandelte Form der Hieroglyphen, die man hieratische (gr. »priesterliche«) Schrift nennt. Später, während der 25. Dynastie (um 700 v. Chr.), wurde die demotische (gr.: »Volks-«) Schrift, eine vereinfachte Form der Priesterschrift, üblich. Das letzte Entwicklungsstadium des Altägyptischen ist Koptisch, die Schrift, die man vom 3. Jahrhundert n. Chr. an kennt. Diese Schrift gebraucht das griechische Alphabet und sieben zusätzliche Zeichen. Sie wird heute noch gelesen und die Sprache gesprochen, besonders in der Liturgie der koptischen Kirche.

Aus dem alten Ägypten ist ein reicher Schatz an Schriftmaterial erhalten, denn fast jede senkrechte Fläche in den alten Tempeln, Grabmälern und ähnlichen Gebäuden war von Hieroglyphen bedeckt. Außerdem benutzte man sehr viel Papyrus, nicht nur für literarische Texte, sondern auch für Schriftstücke aus Wirtschaft, Verwaltung und Privatleben. Wegen des trockenen ägyptischen Klimas (südlich von Kairo nur noch 25 mm Regen jährlich) sind viele Texte an Gebäuden und auch auf Papyrus erhalten geblieben. In diesem reichen und vielseitigen Schatz findet man religiöse Schriften (wie die Texte in Pyramiden und auf Särgen, das Totenbuch, magische Papyri), wissenschaftliche Schriften (besonders über Medizin und Mathematik), lexikographisches Material, Gesetzestexte, Verwaltungsdokumente, private Briefe, historische Berichte, literarische Werke und Versdichtung.

Diese Texte informieren außerordentlich gut über das Leben im alten Ägypten, aber zum großen Teil haben sie keinen direkten Bezug zur biblischen Geschichte und Geografie. Diejenigen, die für dieses Gebiet am wichtigsten sind, kann man in mehrere Hauptgruppen einteilen.[2] Tagebücher von Feldzügen z. B. und Annalen, in denen etwa die Vertreibung der Hyksos aus Ägypten oder die Eroberung von Megiddo durch Thutmosis III. beschrieben wird, bilden eine dieser Gruppen von wichtigen Schriften. Solche Annalen findet man oft auf den Wänden von Tempeln oder Grabmälern und sie bieten viel Information über ägyptische Feldzüge nach Westasien. Zu anderen Gruppen gehören topografische Listen (wie die von Schischak, die Daten für Forscher der historischen Geografie liefert), literarische Papyri (z. B. die Erzählung von Sinuhe), Verwaltungsakten, Verfluchungstexte und Briefsammlungen (z. B. die Briefe von El-Amarna, die auf Akkadisch geschrieben sind). Diese und andere ägyptische Dokumente, die für das Verständnis der biblischen Geschichte und Geografie wichtig sind, werden an den entsprechenden Stellen im historischen Teil behandelt.

Die Geografie Syriens und des Libanon

Das unten dargestellte Gebiet umfasst hauptsächlich die heutigen Staaten Syrien und Libanon. Es war nicht nur an sich eine wichtige Gegend, es war auch ein Verkehrszentrum, das Babylonien und Assyrien mit Anatolien im Nordwesten (in der heutigen Türkei), dem Mittelmeer im Westen und mit Palästina und Ägypten im Südwesten verband.

Die westliche Grenze dieses Gebietes bildet das Mittelmeer, die nördliche die Gebirge Amanos und Malatja, die östliche eine Linie von Norden nach Süden durch den Jebel Sinjar, die südöstliche die Syrische Wüste und schließlich die südwestliche Damaskus und der Fluss Litani. Es war oft schwer, diese Gegend politisch stabil zu halten, denn sie war immer von feindlichen Wüsten- und Bergstämmen bedroht. Und so wurde sie erst im 1. Jahrtausend v. Chr. von den Großmächten Assyrien, Babylonien, Persien und besonders den Seleukiden unterworfen und vereinigt (siehe Historischer Teil). Ein gemeinsamer alter Name für das ganze Gebiet ist kaum zu finden; der Teil, der westlich und südlich des Euphrat liegt, wurde im 2. und 1. Jahrtausend v. Chr. »Amurru« (»Westland«) und »das Land jenseits des Stromes (Euphrat)« genannt.

Man findet in diesem Gebiet viele verschiedene Landschaften und Kulturen. Nördlich einer Bogenlinie, die von Damaskus im Südwesten über Homs und Tifsach zum Jebel Sinjar im Nordosten verläuft, kann man Getreide anbauen. Das Land im Norden und Westen dieser ungefähren Grenze bekommt mindestens 250 mm Regen im Jahr; südlich der Bogenlinie nimmt die Regenmenge aber sehr schnell ab. Dort liegt das weite syrische Steppen- und Wüstenland, an dessen Nord- und Westrand Nomaden mit ihrem Kleinvieh den Winterweideplätzen nachziehen.

Nördlich und östlich des Euphrat liegt ein Steppengebiet, das heute die Jezira heißt und eigentlich eine Ausweitung Assyriens nach Westen ist. Dieses Gebiet wird von Norden nach Süden durch die Flüsse Habur und Balich entwässert. Das Land zwischen Habur

Syrien und Libanon

und Euphrat könnte sehr wohl das ursprüngliche »Aram-Naharajim« sein (1. Mose 24,10: Mesopotamien, »das Land zwischen den zwei Flüssen«). Nördlich einer Linie, die den Jebel Sinjar im Osten mit dem Jebel el-Aziz im Westen verbindet, gibt es so viel Regen, dass man im Winter Getreide anbauen kann (über 300 mm im Jahr), und viele Quellen. Südlich dieser Linie nimmt die Regenmenge ab und das flache Steppenland wird hauptsächlich als Weideland genutzt. Die meisten großen Städte lagen entweder an dieser Linie oder ein wenig nördlich davon. Dazu gehörten, von Osten nach Westen genannt, Chagar Bazar, Haran und schließlich Karkemisch am Ufer des Euphrat. Die Straßen, die Assyrien und auch Babylonien mit Karkemisch verbanden, führten durch dieses Gebiet, entweder nördlich oder südlich dicht am Jebel Sinjar vorbei. Karkemisch war eine der wichtigsten Städte auf diesem Weg, denn von dort aus konnten Karawanen und/oder Kriegsheere in Richtung Nordwesten nach Anatolien, nach Westen zum Mittelmeer oder in Richtung Süden nach Syrien, Israel und Ägypten gelangen.

Südlich und westlich des Euphrat liegt das eigentliche Syrien. Dieses Gebiet kann man zweckmäßig durch die »Homs-Palmyra (= Tadmor)-Senke« (oder Korridor) in einen Nord- und einen Südteil teilen.[1] Diese Senke zieht sich von der Biegung des Euphrat gleich südöstlich von Mari über Tadmor und Homs bis zum Fluss Kabir, der ins Mittelmeer fließt. Wenn die politischen Bedingungen einigermaßen stabil waren und besonders seit man das Kamel als Lasttier gebrauchte, war dieser 235 km lange Karawanenweg durch Steppe und Wüste von Mari bis Tadmor recht bedeutend. Von Mari aus konnte man sperrige Güter, besonders Holz vom Jebel Bischri und den Bergketten des Libanon und Antilibanon, auf dem Euphrat weiter verschiffen. Von Tadmor aus konnten die Karawanen in der Senke fast genau nach Westen weiterziehen und kamen über Homs zu den Mittelmeerhäfen nahe beim Fluss Kabir. Außerdem führte eine sehr wichtige Straße 210 km weit am Rand der Wüste entlang nach Südwesten von Tadmor nach Damaskus und stellte so die Verbindung nach Israel, Ägypten und Südarabien her. Diese Straße lief an der Nordseite des Jebel esch-Scharqia entlang, weil es auf diesem Weg Brunnen und Quellen gab. Tadmor, das später Palmyra hieß, war eine der großen Karawanenstädte des Altertums. Die Bibel berichtet, dass Salomo »Tadmor in der Wüste« ausbaute, um die Kontrolle über die Handelsstraßen im Nahen Osten zu gewinnen (2. Chr 8,4. Vgl. aber 1. Kön 9,18, wo im Hebräischen wie in der Lutherbibel Tamar steht, im Griechischen aber Tadmor). Südlich von Tadmor und östlich des Jebel esch-Scharqia liegt die Syrische Wüste, von steilen zerklüfteten Abhängen unterbrochen und im Südwesten von großen, fast unpassierbaren Basaltströmen begrenzt. In dieser Gegend, wo weniger als 200 mm Regen im Jahr fällt, können nur nomadische Hirten notdürftig leben.

Am südwestlichen Rand dieses Gebietes liegt die prächtige Oasenstadt Damaskus. Hier fallen jährlich nur 200 mm Regen, aber die Oase wird vom Fluss Barada gespeist, der vom Antilibanon-Gebirge herabkommt. Damaskus hatte eine Schlüsselposition für Israel, denn fast der ganze Reiseverkehr zwischen Israel und dem Norden musste hier durchkommen. Darum war die Herrschaft über Damaskus immer sehr umkämpft, aber Damaskus selbst konnte seinen Machtbereich nur selten weit ausdehnen, gleich in welche Richtung, denn es ist im Westen und Norden von Bergen eingeschlossen und im Osten und Süden von der Wüste und Basaltströmen. Hier hatten Israels Erzfeinde, die Aramäer von Damaskus, ihr Hauptquartier.

Der größte Teil des schmalen Landstreifens zwischen Damaskus und dem Mittelmeer gehört heute zum Staat Libanon. Die Südgrenze dieses Landes liegt etwas südlich des Flusses Litani und seine Nordgrenze am Fluss Kabir am Westende des Homs-Tadmor-Korridors. Dieser Fluss bildet heute die Grenze zwischen dem Libanon und Syrien. Das Land selbst gliedert sich in vier große Zonen, die parallel von Südwesten nach Nordosten verlaufen.

Die »Küstenebene« ist, soweit überhaupt vorhanden, sehr schmal (zwischen 8 und 16 km), und an vielen Stellen reichen die Ausläufer des Libanongebirges bis an die Mittelmeerküste und unterbin-

Im Zedernhain des Libanon. Im Hintergrund der schneebedeckte Gipfel des Dahr el Kodib.

den den Nord-Süd-Verkehr an der Küste entlang. Dieses Gebiet wurde unter dem Namen Phönizien bekannt. Es war schon immer nach Westen, zum Mittelmeer hin orientiert. Große Hafenstädte wie Tyrus, Sidon, Beirut, Byblus, Tripolis und Sumur bemühten sich manchmal gemeinsam, manchmal gegeneinander um die Kontrolle über die Schiffahrt auf dem Mittelmeer. Das landwirtschaftliche Hinterland aller dieser Städte war sehr eingeengt und oft mussten sie notwendige Lebensmittel von Israel und besonders von Ägypten einkaufen. Dafür lieferten sie über Jahrtausende begehrtes Bauholz an diese und andere Länder. Byblus wurde sogar ein großes Zentrum, über das Ägyptens Handelsbeziehungen mit den anderen Mittelmeerländern liefen. Zu bestimmten Zeiten (z. B. in der späten Bronzezeit 1550–1200 v. Chr.) hatte Byblus fast den Status einer ägyptischen Kolonie; das geht aus den Schriften hervor, die aus dieser Zeit überliefert sind, und aus den vielen Gegenständen ägyptischer Herkunft, die man bei Ausgrabungen in Byblus (dem früheren Gebal) gefunden hat. Von Byblus aus wurde Papyrus aus Ägypten über das ganze Mittelmeer verschifft. Und man sollte auch nicht vergessen, dass die Phönizier bei der Weitergabe der alphabetischen Schrift nach Westen, also nach Griechenland, am Ende des 2. vorchristlichen Jahrtausends eine große Rolle spielten.

Gleich an der Küste erhebt sich das majestätische Libanongebirge – stellenweise über 3000 m hoch. Diese Berge bestehen aus hartem Cenomankalkstein, Sandstein und etwas Jurakalkstein (jedes Jahr mehr als 1000 mm Niederschlag). Etwa sechs Wintermonate lang liegt dort Schnee. Und sein weißes Aussehen hat dem Gebirge vielleicht den Namen »Libanon« eingetragen; er ist verwandt mit einem hebräischen Wortstamm (*lbn*), der »weiß« bedeutet. Im Altertum waren die Ost- und Westhänge des Libanon bewaldet: Hier wuchsen die berühmten »Libanonzedern«. Diese stattlichen Bäume wurden zusammen mit Pinien und Zypressen gefällt und überall da verwendet, wo man lange Balken brauchte: für Schiffsplanken und -masten, für Balken in Palästen und Tempeln, Täfelungen usw. Die Westhänge sind von tiefen Wadis durchschnitten, das Reisen dort ist sehr schwierig. Auf der Ostseite fällt ein Steilhang zur dritten Längszone ab, der Beqa (»Tal«).

Das lange und schmale Beqatal reicht etwa 140 km weit bis in das Gebiet direkt südlich von Homs. Im Westen erhebt sich der Steilhang des Libanongebirges und im Osten die Antilibanon-Kette. Das Nordende der Beqa ist durch Sümpfe und Seen versperrt, die sich hinter einer Basaltschwelle bei Kedesch bilden; der Südteil endet in einem Gewirr von Bergkämmen und Tälern. Der größte Teil der Beqa liegt über 900 m hoch, aber weil sie auf der Leeseite des Libanongebirges und nicht direkt am Meer liegt, regnet es dort weniger. In Baalbek fallen 400 mm Niederschlag jährlich im Vergleich zu 1000 mm in den Bergen westlich davon. In Beirut an der Küste beträgt der Durchschnitt 850 mm. In der Beqa gedeihen Gartenfrüchte, aber auch Oliven und Obst, Wein und Getreide. Nahe bei Baalbek liegt die Nord-Süd-Wasserscheide des Tales: Der Orontes fließt nach Nordosten und der Litani nach Südwesten. Letzterer wendet sich später genau nach Westen, durchströmt eine tiefe, steile und enge Schlucht und mündet 8 km nördlich von Tyrus ins Mittelmeer.

Reisen durch die Beqa in Ost-West-Richtung waren nicht häufig, denn die Gebirge Libanon und Antilibanon sind sehr hoch und es gibt dort keine gut gangbaren Pässe. Auch das Reisen von Südwesten nach Nordosten ist schwierig, weil Bergkämme das Tal unterbrechen. Außerdem ist der Zugang zum Tal auf beiden Seiten schwer: im Süden Berge, im Norden Sümpfe. Also führte die wichtigste Fernstraße östlich des Antilibanon durch Damaskus.

Die Antilibanon-Bergkette reicht vom Berg Hermon im Süden (2814 m) etwa 135 km weit bis zu einem Gebiet, von dem aus man den Homs-Tadmor-Korridor überblicken kann. Im größten Teil des Gebirges fallen 1000 mm Niederschlag jährlich. Im Altertum waren die zerklüfteten Berge lange Zeit von dichten Wäldern bedeckt. Von den Hängen des Antilibanon fließt der Barada nach Osten und versorgt die Oasenstadt Damaskus mit Wasser.

Auch nördlich des Homs-Tadmor-Korridors sind die Hauptgeländeformen in Nord-Süd-Richtung ausgerichtet. An der schmalen Küste, die sich vom Fluss Kabir 170 km nach Norden bis zum Amanos-Gebirge hinzieht, liegen eine Reihe von Hafenstädten, unter anderen Arwad (ein Inselhafen), Tripolis und Ugarit. Sowohl Arwad als auch Tripolis dienten als Umschlagplätze am Westende der Straße, die durch den Homs-Tadmor-Korridor führte; Ugarit war über einen Pass nach Nordosten durch die Nuseiriyeh-Berge mit Aleppo verbunden. Hier in Ugarit sind wertvolle Keilschriftdokumente aus dem 14. Jahrhundert v. Chr. gefunden worden. In den verschiedenen Sprachen, die in diesen Schriften gebraucht wurden, spiegelt sich der weltstädtische Charakter von Ugarit: Akkadisch, Hurritisch, Hetitisch und Ugaritisch. Schriften in dieser letzteren Sprache enthalten sehr informatives Material über die religiösen Vorstellungen und Praktiken der Kanaaniter; auf manche von diesen Bräuchen wird im Alten Testament Bezug genommen.

Dicht am Nordende der Küstenebene erhebt sich der Berg Kasius (1760 m) als weithin sichtbarer Orientierungspunkt an der Mittelmeerküste. Direkt nördlich davon bot die Ebene von Antiochia/ Alalach einen sumpfigen, aber gangbaren Verbindungsweg vom Mittelmeer nach Aleppo im Osten. Nördlich der Ebene steigt der Steilhang des Amanos-Gebirges auf (ca. 1830–2130 m). Durch dieses Gebirge führte eine Passstraße in die Ebene von Zilizien und weiter nach Anatolien.

Östlich der Küste, hinter Arwad und Ugarit, bilden die Nuseiriyeh-Berge (1220–1640 m) eine Kette von Norden nach Süden. Sowohl die sanften West- als auch die steilen Osthänge waren im Altertum bewaldet und bildeten ein unüberwindliches Hindernis für den Ost-West-Verkehr.

Östlich der Nuseiriyeh-Berge befindet sich das tief liegende, sumpfige Tal Ghab. Der Orontes windet sich von Süden nach Norden durch dieses Feuchtgebiet, bevor er nördlich des Berges Kasius abbiegt und durch das Tal von Antiochia ins Mittelmeer fließt.

Östlich des Ghab erhebt sich der Jebel Zawiyeh (940 m) mit sanften Hängen nach Osten, die schließlich in das Steppenland übergehen, das bis zum Euphrat reicht. Den Norden dieser Hochebene beherrschte die Stadt Halab (Aleppo), ihren Südteil dagegen oft Hamat am Orontes, ein Stadtstaat dicht an der traditionellen Nordgrenze des Landes Kanaan (s. Karte S. 92). Etwa in der Mitte zwischen diesen beiden Zentren liegt Tell Mardich, das alte Ebla. In Ebla sind faszinierende Gegenstände und Schriften gefunden worden, die erste hochinteressante Einblicke in die Geschichte des 3. Jahrtausends v. Chr. in diesem ganzen Steppengebiet eröffnet haben.

Die Geografie Mesopotamiens

Das Leben am Ostende des Fruchtbaren Halbmonds wird von den Strömen Euphrat und Tigris bestimmt. Dieses große, uneinheitliche Land reicht im Osten bis zum Gebirge Zagros, das zwischen ihm und dem Iran von Südosten nach Nordwesten verläuft. Die Gebirge Zagros und Malatja schließen das Gebiet im Norden ab. Im Süden und Westen bestimmen die Nordausläufer der Syrisch-Arabischen Wüste die Grenze des bewohnbaren Landes. Der größte Teil dieses Gebietes, das in der Geschichtsschreibung oft »Mesopotamien« genannt wird, liegt im heutigen Irak, der Rest in Syrien, der Türkei oder dem Iran. Der Name Mesopotamien kommt aus dem Griechischen und bedeutet »Land zwischen den Flüssen«. Vielleicht bezeichnete er ursprünglich das Land zwischen dem Euphrat und dem Habur, denn in der Septuaginta (der griechischen Übersetzung des Alten Testaments) wird er als Name für Aram-Naharajim gebraucht (wörtlich: »Aram von den zwei Flüssen«), das bei Nahor lag (1. Mose 24,10). Aber bei Polybius (2. Jh. v. Chr.) und Strabo (1. Jh. n. Chr.) dient er schon als Bezeichnung für das Land zwischen Euphrat und Tigris. Heute wird er im weiteren Sinn für die ganze Gegend zwischen diesen beiden Strömen und auf beiden Seiten gebraucht.

Euphrat und Tigris entspringen beide im Bergland von Armenien (nicht dem heutigen Staat Armenien, sondern den ursprünglich von Armeniern bewohnten Bergen in der östlichen Türkei) und werden vom Regen und Schmelzwasser dieser felsigen Gegend im Norden gespeist, in der jedes Jahr 500 bis 1 000 mm Niederschlag fallen. Die Tigrisquelle liegt nur wenige Kilometer vom Oberlauf des Euphrat entfernt; trotzdem hat jeder der beiden Flüsse seinen eigenen Lauf. Der Euphrat, der in der Bibel oft einfach »der Strom« heißt, ist 2 700 km lang. Er entspringt bei Erzurum in der Türkei, fließt in südwestlicher Richtung durch das armenische Bergland, verlässt dann das Gebirge und wendet sich genau nach Süden. Wo er bei Karkemisch die nordsyrische Ebene durchfließt (s. Karte S. 62), ist er nur etwa 160 km vom Mittelmeer entfernt. Dann wendet er sich nach Südosten und fließt mit nur wenig Gefälle weiter zum Persischen Golf.

Nach seinem Weg durch die syrische Ebene fließt der Euphrat von Abu Kamal bis Hit zwischen steilen Kalksteinabhängen, die auf beiden Seiten aufsteigen. In dieser Gegend zwischen Abu Kamal und Hit fallen jährlich nur 100 bis 200 mm Niederschlag, so dass man fast nur das schmale Flusstal landwirtschaftlich nutzen kann; in der Steppe, wo Schaf- und Ziegenherden das Wintergras abweiden, wird nur ein wenig Getreide angebaut.

Der Tigris entspringt im Hazar-See südöstlich von Elazig, nur vier km vom Euphrat entfernt, und ist 1 850 km lang. Vom Austritt aus

Mesopotamien

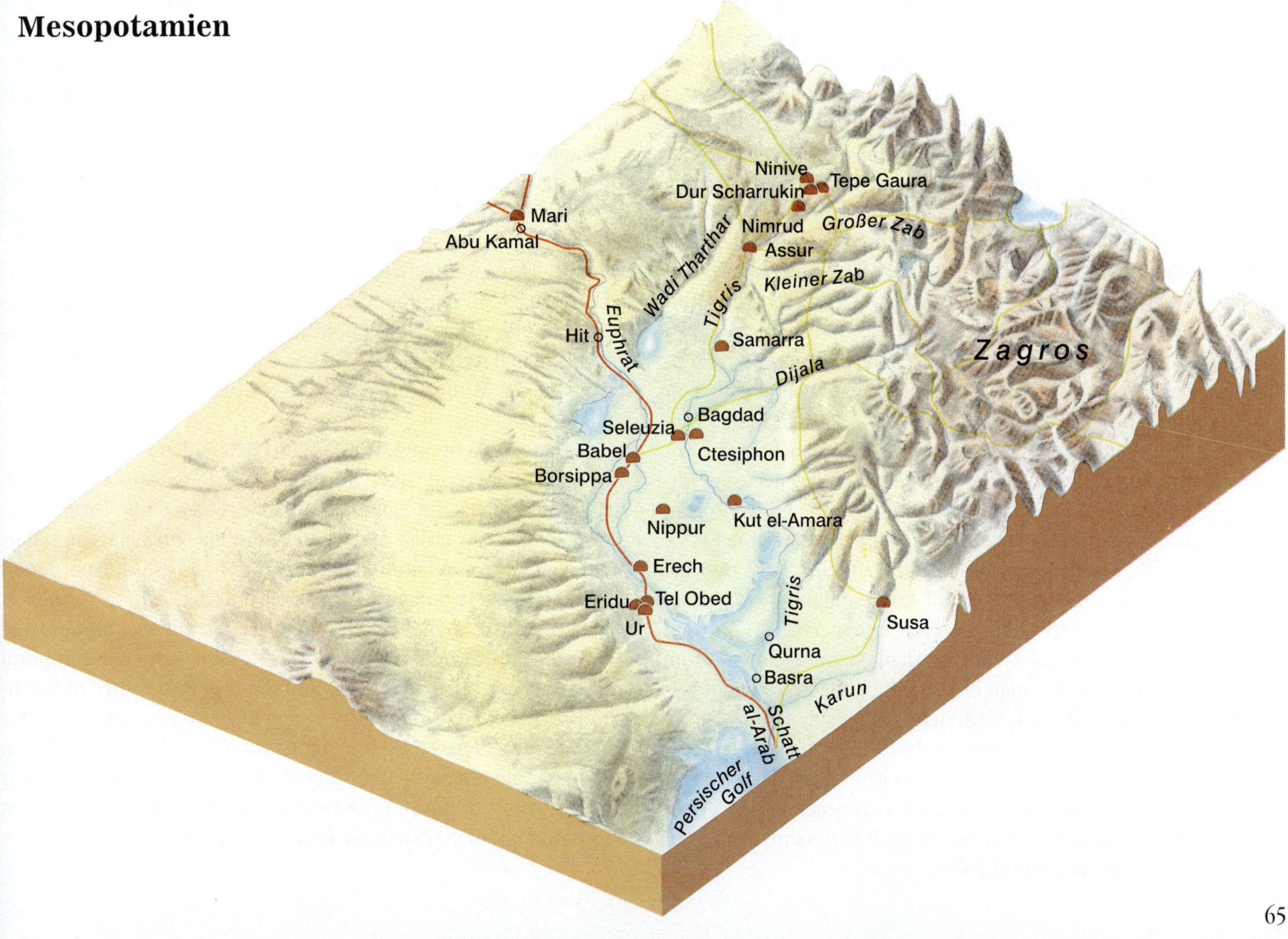

dem armenischen Bergland an, wo ihm erst der Große und dann der Kleine Zab Wasser zuführen, fließt er nach Süden. Durch diese beiden Flüsse wird das Wasservolumen im Tigris verdoppelt. Dieses Gebiet ist das alte Kernland Assyriens. Hier haben einst große Städte wie Ninive und Assur an den Ufern des Tigris gelegen. Heute ist diese Hochlandregion zum großen Teil baumlos und stark erodiert, aber in den Wintermonaten wird hier Getreide angebaut. Der Winterregen – 250 bis 500 mm im Jahr – bildet die Hauptwasserversorgung für das Getreide. Zeitweise hat es auch Bewässerungskanäle gegeben, aber dafür waren kompliziertere Techniken und große Mengen Geld notwendig, denn der Tigris liegt tiefer als das umgebende Hochland. Vom Großen Zab bis in die Gegend von Samarra gibt es nur wenige Kanäle, spärliche Niederschläge (etwa 200 mm jährlich) und wenige kleine Siedlungen.

Bei Samarra aber ändert sich die Landschaft. Immer mehr Kanäle zweigen nach Osten und nach Südwesten vom Tigris ab. Und hier fängt das »Delta« oder eher die Schwemmlandebene von Euphrat und Tigris an. Diese Ebene hat die Form eines Dreiecks und beginnt im Norden auf einer Linie, die Samarra und Hit verbindet, reicht im Südwesten bis zu einer Linie von Hit nach Basra und im Osten bis zu einer Linie von Basra nach Samarra. Bei Bagdad sind Euphrat und Tigris nur 29 km voneinander entfernt, dann aber laufen sie wieder auseinander und vereinigen sich schließlich bei Qurna nordwestlich von Basra. Die tief liegende Landschaft zwischen den beiden Strömen ist weit, flach und baumlos. Das Schwemmland, das sich im Lauf von Jahrtausenden hier abgelagert hat, reicht 4,6 bis 7,6 m tief.

In diesem Gebiet fallen jährlich nur 100 bis 200 mm Regen, so dass die Landwirtschaft auf künstliche Bewässerung angewiesen ist. Euphrat und Tigris haben hier zwar von Zeit zu Zeit ihren Lauf geändert, aber insgesamt liegen beide Flussbetten höher als das umgebende Gelände. Wenn die Ströme im Frühjahr über die Ufer treten, werden weite Teile der Ebene überschwemmt. Diese Überschwemmungen bringen Schwierigkeiten mit sich, denn es ist völlig unberechenbar, wie viel Wasser jedes Jahr von den Bergen kommt. Das kann bedeuten, dass es in manchen Jahren verheerende Überflutungen gibt und in anderen katastrophale Dürre. Aber auch wenn die Überschwemmung weder zu stark noch zu schwach ist, kommt sie für das Wintergetreide zu spät und für das Sommergetreide zu früh. Darum versuchen die Einwohner schon seit Menschengedenken, die Gefahr zu mindern, indem sie Wasser in tief liegende Gebiete weiter stromaufwärts ableiten (z. B. in die Tharthar-Senke), damit es am Unterlauf keine Überschwemmung verursacht.

Weil Euphrat und Tigris in dieser Gegend höher liegen als die Umgebung, ist die ganze Ebene von Kanälen und Gräben durchzogen, die im Herbst, Winter und Frühjahr die Felder bewässern. Die Ebene hat kaum Gefälle, so dass das Wasser nur langsam fließt und die Gräben und Kanäle oft zugeschwemmt wurden; dann musste man für Arbeitskolonnen sorgen, die sie wieder säuberten. Wenn man die Anwohner dazu bringen wollte, tatsächlich zu erscheinen und die Arbeit zu tun, brauchte man eine ziemlich mächtige lokale Regierung; so entwickelten sich zahlreiche Stadtstaaten. Von Zeit zu Zeit gewann einer dieser Stadtstaaten Macht über die anderen und in solchen Zeiten wurde oft eine ganze Gegend nach der Stadt genannt, die dort herrschte. Daher richten sich geografische, politische und historische Bezeichnungen oft nach den Namen von Städten, z. B. Sumer, Akkad, Ur und Babel.

Nach häufigem Entfernen der Schlammschichten wurden die Ufer der Gräben und Kanäle so hoch, dass es schwierig wurde, das Grabenbett freizulegen. Dann grub man neue Wasserrinnen parallel zu den alten. Schließlich wurden tief liegende Felder ganz von den Gräben und Kanälen eingeschlossen und hatten keinen Abfluss. Das Wasser, das diese Felder erreichte, verdunstete zum größten Teil und hinterließ verschiedene Mineralien. Weil der Grundwasserstand hoch war, stiegen zusätzlich auch Wasser und Salze aus der Erde an die Oberfläche und verstärkten noch die Bodenversalzung. Schon im 3. und 2. Jahrtausend ging dadurch gutes Ackerland verloren und bis heute ist es so. Zuerst konnte man in dem salzigen Boden keinen Weizen mehr anbauen; dann konnte auch Gerste, die mehr Salz verträgt, nicht mehr wachsen. Schließlich brachten auch die Dattelpalmen keine Früchte mehr. Wenn das Land keine Gerste und keine Dattelpalmen mehr trug, zogen die Menschen in fruchtbarere Gegenden, um dort anzubauen, und ließen das unbrauchbare Land zurück. Darum ist die Ebene zwischen Euphrat und Tigris kein einheitlich fruchtbares Gebiet, sondern fruchtbare bewässerte Felder wechseln mit Ödland ab, das man nicht nutzen kann.

Im Süden, wo Euphrat und Tigris nahe zusammenkommen, wird die Ebene zum Marschland und schließlich zum Sumpf. Im Altertum mündeten Euphrat und Tigris getrennt in den Persischen Golf; heute vereinigen sie sich bei Qurna zum Schatt al-Arab, der dann in den Golf fließt. Dieses Gebiet ist heiß, feucht und voller Moskitos. Heute leben hier die *Ma'dan*, die Sumpfaraber; sie wohnen in Schilfhütten, die auf erhöhtem Gelände oder auf Sumpfinseln gebaut sind. Diese Schilfhütten und ebenso ihre Schilfboote erinnern noch an die Menschen, die in alter Zeit hier lebten. Hier ist alles andere als gutes Ackerland und die Ureinwohner lebten von der Jagd auf Vögel und Wildschweine, vom Fischen und von der Dattelpalmenzucht. Heute wird auch Reis angebaut. In dieser Gegend haben die Archäologen nicht viel gefunden.

Mesopotamien produzierte im eigenen Land genug Lebensmittel, um seine Bevölkerung zu ernähren, aber manchmal musste man Getreide mit Schiffen aus der Ebene im Süden nach Assyrien bringen. Landtransporte fanden meist zu Fuß oder mit Eseln statt, obwohl das Kamel wahrscheinlich schon im 2. Jahrtausend v. Chr. eingeführt wurde. In der Ebene im Süden wurden Landtransporte dadurch behindert, dass man Euphrat und Tigris überqueren musste, und zusätzlich durch die vielen Kanäle und Gräben. Außerdem war die Ebene im Winter und Frühjahr oft überschwemmt oder von Schlamm bedeckt.

Die Hauptverkehrswege von Norden nach Süden waren die Flüsse und Kanäle. Sperrige Güter wie Holz und Steine wurden auf dem Tigris und Euphrat mit Flößen stromabwärts verschifft. Diese Flöße waren im Prinzip große Holzplatten, die auf aufgeblasenen Tierhäuten auflagen; sie konnten bis zu 39 Tonnen Last transportieren. Wenn die Reise stromabwärts beendet und die Ladung abgeliefert war, verkaufte man die Platten, lud die Häute auf Esel und brachte sie wieder zurück in den Norden. Diese Flöße wurden auf Euphrat und Tigris eingesetzt, aber der Euphrat war etwas leichter zu befahren. Brücken waren im Altertum so gut wie unbekannt und daher benutzte man diese Flöße (die heute *Kalaks* heißen) auch oft, um die Flüsse und Kanäle zu überqueren. Zu diesem Zweck gab es aber auch Guffahs – große runde Körbe, die mit Bitumen ausgestrichen waren und bis zu 20 Personen aufnehmen konnten.

Der Euphrat bei Dura Europus.

Weil es in Mesopotamien viele Rohstoffe nicht gab, musste man sie von nah und fern importieren. Die Herkunftsländer waren je nach der Epoche verschieden: Zinn importierte man aus Persien, dem heutigen Afghanistan oder den Kaukasusländern, Silber hauptsächlich aus dem Taurusgebirge, gewöhnliches Holz aus dem Gebirge Zagros, kostbares Zedernholz aus dem Libanon und dem Amanos und Kupfer aus verschiedenen Gegenden im Nordosten und Nordwesten oder sogar aus Ländern, die man über den Persischen Golf erreichte. Auch wurden Luxusartikel aus Indien (Stoffe und Gewürze) und Südarabien (Weihrauch und Myrrhe) eingeführt und zwar auf dem Land- und dem Seeweg.

Eine der regional und überregional wichtigsten Straßen, die durch Mesopotamien führten, fing in Ninive im Norden an und verlief nach Westen über Schubat-Enlil (= Chagar Bazar?), Gosan und Haran bis Karkemisch (s. auch Karte S. 62). Von Karkemisch aus führten Straßen nordwestwärts nach Anatolien, westwärts zum Mittelmeer und südwärts nach Damaskus, Israel und Ägypten. In Ninive gab es Verbindungsstraßen nordwestwärts über das heutige Dijarbakir direkt nach Anatolien, ostwärts über schwierige Pässe im Zagros nach Persien und natürlich nach Süden am Tigris entlang ins Deltagebiet.

Zusätzlich führte eine wichtige Straße am Euphrat entlang nach Nordwesten, von Sippar im Delta bis Mari. Von Mari aus gab es eine Fortsetzung am Euphrat entlang nach Karkemisch und eine andere nach Westen durch die Steppe/Wüste bis Tadmor. Vom Delta aus gab es Straßen nach Osten und Südosten über den Zagros zur persischen Hochebene und anderen Zielen im Osten. Im ersten Jahrtausend v. Chr. führten auch Straßen durch die große Arabische Wüste nach Südwesten bis Südarabien, wo es Weihrauch und Myrrhe gab.

In friedlichen Zeiten zogen Karawanen über diese und andere Straßen, aber in Kriegszeiten waren die großen Heere von Assyrien, Babylonien, Persien und anderen auf denselben Straßen auf Eroberung und Verwüstung aus.

Die ältesten Belege für menschliche Besiedlung, die man in Mesopotamien gefunden hat, stammen mindestens aus der Steinzeit (ca. 8000 bis 4000 v. Chr.), aber wie die Geschichte Ägyptens lässt sich auch die Mesopotamiens nur bis zur Frühen Bronzezeit zurückverfolgen (ca. 3150 v. Chr.). Die Wissenschaftler haben Kultur und Geschichte des Landes in folgende Epochen eingeteilt:

Jahreszahl	**Epoche**
8000–5000	Steinzeit
5200–5000	Hassuna
5000–4500	Samarra, Halaf, Eridu
4500–3800	Tell el-Obed
3800–3200	Erech
3200–3000	Dschemdet Nasr
3000–2500	Frühe Dynastie
2500–2000	Sumer und Akkad
2000–1600	Altbabylonische Zeit (mit Isin & Larsa)
1600–911	Kassitische und Frühassyrische Zeit
911–612	Assyrer
625–539	Neubabylonische Zeit
539–331	Perser
312–248	Seleukiden
248–226 n. Chr.	Parther
226–636	Sassaniden

Bemerkenswert ist, dass sich nur selten eine dieser Kulturen auf ganz Mesopotamien ausdehnte; im Normalfall beeinflussten sie nur größere oder kleinere Gebiete um den jeweiligen Stadtstaat oder das Siedlungsgebiet herum. Die Kulturen, die sich an den zwei großen Strömen entwickelten, waren ständig gefährdet durch Stämme aus den Bergen im Norden, dem Zagrosgebirge im Osten und Elam im Südosten und außerdem durch plündernde Beduinen, die aus der Syrisch-Arabischen Wüste kamen. Trotzdem versuchten die mesopotamischen Herrscher oft mit Erfolg, diese Feinde fern zu halten. Manchmal nahmen sie ihnen sogar Land ab. Bedeutend für die biblische Geschichte sind die Landgewinne der Assyrer, Neubabylonier und Perser nach Westen im 1. Jahrtausend v. Chr. Diese Eroberungen und ihre Bedeutung werden im Historischen Teil behandelt.

Die mesopotamischen Kulturen könnte man als »Lehmkulturen« charakterisieren: Das Getreide wuchs auf lehmigen Böden und Häuser, Paläste, Tempel, Zikkurats usw. wurden aus Lehm gebaut – da war es nur natürlich, dass Lehm auch für Schreibtafeln benutzt wurde. Um 3100 v. Chr. war die Keilschrift in Mesopotamien fertig entwickelt. Mit dieser Schrift schrieb man mehrere verschiedene Sprachen, z. B. Sumerisch, Akkadisch, Assyrisch, Hetitisch, Babylonisch, Persisch, Ugaritisch und Eblaitisch, – ähnlich wie man in lateinischen Buchstaben Englisch, Französisch und Deutsch usw. schreibt. Die Keilschrift war zuerst eine Bilderschrift, entwickelte sich dann aber schnell zu stilisierten Keilformen, die man mit Schilf in Tontäfelchen eindrückte. Viele von den Sprachen, die die Keilschrift übernommen haben, benutzen keine Laut-, sondern Silbenzeichen zusammen mit Determinativen – das sind Zeichen, die vor oder hinter einem Wort stehen und die Gruppe bezeichnen, zu der ein Wort gehört (z. B. Gegenstände aus Holz, Städte, Berge o. ä.). Am Ende waren über 500 Zeichen in Gebrauch.

Die Keilschrift wurde im 19. Jahrhundert entziffert. Seitdem hat man in Mesopotamien, Armenien, Anatolien, Syrien, Israel und auch in Ägypten viele tausend Keilschriftdokumente gefunden. Diese Schrift wurde über 3 000 Jahre lang geschrieben, bis sie im 1. Jahrhundert n. Chr. aufgegeben wurde. Aus diesen Jahrtausenden ist ein reicher und vielfältiger Schatz an Literatur erhalten geblieben: Mythen und Epen, Gesetzestexte, rituelle Texte, Lieder und Gebete, Klagen, Prophezeiungen, Briefe und historische Berichte. Die historischen Berichte sind sehr wichtig für das Bibelstudium, besonders die der Könige von Assyrien und Babylonien aus dem 1. Jahrtausend v. Chr. Von ihnen und anderen wichtigen Texten wird an den entsprechenden Stellen im historischen Teil die Rede sein.

Jahreszyklus in Süd-Mesopotamien

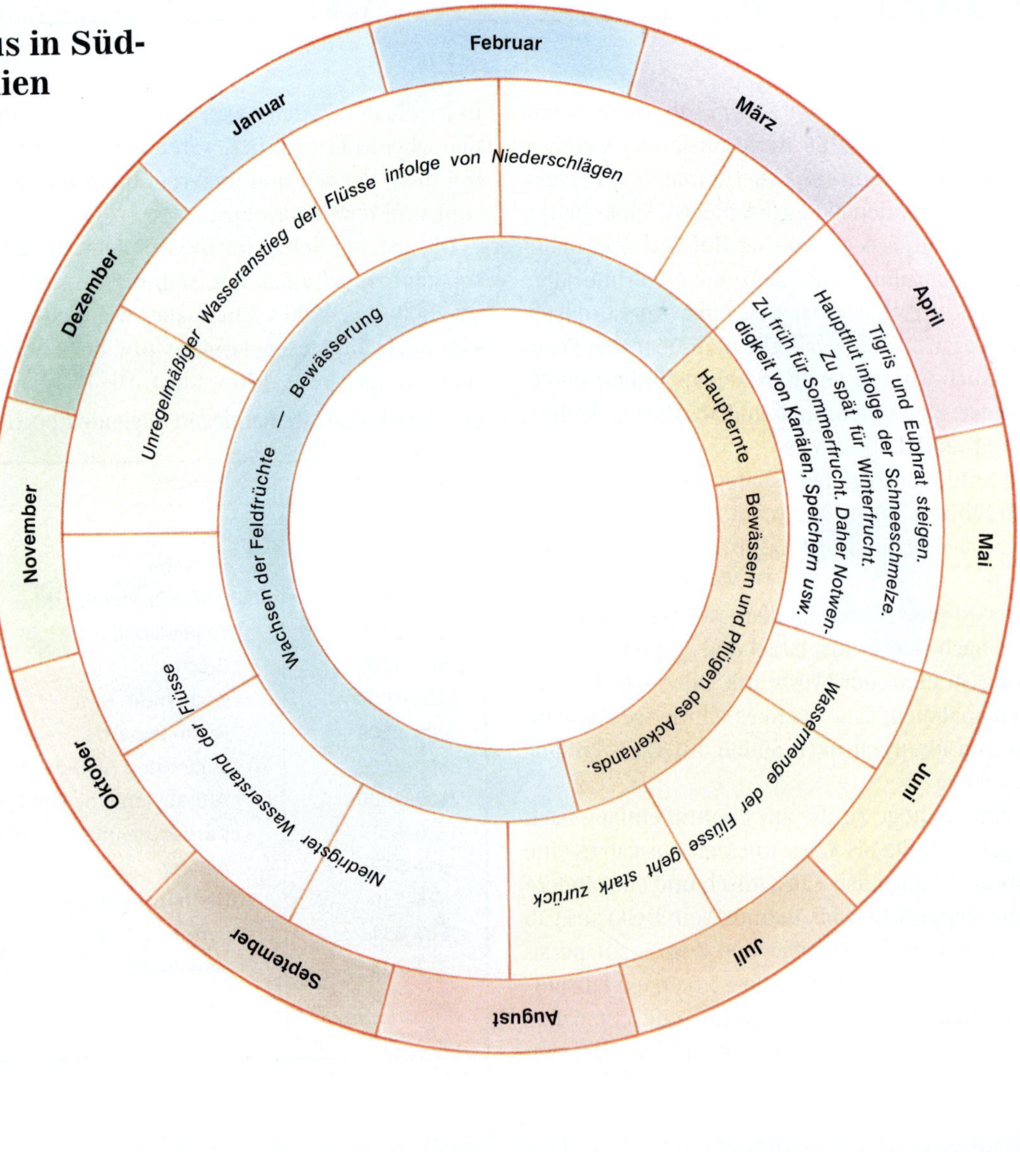

Historischer Teil

Titusbogen in Rom zum Gedenken an seine Einnahme und Zerstörung Jerusalems im Jahr 70 n. Chr.

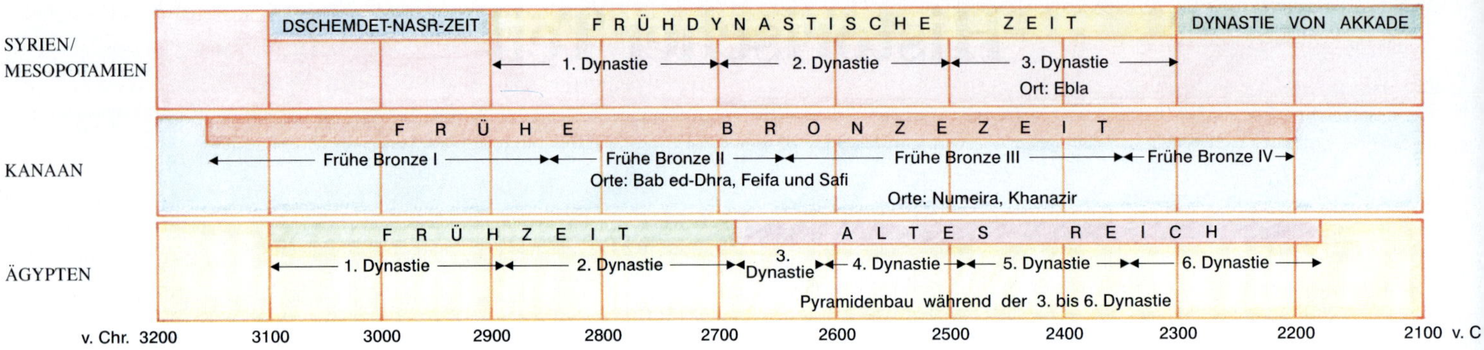

Die vorpatriarchalische Zeit

Der Garten Eden *(1. Mose 1–3)*

Das 1. Buch Mose erzählt knapp, aber doch bildhaft die Geschichte der Erschaffung der gesamten Welt bis zur Berufung Abrams/Abrahams. Der zweite Teil des Schöpfungsberichts konzentriert sich auf die Erschaffung der ersten Menschen. Diese ersten Menschen sind sündlos und befinden sich in einer vollkommenen Umgebung, die der Garten Eden heißt.

Der Name »Eden« bedeutet im Hebräischen »Entzücken« und wird in der Septuaginta mit »Paradies« übersetzt. Allerdings haben einige Wissenschaftler vorgeschlagen, Eden sei verwandt mit dem sumerisch-akkadischen Wort *edin(u)*, welches »eben« bedeutet und eine Beschreibung der Lage Edens sei. Höchstwahrscheinlich ist Eden der Name eines Gebiets gewesen und der erwähnte Garten wurde demnach in dessen östlichem Teil angelegt (1. Mose 2,8). Hier gab es viele Bäume und Wasser im Überfluss. Aus der Erwähnung von Feigenbäumen und aus der Tatsache, dass die Menschen dort keine Kleidung benötigten (1. Mose 3,7), können wir schließen, dass hier ständig warmes Klima herrschte. Der riesige Strom, der Eden bewässerte, wird als Quellgebiet vier großer Flüsse beschrieben: des Pischon, des Gihon, des Tigris und des Euphrat (1. Mose 2,10–14). Die letzten beiden sind bekannt, aber die ersten beiden kennt man nicht und ihre Identifizierung hängt von der Lokalisierung Edens ab.

Nach einer These liegt Eden in der östlichen Türkei, in Armenien, in der Nähe des Quellgebiets von Euphrat und Tigris. Pischon und Gihon kann man dann mit anderen Flüssen der Gegend – mit Araxes und Murat – identifizieren. Eine andere Möglichkeit wäre, dass es diese Flüsse heute gar nicht mehr gibt. Für diese Ansicht spricht, dass Eden dann sehr hoch gelegen haben muss, so dass die Flüsse von dort herabflossen. Dann hätte man eine Verbindung zu dem Ararat-Gebirge, wo mit Noah und seinen Nachkommen ein zweiter Anfang gemacht wurde. Aber dieses Gebiet erfüllt nicht die Bedingung des warmen Klimas.

Die zweite These legt Eden in das südliche Mesopotamien, den Irak von heute. Für diese Meinung spricht, dass sie den Garten zwischen den Flüssen Euphrat und Tigris in einem wärmeren Klima ansiedelt.

Ausschnitt einer Karte von H. Weisel aus dem 16. Jahrhundert mit dem Titel: *Länder nach der Zerstreuung Babels.*

Pischon und Gihon könnten dann Zuflüsse der beiden gewesen sein, obwohl der biblische Bericht davon ausgeht, dass ein riesiger Fluss sich in vier Arme aufteilte – er bildete ein Delta in diesem Gebiet – nicht aber, dass vier Flüsse zu einem Strom zusammenflossen. Pischon und Gihon könnten auch zwei Kanäle gewesen sein, die von Euphrat und Tigris abzweigten, aber ihr Verlauf durch Hawila und Kusch beinhaltet dann eine beachtliche Länge.

Hawila und Kusch sind auch schwer zu identifizieren. Hawila (1. Mose 2,11) könnte ein Land, eine Region im Sinai und/oder in Arabien (1. Mose 25,18) gewesen sein, eine Gegend, die Gold, wohlriechende Harze (hebr. *b^e^dolaḥ*) und Onyx im Überfluss hatte. Wenn das zuträfe, wäre zu bedenken, dass die Israeliten später in derselben Gegend vierzig Jahre herumgewandert sind, an ihrer Unwirtlichkeit die zerstörerische Wirkung des Fluches ablesen konnten und Manna vom Himmel aßen, das aussah wie Harz (hebr. *b^e^dolaḥ*, 4. Mose 11,7). Das Land Kusch bezieht man allgemein auf das Gebiet südlich Ägyptens, aber nördlich Äthiopiens, aber es könnte auch ein Teilgebiet Arabiens bezeichnen.

Wieder andere Forscher glauben, es bezeichne eine Gegend in den Bergen östlich des Tigris. Obwohl sich also die Lage Edens den Bibelauslegern entzieht, erkennen sowohl die früheren als auch die moderneren Forscher gleichermaßen dessen theologische und geistliche Bedeutung an.

Die Völkertafel *(1. Mose 10)*

Die Bibel beschreibt das Vordringen der Sünde in die Welt, nachdem die ersten Menschen in Sünde gefallen und aus dem Garten Eden vertrieben worden waren. Die Sünde der Menschheit wurde mit der Sintflut bestraft (1. Mose 6–9). Die Menschen konnten danach mit Noah neu beginnen. 1. Mose 10 beschreibt die Herleitung der Völker der damals bekannten Welt von den drei Söhnen Noahs Sem, Ham und Jafet. Ihre 70 Nachkommen betrachtet man als Stammväter und Namensgeber der Stämme und Völker (V. 32). Die Völkertafel ist in drei größere Abschnitte geteilt. Sie beginnt mit den

Die Völkertafel

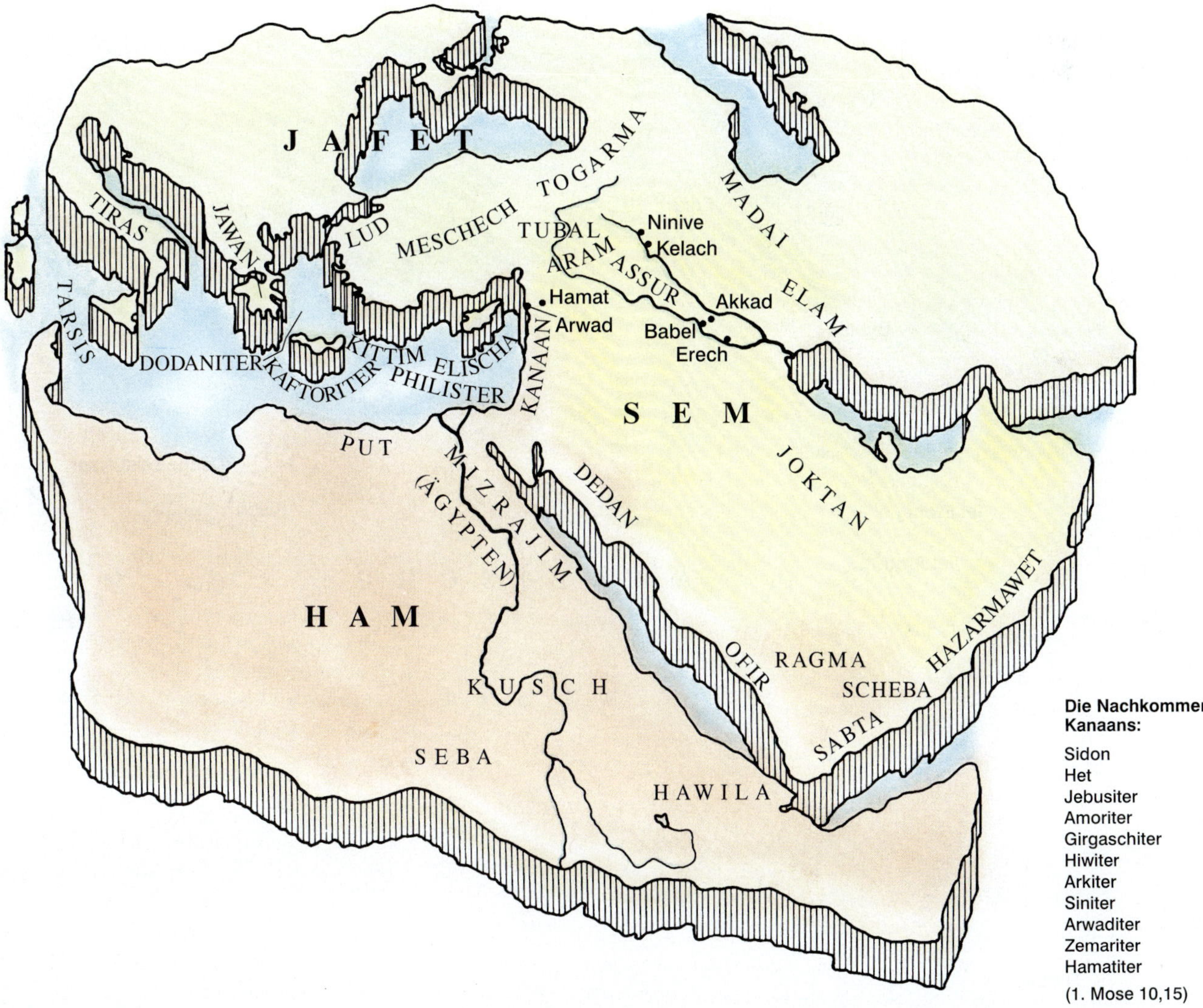

von Israel am weitesten entfernten Völkern und kommt jenem dann immer näher.

Zunächst sind die 14 Nachkommen Jafets aufgeführt (V. 2–5), wobei besondere Aufmerksamkeit den »Söhnen« Jawans gewidmet wird, mit denen die Israeliten am häufigsten Kontakt hatten. Obwohl nicht alle Personen/Völker mit Sicherheit identifiziert werden können, gibt es Identifizierungen, die allgemein anerkannt werden: Gomer = Kimmerier, Madai = Meder, Jawan = Ionier, Aschkenas = Skythier, Elischa = Alaschija/Zypern und Rodaniter = Rhodos. Das Hauptgebiet dieser Völker war der Westen und Norden Israels.

Der zweite Abschnitt von 1. Mose 10 (V. 6–20) listet die 31 Nachkommen Hams auf. Allgemein akzeptierte Identifikationen der Nachkommen Hams schließen folgende Ortschaften ein: Kusch = Äthiopien/Nubien, Mizrajim = Ägypten, Put = Libyen, Kanaan = Kanaan, Scheba = Saba (in Südarabien), Dedan = Dedan (die El-Ula-Oase in Arabien), Kaftoriter = Kreter, Arkiter = Arkat (im Libanon), Arwaditer = Arwad, Hamatiter = Hamat (Stadt). Folgende Völker sind außerdem aus dem Alten Testament gut bekannt: Philister, Sidonier, Hetiter, Jebusiter, Amoriter, Girgaschiter, Hiwiter und andere. Die Nachfahren Hams siedelten innerhalb Israels, aber auch im Südosten und in Afrika. Die Tafel richtet ihr besonderes Augenmerk auf die Nachfahren Kanaans (V. 15–19), mit denen die Israeliten engen Kontakt hatten, und auf die Städte, die mit dem Jäger Nimrod (V. 8–12) verbündet waren. Die ersten vier von den in Verbindung mit ihm erwähnten Städten waren bedeutende politische und kulturelle Zentren in Schinar, in Südmesopotamien, während

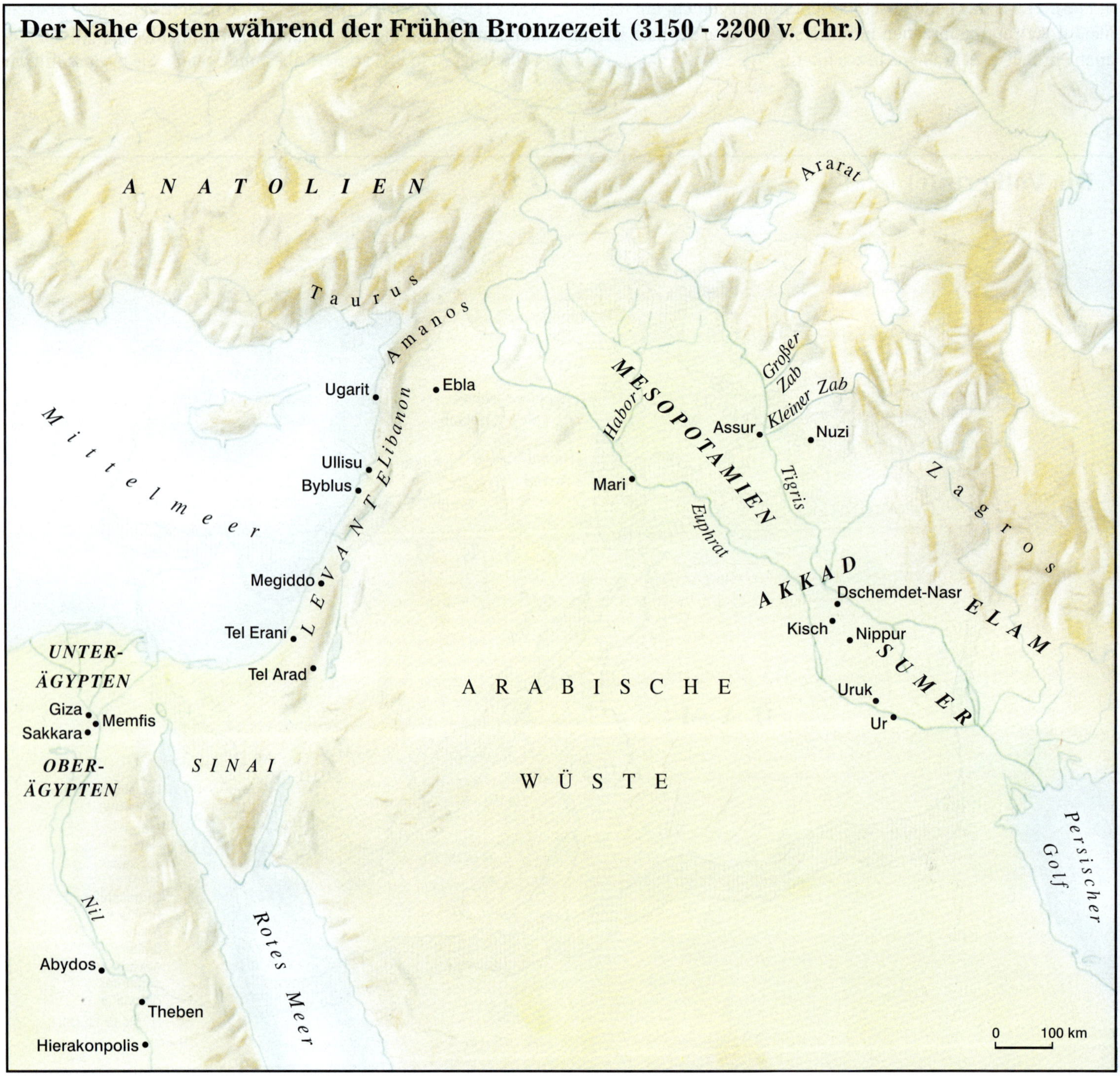

die letzten vier (V. 11) an dem oberen Tigris lagen und in Verbindung mit Nimrods Zug in den Norden erwähnt werden.

Der dritte und letzte Abschnitt der Tafel enthält 26 Nachfahren Sems (V. 21–31). Wie für 1. Mose typisch, wird die wichtigste Linie zuletzt behandelt: Abram/Abraham ist ein Nachkomme Sems. Die Völker dieser Tafel siedelten zumeist nordöstlich und südöstlich Israels. Allgemein anerkannt ist die Gleichsetzung von Elam mit Elam, Assur mit Assur/Assyrien; Arpachschad ist anzusehen als Namensgeber der Chaldäer/Chassiden(?) und Aram der Armenier. Diese Reihe beachtet besonders die Nachkommen Joktans: Sie waren offensichtlich Häuptlinge und Namensgeber verschiedener arabischer Stämme.

Obwohl die moderne Linguistik manchmal von einer semitischen und hamitischen Sprachlinie spricht, womit sie vage Bezug nimmt auf diesen Text, sind diese Klassifizierungen neueren Ursprungs. Es ist außerdem überflüssig, die Völkertafel von 1. Mose 10 auf verwandte Sprachen zu untersuchen. Da ein paar der erwähnten Völker in nichtbiblischen Quellen des ersten Jahrtausends v. Chr. zum ersten Mal erwähnt werden, haben manche Gelehrte gefolgert, die Völkertafel müsse auch aus dieser Zeit stammen. Dennoch ist es durchaus möglich, dass diese »spät auftauchenden« Völker als Stämme schon in der zweiten Hälfte des zweiten Jahrtausends v. Chr. existierten und bekannt waren und nur zufällig in nichtbiblischen Quellen erst später auftauchten.

Die Aufzählung in 1. Mose 10 soll zeigen, wie die Nachkommen Noahs fruchtbar waren und sich mehrten und die Erde füllten (1. Mose 9,1).

Mesopotamien – Frühe Bronzezeit

Im Verlauf der Frühen Bronzezeit (ca. 3150–2200 v. Chr.)[1] erlangten manche Länder des Nahen Ostens geschichtliche Bedeutung. In diese Zeit, die in Mesopotamien »Dschemdet-Nasr-Periode« heißt (ca. 3200–3000 v. Chr.), fällt der Übergang der vorschriftlichen Phase zur Frühdynastischen Zeit. In dieser Zeit begann man in Mesopotamien zu schreiben und riesige Städte mit monumentaler Architektur zu bauen – mit Tempeln, Palästen, Festungen zunächst in der Ebene an den Ufern von Euphrat und Tigris. Die damals neu entwickelten Kupferwerkzeuge und -waffen beschleunigten die städtische Revolution. Gleichzeitig kam es zu einem Bevölkerungswachstum. Die Sumerische Königsliste zeigt, dass in den Dynastien dieser Zeit vor der Sintflut besonders langlebige Herrscher regierten.

Die städtische Revolution wirkte bis in die Frühdynastische Zeit hinein (2900–2300 v. Chr.). Große bedeutende Städte wie Kisch, Uruk und Ur wechselten sich in der Führung des Landes ab. Anscheinend hat keine große Zentralregierung das ganze Gebiet beherrscht, sondern einzelne Stadtstaaten regierten über begrenzte Territorien, wobei einmal dieses, ein andermal jenes die Vorherrschaft errang. Diese Stadtstaaten scheinen eine einheitliche Kultur, Religion und Sprache besessen zu haben, die heute als »sumerisch« bekannt ist. Das religiöse Herrschaftszentrum dieses Herrschaftsraums war Nippur, aber es lässt sich schwer feststellen, ob Könige oder Priester in den Stadtstaaten herrschten. Gerade in dieser Zeit entstanden viele akkadische Epen, auch wenn die heute zerstörten Abschriften dieser Literatur aus späteren Zeiten stammen.

Die Frühdynastische Zeit endete, als ein Semit – Sargon von Akkad aus dem Norden Sumeriens – die Vorherrschaft über die Stadtstaaten gewann. Sargon hatte schon Gebiete im Nordosten und im Westen erobert. Einige Quellen belegen sogar Vorstöße nach Anatolien und Puruschkhanda. Er führte auch Eroberungszüge nach Elam im Osten und Tilmen im Süden. So war Sargon der Gründer des ersten mesopotamischen Großreichs. Sein Enkel, Naramsin, scheint besonders im Westen aktiv gewesen zu sein, indem er bis in das Amanos-Gebirge, das Taurus-Gebirge und das des Libanon vorstieß und sogar die Mittelmeerküste bei Ullisu erreichte. Während dieser Zeit blühte die Kunst, die Literatur entwickelte sich und viele Kontakte ins Ausland wurden geknüpft. Das Sargonische Reich (2300–2100 v. Chr.) endete durch inneren und äußeren Druck (durch den Bergstamm der Guti), aber der Gedanke eines großen, vereinten Reichs tauchte als Idee später immer wieder auf.

Ägypten während der Frühen Bronzezeit

Am Ende des vierten Jahrtausends v. Chr. erlangte auch Ägypten historische Bedeutung. Während der Frühen Bronzezeit gab es zwei längere Perioden in Ägypten: die Frühzeit der 1. und 2. Dynastie und das Alte Reich der 3.–6. Dynastie. Kurz vor oder am Anfang der Frühzeit (3100–2686 v. Chr.) wurden Unterägypten (das Deltagebiet) und Oberägypten (das Niltal südlich Kairos) zu einem Staat vereint. Diese Einheit wurde durch eine Königskrone symbolisiert, die beide Elemente enthielt: die weiße Krone Oberägyptens und die rote Unterägyptens. Der geografische Ursprung der ersten Dynastie mag Hierakonpolis gewesen sein, südlich von Theben, aber die Gräber der Könige und ihrer Beamten lagen in Abydos, Sakkara und anderswo. Es scheint, als sei Memfis in dieser Zeit Hauptstadt geworden und blieb es auch während des ganzen Alten Reichs (2686–2160 v. Chr.).

Der erste König der 1. Dynastie (3100–2890 v. Chr.) war Narmer, der von einigen mit Menes identifiziert worden ist, einer etwas legendären Figur, die aus klassischen Quellen bekannt ist. Narmer hat eine Doppelkrone beider Teile Ägyptens auf dem Kopf, was seine Macht über den geeinten Staat dokumentiert.

Wahrscheinlich hatte Ägypten während seiner Regierungszeit Kontakt mit Palästina, denn mit Narmers Namen beschriftete Töpferwaren sind in Tel Erani und Tel Arad gefunden worden. Ägypten scheint auch Kontakte mit Mesopotamien unterhalten zu haben, da zylindrische Siegel der mesopotamischen vorschriftlichen Zeit auf ägyptischen Friedhöfen gefunden worden und an der Fassade ägyptischer Gräber Nischen angebracht worden sind – dem Stil Mesopotamiens entsprechend. Künstlerische Motive (wie Tiere mit verschlungenen Hälsen) und der frühe Gebrauch eines bildhaften Schriftsystems scheinen auf Mesopotamiens Einfluss hinzuweisen.

Die Zeit von der 3.–8. Dynastie (2686–2160 v. Chr.) umfasst das Alte Reich. Die traditionelle südliche Grenze beim ersten Katarakt wurde eingerichtet, die Hieroglyphen-Schrift wurde einheitlicher, die üblichen Verwaltungsstrukturen festgeschrieben, die Kunst nahm stilisierte Formen an. Am Ende dieser Zeit waren die traditionellen 22 Gaue Oberägyptens fest eingerichtet, während die Struktur mit 20 Gauen in Unterägypten sich erst später festigte.

Das Alte Reich ist bekannt als das Zeitalter der Pyramidenbauer, von denen Djoser die erste errichtete. Dieser König der 3. Dynastie (2686–2613 v. Chr.) ist nicht nur dafür bekannt, dass er die Regierung in Memfis zentralisierte, sondern besonders für seine Stufenpyramide, die er in Sakkara bauen ließ, 3 km westlich von Memfis. Von insgesamt 47 Pyramiden wurden 34 in der Zeit des Alten Reichs erbaut.[2] Man glaubt, dass die Pyramiden zum einen die Macht des Königs zeigen sollten, zum anderen seine Zugehörigkeit zum Sonnengott Re. Während dieser Zeit hielt man die Könige selbst für Götter und die Pyramiden dienten nicht nur als Begräbnisstätten, sondern auch als religiöse Zentren, wo der Kult des verstorbenen Gottkönigs zelebriert wurde. Zu einer typischen Pyramide gehörte nicht nur dieses eine Gebäude, sondern vielmehr ein großes Gebiet mit einem Tempel für den Königskult (im Osten), eine umgrenzende Mauer, manchmal eine kleine Pyramide (für den Ka-Geist?), Mastaba-Gräber (mit rechteckigem Grundriss, schrägen Seiten und einem Flachdach) für Beamte, die dem König gedient hatten, kleine Pyramiden für die Königinnen und ein Weg, der vom Hauptkomplex der Anlage ostwärts zum Flussufer führte, wo sie beim Tempel endete, der an der Anlegestelle errichtet war. Zu diesem Komplex gehörten auch Häuser in seiner Nähe – für Priester und Bestatter. Die 4., 5. und 6. Dynastie werden als Hochzeiten des Alten Reichs betrachtet, und die Pyramiden dreier Könige aus der 4. Dynastie (2613–2494 v. Chr.) sind die berühmtesten Pyramiden Ägyptens: die von Cheops, Chephren und Mykerinos in Gizeh.

Obwohl das Alte Reich wegen seiner Pyramiden bekannt ist, sind sonst nicht viele Quellen erhalten geblieben, anhand derer man die Geschichte dieser Zeit rekonstruieren könnte. Es hatte intensiven Kontakt mit Nubien (im Süden), von wo Luxusartikel wie Gold, Elfenbein und Ebenholz beschafft wurden.

Im Norden, in der Türkei, fanden sich ägyptische Goldschmiedearbeiten, während Steinvasen von Chephren und Phiops I. bei Tell Mardich (Ebla) gefunden wurden, außerdem ägyptische Kunstwerke in Byblus. Diese Fakten und die Grabinschriften von Uni weisen darauf hin, dass es wesentliche Kontakte Ägyptens mit der Levante gab.

Während der Regierung der 15 Könige der 7. und 8. Dynastie (2181–2160 v. Chr.) wurden die Verhältnisse des Landes instabil. Schon seit dem Ende der 6. Dynastie hatte die Macht der Fürsten und Beamten zugenommen – zu Lasten des Königs. Der Zusammenbruch des Alten Reichs lässt sich vermutlich auf Probleme im Inneren zurückführen, wie auf die hohen Unterhaltskosten für den Pyramidenkult, auf schwache Könige und wahrscheinlich auf viele Nil-Überflutungen, die zu Missernten und Hunger führten. Diese Schwierigkeiten und der Einfall asiatischer Völker in das Deltagebiet scheinen das Land in die Turbulenzen geführt zu haben, die in die Erste Zwischenzeit mündeten.

Stadtmauer mit halbrundem Turm aus der Frühen Bronzezeit bei Arad.

Palästina in der Frühen Bronzezeit

Obwohl die Besiedelung Palästinas eine lange Geschichte hat,[3] fand der Übergang von kleinen verstreuten Siedlungen zu großen städtischen Zentren erst statt, als das Land aus der Kreidezeit (im 4. Jahrtausend v. Chr.) in die Frühe Bronzezeit (3150–2200 v. Chr.) eintrat. Wahrscheinlich war dies eine lokale Entwicklung, doch manche Forscher haben darauf hingewiesen, dass die Gründung städtischer Zentren auf den Zuzug einer neuen Bevölkerungsgruppe hinweise. Broshi und Gophna haben in ihrem Bericht über Siedlungen der Frühen Bronzezeit im modernen Israel entlang einer angenommenen Linie von Beerscheba nach Arad insgesamt 260 Orte aufgeführt, von denen 47 größer als 4 ha sind.[4] Sie haben geschätzt, dass die durchschnittliche Stadtbevölkerung während dieser Zeit bei 150 000 gelegen haben kann.[5] Erst dreitausend Jahre später, während der römischen und byzantinischen Zeit (37 v. Chr.–640 n. Chr.) sollte die Mehrzahl großer Siedlungen in Israel wieder die stattliche Größe erreichen, die sie während der Frühen Bronzezeit gehabt hatte. Offensichtlich war die Bevölkerung semitisch, denn jüngere Quellen geben die Namen vieler durch sie gegründeten Städte eindeutig semitisch wieder: Megiddo, Bet-Jerach, Jericho, Afek usw. (zur Erhaltung dieser Ortsnamen durch die Zeiten vgl. S. 201–208).

Die meisten der großen städtischen Zentren wurden durch dicke Stadtmauern geschützt: die von Megiddo und Bet-Jerach sind beinahe 7,5 m dick. Manche wurden aus Lehmziegeln gebaut, die auf Fundamenten aus Stein standen (wie Megiddo und Bet-Jerach), während andere massive Steinbauten waren (wie Tel Jarmut, Et-Tell). Andere waren durchsetzt von halbrunden Türen zur Verteidigung (wie Arad, Et-Tell). In Arad, so schätzt man, standen 40 solcher Türme innerhalb der 1170 m langen Mauer.

Obwohl Apsiden aus dieser Zeit bekannt sind, hatten die typischen Häuser einen rechteckigen Grundriss mit dem Eingang nahe der Mitte der langen Wand – daher der Name »Breithaus«. Von der

Straße aus musste man normalerweise ein paar Schritte ins Haus hinabsteigen. Archäologen haben Türangeln in der Ecke links des Eingangs gefunden. Niedrige Bänke standen entlang der Hausmauern, und oft wurden auf den Böden kleine Mörser gefunden, die man benutzte, um Korn zu mahlen. Gelegentlich wurden kleine Steinplatten gefunden, die gewöhnlich entlang der Längsachse des Hauses lagen; sie dienten offensichtlich dazu, Säulen zu unterstützen, die ihrerseits das Dach des Hauses trugen. Das Lehmmodell eines Hauses aus der Frühen Bronzezeit, das man in Arad fand, weist darauf hin, dass die Gebäude ein Flachdach hatten und keine Fenster.

In Megiddo, Et-Tell, Bab ed-Dhra und Arad hat man große öffentliche Gebäude, alle in Form eines Breithauses, gefunden, die anscheinend Tempel waren.

In Megiddo wurden vier solcher Gebäude in dem heiligen Gebiet gefunden. Drei von ihnen ähnelten einander in Form und Ausmaß und waren in der Nähe des großen runden Altars (7,5 m Durchmesser) erbaut.

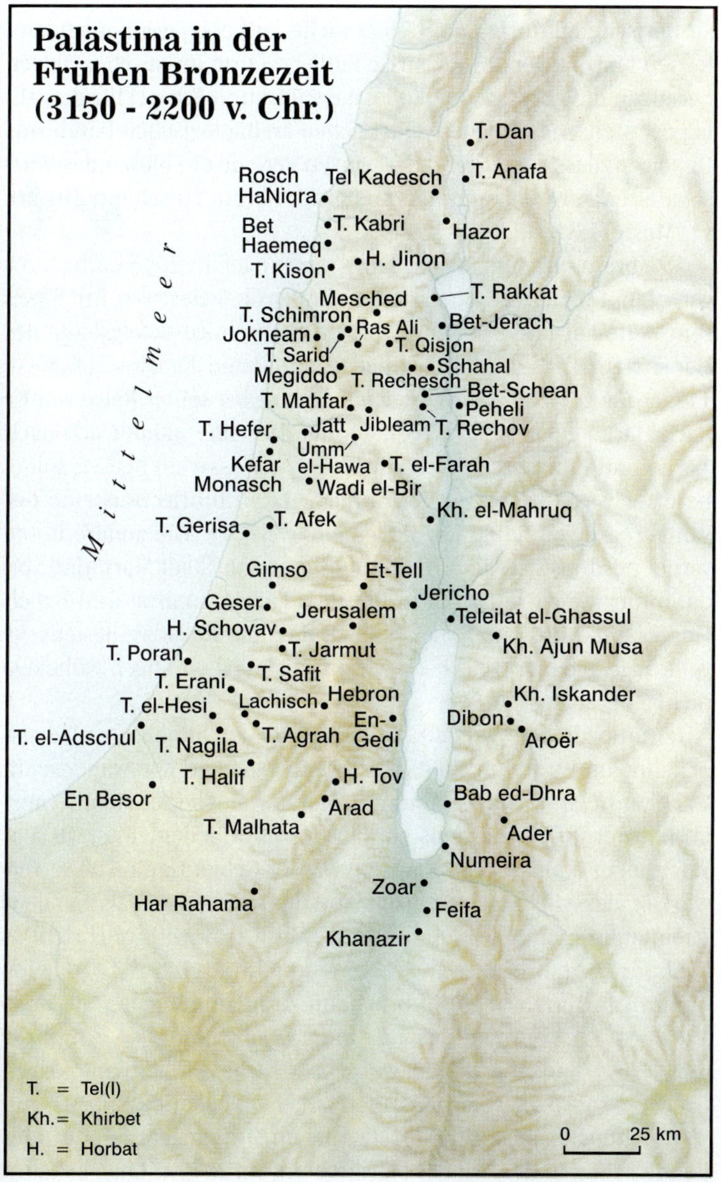

In der Nähe der großen städtischen Zentren würde man eigentlich entsprechend große Friedhöfe erwarten, aber das war nicht der Fall. Man hat allerdings Bestattungs-Gebiete gefunden – in Bab ed-Dhra und Feifa, Städten der Frühen Bronzezeit am südöstlichen Ende des Toten Meeres.[6] In Bab ed-Dhra schätzt man, dass in 20 000 Gräbern die Überreste von 500 000 Menschen liegen. Da dort mehr Menschen bestattet sind, als in diesen Städten zu jener Zeit gelebt haben können, und da manche dieser Überreste umgebettet worden sind, sieht es so aus, als seien diese Beerdigungs-Stätten als Sammel-Begräbnisplätze für viele städtische Zentren der Frühen Bronzezeit benutzt worden.

Zusätzlich zu den zahllosen Schachtgräbern – für die man einen tiefen Schacht mit 1 m Durchmesser grub, von dem ein bis fünf Grabkammern abzweigten – gibt es sowohl runde wie rechteckige Beinhäuser. Die rechteckigen, 3–7,5 m lang, sind nach dem Muster des Breithauses gebaut. In einem Beinhaus fand man die Überreste von annähernd 300 Menschen. Eine erste Untersuchung von Knochen von diesem Friedhof hat ergeben, dass manche der hier Beerdigten ganze 1,93 m groß waren!

Im Gegensatz zu Äthiopien, Ebla und Mesopotamien hat man in Palästina noch keine schriftlichen Quellen gefunden, die in die Frühe Bronzezeit datiert werden können. Daher sind wir bei der Suche nach schriftlichen Berichten auf Hinweise beschränkt, die man in der Literatur der benachbarten Länder findet. In Abydos/Ägypten beschreibt die Grabinschrift des Uni, wie er während der Zeit Phiops I. (2289–2255 v. Chr.) fünf Feldzüge in das Land der »Sandbewohner« gemacht habe (*ANET, 227–228*).

Obwohl »das Land der Sandbewohner« sich in einem anderen Zusammenhang auf den Sinai bezieht, scheint dieses Mal Palästina gemeint zu sein, nordöstlich des Sinai, da im Zusammenhang mit dem Land Umfriedungen, Feigenbäume und Weinstöcke erwähnt werden. Tatsächlich könnte sich der Hinweis im Text auf einen Berg nahe am Meer auf den Vorsprung des Berges Karmel beziehen, der über das Mittelmeer ragt.

Die Quellen in Ebla, die in den späten siebziger Jahren gefunden wurden, liefern einige wichtige historische Daten über diese Zeit. Alte Berichte bezeugten kanaanitische Städte wie Hazor, Megiddo, Gaza, Uruschalima, Salem, Lachisch, Dor, Aschtarot und Joppe; ebenso wurden auch Sodom, Gomorra, Adma und Bela darin genannt.[7] Seither ist die Behauptung, dass die letzteren drei Namen in diesen Quellen erwähnt würden, zurückgenommen und die Erwähnung anderer geografischer Namen in Frage gestellt worden. Jedenfalls wirft das Vorkommen eines jeglichen kanaanitischen Namens Licht in die unerforschte Vergangenheit.

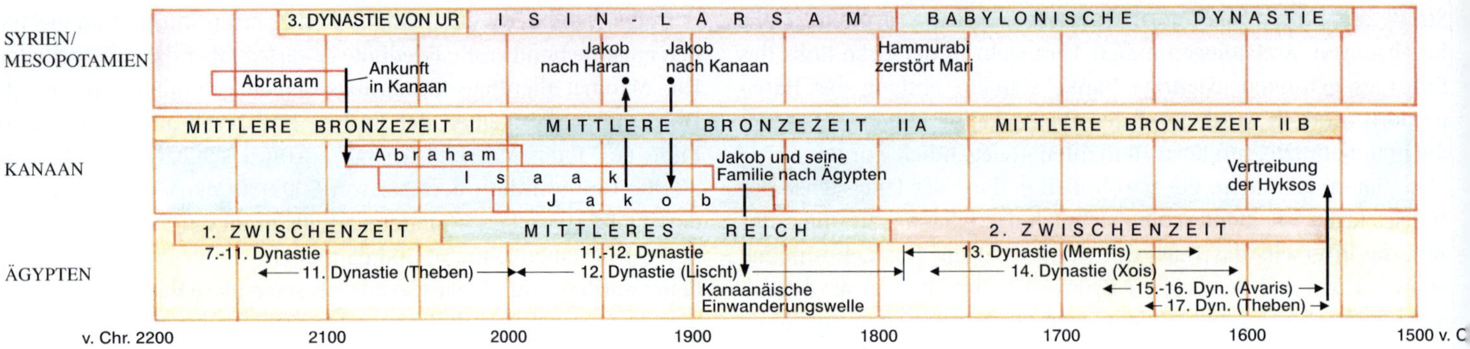

Die Patriarchen und das Leben in Ägypten

Ungefähr 2200–2000 v. Chr. beginnt die Zeit der Patriarchen: Abraham, Isaak, Jakob und Josef. 1. Mose 12–50 berichtet von Abrams Auswanderung von Ur in Chaldäa im südlichen Mesopotamien[1] nach Kanaan (ca. 2091 v. Chr.) und von den Ereignissen, die sich zu Lebzeiten von Abraham, Isaak und Jakob in und um Kanaan abspielten. Dieser Abschnitt schließt mit der Auswanderung Jakobs nach Ägypten.

Obwohl die Datierung der Zeit der Patriarchen problematisch ist, gibt uns die Bibel doch ziemlich verlässliche relative Daten (wie »Abram war … 75 Jahre alt, als er aus Haran zog«, 1. Mose 12,4), von denen »absolute Daten« abgeleitet werden können (z. B. spezifische Jahre wie 2091 v. Chr.)[2] Der Schlüssel beim Umwandeln »relativer« in »absolute Daten« ist der Abschnitt aus 1. Könige 6,1: »Im vierhundertachtzigsten Jahr nach dem Auszug der Israeliten aus Ägypten, im vierten Jahr der Herrschaft Salomos über Israel, im Monat Siw, das ist der zweite Monat, wurde das Haus dem Herrn gebaut.«

Man geht allgemein davon aus, dass Salomo seine Herrschaft im Jahr 970 v. Chr. antrat (ein »absolutes Datum«),[3] woraus folgt, dass sein viertes Regierungsjahr 966 v. Chr. gewesen sein muss. Wenn das gemäß dem Bibeltext 480 Jahre nach dem Auszug aus Ägypten war, dann muss der Exodus ca. 1446 v. Chr. stattgefunden haben.[4] Der biblische Text weist darauf hin, dass der Exodus 430 Jahre nach der Einwanderung Jakobs und seiner Familie nach Ägypten stattfand (2. Mose 12,40), woraus folgt, dass dieses sich ungefähr 1876 v. Chr. ereignete. Von den Daten in 1. Mose 12,4; 21,5; 23,1; 25,7,26; 35,28.29; 47,9) kann man zurückrechnen bis zum Geburtsjahr Abrahams (2166 v. Chr.) und so festlegen, dass das ungefähre Jahr, in dem er Kanaan betrat, 2091 v. Chr. gewesen sein muss.[5] Dieser Atlas baut auf diesen und anderen »absoluten« Daten auf, die aus der internen biblischen Chronologie bezogen und errechnet werden können, und verbindet die so gewonnenen Daten – wo immer möglich – mit außerbiblischen Daten.

Abrahams Zeit war eine des relativen Friedens und Reichtums im südlichen Mesopotamien, in der seine Heimatstadt Ur die anderen Stadtstaaten des Gebietes beherrschte. Diese dritte Dynastie von Ur (ca. 2130–2022 v. Chr.) ist bekannt für Tausende Quellen in Keilschrift, die man in Ur, Lagasch, Umma, Drehem, Nippur und anderen Städten gefunden hat. Damals erhielten viele der alten sumerischen Epen und Mythen, die in der Frühdynastischen Zeit entstanden waren, ihre endgültige Form. Diese Quellen zeigen, dass die alte sumerische Kultur in dem Gebiet wieder auflebte, wenn auch zum letzten Mal. Tausende von wirtschaftlichen und juristischen Texten bezeugen die überragende Rolle, die Palast und Tempel für den Alltag der Menschen spielten. Die reichen archäologischen Funde aus Ur zeigen, dass es während der ganzen Periode ein blühendes Wirtschaftszentrum war. Von hier aus brach Abram zu seinem Zug auf (1. Mose 11,31; Apg 7,4).

Als Abram ungefähr siebzig Jahre war (ungefähr 2096 v. Chr.), zogen er und seine Frau Sara aus dem Ur der Chaldäer[6] weg, mit ihnen sein Neffe Lot und sein Vater Terach, dazu einige Gefolgsleute des Haushalts, alle auf dem Weg nach dem »Land Kanaan« (1. Mose 11,31). Es gab zwei Hauptwege, die Abram bei seiner Reise von Ur nach Haran genommen haben könnte. Der eine wandte sich nach Norden und durchzog das Land, das später Assyrien heißen sollte, bevor er westwärts durch Jezira nach Haran führte (was eine Gesamtstrecke von 1 080 km bedeutete, s. S. 67). Die andere Route verlief nordwestlich dem Euphrat entlang, zur Stadt Mari, und von da immer weiter nach Haran über die Flüsse Euphrat und Balich (insgesamt 1 010 km). Man schätzt, dass die Reise wenigstens 31 volle Tage gedauert hat, bei 32 km täglich – die nötigen Ruhetage nicht eingeschlossen.

Haran bedeutet »Landstraße«. Es ist aus nichtbiblischen Texten bekannt und war um 2000 v. Chr. eine wichtige Karawanenstadt. Unbekannt ist, wie lange Abram in Haran war, aber es sieht so aus, als habe er dort wenigstens ein Jahr gewohnt. Jedenfalls starb sein Vater dort (1. Mose 11,32). Abram war im Gebiet Haran so fest verwurzelt, dass die Israeliten später von ihrem Vorfahren als von dem »heimatlosen Aramäer« sprachen (5. Mose 26,5; Gute Nachricht).

Als er 75 Jahre alt war (ca. 2091 v. Chr., 1. Mose 12,4), ging Abram von Haran weg und brach auf zum Land Kanaan (1. Mose 12,5). Später, während des 14. und 15. Jahrhunderts v. Chr., war »das Land Kanaan« eine feste geopolitische Einheit mit klaren Grenzen, sowohl Ägyptern als auch Israeliten bekannt (s. S. 91 und 93). Dennoch ist das Alter des Begriffs umstritten gewesen. War der Begriff schon in der Zeit der Patriarchen (um 2091 v. Chr.) bekannt

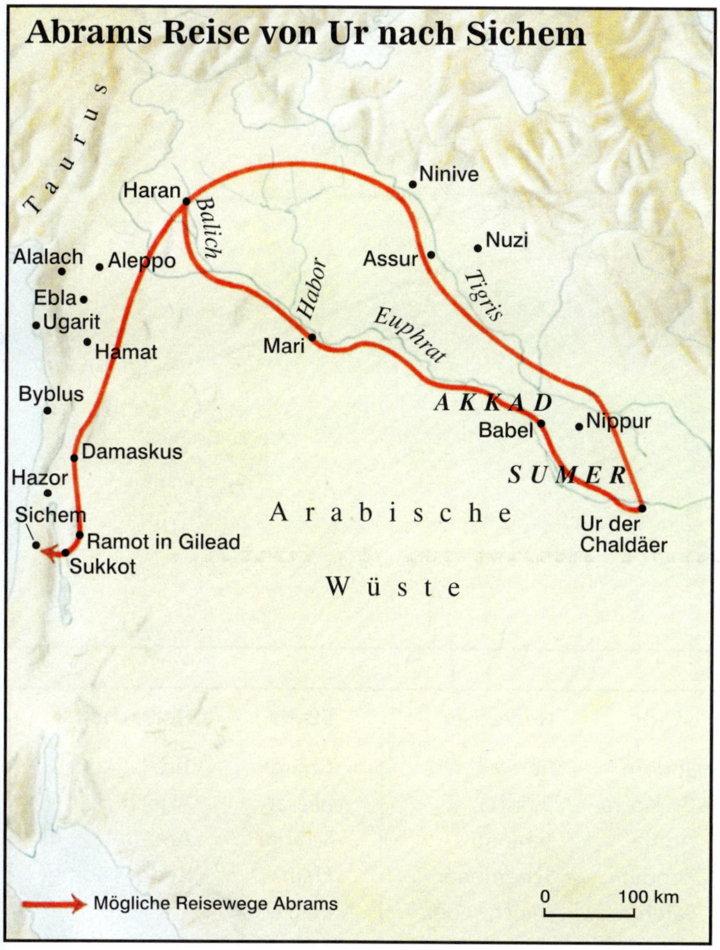

Abrams Reise von Ur nach Sichem

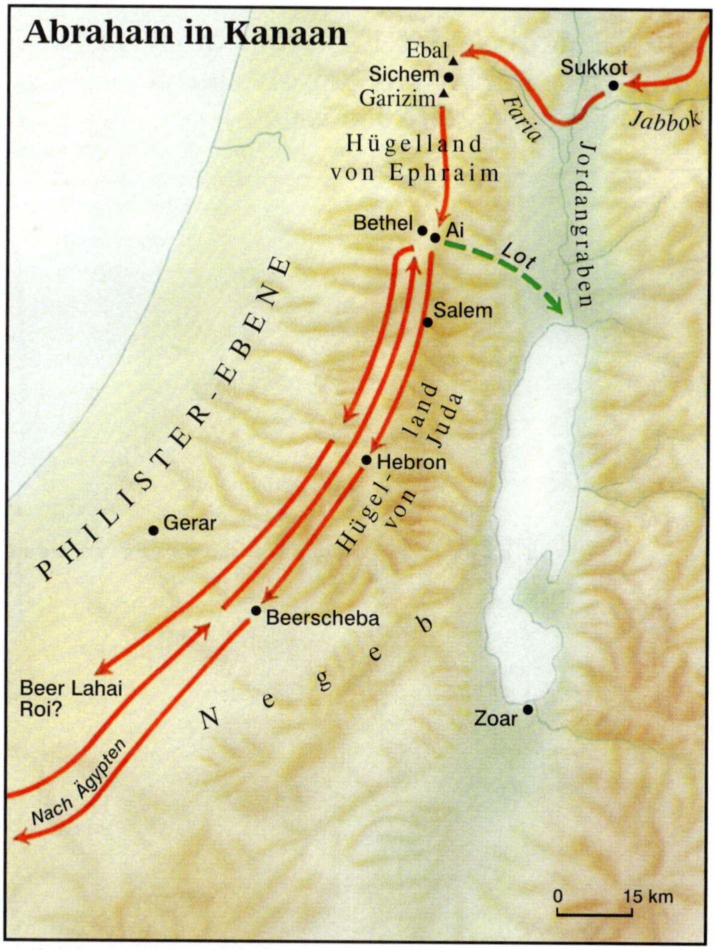

Abraham in Kanaan

oder wurde er erst in der zweiten Hälfte des 2. Jahrtausends v. Chr. eingeführt? Bis vor kurzem hat man Letzteres angenommen, denn biblische und außerbiblische Hinweise auf Kanaan waren in Dokumenten gefunden worden, die aus der Zeit zwischen 1450 und 450 v. Chr. stammten, aber nicht früher.

Inzwischen ist jedoch der frühe Gebrauch des Begriffs »Kanaan« in den Mari-Dokumenten bewiesen – von ungefähr 1800 v. Chr,[7] und der Hinweis auf die »Dagan [eine Gottheit] Kanaans« in den Ebla-Schrifttafeln von 2400 v. Chr. belegt das hohe Alter des Begriffs.[8] Daher ist dessen Gebrauch in der Erzählung über die Patriarchen kein Anachronismus.

Abrams Zug von Haran nach Kanaan führte ihn wahrscheinlich nach Süden, durch Damaskus und Transjordanien, in die Gegend von Ramot Gilead. Von da ist er wahrscheinlich in das Jordantal hinabgezogen, möglicherweise durch das Wadi Jabbok, nach Sukkot, wo er den Jordan überquert und Kanaan betreten haben kann. Er ist wahrscheinlich in das Hügelland von Manasse gekommen, entlang dem ziemlich breiten und sanften Wadi Faria, das ihn in die Berge geführt hat, nur ein paar Kilometer von Sichem entfernt. Insgesamt war diese Reise ungefähr 640 km lang und man brauchte dafür wenigstens 20 reine Reisetage. Diese Strecke von und nach Haran hat eine gewisse Bedeutung, denn sie wurde wahrscheinlich von Abrams Diener benutzt, als er eine Braut für Isaak werben sollte (1. Mose 24,4.10), von Jakob, als er vor seinem Bruder Esau zu seinem Onkel Laban floh, der in Paddan Aram lebte (1. Mose 27–29), und wieder von Jakob bei seiner Rückkehr nach Kanaan (1. Mose 31,19–33,20).

Sichem, Abrams erster Halt im Land Kanaan, ist mit Tell Balata identifiziert worden. Es liegt nahe der Wasserscheide zwischen den Zwillingsbergen Ebal und Garizim. Straßen aus allen Richtungen münden in dieses hochgelegene plateauartige Tal, und seit frühester Zeit hat Sichem als größeres städtisches Zentrum im Gebirge Ephraims und Manasses gedient. Obwohl Sichem ausgegraben worden ist, ist es nicht nötig, spezielle archäologische Überreste dieser Zeit (um 2091 v. Chr.) zu suchen, denn der biblische Bericht verlangt nicht, dass es in Abrams Tagen tatsächlich eine Stadt dort gab. In Sichem, an dem Ort »der Eiche More« erschien der Herr Abram und versprach ihm: »Deinen Nachkommen will ich dieses Land geben« (1. Mose 12,6.7). Als Reaktion auf dieses Versprechen baute Abram Gott einen Altar (1. Mose 12,7).

Von Sichem zog Abram südwärts, durch das Hügelland Ephraims, zu einem Berg, der östlich von Bethel und westlich von Ai lag. Dort schlug er sein Zelt auf und baute einen weiteren Altar, an dem er den Namen Gottes anrief (1. Mose 12,8). Die topografischen Einzelheiten, die dieser Abschnitt uns vermittelt, passen sehr genau zu der üblichen Gleichsetzung Bethels mit Beitin und Ais mit Et-Tell.[9] Als Abram dort ankam, war Ai, das in der Frühen Bronzezeit eine große Stadt gewesen und ca. 11 ha groß war, schon jahrhundertelang eine Ruinenstadt gewesen. Die archäologischen Beweise für das Bewohntsein von Bethel sind zweifelhaft; dort mag es in Abrams Zeit eine kleine mittelbronzezeitliche Siedlung (Mittlere Bronzezeit I) gegeben haben.[10] Abram reiste weiter nach Süden (1. Mose 12,9), durch das Hügelland Judas in den Negeb. Die Strecke, die er von Sichem nach Bethel/Ai zurücklegte, nach Hebron und weiter

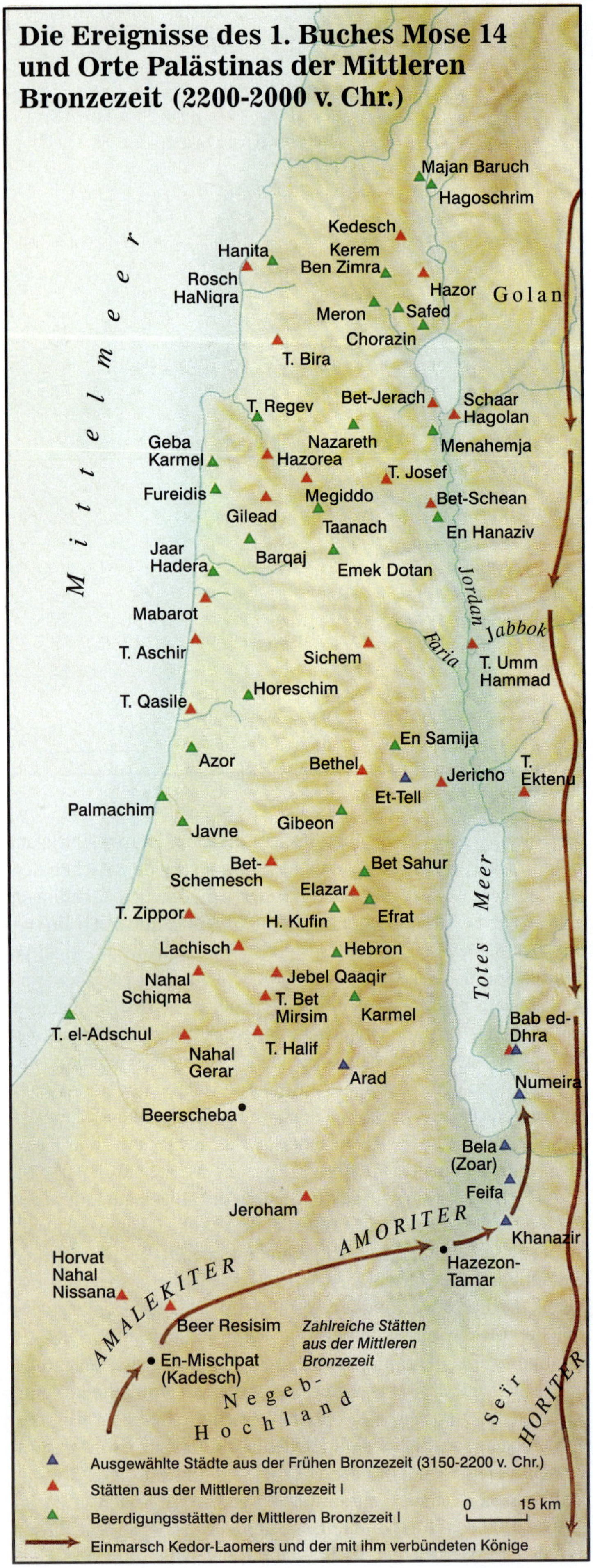

Die Ereignisse des 1. Buches Mose 14 und Orte Palästinas der Mittleren Bronzezeit (2200-2000 v. Chr.)

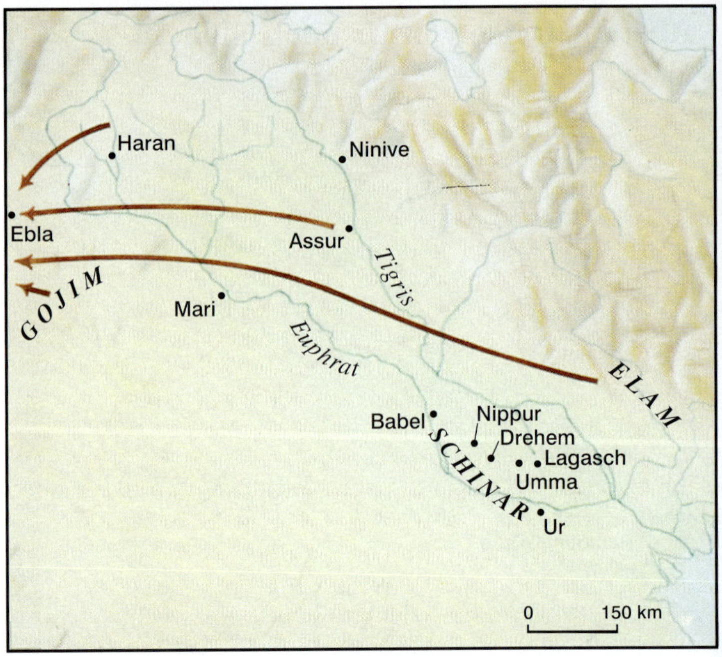

Stadt	Herrscher	Stadt	Herrscher
Sodom	Bera	Gojim	Tidal
Gomorra	Birscha	Ellasar	Arjoch
Adma	Schinab	Schinar	Amrafel
Zebojim	Schemeber	Elam	Kedor-Laomer
Salem	Melchisedek	Bela (Zoar)	

nach Beerscheba/Negeb, wurde nach ihm sehr oft in der biblischen Geschichte benutzt. Sie wird oft »der Höhenweg« genannt (s. S. 28), könnte aber auch die »Straße der Patriarchen« genannt werden.

Das Land, in dem Abram jetzt lebte, war nicht mehr durch die großen städtischen Zentren der Frühen Bronzezeit gekennzeichnet, denn diese waren frühestens 2200 v. Chr. zusammengebrochen. Der Grund dafür ist noch nicht ganz geklärt, aber als Möglichkeit werden ägyptische Invasionen (Phiops I. ?), interne Konflikte, Angriffe durch die Völker der Mittleren Bronzezeit oder eine Kombination dieser Faktoren erwogen. In jedem Fall sind die Merkmale der Mittleren Bronzezeit I, in der Abram lebte (2200–2000 v. Chr.), gut bekannt.

Die Menschen der Mittleren Bronzezeit I lebten in Zelten und Hütten. Im Negeb, wo zahlreiche Siedlungen ausgegraben worden sind, bestand die typische Siedlung aus einer Ansammlung kleiner, dürftiger runder und rechteckiger Bauten, die um einen zentralen Hof gruppiert waren.[11] Nur wenige »große« Siedlungen sind gefunden worden (Horvat Nahal Nissana, Har Jeroham, Beer Resisim); sie waren ca. ein Hektar groß und nicht umfriedet. Zusätzlich hat man zahlreiche mittelgroße und einzelne Siedlungen gefunden, die über das Hochland des Negeb, das Uwda-Tal und das südliche Transjordanien verstreut waren.

Obwohl Überbleibsel dieser Kultur in den Tells des nördlichen Landesteils gefunden worden sind (wie Bethel, Tell Bet Mirsim, Jericho, Megiddo), sind in Palästina keine Befestigungen und keine öffentlichen Gebäude entdeckt worden, was darauf hinweist, dass diese Siedlungen arm waren und nur vorübergehend bestanden. Offensichtlich war das Gebirge Judas während der Mittleren Bronzezeit I dünn besiedelt, weil es immer noch mit relativ dichten Wäldern bedeckt war.

Die Beerdigungsbräuche der Menschen in der Mittleren Bronzezeit I waren außergewöhnlich: Ihre Gräber waren in die harten Kalksteinfelsen gehauen. Ein senkrechter Schacht führte zu einer oder mehreren Grabkammer(n), aber im Gegensatz zu der Frühen Bronzezeit war ein Grab pro Kammer die Regel. Dutzende oder Hunderte dieser Grabkammern werden oft beieinander gefunden, z. B. nahe den Orten, die heute En Samija, Ellasar, Afrat, Jebel Qaaqir heißen.[12] In den Golanhöhen, Transjordanien und anderswo sind Felder mit Hunderten von Dolmen gefunden worden. Diese niedrigen, tischartigen Gebilde wurden aus drei oder vier großen Steinplatten errichtet und dienten manchmal dazu, auf Gräberfelder hinzuweisen, die nicht tief lagen. In anderen Fällen, besonders im Negeb, zeigen Steinhaufen, *tumuli* genannt, Beerdigungsstätten an.

Die Menschen, die in der Mittleren Bronzezeit I in Palästina wohnten, sind noch nicht endgültig identifiziert worden.[13] Kenyon nannte sie Amoriter und schlug vor, dass sie vom Osten und Nordosten aus den Wüsten gekommen seien. Lapp, Kochavi und Aharoni glaubten, sie seien Kurganen gewesen, die von den kaukasischen Bergen südwärts gewandert seien.

Dever wiederum meinte, die Kultur der Mittleren Bronzezeit I habe sich aus der Frühen Bronzezeit entwickelt, während Cohen vorgeschlagen hat, dass die Völker vom Süden – aus dem Sinai – gekommen seien. Zusätzlich zu der Frage des geografischen und ethnischen Ursprungs dieser Völker gibt es auch noch eine beachtenswerte Diskussion über deren Zusammenhang mit den Völkern der vorangehenden und folgenden Zeiten (Frühe Bronzezeit [FB] I und Mittlere Bronzezeit [MB] II).[14] Eine weitere Diskussion dreht sich um die Frage, dass es zwischen 2200 und 2000 v. Chr. eine halbnomadische Hirtenbevölkerung gab, die in Palästina herumzog und es aus irgendeinem Grunde vorzog, am Rand der Wüste zu leben (z. B. in Transjordanien und im Negeb-Hochland) statt in den fruchtbaren Gebieten der Mitte und der nördlichen Region.[15]

Bald nachdem Abram nach Kanaan gekommen war, erlebte das Land eine der gelegentlichen Dürrekatastrophen. Abram wusste, dass Ägypten normalerweise genügend Viehfutter hatte und wanderte hinab in die nördliche Sinai-Halbinsel. Er benutzte wahrscheinlich den Weg von Schur nach Ägypten, wo er den Lebensunterhalt für seine Familie fand (1. Mose 12,10–20).

Ägypten hatte hundert Jahre lang politische und soziale Umwälzungen durchlebt. Diese Zeit ist als Erste Zwischenzeit bekannt (2160–2040 v. Chr.) und folgte auf den Zusammenbruch des stabilen Alten Reichs (des Pyramidenzeitalters, s. S. 73). Politisch war Ägypten in zwei Teile geteilt: Könige der 9. und 10. Dynastie regierten das Niltal nördlich von Abydos; ihre Hauptstadt war Herakleopolis, nicht mehr Memfis. Gleichzeitig entstand im Süden die 11. Dynastie in Theben; sie herrschte über das Niltal von Abydos im Norden bis Elephantine (nahe dem ersten Katarakt) im Süden. Gemäß der Beschreibung dieser Zeit in den »Mahnungen des Ipuwer« (*ANET,* S. 441–444) war es eine Zeit großer sozialer Unruhe – die Reichen wurden mit Knechtsaufgaben betraut, während die Armen ihre Herren wurden, die Königsgräber wurden geplündert, Dürrezeiten (wegen geringer Überschemmung durch den Nil) traten ein und Tod und Zerstörung waren allgegenwärtig.[16]

Dolmen auf den Golanhöhen.

Obwohl es nur wenige bauliche Überreste gibt, helfen literarische Texte wie die »Anweisung für den König Merikarê«; (*ANET,* S. 414–418) diese Zeit zu verstehen, ebenso die hölzernen Modelle, die im kleinen Maßstab Szenen des täglichen Lebens darstellten (Boote, Handwerksstätten, Häuser usw.), die im Grab des Meketrê in der Nähe Thebens gefunden wurden. Die Erste Zwischenzeit endete ungefähr 2040 v. Chr., als Mentuhotep I. aus der 11. Dynastie die herakleopolitanischen Herrscher besiegte und den Norden mit dem Süden vereinigte, womit er das Mittlere Reich einleitete (2040–1786 v. Chr.).

Mit Abrahams Rückkehr aus Ägypten nach Kanaan beginnt eine beinahe zweihundertjährige Zeit, in der die Patriarchen im Lande wohnten. Dem biblischen Bericht zufolge scheint es, als hätten sie die meiste Zeit in dem Gebiet des Negeb verbracht, mit gelegentlichen Reisen in das Hügelland von Juda und Ephraim. Die Patriarchen züchteten Ziegen und Schafe und bauten Korn an (s. z. B. 1. Mose 13,2.5–7; 24,35; 26,14). Das hieß, dass sie von Jahreszeit zu Jahreszeit von einer Weide zur anderen zogen, aber aller Wahrscheinlichkeit nach im nächsten Jahr zu ihren alten Siedlungen zurückkehrten. Brunnen, die vermutlich beim oder nahe dem Zusammenfluss von Wadis gegraben worden waren, versorgten Familien und Herden mit Wasser. Das Graben dieser Brunnen war schwierig und daher war die Herrschaft über eine solche Lebensquelle oft Gegenstand von Auseinandersetzungen. Sowohl Abraham als auch Isaak hatten Konflikte mit dem König von Gerar[17] wegen des Rechts, über Brunnen zu bestimmen, die zwischen Gerar und Beerscheba lagen (1. Mose 21,25; 26,12–33).[18]

Der Versuch Abrams und seiner Sippe, im Gebiet von Bethel/Ai im Gebirge von Ephraim zu wohnen (1. Mose 13), scheint schwierig gewesen zu sein. Es gab weder genug Weideland für große Herden in der Gegend noch große Wälder; auch waren die Kanaaniter und Perisiter ihnen feindlich gesonnen (1. Mose 13,7). Jedenfalls entschied sich Abrams Neffe Lot, in einer der Städte im Jordantal zu wohnen, während Abram im Gebirge im Negeb blieb. Der Text weist darauf hin, dass das Jordantal zu dieser Zeit intensiv bebaut und wahrscheinlich durch kleine Kanäle bewässert wurde, die Wasser von den kraftvollen Quellen auf die Felder dieses Gebietes brachten. Obwohl Abram noch eine Weile im Gebirge blieb, scheinen er oder die anderen Patriarchen nicht lang in dieser Gegend geblieben zu sein. Orte wie Sichem und Bethel/Ai wurden besucht und Altäre gebaut, Jahwe angebetet und göttliche Offenbarungen empfangen. Auf einem der Berge in der »Gegend Morija«, vermutlich einer der Berge in der Nähe Jerusalems,[19] sollte Isaak geopfert werden. Dennoch scheint es, als hätten die Patriarchen meistens im (westlichen) Negeb gewohnt.

Eine Ausnahme bildete die Patriarchen-Siedlung nahe Hebron im Gebirge. Die Verbindung mit Hebron musste jedoch erwartet werden, denn all die Jahrzehnte und Jahrhunderte hindurch war Hebron der Kontaktpunkt zwischen den Völkern des Negeb und denen des Gebirges – der Ort, wo Güter und Dienstleistungen gehandelt wurden. In Hebron erwarb Abraham die Höhle Machpela (1. Mose 23,9.17), wo schließlich Abraham und Sara, Isaak und Rebekka, Jakob und Lea beerdigt wurden. Heute, im Zentrum des modernen Hebron, sind die Begräbnisstätten der Patriarchen durch eine Moschee und eine Synagoge gekennzeichnet, die in einer alten Kreuzfahrerkirche untergebracht sind. Diese war innerhalb der Umfriedungsmauer errichtet worden, die aus der herodianischen Zeit (ca. 37–4 v. Chr.) stammt. 1. Mose 23,10 legt nahe, dass zur Zeit Abrahams tatsächlich eine Stadt dort existierte, denn im Stadttor wurde der Kauf der Höhle von Machpela verhandelt. Bis heute hat man diese Stadt nicht gefunden, aber die archäologische Erkundung Hebrons beginnt auch gerade erst.[20]

Obwohl die Entscheidung Lots für das bewässerte Jordantal vom menschlichen Standpunkt aus verständlich war, kamen doch einige Schwierigkeiten auf ihn zu. Zweimal wurde er durch das Eingreifen seines Onkels aus Lebensgefahr gerettet. Zum Beispiel berichtet 1. Mose 14, wie vier Könige des Nordens in die Gegend einfielen und den fünf Königen den Krieg erklärten, die sich gegen ihre Vorherrschaft gewehrt hatten. Die Könige des Nordens kamen aus Schinar,[21] Ellasar,[22] Elam[23] und Gojim.[24] Offensichtlich war ihr vorrangiges

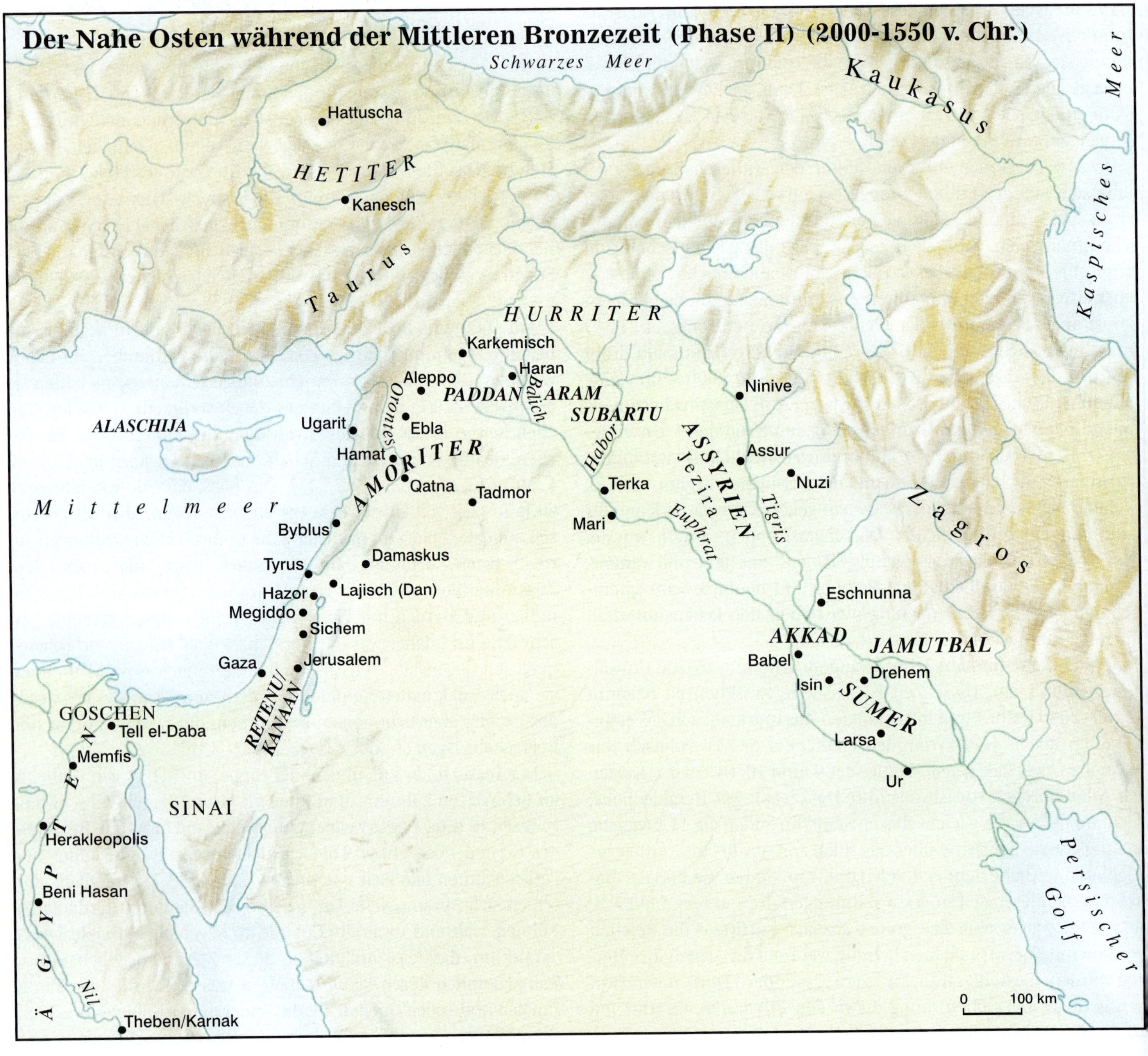

Ziel, die Städte Sodom, Gomorra, Adma, Zebojim und Bela (=Zoar) zu erobern.[25]

Die vier einfallenden Könige zogen südwärts entlang der transjordanischen Straße, besiegten die Stämme der Refaïter und Susiter in Gilead, die Emiter in Moab und die Horiter im Gebirge Seïr (1. Mose 14,5–6). Die Könige zogen weiter nach Süden nach El-Paran, bevor sie sich nordöstlich zum Negeb-Hochland nach En-Mischpat wandten, wo sie die Amalekiter besiegten (V. 6–7).[26] Die vier Könige wandten sich nach Osten, griffen die Amoriter von Hazezon-Tamar an und besiegten diese, bevor sie ihren Hauptfeldzug gegen die fünf Könige der Ebene im Tal von Siddim begannen. Diese Schlacht könnte in den versalzenen und öden Gebieten südlich des Toten Meeres stattgefunden haben oder auch in dem Gebiet, das nun vom südlichen Teil des Toten Meeres bedeckt ist.[27] Die geschlagenen Könige der Ebene wurden gefangen genommen und mit der Kriegsbeute nordwärts geführt, als die einfallenden Könige in ihre Heimatreiche zurückzogen. Abram verfolgte sie mit seinen Verbündeten bis nach Dan und Hoba, rettete Lot und die Könige, mit denen dieser gefangen genommen worden war.[28]

Als Abram zurückkehrte, traf er zunächst den König von Sodom im »Tal Schawe, das ist das Königstal«[29] und dann »Melchisedek, den König von Salem« (V. 17–18).[30]

Das zweite Mal wird in 1. Mose 19 berichtet, dass Lot gerettet werden musste. Diese beiden Städte waren, gemeinsam mit Zoar (dem Ort, an den Lot und seine Familie vor der Vernichtung flohen), schon in 1. Mose 14 genannt worden. Gemäß der Chronologie der Bibel, der hier gefolgt wird, fand die Zerstörung von Sodom und Gomorra ungefähr im Jahr 2069 v. Chr. statt (d. h. am Ende der Mittleren Bronzezeit I, 2200–2000 v. Chr.). Bis heute sind keine Orte der Mittleren Bronzezeit I nahe dem südlichen Teil des Toten Meeres gefunden worden, die mit den fünf Städten hätten identifiziert werden können. Man hat auch vorgeschlagen, dass die Städte heute unter den Wassern des Südzipfels des Toten Meeres liegen. Obgleich das möglich ist, hat das Tote Meer, als es sich in den letzten Jahren zurückgezogen hat, nichts freigegeben, was auf die Existenz antiker Städte hätte schließen lassen.

Jedenfalls haben Gutachten und Ausgrabungen entlang den Ausläufern des transjordanischen Gebirges östlich und südöstlich des Toten Meers fünf Orte identifiziert, die in die Frühe Bronzezeit datiert werden können (3150–2200 v. Chr.): Bab ed-Dhra, Numeira, Zoar, Feifa und Khanazir (s. S. 75): Einige haben sich gefragt, ob diese fünf Orte die Überbleibsel der fünf Städte sein könnten, die in 1. Mose 14,2 genannt sind.[31] Wenn man von den bekannten absoluten Daten ausgeht, die zu den verschiedenen archäologischen Zeiten gehören, ist die Identifizierung sehr schwer durchzuhalten, weil die einzige Zeit, in der diese Orte alle bestanden, die Frühe Bronzezeit II. war (2650–2350 v. Chr.), wenigstens 300 Jahre vor dem Datum der Ereignisse, die die Bibel nennt.[32] Bis heute ist keine sichere Identifikation der Städte gelungen.

Ungefähr 100 Jahre seines Lebens verbrachte Abraham im Land Kanaan. Bei seinem Tod (ungefähr im Jahre 1991 v. Chr.) entwickelte sich die Kultur des Landes aus der »nomadischen« (Mittlere Bronzezeit I) in eine andere, eine »städtische« Zeit hinein. Diese

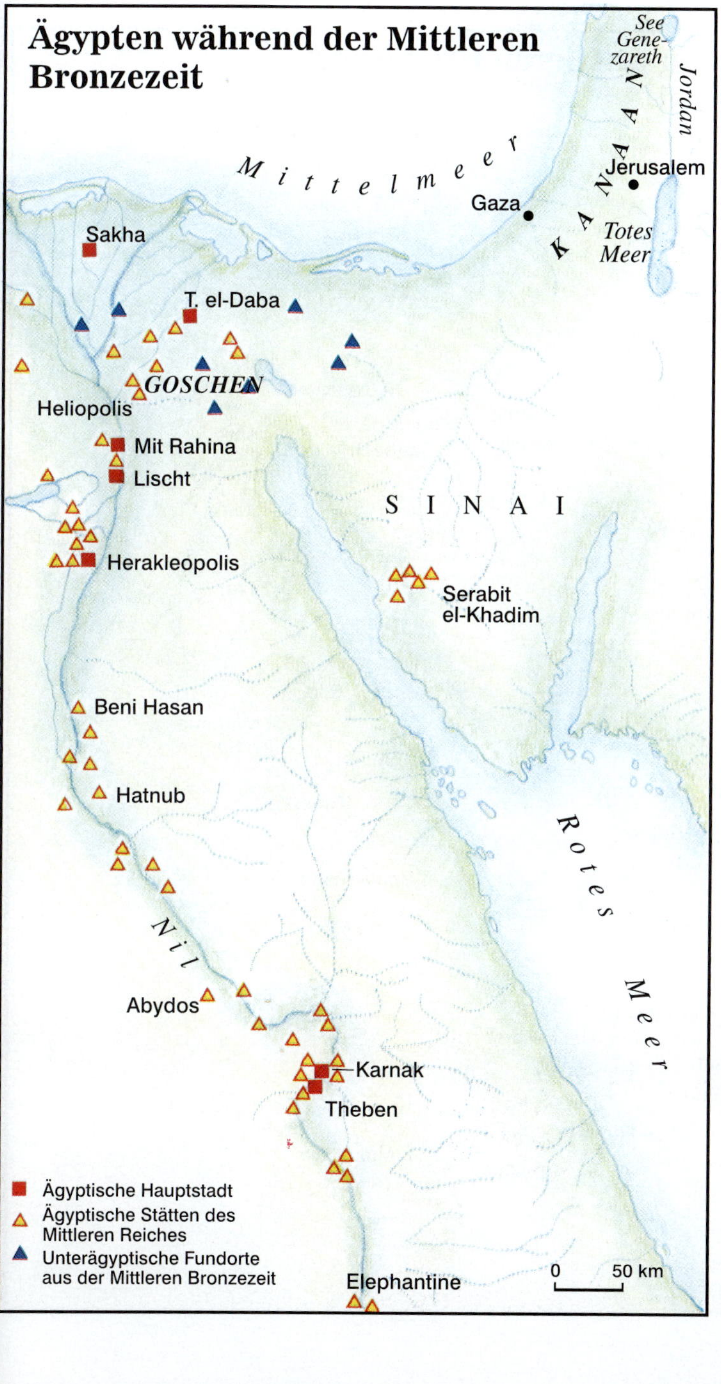

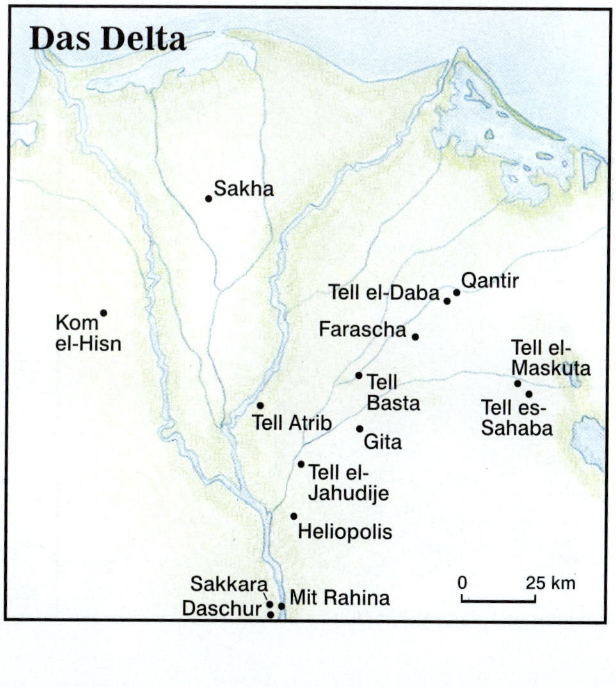

Kultur entstand am Anfang der Mittleren Bronzezeit II (2000–1550 v. Chr.) und reichte tatsächlich weit in die Späte Bronzezeit (1550–1200 v. Chr.) hinein. Während des ersten Abschnitts der Mittleren Bronzezeit (2000–1750 v. Chr.) waren Isaak und Jakob bis ungefähr 1876 v. Chr. im Land unterwegs, bis Jakob nach Ägypten hinunterzog. In dieser Zeit wurden neue Städte gebaut – auf den Ruinen früherer Städte der Frühen Bronzezeit oder auf den Überbleibseln vorübergehend genutzter Siedlungen der Völker der Mittleren Bronzezeit I Die Städte erhielten nun monumentale Mauern, Tore, Paläste und Tempel.[33] Neue Töpferformen wurden eingeführt, und es gibt Beweise dafür, dass die Kontakte mit Ägypten nun häufiger und enger wurden: Statuen, Skarabäen und andere Kunstwerke ägyptischen Ursprungs aus den Tagen der 12. Dynastie wurden in den größeren Orten der Levante gefunden.

Die Zeit der 12. Dynastie in Ägypten nennt man das Mittlere Reich (2040–1786 v. Chr.). Es war eine Zeit großen Wohlstands in einem vereinten Land. Pyramiden wurden gebaut, wahrscheinlich neun, gut funktionierende Verwaltungsstrukturen bildeten sich heraus, und die Kunst und die Literatur blühten. Man spricht von der klassischen Zeit der ägyptischen Literatur. Ägypten stabilisierte sich und dehnte sich sogar aus. In Oberägypten wurden südlich des zweiten Katarakts Festungen gebaut, die den Vormarsch der Nubier kontrollieren sollten. Luxusgüter, die entweder aus Nubien selbst stammten oder durch Nubien transportiert worden waren, wurden weiter nach Norden verschifft. Wirtschaftliche Kontakte mit der Levante, besonders mit Byblus, waren selbstverständlich, auch wenn die archäologischen und literarischen Funde nicht beweisen, dass Ägypten Kanaan kontrollierte.

Ägyptische Kontakte mit der Levante zu jener Zeit spiegelt auch die »Geschichte der Sinuhe« wieder (*ANET*, 18–23), die Erzählung von einem Ägypter, der beim Tod Amenemhets I. (ca. 1962 v. Chr.) von Ägypten in die Levante floh. Er reiste zunächst in die Stadt Byblus, an der Küste des Mittelmeers, wandte sich dann aber landeinwärts nach Quedem, das anscheinend am Rand der östlichen

Stele des Hammurabi mit eingemeißelten Gesetzen.

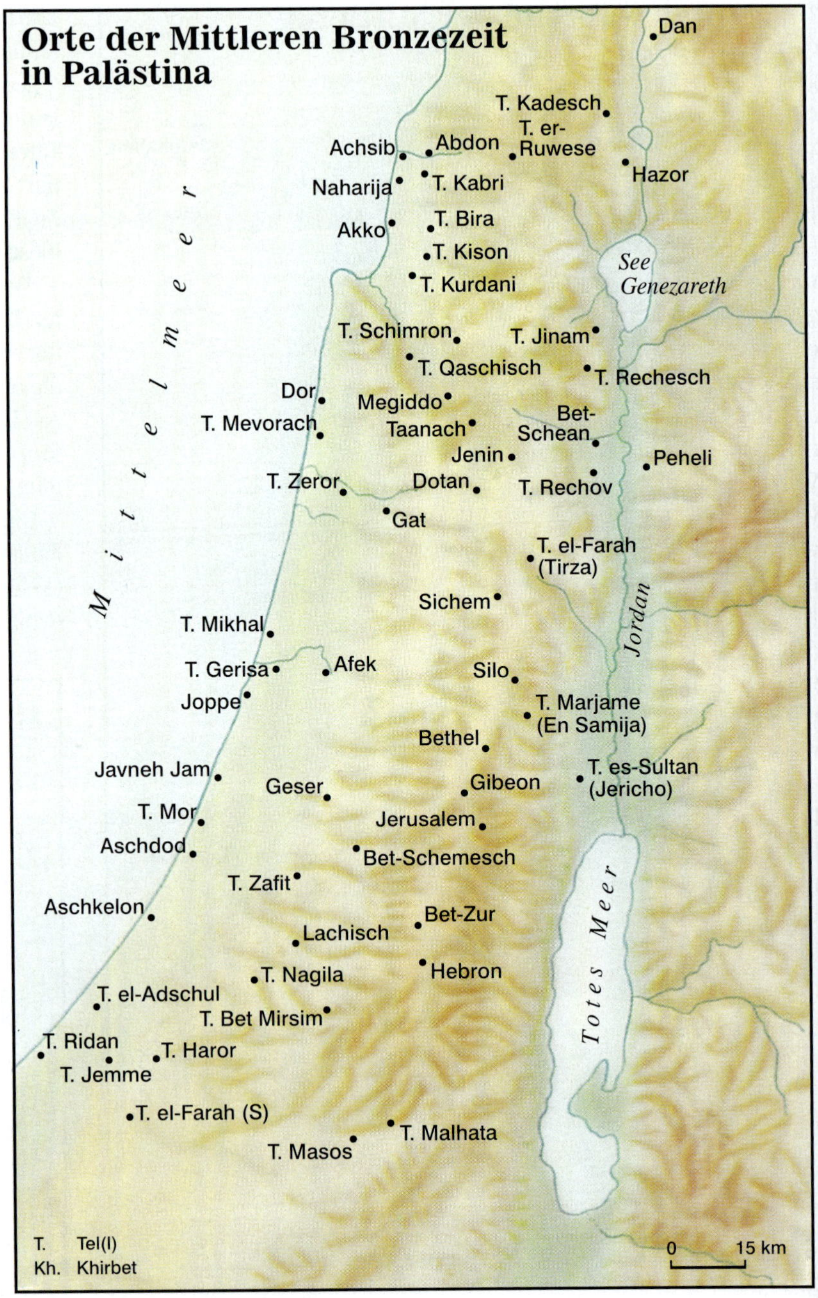

Wüste lag. Er siedelte im Land Araru (möglicherweise das Gebiet um Gilead oder Baschan), wo er vom Herrscher Ober-Retenus[34] Land erhielt, auf dem er bis zu seiner Rückkehr nach Ägypten lebte, wo er schließlich starb. Die Geschichte beschreibt, wie Sinuhe ägyptische Boten beschäftigte und unterstützte, die über sein Land kamen und wie er die Grenze des Gebietes seines Grundbesitzers verteidigte. Es gibt sogar eine genaue Beschreibung der landwirtschaftlichen Produkte Retenus: Feigen, Trauben, Wein, Honig, Oliven, Früchte, Gerste, Emmer-Weizen und Vieh – diese Liste ist erstaunlich ähnlich der in 5. Mose 8,8 in Bezug auf das Land Kanaan. Zusätzlich enthielt Sinuhes tägliche Speise Brot, Wein, gekochtes Fleisch, geröstetes Geflügel und Milch. Obwohl Sinuhe in einem städtischeren Bereich gelebt haben mag als seine Zeitgenossen Isaak und Jakob, kann man annehmen, dass die Patriarchen sich ähnlicher Nahrungsmittel erfreuten wie der genannten.

Zusätzlich zu der Geschichte Sinuhes warf eine Gruppe von Texten, die die »Verwünschungstexte« genannt werden, ein willkommenes Licht auf das Leben in der Levante in der Mittleren Bronzezeit II (2000–1750 v. Chr.). Diese Texte, die in Ägypten entdeckt wurden, werden in zwei Gruppen geteilt: Die frühesten, auf Schüsseln geschrieben, bestehen aus Flüchen, die Namen und Orte der Personen nennen, die verwünscht oder verflucht werden. Im späten zwanzigsten oder frühen neunzehnten Jahrhundert v. Chr. verfasst, stammen die Texte aus einer Zeit ganz kurz vor der Einwanderung Jakobs in Ägypten. Ungefähr zwanzig Orte und Gegenden der Levante sind erwähnt, darunter Jerusalem, Aschkelon, Bet-Schean, Rehob und Byblus. Da oft mehrere Herrscher mit nur einer Stadt oder Gegend in Zusammenhang gebracht sind, scheint es, als sei die Oligarchie die verbreitetste Herrschaftsform dieser Zeit gewesen.[35] Die späteren Verwünschungstexte sind auf Figurinen geschrieben, die anscheinend Gefangene darstellen, und datieren aus dem späten neunzehnten Jahrhundert v. Chr., also aus der Zeit kurz nach der Wanderung Jakobs nach Ägypten. Diese Texte erwähnen wenigstens vierundsechzig geografische Namen der Levante und gewöhnlich wird nur je ein Herrscher mit jedem Namen verbunden. Die Personennamen aus beiden Gruppen von Texten können, soweit man sie analysieren kann, als amoritisch (westsemitisch) eingestuft werden. Daher sieht es so aus, als sei die herrschende Klasse in der Levante im ersten Abschnitt der Mittleren Bronzezeit (2000–1750 v. Chr.) semitischen Ursprungs gewesen, wie wohl auch die überwiegende Bevölkerung der Region.

Zwei zusätzliche ägyptische Inschriften erhellen das Leben in der Levante in der Mittleren Bronzezeit II: Die erste ist die Beni-Hasan-Inschrift (*ANET*, 229; *ANEP*, 3), die an einer Wand des Grabes von Chnumhotep III. gefunden wurde und in das sechste Jahr der Herrschaft von Sesostris II. datiert wird (ca. 1891 v. Chr.)[36] – nur 15 Jahre vor der Einwanderung Jakobs nach Ägypten. Das Gemälde stellt 37 Asiaten dar, die Antimon nach Ägypten bringen, eine Substanz, die für Augen-Make-up benutzt wurde. Die farbenfrohe Kleidung der Männer und Frauen ist gut wiedergegeben, auch ihre Waffen, Werkzeuge und Instrumente. Auf dem Rücken von Eseln befinden sich Blasebälge oder auch kupferfarbene Behälter aus Ochsenhaut, die anzeigen, dass die Gesellschaft reisende Schmiede eingeschlossen haben könnte.

(Man sollte im Auge behalten, dass zur selben Zeit der junge Josef an eine Karawane von Ismaelitern/Midianitern verkauft wurde, die Gewürze, Balsam und Myrrhe von Gilead nach Ägypten transportierten (1. Mose 37,25.36).) Das Bild erinnert auch daran, dass Asiaten immer versuchten, von der nordöstlichen Grenze her nach Ägypten einzudringen, aus wirtschaftlichen Gründen (wie hier), um dem Hunger zu entgehen (wie Abram und später Jakob) oder um Wasser und Weide für ihre Herden zu finden. Um diese Asiaten draußen zu halten, ließ Amenemhet I. (1991–1962 v. Chr.) einen Kanal ausheben und eine entsprechende »Mauer« bauen, nicht nur, um seine nordöstliche Grenze zu schützen[37],sondern auch, um Wasser für das Vieh der Völker zu sichern, damit sie nicht deshalb nach Ägypten eindringen müssten.

Der andere wichtige ägyptische Text ist eine Stele, die aus der Regierungszeit Sesostris III.(1878–1843 v. Chr.) stammt. Überschrieben »Die Inschrift von Chnusebek, genannt Djaa«, erwähnt sie kurz einen Feldzug des ägyptischen Militärs in ein fremdes Land, genannt Sekmem (=Sichem?), das mit Retenu zusammen in die Hände Ägyptens fiel (*ANET*, 230). Dieser kurze Abschnitt der Inschrift legt die Annahme ägyptischer Aktivitäten in der Levante nahe, doch da die ägyptischen Könige aus dem Mittleren Reich keinen direkten Bericht über solche Aktivitäten hinterlassen haben, ist diese Inschrift allein nicht Beweis genug, um auf mehr zurückzuschließen, als dass dieser eine Feldzug eine begrenzte Strafaktion gegen Retenu war.

Nach biblischen Daten zogen Jakob und seine Familie 1876 v. Chr. nach Ägypten um, womit dieses Ereignis an den Anfang der Regierungszeit Sesostris III. fällt (1878–1843 v. Chr.). Unglücklicherweise gibt es keine ägyptischen Dokumente mit direktem Bezug auf den 430-jährigen Aufenthalt der Israeliten in Ägypten, aber das Leben der Israeliten dort kann grob umrissen werden. Gemäß 1. Mose 47,4 siedelte Jakobs Familie im östlichen Teil des Nildeltas, im landwirtschaftlich reichen Land Goschen, wo sie offensichtlich während ihres gesamten Aufenthalts blieben (vgl. 2. Mose 8,18 und 9,26). Auch wenn in der 12. Dynastie Ägyptens die Stabilität erhalten werden konnte, begannen in der 13. Dynastie (1786–1633 v. Chr.) die Verhältnisse sich zu verschlechtern. In den 154 Jahren der 13. Dynastie gab es über 50 »Herrscher« und am Ende dieser Zeit war Nubien im Süden ziemlich unabhängig geworden. Im westlichen Delta entstand eine rivalisierende 14. Dynastie (1786–1603 v. Chr.), die es auf die eindrucksvolle Zahl von 76 Königen in 184 Jahren brachte.

Während der 13. Dynastie fielen immer mehr Asiaten ins östliche Nildelta ein, durchdrangen es und wurden schließlich mächtig genug, sich zu Herrschern aufzuschwingen, die wir heute die 15. Und 16. Dynastie nennen (1674–1558 v. Chr.). Dies war die Zeit der »Hyksos«-Vorherrschaft über dem östlichen Delta; in ihrer Zeit erstreckte sich ihre Macht zeitweise nilaufwärts weiter nach Süden. Diese asiatischen Herrscher Ägyptens wurden von den einheimischen Ägyptern »Herrscher fremder Länder« genannt.[38] Die Hyksos-Könige waren offensichtlich Amoriter (Westsemiten), die ins östliche Delta aus Asien eingewandert sind. Sie waren aus der Levante gekommen, wo ihre Landsleute zahlreiche Stadtstaaten errichtet hatten.

Während des zweiten Abschnitts der Mittleren Bronzezeit (1750–1550 v. Chr.) wurden in Kanaan alte Städte wieder aufgebaut und einige städtische Zentren neu errichet.[39] Diese Stadtstaaten wurden verteidigt durch sogenannte Glacis, schräge Aufschüttungen aus Erde, Steinen und Gips und trockene Stadtgräben. Tempel- und Palast-Architektur sind durch Ausgrabungen bei Hazor, Megiddo,

Wandgemälde aus einem Grab bei Beni Hasan, ca. 1891 v. Chr., eine asiatische Karawane darstellend.

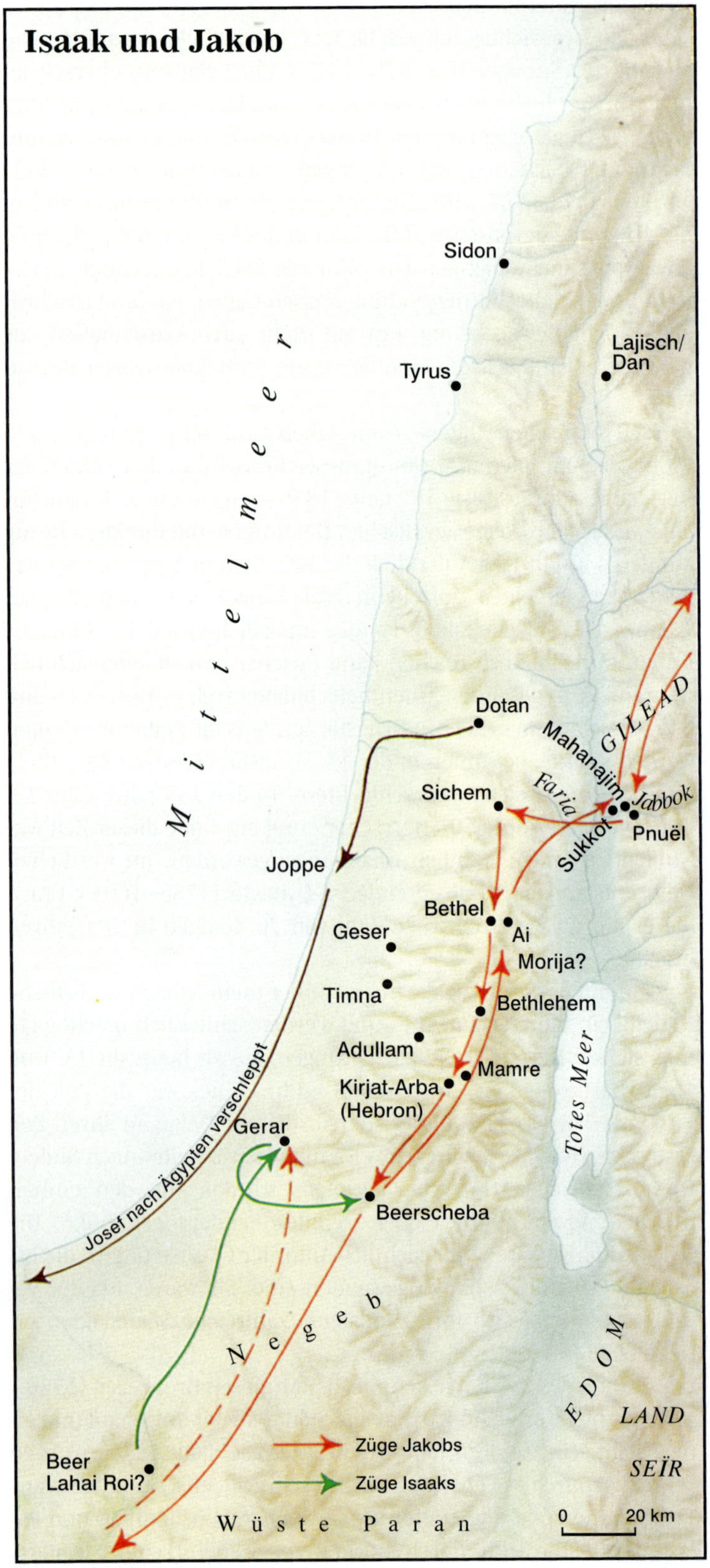

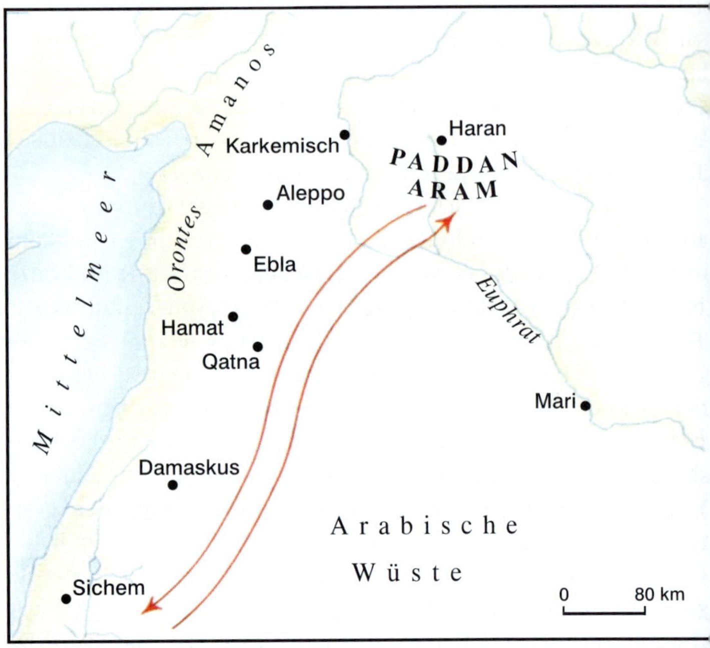

Sichem und an anderen Orten wohl bekannt – sie befinden sich auf einem hohen Niveau. Die Funde von Gold, Silber, Alabaster usw. sind zwar nur klein, aber ihre Qualität weist auch auf besonders großen Wohlstand in Kanaan hin. Auf militärischem Gebiet war die wichtigste Entwicklung die Einführung des von Pferden gezogenen Kampfwagens. Die Wagenlenker, die man *maryannu* nannte, waren eine eigene wichtige soziale Klasse. Diese Wagenlenker bildeten vermutlich die Machtbasis, auf der sich verschiedene Stadtstaaten gründeten. Neben typischen Städten, die auf Tells gebaut waren, wurden in Kanaan, Syrien und dem östlichen Nildelta Einfriedungen gebaut. Der Sinn dieser Einfriedungen ist umstritten und mag sich im Lauf der Zeit geändert haben, aber anfangs könnten manche zum Schutz von Vorratslagern für Wagen, Pferde und dazugehörende Ausrüstung gedient haben. Die weite Verbreitung ähnlicher Töpferwaren, Architektur, Verteidigungsanlagen und großer Einfriedungen weist darauf hin, dass die Kontakte zwischen der Levante und Ägypten sich weiterentwickelt hatten.

Während der Mittleren Bronzezeit II gab es auch intensive Kontakte zwischen Kanaan und dem nördlichen und südlichen Mesopotamien. Die Beziehungen zum nördlichen Mesopotamien sind gut belegt durch Tafeln, die in der Stadt Mari am Oberlauf des Euphrat entdeckt wurden. Diese 20 000 Tafeln stammen aus dem späten 19. und frühen 18. Jahrhundert v. Chr. und werfen Licht auf viele Aspekte des Lebens im Nahen Osten des Altertums.[40] Besonders genau werden die Umstände im Gebiet der Flüsse Euphrat, Balich und Habur beschrieben; das ist genau die Gegend, in der Jakob 20 Jahre lang bei seinem Onkel Laban lebte, nämlich Paddan Aram. Eine Tafel aus Mari bezieht sich sogar auf die »Männer von *»Ki -na-aḫ-um«* – was eine der frühesten Nennungen des Begriffs »Kanaan« als Ortsangabe ist.[41]

Zusätzlich werden in den Mari-Texten kanaanitische Städte genannt, darunter Hazor und Lajisch (Dan). Spitzenreiter unter den Nennungen ist Hazor; bis heute ist es in sieben Mari-Dokumenten gefunden worden.[42] Hazor muss eine sehr wichtige Stadt gewesen sein, denn seine Botschafter fanden sich an den Königshöfen des ganzen Nahen Ostens. Außerdem wurden große Mengen Zinn nahe bei Hazor verschifft, was darauf schließen lässt, dass es ein wichtiger Herstellungsort von Bronze war (das ja aus einem Teil Zinn und zehn Teilen Kupfer besteht). Die Vorrangstellung Hazors zu dieser Zeit kann auch schon an seiner Größe abgelesen werden – 71 ha –, aber auch an den reichen Funden.[43] Malamat hat wahrscheinlich Recht, wenn er anmerkt, dass die Feststellung »Hazor war die Hauptstadt aller dieser Königreiche« (Jos 11,10b) sich auf diese Zeit bezieht.[44]

Die andere größere Stadt Palästinas, die in den Mari-Dokumenten erwähnt wird, ist Lajisch (biblisch = Leschem = Dan; Jos 19,47; Ri 18,29). Es wird neben Hazor als Empfänger von Zinn-Lieferungen genannt.[45] Man sollte festhalten, dass Wari-taldu, der Herrscher von Lajisch (Dan) einen hurritischen Namen trägt, keinen amoritischen – einer der Hinweise auf die wachsende Bedeutung des hurritischen Elements in der Levante. Tatsächlich trugen die Herrscher vieler Stadtstaaten der späten Mittleren Bronzezeit II. und der Späten Bronzezeit hurritische Namen, sogar spätere Könige der Hyksos-Dynastien in Ägypten. Das Hurritische wurde an der Levante so wesentlich, dass die Ägypter sie manchmal »Hurriter-Land« nannten.[46] So scheint das hurritische Element in der Bevölkerung – die in der Mittleren Bronzezeit II stark zunahm – während der Späten Bronzezeit vorherrschend geworden zu sein.

Ein großer Abschnitt des Aufenthalts Israels in Ägypten lag in der turbulenten Zweiten Zwischenzeit (1786–1558 v. Chr.). Und es kann gut sein, dass der »neue König, der nichts über Josef wusste« (2. Mose 1,8), einer der Hyksos war. Das würde bedeuten, dass die Unterdrückung Israels in der Regierungszeit der Hyksos begann. Diese These wird weiterhin gestützt durch die Feststellung dieses Herrschers, dass »das Volk Israel mehr und stärker ist als wir« (2. Mose 1,9), die sehr viel besser in den Mund des Hyksos-Königs passt – da sie selbst nur relativ wenige waren – als in den Mund eines eingeborenen ägyptischen Herrschers. Das Ende der Mittleren Bronzezeit II (ca. 1550 v. Chr.) ist gekennzeichnet durch die Vertreibung der Hyksos aus Ägypten. Die schwache 17. Dynastie (1650–1558 v. Chr.), die einen Teil Oberägyptens von Theben aus regiert hatte, wurde ersetzt durch die Dynastie, deren erster König Ahmose die Hyksos aus dem Lande vertrieb. Ägyptische Quellen beschreiben die Schlachten im östlichen Nildelta, die Belagerung der Hyksos-Hauptstadt Avaris (= Tell el-Daba) und die Austreibung der Hyksos-Herrscher aus Ägypten, zurück nach Kanaan *(ANET,* 230–234; 553–555). Ahmose belagerte die palästinische Stadt Scharuhen[47] drei Jahre lang und errichtete nach ihrer Eroberung eine ägyptische Basis am südwestlichen Tor nach Kanaan. Das war das Gebiet, von dem aus später die ägyptischen Könige ihre Eroberungsfeldzüge nach Kanaan unternahmen, wodurch sie das Land immer mehr unter ägyptischen Einfluss brachten.

Am Ende der Mittleren Bronzezeit II befand sich Israel in ägyptischer Sklaverei. Die Israeliten hatten sich stark vermehrt, doch besaßen sie nicht das Abraham versprochene Land.

Stadttor von Dan aus der Mittleren Bronzezeit (ca. 1950 v. Chr.); Bogen aus Lehmziegeln mit verschüttetem Eingang.

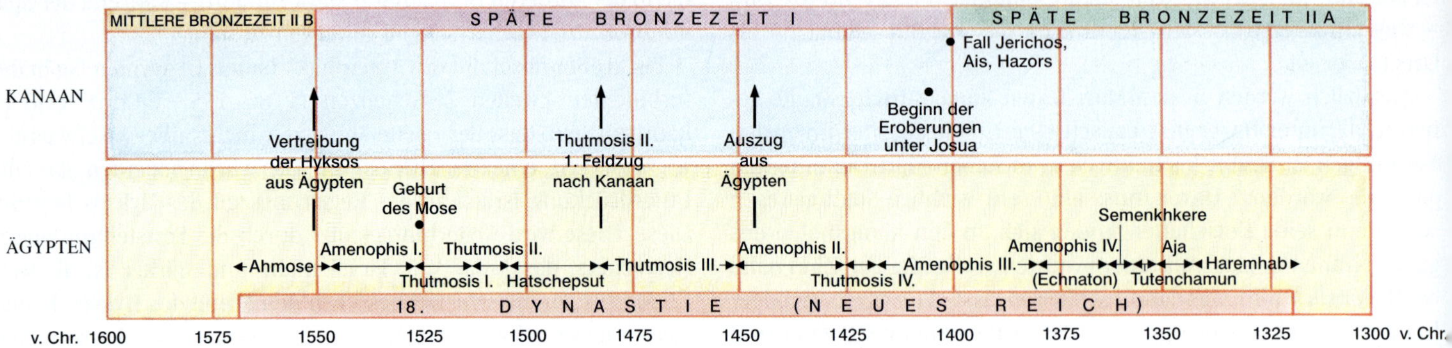

Exodus und Eroberung

Der Auszug aus Ägypten

Entsprechend der in diesem Atlas angewandten Chronologie fanden der Auszug und die Eroberung am Ende der Späten Bronzezeit I (1550–1400 v. Chr.) statt. In der 18., 19. und 20. Dynastie, am Anfang des Neuen Reichs, litten die Israeliten in Ägypten unter Unterdrückung. Besonders die erste Hälfte der 18. Dynastie fällt zeitlich mit den biblischen Ereignissen zusammen.

Der erste König der 18. Dynastie, Ahmose (1570–1545 v. Chr.), vereinte Ägypten nicht nur, sondern vertrieb auch die Hyksos aus dem östlichen Delta. Außerdem verschob er die ägyptischen Gren-

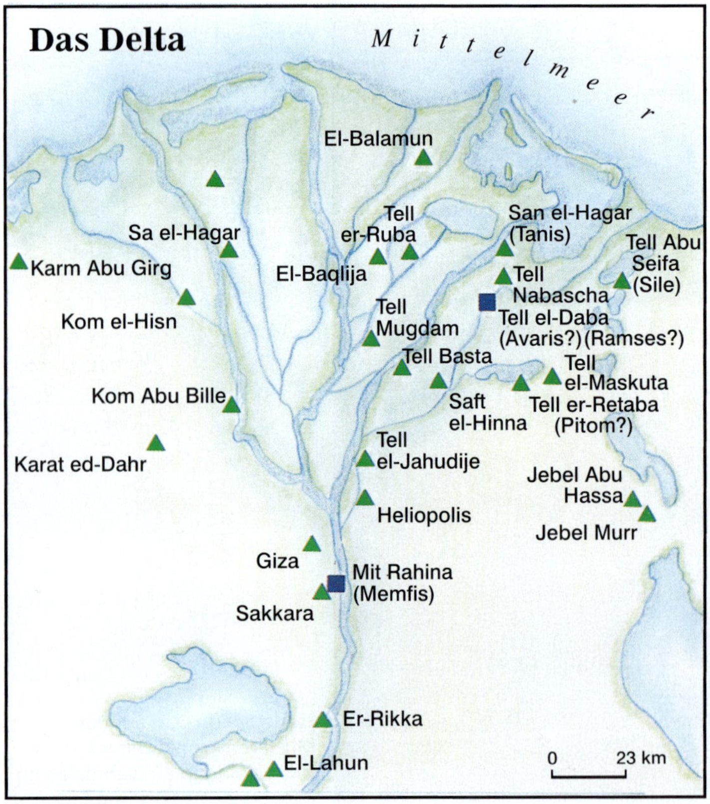

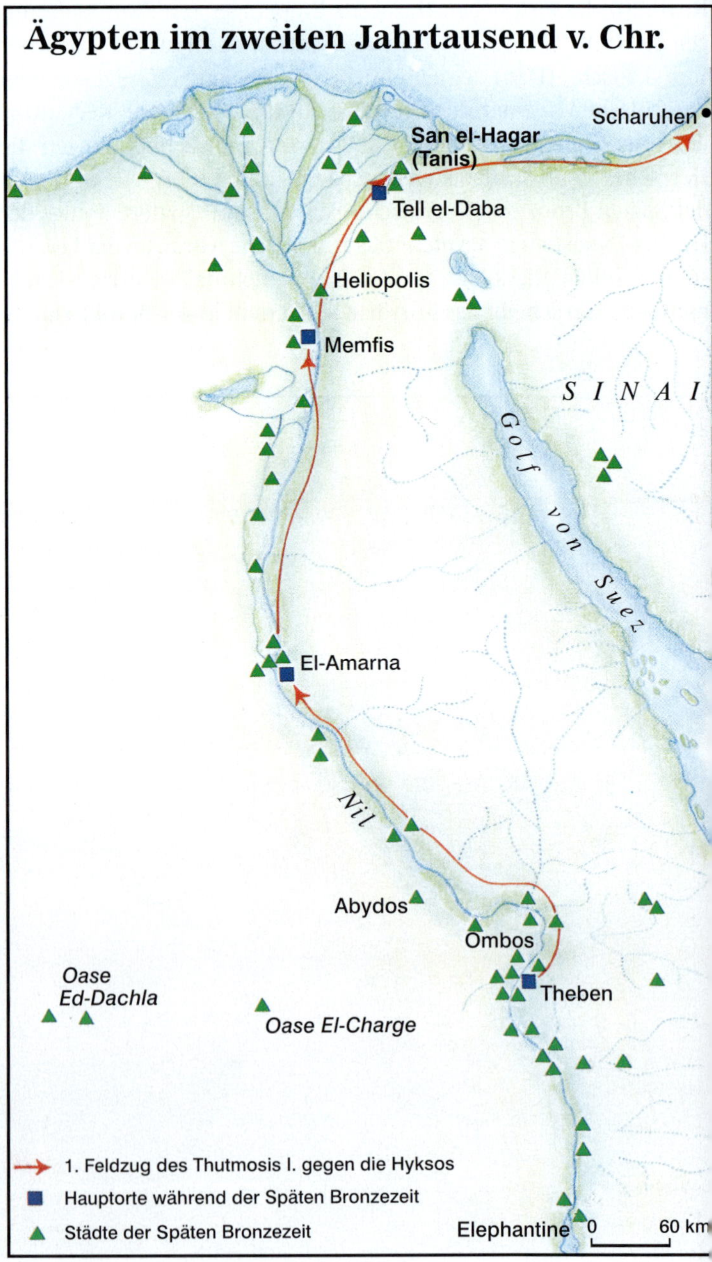

zen: im Norden ostwärts über den Sinai bis nach Scharuhen und im Süden nilaufwärts bis zum zweiten Katarakt. Auch wenn man nicht viel über seinen unmittelbaren Nachfolger Amenophis I. weiß, wird vom nächsten König Thutmosis I. (1525–1512 v. Chr.) gesagt, er habe einen militärischen Feldzug gegen Kanaan nach Syrien unternommen und sogar den Euphrat erreicht *(ANET*, 234,239–240). Das war die nördlichste Ausdehnung Ägyptens in dieser Zeit. Noch spätere Könige kämpften in Kanaan und Syrien, aber nicht jenseits des Euphrat. Der Zweck des Feldzugs von Thutmosis I. ist in keiner Quelle festgehalten, aber wenn man von der archäologisch bewiesenen Zerstörung vieler Orte der Mittleren Bronzezeit II. des südwestlichen Kanaan, des Gebirges[1] und anderswo[2] ausgeht, scheint es, als habe er versucht, die Machtgrundlage der verhassten Hyksos und ihrer Verbündeten zu vernichten und so ihre Macht zu brechen. Beinahe zur gleichen Zeit erhob sich eine neue politische Macht im nördlichen Mesopotamien: das Königreich von Mitanni; das folgende Jahrhundert strebten Mitanni und Ägypten nach der Herrschaft über die nördliche Levante. Am Ende der Regierung von Thutmosis I. hatte Ägypten Land dazugewonnen und erstreckte sich von Syrien im Nordosten bis zum vierten Katarakt des Nils im Süden. Das Gebiet Ägyptens ist weder vor- noch nachher (wieder) so groß gewesen. Von Nubien im Süden flossen Gold und Luxusartikel nordwärts, während Ägypten Zedern und andere wichtige Produkte der Forst- und Landwirtschaft aus Kanaan und dem Libanon im Nordosten einführte.

Während der Regentschaft Thutmosis' II. und seiner Königin Hatschepsut (1512–1482 v. Chr.) scheint Ägypten Boden in Asien verloren zu haben. Im Jahre 1482 v. Chr., als Thutmosis III. (1504–1450 v. Chr.) seine Alleinherrschaft begann – zunächst war er Mitregent Hatschepsuts bis zu ihrem Tode –, zog er auf seinen ersten von 17 Feldzügen in die Levante. Sein erster Feldzug war bei weitem der wichtigste; dadurch konnte er sich die Kontrolle über einen entscheidenden Teil der südlichen Levante sichern.[3]

Zuerst zog er von Sile (nahe dem heutigen Suezkanal) über den nördlichen Sinai nach Gaza, wobei sie 210 km in neun oder zehn Tagen zurücklegten. Obwohl Gaza in den Annalen den Namen trägt »Der Ort, den der Herrscher eingenommen hat« *(ANET*, 235), war es nach aller Wahrscheinlichkeit damals schon in ägyptischer Hand, denn schon am Tage nach seiner Ankunft zog er unmittelbar weiter gen Norden nach Jaham. Sie waren langsamer als bei seinem Zug durch den nördlichen Sinai und stießen nur auf wenig ernsthaften Widerstand. Da der Feind seinen Hauptstützpunkt in Megiddo hatte, musste er den Berg Karmel überwinden (200–545 m). In Jaham hielt Thutmosis einen Kriegsrat, um herauszufinden, welchen der drei Pässe er nehmen solle: den Zefat-Megiddo, den Aruna-Megiddo oder den Taanach. Obwohl ihm abgeraten wurde, wählte er den engeren schwierigen, aber direkten Weg von Aruna nach Megiddo. Die Ägypter hatten Glück, dass die Kanaaniter ihre Wagenkräfte nordwestlich und südöstlich von Megiddo stationiert hatten. Daher konnten die Ägypter unbehelligt den Pass überqueren und ihr Lager nahe Megiddo aufschlagen. Am nächsten Tag verwickelten die Ägypter die Kanaaniter in eine Schlacht und diese wurden vernichtend geschlagen. Die Überlebenden flohen nach Megiddo, wo sie an Seilen über die Stadtmauer in die Festung hinabstiegen. Nach sieben Monaten Belagerung war die Stadt besiegt und eine beachtliche Kriegsbeute gemacht – darunter 924 Kampfwagen. Anführer der kanaanitischen Koalition scheint der König von Kedesch gewesen zu sein (d. h. Kedesch am Orontes), dem Truppen aus Naharina, Mitanni, Hurru und Kode zur Hilfe gekommen waren. Indem er Megiddo einnahm, konnte Thutmosis III. die Führer des Aufstands besiegen und gefangen nehmen und erhielt so die Kontrolle über den größten Teil der südlichen Levante, ohne jede Stadt einzeln belagern zu müssen. Kein Wunder, dass ein Schreiber festhielt: »Megiddo einzunehmen ist so gut wie 1000 Städte einzunehmen« *(ANET*, 237). Das bedeutet nicht, dass Thutmosis keine anderen Städte mehr angegriffen hätte und sie möglicherweise zerstörte, aber die entscheidende Schlacht war mit Megiddo geschlagen. Thutmosis III. unternahm während seiner Herrschaft noch einige Male vernichtende Aktionen und erst mit seinem sechsten Feldzug konnte er Kedesch am Orontes tatsächlich einnehmen.

Drei Abschriften der topografischen Quellen sind gefunden worden, die den Sieg des Thutmosis beschreiben *(ANET*, 242–243). Zwei dieser Quellen, vermutlich schon bald nach seinem ersten Feldzug zusammengestellt, enthalten eine Aufstellung von 119 Städten und Gebieten, die unter seiner Herrschaft standen, während die dritte 231 aufführt! Diese Namenslisten sind die längsten Listen mit geografischen Namen aus der Levante. Und ungefähr die Hälfte davon ist mit Sicherheit identifiziert worden.[4] Aus diesen Listen ergibt sich, dass Gaza, Kumidi und Sumur als Verwaltungszentren der Ägypter fungierten. Die Gebiete unter ägyptischem Einfluss umfassten auch die Ebene an der Küste, das Jesreel-Tal, Untergaliläa, das Beqa-Tal und Gebiete in Transjordanien, um Damaskus und Baschan. Es sieht so aus, als sei Ägypten hauptsächlich daran interessiert gewesen, die überregionale Fernstraße an der Küste und die durch das transjordanische Gebirge zu kontrollieren, dazu auch die Verbindungswege und -straßen der Letzteren zum Mittelmeer durch das Jesreel-Tal und/oder Galiläa. Es ist auffällig, dass die Städte des Hügellandes Ephraims, Judas und Manasses, nicht erfasst sind, was offensichtlich beweist, dass diese Gebiete zu dieser Zeit nur dünn besiedelt waren und dass die existierenden Zentren die ägyptischen Interessen hier nicht unmittelbar bedrohten.

Die anderen 16 Feldzüge des Thutmosis III. sind nicht annähernd so gut dokumentiert wie der erste. Die wichtigeren unter ihnen waren der fünfte und der achte, während die übrigen offensichtlich eher Strafaktionen oder Machtdemonstrationen in der Region waren.

Der Nachfolger Thutmosis' III., der auch kurz Mitregent war, Amenophis II. (1450–1425 v. Chr.), führte drei Feldzüge in die Levante. Die Aktivitäten ägyptischen Militärs in der Levante ließen nach seinem neunten Regierungsjahr bis zu den Zeiten Sethos' I. (1318–1304 v. Chr.) sehr nach. Jedenfalls war Ägypten in der späten Herrschaft Amenophis' II. und Thutmosis' IV. und Amenophis'III. (1425–1379 v. Chr.) sehr wohlhabend und stabil. Sowohl Thutmosis IV. als auch Amenophis III. heirateten mitannische Prinzessinen, was auf gute Beziehungen zwischen den beiden Ländern schließen lässt. Sie wollten wohl die wachsende Macht der Hetiter – die sie beide betraf – in Anatolien und in Syrien in Schach halten.

Die Unterdrückung der Israeliten, die in den Tagen der Hyksos-Dynastien begonnen hatte (1674–1558 v. Chr.), hielt an und verstärkte sich vermutlich noch während der 18. Dynastie (2. Mose 1, 13–22). Obwohl nicht alle Einzelheiten der Unterdrückung Israels bekannt sind, weist der Text darauf hin, dass »sie dem Pharao die Städte Pitom und Ramses als Vorratsstädte bauten« (V. 11). Ramses lag offensichtlich in oder nahe Goschen, denn beim Exodus war Ramses der Ausgangspunkt für den Zug der Israeliten (2. Mose

12,37; 4. Mose 33,3.5). Die genaue Lage von Ramses ist problematisch. Die frühere Identifikation mit Tanis wird nun nicht mehr vertreten, aus Mangel an frühen archäologischen Überresten. Am ehesten scheint es Tell el-Daba zu sein, das nahe dem modernen Qantir liegt. Dieser riesige Erdwall enthält ergiebige Reste aus der Hyksos-Zeit und könnte die Hyksos-Hauptstadt Avaris gewesen sein. Der Gebrauch des Namens Ramses ist für diese frühe Zeit nicht für diesen Ort bewiesen, sodass sein Auftauchen in der Bibel das Werk eines Kopisten sein könnte, der den Text für die Leser aktualisieren wollte.[5] Die andere von der Bibel erwähnte Stadt, Pitom, kann entweder mit Tell er-Retaba oder mit Tell el-Maskuta identifiziert werden.[6]

Die genaue Lage vieler Orte kann man nicht ausfindig machen, und manche können überhaupt nicht identifiziert werden. Ein wesentlicher Grund dafür liegt in der mangelnden Kontinuität der Bevölkerung der Wüstengebiete auf der Sinai-Halbinsel, im Negeb und in Teilen Transjordaniens. Die zweite Schwierigkeit besteht darin, dass Archäologen bis heute keine Artefakte (von menschlicher Hand gefertigte Gegenstände) finden konnten, die den Israeliten auf ihrer Wüstenwanderung zugeschrieben werden könnten.[7] Das war allerdings auch zu erwarten, denn ein nomadisch lebendes Volk, das Zelte benutzt und Behälter aus Tierhäuten statt getöpferter Gefäße, kann kaum etwas Überdauerndes hinterlassen. Daher ist man in der Forschung geteilter Meinung, sogar was die Lage des Roten Meers oder des Sinai-Gebirges angeht.[8] Har-El schreibt, es gebe neun verschiedene Ansichten, wo das »Rote Meer«/»Schilfmeer« gelegen haben könnte, worin drei Seen eingeschlossen sind, die am Mittelmeer liegen, vier Seen entlang des Suez-Kanals, aber auch der Golf von Suez und der Golf von Elat.[9] Er zählte auch zwölf Möglichkeiten für den Berg Sinai: fünf im südlichen Teil der Halbinsel, vier im nördlichen, einen in der Mitte, einen in Midian (Saudi-Arabien) und einen letzten in Edom, dem südlichen Transjordanien.

Trotz all dieser Unsicherheiten kann man ein paar Vorschläge für den Auszug und die Wüstenwanderung machen: Nachdem die Israeliten Ramses (Tell el-Daba) verlassen hatten, zogen sie nach Sukkot (möglicherweise Tell el-Maskuta im Wadi Tumilat). Man sollte bedenken, dass Gott besorgt war, sie könnten durch Kämpfe entmutigt werden und sie deshalb »nicht den Weg durch das Land der Philister führte, der am nächsten war« (2. Mose 13,17). Dieser bekannte Weg, der durch den nördlichen Sinai von Sile nach Gaza führt, war von Thutmosis III. und Amenophis II. sehr wirkungsvoll auf ihren zahlreichen Feldzügen nach Kanaan genutzt worden und muss von ägyptischen Truppen sehr gut befestigt worden sein.[10] Daher erscheint der nördliche Weg beim Auszug ausgeschlossen. Da die Israeliten den »(Um-)Weg durch die Wüste zum Schilfmeer« geführt worden sind (V. 18), scheinen sie südwärts gezogen zu sein – in Richtung auf das Suez von heute.[11] Schwer zu bestimmen sind die Lage von Etam (was ägyptisch »Festung« bedeutet, 2. Mose 13,20), Migdol (semitisch für »Festung«), Baal-Zefon und Pi-Hahirot (alle 2. Mose 14,2). Har-Els Vorschlag, Hahirot könne sich auf die niedrigen Flächen zwischen Jebel Geneife und den Bitterseen beziehen, erscheint plausibel, ist aber nicht sicher. Etam und Migdol könnte eine Unmenge ägyptischer Festungen meinen, die in der Nähe des heutigen Suez-Kanals liegen.[12]

Als nächstes durchzogen die Israeliten das Rote Meer/Schilfmeer. Da das hebräische Wort wörtlich »Schilfmeer« bedeutet, sehen sich viele Gelehrte nach einer Stelle in der Seen- oder Marschregion um,

Leben am Nil.

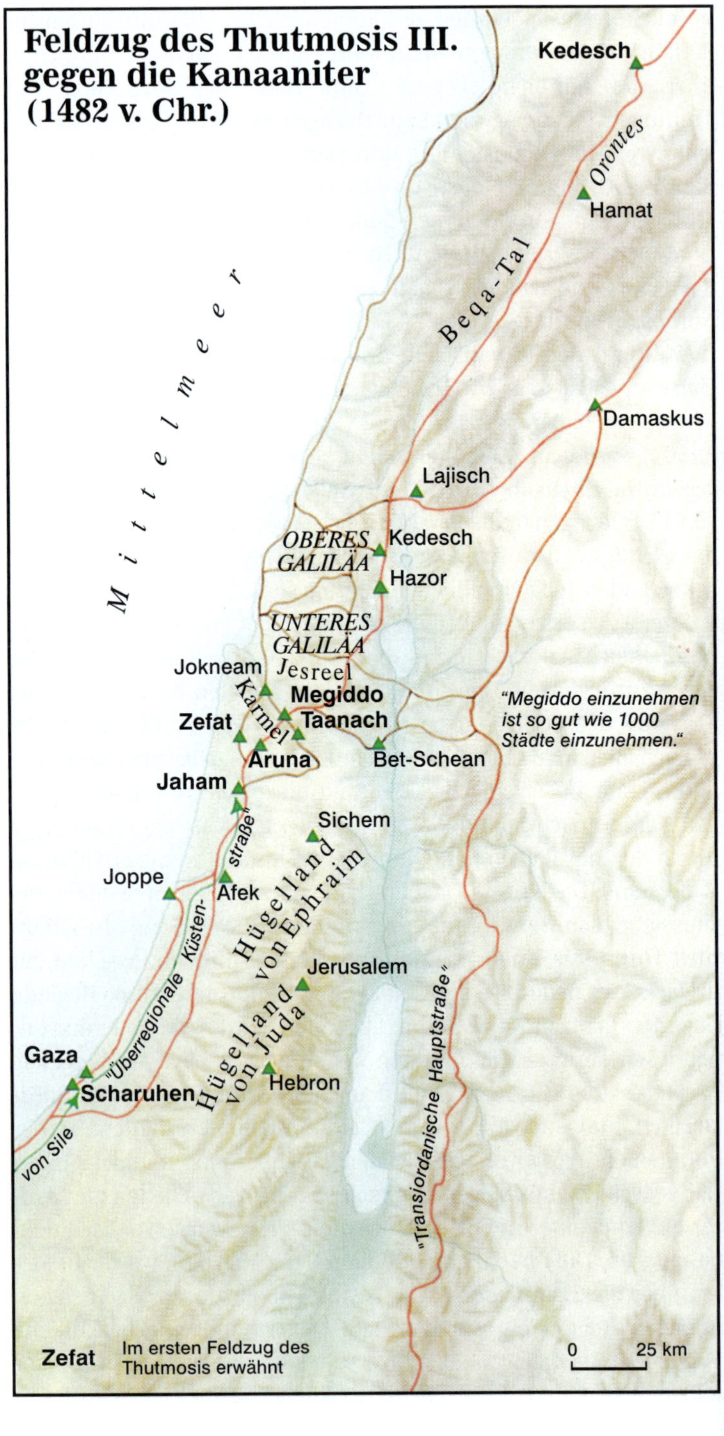

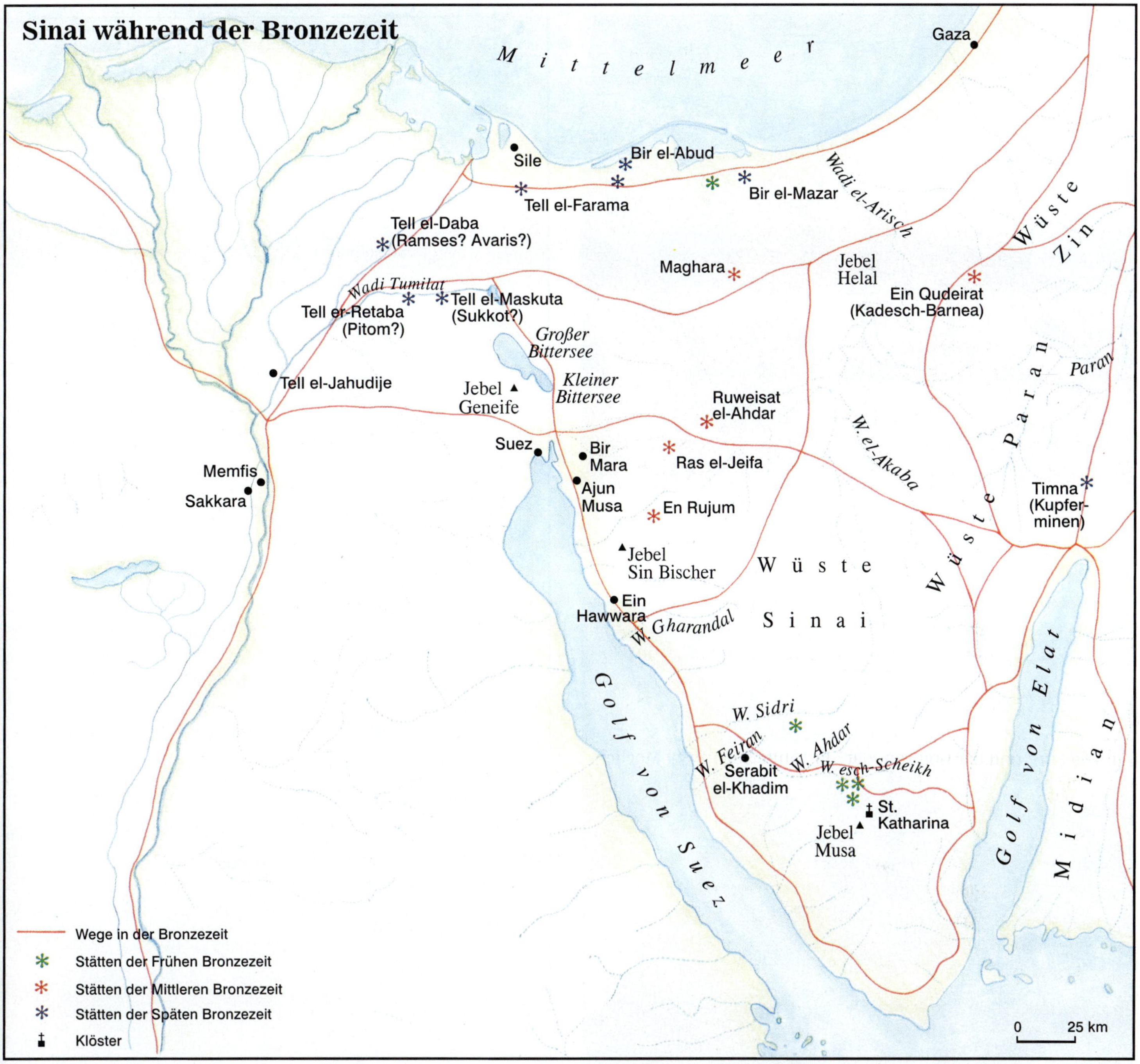

die es dort gab, wo heute der Suez-Kanal verläuft. Har-Els Vorschlag eines Ortes nahe der Verbindung von Großem und Kleinem Bittersee ist genauso plausibel wie jeder andere.[13] Laut Reisenden des 19. Jahrhunderts war das Wasser dort nicht sehr tief und sie berichten sogar, dass das Wasser zeitweise abnahm, weil der Wind sich drehte. Es ist interessant, dass gemäß dem biblischen Text »der Herr (das Meer) zurückweichen ließ durch einen starken Ostwind die ganze Nacht« (2. Mose 14,21). Die Orte Mara, wo das Wasser bitter war (2. Mose 15,23) und Elim, wo es 12 Quellen und 70 Palmen gab (V. 27), sucht man in Abhängigkeit davon, wo man den Berg Sinai annimmt. Wenn Har-Els Annahme akzeptiert wird, dass er mit Jebel Sin Bischer identisch ist, dann sind die Gleichsetzung von Mara mit Bir Mara (»bitterer Brunnen« auf arabisch) und von Elim mit Ajun Musa (»Quelle des Mose«) plausibel. Vertritt man die konservative Annahme, dass der Berg Sinai der heutige Jebel Musa (»Berg des Mose«) ist, dann wären auch die Entsprechungen Mara und Hawwara sowie Elim und Gharandal möglich.

Die Identifikation des Berges Sinai (Horeb) und Jebel Musa datiert aus der christlichen Tradition des 4. Jahrhunderts n. Chr., ungefähr 1750 Jahre nach dem Ereignis. Damals, in der byzantinischen Zeit (324–640 n. Chr.), wurde das Wüstenkloster Sankt Katharina gegründet. Obwohl die orthodoxen Mönche davon ausgingen, dass an diesem Ort die Zehn Gebote gegeben wurden, das goldene Kalb aufgestellt wurde, die Israeliten in dieser Ebene zelteten, der Dornbusch hier brannte…, verdient doch Har-Els Gleichsetzung des Berges Sinai mit Jebel Sin Bischer eingehende Aufmerksamkeit.[14] Tatsächlich stimmen seine Gegebenheiten mit einigen biblischen Daten überein. Zum Beispiel liegt er ungefähr drei Tagesreisen weit von Ägypten weg (2. Mose 3,18; 5,3; 8,23) an der Kreuzung zweier Wüstenstraßen, wo es genügend Wasservorräte gibt.

Berge in der Nähe des Jebel Musa (Berg Sinai?).

Wadi Feiran nahe der Oase Feiran im südlichen Sinai.

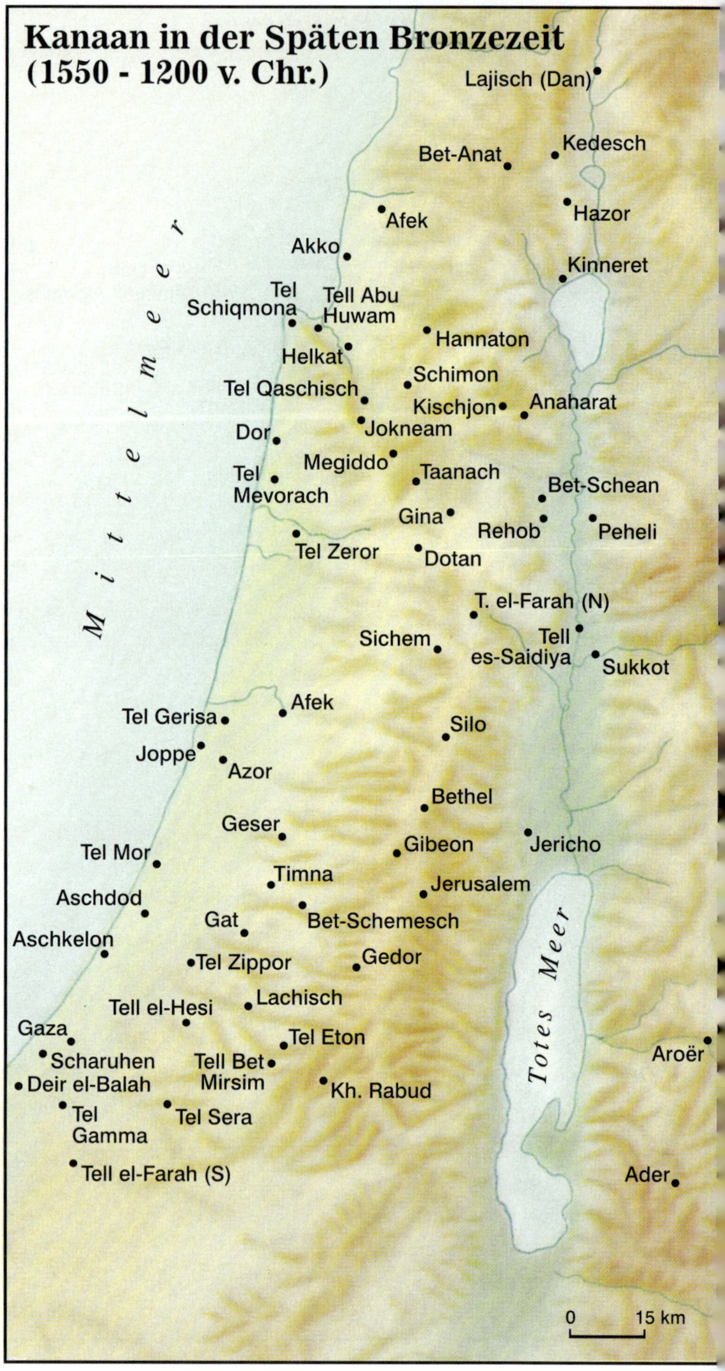

Möglicherweise fochten die Amalekiter mit den Israeliten um die Herrschaft über diese Kreuzung und die Wasserquellen (2. Mose 17). Es liegt nahe bei Ägypten an der Straße, die direkt von Midian nach Ägypten führt (das moderne Darb el-Hagg, s. S. 60). So ergäbe sich eine plausible Lage für das Ereignis des brennenden Dornbuschs: Mose hatte Jitros Schafe diese Straße entlangbringen können, um das Wasser und die Weide zu nutzen, die sich am östlichen Rand des Nildeltas fanden (beachte den Kanal, s. S. 83), als der Herr ihm im brennenden Dornbusch erschien. Das geschah nahe dem Berg (2. Mose 3,1). Gott sagt Mose das Zeichen voraus, dass er ihm eines Tages mit dem befreiten Volk auf demselben Berg opfern werde (V. 12). Da es vernünftig ist anzunehmen, dass Mose den Weg durch die Wüste für seinen Heimweg nach Ägypten benutzte, könnte es gut sein, dass das Treffen der Brüder Mose und Aaron am »Berge Gottes« (2. Mose 4,27) sich hier abspielte.

Nachdem die Israeliten ungefähr ein Jahr am Fuß des Berges Sinai gezeltet hatten, machten sie sich auf den Weg in die Gegend von Kadesch. Dieser Zug dauerte normalerweise elf Tage (5. Mose 1,2), was bei der Gleichsetzung des Berges Sinai mit Jebel Sin Bischer viel besser passt als bei der Identifikation mit Jebel Musa. Auf ihrem Weg kamen sie aus der Wüste Sinai durch die Wüste Paran zur Wüste Zin nahe Kadesch (4. Mose 10,12; 33,36). Diese »Wüsten« – oder richtiger, Einöden[15] – sind schwer genau zu orten, obwohl die Wüste Paran[16] groß gewesen zu sein scheint, da sie den größten Teil der südlichen und mittleren Sinai-Halbinsel bedeckt haben muss, während die Wüste Zin offensichtlich im Norden davon lag.[17] Auf ihrem

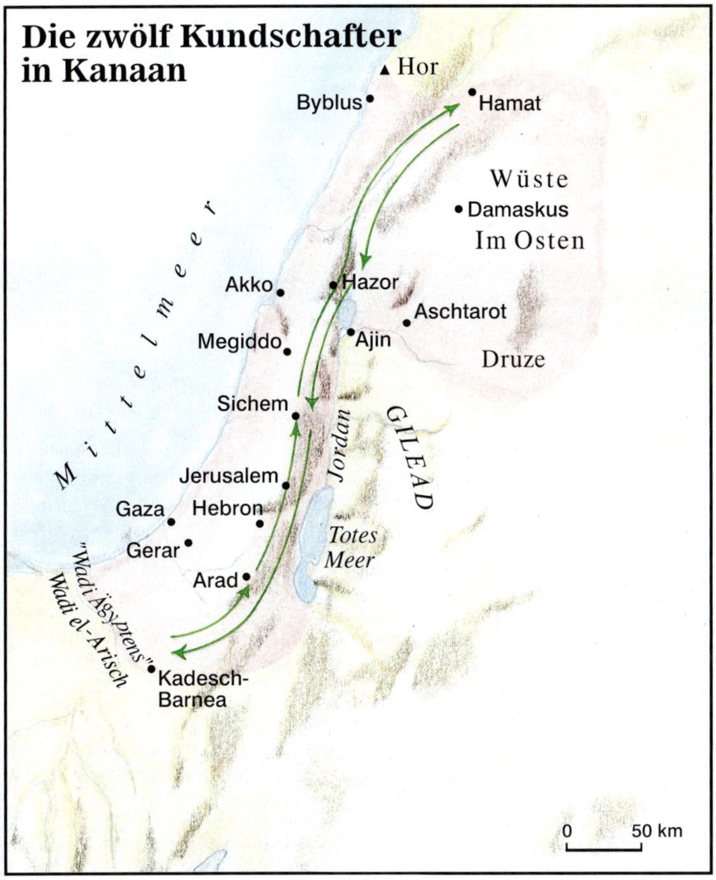

Die zwölf Kundschafter in Kanaan

Weg nach Kadesch fallen mehrere Gottesurteile auf Israel – in Tabera (4. Mose 11,1–3), bei den »Lustgräbern«, Kibrot Hattaawa (Elb.), (11,4.33–35) und Hazerot (11,35–12,16). Keiner dieser Orte konnte sicher ausgemacht werden, denn die Namen haben sich in diesem Gebiet nicht erhalten, obwohl Geografen älterer Zeit – mangels anderer Möglichkeiten – manchmal den großen Oasen entlang dieser Route diese Namen gegeben haben.[18]

Aus dem Gebiet um Kadesch wurden zwölf Männer ausgesandt, »die das Land Kanaan erkunden« sollten (4. Mose 13,2). Sie zogen hinauf durch den Negeb[19] in das Gebirge und reisten nach Rehob und Hamat hinauf (13,21). Es ist klar, dass das »Land Kanaan« als eine geopolitische Einheit mit eindeutigen Grenzen verstanden wurde. Diese Grenzen, die in 4. Mose 34,1–12 und Hesekiel 47,13–20 beschrieben werden, können mit einem gewissen Grad an Genauigkeit zurückverfolgt werden. Die südliche Grenze[20] erstreckte sich von der Südwest-Ecke des Toten Meeres nach Westen, lief südlich von Kadesch-Barnea zum »Wadi von Ägypten« (W. el-Arisch) und endete »am (Mittel)Meer« (4. Mose 34,3–5; Jos 15,2–4; Hes 47,19): Das Mittelmeer bildete die westliche Grenze, aber die nördliche ist schwerer zu definieren (4. Mose 34,6–9, Hes 47,15–17.20). Der Schlüsselpunkt, der für ihren Verlauf festgelegt werden muss, ist »Lebo Hamat« (= »der Eingang nach Hamat«, ein Land in Syrien. Dieser häufig genannte nördliche Punkt ist zuverlässig identifiziert mit Lebwe, das im Beqa-Tal liegt.[21] Von geografischen Bezügen, die in den Texten vor und nach Hamat auftauchen, wird vermutet, dass sie nahe einer Ostwest-Linie liegen, die durch Lebwe verläuft. Die Grenzbeschreibung hält fest, dass sie in die östliche Wüste hinein verläuft, wo sie südwärts abknickt und das Jebel-Druze-Gebiet umläuft, bevor sie sich westwärts zu den Hügeln der Südwest-Ecke des Sees Kinneret wendet (4. Mose 34,11). Von dort folgt die Grenze dem Jordan südwärts zum Toten Meer,[22] danach südwestwärts zurück zum Ausgangspunkt.

Da der Bericht der Erkundung Kanaans der Hebron-Region und dem nahe gelegenen Eschkol-Tal Vorrang einräumt (4. Mose 13,22–23), ist es wahrscheinlich, dass die »Spione« die alte Straße der Patriarchen nahmen, die Königsstraße. Obwohl keine anderen Städte mit Namen genannt werden, wird erwähnt, dass sie »befestigt [waren] und sehr groß« (4. Mose 13,28). Das Land selbst wird als sehr fruchtbar beschrieben, wie die große Weintraube, die Granatäpfel und die Feigen belegten, die die Kundschafter ins Lager zurückbrachten (V. 23–24). Außerdem wird von dem Land gesagt: »Es fließt wirklich Milch und Honig darin« (V. 27).

Da das Volk ungehorsam war und das Land trotz Jahwes Geheiß nicht einnahm, mussten sie vierzig Jahre lang weiter durch die Wüste wandern (4. Mose 14,33). Nach einem erfolglosen Versuch, das Land Kanaan dann verspätet einzunehmen (V. 40–45), begannen die Israeliten ihre Erfahrungen mit der Einöde zu machen (V. 34: »... auf dass ihr innewerdet, was es sei, wenn ich die Hand abziehe«). Es sieht so aus, als hätten sie einen Großteil dieser Zeit in der trostlosen Gegend zwischen Kadesch und Ezjon-Geber (nahe am Roten Meer, 4. Mose 33,36) verbracht, indem sie sowohl nahe Kadesch zelteten als auch im westlichen Hochland des Negeb im östlichen Sinai.

Am Ende dieser Periode befanden sich die Israeliten wieder in der Gegend von Kadesch-Barnea. Dort starb Mirjam, die Schwester des Mose (4. Mose 20,1b). Dort war auch Mose dem Herrn ungehorsam, indem er den Felsen zweimal schlug, anstatt zu ihm zu sprechen (4. Mose 20,2–13).

Kadesch ist auch der Ort, an dem Mose vom König von Edom verlangte, er solle die Israeliten auf der Königsstraße (V. 17.19: »Landstraße«: in diesem Textabschnitt kann sie vielleicht mit der heutigen Darb es-Sultan gleichgesetzt werden, s. S. 49) durch sein Land ziehen lassen. Da Mose die Bitte von Kadesch aus an die Edomiter richtete, ist offensichtlich, dass die ihre Vorherrschaft über das transjordanische Gebirge westwärts ausgedehnt hatten, über das Abram-Tal hinaus in das Hochland des Negeb. Trotz der Zusage Israels, nicht von der Straße abzuweichen und alles Wasser zu kaufen, das sie brauchen würden (V. 17.19), lehnten die Edomiter ab (V. 18.20–21). Die Israeliten wanderten von Kadesch weg zum Berg Hor, wo Aaron starb und sein Sohn Eleasar zu seinem Nachfolger bestimmt und eingesetzt wurde (V. 22–29). Auch wenn der Berg Hor nicht mit letzter Sicherheit ausgemacht werden kann, ist Aharonis Annahme, dass es sich dabei um den heutigen Imaret el-Khureischech[23] handelt, der nahe Kadesch an der Grenze nach Edom liegt, viel wahrscheinlicher als der traditionell angenommene Ort, Jebel Nebi Harun, der in Transjordanien liegt.

Nach diesen Ereignissen versuchten die Israeliten, Kanaan vom Süden zu betreten (4. Mose 21,3). Zuerst wurden sie vom König von Arad besiegt, der im Negeb wohnte (4. Mose 21,1), aber, nachdem sie zu Gott gebetet hatten, waren sie siegreich im zweiten Gefecht (4. Mose 21,2–3). Trotz dieses Sieges beschlossen sie, Kanaan nicht aus dieser Richtung einzunehmen, stattdessen folgten sie einem Rundweg nach Süden und Osten. Ihre Hauptroute scheint sie südwärts entlang dem »Weg zum Roten Meer« (= Darb el-Gaza) nach

Elat und Ezjon-Geber geführt zu haben, dann nordwärts um die Länder Edom und Moab herum (d. h. östlich beider, Ri 11,18), wobei sie auf der Straße zogen, die die Königsstraße genannt wird (4. Mose 21,22). Aus der »Wüste Kedemot« (5. Mose 2,26) sandten sie Boten an Sihon, den König der Amoriter (der in Heschbon lebte) mit der Bitte, sein Land von West nach Ost durchziehen zu dürfen, um zum Jordan zu gelangen (V. 29; 4. Mose 21,21–22). Sihon lehnte ab und marschierte nach Jahaz, wo er gegen die Israeliten kämpfte und verlor (4. Mose 21,23–24,5. Mose 2,33–35). Nachdem die Israeliten Sihon unterworfen hatten, nahmen sie das Land ein, das er regiert hatte vom Arnon im Süden bis zum Jabbok im Norden (4. Mose 21,24–25; 5. Mose 2,36; Ri 11,22).

Manche Kommentatoren glauben, eine andere Gruppe der Israeliten habe einen westlichen Weg genommen und sei in Wahrheit durch edomitisches und moabitisches Gebiet gezogen. Die Verifizierung der Annahme einer zweiten Route hängt ab von der Sicherheit, mit der man gewisse Städte identifizieren kann, darunter Zalmona, Punon, Obot und Ije-Abarim (4. Mose 21,10–11; 33,41–44). Da keine von ihnen mit absoluter Sicherheit identifiziert werden konnte – sogar die Lage Punons kann bezweifelt werden –, erscheint es besser, von einer einzigen regionalen Route auszugehen statt von zwei getrennten Wegen, von denen der eine direkt durch Edom und Moab führt, denn der Text enthält keinen Hinweis auf einen Konflikt, der sich bei einem Einmarsch ergeben hätte.[24]

Nachdem Nelson Glück das südliche Transjordanien erforscht hatte (1932–1947), waren viele Wissenschaftler von der Annahme ausgegangen, in der Gegend habe es zwischen dem 19. und dem 13. Jahrhundert v. Chr. eine »Besiedelungslücke«[25] gegeben. Wenn das zuträfe, dann könnten die Israeliten keine einheimische Bevölkerung in diesem Gebiet angetroffen haben (wie der biblische Bericht nahezulegen scheint). Jedenfalls zeigen neuere Ausgrabungen und Oberflächen-Untersuchungen, dass es nicht wirklich eine »Besiedelungslücke« gab, denn es sind einige Orte aus der Mittleren Bronzezeit II (2000–1550 v. Chr.) gefunden worden und welche aus der Späten Bronzezeit I (1550–1200 v. Chr.).[26] Es trifft zu, dass die Funde aus der Mittleren Bronzezeit I und der Späten Bronzezeit dürftiger sind als die aus den vorangegangenen und folgenden Zeiten, aber die »Besiedelungslücke« ist in den letzten Jahren geschlossen worden. Man braucht deshalb nicht mehr die Berichte zu bezweifeln, die von den Schlachten der Israeliten mit den Königen von Edom, Moab und mit Sihon, dem König der Amoriter, handeln.

Nachdem die Israeliten das Gebiet gesichert hatten, das früher Sihon gehört hatte, marschierten sie gen Norden auf dem »Weg nach Baschan«. Og, der König von Baschan, der in Aschtarot lebte, kam ihnen entgegen und kämpfte gegen Israel bei Edreï (5. Mose 1,4). Die Truppen dieses »Riesen« (5. Mose 3,11) wurden geschlagen und sein Gebiet geriet unter die Herrschaft der Israeliten, vom Jabbok bis zum Berg Hermon – 60 befestigte Städte gehörten dazu, außerdem Gilead und Baschan (4. Mose 21,33–35; 5. Mose 3, 4–11).

Die Kapitel 4. Mose 21 bis 5. Mose 34 berichten von weiteren Ereignissen und Ansprachen aus der Zeit, als Israel in der Ebene von Moab siedelte, die zwischen Bet-Jeschimot und Abel-Schittim liegt. Dort wurden die Israeliten durch Bileam nicht verflucht, sondern gesegnet (4. Mose 22–24), und dort ging Mose seinem Ende entgegen, als er seine letzten Reden hielt, bevor er auf den Berg Nebo stieg, um zu sterben (5. Mose 34,1–5).

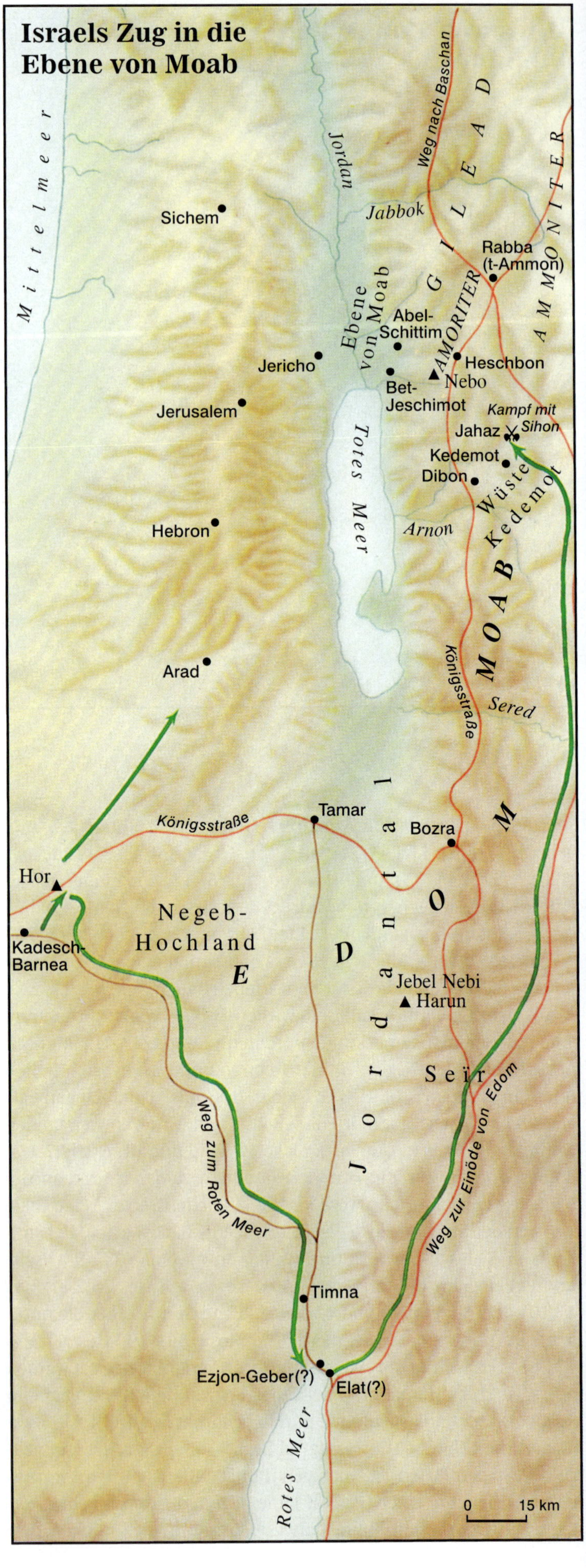

Israels Zug in die Ebene von Moab

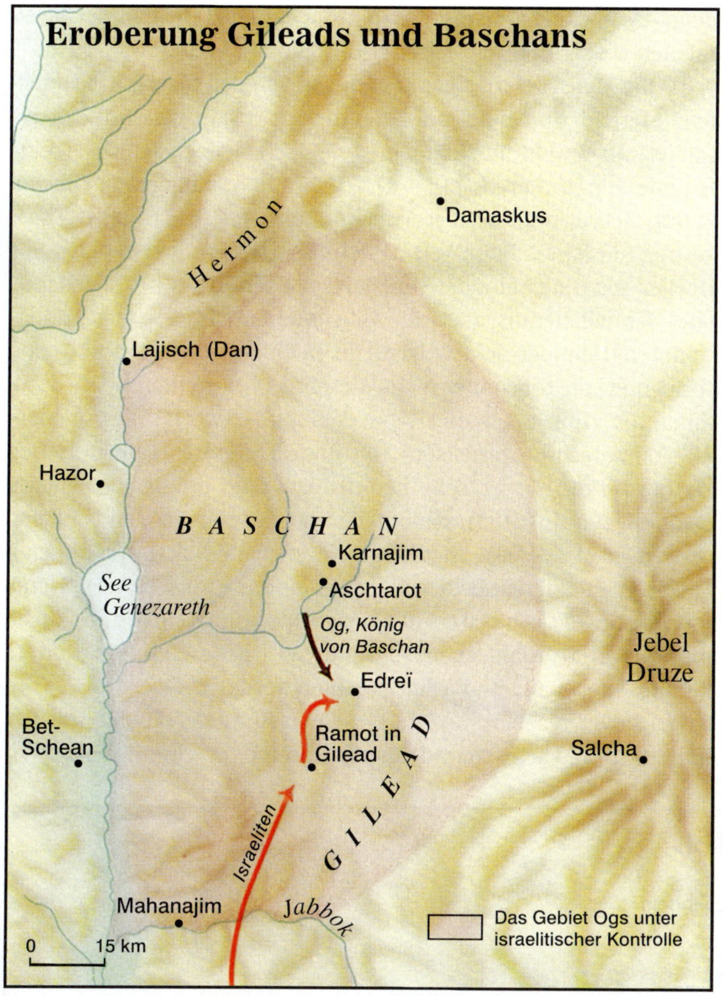

Die Eroberung Kanaans

Nach dem Tode Moses führte Josua die Israeliten nach Kanaan und führte sie bei der ersten Eroberung des Landes (Jos 1–12). Obwohl der Bericht detailgetreu ist, sollte man doch im Blick behalten, dass wahrscheinlich nicht jedes militärische Ereignis festgehalten worden ist, das unter Josuas Führung stattfand. Vielmehr sind wohl nur ausgewählte Schlüsselereignisse berichtet worden.[27] Die Anfangsphase der Eroberung könnte schon ungefähr im Jahr 1406 v. Chr. liegen, 40 Jahre nach dem Auszug aus Ägypten. Diese Anfangsphase dauerte wahrscheinlich nicht länger als sieben Jahre, auch wenn Josua offensichtlich bis 1375 v. Chr. lebte.

Unter Josuas Führung durchquerte Israel bei einer der Furten östlich Jerichos den Jordan. Der Text weist darauf hin, dass dieses Ereignis im Frühling stattfand, denn der Jordan war nach dem Winterregen über seine Ufer getreten und die (Gersten-?) Ernte fand gerade statt (Jos 3,15); das Passafest (April/Mai) wurde bald nach dem Durchzug »in Gilgal… im Jordantal von Jericho« gefeiert (Jos 5,10). Die Wasser des Roten Meeres/Schilfmeeres waren »geteilt« worden (2. Mose 14,21–22), aber die des Jordan »standen wie ein einziger Wall, sehr fern, bei der Stadt Adam, die zur Seite von Zaretan liegt, aber das Wasser, das zum Meer hinunterlief, zum Salzmeer, das nahm ab und floss ganz weg« (Jos 3,16; s. S. 54). Die Israeliten schlugen ihr Lager in Gilgal[28] auf, wo sie die Jungen beschnitten (Jos 5,2–8) und das Passafest feierten. Dort gab es auch kein Manna, nachdem das Volk vom Ertrag des Landes gekostet hatte (Jos 5,10–12). Gilgal wurde offensichtlich ein frühes Stammeszentrum, denn es wird in dieser und anderen Funktionen fast ca. 40 Mal im Alten Testament erwähnt.

Die erste Stadt, die die Israeliten eroberten, war Jericho (Jos 6). Diese Stadt ist überzeugend mit Tell es-Sultan identifiziert worden, einem 4 ha großen Hügel neben einer ergiebigen Quelle in einer sonst trockenen Gegend (mit 150 mm Regen pro Jahr). Wenn eine Stadt des Altertums pro ha 375–500 Menschen Platz bot, dann lebten höchstens 2 000 Menschen in Jericho.[29] Auch wenn der Name Jericho im Namen des Dorfes Er-Riha erhalten geblieben ist und die Lage des Tell es-Sultan zu der Beschreibung des biblischen Jerichos passt, entspricht das archäologische Profil des Ortes nicht völlig der Geschichte Jerichos, wie sie in den Quellen erhalten ist. Wenn man am späten Datum der Eroberung festhält (d. h. ca. 1250–1230 v. Chr.), dann lebte nach den archäologischen Berichten niemand (zu der Zeit) in Jericho, als es wahrscheinlich von Josua eingenommen wurde. Wenn man dagegen von einem früheren Datum für die Eroberung ausgeht (also ca. 1406 v. Chr.), dann passt das archäologische Profil viel besser. Um das klarzustellen, gibt es nicht viele archäologische Überreste in dem Tell aus der Späten Bronzezeit I (1550–1400 v. Chr.), aber Töpfereien aus den nahe gelegenen Gebieten weisen darauf hin, dass zur Zeit der Eroberung dort Menschen lebten.[30] Zudem ist es interessant festzustellen, dass Skarabäen aus der Zeit der frühen Könige der 18. ägyptischen Dynastie bis hin zur Herrschaft Amenophis' III. in Jericho gefunden worden sind. Da sich keine Skarabäen der späteren ägyptischen Könige in Jericho finden, lässt sich daraus schließen, dass Jericho zur Zeit Amenophis' III. (1417–1379 v. Chr.) aufgehört hatte, eine bedeutende Stadt zu sein – möglicherweise wegen der Eroberung durch die Israeliten im Jahr 1406 v. Chr. Die so gesuchte Mauer, die bei dem Angriff zusammenstürzte (Jos 6,20), könnte der Mauer der Mittleren Bronzezeit II-Stadt entsprechen, die Kenyon gefunden hat und die noch Menschen genutzt haben könnten, die in der Späten Bronzezeit II in Jericho lebten.[31]

Die Eroberung Ais (Jos 8) konfrontiert den Historiker mit einem ernsten Problem: Das biblische Ai wird üblicherweise identifiziert mit dem Ort namens Et-Tell. Diese Identifikation basiert auf verschiedenen Faktoren, darunter auch der Beziehung zu Bethel, das westlich davon liegen soll (1. Mose 12,8; Jos 8,12). So unterstützt die übliche Gleichsetzung Bethels mit Beitin die Identifikation Ais mit Et-Tell sehr. Außerdem passen andere geografische Daten für Ai aus Josua 8–9 sehr gut zu der Identifikation Ais mit Et-Tell: ein geeigneter Ort für einen Hinterhalt auf die westliche Stadt (8,12), ein Tal im Norden (8,13), ein Ort, der Araba (im Westen) überblickt (8,14).[32] Und doch passt das archäologische Profil Et-Tells überhaupt nicht zu den geschichtlichen Daten der Bibel. Den Archäologen nach wurde die große Stadt der Frühen Bronzezeit ungefähr 2400 v. Chr. zerstört und danach war die Stadt bis ca. 1200 v. Chr. unbewohnt.[33] Deshalb kommt es nicht darauf an, welche Zeit man für die Eroberung annimmt, ob 1406 oder 1250, in jedem Fall war der Ort zu der Zeit, wo er erobert worden sein soll, offensichtlich unbesiedelt.

Die Suche nach einem alternativen Ort im Et-Tell-Gebiet, der mit dem biblischen Ai identifiziert werden könnte, ist erfolglos verlaufen. Zwar wurde eine ganze Reihe von Lösungen des historisch-archäologischen Problems vorgeschlagen, aber alle tun den biblischen Texten irgendwie Gewalt an.[34] Einen anderen Ansatz hat David

Livingston vorgetragen, der die Gleichsetzung Bethels mit Beitin verneint und stattdessen vorschlägt, dass das moderne El-Bira[35] Bethel sei und Ai daher östlich davon gesucht werden müsse, besonders bei Khirbet Nisja.[36] Livingstons Vorschlag, Bethel von Beitin zu trennen, ist eingehend von Anson Rainey kritisiert worden, der dafür toponyme (d. h. aus der Ortsnamen-Kunde), geschichtliche, geografische und archäologische Gründe angeführt hat.[37] So bleibt, während dieser Text geschrieben wird, das Problem Ai noch immer ungelöst.[38]

Nach der Eroberung Ais zogen die Israeliten nordwärts in die Gegend von Sichem. In der Nähe baute Josua auf dem Berg Ebal Jahwe einen Altar, weihte ihn und schrieb auf Steine (monumentale, aufrecht stehende Steine) das Mosaische Gesetz (Jos 8,30–35). Erst vor kurzem hat Adam Zertal einen, wie er es nennt, »großen religiösen Komplex nahe dem Gipfel des Berges Ebal« entdeckt und ausgegraben; er identifiziert ihn mit dem Altar, der in Josua 8 erwähnt wird.[39] Dort auf den Bergen Ebal und Garizim hatten die Israeliten die Flüche und Segnungen des Gesetzes (Jos 8,33–34; 5. Mose 27,11–26) gehört, als der Bund zwischen Jahwe und dem Volk erneuert wurde.

Die Israeliten waren zwar in das Gebirge eingefallen, als sie den Feldzug im Landesinneren führten und Jericho und Ai eroberten. Doch scheint ihnen eine dauerhafte Basis dort gefehlt zu haben, denn das nächste Ereignis, das in Josua berichtet wird, findet die Israeliten wieder in ihrem Lager in Gilgal in der Ebene von Jericho.

Als die Menschen des Landes Kanaan von den Siegen der Israeliten in Jericho und Ai hörten, taten sie sich zusammen, um eine gemeinsame Abwehr aufzubauen (Jos 9,1–2). Jedoch schlossen eine Gruppe der Hiwiter (Jos 9,3–4)[40], die in den Städten von Gibeon, Kefira, Beerot und Kirjat-Jearim wohnten (Jos 9,17), lieber einen Vertrag mit Israel. Beim Vertragsschluss dachten die Israeliten, die Hiwiter seien aus einem »sehr fernen Land« (V. 6.9). Aber Israel fand schnell heraus, dass die Gibeoniter im Herzen des Landes wohnten. Dennoch achtete Israel die Bedingungen des Vertrags und vernichtete die Gibeoniter nicht. Allerdings verurteilten sie sie dazu, ihnen als »Holzhauer und Wasserschöpfer« (V. 23.27) zu dienen. Als der König von Jerusalem von dem israelitisch-gibeonitischen Vertrag hörte, war er sehr beunruhigt: Eine große benachbarte Stadt, Gibeon (Jos 10,2), war auf die Seite der einfallenden Israeliten gewechselt. Und diese Stadt lag, wie auch ihre drei verbündeten Städte, genau an den beiden Hauptverbindungsstraßen Jerusalems mit der Küste![41] So waren die Lebensadern Jerusalems zur Küste und zu ihren ägyptischen Verbündeten[42] abgeschnitten; und es konnte eine leichte Beute der Israeliten werden.

Jerusalem reagierte, indem es seinen Bund der Könige von Hebron, Jarmut, Lachisch und Eglon zusammenbrachte (Jos 10,3–5).

Feldzüge im Landesinneren und im Südwesten

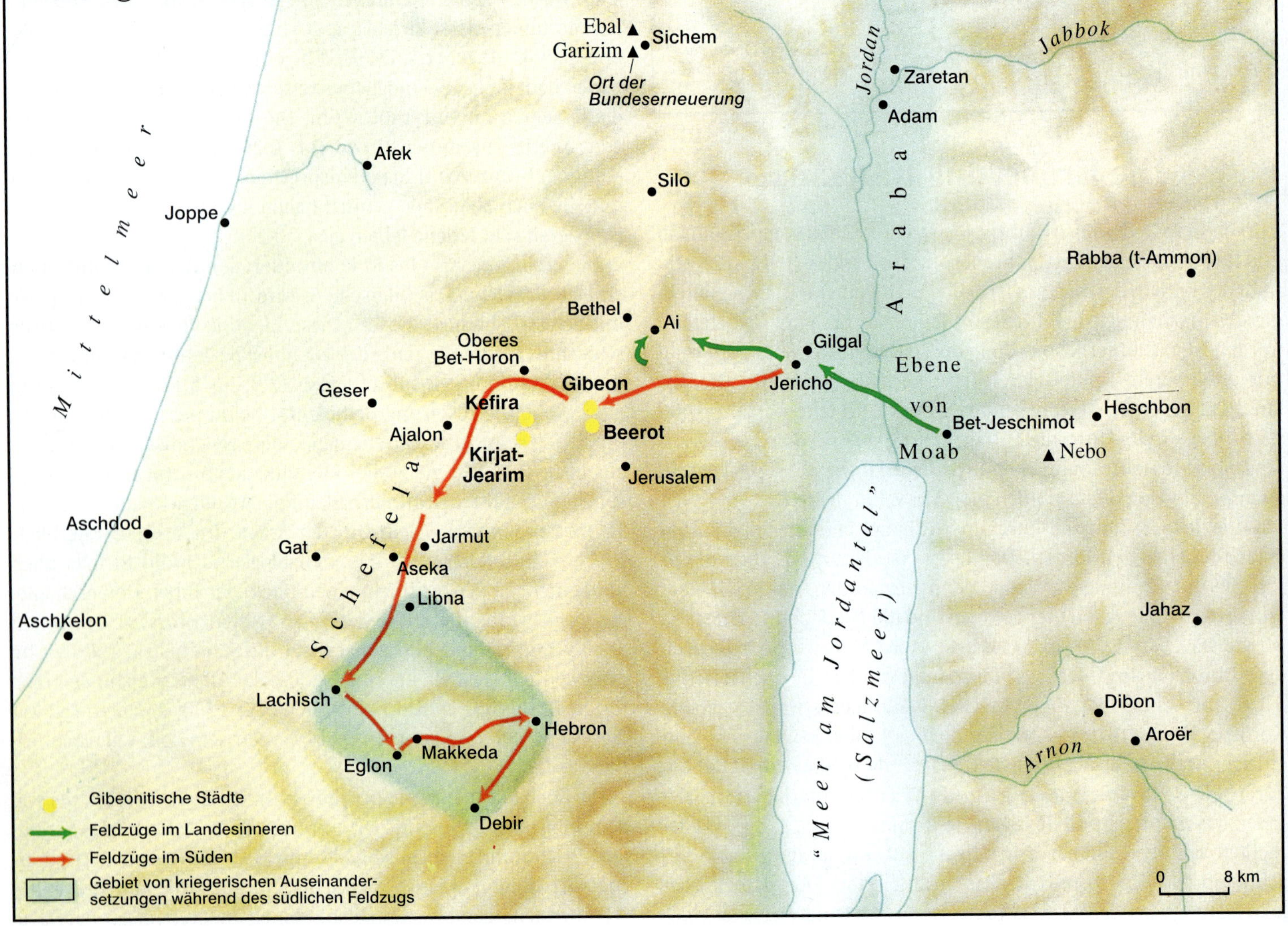

Als diese Herrscher gegen die Stadt Gibeon vorrückten, vermutlich, um die Straße zur Küste wieder zu öffnen, baten die Gibeoniter Josua um Hilfe auf Grundlage dieses Vertrags. Josua antwortete, indem er die ganze Nacht von Gilgal hinauf ins Gebirge marschieren ließ, um die Belagerung Gibeons zu brechen. Die verbündeten Könige wurden besiegt und sie und ihre Armeen flohen südwestwärts, hinunter in das Tal von Bet-Horon, in die Sicherheit ihrer Städte, die in der Schefela lagen, also nach Jarmut, Lachisch und Eglon (Jos 10). Sie zogen sich durch das Tal von Ajalon – an Aseka und Makkeda[43] vorbei – zurück. Die Israeliten besiegten ihre Armeen mit göttlicher Hilfe – Hagelsteinen (Jos 10,11) und einem verlängerten Tag (Jos 10,12–14). Die Könige selbst wurden in Makkeda hingerichtet (Jos 10.17,22–27). Unter den eroberten Städten befanden sich Libna, Lachisch, Eglon und Makkeda in der Schefela, dazu noch Hebron und Debir, beide im südlichen Teil des Gebirges gelegen.[44] So endete, was als bloßer Befreiungsschlag gedacht war, mit der Eroberung des südlichen Kanaan (Jos 10,40–42) durch den zweiten größeren Feldzug Josuas.

Die Endphase der Eroberung – der Feldzug nach Norden – begann, als Jabin, der König von Hazor, einen Bund (unter anderen) mit den Königen von Madon[45], Schimron und Achschaf schloss (Jos 11,1–2). Diese Könige und ihre Armeen lagerten beim »Wasser von Merom« (V. 5).[46] Obwohl Einzelheiten nicht bekannt sind, war der israelitische Angriff offensichtlich erfolgreich. Als die Könige sich geschlagen zurückzogen, verfolgten die Israeliten sie bis in das Gebiet von Sidon, nach Misrefot-Majim, was mit dem Fluss Litani identifiziert wird, und bis zur »Ebene von Mizpe im Osten« (V. 8), das vermutlich ein Abschnitt des Grabenbruchs nördlich von Metulla ist. Die Stadt Jabins, Hazor, die die »Hauptstadt aller dieser Königreiche« gewesen war (Jos 11,10), wurde niedergebrannt (V. 11.13).[47] Die Israeliten hatten offensichtlich keinen unmittelbaren Bedarf an Pferdewagen, denn sie zerschnitten den Tieren die Kniesehnen und verbrannten die Wagen (V. 9). Aber die Israeliten festigten ihren Sieg nicht dadurch, dass sie in Hazor gesiedelt hätten, denn archäologische Funde zeigen, dass Kanaaniter die Stadt wieder einnahmen und dort lebten, bis sie durch Debora und Barak erobert wurde (Ri 4–5). Am Ende des fünfzehnten Jahrhunderts vor Christus war das Land Kanaan vollständig erobert. Doch waren sich die biblischen Berichterstatter durchaus im Klaren, dass in Kanaan noch große Gebiete von Nichtisraeliten beherrscht wurden (vgl. Jos 13,1–7). Die Verteilung des Landes, seine Besiedelung durch die Israeliten, der Versuch, sich mit nichtisraelitischen Bevölkerungsgruppen zu arrangieren (z. B. 13,13), sollte die Israeliten die nächsten 400 Jahre beschäftigen.

Das Jericho des Alten Testaments; im Hintergrund eine moderne Oase.

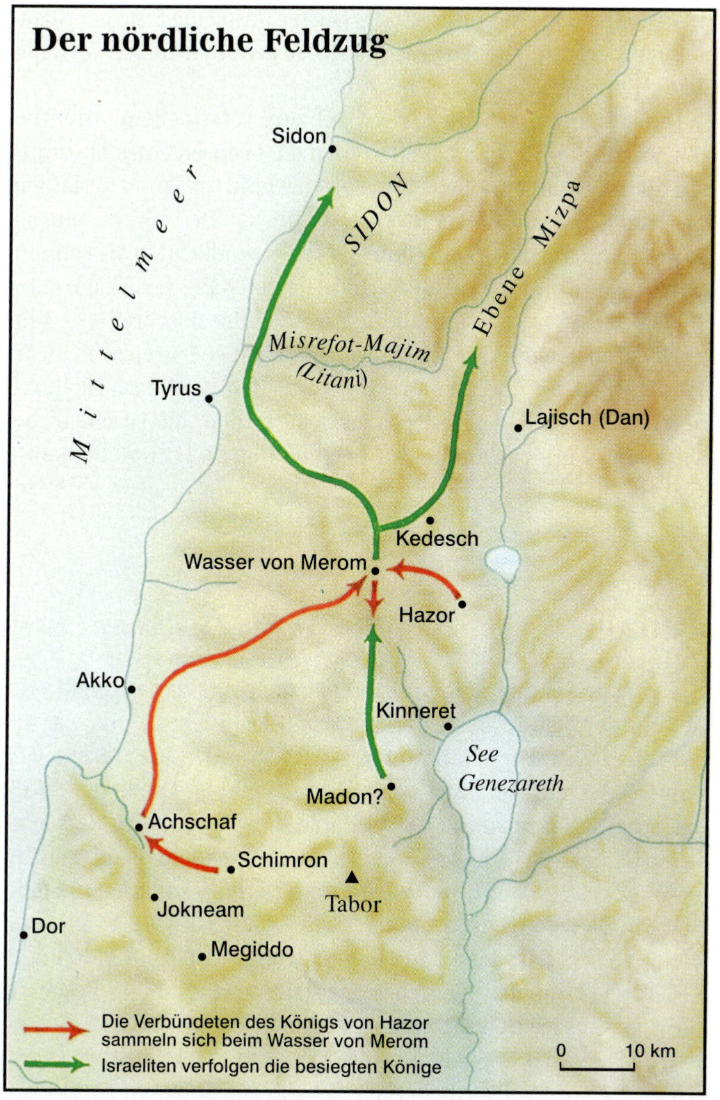

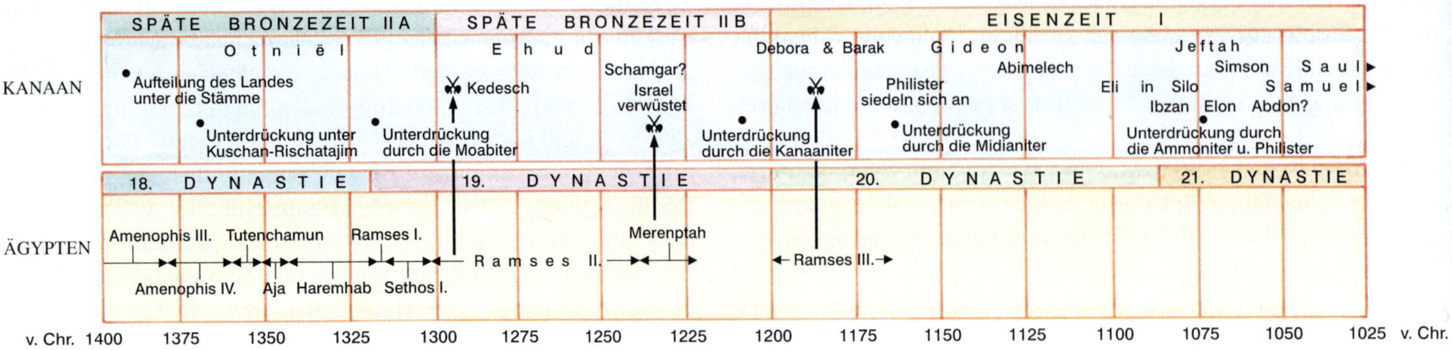

Besiedelung des Landes Kanaan

Verteilung des Landes

Bald nachdem die Eroberung des Landes abgeschlossen war, begannen die Israeliten, verschiedenen Stämmen Land zuzuweisen. Der grundlegende Bericht für diese Verteilung steht in Josua 13–21. Zwar fand die eigentliche Aufteilung in den Tagen Josuas und Eleasars, des Sohnes Aarons, im frühen vierzehnten Jahrhundert v. Chr. statt (Jos 14,1; 19,51). Doch scheint es, als habe ein späterer Abschreiber oder Herausgeber des Buches Josua die Liste der Städte »aktualisiert«, von denen gesagt wird, sie gehörten zu den verschiedenen Stammesgebieten.

Diese Stammesgebiete werden auf zwei verschiedene Arten beschrieben: In manchen Fällen werden die Grenzen eines bestimmten Stammes beschrieben, wie sie von Punkt zu Punkt verlaufen, wie zum Beispiel Judas Grenze in Josua 15,7–9. In einigen dieser Fälle sind die Beschreibungen sehr gründlich (so die gemeinsame Grenze Judas und Benjamins in der Nähe Jerusalems, Jos 15,7–9; 18,15–17), während andere Male die Beschreibung sehr kurz ist oder eher vage (z. B. Naftalis westliche Grenze in Josua 19,34). Bei der zweiten Art wird ein Gebiet einfach dadurch beschrieben, dass die Städte aufgezählt werden, die zu einem bestimmten Stamm gehören – wie bei Juda (Jos 15,21) und Benjamin (Jos 18,21–28).

Juda *Josua 15; Richter 1,8–19*

Der erste Stamm, dem im Land Kanaan ein Gebiet zugeteilt wurde, war der Stamm Juda. Der Schreiber des Buches Josua war besonders an diesem Stamm interessiert, denn das ganze Kapitel 15 (mit 63 Versen) berichtet von dieser Zuteilung. Die ersten zwölf Verse beschreiben von Punkt zu Punkt die Grenze Judas. Das südliche Gebiet (Jos 15,1–4) war identisch mit dem Land Kanaan (4. Mose 34,3–5), während die nördliche Grenze zunächst mit dem Stamm Benjamin zusammenfiel (Jos 15,5–10; 18,14–19) und dann, am Pfad des Nahal Sorek entlang westwärts zum Mittelmeer (15,10–11), mit der Südgrenze des Stammes Dan. Einer Beschreibung der Zusage Hebrons und Debirs an Kaleb und Otniël folgt eine lange Liste von 132 Städten. Diese Liste ist in vier größere geografische Regionen aufgeteilt: der Negeb (»das Südland«, Jos 15,21–32), die Schefela (»das Hügelland«, V. 33–47), das Gebirge (V. 48–60) und die östliche Wüste (V. 61–62). Die werden weiter unterteilt in kleinere Gebiete (beachte die Hinzufügungen für die einzelnen Gebiete in den Versen 32,36,41), so dass sich insgesamt elf Gebiete für den Stamm ergeben.[1] Die meisten historisch orientierten Geografen glauben, dass die Liste ursprünglich als Verwaltungsdokument fungierte (zur Steuererhebung usw.) und schlagen vor, man könne durch Hinzufügung eines weiteren Gebiets auf zwölf kommen.[2] Das Alter der Städteliste ist schwer zu bestimmen, aber es ist vorgeschlagen worden, dass sie nicht aus Josuas Zeit stamme (ca. 1400 v. Chr.), da archäologische Vermessungen und Ausgrabungen wenig Beweise dafür geliefert haben, dass viele der Städte, die in der Liste aufgeführt sind, damals schon existiert hätten.[3] Spätere Daten, an denen diese Liste entstanden sein könnte, liegen zwischen den Tagen Salomos (970–931 v. Chr.) und dem babylonischen Exil (586 v. Chr.), wobei vielleicht das wahrscheinlichste dieser Daten die Regentschaft des Königs Josia ist (640–609 v. Chr.).[4]

Diese Städteliste beschreibt das lebenswichtige Herzstück des Gebiets Juda. Einen Großteil seiner Geschichte hindurch war Juda auf die Berge beschränkt, aber in seinen starken Zeiten dehnte es sich aus: nach Westen in die Schefela, in den Süden in den Negeb. Nur ganz selten hat Juda tatsächlich die Ebene der Philister beherrscht.[5] Das zerklüftete Berggebiet erwies sich als sehr nützlich zur Verteidigung Judas vor feindlichen Mächten, die gewöhnlich in der Küstenregion weiter westlich lebten.

Ephraim *Josua 16; Richter 1,29*

Der zweite Stamm, der Land zugeteilt erhielt, war Ephraim, der Stamm des zweiten Sohnes Josefs. Nur unvollständig wird der Grenzverlauf beschrieben. Die südliche Grenze ist identisch mit der nördlichen Benjamins (Jos 16,1–5; 18,12–13), während der Westen durch den Stamm Dan vom Meer abgeschnitten war (Jos 19,40–48). Seine nordwestliche Grenze entlang der Kana-Schlucht war genau festgelegt (16,8; 17,7–10), während für die nach Nordosten und Osten weniger Grenzpunkte angegeben werden. Beinahe seine ganze Geschichte hindurch war Ephraim auf die zerklüfteten Berge beschränkt. Tiefe Täler boten Ephraim Sicherheit in unzugänglichen Gebieten (s. S. 40). Da keine Städteliste für den Stamm

Ephraim gegeben wird, ist über seine Städte wenig bekannt. Außerdem siedelten manche Ephraimiter im Gebiet des Stammes Manasse, das nördlich lag (Jos 16,9).

Manasse *Josua 17; Richter 1,27*

Das dritte Gebiet fiel dem ersten Sohn Josefs zu, Manasse. Ein Teil des Stammes siedelte im Land um Gilead, der andere Teil in Kanaan. Da es – wie bei Ephraim – keine Liste der Siedlungen für den Stamm Manasse gibt, gibt es so etwas wie einen »weißen Fleck« auf der Landkarte, gemessen an den Stämmen, die im Norden und Süden angrenzten. Außerdem ist nur die südwestliche Grenze etwas genauer beschrieben (Jos 17,7–11); daher ist es schwierig, die anderen Grenzen festzulegen. Manasse erstreckte sich vom Meer bis zum Norden, die südliche Grenze stimmte mit der von Ephraim überein, während das Gebiet Manasses im Norden, von West nach Ost betrachtet, an Asser, Sebulon und Issachar grenzte. Die Grenze zu diesen nördlichen Stämmen durchschritt offensichtlich die Täler von Jesreel und Harod, die unter ihnen aufgeteilt waren. Städte wie Bet-Schean, Jibleam, Dor, En-Dor, Taanach und Megiddo, die Manasse zugeteilt waren (V. 11)[6], erwiesen sich als schwer einnehmbar wegen der Stärke der Kanaaniter, die die Ebene bewohnten und über eiserne Wagen verfügten (V. 16) – was auch aus den Annalen des Thutmosis III. wohlbekannt ist (S. 87). Wahrscheinlich dauerte es bis zur Regierungszeit Davids und Salomos, vierhundert Jahre später (also 1010–931 v. Chr.), bis die Israeliten diese mächtigen Städte einnehmen und beherrschen konnten. Da das fruchtbare Land der Ebene von den Kanaanitern beherrscht wurde, siedelten die Söhne Josefs, Ephraim und Manasse, im dichtbewaldeten Bergland und rodeten Wälder, um das nötige Ackerland zu gewinnen (V. 15–18).

Nach der Gebietszuteilung an Juda, Ephraim und Manasse verschob sich der Schwerpunkt der Aktivitäten von Gilgal nach Silo.

Tal mit steilen Klippen und zerklüftetem Terrain am Grund des Wadi.

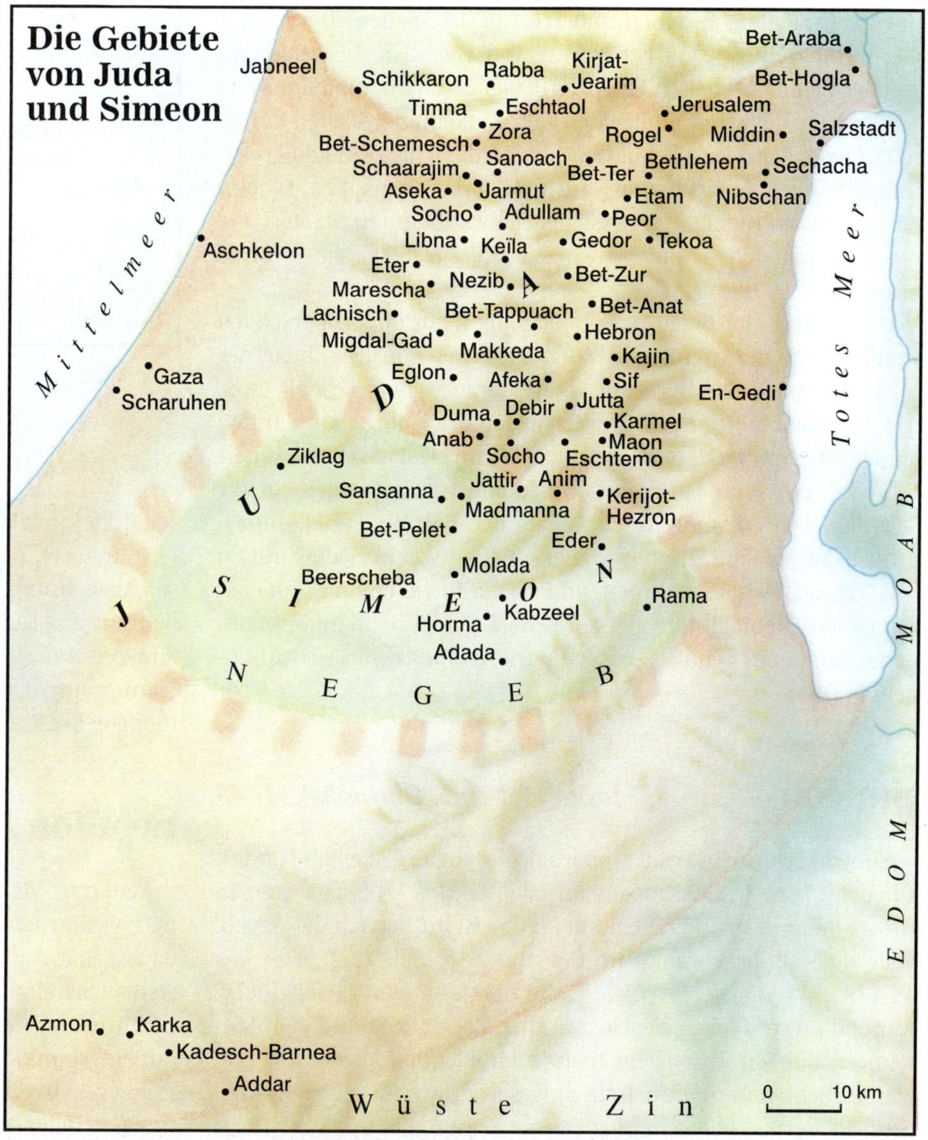

Dort, im Hügelland Ephraims, wurde die Bundeslade aufgestellt. Von dort sandte Josua aus jedem übrigen Stamm drei Männer in die restlichen Gebiete Kanaans, um einen Überblick zu gewinnen. (Jos 18,4.9).[7] Daraufhin wurde das übrige Land verteilt.

Benjamin *Josua 18,11–28; Richter 1,21*

Benjamins Gebiet fiel zwischen die der mächtigen Stämme Ephraim und Juda. Die Verteilung des Landes wird zweifach beschrieben: erst durch eine Aufzählung der Grenzen, dann durch eine Liste von Städten dieses Gebiets. Seine Nordgrenze fiel mit der Ephraims zusammen, die südliche mit der Judas. Im Osten begrenzte der Jordan das Gebiet, im Westen erlaubte die Grenze keine Ausdehnung ins Ajalon-Tal, sondern begrenzte den Stamm auf die Hügel, die das Tal überblickten. Besonders interessant – belegt durch die detaillierte Beschreibung – sind die Anmerkungen zur Südgrenze in der Nähe Jerusalems (Jos 18,16–17.28), wo ausdrücklich festgehalten wird, dass Jerusalem zum Gebiet Benjamins gehört, nicht zu dem Judas – trotz der Tatsache, dass ein Nachfahre Judas (David) später die Stadt erobern und zu seinem persönlichen Eigentum machen sollte.

Benjamins Städteliste ist in zwei Teile unterteilt: in einen Teil mit zwölf Städten, in einen anderen mit 14 Städten. Der Grund dieser Unterteilung ist umstritten. Aharoni meint, die Liste stamme aus der Zeit des geteilten Reiches (930–721 v. Chr.) und der erste Teil enthalte die benjaminitischen Städte, die im nördlichen Königreich lagen, der zweite Teil bestehe aus Städten, die zum Königreich Juda im Süden gehört hätten.[8] Auch wenn das möglich ist, scheint doch die Liste mehr zu unterscheiden zwischen den Städten, die westlich und denen, die östlich der Wasserscheide im Gebirge liegen.

Die strategische Bedeutung Benjamins kann nicht überschätzt werden: Eine der wichtigsten Zufahrtsstraßen von der Ebene der Küstenregion in das Bergland verlief durch seinen Westteil (s. S. 41). Im Osten führten viele Straßen in den Grabenbruch und trafen an der Oase von Jericho aufeinander, von wo sie nach Osten weiterführten – durch die Furten des Jordan und Transjordanien. So war seit damals Benjamin immer eines der belebtesten Stammesgebiete, zumal eindringende Völker oft die Berge über die Straßen von Ost nach West einnahmen, und die nördlicheren und südlicheren israelischen Stämme gelegentlich im Gebiet Benjamin miteinander kämpften, wenn sie versuchten, ihren Einflussbereich auszudehnen.

Simeon *Josua 19,1–9; 1. Chronik 4,24–43*

Simeon erhielt ein Gebiet innerhalb des Juda zugeteilten Landes. Von den 17 Städten, die zu Simeon gehörten (Jos 19,2–7), waren 15 vorher in der Liste Judas genannt – zumeist im Bereich des Negeb, aber auch ein paar wenige im Gebiet der Schefela (z. B. Eter: Jos 15,42; 19,7; Aschan: Jos 19,7; 1. Chr 4,32). Simeon siedelte überwiegend im westlichen Negeb, zwischen Beerscheba und dem Mittelmeer. Simeon verlor aber nicht seine Identität als Stamm und wurde nicht vom Stamm Juda aufgesogen, wie oft angenommen wird, sondern es blieb ein ganz eigener Stamm, der unter der Herr-

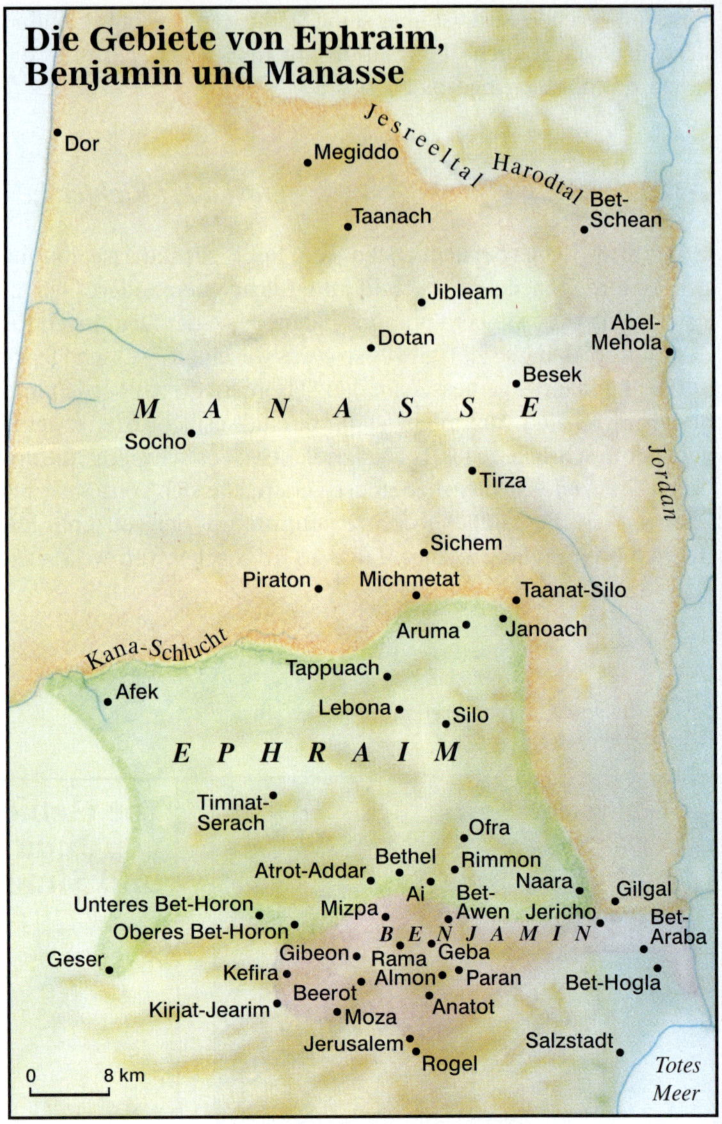

Die Gebiete von Ephraim, Benjamin und Manasse

schaft des judäischen Königs Hiskia (728–696 v. Chr.) noch wuchs (1. Chr 4,41). Tatsächlich beschreibt der Schreiber der Chronik dessen Ausdehnung nordwestlich bis nach Gedor (LXX, Gerar) und östlich auf das Gebirge Seïr zu (1. Chr 4,42). Da es in dem Gebiet Simeons nur 250 mm pro Jahr regnete, spezialisierte sich der Stamm auf Viehhaltung; zusätzlich konnte in den meisten Jahren manche Ernte eingebracht werden.

Sebulon *Josua 19,10–16; Richter 1,30*

Man muss den richtigen Grenzverlauf des Stammes Sebulon kennen, wenn man die anderen Zuteilungen in Galiläa verstehen will, da Issachar, Naftali und Asser im Südosten, Nordosten und Nordwesten an Sebulon angrenzten. Zunächst wird die Südgrenze Sebulons beschrieben. Sarid, eine Stadt nahe der Mitte der Südgrenze, ist der Ausgangspunkt: Die Grenze wird zuerst von Sarid westwärts nach Dabbeschet verfolgt, dann von Sarid ostwärts nach Daberat, Jafia[9] und Gat-Hefer.[10]

Stämme nördlich von Jesreel: Sebulon, Issachar, Asser und Naftali

Die Grenze verlief durch die Ostflanke Gat-Hefers und um diese herum, so dass ihre Nordflanke Rimmon berührte und durch das Tal des modernen Bet-Netofa nach Hannaton führte. Von dort richtete sie sich südwestwärts und südlich aus, folgte kurz dem Tal von Jiftach-El (Wadi el-Malik) und dann dem Wadi Musara zum Kischon. 14 Städte sind genannt, die zu Sebulon gehörten,[11] die meisten von ihnen lagen in der südlichen Mitte Niedergaliläas. (s. S. 33–35). Der größere Teil des Sebulon zugeteilten Landes war auf die höher gelegenen Gegenden beschränkt, die das Jesreeltal im Süden überblickten. Allerdings scheinen Städte wie Dabbeschet und Marala im Tal selbst gelegen zu haben. Und zeitweise hat sich im Südwesten sebulonitisches Gebiet über das Tal hinüber erstreckt und Städte wie Jokneam umfasst (vgl. Jos 21,34). Dennoch waren die Sebuloniter nicht in der Lage, die Kanaaniter zu vertreiben, die in Kitron und Nahalol wohnten (dem Nahalal aus Jos 19,15; Ri 1,30).

Sebulon lag in der Nähe der Haupthandelsstraßen, die durch das Jesreeltal liefen: die Ost-West-Straße, die durch Hannaton nach Akko verlief, und die Straße, die Megiddo mit Akko verband, via Schimron und Hannaton. Wegen der Nähe zu diesen Straßen waren die Sebuloniter für Einflüsse von außen offen und unterhielten wahrscheinlich Handelsbeziehungen mit Hafenstädten am Mittelmeer (5. Mose 33,18–19).

Issachar *Josua 19,17–23*

Die Städte, die Issachar zugeteilt wurden, lagen in den Tälern und auf den Basalthöhen des östlichen Niedergaliläa, aber auch im östlichen Jesreeltal. Wegen des Basaltgesteins und des Mangels an Wasserquellen waren die Anhöhen nie dicht besiedelt; der Hauptteil der Bevölkerung lebte in den Tälern.[12] Die Beschreibung des Issachar zugeteilten Landes besteht aus einer Städteliste und einer sehr kurzen Grenzbeschreibung (Jos 19,22). Die nördliche Linie scheint von den Hügeln, die das Jabneeltal überblickten, westlich verlaufen zu sein, am Berg Tabor vorbei nach Kesullot. Im Westen verlief die Grenze von Kesullot zur Stadt Jesreel, wodurch klar wird, dass nur der östliche Teil des Jesreeltales im Gebiet des Stammes lag. Im Süden lief die Grenze südwestlich von Jesreel zum Harodtal, dem sie bis zum Jordan folgte, der seinerseits die Ostgrenze bildete.

Issachar lag so, dass die größeren überregionalen Straßen nahe seiner südlichen und westlichen Grenze verliefen, und wegen seines leicht hügeligen Gebiets wäre es für feindliche Armeen einfach gewesen, dort einzufallen. Wichtige Städte wie Bet-Schean und Anaharat blieben vermutlich unter nichtisraelischer Kontrolle bis zur Regierung Davids und Salomos.

Asser *Josua 19,24–31; Richter 1,31–32*

Dem Stamm Asser fiel Land in der nordwestlichen Ecke Israels zu. Es berührte im Süden und Osten Manasse, Sebulon und Naftali, im Norden Phönizien. Die Beschreibung seines Gebiets scheint eine abgekürzte Grenzbeschreibung zu sein, die mit einer Städteliste kombiniert ist.[13] Sein Gebiet erstreckte sich vom Berg Karmel im Süden zum Fluss Litani im Norden und schloss theoretisch die Küstenebene ein und die westlichen Hügel Obergaliläas und Niedergaliläas. Jedenfalls war nach Richter 1,31 Asser nicht in der Lage, sieben einflussreiche Städte in der Küstenebene einzunehmen: Akko, Sidon, Mahaleb, Achsib, Helba, Afek und Rehob. Daher sagte man von den Asseriten, sie hätten »unter den Kanaanitern« gelebt. Es dauerte vermutlich bis zu den Tagen Davids und Salomos, bis die Ebene unter israelitische Herrschaft kam und dann nur kurz, denn Salomo schenkte sie Hiram, dem König von Tyrus, wegen seines Beitrags zum Tempelbau (1. Kön 9,10–11).

Strategisch und wirtschaftlich war Assers Gebiet sehr wichtig. Der einzige natürliche Hafen des ganzen Landes, Akko, lag dort. Die überregionale Fernstraße entlang der Küste lief durch Asser, wie auch die Ost-West-Strecken, die den Hafen Akko mit Transjordanien, sogar mit Damaskus verbanden. In der Zeit des Alten Testaments hatten die Herrscher der Seefahrtsstädte Tyrus und Sidon großes Interesse daran, dieses Gebiet zu beherrschen, sehr zum wirtschaftlichen Nachteil Israels.

Naftali *Josua 19,32–39; Richter, 1,3*

Der Stamm Naftali grenzte im Süden an Issachar, im Westen an Sebulon und Asser. Über seine Nordgrenze ist nichts berichtet, aber sie erstreckte sich wahrscheinlich so weit, wie die Israeliten siedelten, das heißt, südlich einer Ost-West-Linie, die mit dem ost-westlichen Lauf des Litani übereinstimmt. Seine Ostgrenze scheint der Jordan mit dem See Genezareth gewesen zu sein, aber der Hinweis auf »Juda« in Josua 19,34 (Elb.) ist problematisch.[14]

Das Gebiet Naftalis wird zuerst durch eine Grenzbeschreibung grob umrissen, dann durch eine Städteliste ausgeführt. Die Beschreibung der südlichen Grenze, die Naftali mit Issachar gemeinsam hat, ist am ausführlichsten. Der Ausgangspunkt der Beschreibung ist Helef, von wo die Grenze zu der »Eiche bei Zaanannim« verläuft (Jos 19,33), dann werden nur noch Punkte entlang der Grenze genannt. Offensichtlich beherrschte Naftali das Jabneeltal, während Issachar auf den Hügeln südlich davon siedelte. Von Helef verlief die Grenze westwärts zum Gebiet des Berges Tabor, dann nordwärts entlang einer mit Asser gemeinsamen Linie. Es ist interessant festzustellen, dass der markante Berg Tabor als Treffpunkt der Grenzen dreier Stämme diente – Issachar, Naftali und Sebulon. Von den Grenzen, die Naftali mit Asser und Sebulon gemeinsam hatte, sind keine Einzelheiten festgehalten worden, da sie schon beschrieben worden sind (V. 10–16; 24–31).[15]

Da die Städteliste nur 16 Städte umfasst und die Gesamtzahl mit 19 angegeben wird, scheint es möglich, dass der Schreiber drei Städte ausgelassen hat, die schon bei der Grenzbeschreibung erwähnt worden sind, wie Helef, Adami-Nekeb und Jabneel (Jos 19,33). Die Städteliste ist geografisch geordnet, von Süden nach Norden fortschreitend. Die sechs Städte, die vor Rama genannt werden, lagen in Niedergaliläa, die neun danach genannten in Obergaliläa (vgl. S. 32).[16]

Da ein ziemlich großer Teil Galiläas vor der Ankunft der Israeliten unbewohnt war, konnte sich Naftali vermutlich in einer relativ frühen Phase der Richterzeit im Hügelland niederlassen. Jedenfalls war es, mit Ausnahme kurzer Zwischenzeiten, außer Stande, die Herrschaft über größere kanaanitische Zentren wie Bet-Schemech oder Bet-Anat zu übernehmen (Ri 1,33), die eine wichtige Ost-West-Verbindung in Obergaliläa beherrschten.

Dan *Josua 19,40–48; Richter 1,34–35; 17–18*

Dem Stamm Dan wurde ein Gebiet westlich Benjamins zugeteilt und Dans östliche Grenze, auf den Hügeln, die sich über der Küstenebene erhoben, fiel mit der Westgrenze Benjamins zusammen. Seine Südgrenze war mit der Nordgrenze Judas identisch und folgte dem Sorektal bis zum Mittelmeer (Jos 15,10–11). Dans Nordgrenze ist nicht beschrieben, aber aus den genannten Städten und einem Vergleich mit den Städten, die Ephraim zugeteilt worden waren (wie Geser [16,3.10]), ergibt sich eine asymmetrische Grenze, so dass sich das Gebiet Dans bis »Me-Jarkon« (das bedeutet »Wasser des Jarkon« [19,46]) erstreckte. Bei vier der genannten Städte ist ungewiss, ob sie zu Juda oder Dan gehörten (Zora [15,33; 19,41, Eschtaol [15,33; 19,41], Ir-Schemesch [vermutlich identisch mit Bet-Schemesch: 15,10; 19,41] und Ekron [15,45; 19,43]).[17]

Der Stamm Dan beherrschte das Ajalontal, durch das die größere Zufahrtsstraße ins Gebirge von Ephraim und Juda verlief. Zudem lief die überregionale Fernstraße durch das westliche Dan. Daher waren die Großmächte des Altertums an der Herrschaft über dieses Gebiet interessiert, auch die einflussreichen örtlichen kanaanitischen und amoritischen Führer – mit dem Ergebnis, dass die Daniter sich nicht westwärts ausdehnen konnten, sondern beschränkt blieben auf die westlichen Abhänge der Berge im Gebiet von Bet-Schemesch, Zora, Eschtaol und Kirjat-Jearim (vgl. Ri 1,34–35; 13–16). Erst in den Tagen Davids und Salomos übernahm Israel die Herrschaft über das Gebiet Dan und auch dann nur für kurze Zeit (vgl. 1. Kön 4,9; 2. Chr 2,16).[18]

Wegen des Drucks der Amoriter zog ein Teil des Stammes Dan nach Norden nach Lajisch/Leschem, das sie eroberten und in »Dan« umbenannten (Ri 17–18). Sie dachten, sie seien aus der Unsicherheit in eine Gegend der Sicherheit und des Wohlstands gezogen (Ri 18,27–28), aber später war genau dies das Gebiet, das einfallende Mächte aus dem Norden (Aramäer, Assyrer und andere) zuerst angriffen.

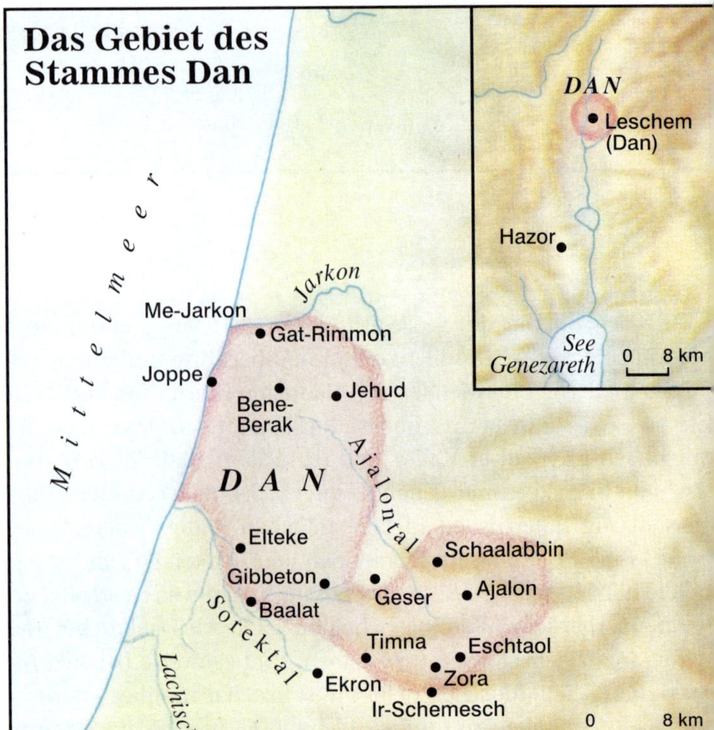

Ruben, Gad, Manasse *Josua 13,8–33; 4. Mose 32*

Nach der Eroberung der Königreiche Sihons und Ogs, aber schon vor der Durchquerung des Jordan auf dem Weg nach Kanaan baten die Stämme Ruben, Gad und halb Manasse Mose, ihnen das Land östlich des Jordan zuzuteilen, denn es war sehr gut zur Haltung ihrer großen Rinder- und Ziegenherden geeignet (4. Mose 32,1). Nachdem man ihnen das Versprechen abgenommen hatte, dass die erwachsenen Männer mit ihnen nach Kanaan über den Jordan kämen und an den Eroberungsfeldzügen teilnähmen, teilte Mose ihnen das Land wunschgemäß zu. Zwei Beschreibungen dieser zugeteilten Gebiete gibt es in der Bibel: 4. Mose 32,33–42 und Josua 13,8–33. Die längere Liste bei Josua fängt mit der Erwähnung von Städten an den äußersten Enden der Stammesgebiete an und fährt mit einer Aufzählung der Städte entlang jedem Gebiet fort.

Der Stamm Ruben (Jos 13,15–23; 4. Mose 32,37–38) erhielt den größten Teil des Gebiets, das sich von der Schlucht des Arnon im Süden zur Stadt Heschbon im Norden erstreckt – welche Gegend die »Hochebene von Moab« oder Mischor heißt (s. S. 54) –, auch wenn zeitweise Gaditer sich in manchen Städten Rubens ansiedelten.[19]

Das Gad zugeteilte Gebiet erstreckte sich von Heschbon im Süden bis Mahanajim am Jabbok und westlich vom Rabba der Ammoniter bis ganz zum Jordan. Zudem scheint Gad die ganze Osthälfte des Jordantals bekommen zu haben, bis ganz hinauf zum See Genezareth (Jos 13,27). Zuletzt siedelten bestimmte Sippen des Stammes Manasse im Gebiet nördlich des Jabbok (also im nördlichen Gilead und in Baschan [s. S. 29–30,51], vermutlich bis nördlich des Hermongebirges [4. Mose 32,39–42; Jos 13,29–31]). Diese Stämme versuchten, obwohl sie nun im Land Gilead (im Allgemeinen identisch mit Transjordanien) siedelten, den Kontakt mit den anderen Stämmen aufrechtzuerhalten, die nun in Kanaan lebten (Jos 22).

Während der gesamten folgenden Geschichte des Alten Testaments wurden diese Stämme dauernd aus verschiedensten Richtungen bedrängt: von den Moabitern südlich der Arnon-Schlucht, die die Gebiete Rubens und Gads beanspruchten, von den Ammonitern im Osten, die ähnliche Ansprüche erhoben, von den Wüstenstämmen wie den Midianitern und Ismaelitern, von den Aramäern aus Damaskus, die die transjordanische Nord-Süd-Verbindungsstraße nach Arabien zu beherrschen suchten, aber auch von den Assyrern, die ähnliche Ziele verfolgten. Trotz dieses Drucks blieben die Israeliten/Juden bis zum Ende der biblischen Zeit und darüber hinaus in Transjordanien wohnen.

Terrassenfelder und zerstörter »Wachtturm« im Hügelland.

Die transjordanischen Stämme - Ruben, Gad und der halbe Stamm Manasse

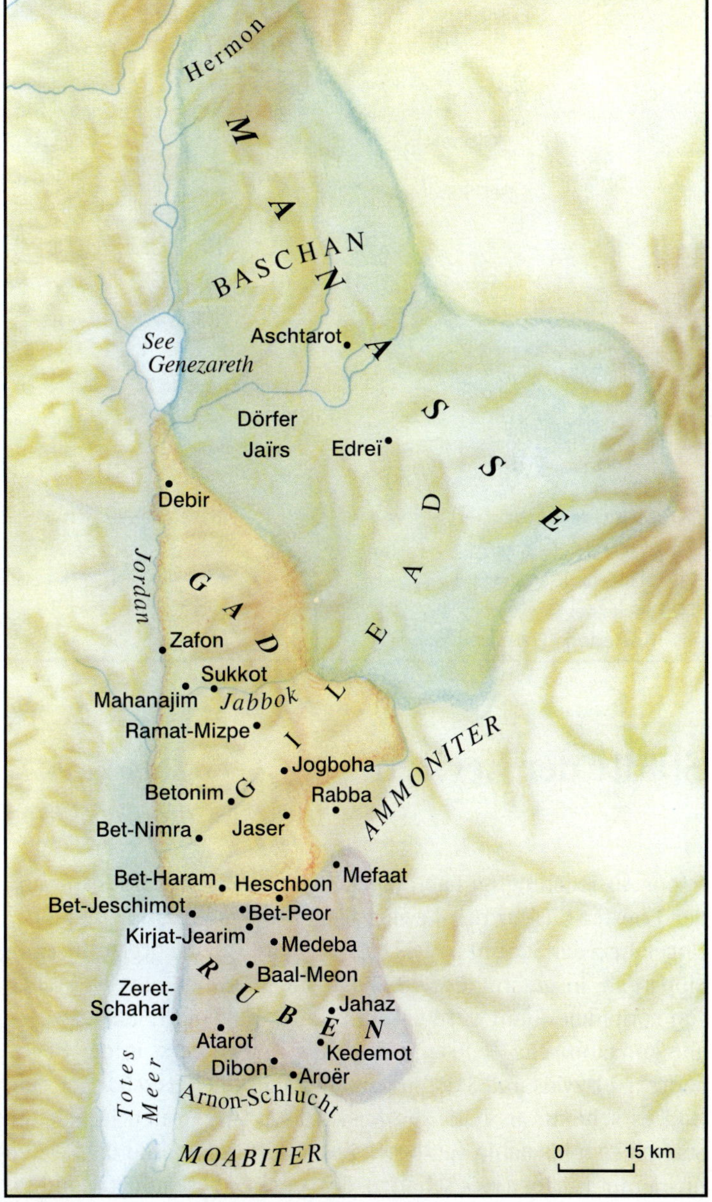

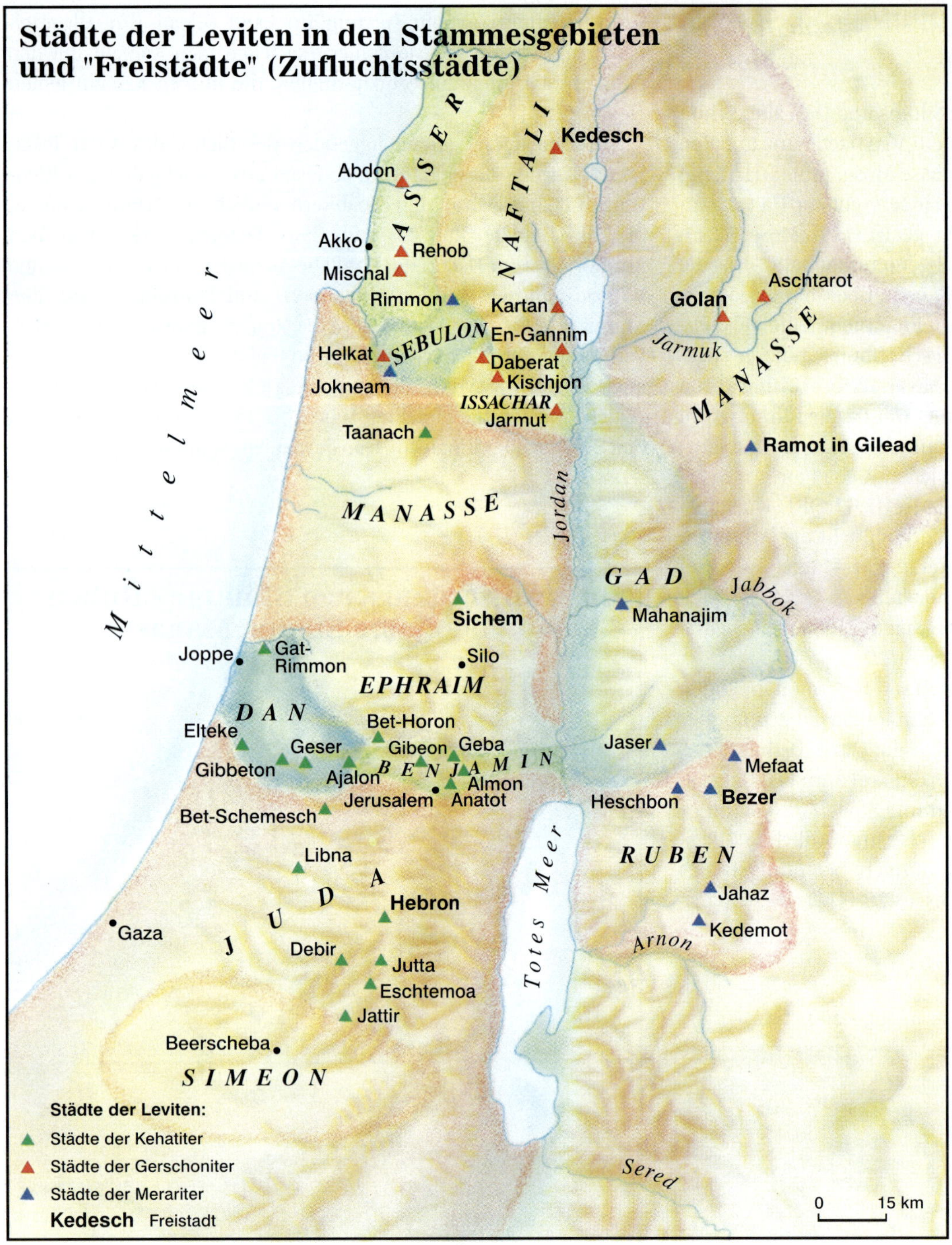

Furt im Jordan.

Städte der Leviten

Josua 21, 1–42
1. Chronik 6,39–66

Zur Ansiedelung im Land Kanaan gehörte auch, dass Josua und der Priester Eleasar den Leviten Städte und Weideland zuteilten.[20] Ungefähr jeder Stamm Israels trat vier Städte an die drei levitischen Sippen ab, insgesamt also 48 Städte, die aber nicht ausschließlich von Leviten bewohnt wurden.[21] Eine große Zahl dieser Städte waren alte kanaanitische Zentren, von denen manche erst in der Regierungszeit Davids und Salomos unter israelische Herrschaft kamen. Und es scheint, als hätte die Ansiedelung von Leviten in solchen Städten sich bis dahin verzögert. Zur Zeit Davids waren die Leviten nicht nur mit den »Geschäften des Herrn« beschäftigt, sondern auch mit dem »Dienst des Königs« (1. Chr 26,29–32). So haben sie wahrscheinlich in ihren Städten nicht nur durch ihre Lehrtätigkeit Einfluss ausgeübt, sondern anscheinend auch ihre Loyalität zum Königshaus gefestigt. Aharoni hat nahe gelegt, dass die levitischen Städte Zentren des Glaubens und der Verwaltung waren.[22] Wegen ihrer Verbindung zum Tempel in Jerusalem und zu dessen höchstem Schutzherrn, dem davidischen König, ist es kein Wunder, dass viele Leviten gen Süden nach Juda und Jerusalem zogen, als im Norden unter Jerobeam der Aufstand ausbrach (931–913 v. Chr., 2. Chr 11,13–17).

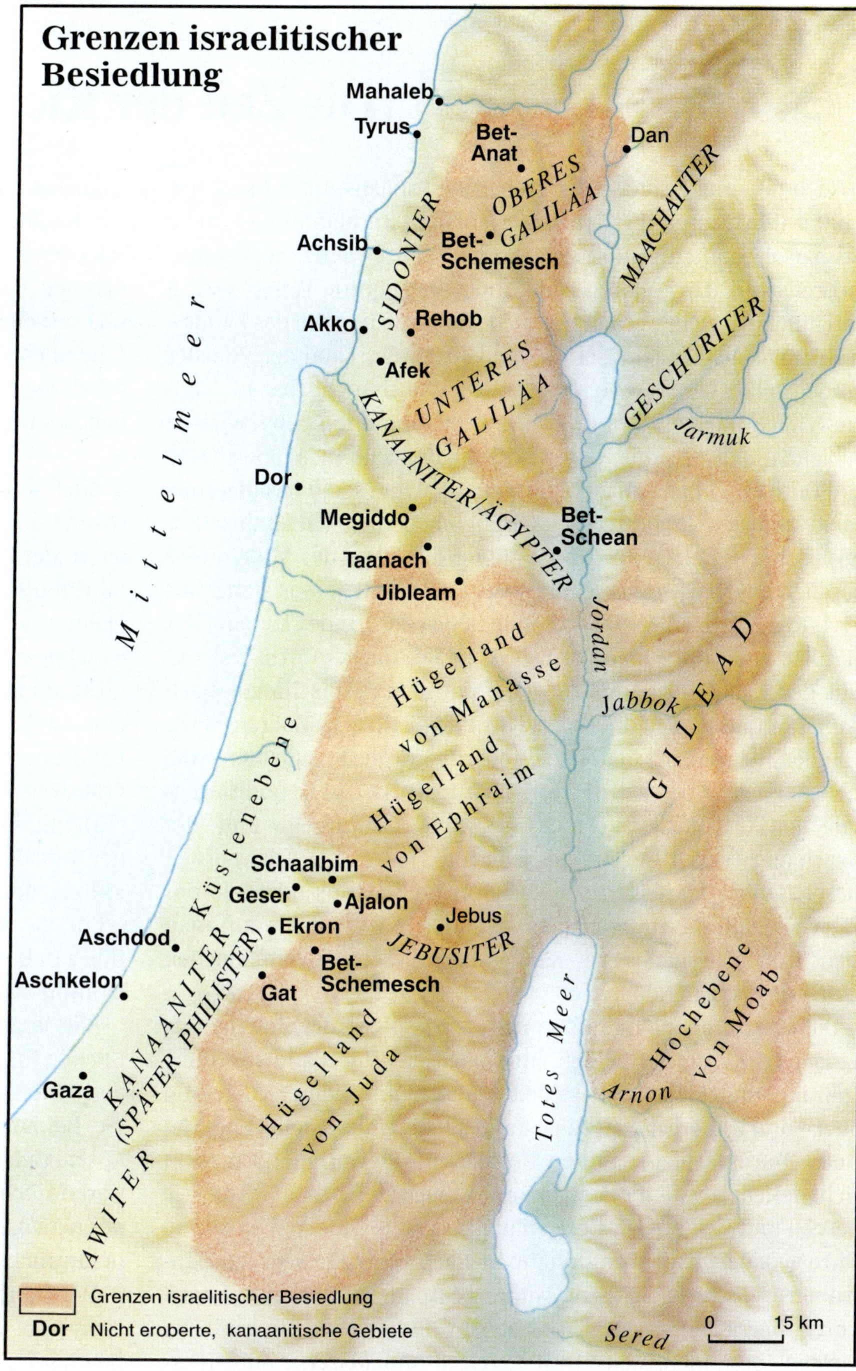

Freistädte

Josua 20; 5. Mose 4,41–43

Bei der Verteilung des Landes wurden sechs Städte ausgesondert, zu denen jemand fliehen können sollte, der einen anderen umgebracht hatte. Dort würde der Fall verhandelt werden (Jos 20,4.6). Wenn sich herausstellen würde, dass es sich um Totschlag handelte und nicht um Mord, dann würde der Totschläger in der Stadt bleiben müssen, bis der Hohepriester gestorben wäre (Jos 20,6; 4. Mose 35,9–34; 5. Mose 4,41–43; 19,1–13). Diese Städte waren levitische Städte, in denen das Gesetz Gottes vermutlich wegen der Lehrtätigkeit der Leviten wohl bekannt war. Drei dieser Städte lagen westlich des Jordan (Kedesch, Sichem und Hebron), drei östlich (Golan, Ramot und Bezer). Auf beiden Seiten des Jordan gab es solche Städte im Norden (Kedesch und Golan), in der Mitte (Sichem und Ramot-Gilead) und im Süden (Hebron und Bezer), so dass der Beschuldigte wirklich leicht Zuflucht vor der Hand der »Bluträcher« finden konnte (Jos 20,3).

So war, wenigstens theoretisch, am Ende der Zeit der Landnahme das Land, das Gott Abram, Isaak und Jakob versprochen hatte, unter deren Nachkommen verteilt. Religiöse und politische Institutionen entstanden. Und doch sollte die Zeit der Richter zeigen, dass das Land nicht vollkommen eingenommen worden war. Das mussten die nachfolgenden Generationen vollenden.

Die Zeit der Richter

Nach der Anfangsphase der Eroberung Kanaans unter Josua (ca. 1390 v. Chr.) waren die Israeliten sich wohl im Klaren, dass nicht das ganze Land eingenommen worden war, obwohl – wenigstens theoretisch – das gesamte Land unter die Stämme Israels verlost und ihnen zugeteilt worden war. Den südwestlichen Teil des Landes, das damals als kanaanitisch galt und später das Land der Philister werden sollte, beherrschten die Israeliten noch nicht (Jos 13,2–3). Tatsächlich blieben die ganze Küstenebene und die benachbarten Gebiete, mit den Städten Geser (Ri 1,29), Schaalbim, Ajalon (V. 35) und Dor (V. 27) kanaanitisch. Das Jesreeltal und seine Verlängerung nach Südosten Richtung Bet-Schean blieben in kanaanitischer/ägyptischer Hand (V. 27–28), während die Küste des Mittelmeers nördlich des Berges Karmel unter der Herrschaft Sidons stand (Jos 13,4; Ri 1,31–32; 3,3). Das gesamte Gebiet des Landes Kanaan, das nördlich einer gedachten Ost-West-Linie lag, die dem West-Ost-Verlauf des Litani folgt und zum Hermongebirge, bis hinauf nach Hamat, verläuft, blieb unerobert (Jos 13,4–5; Ri 3,3). Zudem gab es fremde Enklaven, die unabhängig blieben, wie die Stadt Jebus (= die Jebusiterstadt = Jerusalem; Jos 15,63; Ri 1,21; 19,11) und Gegenden der Geschuriter, östlich des Sees Genezareth und der Maachaiter (in der Gegend des Huletales; Jos 13,13). Die meisten dieser Gebiete kamen in der Regierungszeit Davids und Salomos unter israelitische Herrschaft (s. 1. Kön 4,7–19), auch wenn man nicht mit Sicherheit sagen kann, wann dies genau auf welchen Landstrich zutrifft.

Daher wird deutlich, dass in der Anfangsphase der Besiedelung Kanaans durch die Israeliten zum einen das Hügelland von Juda, Ephraim und Manasse besiedelt waren, zum anderen Teile von Ober- und Untergaliläa, zuletzt Gilead und die Hochebene von Moab. Die Israeliten nahmen Gebiete ein, die vorher noch nicht dicht besiedelt waren, mit Ausnahme weniger zerstreuter Städte wie Hebron und Sichem. Die Besiedelung durch die Israeliten muss 340 Jahre gedauert haben und relativ friedlich verlaufen sein, da Bauernhäuser gebaut wurden, wild wachsender Wald aufgeforstet wurde, Terrassen angelegt und bebaut und Feldfrüchte gepflanzt wurden (besonders Wein, Oliven, Feigen und Weizen). Zudem erlaubte die damals neue Erfindung von Zisternen, die aus Felsen gehauen worden waren, dem Volk, sich in Gegenden niederzulassen, die von Quellen entfernt lagen. Es scheint, als hätte Israel in der gesamten Zeit der Richter (ca. 1370–1050 v. Chr.) in den Bergen bleiben können – den Drohungen der ägyptischen Könige (wie Sethos I. und Ramses II.) etwas entzogen, die hauptsächlich daran interessiert waren, die überregionalen Straßen zu beherrschen.

Israel wurde jedoch durch schwächere Völker aus nah und fern bedroht. Während der Besiedelung Kanaans fingen die Israeliten an, fremde Gottheiten zu verehren, darunter auch Baal (von dem man dachte, er sei für die Fruchtbarkeit des Landes zuständig) und seine Begleiterin Aschtoret (die Göttin des Krieges und der Fruchtbarkeit), dazu noch Aschera. Als Strafe dafür wurden die Israeliten von fremden Völkern angegriffen und unterdrückt; und Gott sandte Richter, die Israel von diesen Unterdrückern befreiten und es in Zeiten der »Ruhe« hineinführten. Dieser Kreislauf vom Verfallen in Sünde, göttlicher Strafe, Buße, Befreiung und Frieden (Ri 2,10–19) wird in den Erzählungen über die Richter berichtet. Da die Richter in verschiedenen Teilen des Landes wirkten, muss man nicht zwingend annehmen, dass die Zeiten ihres Wirkens aufeinander folgten, manchmal verliefen sie parallel. Zum Beispiel wurden die Israeliten wahrscheinlich gleichzeitig durch die Ammoniter in Transjordanien und durch die Philister im Westen unterdrückt, so dass Simson zur selben Zeit im Westen gewesen sein kann, in der Jeftah im Osten wirkte.

Auch wenn das Buch der Richter chronologisch zu sein scheint, so sind doch wahrscheinlich Ereignisse, die Richter 17–21 berichtet, in der frühen Richterzeit abgelaufen (d. h. in der Mitte des 14. Jahrhunderts v. Chr.). Dass die Daniter aus der Gegend der Täler von Ajalon und Sorek zogen (Jos 19,47; Ri 17–18; vgl. auch 1,34–35), ist schon erwähnt worden (s. S. 101). Dabei ist zu beachten, dass sie nicht auf den Druck der Philister weggezogen sind (der erst später einsetzte), und dass nicht alle Daniter aus dem ihnen zugewiesenen Land auszogen. Später setzte sich Simson, ein Daniter, mit den Philistern auseinander.

Die Endphase des Richterbuchs – das von dem Leviten und seiner Nebenfrau berichtet (Kap.19–21) – stammt aus den Tagen des Pinhas, des Sohnes Eleasars (20,28), im frühen 14. Jahrhundert v. Chr. Es beschreibt den moralischen Verfall der Bewohner von Gibea und offensichtlich vieler anderer in Benjamin, denn die Benjaminiter kamen dieser Stadt zur Hilfe.

Alle Israeliten von »Dan bis nach Beerscheba und vom Lande Gilead« (das immer noch von dem eigentlichen Kanaan unterschieden wird; 20,1), versammelten sich wie ein Mann zum Kampf gegen die Benjaminiter. Das Ergebnis der verschiedenen militärischen Auseinandersetzungen war: Von 26 000 benjaminitischen Kämpfern waren noch 600 am Leben (Ri 20,47). Sie waren die Stammväter des neuen Stammes Benjamin, der zu seiner ursprünglichen Stärke heranwuchs.

Der Bericht enthält eine Anzahl interessanter geografischer Einzelheiten. Zum Beispiel unterhielt Benjamin Verbindungen zu Jabesch in Gilead (Ri 21,12), die durch Heiraten gefestigt wurden. Die Höhenstraße von Bethlehem nach Rama wird beschrieben (19,10–15), wobei man die Süd-Nord-Reihenfolge Bethlehem, Jebus (Jerusalem), Gibea, Rama beachte. Außerdem wird festgehalten, dass man von dieser Route abbiegen musste, wenn man ostwärts nach Jerusalem wollte (V. 11–12). Zudem gibt es eine Beschreibung der Lage Silos – nördlich von Bethel, östlich der Straße, die von Bethel nach Sichem hinaufführt, und südlich von Lebona (Ri 21,19), die die genaueste Lagebeschreibung irgendeines Ortes in der Bibel ist. Zuletzt legen der Bericht über die Daniter und der über die Benjaminiter den Schluss nahe, dass es so etwas wie ein Stammes-Vakuum im Korridor aus Dan und Benjamin gegeben haben könnte, das den Stamm Juda im Süden von den nördlichen Stämmen getrennt haben könnte. Könnte es sein, dass der Schreiber den Leser auf den Zug Davids nach Jerusalem vorbereiten wollte, das ja eigentlich eine benjaminitische Stadt war? Oder auf den Konflikt während des geteilten Königtums zwischen nördlichem und südlichem Königreich über dieses Gebiet (S. 124–127)? Jedenfalls hatten beide Stämme in diesem Korridor in der frühen Richterzeit ernsthafte Schwierigkeiten.

Ägyptische Quellen erhellen die gesamte Richterzeit. Im späten 19. Jahrhundert n. Chr. entdeckten ägyptische Bauern eine Vielzahl kegelförmiger Dokumente in El-Amarna, einem Ort, der heute dafür bekannt ist, dass er die Hauptstadt des »häretischen« Königs Echnatons war.[23] Diese Tafeln, von denen fast 400 erhalten sind, stammen aus der Zeit Amenophis' III. (1417–1379 v. Chr.) und Echnatons (1379–1362 v. Chr.). Diese Tontafeln (manche sind nur 5x5 cm groß, andere stolze 20x13 cm) sind auf Akkadisch geschrieben, der Diplomatensprache jener Zeit. Auch wenn diese Texte ganz verschiedene Themen behandeln, ist doch deren Bedeutung aus geschichtlichem und geografischem Aspekt enorm. Der Briefwechsel zwischen dem ägyptischen König und seinen Zeitgenossen in Babylonien, Assyrien, Mitanni, Alaschija und Hatti wirft Licht auf die Ereignisse. In einem dieser Briefe beklagt sich zum Beispiel der König von Babylonien, seine Karawane sei bei Hannaton im Land Kanaan angegriffen worden. Und da das Land Kanaan unter ägyptischer Herrschaft stehe, sei der König von Ägypten für ihr Schicksal verantwortlich (El-Amarna-Tafel 8). Die meisten dieser Briefe sind Berichte aus dem Briefwechsel zwischen vielen Herrschern über levantinische Städte und dem König von Ägypten. Diese Korrespondenz zeigt, dass die Ägypter Kanaan mit freundlicher Vernachlässigung behandelten, wobei sie aber immer noch offiziell die Kontrolle über die Gegend behielten. Kanaan befand sich nicht im Chaos, aber seine vielen Herrscher gingen immer neue Bündnisse ein bei dem Versuch, im Land die Oberhand zu gewinnen.

Eine der hervorstechendsten Figuren war Labaja von Sichem. Von seiner Basis im Bergland breitete er sich in alle Richtungen aus und versuchte, die Handelsstraßen unter seine Kontrolle zu bringen, die durch die Ebene Scharon, das Jesreeltal und durch das Gebiet um Peheli in Transjordanien verliefen.

Könige wie Biridija von Megiddo beklagten sich über ihn und erbaten das Eingreifen Ägyptens, während Labaja immer wieder seine (geheuchelte?) Treue zu Ägypten beschwor. Am Ende wurde Labaja von seinen Feinden in Kanaan umgebracht, aber seine Söhne traten in seine Fußstapfen.

Jerusalem, das andere Zentrum im Bergland, südlich Sichems, ist in dieser Korrespondenz auch vertreten. Der Herrscher Jerusalems, Abdi-Hepa, versuchte, die Habiru in Schach zu halten und unterhielt dazu rege Kontakte mit den Herrschern ihrer Städte in der Schefela (wie Geser, Gat, Keïla und Lachisch).

Als diese Briefe entdeckt worden waren, dachten manche Gelehrte, es seien Berichte der israelischen Landnahme aus erster Hand. Jedoch entsprechen die biblischen Namen der Könige von Jerusalem (Adoni-Zedek), Lachisch (Jafia) und Geser (Horam) nicht den Namen, die in den Amarna-Briefen genannt werden, nämlich Abdi-Hepa (Jerusalem), Zimredda und andere (Lachisch) und Milkilu und Japai (Geser).

Nach der Chronologie, die hier vertreten wird, geschahen die Ereignisse, die in diesen Briefen festgehalten sind, kurz nach den ersten Feldzügen der Landnahme unter Josua (ca. 1406–1400 v. Chr.).

Eine der interessantesten Gruppen, die in den Amarna-Briefen auftauchen, sind die Habiru, die immer wieder in antiägyptische Aktivitäten verwickelt waren und die die Stabilität vieler Stadtstaaten bedrohten. Es ist möglich, dass die *Habiru* mit den *Hebräern* zu

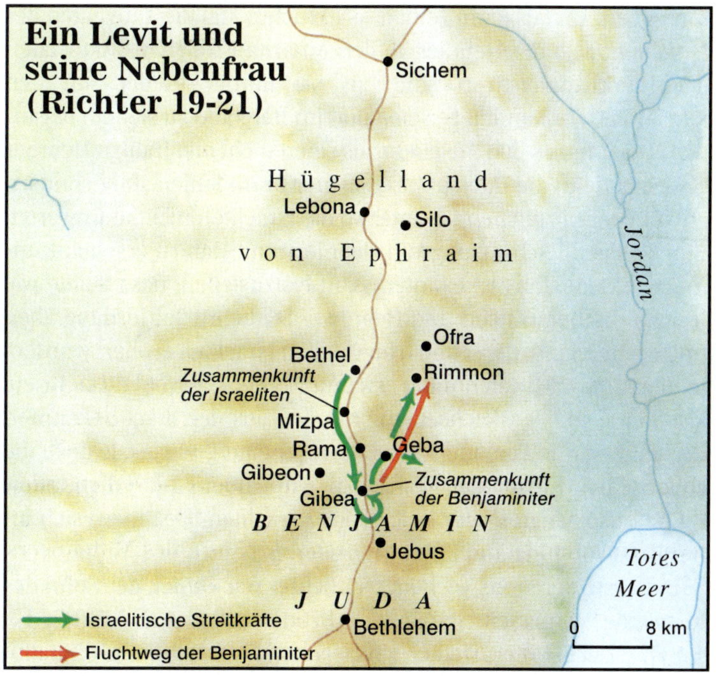

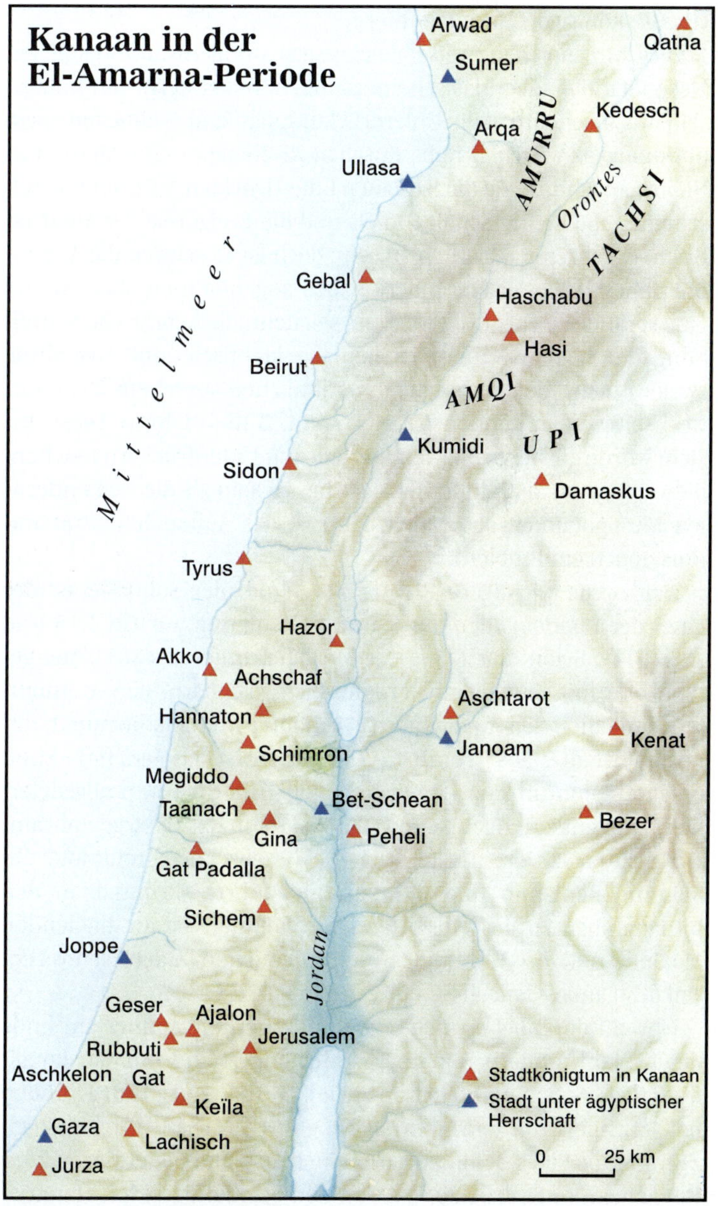

tun haben. Und es kann sein, dass manches Mal die Aktivitäten der Israeliten, also der Hebräer, in den Amarna-Briefen als Aktivitäten der Habiru aufgeführt sind: als sie immer wieder mit den Kanaanitern in Konflikt gerieten und im Bergland zu siedeln begannen. Doch hat es den Anschein, als seien nicht alle Habiru Hebräer gewesen, denn die Habiru waren nicht nur im Süden aktiv, sondern auch in der nördlichen Levante, wo die Israeliten nicht aktiv waren. Eine völlige Gleichsetzung von Hebräern mit Habiru erscheint unmöglich. Jedenfalls ist es interessant festzustellen, dass Städte wie Jericho, Bethel, Gibeon und Hebron – Städte im Tal/Jordangraben und im Bergland, die schon früh von den Israeliten erobert wurden, in den Amarna-Briefen nicht erwähnt werden. Obwohl diese Briefe also keine völlige Gleichsetzung mit den aus der Bibel bekannten Ereignissen und Personen zuzulassen scheinen, zeigen sie doch die chaotischen Umstände in Kanaan im frühen 14. Jahrhundert v. Chr., also genau in der Zeit, als die Israeliten begannen, sich im Bergland von Juda und Ephraim niederzulassen

Der erste der sechs wichtigeren Richter war Otniël, der Sohn des Kenas, der seinerseits der jüngste Bruder Kalebs war (Ri 3,7–11; 1,13). Der Unterdrücker Israels war Kuschan-Rischatajim (= »Kuschan, der doppelt Schlechte«?), der König Aram Naharajim (Lu 84: König von Mesopotamien).

Dies wird normalerweise gleichgesetzt mit dem nordwestlichen Mesopotamien, aber das scheint ziemlich weit entfernt von Juda zu sein, wo anscheinend die Unterdrückung stattfand.[24] Kline hat angenommen, in Wahrheit habe Kuschan-Rischatajim eine Meute von Habiru angeführt, die die Israeliten unterdrückten.[25] Chronologisch scheinen die Richterschaft Otniëls und die Ereignisse der Amarna-Briefe gleichzeitig verlaufen zu sein, doch ist es schwer, die Annahme Klines zu beweisen. Andere haben angenommen, das »Aram« eine veränderte Form von »Edom« sei, denn die hebräische Schreibung der beiden Namen ist beinahe identisch, mit Ausnahme zweier Buchstaben, die wegen ihres ähnlichen Aussehens leicht verwechselt werden können (**ארם** = Aram, **אדם** = Edom). Diese Ansicht würde die benachbarten Edomiter zu Unterdrückern machen; diese scheinen als Feinde viel logischer zu sein als die weit entfernten Mesopotamier, aber auch dann ist das Auftauchen »Naharajims« noch ein Problem.[26]

Der zweite wichtigere Richter war Ehud, der Sohn Geras, der einer der Überlebenden des Stammes Benjamin war (Ri 3,15 und s. S. 104). Eglon, der König der Moabiter, unterdrückte Israel gemeinsam mit seinen transjordanischen Nachbarn, den Ammonitern und auch den Amalekitern,[27] von ihrem Hauptstützpunkt, der »Palmenstadt«, aus (gemäß 2. Chr. 28,15 ist das Jericho). Ehud brachte Eglon um, nachdem er seinen Tribut bei ihm abgeliefert hatte und entkam nach Seïra (»der Wald«) in das Gebirge Ephraim (Ri 3,26–27). Dort musterte er die israelischen Streitkräfte der Stämme Benjamin und Ephraim und führte sie hinab in den Jordangraben zu dessen Furten. Dort konnten sie die fliehenden Moabiter und ihre Verbündeten sehr schwächen. Zuletzt genoss ein Teil des Landes danach 80 Jahre »Ruhe« (V. 28–30).

Obwohl die Bibel es nicht erwähnt, waren die Ägypter am Ende des 14. Jahrhunderts und im 13. Jahrhundert im Land Kanaan aktiV. Reliefs, Stelen und Teile von Stelen, die man in Kanaan gefunden hat, erzählen von den Aktivitäten Sethos I. (1318–1304 v. Chr.). Zum Beispiel ist bekannt, dass er einen Aufstand in der Gegend um Bet-Schean unterdrückte, der von den Stadtkönigen von Hammat und Peheli angeführt worden war. Das stärkte nicht nur die ägyptische Herrschaft über die Bet-Schean-Region, sondern unterwarf auch die Habiru vom Berg Jarmuta (d. h. im Gebiet, das dem Stamm Issachar zugewiesen worden war). Er unterwarf auch Jenoam[28] in Baschan und zog nordwärts, wobei er Hazor (die untere Stadtschicht II) eroberte, und entlang der phönizischen Küste weiter nach Norden zog.

Sein Nachfolger, Ramses II. (1304–1237 v. Chr.), bekämpfte die Hetiter bei Kedesch am Orontes in seinem fünften Regierungsjahr (1298 v. Chr.) und zeigte so, dass Kanaan südlich davon fest unter ägyptischer Herrschaft war. Tatsächlich schlossen später die Hetiter mit Ramses II. einen Vertrag, der ihre gemeinsame Grenze gerade südlich von Kedesch festlegte (ca. 1283 v. Chr.). Zusätzlich gibt »ein satirischer Brief« *(ANET,* S. 476–478), der in das 13. Jahrhundert v. Chr. datiert wird, einen klaren Beweis für die Herrschaft Ägyptens über die Küstenebene und die Täler Kanaans, wobei festgehalten wird, dass ägyptische (Streit-) Wagen und Botschafter sich frei im Lande bewegten.

Obwohl Merenptah (1236–1223 v. Chr.), der Nachfolger Ramses' II., nicht so mächtig war wie sein Vorgänger, erwähnt seine Stele unter anderem seinen Sieg über Israel.

»Geplündert ist Kanaan mit allem Bösen.
Askalon ist genommen,
Geser erobert,
Jenoam ist völlig ausgelöscht,
Israel liegt verwüstet,
hat keine Nachkommenschaft mehr.
Hurru ist eine Witwe für
Ägypten geworden.
Alle Länder insgesamt sind befriedet.
Jeder, der nomadisch lebt,
ist gebunden worden.
Durch den König von Ober- und Unterägypten ...
Merenptah ...«

(Übersetzung nach H. Bardtke: Bibel, Spaten und Geschichte, Göttingen 1970)

Dies ist die erste außerbiblische Erwähnung »Israels« und sie beweist die Anwesenheit der Israeliten in Kanaan spätestens 1231 v. Chr.

Die Frage, wie all diese ägyptischen Aktivitäten in Kanaan vor sich gehen konnten, ohne dass sie in der Bibel erwähnt werden, ist relevant. Die plausibelste Lösung dieses Problems ist, dass die Ägypter und die Israeliten verschiedene Anliegen im Lande hatten. Die Ägypter waren interessiert an Ebenen und offenen Tälern, den Gegenden, durch die überregionale Straßen verliefen, während die Israeliten mehr einen sicheren Halt in den wilderen gebirgigen Gegenden suchten. So scheinen Begegnungen der beiden Völker äußerst selten gewesen zu sein.

Der erste der weniger wichtigen Richter, Schamgar, Sohn Anats, wird in Richter 3,31 und 5,6 erwähnt. Die Zeit seiner Richterschaft ist nicht sicher zu bestimmen, aber sie muss vor der Zeit von Debora und Barak (Ri 5,1–6) liegen. So erscheint ein Datum im ausgehenden 13. Jahrhundert v. Chr. wahrscheinlich. Da er gegen eine frühe Gruppe der Philister tätig wurde, erscheint es einleuchtend, seinen Wirkungsbereich in deren Nähe zu legen. Über seine

Feldzüge der Ägypter in Kanaan

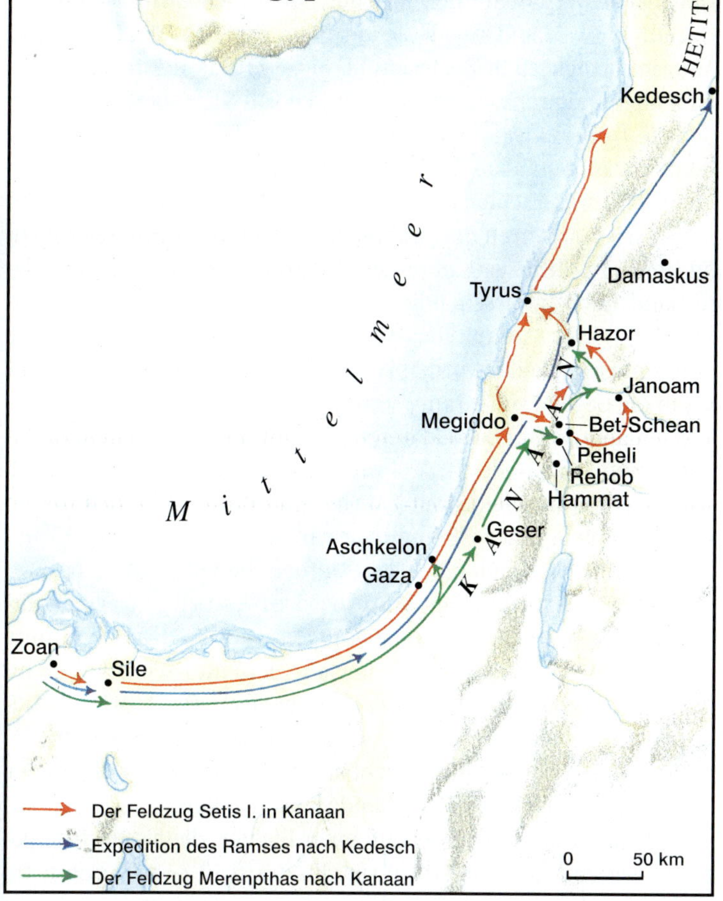

Die Richter Israels

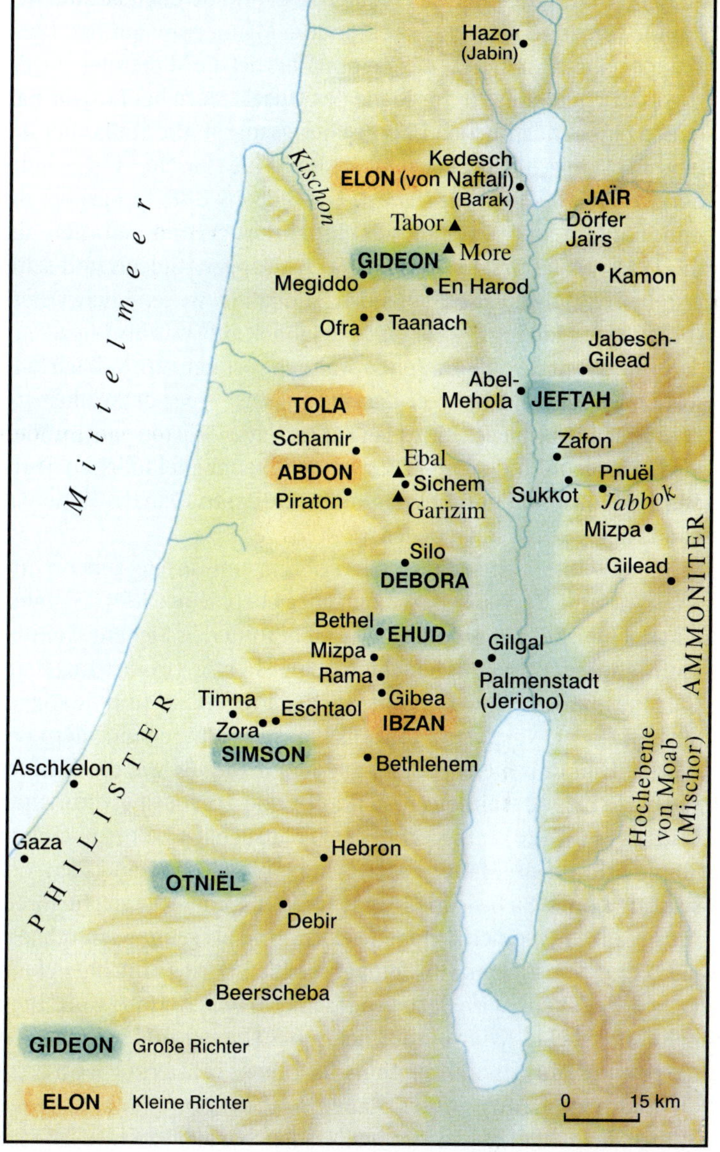

Stammeszugehörigkeit ist nichts bekannt, auch wenn sein Name fremd zu sein scheint (hurritisch?): Da er der »Sohn Anats« genannt wird, die eine kanaanitische Göttin war, ist vorgeschlagen worden, er könne aus der Stadt Bet-Anat in Naftali gekommen sein (Jos 19,38; Ri 1,33), aber dann läge seine Heimat sehr weit von seinem Wirkungsbereich als Richter entfernt. Andererseits könnte er aus Bet-Anot gewesen sein, einer Stadt in Juda (Jos 15,59). In diesem Fall hätte seine Heimat sehr viel näher an dem angenommenen Ort seiner Heldentaten gelegen.[29]

Während der ersten Hälfte des 12. Jahrhunderts v. Chr. behaupteten sich die Kanaaniter im nördlichen Israel. Angeführt von Jabin, dem König von Hazor, und seinem Feldhauptmann Sisera unterdrückten sie das nördliche Israel 20 Jahre lang. In dieser Zeit war das Dorfleben bedroht und Reisen auf der Straße gefährlich (Ri 5,6–7), teilweise, weil Waffen in Israel rar waren (V. 8). Unter der Leitung Baraks aus Kedesch Naftali und der Richterin Debora, deren Wirkungsstätte bei der Palme zwischen Rama und Bethel im Hügelland Ephraim lag (Ri 4,4–6), wurden die israelitischen Streitkräfte auf den Hängen des Berges Tabor am nördlichen Ausgang des Tales Jesreel gemustert. Hier, auf den bewaldeten Hängen des Tabor, waren die Israeliten vor den Manövern der 900 Streitwagen, die Sisera unter sich hatte (V. 3–22), relativ sicher. Anfangs sandten Sebulon und Naftali Streitkräfte (V. 10), die offensichtlich noch durch Kämpfer aus Ephraim, Benjamin, Machir (Manasse) und Issachar verstärkt wurden (Ri 5,14–15). Im richtigen Moment führte Barak seine Armee den Berg hinunter, um die Kanaaniter in der Ebene zu bekämpfen. Wegen eines plötzlichen Wolkenbruchs und einer Überflutung des Kischon waren die kanaanitischen Streitwagen unbrauchbar und Israel errang einen entscheidenden Sieg (Ri 4,14–16; 5,20–21). Sisera, der möglicherweise zurück nach Hazor floh, wurde unterwegs von der listigen Jaël umgebracht, die einen Zeltpflock durch seinen Kopf schlug, während er schlief. Statt dass die Kanaaniter das Silber und den Besitz der Israeliten bei Taanach am Wasser Megiddos verteilt hätten (Ri 5,19; vermutlich eine ihrer größeren Militärbasen),[30] waren es die Israeliten, die siegreich waren, und der nördliche Teil des Landes erlebte einen 40-jährigen relativen Frieden (V. 31).[31]

In Kapitel 6–8 berichtet das Buch Richter von den Heldentaten Gideons, der Israel in der zweiten Hälfte des 12. Jahrhunderts v. Chr. im Kampf gegen die Midianiter, die mit ihnen verbündeten Amalekiter und andere Völker anführte, die aus dem Osten kamen. Jedes Jahr im späten Frühjahr oder Frühsommer fielen diese Völker in Israel ein, raubten die Ernte und ließen ihre Kamele und andere Tiere die Felder abgrasen. Als sie das sieben Jahre lang wiederholt hatten und Israel zu verarmen anfing, rief es den Herrn um Hilfe an. Gideon, ein Abiësriter aus dem Stamm Manasse und der Stadt Ofra, die die Ebene Jesreel von Süden her überblickte, gehorchte dem Ruf Gottes.[32] Er versammelte die Stämme Manasse, Asser, Sebulon und Naftali bei der Quelle Harod und bereitete sie auf den Kampf vor, indem er nur dreihundert Männer auswählte. Diese Truppe teilte er in drei Einheiten und überfiel die Midianiter, die ihr Lager anscheinend am Nordhang des Hügels More bei En-Dor hatten, in einem nächtlichen Überraschungsangriff. Die Midianiter flohen in Panik nach Südosten in Richtung Jordan, Bet-Schitta, Zereda, Abel-Mehola und Tabbat. Auf Gideons Bitte hin griffen die Ephraimiter ein, besetzten die Jordanfurten und nahmen die midianitischen Fürsten Oreb und Seeb gefangen. Gideon und seine Truppen verfolgten die fliehenden Midianiter weiter nach Osten, vorbei an Sukkot und Pnuël und den Jabbok aufwärts bis Gilead. Auf der »Straße derer, die in Zelten wohnen, östlich von Nobach und Jogboha« (Ri 8,11) holte er das ahnungslose Heer der Völker aus dem Osten ein und schlug es bei Karkor, einer Wüstenoase im Wadi Sirhan. Gideon und seine Leute vernichteten die feindlichen Truppen fast vollständig und machten reiche Beute. Danach hatte das Land vierzig Jahre lang Frieden.

Auf die Bitte, er solle Israel regieren, antwortete Gideon mit »Nein« (»Der Herr soll Herrscher über euch sein«; Ri 8,23); aber einer seiner Söhne, Abimelech, dessen Mutter in Sichem wohnte, hatte andere Pläne. Er erschlug seine siebzig Brüder im Haus Gideons in Ofra und ernannte sich dann selbst zum König in Sichem (Ri 9). Nur Jotam, Gideons jüngster Sohn, entging dem Gemetzel. Und durch eine Fabel sagte Jotam voraus, wie die Männer von Sichem und Abimelech sich am Ende gegenseitig vernichten würden (V. 7–20). Das trat auch tatsächlich ein, nachdem Abimelech nur drei Jahre regiert hatte: Abimelechs Feind Gaal, der sich an seiner Stelle zum Herrscher von Sichem gemacht hatte, wurde mitsamt seinen Truppen getötet. Und als seine Verbündeten, die Bürger von Sichem, im Tempel des Baal-Berit Zuflucht suchten (V. 46)[33], holten Abimelech und seine Truppen Holz vom Berg Zalmon (Jebel el-Kabir nordöstlich von Sichem?) und verbrannten die Festung. Kurz darauf, als Abimelech Tebez belagerte,[34] kam er zu dicht an einen Turm in der Mauer, so dass ihm eine Frau einen Mühlstein auf den Kopf warf und ihm den Schädel brach (V. 52–55; 2. Sam 11,21).[35] Wahrscheinlich verließ Abimelech sich bei dem Versuch, das Königtum für sich zu erhalten, teilweise darauf, dass Sichem traditionell die beherrschende Stadt im Umkreis war. Diese Vorherrschaft Sichems wird auch durch die Briefe von El-Amarna eindeutig belegt, die die Eskapaden des Labaja in derselben Gegend schildern (s. S. 105–106).

Über Datierung und Taten der zwei weniger bedeutenden Richter Tola (Ri 10,1–2) und Jaïr (V. 3–5) weiß man nichts Genaues, aber sie wirkten wahrscheinlich Ende des 12. oder Anfang des 11. Jahrhunderts v. Chr. Tola stammte zwar aus dem Stamm Issachar, aber er lebte und wirkte offenbar in Schamir[36] im Hügelland von Ephraim. Jaïr dagegen war aus dem Stamm Manasse und lebte in Gilead jenseits des Jordans. Dort, im Norden Gileads, richtete er über Israel mit seinen 30 Söhnen 22 Jahre lang. Die Städte, über die sie herrschten, hießen Havvot Jaïr (»Dörfer Jaïrs«)[37] und lagen im Grenzgebiet zwischen dem Baschan und Gilead, wahrscheinlich in der Nähe des Jarmuk. Jaïr wurde in Kamon begraben.

Anfang des 11. Jahrhunderts v. Chr. wurden die Israeliten im Osten von den Ammonitern und im Westen von den Philistern bedrängt. Die Gefahr von den Ammonitern war natürlich in Gilead am größten, aber auch Juda, Benjamin und Ephraim waren betroffen (Ri 10,9). Der Streit ging hauptsächlich um die Herrschaft über die Hochebene von Moab, den Mischor, aber auch um das südliche Gilead. Dieses Land wurde schon öfter von den Moabitern und Amoritern zugleich beansprucht (4. Mose 21,26), diesmal aber von Israeliten und Ammonitern. Die Ältesten von Gilead wählten Jeftah, den sie früher ausgestoßen hatten, zum Anführer ihrer Truppen. Jeftahs Argument, dass der Gott Israels dem Volk das Land gegeben hatte, dass die Israeliten es den Amoritern abgenommen hatten und schon seit 300 Jahren dort wohnten, nahmen die Ammoniter nicht an (Ri 11,14–28). Der Kampf mit den Ammonitern, der darauf folgte, fand höchstwahrscheinlich südlich von Mizpe in Gilead statt (V. 29–33). Die Ammoniter wurden schwer geschlagen. Zwanzig ammonitische Städte wurden verwüstet und das Gebiet von Aroër[38] bis in die Gegend von Minnit[39] erobert (V. 32–33).

Nach dem Sieg in Gilead kamen die Ephraimiter über den Jordan (wo Jeftah jetzt vielleicht Wohnung und Hauptquartier hatte? Ri 12,1); sie waren beleidigt, weil sie nicht aufgefordert worden waren mitzukämpfen, und wollten nun gegen die Gileaditer in den Kampf ziehen. In der folgenden Schlacht wurden die Ephraimiter besiegt, und wer überlebte und floh, wurde bei dem Versuch getötet, den Jordan wieder nach Westen zu überqueren – das ist das bekannte »Schibbolet«-Ereignis (V. 4–7). Jeftah regierte nur sechs Jahre und wurde dann in einer Stadt in Gilead begraben (V. 7). Wie die Geschichte Gideons, zeigt auch die von Jeftah, wie sehr die Stämme Israels dem Druck von ihren Nachbarn ausgesetzt waren, die in der Wüste im Osten oder in ihren Randgebieten lebten.

Über die drei weniger bedeutenden Richter, die als nächste genannt werden, weiß man nicht viel. Ibzan (Ri 12,8–10) regierte Israel sieben Jahre lang von Bethlehem aus – das kann in Sebulon (Jos 19,15) oder in Juda gelegen haben (vgl. Jos, Jüd. Altert. 5.7.13). Elon (Ri 12,11–12) aus Sebulon richtete Israel zehn Jahre lang von Ajalon aus, einer Stadt in Sebulon, und Abdon, der Sohn Hillels (V. 13–15), regierte das Land acht Jahre. Seine Heimatstadt Piraton lag in Ephraim im Bergland der Amalekiter (s. S. 40). Anscheinend regierten alle diese Richter in der ersten Hälfte des 11. Jahrhunderts v. Chr.

Ziemlich am Anfang des 12. Jahrhunderts v. Chr. traten neue Völker in Erscheinung, die aus der Gegend des Ägäischen Meeres kamen; sie waren nach Osten und Süden gewandert und hatten sich im 14. und 13. Jahrhundert v. Chr. in kleinen Gruppen in Ägypten und im Nahen Osten angesiedelt. Diese Neuankömmlinge werden in ägyptischen Quellen die Seevölker genannt und bestanden aus verschiedenen Stammesgruppen; es waren die Tjeker, Danuna, Serdanu, Turscha, Luka und Peleset (Philister). Ihre Züge im 13. Jahrhundert v. Chr. führten zum Ende der Minoischen Kultur auf Kreta und des mächtigen hetitischen Staates in Anatolien, und sie griffen auch in Nordsyrien Städte wie Alalach und Ugarit an.

Auf ihrem Weg von Norden ins Land Kanaan trat den Seevölkern der ägyptische König Ramses III. (1198–1166 v. Chr.) entgegen und im achten Jahr seiner Regierung (etwa 1190 v. Chr.) besiegte er die Eindringlinge zu Land und zur See.[40] Verschiedene Stämme der Seevölker ließen sich an der Küste Kanaans nieder, bevorzugt in Städten mit Seehäfen.[41] Für die Alttestamentler sind die Philister das interessanteste dieser Völker, die sich in den bekannten fünf Städten Gaza, Aschkelon, Aschdod, Gat und Ekron niederließen. Sie brachten zwar ihre ägäische Kultur mit: eine eigene Sprache, Kleidung, Töpferwaren, Waffen usw., aber anscheinend nahmen sie wesentliche Merkmale der kanaanitischen Kultur schnell an, also die Religion (die kanaanitischen Gottheiten Dagon, Astarte und Baal-Sebub), die Töpferei (die Töpferwaren in ihrem eigenen Stil verschwanden vor 1000 v. Chr.) und wahrscheinlich auch eine semitische Sprache. Vielleicht brachten sie Techniken zum Schmelzen und Schmieden von Metallen mit, besonders von Eisen, und darin waren sie den anderen Völkern von Kanaan anscheinend voraus (vgl. z. B. 1. Sam 13,19–22).[42] Ihre militärische Stärke war von Anfang an furchterregend und sie hatten außer Fußsoldaten auch Streitwagen und Reiterei (vgl. die Medinet Habu-Inschrift von Ramses III. [s. Anm. 40] und 1. Sam 13,5).

In der ersten Hälfte des 11. Jahrhunderts v. Chr. begannen die Philister, die Israeliten schwer zu bedrängen. Dieser Konflikt zwischen dem Volk an der Küste und dem im Bergland wurde natürlicherweise in der Pufferzone dazwischen, in der Schefela, ausgetragen. Im Tal Sorek im Norden dieser Landschaft trat der Richter Simson dieser Gefahr entgegen. Seine Eltern waren Daniter aus Zora (offenbar waren nicht alle Daniter nach Nordisrael gezogen, s. S. 104); Simson ging vom Lager Dans aus vor, das bei Zora und Eschtaol lag (Ri 13,25).

Sein erster Kontakt mit den Philistern führte zu seiner Heirat mit einer Philisterin aus Timna, das im Tal Sorek westlich von Bet-Schemesch lag. Später, als seine Frau ihn gekränkt hatte, brannte er die Kornfelder, Weinberge und Olivenhaine nieder, die die Philister im Sorek hatten.[43] Daraufhin verfolgten ihn die Philister bis ins Hügelland von Juda und zur Felsenkluft von Etam und die Judäer lieferten ihn aus Furcht (»Weißt du nicht, dass die Philister über uns herrschen?«, Ri 15,11) an die Philister aus. Aber er erwies sich bald als der Stärkere und erschlug eine ganze Anzahl von ihnen bei Ramat-Lehi (V. 9–19) mit einem »Eselskinnbacken«.[44] Seine Heldentaten hatten ihn bis Askalon geführt (14,19) und würden ihn auch noch nach Gaza und Hebron führen (16,1–3); aber sein tragischer und doch heroischer Tod war die Folge einer Affäre mit einem »Mädchen ... im Tal Sorek, die hieß Delila« (V. 4–31).[45] Mit Simson starb der letzte große Richter.

Die große Schlacht Ramses' III. gegen einen Teil der Seevölker (Philister), dargestellt auf einem Relief im Tempel Ramses' III. in Medinet Habu, Theben, ca. 1198-1166 v. Chr.

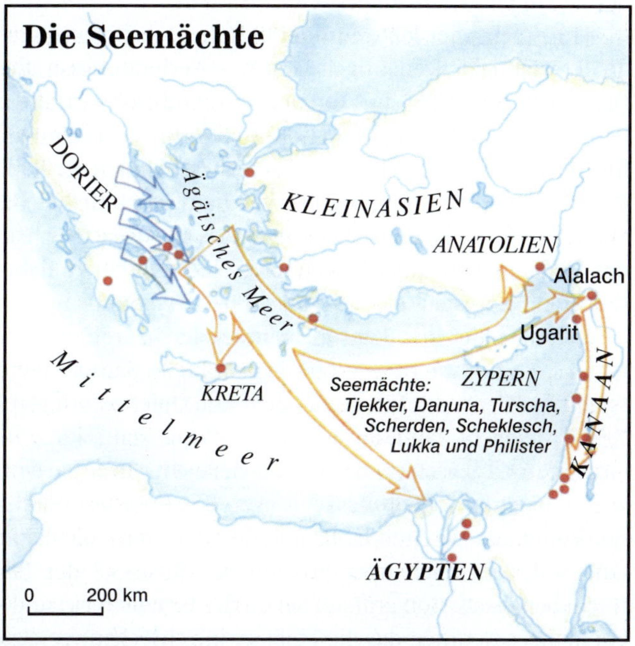

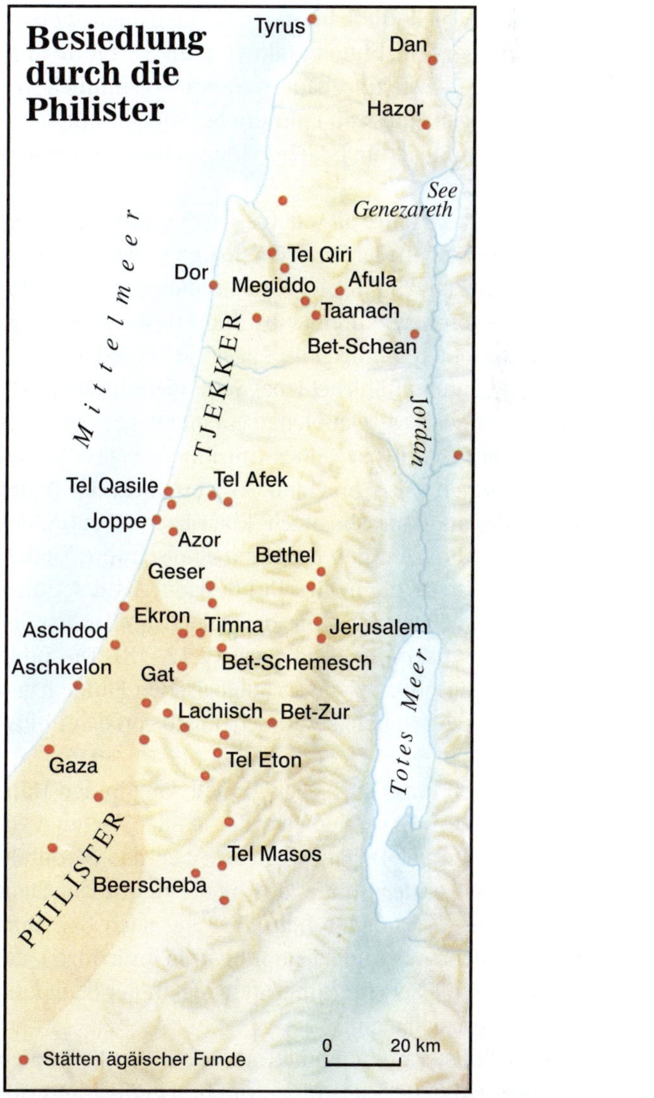

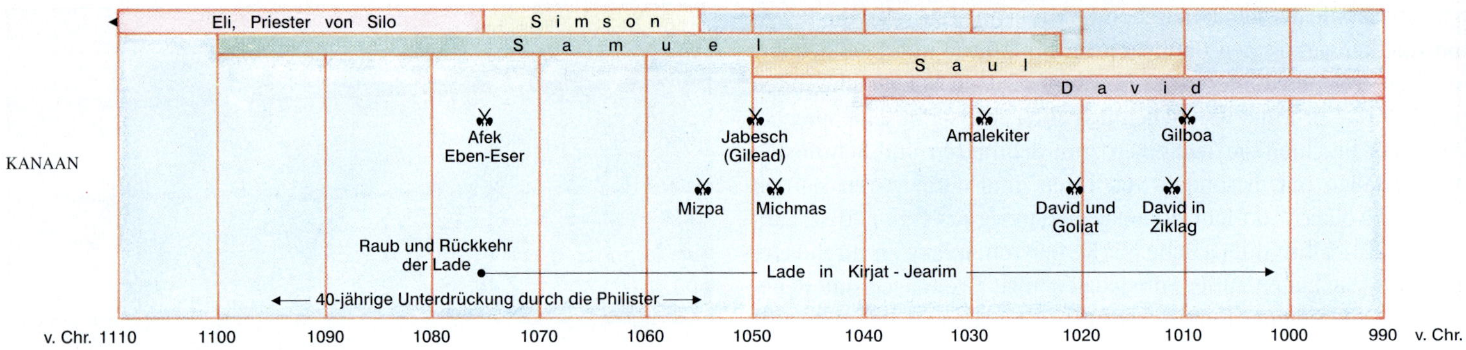

Übergang zur Königsherrschaft Samuels und Sauls

Das ganze 11. Jahrhundert v. Chr. über befand sich Israel in einer Übergangsphase von der Herrschaft der Richter zur Königsherrschaft. Gleichzeitig wurden die Philister immer stärker und kühner und steuerten fast unvermeidlich auf einen Krieg mit Israel zu.

Am Anfang des Jahrhunderts (ca. 1100) wurde Samuel geboren. Seine Eltern wohnten im Gebiet der Zufiten in Ramatajim (1. Sam 1,1), das ist sehr wahrscheinlich der Ort Rama, in dem Samuel sich später als Erwachsener niederließ. In seiner Kindheit diente er dem Hohenpriester Eli in der Stiftshütte in Silo (1. Sam 3). Ein Grund, warum die Stiftshütte dort aufgebaut war, war vermutlich die Unwegsamkeit des Hügellandes von Ephraim bei Silo, die einen natürlichen Schutz bot und sie für Israels Feinde schwer erreichbar machte.

Als Samuel ungefähr 25 Jahre alt war (ca. 1075 v. Chr., also etwa zur selben Zeit, als Simson im Tal Sorek den Kampf gegen die Philister aufnahm), sammelten die Philister ihre Streitkräfte in Afek, das am Oberlauf des Jarkon liegt, zu einer Invasion in das Hügelland (1. Sam 4,1). Die Israeliten schlugen ihr Lager zur Verteidigung bei Eben-Eser auf, das heute mit Khirbet Izbet Sarta identifiziert wird.[1] Nach einer ersten Niederlage glaubten die Israeliten, wenn das sichtbare Zeichen der Gegenwart Gottes mit ihnen in den Kampf zöge, würden sie siegen. Also brachten sie zum Schrecken der Philister die Bundeslade von Silo nach Eben-Eser. Aber in der Schlacht brachten die Philister den Israeliten eine schwere Niederlage bei und raubten sogar die heilige Bundeslade! Als der Hohepriester Eli von diesem Unglück erfuhr, besonders vom Verlust der Bundeslade, brach er zusammen und starb (V. 12–18). Die Bibel berichtet zwar nichts davon, aber die archäologischen Funde legen nahe, dass Silo zu dieser Zeit höchstwahrscheinlich von den Philistern zerstört wurde.[2]

Die Bundeslade blieb ungefähr sieben Monate lang in den Händen der Philister (1. Sam 6,1). Zuerst wurde sie nach Aschdod gebracht und in den Tempel Dagons gestellt. Aber das Standbild Dagons fiel mehrmals vor der Bundeslade nieder und in der Stadt brach eine Seuche aus; da brachte man die Lade nach Gat. Dort brach die gleiche Seuche aus und so kam die unheilträchtige Lade nach Ekron. Da brach die Seuche zum dritten Mal in der Stadt aus, in der sich die Bundeslade befand.

Die Fürsten der Philister wollten nun testen, ob die Lade wirklich die Seuchen verursacht hatte: Zusammen mit Geschenken von goldenen Beulen und goldenen Mäusen wurde die Lade auf einen Wagen geladen, der von zwei Kühen gezogen werden sollte, die kleine Kälber hatten und die noch nie angespannt worden waren. Wenn der Wagen zu der nahegelegenen israelitischen Stadt Bet-Schemesch führe, würden die Philister wissen, dass Jahwe das Unglück geschickt hatte (1. Sam 6,1–9). Und während die fünf Fürsten der Philister den Wagen von dem Felsenriff aus beobachteten, von dem aus man nordöstlich von Ekron das Tal Sorek überblicken kann, zogen die Kühe den Wagen tatsächlich talaufwärts nach Osten in Richtung Bet-Schemesch. Die Bewohner von Bet-Schemesch, die im Tal Weizen ernteten (das bedeutet, dass es ungefähr Mai gewesen sein muss),[3] freuten sich, die Lade zu sehen, und brachten Festopfer, weil sie heil zurückgekommen war (V. 10–18). Aber ein paar Leute aus Bet-Schemesch schauten in die Lade hinein – was nur der Hohepriester tun durfte, und das nur einmal im Jahr, am Versöhnungstag. Da Gott sie daraufhin schlug, wurde die Lade weiter nach Kirjat-Jearim geschickt,[4] einer der vier gibeonitischen Städte, und blieb dort zwanzig Jahre, bis sie wieder mit in den Kampf genommen wurde. Erst unter Davids Herrschaft, nachdem Jerusalem eingenommen worden war (ca. 1003 v. Chr.), wurde die Bundeslade in Jerusalem aufgestellt (2. Sam 6).

Als Erwachsener lebte Samuel in Rama,[5] das strategisch günstig an der wichtigen Kreuzung der Ost-West-Verbindungsstraße (Geser-Bet-Horon-Rama-Jericho) mit der Nord-Süd-Höhenstraße lag. Dort baute er einen Altar zur Ehre Gottes (1. Sam 7,17). Einmal im Jahr führten ihn seine Pflichten, die er wahrscheinlich als Richter und Priester hatte, auf eine Rundreise von Rama nach Bethel, Gilgal und Mizpa (7,16). Es ist bemerkenswert, dass alle diese Orte in der Nähe des Jordangrabens oder östlich davon lagen, nicht zu nahe an den Gebieten im Westen, die die Philister beherrschten.

Auch nach der Rückkehr der Bundeslade bedrohten die Philister Israel weiter. Etwa 1055 v. Chr. versammelte Samuel die Stämme Israels in Mizpa, um für sie zu beten und Opfer zu bringen (1. Sam 7,5).[6] Vielleicht fand diese Versammlung statt, kurz nachdem Simson in Gaza gestorben war. Und vielleicht wurde sie einberufen, weil man einen Vergeltungsschlag von den Philistern fürchtete. Die Konfrontation zwischen Israel und den Philistern, die darauf folgte, fand wahrscheinlich irgendwo auf der Westseite der Benjamin-Hochebene statt. Gott griff auf Seiten der Israeliten ein und schickte ein heftiges Gewitter, das die Philister in Schrecken versetzte. Israel

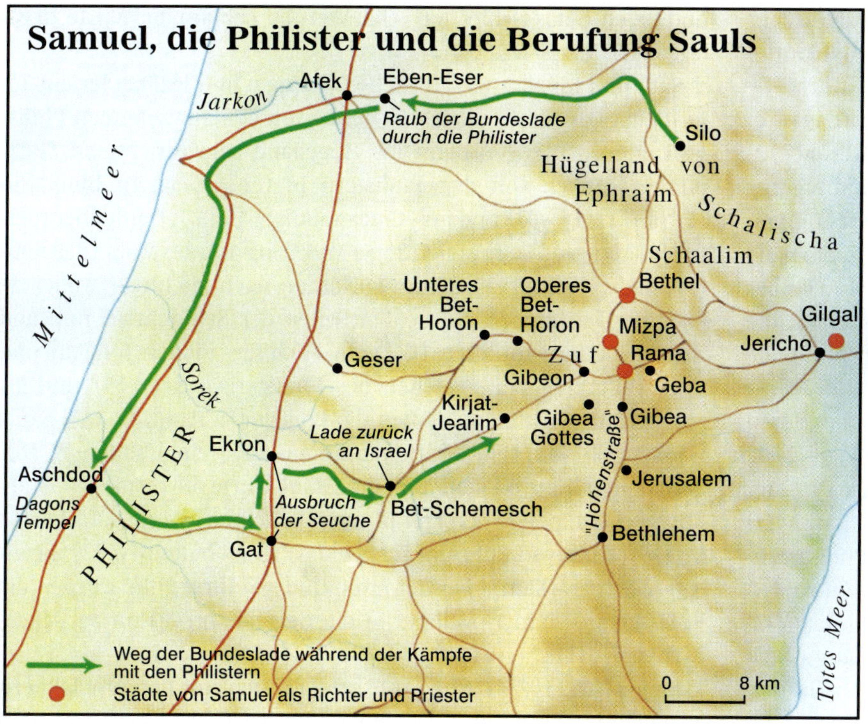

Wadi Suweinit, möglicherweise der Ort, an dem Jonatan die Philister angriff.

nutzte die Gelegenheit und verfolgte sie nach Westen in Richtung der Küstenebene bis Bet-Kar (Lage nicht bekannt). Zur Erinnerung an Gottes freundliche Hilfe beim Sieg Israels über die Philister setzte Samuel einen Gedenkstein, genannt Eben-Eser (»Stein der Hilfe«), zwischen Mizpa und Schen (V. 11–12).[7] Aufgrund dieses Sieges gewann Israel Gelände bei Ekron und Gat zurück (V. 13–14). Aber die Ruhe vor den Angriffen der Philister sollte nur ein paar Jahre dauern.

Während Samuel sein Amt im Gebiet von Benjamin ausübte, dienten zwei seiner Söhne als Richter an der Südgrenze Israels in Beerscheba (1. Sam 8,1–3). Weil diese Söhne sich bestechen ließen und vielleicht auch, weil die Philister wieder in Westbenjamin einfielen, traten die Ältesten Israels in seinem Haus in Rama an Samuel heran und baten ihn, einen König über sie einzusetzen (V. 4–5). An dieser Stelle der Geschichte wird Saul aus dem Stamm Benjamin eingeführt. Auf der Suche nach verirrten Eseln im Hügelland von Ephraim, in der Gegend von Schalischa und in den Gebieten von Schaalim und Zuf bat er schließlich Samuel in Rama um Rat. Samuel informierte ihn, dass man die vermissten Esel gefunden hatte, und salbte ihn dann insgeheim zum König (10,1). Um ihn in der Überzeugung zu bestärken, dass Gott ihn dazu bestimmt hatte, sagte ihm Samuel bestimmte Ereignisse voraus, die bei Rahels Grab nahe Zelzach an der Grenze von Benjamin, bei der Eiche Tabor und in Gibea Gottes eintreffen sollten (V. 2–8).

Diese Ereignisse trafen tatsächlich ein und in Gibea Gottes (Nebi Samwil) » … kam ihm eine Schar von Propheten entgegen, und der Geist Gottes geriet über ihn« (1. Sam 10,10). Sauls Familie lebte im benachbarten Gibeon (1. Chr 9,35–40). So ist es nicht verwunderlich, dass Saul beim Abstieg von Gibea seinem Onkel begegnete und dieser ihn fragte, was Samuel zu ihm gesagt habe (1. Sam 10,13–15; Gibea Gottes und Gibeon liegen nur 2,5 km voneinander entfernt).[8] Kurz darauf wurde Israel in Mizpa versammelt, das mitten in Benjamin liegt. Dort wurde Saul durch das Los zum König bestimmt (V. 17–27). Nach dem Auswahlverfahren ging Saul wieder in sein (neu gebautes?) Haus in Gibea (Tell el-Ful). Dieser Ort war seit seiner Zerstörung nach dem Vorfall mit dem Leviten und seiner Nebenfrau (Ri 20,33–45) verlassen gewesen. Aber Saul baute offensichtlich eine Festung an dem zentral gelegenen Platz und gab ihm den neuen Namen Gibea oder Gibea Sauls (vielleicht um das Verbot zu umgehen, eine Stadt wieder aufzubauen, die wegen ihrer Bosheit zerstört worden war? 5. Mose 13,13–18). Der frühere Name Geba oder Gibea in Benjamin war auf den nahegelegenen Ort Jaba übertragen worden.[9] Hier am Tell el-Ful (Gibea Sauls) haben die Archäologen die Reste einer Festung freigelegt, die aus der Zeit Sauls stammt. In diesem Anfangsstadium der Königsherrschaft muss Sauls Hofstaat sehr klein gewesen sein, denn die Feiern, die erwähnt werden, machen keinen pompösen Eindruck (1. Sam 20,5–34). Und die Erwähnung von Saul und seinem Gefolge unter der Tamariske in Gibea (22,6) lässt auf eine sehr lockere Organisation schließen.

Saul bekam bald Gelegenheit, seine Führungsqualitäten zu zeigen, indem er Truppen aus Israel und Juda einzog, um die Einwohner von Jabesch in Gilead von ihren ammonitischen Belagerern zu befreien (1. Sam 11,1–13). Vielleicht hatte er sogar darauf gehofft, denn zu Sauls Zeit waren wahrscheinlich viele Benjaminiter Nachkommen von Frauen, die aus Jabesch stammten (Ri 21,6–12). Er verließ das Gibea Sauls und begab sich nach Besek im Norden, wo er die Truppen aus Israel und Juda auf den Kampf vorbereitete (1. Sam 11,6–8). Er zog über den Jordan, beendete die Belagerung von Jabesch und besiegte die Ammoniter. Israel war nun von seiner Kriegstüchtigkeit überzeugt und bestätigte ihn in dem alten Kultzentrum Gilgal als König (V. 14–15). Und von diesem Zeitpunkt an war seine Herrschaft im Großen und Ganzen unumstritten.

Kurz nach dieser Bestätigungszeremonie (vielleicht etwa 1048 v. Chr.)[10] rekrutierten Saul und sein Sohn Jonatan in Michmas, im Gebirge von Bethel und in Gibea in Benjamin kleine israelitische

Einheiten (1. Sam 13,2). Auch diese Orte, die unter israelitischer Herrschaft waren, lagen im östlichen und mittleren Benjamin, denn das westliche Benjamin beherrschten wahrscheinlich die Philister durch Besatzungstruppen in Gibea und in Geba (das ist in diesem Fall wahrscheinlich El-Jib, also Gibeon; 13,3 steht Gibea).[11] Durch diese Truppen sicherten die Philister die Verbindung zur Küstenebene über die Straße durch Bet-Horon. Außerdem konnten sie weitere Raubzüge in die Gegend der Benjamin-Hochebene unternehmen und die Kontakte zwischen Israel und Juda über die Nord-Süd-Höhenstraße unterbrechen. Militärisch waren die Israeliten eindeutig benachteiligt, denn sie konnten ohne die Philister auch kupferne (und eiserne?)[12] Kriegsgeräte oder Werkzeuge für die Landwirtschaft weder herstellen noch reparieren (V. 19–22).

Sauls Sohn Jonatan stellte sich der Bedrohung durch die Philister direkt entgegen, indem er die Festung in Geba (Gibea, 1. Sam 13,3) angriff und einnahm. Durch diese Niederlage hatten die Philister ihren Stützpunkt im Bergland verloren und die Israeliten kontrollierten den Weg über Bet-Horon; also gruppierten sich die Philister offensichtlich neu, vielleicht in der Gegend von Afek, und kamen weiter nördlich auf der Straße wieder ins Bergland, die durch Timnat-Serach führte. So kamen sie in den Nordwesten und Nordosten der Benjamin-Hochebene. Mit Streitwagen, Reitern und Fußvolk schlugen die Philister bei Michmas ihr Lager auf (V. 5). Von dort aus organisierten sie Raubüberfälle im Norden (Ofra), Westen (Bet-Horon) und Osten (»das Gebiet, das nach dem Tal Zeboïm der Wüste zu gelegen ist«, V. 17–18).

Saul und Jonatan versammelten Truppen in Gilgal bei Jericho im Jordantal (vorsichtshalber weit genug von den angreifenden Philistern entfernt), zogen dann ins Hügelland und errichteten Stützpunkte südlich von den Philistern in Gibea/Geba in Benjamin (1. Sam 13,15–16) und im »Gibea (Sauls)« (14,2). Dann überquerten Jonatan und sein Waffenträger von Geba aus das Wadi (das heutige Wadi Suweinit) in Richtung Norden nach Michmas, wobei sie über die Felsklippen auf beiden Seiten der Schlucht (Senne und Bozez) klettern mussten (V. 4). In Michmas töteten Jonatan und sein Waffenträger die Wachen des Philisterlagers (V. 14) und als zugleich die Erde bebte, flohen die Philister in Panik (V. 15). Sauls Wachen, die vom Gibea in Benjamin aus zugesehen hatten (V. 16), berichteten ihm von der Panik, und Saul führte die restlichen israelitischen Truppen in den Kampf. Auch Israeliten, die sich aus Furcht im Hügelland von Ephraim versteckt gehalten hatten (V. 22), beteiligten sich am Kampf bei Bet-Awen und mit ihrer Hilfe wurden die Philister aus dem Hügelland in die Gegend von Ajalon zurückgetrieben (V. 31).

Später (ca. 1025 v. Chr.) musste Saul sich mit den Amalekitern auseinandersetzen, die anscheinend nach Südisrael einfielen. Saul sammelte seine Truppen in Telem, das vielleicht mit Telaim in Juda (Jos 15,24, aber das ist unsicher) identisch ist. Als sie sich der Stadt Amalek näherten (sie wurde kürzlich als Tel Masos identifiziert),[13]

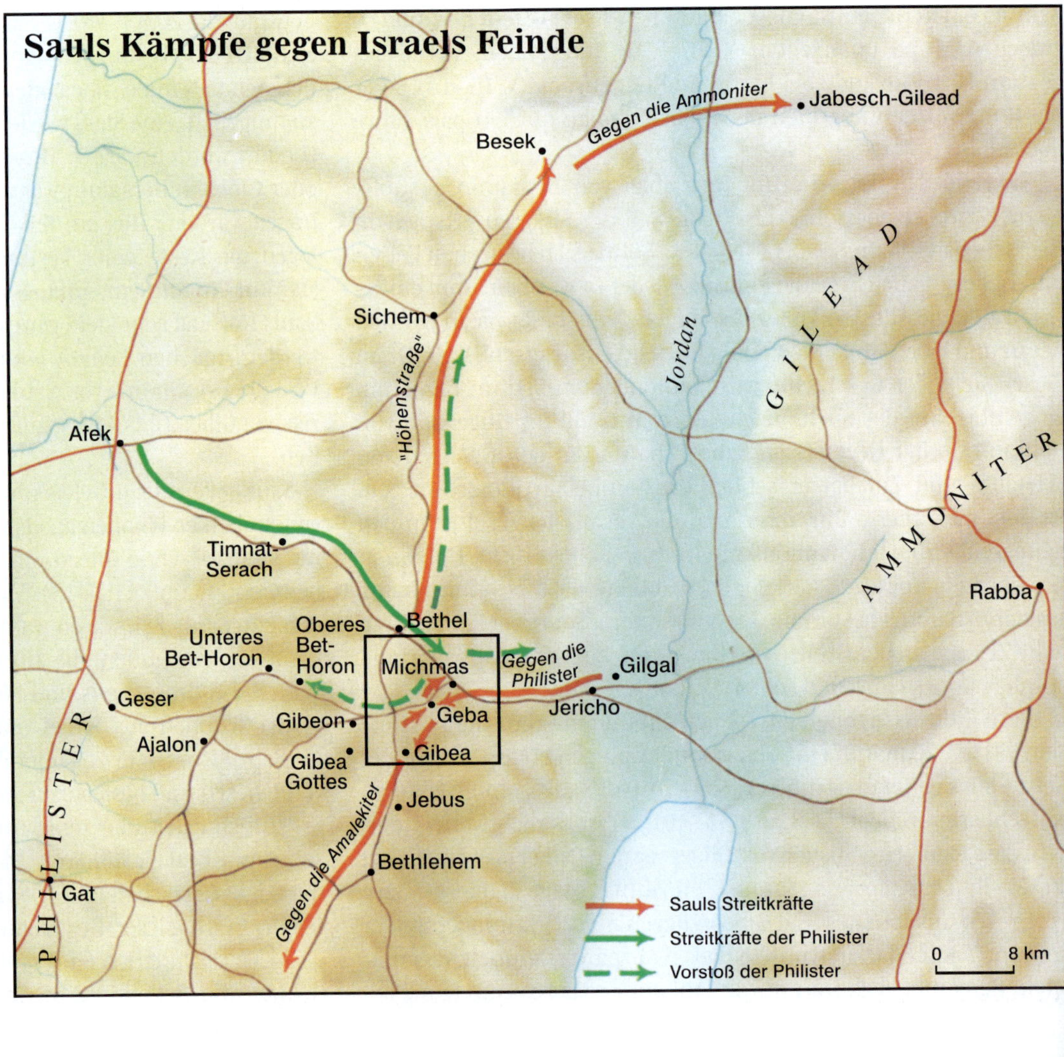

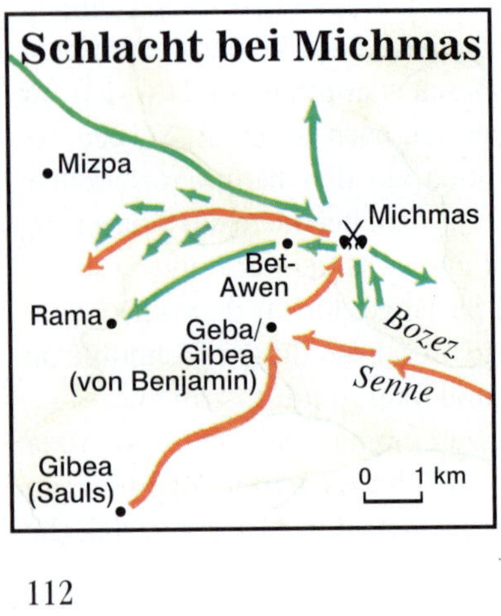

wies Saul die Keniter an, vom Feind wegzuziehen (1. Sam 15,5–6). Diese Keniter waren Verwandte und Nachkommen von Moses Schwiegervater, die zeitweise im Land Juda lebten (Ri 1,16; 1. Sam 27,10), von denen damals aber manche bei den Amalekitern wohnten. Als das geschehen war, griff Saul die Amalekiter an und schlug sie vernichtend »von Hawila bis nach Schur, das vor Ägypten liegt« (V. 7). Zur Erinnerung an diesen Sieg stellte Saul in »Karmel (in Juda)« einen Gedenkstein auf (V. 12); Karmel war wahrscheinlich eine der Städte in Südjuda, die die Amalekiter immer wieder überfallen hatten. Aber die folgende Siegesfeier in Gilgal wurde dadurch beeinträchtigt, dass Saul nicht alles vernichtet hatte, was Gott ihm zu vernichten befohlen hatte. Samuel sagte ihm, dass ihm wegen dieses Ungehorsams die Königsherrschaft genommen und einem anderen gegeben werden würde (V. 24–35).

Die Bibel berichtet nicht nur von Sauls Siegen über die Philister und Amalekiter, sondern auch von seinen Siegen über Moab, Edom und die Ammoniter im Osten und die Könige von Zoba im Norden (1. Sam 14,47). Alle diese Feinde wurden offenbar in Schach gehalten, aber beherrschen konnte Israel diese Völker erst unter David und auch dann nur für kurze Zeit.

Schon bald nach dem Kampf gegen die Amalekiter salbte Samuel David (1. Sam 16) und David trat als Musiker in den Dienst des Königs. Philister und Israeliten kämpften immer noch um die Vorherrschaft, aber jetzt fanden ihre Kämpfe – wahrscheinlich zur Erleichterung der Israeliten – in der Schefela statt, der Pufferzone zwischen den Philistern im Westen und den israelitischen Bergstädten im Osten. In diesem Zusammenhang ist der Kampf Davids gegen Goliat im Eichgrund (Tal Elah) zu sehen: Bei einem Vorstoß von Ekron und Gat nach Osten lagerten die Philister bei Efes-Dammim zwischen Socho und Aseka (17,1). Die Israeliten, die die Zugänge zum Bergland verteidigten, lagerten auf der Nordseite des Tales (V. 2–3), wahrscheinlich östlich vom Philisterlager. Die Begegnung zwischen David und Goliat fand in dem weiten Tal selbst statt und von dort nahm David auch die fünf glatten Steine für seine Schleuder. Das Beispiel Davids ermutigte Sauls Truppen: sie griffen die Philister an und besiegten sie. Die Philister flohen zuerst nach Norden auf der Straße nach Schaarajim im Tal östlich von Aseka, wendeten sich dann nördlich von Aseka nach Westen und liefen im Tal entlang zu ihren sicheren Städten Gat und Ekron (V. 52). Dieser Kampf war vermutlich einer in einer ganzen Reihe, die in der Schefela zwischen Philistern und Israeliten stattfanden. Zum Beispiel verteidigte David in der Schefela auch die Einwohner von Keïla gegen die Philister (23,1–13). Der Bericht von David und Goliat enthält also nicht nur viele geografische Angaben über das Gebiet um das Tal Elah, sondern er illustriert auch, dass die Schefela als militärische Pufferzone zwischen den Bewohnern der Küstenebene und denen des Gebirges im Osten diente.[14]

Die Kapitel 18 bis 21 des ersten Buches Samuel beschreiben, wie David nach seinem verblüffenden Sieg beim Volk immer beliebter und Saul immer eifersüchtiger wurde. Aber David konnte Saul immer wieder knapp entrinnen; dies ereignete sich zum größten Teil im Gebiet von Benjamin. Zum Beispiel floh David, nachdem er mit Hilfe Michals (seiner Frau) Saul entkommen war (1. Sam 19,11–17), in das nahegelegene Najot, das Beduinenlager dicht bei Rama.[15] Als Saul in die Nähe von Najot kam, versetzte ein prophetischer Geist ihn in Verzückung, so dass David fliehen konnte (V. 18–24).

Nach mehreren gefährlichen Begegnungen entschied sich David, das Hügelland von Benjamin zu verlassen, um Sauls Zorn zu entgehen. Mit dieser Entscheidung begann Davids Flucht vor Saul, die ein oder anderthalb Jahre dauerte. Er bekam eine bescheidene Wegzehrung und das Schwert Goliats von dem Priester, der im Heiligtum in Nob Dienst tat (1. Sam 21,1–7). David flüchtete zu seinem Erzfeind, dem König Achisch von Gat (V. 11–16) – vielleicht weil er glaubte, Achisch würde einen Feind Sauls auf jeden Fall willkommen heißen. Aber Achisch sah in Davids Ankunft eine Gelegenheit, David loszuwerden, und er musste fliehen, um sein Leben zu retten. In der Höhle Adullam (nach Jos 15,35 eindeutig in der Schefela) sammelte David eine Kampftruppe von 400 Mann. Diese Truppe gewährte ihm sein ganzes Leben lang bedingungslose militärische Unterstützung,

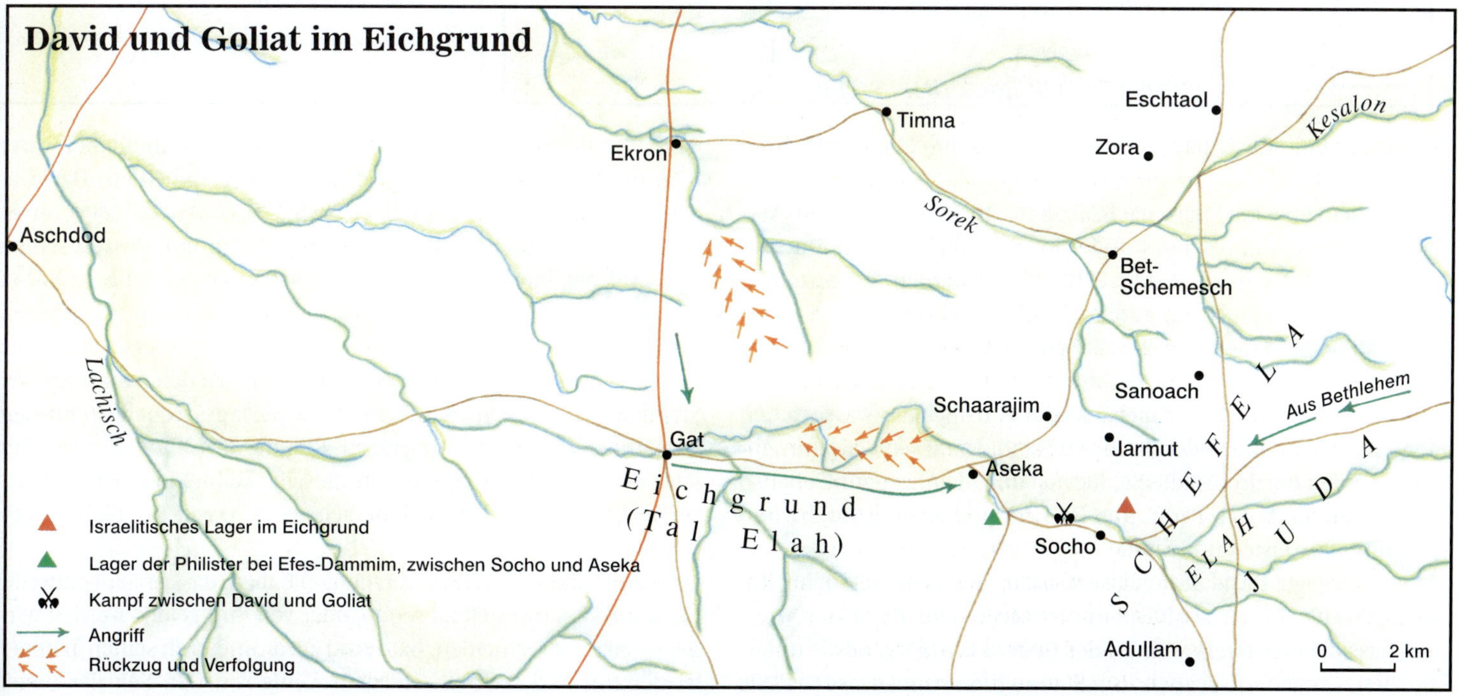

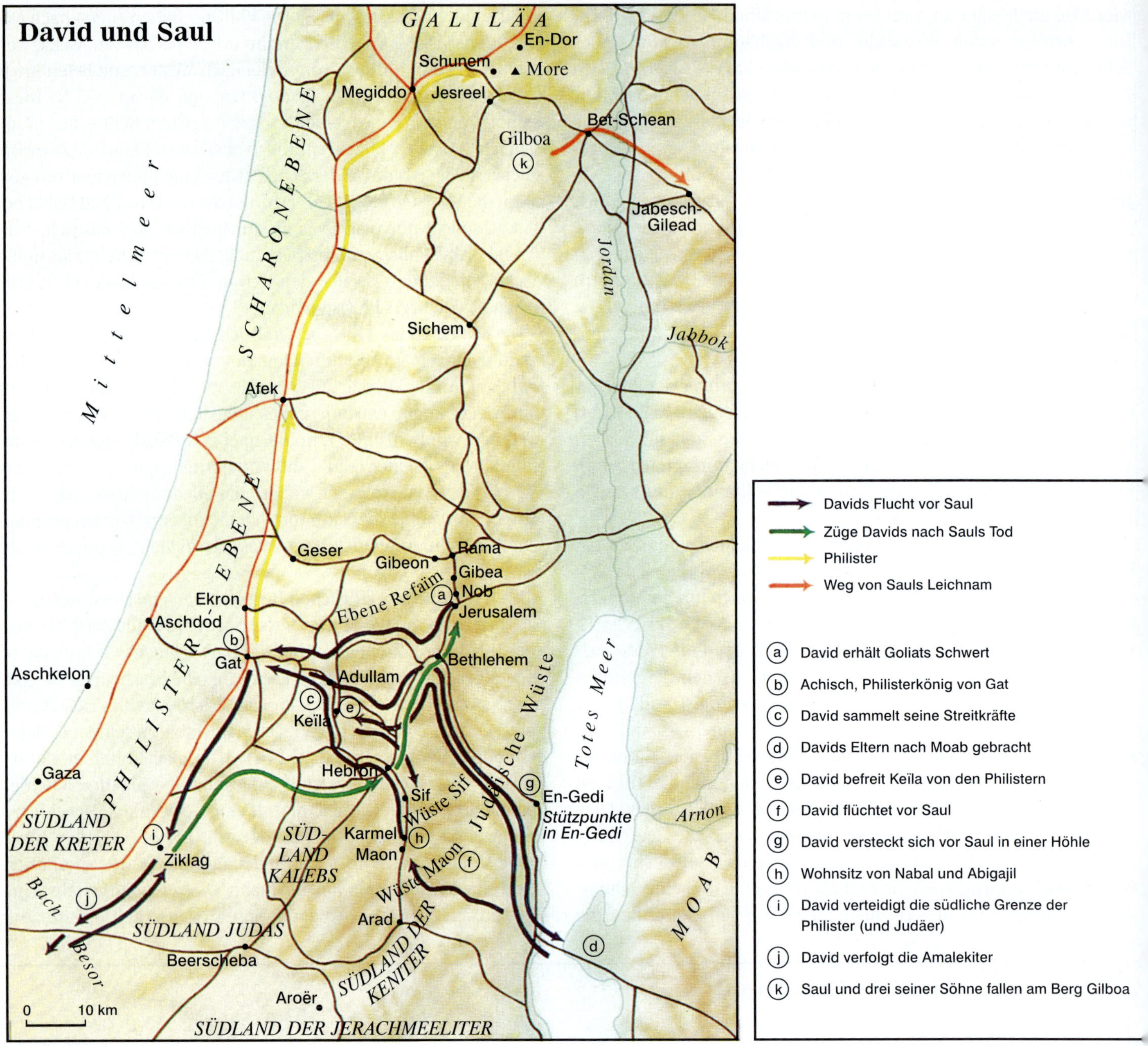

David und Saul

so dass er eine Basis hatte, von der aus er seine Pläne ausführen konnte.

Nachdem er seine Eltern nach Moab geschickt hatte – Davids Verbindung zu Moab über Boas und seine moabitische Frau Rut sind gut belegt (Rut 4,9–22; 1. Chr 2,12–15) –, werden die einzelnen Stationen seiner Flucht in 1. Sam 22–27 beschrieben (s. Karte S. 114). Manchmal hielt er sich westlich des Hügellands von Juda im Wald Jaar-Heret auf (22,5), dann wieder befreite er Keïla von den Philistern (23,1–13). Aber meistens war er östlich der Wasserscheide in der Wüste Juda oder an ihrem Rand. In diesem Zusammenhang werden die drei Städte Sif, Karmel und Maon genannt, ebenso die Wüsten Sif, Maon, Paran und En-Gedi und auch die Araba und Jeschimon im Osten und Süden.

Saul verfolgte David bis in diese Wüsten, aber seine Versuche, ihn gefangen zu nehmen, schlugen immer wieder fehl. Es ist zu vermuten, dass die meisten Bewohner der Gegend David irgendwie unterstützten – er gehörte ja auch zum Stamm Juda – und dass David sie dafür vor ihren Feinden »schützte«. Eine Ausnahme dabei waren u. a. die Einwohner von Sif, die manchmal versuchten, David an Saul auszuliefern (1. Sam 23,19–28; 26,1–2), und der unverschämte Nabal (der in Maon und Karmel wohnte), dessen schöne Frau Abigajil David heiratete, nachdem Nabal vorzeitig gestorben war (1. Sam 25). Weil es schwierig gewesen wäre, eine Truppe von 600 Mann mit ihren Familien in der Wüste Juda zu versorgen, überrascht es nicht, dass David nach En-Gedi und zu den nahegelegenen Steinbockfelsen flüchtete (24,1+3); die Süßwasserquelle in En-Gedi ist nämlich die größte am ganzen Westufer des Toten Meeres. Saul kam bei der Verfolgung sogar in dieselbe Höhle, in der David sich versteckt hielt, aber trotzdem gelang es David zu fliehen (24, 4–23).

Irgendwann muss David verstanden haben, dass er Saul entweder töten müsste, um sich zu retten, oder von ihm getötet werden würde. Um das zu vermeiden, bat David zusammen mit seinen Truppen wieder um Asyl bei Achisch, dem König von Gat. Seit der ersten

Tel Aseka, das Tal von Elah (Eichgrund) und die Schefela, südwestwärts gesehen. An dieser Stelle fand die Schlacht zwischen David und Goliat statt.

Begegnung (1. Sam 21,11–16) war etwa ein Jahr vergangen und inzwischen war es Achisch ganz klar, dass David wirklich ein echter Feind des Königs von Israel war. In der Absicht, Davids Truppen und seine Kriegstüchtigkeit für sich zu nutzen, stationierte Achisch ihn in Ziklag.[16] Dort, an der Südgrenze seines Reiches, sollte David ihn gegen einfallende Räuber aus dem Süden verteidigen.

In Wirklichkeit leitete David Raubzüge gegen die Geschuriter, Girsiter und Amalekiter, die offenbar alle im Nordsinai zwischen Ziklag und Schur wohnten (1. Sam 27,8). Er ließ niemanden leben, so dass er vor Achisch, der 39 km weiter nördlich in Gat wohnte, behaupten konnte, er habe das Südland von Juda, das der Jerachmeeliter oder der Keniter überfallen (27,10), die alle Teile des biblischen Negeb sind.[17] So machte David Achisch glauben, die Feindschaft der Judäer gegen David nehme zu, in Wirklichkeit aber wuchs ihre Hochachtung vor ihm, weil er sie vor diesen Wüstenbanden schützte!

Als David sechzehn Monate in Ziklag gedient hatte (1. Sam 27,7), entwickelte sich der letzte große Konflikt zwischen Saul und den Philistern. Es ist schwer, die genaue Ursache des Kampfes festzustellen. Vielleicht versuchte Israel die Verbindung zwischen den Philistern und ihren Verbündeten zu unterbrechen, die Bet-Schean besetzt hielten, indem es an der Quelle Jesreel im Norden ein Lager aufschlug (29,1). Auf diese Drohung hin sammelten die Philister ihre Streitkräfte bei Afek, dort wo die Ebene der Philister in die Ebene Scharon übergeht, marschierten von da aus nach Norden und Osten und lagerten Israel gegenüber am Südhang des Hügels More in Schunem. Durch dieses Lager, das sie in Schunem aufschlugen, unterbrachen sie wirkungsvoll die Nord-Süd-Verbindung zwischen den israelitischen Siedlungen in Galiläa und Manasse.

Als die Philister und die israelitischen Truppen sich im Tal Harod gegenüberlagen, kehrte David nach Ziklag zurück, denn die Philister erlaubten ihm nicht, sich am Kampf zu beteiligen (1. Sam 29); dort sah er, dass die Amalekiter das Südland der Kreter und das Südland Kalebs überfallen hatten, die zu Juda gehörten, aber auch Ziklag, und dass sie die Frauen und Kinder gefangen genommen hatten, die zurückgeblieben waren. David und seine 600 Männer verfolgten die zurückkehrenden Amalekiter nach Südwesten zum Bach Besor[18]; er überquerte den Bach mit einer kleinen Truppe, holte die Amalekiter ein, schlug sie und befreite die Frauen und Kinder. Die Beute, die sie den Amalekitern abnahmen, behielten David und seine Männer nicht für sich, sondern sie schickten einen Teil den Ältesten von Juda in verschiedenen Städten des südlichen Berglandes Juda und des Negeb (30,26–31).

In der Gegend um Jesreel und Schunem kämpften die Israeliten inzwischen um Leben oder Tod gegen die Philister. Ein Teil der flüchtenden Israeliten stieg auf den Berg Gilboa südlich des Tales, vielleicht in der Hoffnung, der Berg würde ihnen Schutz vor den nachrückenden Philistern bieten, die ihre Streitwagen in dem felsigen und bewaldeten Bergland nicht wirksam einsetzen konnten. Dort auf dem Berg Gilboa fielen Saul und Jonatan in der Schlacht. Bei der Siegesfeier der Philister wurde Sauls Rüstung im Philisterland umhergesandt und dann in das Haus der Astarte gebracht. Ihre kopflosen Leichname wurden an der Stadtmauer von Bet-Schean aufgehängt und öffentlich zur Schau gestellt. Die Männer von Jabesch in Gilead, der Stadt, die Saul von den Ammonitern befreit hatte und in der er vielleicht auch Verwandte hatte (S. 104), nahmen die Leichen von der Mauer und begruben den ersten König von Israel zusammen mit seinem Sohn Jonatan unter einer Tamariske in Jabesch.[19] Mit dem Begräbnis Sauls und Jonatans war die Übergangsphase zwischen der Zeit der Richter und der des Königtums zu Ende. In wenigen Jahren würde der Gedanke des Erbkönigtums zumindest für die Judäer selbstverständlich sein.

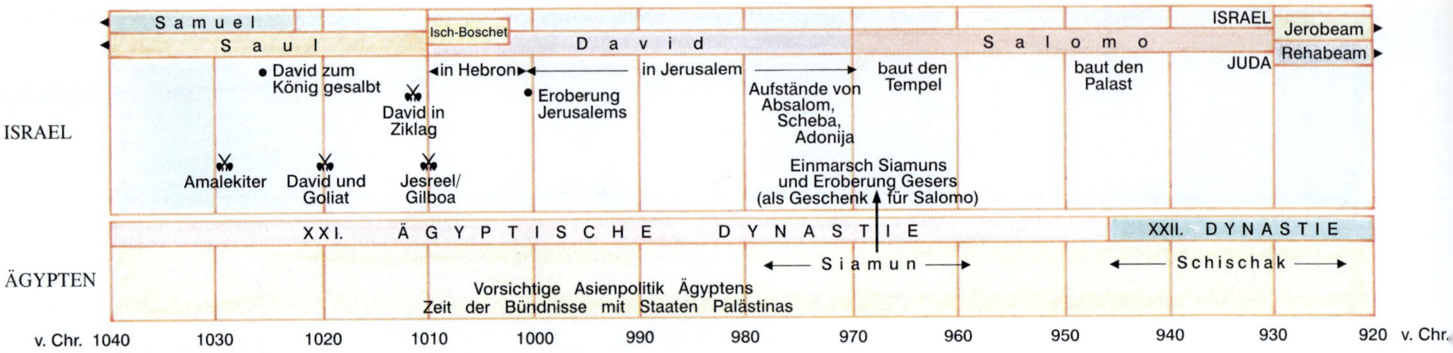

Das geeinte Reich: David und Salomo

Nach Sauls Tod war es dem einfachen Volk wahrscheinlich nicht recht klar, ob es von einem König regiert werden wollte oder nicht. Einer von Sauls Söhnen, der noch lebte, wurde »zum König über Gilead, Asser, Jesreel, Ephraim, Benjamin und über ganz Israel« eingesetzt (2. Sam 2,9). Aber die eigentliche Macht im Hintergrund übte Abner aus, der Sohn Ners und frühere Feldhauptmann von Sauls Armee, der die Schlacht am Berg Gilboa überlebt hatte. Isch-Boschet regierte von der transjordanischen Stadt Mahanajim aus (die weit genug außerhalb der Reichweite der siegreichen Philister lag).

Im Süden »befragte David den Herrn« und zog dann von Ziklag nach Hebron, wo er zum König von Juda geweiht wurde (2. Sam 2,1–7.11). Man sollte nicht vergessen, dass David den Judäern schon geholfen und ihre Südgrenze gegen die Amalekiter, Geschuriter und Girsiter geschützt hatte (1. Sam 27,8); auch hatte er durch Geschenke an elf ihrer Städte und zwei ansässige Stämme ihr Wohlwollen erworben (30,26–31). So erstaunt es nicht, dass sie lieber einen der ihren als König akzeptierten als den schwachen Benjaminiten Isch-Boschet.

Eine Zeit lang herrschte Krieg zwischen Sauls und Davids Haus, wie man an dem Kampf ausgesuchter Männer aus beiden Armeen am Teich von Gibeon sieht (2. Sam 2,12–32). Als Abner jedoch erkannte, wie schwach Isch-Boschets Stellung war, bot er David an, ihm »ganz Israel« zu übergeben, damit er König des ganzen Landes würde. Im Gegenzug versprach David, Abner zum Hauptmann seiner Armee zu machen. Aber ehe die Abmachung in die Tat umgesetzt werden konnte, griff Joab ein und ermordete Abner, weil dieser seinen Bruder umgebracht hatte (3,22–30).

Isch-Boschets Stellung war jetzt sehr geschwächt; er wurde von zwei Männern aus Beerot ermordet, einer der alten Gibeoniterstädte, vielleicht aus Rache, weil Saul viele ihrer Verwandten getötet hatte (2. Sam 4,1–12; vgl. 21,1–14). Da kamen die Ältesten von Israel zu David nach Hebron, schlossen einen Bund mit ihm und salbten ihn zum König von Israel (5,1–3; 1. Chr 11,1–3).

Die Philister, die David vielleicht bis dahin als abhängig betrachtet hatten, erkannten jetzt, dass ein vereinigtes Israel ihre militärische und politische Herrschaft über das Land ernsthaft bedrohte. Daraufhin versuchten sie zweimal, das Land in zwei Teile zu teilen, indem sie sich im Bergland im Tal Refaïm, südwestlich von Jerusalem, festsetzten. Zweimal wurden sie besiegt und beim zweiten Mal trieb David sie über die Straße von Geba/Gibeon und Bet-Horon aus dem Bergland zurück nach Geser und in die Küstenebene (2. Sam 5,17–25; 1. Chr 14,8–17).

David regierte sieben Jahre und sechs Monate in Hebron (ca. 1010–1002 v. Chr.); dann nahm er die Stadt Jebus (Jerusalem) ein und machte sie zur Hauptstadt (2. Sam 5,6–10; 1. Chr 11,4–9; genaue Beschreibung der Stadt siehe S. 188–199). Anscheinend hatte Joab die Führung bei der Eroberung der Stadt; vermutlich gelangte er über die Gihonquelle und den Wasser- »Schacht« der Jebusiter in die Festung (2. Sam 5,8). Die Verlegung der Hauptstadt von Hebron nach Jerusalem war strategisch sehr wichtig. Da David die nichtisraelitische Stadt eingenommen hatte, gehörte sie ihm und seinen Nachkommen als persönliches Eigentum; sie war also weder Teil Judas noch Teil Israels. Keine der beiden Parteien konnte es als Kränkung empfinden, von dort aus regiert zu werden, denn sie lag auf der Grenze zwischen den nördlichen und südlichen Stammesgebieten, also auf neutralem Boden. Als David dann die Bundeslade nach Jerusalem brachte (2. Sam 6; 1. Chr 13), machte er es dadurch auch zum religiösen Zentrum eines geeinten Israel. Militärisch gesehen bedeutete seine Lage im Gebirge, weit entfernt von der Küstenebene, dass jeder, der Jerusalem angreifen wollte, den schwierigen Aufstieg ins Gebirge mit Streitwagen, Belagerungsmaschinen usw. bewältigen musste, bevor der Angriff auf die Stadt überhaupt anfangen konnte. Zusätzlich machte seine topografische Lage (s. S. 189) die Verteidigung nach Westen, Süden und Osten leicht.

Es ist anzunehmen, dass David nach der Einrichtung des Regierungssitzes in Jerusalem sein Königreich zuerst im Innern stabilisierte, bevor er seine Eroberungskriege begann. Das bedeutet, dass er die alten kanaanitischen Zentren unter seine Kontrolle gebracht haben muss, die in den Tälern Jesreel und Harod lagen: Megiddo, Taanach, Jibleam und Bet-Schean – und ebenso die kanaanitischen Zentren in der Ebene von Akko und in Galiläa (Ri 1,21–35). Anscheinend konnte David die Philister im Südwesten unterwerfen, indem er die wichtige Stadt Gat einnahm (1. Chr 18,1; die Parallelstelle 2. Sam 8,1 ist aber nicht ohne weiteres verständlich).

Wasserfall in En-Gedi.

Davids Eroberungszüge

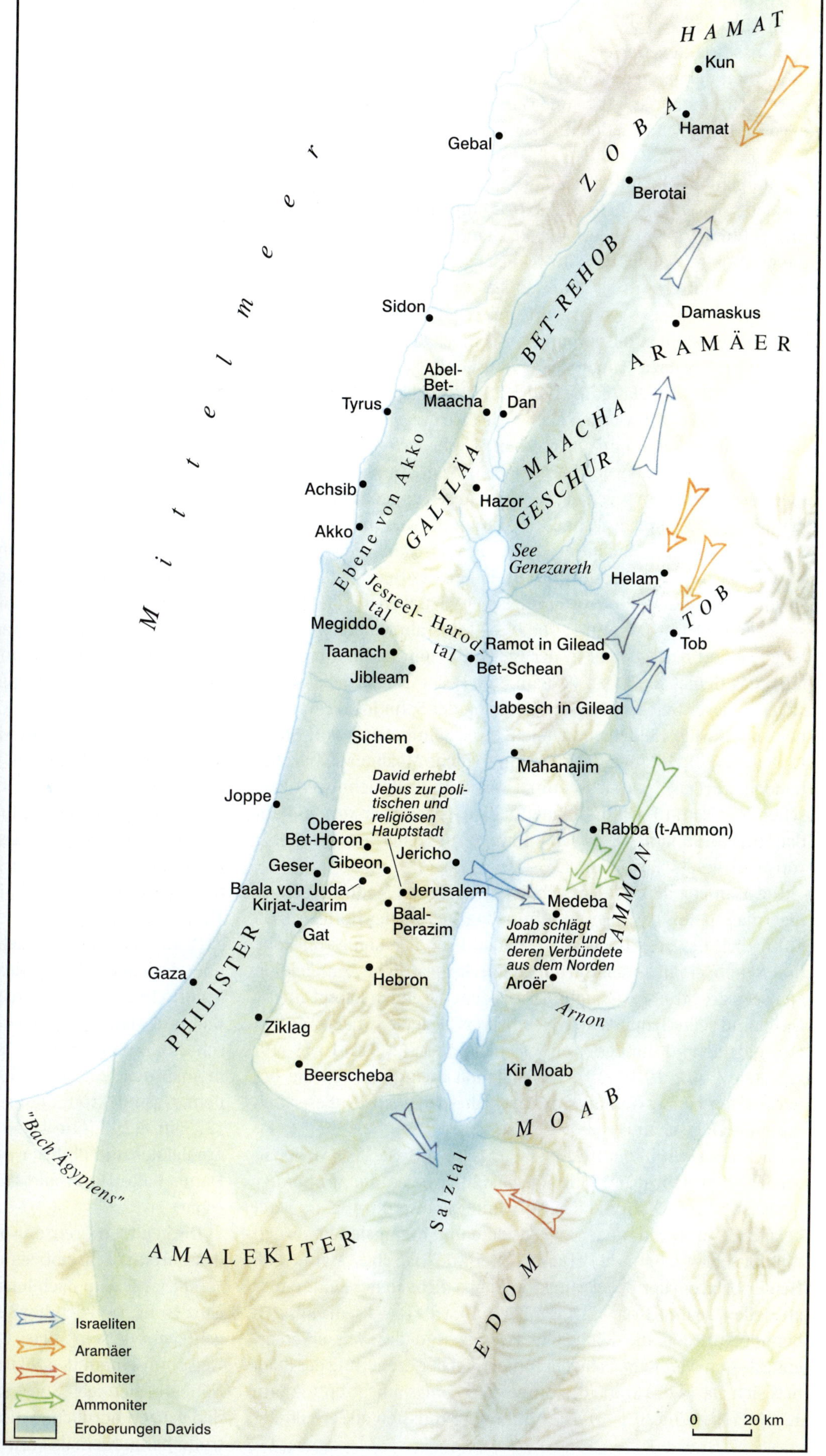

Die genaue Reihenfolge von Davids Eroberungskriegen ist nach den Schilderungen von 2. Samuel 8–12 schwer festzulegen, zumal nicht sicher ist, ob der Text sich nach der zeitlichen Abfolge der Ereignisse richtet. Der erste Krieg, den David jenseits des Jordan führte, war der gegen die Ammoniter. Deren König Nahasch, der mit David befreundet war, starb, und sein Sohn Hanun trat seine Nachfolge an. David schickte Boten zu Hanun, um ihm »Freundschaft zu erweisen« und ihn über den Tod seines Vaters zu trösten. Aber Hanun glaubte, die Boten seien als Spione gekommen, und misshandelte sie, anstatt sie freundlich zu empfangen (2. Sam 10,1–5 und 1. Chr 19,1–5 schildern die Misshandlung eher komisch). Als die Ammoniter sahen, dass ihr feindseliges Verhalten gegen David zum Krieg führen würde, heuerten sie zur Vorbereitung käufliche Truppen von ihren Nachbarn im Norden an. 20 000 aramäische Fußsoldaten stellten die verbündeten Länder Bet-Rehob und Zoba zur Verfügung, dazu kamen 1 000 vom König von Maacha, das im Nordostteil des Huletales lag, und 12 000 aus der Gegend von Tob (2. Sam 10,6). Dazu wurden auch viele Streitwagen mit ihren Fahrern aus Aram Naharajim angeworben (1. Chr 19,6–7).

Diese Truppen taten sich bei Medeba mit der ammonitischen Armee zusammen, um gegen die israelitischen Truppen unter Joab zu kämpfen. Joab geriet zwischen die Ammoniter, die in und um die Stadt Medeba lagen, und die Aramäer, die auf freiem Feld stationiert waren. Joab und sein Bruder Abischai teilten das Heer und konnten so die ammonitischen und aramäischen Truppen in die Flucht schlagen (2. Sam 10,6–14; 1. Chr 19,6–15). Wahrscheinlich nutzte Israel seine Überlegenheit in der Gegend weiter aus und eroberte auch das Gebiet von Moab (2. Sam 8,2; 1. Chr 18,2). Vielleicht tat sich bei dieser Gelegenheit Benaja hervor, der Sohn Jojadas und einer von Davids Helden, und tötete zwei Söhne Ariels von Moab (2. Sam 23,20; 1. Chr 11,22). Warum manche Moabiter so hart behandelt wurden, ist unklar, zumal vorher gute Beziehungen zwischen Moab und David bestanden hatten (solange er vor Saul auf der Flucht war, hatte David seine Familie zur Sicherheit zum König von Moab geschickt, 1. Sam 22,3–4).

Die Aramäer, deren Heer nach der Schlacht von Medeba noch einigermaßen einsatzfähig war, sammelten sich wieder in Helam, 56 km östlich des Sees Genezareth. Hadad-Eser, der König von Zoba und Rehob, ergänzte seine Truppen durch zusätzliche Aramäer von »jenseits des Stromes« (Euphrat). Aus dem folgenden Kampf gingen David und seine Truppen siegreich hervor; sie töteten Tausende von Fußsoldaten und Hunderte von Wagenkämpfern (2. Sam 10,15–19; vgl. aber 1. Chr 19,16–19). Wie Malamat meint,[2] kamen die benachbarten Länder Tob und Maacha wahrscheinlich zu dieser Zeit unter die Herrschaft Davids.

Nach dem Kampf bei Helam zog das israelitische Heer vielleicht wieder nach Rabba, um eine Entscheidung gegen die Ammoniter herbeizuführen. Während das Heer unter Joabs Führung die Stadt belagerte, war David wieder in Jerusalem und beging den Ehebruch mit Batseba (2. Sam 11). Dann ließ David Batsebas Mann, den Hetiter Uria, bei der Belagerung von Rabba dicht an der Stadtmauer aufstellen, so dass Uria »im Kampf fiel«. Erst als David seine Sünden bereute, wurden die königliche Festung und das Wasserversorgungssystem von Rabba eingenommen. Bei der Eroberung der Stadt ließ sich David die Krone des Ammoniterkönigs aufsetzen (2. Sam 12,26–31; 1. Chr 20,1–3). Die Ammoniter mussten außerhalb der Stadt Fronarbeiten leisten. Und von da an herrschte David – wahrscheinlich durch einen Statthalter – über die Ammoniter.

Der entscheidende Schlag gegen die Aramäer kam, als Hadad-Eser nach Norden gezogen war, um den Aufstand einiger Gefolgsleute niederzuschlagen, die ihm bisher ergeben waren, jetzt aber seine geschwächte Stellung ausnutzen wollten (2. Sam 8,3).[3] In dieser Schlacht im Norden besiegte David auch die Aramäer von Damaskus, die Hadad-Eser zu Hilfe gekommen waren (V. 5–6; 1. Chr. 18,5–6). Zur Kriegsbeute, die David einnahm, gehörten Streitwagen, Pferde, Goldschilde und eine große Menge Kupfer, das später für die Herstellung des »kupfernen Meeres« in Salomos Tempel verwendet wurde (1. Chr 18,8). Schließlich unterwarfen sich die aramäischen Staaten Bet-Rehob und Zoba mit ihren Städten Tebach, Berotai und Kun Davids Herrschaft (2. Sam 8,3–4 und 7–8; 1. Chr 18,3–4 und 7–8).

Zuletzt besiegte Davids Heer die Edomiter im Salztal, das wahrscheinlich südlich vom Toten Meer liegt (2. Sam 8,13–14; 1. Chr 18,12–13). Viele Edomiter fielen, aber Hadad, der aus dem edomitischen Königsgeschlecht stammte, floh über Midian und Paran nach Ägypten und kam später zurück, um sein Volk bei einem Aufstand gegen Salomo anzuführen (1. Kön 11,14–22).

Am Ende der Expansionszeit beherrschte David viele benachbarte Staaten. Im äußersten Norden erkannte der König Toi von Hamat Davids Überlegenheit an, indem er seinen Sohn Joram (Hadoram) mit »Geschenken« von Silber, Gold und Kupfer nach Jerusalem schickte. Mit Sicherheit waren jetzt die aramäischen Staaten Zoba, Bet-Rehob und Maacha unter israelitischer Herrschaft. In Damaskus lagen Besatzungstruppen und die Bevölkerung musste Tribut zahlen (2. Sam 8,5–6; 1. Chr 18,5–6). Der Staat Geschur am Ostufer des Sees Genezareth war wahrscheinlich halb unabhängig; sein König Talmai schloß ein Bündnis mit David. Vermutlich wurde dieses Bündnis durch die Heirat von Talmais Tochter mit David besiegelt; aus dieser Verbindung ging Absalom hervor (2. Sam 3,3). Es ist also kein Wunder, dass Absalom nach der Ermordung seines Halbbruders Amnon (der Absaloms Schwester Tamar vergewaltigt hatte), nach Geschur floh, in das Heimatland seiner Mutter (2. Sam 13,37–39).

Östlich des Jordans stabilisierten die Israeliten ihre Herrschaft über das Land Tob (in Gilead) und den Teil Moabs, der nördlich der Arnonschlucht liegt, so dass das Land, das den Stämmen Ruben, Gad und Manasse zugesprochen worden war, jetzt fest in israelitischer Hand war. David nahm die Königswürde über die Ammoniter in Anspruch (2. Sam 12,30). Er stationierte Besatzungstruppen auf dem Gelände von Edom und die Moabiter zahlten ihm Tribut (2. Sam 8,2; 1. Chr 18,13). Im Süden und Südwesten waren die Amalekiter und Philister unterworfen (2. Sam 8,12; 1. Chr 18,11). Damit hatte David alle Länder um Israel fest unter seiner Herrschaft.

Die genauen Grenzen von Davids Reich sind nicht bekannt, aber der Chronist schreibt, als er von der Überführung der Bundeslade von Kirjat-Jearim nach Jerusalem berichtet: »So versammelte David ganz Israel, vom Schihor Ägyptens an bis dorthin, wo es nach Hamat geht«, aus diesem Anlass (1. Chr 13,5). Der Schihor wird normalerweise mit einem der Nilarme oder -kanäle identifiziert, der in der Nähe des heutigen Suezkanals floss; das bedeutet also, dass David den ganzen nördlichen Sinai bis zum östlichen Nildelta unter Kontrolle hatte. Niemals vorher oder nachher hat Israel ein so großes

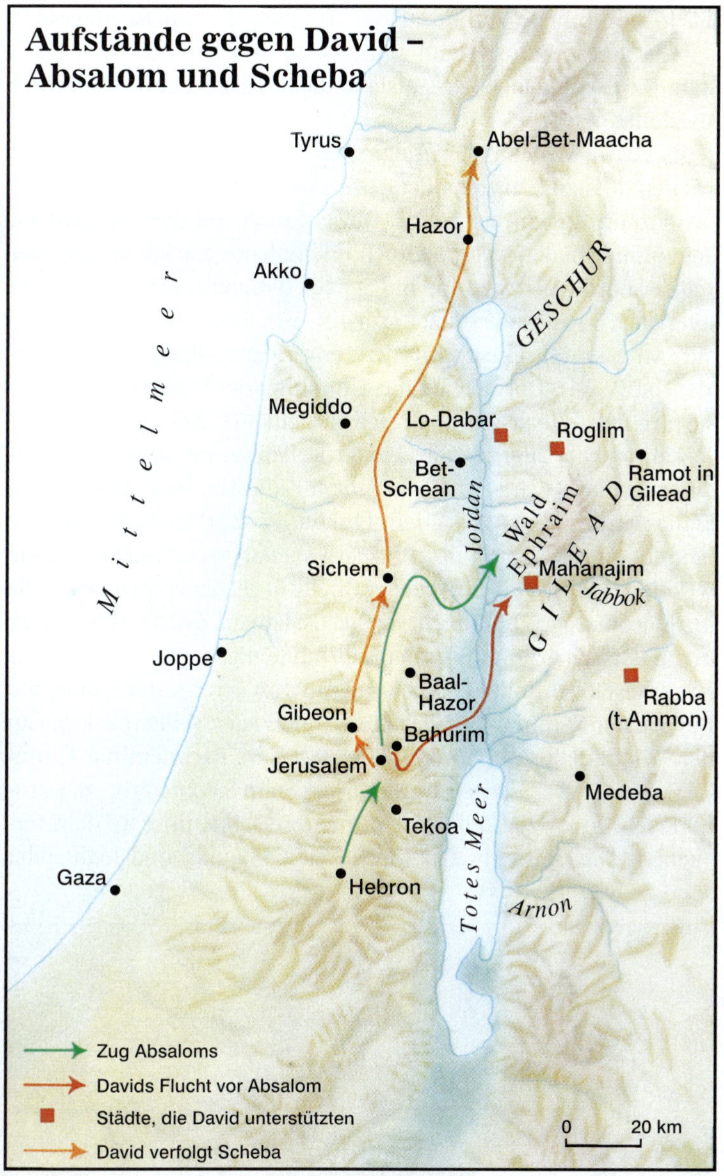

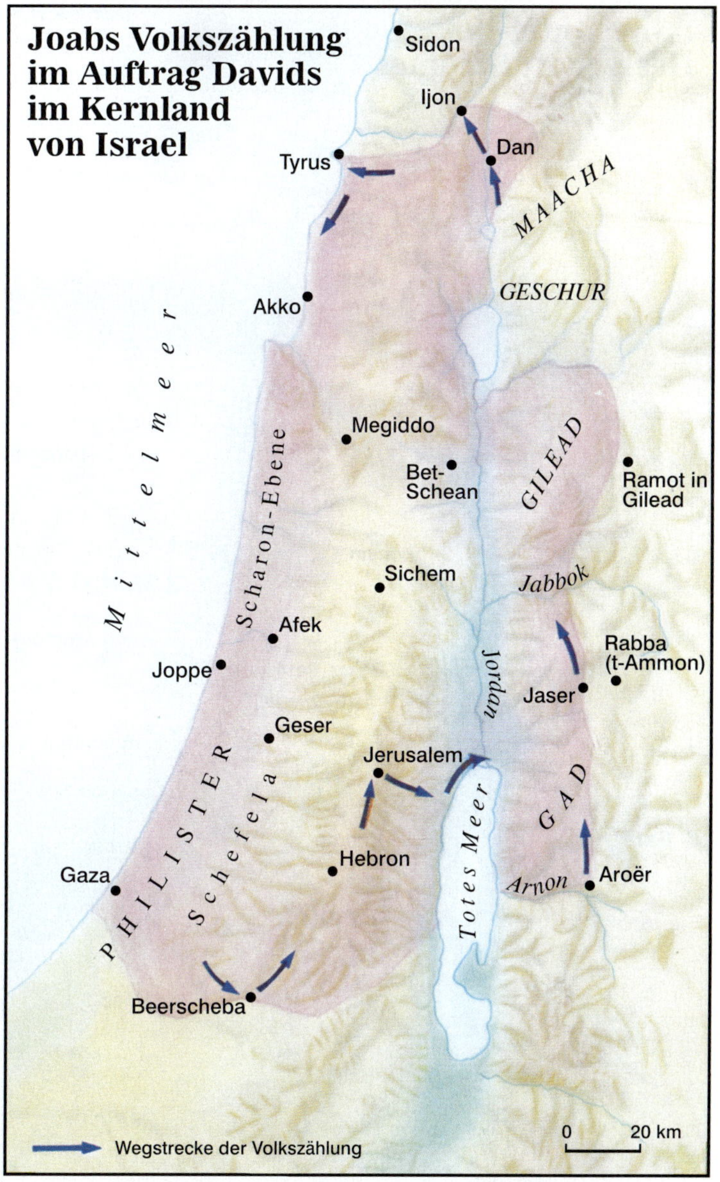

Herrschaftsgebiet gehabt. Der nordöstlichste Punkt, Hamat, war die Nordgrenze des Landes Kanaan. So herrschten die Israeliten, solange David und Salomo regierten, tatsächlich über den größten Teil des Landes, das ihnen 400 Jahre früher als Erbteil versprochen worden war (4. Mose 34).

Das Kernland von Davids Reich, das eigentliche Israel, reichte östlich des Toten Meeres von Aroër im Süden bis Dan im Norden; westlich des Jordantales erstreckte es sich von der Gegend um Tyrus und Sidon im Norden bis Beerscheba im Südland von Juda; dies sind die äußersten Grenzen des Bereichs, in dem Joab für David eine Volkszählung durchführte (2. Sam 24,1–8). Zur Zeit Davids standen die traditionellen Grenzen der mehrheitlich israelitischen Besiedlung »von Dan bis Beerscheba« schon fest (V. 2). In diesem Gebiet setzte David Männer ein, die das Eigentum des Königs überwachen sollten. Diese Verwalter beaufsichtigten die Landarbeiter, die Weinberge und ihre Erträge, die Öl- und Maulbeerfeigenbäume in der Schefela, die Rinder, die in der Ebene Scharon und im Tal weideten, die Kamele, Esel, Schaf- und Ziegenherden, die David gehörten, und die Vorratshäuser, die überall im Land verstreut waren (1. Chr 27, 25–31). Da es keine Hinweise gibt, dass David von den Israeliten Steuern erhoben hätte, liegt die Vermutung nahe, dass das Ackerland der kanaanitischen Städte, die kürzlich unter Davids Herrschaft gekommen waren, jetzt als Eigentum der Krone betrachtet wurde und dass die Erträge dieser Ländereien verwendet wurden, um die Ausgaben zu decken.

Gegen Ende der Regierungszeit Davids stellte sich die Frage, wer sein Nachfolger auf dem Thron von Israel und Juda werden sollte. Sein ältester lebender Sohn Absalom war fast acht Jahre lang auf der Flucht gewesen und nun wieder mit seinem Vater versöhnt – und er entschloss sich, die Sache selbst in die Hand zu nehmen (2. Sam 15–19). Absalom ließ sich in Hebron, dem Zentrum Judas, von »ganz Israel« zum König ausrufen und marschierte dann mit seinen Anhängern nordwärts nach Jerusalem. David und sein Gefolge einschließlich der königlichen Leibwache (Kreter, Pleter und Gatiter) flohen von Jerusalem aus nach Osten durch das Kidrontal, über den Ölberg und weiter über Bahurim zu den Jordanfurten. David überquerte den Jordan, wurde in der Stadt Mahanajim aufgenommen und erhielt Hilfe von Schobi (einem Ammoniter aus Rabba), Machir aus Lo-Dabar und Barsillai (dem Gileaditer aus Roglim; 2. Sam 17,24–29). Der Kampf zwischen Davids Truppen,

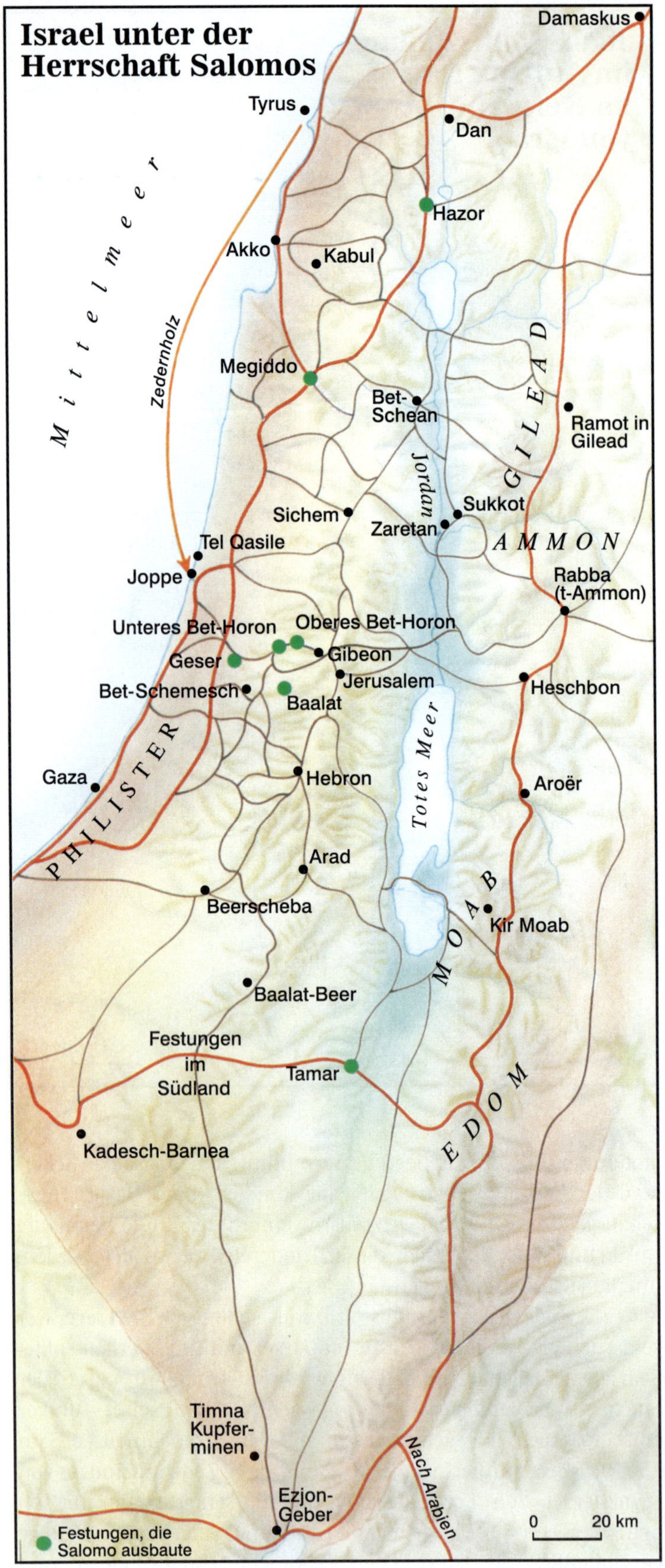

die Joab anführte, und Absaloms Truppen, die Amasa unterstellt waren, fand in Transjordanien im »Wald Ephraim« (2. Sam 18,6) statt. Dort schlug Joab den Aufstand nieder, indem er den Anführer Absalom tötete.

Als David wieder in Jerusalem war, musste er sich mit einem zweiten Aufstand auseinandersetzen. Diesen führte Scheba an, ein Benjaminit (2. Sam 20,1–22). Obwohl man von diesem Aufstand keine Einzelheiten weiß, ist doch erkennbar, dass ein erheblicher Teil der nördlichen Stämme mit Scheba sympathisierte, der Stamm Juda aber David unterstützte (V. 1–2). Wie üblich war es Joab, der die Sache zur Entscheidung führte; er verfolgte Scheba bis Abel-Bet-Maacha (V. 14). Dort töteten die Einwohner der Stadt Scheba, denn sie fürchteten, Joabs Zorn auf sich zu ziehen (V. 22).

Während der alternde David in Jerusalem immer schwächer wurde, entschloss sich sein (anscheinend) ältester Sohn Adonija, die Königswürde für sich zu sichern (1. Kön 1,5–27). Mit Hilfe des Feldhauptmanns Joab und des Priesters Abjatar versammelte er viele Würdenträger des Reiches bei der Quelle Rogel, einer kleinen Quelle im Kidrontal gleich südlich von Jerusalem (V. 5–10). Als Nathan und Batseba das hörten, kamen sie zum König, damit er Salomo als König bestätigen sollte. Nathan und mit ihm der Priester Zadok und Benaja, der Kommandant der Kreter und Pleter, salbten Salomo an der Gihonquelle zum König (V. 11–48). Kurz nachdem die Thronfolge geregelt war, starb David und sein Sohn Salomo erbte das große Reich. In kurzer Zeit wurden mehrere Teilnehmer an dem versuchten Aufstand entweder hingerichtet (Adonija und Joab) oder

verbannt (Abjatar nach Anatot; 2,13–35); damit war Salomos Herrschaft gesichert.

Nach den biblischen Berichten hat Salomo die meiste Zeit seiner Regierung (970–930 v. Chr.) mit Bauprojekten, Handelsunternehmungen und mit der Erhaltung des Königreichs verbracht, das er geerbt hatte. Mindestens zeitweise erstreckte sich das Reich unter Salomos Herrschaft von Tifsach am Euphrat im Nordosten bis zur Grenze von Ägypten im Südwesten (1. Kön 5,1–4; 2. Chr 9,26). Nur ein militärisches Unternehmen wird Salomo zugeschrieben: die Eroberung von Hamat-Zoba (2. Chr 8,3), durch die er sein Reich offenbar von der früheren Grenze bei Hamat aus nach Nordosten bis zum Euphrat erweiterte. Salomo sicherte seine Macht in diesem Gebiet, indem er die Stadt Tadmor sowie Städte mit Kornspeichern im Land Hamat ausbaute (V. 4). Diese dienten höchstwahrscheinlich als Außenstellen von Militär und Verwaltung, mit deren Hilfe er die Karawanen kontrollieren und versorgen konnte, die durch das Gebiet zogen. Zusätzlich mögen manche dieser Städte als Zentren der Pferdezucht und des Verkaufs von Pferden und Streitwagen an die Nachfolgestaaten der Hetiter (1. Kön 10,26–29; 2. Chr 1,14–17) genutzt worden sein.

Salomo sorgte auch für eine bessere Kontrolle der Handelsstraßen, die durch Israel selbst führten. An der großen Küstenstraße, der Via Maris, baute er die wichtigen Städte Hazor, Megiddo und Geser zu Festungen aus (1. Kön 9,15). Alle drei Städte sind ausgegraben worden und man hat bei allen ähnliche Tore mit sechs Kammern aus der Zeit Salomos gefunden. Besonders wichtig ist Geser, denn es sicherte die Straße, die von Westen nach Jerusalem hinaufführte. An diesem Zugang nach Jerusalem von Westen baute Salomo auch das untere und obere Bet-Horon aus und, an einer Straße etwas weiter südlich, Baalat (= Kirjat-Jearim; 9,17–18; 2. Chr 8,5–6). Im Süden und Osten Israels baute er Tamar in der Wüste aus (1. Kön 9,18). Außerdem wurden überall im Land Vorratsstädte und Städte für seine Wagen und Pferde gebaut.

Jüngere archäologische Ausgrabungen und Forschungen zeigen, dass eine Reihe von fast 50 Festungen, über das Hochland des Negeb verteilt, offenbar in dieser Zeit gebaut worden sind.[4] Diese Festungen konnten quadratisch, rund, rechteckig oder oval angelegt sein und waren klein, manchmal nur 45 mal 45 m groß. Sie hatten gewöhnlich eine doppelte Kasematten-Mauer und ein Tor und manche wurden noch durch angebaute Türme geschützt. In der Nähe lagen Häuser mit je vier Räumen und landwirtschaftliche Einrichtungen wie Terrassen, Dämme und Zisternen. Offensichtlich hatte sich niemand wegen der Fruchtbarkeit des Landes hier angesiedelt, denn hier fallen nur 100 bis 200 mm Regen im Jahr. Eher muss man annehmen, dass die Soldaten, die in den Festungen stationiert waren, in diesen Häusern wohnten und dass ihre Familien die landwirtschaftlichen Einrichtungen bauten, um ihren Sold aufzubessern.

Vermutlich beherrschte Salomo zumindest am Anfang seiner Regierung die transjordanischen Staaten Ammon, Moab und Edom; sehr wahrscheinlich sollten seine Heiraten mit Frauen aus diesen Ländern Bündnisse mit deren führenden Familien besiegeln (1. Kön 11,1; vgl. 3,1). Mit Sicherheit beherrschte Salomo Gilead, wo Israeliten wohnten, und eine Zeit lang auch Damaskus.

So ist ersichtlich, dass Salomo auch die Königsstraße von Arabien nach Damaskus kontrollierte, die durch Transjordanien führte, ebenso die Landwege von Arabien nach Ägypten und zum Mittelmeer durch den Negeb, die Fernstraße, die Ägypten mit Mesopotamien verband, und viele Straßen im Norden, die von Syrien und dem Nordwesten Mesopotamiens zum Mittelmeer führten. Sehr wahrscheinlich wurde Salomo dadurch, dass er den Handelskarawanen Lebensmittel, Wasser und Schutz bot und Zölle von ihnen erhob, sehr reich.[5] Der Besuch der Königin von Saba in Jerusalem wird sogar allgemein als Ausdruck ihres Wunsches verstanden, gute Beziehungen zu Salomo zu pflegen, damit ihre Karawanen ungehindert durch sein Gebiet ziehen konnten (1. Kön 10,1–13; besonders bemerkenswert ist in diesem Zusammenhang ihre Kamelkarawane, die Luxusgüter wie Gewürze, Gold und Edelsteine mitbrachte). Die Bibel erwähnt auch, dass Salomo von Händlern und Kaufleuten wie von den Königen von Arabien und den Verwaltern seines Landes Geld einnahm; einen Teil seines Reichtums erwarb er auch als Zwischenhändler im internationalen Handel (2. Chr 9,14).

Diese Vermittlerrolle wird gut erkennbar an der Tatsache, dass er Pferde und Wagen sowohl ein- als auch ausführte. Pferde kamen aus Ägypten und Koë, und hochwertige Wagen (für Festlichkeiten?) wurden in Ägypten gebaut und dann an »alle Könige der Hetiter und an die Könige von Aram« exportiert (1. Kön 10,28–29; 2. Chr 1, 16–17).[6]

Sonst werden als Einkommensquellen Salomos in der Bibel häufiger seine Kupferminen und der Export von Landwirtschaftsprodukten genannt. Eine Zeit lang vermutete man, eine seiner Haupteinnahmequellen sei der Export von Kupfer aus Timna in der Nähe des Roten Meeres gewesen. Diese Theorie wird aber von der Bibel nicht unterstützt. Erst vor kurzem haben archäologische Forschungen ergeben, dass die Minen in Timna zur Zeit Salomos nicht genutzt wurden und daher auch keine Gewinne eingebracht haben können.[7] Was den Export von landwirtschaftlichen Produkten angeht, so wurden Weizen, Gerste, Wein und Öl per Schiff an die Arbeiter des Hiram von Tyrus geliefert, die Holz für Salomos Bauprojekte fällten (2. Chr 2,10–15). Salomo lieferte auch Weizen und Olivenöl auf der Basis von Jahresverträgen an Hiram (1. Kön 5,15–32). Aber all dies wurde mit Zedern- und Kiefernholz bezahlt und kann an sich keine zusätzliche Einnahmequelle gewesen sein.[8]

Fast die Hälfte von Salomos Regierungszeit nahmen seine beiden großen Bauvorhaben in Jerusalem in Anspruch. Der Tempelbau wurde im vierten Jahr seiner Regierung angefangen und dauerte sieben Jahre, der Bau des Palastes sogar 13 Jahre. Der Kalkstein, den man für diese Bauten verwendete, wurde in den Bergen Judas gebrochen. Das Holz – ausgewählte Zedern- und Kiefernstämme – lieferte Hiram von Tyrus. Die Stämme wurden im Libanongebirge geschlagen und dann mit Flößen nach Jafo gebracht (1. Kön 5,15–26; 2. Chr 2,3–15). Von dort wurden sie nach Jerusalem transportiert, vermutlich auf der Straße über Geser und Bet-Horon. Nach der biblischen Beschreibung dieser beiden Gebäude ist anzunehmen, dass sie im Prinzip eine gewisse Ähnlichkeit mit Tempel- und Palastentwürfen hatten, die man in den neuhetitischen Staaten im Norden gefunden hat. Der dreigeteilte Tempelgrundriss findet sich zum Beispiel in Tell Tajinat. Der Plan des Palastes scheint ganz ähnlich zu sein wie der Plan, der den »Bit Hilani«-Palästen zugrunde liegt, die man in Syrien findet.[9] Tatsächlich hat man zwei des Bit Hilani-Typs in Megiddo gefunden und auf die Zeit des geeinten israelitischen Reiches datiert.[10] Bisher haben Archäologen keine Reste des Palastes in Jerusalem gefunden, aber Y. Kaufman behauptet, er habe nördlich des Felsendoms an der Erdoberfläche Steine entdeckt, die zum Tempel Salomos gehört hätten.[11] Jedenfalls erinnerte man sich an Salomos Regierung als an eine Zeit, in der die Hauptstadt Luxusartikel aus Gold, Silber und Zedernholz im Überfluss bot (1. Kön 10,24–27; 2. Chr 1,15; 9,13–24).

Trotz all des Reichtums, der in sein Königreich floss, musste Salomo anscheinend ein System einführen, nach dem manche seiner Untertanen besteuert wurden, um seine große Hofhaltung zu finanzieren. Er tat dies, indem er das gesamte Land Israel nördlich von Jerusalem in zwölf Verwaltungsbezirke einteilte. Offenbar war der Stamm Juda, aus dem David und Salomo kamen, von dieser Belastung ausgenommen. Und die Ressentiments, die dadurch entstanden, schürten wahrscheinlich noch das Unabhängigkeitsstreben des Nordens. Jeder der zwölf Bezirke musste dem König und seinem Haushalt für einen Monat im Jahr Nahrungsmittel zur Verfügung stellen (1. Kön 4,7; 5,2–3 und 7–8). Manchmal fielen die Bezirke anscheinend mit den alten Stammesgebieten zusammen wie Ephraim (1. Kön 4,8), Dan (V. 9), Naftali (V. 15), Asser (V. 16), Bealot (=Sebulon, V. 16),[12] Issachar (V. 17) und Benjamin (V. 18). Andere Bezirke bestanden anscheinend aus mehreren Städten, die früher wichtige kanaanitische Zentren gewesen waren, jetzt aber einen eigenen Status erlangt hatten: die Ebene Scharon und West-Manasse (V. 10),[13] das Hügelland von Dor (V. 11) und die Täler Jesreel, Harod und das Jordantal (V. 12). Die Abgrenzung der transjordanischen Bezirke ist schwierig, aber es kann sein, dass sie ungefähr mit den Stammesgebieten von Ruben, Gad und dem halben Stamm Manasse zusammenfielen.[14] Manchmal sind die genauen Grenzen der Bezirke schwer zu bestimmen, denn es werden nur einzelne Städte genannt und kurze Hinweise auf die Stammesgebiete gegeben. Mettinger vertritt die einleuchtende These, dass Gebiete, die ursprünglich zu Ephraim und Manasse gehörten (die Küstenebene, die Täler Jesreel und Harod und das Jordantal), jetzt darum als eigenständige Bezirke geführt wurden, weil es in Salomos Absicht lag, die Macht dieser zwei starken Stämme im Norden einzuschränken.[15] Höchstwahrscheinlich stammt die Verwaltungsliste aus der zweiten Hälfte von Salomos Regierungszeit; zwei von den Verwaltern sind nämlich seine Schwiegersöhne (V. 11 und 15).[16]

Viele Bibelleser betrachten Salomos Reich als unvergleichlich reich und mächtig, aber in der Bibel selbst finden sich Hinweise, dass es Zeichen von Schwäche erkennen ließ. Man kann das an Salomos Verhältnis zu Ägypten erkennen: Einerseits zeigt die Tatsache, dass der Pharao Salomo seine Tochter gab, um das politische Bündnis zu besiegeln, dass Salomo ein Machtfaktor war, mit dem man rechnen musste. Dieses Verhalten des ägyptischen Königs war sehr unüblich und hebt Salomos Bedeutung als wichtige politische Größe hervor.[17] In der Bibel wird die Tochter des Pharao an fünf verschiedenen Stellen erwähnt, um Salomos Macht, Reichtum und Ansehen recht groß erscheinen zu lassen. Aber andererseits muss man bedenken, dass der Pharao – vermutlich Siamun (978–959 v. Chr.) aus der 21. Dynastie – die Stadt Geser einnahm (nur 48 km von Jerusalem entfernt!), sie niederbrannte und dann seiner Tochter als Mitgift gab (1. Kön 9,16). Salomo baute Geser zur Festung aus, und der Transport von Zedernholz von Jafo nach Jerusalem musste über Geser ablaufen; dieser Feldzug von Siamun muss also sehr früh in Salomos Regierungszeit stattgefunden haben, wahrscheinlich vor dem vierten Jahr (966 v. Chr.). Was hatte Siamun mitten in Salomos Königreich zu suchen? Die ägyptische Herrschaft über das Philisterland wiederherstellen? Die Israeliten aus dem

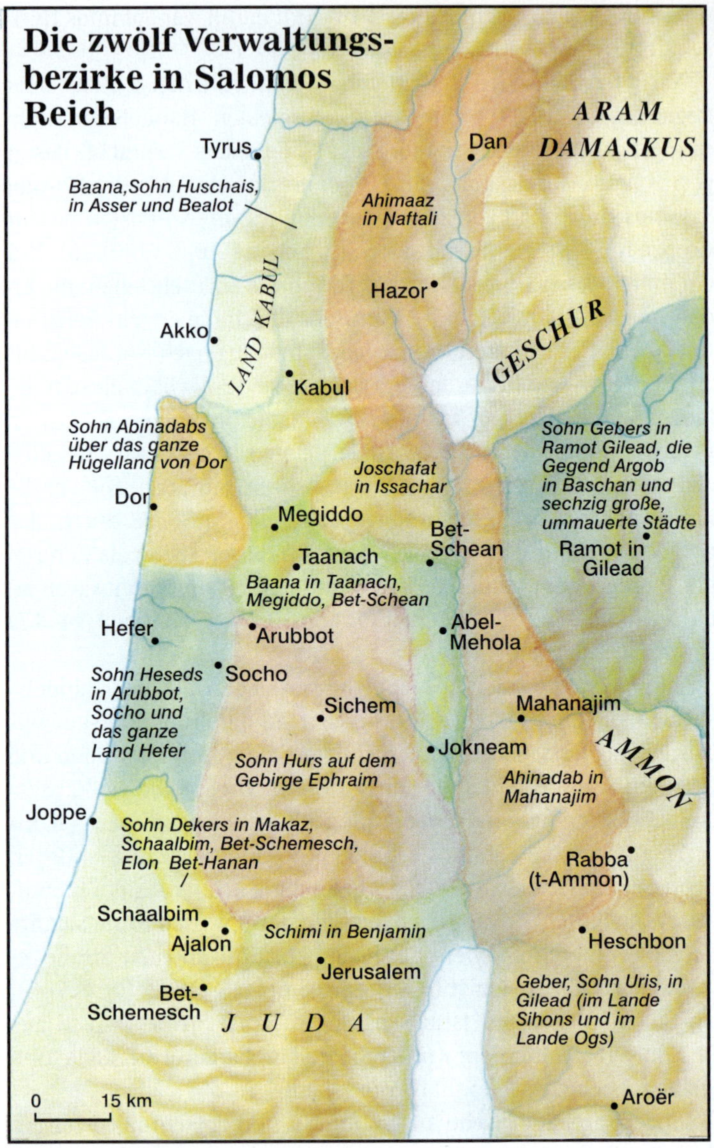

Philisterland vertreiben? Oder versuchte er Israel zu besetzen und weil das nicht gelang, einigte er sich mit Salomo auf einen Vertrag? Man kann darüber nichts Genaues sagen, aber offensichtlich fühlte sich der König von Ägypten kurz nach Davids Tod (970 v. Chr.) stark genug für dieses gewagte Unternehmen.

Wie schon gesagt, wohnte im Norden Hiram von Tyrus, von dem Salomo Holz bekam. Anscheinend gab es eine Art Vertrag zwischen den beiden Königen. Hiram lieferte Salomo Holz und Gold (1. Kön 9,11–14), stellte Arbeiter (1. Kön 5,32; 7,13–14) und Schiffe und Seeleute für Seefahrten im Roten Meer zur Verfügung (1. Kön 9,27–28).[18] Im Gegenzug versorgte Salomo Hiram mit landwirtschaftlichen Gütern wie Weizen und Öl (1. Kön 5,25). Aus welchem Motiv Salomo Hiram zwanzig Städte im Land Galiläa schenkte – vermutlich aus dem Gebiet des Stammes Asser in der Gegend der Ebene von Akko –, darüber ist viel gestritten worden. Gehörte die Übergabe dieser Städte zum ursprünglichen Vertrag? Oder musste Salomo diese Städte aufgeben, weil er Schwierigkeiten mit der Handelsbilanz hatte? Ging es um eine kurzfristige Abmachung und die Städte wurden Salomo später zurückgegeben (2. Chr 8,1–2)? Oder haben Salomo und Hiram zum beiderseitigen Nutzen Städte ausgetauscht? In diesem Fall hätte Hiram Städte und Land dicht am Mittelmeer bekommen, die ihm Häfen und dringend benötigtes Ackerland bo-

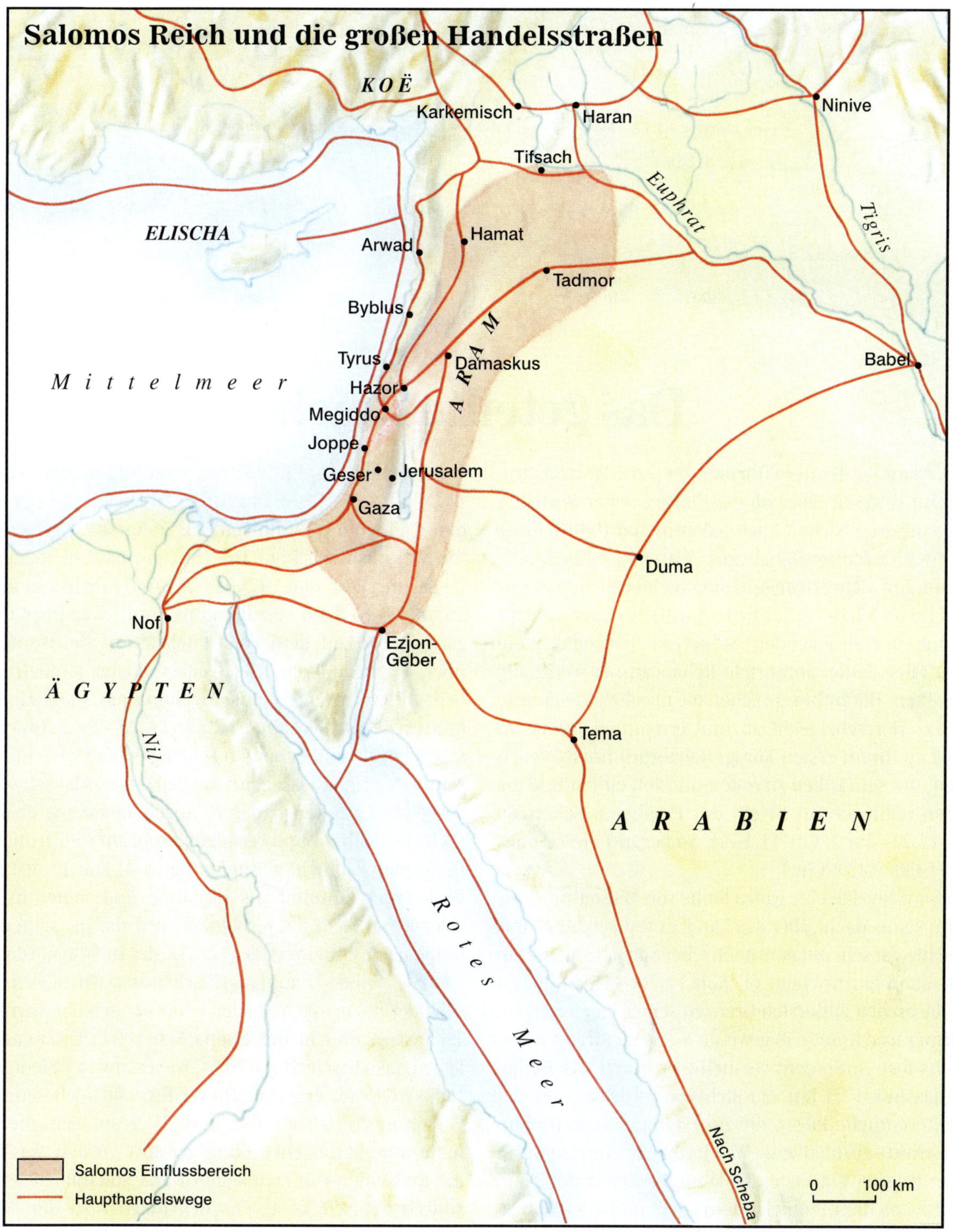

ten. Salomo könnte dafür einige nicht genannte Städte bekommen haben, wahrscheinlich im Norden und/oder Nordosten Phöniziens, in denen er Israeliten ansiedeln konnte, um das Gebiet bei Hamat-Zoba zu beherrschen und so die Handelsstraßen durch das Gebiet zu sichern und Stützpunkte für seine Kaufleute zu schaffen (2. Chr 8,1–4).

Gegen Ende seiner Herrschaft stand Salomo vor einer Reihe von schwerwiegenden Problemen. Im Innern zeigten sich manche Herrscher der nördlichen Stämme unzufrieden und wehrten sich gegen seine Bauprojekte und wahrscheinlich auch gegen sein Steuersystem und seine militärische Organisation (1. Kön 11,26). Diese Unzufriedenheit wird deutlich an Jerobeams Aufstand gegen Salomo; der Versuch schlug allerdings fehl und Jerobeam musste nach Ägypten fliehen und blieb dort, bis Salomo starb (V. 26–40). Der Edomiter Hadad verfeindete sich im Südosten mit Salomo (V. 14–22), während im Nordosten Reson von Damaskus zum Rebellenführer wurde, Damaskus einnahm und sich dort niederließ (V. 23–25). Außerdem fing Salomo an, einige von den fremden Göttern zu verehren, die er seinen ausländischen Frauen zu Ehren in Jerusalem eingeführt hatte (V. 1–8). Offensichtlich wurde das Reich von innen und außen geschwächt. Es ist also kein Wunder, dass es nach Salomos Tod fast sofort zerbrach.

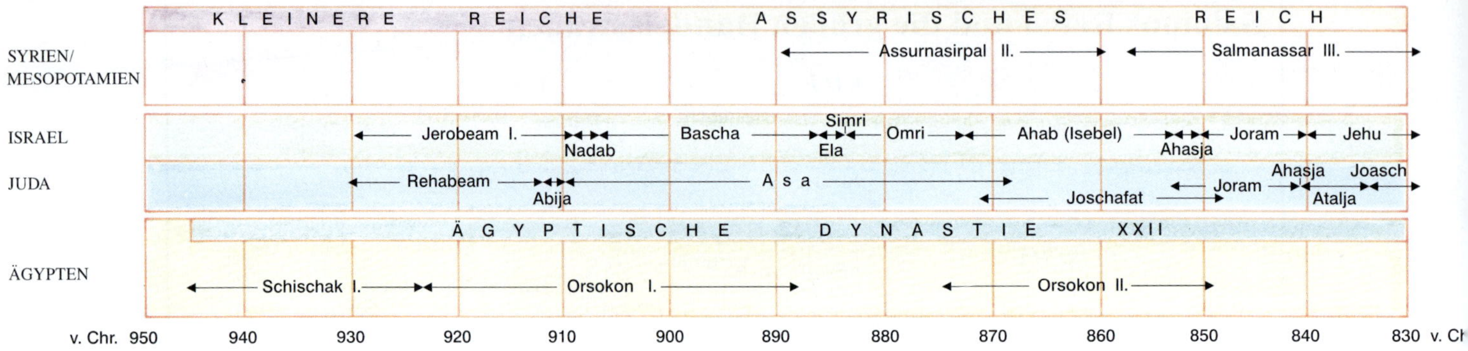

Das geteilte Reich

Israel und Juda waren unter der Führung von David und Salomo gut 73 Jahre vereint gewesen; aber ob die Einheit weiter bestehen würde, das war keineswegs sicher. Nach Salomos Tod (930 v. Chr.) reiste sein Sohn und Nachfolger Rehabeam (930–913 v. Chr.) nach Sichem im Norden, um sicherzustellen, dass die nördlichen Stämme treu blieben (1. Kön 12,1–19; 2. Chr 10,1–19). Als aber Letztere eine Erleichterung der drückenden Steuerlast verlangten, die Salomo ihnen auferlegt hatte, antwortete Rehabeam, er werde die Steuern noch erhöhen. Daraufhin sprachen die nördlichen Stämme Davids Familie das Herrscherrecht ab und ernannten Jerobeam (930–910 v. Chr.) zu ihrem ersten König. Rehabeam musste nach Jerusalem fliehen, um sein Leben zu retten und von einem Feldzug gegen den Norden nahm er auf Befehl des Propheten Schemaja Abstand (1. Kön 12,21–24; 2. Chr 11,1–4). So begann die Zeit des geteilten Reiches (930–722 v. Chr.).

Jerobeam muss im Norden eine ganze Reihe von Maßnahmen ergriffen haben, um seine Macht über das Land zu festigen. Aber was ihn berühmt machte, ist sein religionspolitischer Schachzug, in Dan und Bethel Kultstätten einzurichten (1. Kön 12,26–33). In diesen beiden Städten, die an den äußersten Grenzen seines Landes lagen, baute er Heiligtümer und legte so in gewisser Weise die Grenzen seines Machtbereichs fest. Außerdem versuchte er durch das Heiligtum in Bethel, das nur 17,5 km nördlich von Jerusalem an der Höhenstraße lag, eventuelle Pilger, die zum Tempel in Jerusalem reisen wollten, dorthin »abzulenken«. Weil Jerobeam zum Dienst in den Heiligtümern Priester einsetzte, die keine Leviten waren, und weil die meisten Leviten dem Tempel in Jerusalem und dem Königshaus Davids treu blieben, verließen viele Leviten die für sie bestimmten Städte in Nordisrael (s. Karte S. 102) und zogen nach Süden in das freundlichere Land Juda (2. Chr 11,13–14).

Als der ägyptische Pharao Schischak sah, wie schwach das geteilte Reich war, fasste er den Plan, sowohl Juda als auch Israel anzugreifen. Daraufhin baute Rehabeam 15 Festungen in Juda (2. Chr 11,5–12; s. Karte S. 125), um den Angriff abzuwehren. Aufschlussreich ist, dass diese Festungen in der Schefela, im südlichen Hügelland und am Rand der Wüste Juda entlang lagen; daran wird sichtbar, dass schon 925 v. Chr., fünf Jahre nach dem Tod des mächtigen Salomo, das »Reich« seines Sohnes im Grunde auf das Hügelland von Juda beschränkt war! Man weiß nicht, warum Rehabeam nicht auch seine Nordgrenze befestigte, aber vielleicht hoffte er noch auf eine Vereinigung mit den Nordstämmen.

Schischaks Angriff auf Juda wird in der Bibel kurz beschrieben (1. Kön 14,25–31; 2. Chr 12,1–9), aber seine eigene Inschrift auf den Wänden des Amun-Tempels in Karnak, Ägypten, dokumentiert ihn viel ausführlicher.[1] Die Invasion fand in Rehabeams fünftem Regierungsjahr statt (925 v. Chr.) und führte von der Küstenebene aus ins Hügelland von Benjamin und zwar über die wichtige Zugangsstraße auf dem Hügelrücken von Bet-Horon und zugleich über einen anderen Hügelrücken weiter südlich. Jerusalem war bedroht, wurde aber nicht eingenommen, weil Rehabeam hohe Tribute an Schischak zahlte (1. Kön 14,25–28; 2. Chr 12,9–11). Schischaks Bericht über seinen Feldzug enthält viele Einzelheiten, auch seinen Angriff auf Israel im Norden, aber es ist schwer, sein genaues Vorgehen zu rekonstruieren. Anscheinend zog er nach Norden in Richtung Sichem und verfolgte Jerobeam (der früher bei Schischak in Ägypten Zuflucht gefunden hatte, 1. Kön 11,40) nach Tirza, das Wadi Faria hinunter ins Jordantal und weiter in die Berge von Gilead. Vielleicht hat Jerobeam sogar darum seinen Wohnsitz zeitweilig nach Pnuël verlegt (12,25), das in Transjordanien lag, weitab von Schischaks Hauptangriffsrichtung. Zu diesem Teil von Schischaks Feldzug nach Norden gehörte auch ein Angriff auf Städte im Tal Jesreel und in der Ebene Scharon. Der zweite Abschnitt von Schischaks Inschrift schildert, wie er etwa 85 Siedlungen im Süden Judas im Negeb eroberte. Dieser Text und auch neue archäologische Forschungen[2] legen nahe, dass die Festungen, die Salomo gebaut hatte, vom ägyptischen König zerstört wurden, was bedeutete, dass die Reisenden mit Luxusgütern aus Südarabien jetzt andere Wege (durch Schischaks ägyptisches Reich?) zu den Mittelmeerhäfen nehmen mussten. So entglitt Israel und Juda die Kontrolle der wichtigsten Handelsstraßen, die durch Israel führten, und fiel an die Ägypter.

Israel und Juda brauchten trotz der demütigenden Erfahrungen mit Schischak etwa 20 Jahre, um den Streit über ihre gemeinsame Grenze beizulegen. Den ersten von mehreren Übergriffen beging Rehabeams Sohn Abija (913–910 v. Chr.); er fiel in Israel ein und nahm Bethel, Jeschana und Efron mit den umliegenden Siedlungen ein (2. Chr 13,2–19). Diese Verschiebung der judäischen Grenze nach Norden, durch die Jerobeams Kultstätte in Bethel unter die Herrschaft Judas kam, blieb etwa 20 Jahre bestehen. Erst der König Bascha aus dem Nordreich (908–886 v. Chr.) verlegte die Grenze wieder nach Süden bis Rama, nur 10 km nördlich von Jerusalem. Der judäische König Asa (910–869 v. Chr.) meinte, er brauche Hilfe

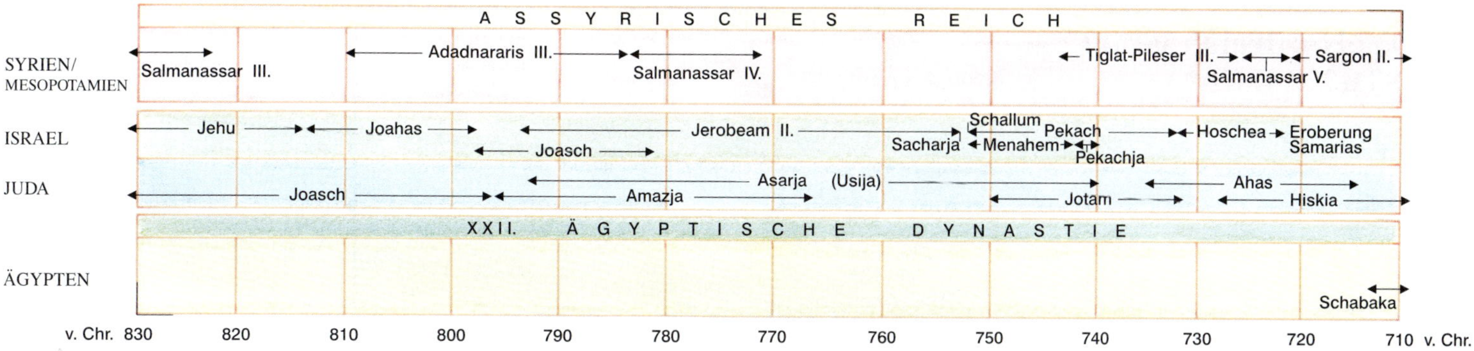

Podium (für einen Königsthron?) auf der rechten Seite des Stadttores von Dan.

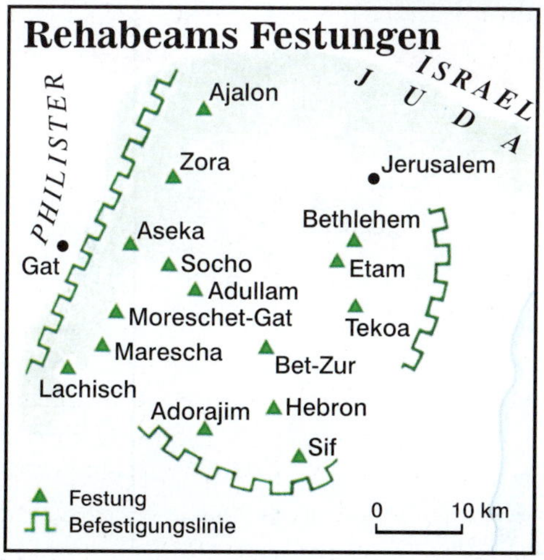

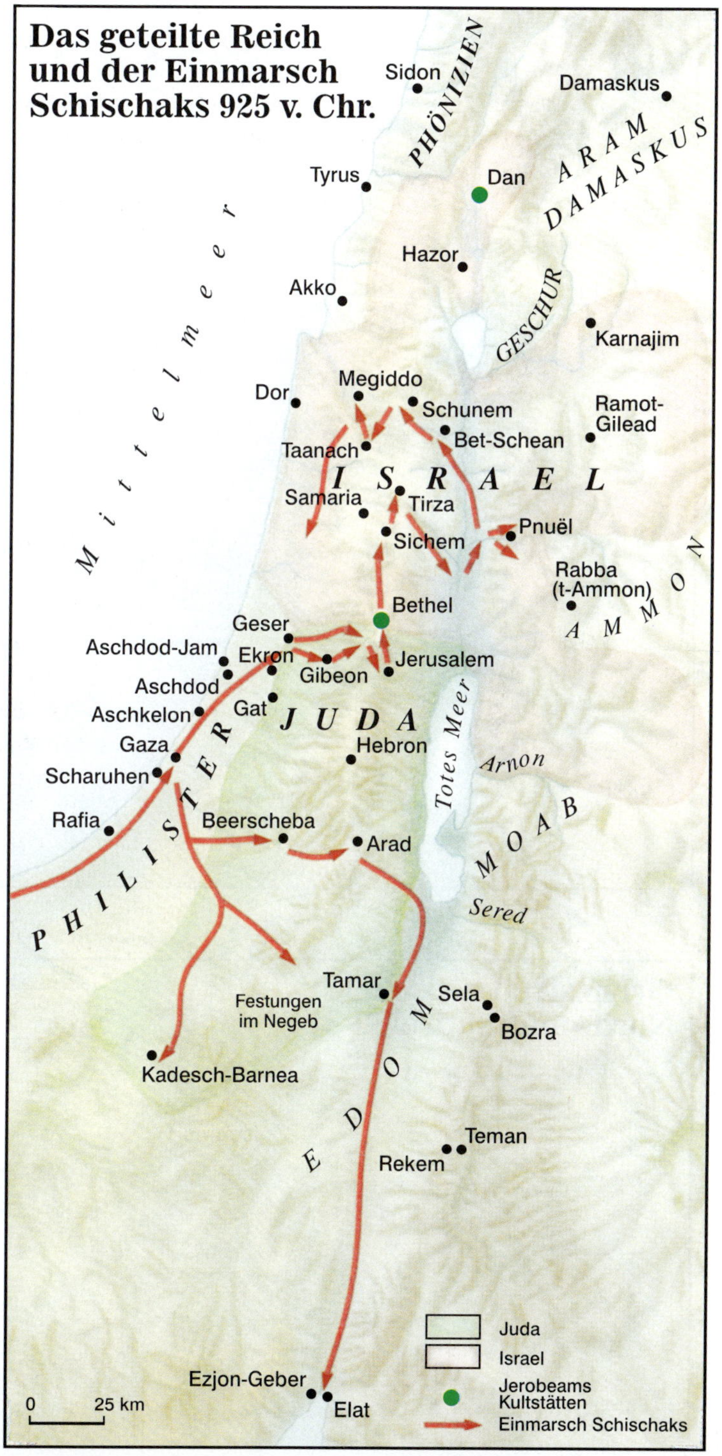

Das Nordreich Israel
(931-722 v. Chr.)
Sidon
PHÖNIZIEN
ARAMÄER
Damaskus
Ijon
Dan
Tyrus
Abel-Bet-Maacha
Mittelmeer
Kedesch
Jiron
Hazor
Akko
Kinneret
Karnajim
Afek
Aschtarot
Hannaton
Jarmuk
Edreï
Dor
Megiddo
Lo-Dabar
Jesreel
Ramot in Gilead
Aruna
Taanach
Bet-Schean
Jibleam
Rehob
Ständige militärische Auseinandersetzung zwischen den Aramäern von Damaskus und Israel über die Beherrschung der Handelsstraße
Jabesch-Gilead
Socho
Samaria
Tirza
Zafon
Sukkot
Jabbok
Sichem
Mahanajim
Pnuël
Adam
ISRAEL
Afek
Joppe
Rabba (t-Ammon)
Bethel
AMMONITER
Bet-Horon
Zemarajim
Gibbeton
Geser
Gibeon
Kirjat-Jearim
Aschdod
Jerusalem
Ekron
MOAB
Gat
Totes Meer
Fundort des "Moabitersteins" Mescha, König von Moab, ist im Konflikt mit den Königen von Israel
Aschkelon
Dibon
PHILISTER
JUDA
Aroër
Hebron
Arnon
Gaza
Jerobeams Kultstätte
Hauptstadt des Nordreichs
Bedeutender Mittelmeerhafen
Internationale Wege
Lokale oder regionale Wege
0 15 km

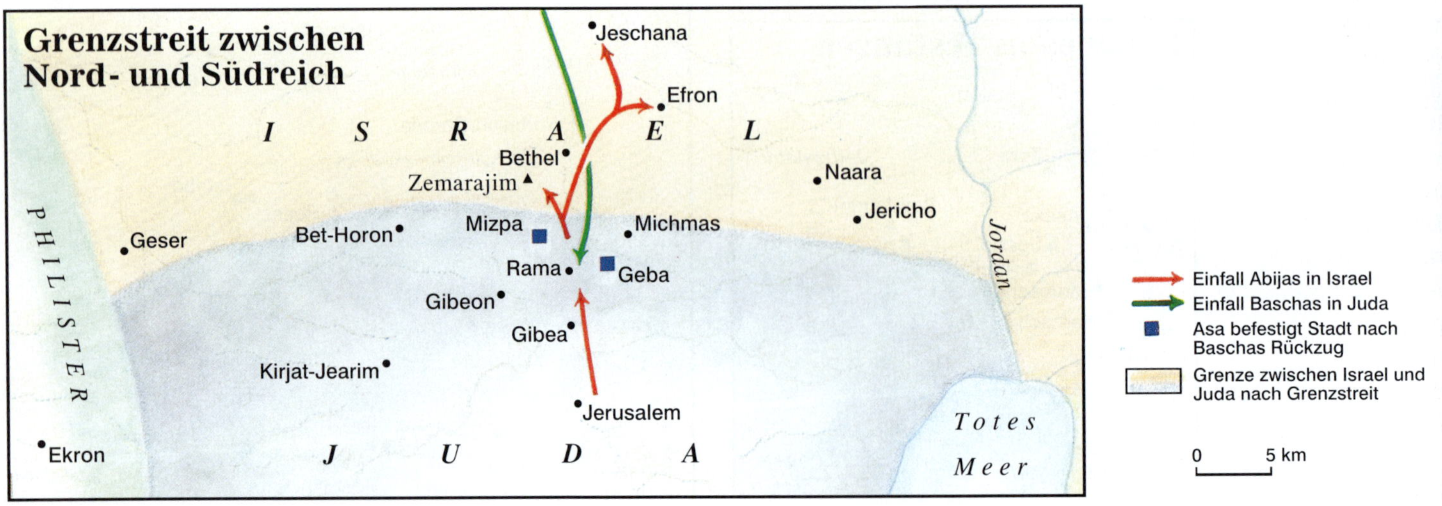
Grenzstreit zwischen Nord- und Südreich
Jeschana
Efron
ISRAEL
Bethel
Zemarajim
Naara
Jericho
PHILISTER
Geser
Bet-Horon
Mizpa
Michmas
Jordan
Rama
Geba
Gibeon
Gibea
Kirjat-Jearim
Jerusalem
Totes Meer
Ekron
JUDA
Einfall Abijas in Israel
Einfall Baschas in Juda
Asa befestigt Stadt nach Baschas Rückzug
Grenze zwischen Israel und Juda nach Grenzstreit
0 5 km

gegen die Bedrohung aus Israel und wandte sich an Ben-Hadad, den König der Aramäer von Damaskus. Ben-Hadad wiederum eröffnete im Norden eine Front gegen Israel, rückte vor und eroberte Ijon, Dan, Abel-Bet-Maacha und andere Städte. Weil Ben-Hadad angriff, musste Bascha seinen Vorstoß nach Süden aufgeben. Und Asa konnte die Grenze wieder nach Norden verschieben. Danach verlief die Grenze zwischen Bethel (Israel) im Norden und Mizpa und Geba (Juda) im Süden. So blieb sie als Grenze zwischen dem Nord- und dem Südreich bestehen bis zum Fall des Nordreiches 722 v. Chr.

Von Anfang bis Ende seiner 209-jährigen Geschichte (930–722 v. Chr.) war das Nordreich von Instabilität geprägt. Seine 19 Könige stammten aus neun verschiedenen Familien. Acht von ihnen wurden ermordet oder begingen Selbstmord. Diese Instabilität zeigt sich auch in der Tatsache, dass Israel nacheinander vier Hauptstädte hatte: Sichem, Pnuël, Tirza und Samaria. Zuerst wählte man Sichem wegen seiner langen Geschichte als Stammes- und Religionszentrum. Pnuël diente wahrscheinlich nur vorübergehend als Zuflucht für Jerobeam, als er vor Schischak floh. Tirza, das östlich der Wasserscheide am oberen Ende des Wadi Faria lag, diente danach etwa 40 Jahre als sichere Hauptstadt auf der abgelegenen (Ost-)Seite der zentralen Gebirgskette. In der Mitte seiner Regierungszeit kaufte Omri (885–874 v. Chr.) den Berg Samaria von Schemer, baute dort eine neue Hauptstadt und nannte sie Samaria (1. Kön 16,23–24). Samaria lag auf der Westseite der Wasserscheide dicht an einer gut passierbaren Straße von der Ebene Scharon durch das Tal von Sichem und war daher fremden Einflüssen viel stärker ausgesetzt als Tirza oder auch Sichem. Tatsächlich zeigt Israels Vertrag mit dem König der Sidonier, wie sehr es nach außen orientiert war. Die Heirat Ahabs mit Isebel, der Tochter Etbaals, des Königs von Sidon, festigte diese Verbindung noch; aber dass Ahab in Samaria einen Tempel und Altar für Isebels Gott Baal baute, beweist, dass das Nordreich nicht nur in wirtschaftlicher, sozialer und politischer, sondern auch in religiöser Hinsicht von außen beeinflusst wurde (V. 31–33).

Zu Juda im Süden und Tyrus und Sidon im Nordwesten konnte Israel freundschaftliche Beziehungen aufbauen, aber seine Beziehungen zu den Aramäern von Damaskus wurden immer schlechter. Wahrscheinlich gab es mehrere Gründe für diesen Konflikt. Zum Beispiel konnte Israel, wenn es mächtig war und Städte wie Dan, Ijon, Abel-Bet-Maacha und Hazor in seinem Besitz hatte, praktisch die Ost-West-Karawanenstraße von Damaskus zur Mittelmeerküste kontrollieren (s. S. 32). Weiter würde ein mächtiges Israel auch selbst anstelle von Damaskus die einträgliche Königsstraße von Norden nach Süden durch Transjordanien beherrschen. Wenn Israel diese Straße bis Ramot in Gilead unter Kontrolle hatte, dann konnten die Karawanen mit Gewürzen und Weihrauch nach Westen über israelitisches Gebiet Häfen wie Akko, Tyrus und Sidon erreichen. Man konnte die Luxusgüter auf die Schiffe der Phönizier laden, die Israels neue Verbündete waren, und von dort aus im ganzen Mittelmeerraum überallhin transportieren. So würde Israel und nicht mehr Damaskus von den Einnahmen durch die Karawanenzüge profitieren. Da überrascht es nicht, dass zwischen Israel und den Aramäern mindestens dreizehn Kämpfe ausgebrochen sind und dass mehrere davon in oder bei der strategisch wichtigen Stadt Ramot in Gilead stattgefunden haben.

Mehrfach nutzten die Aramäer günstige Gelegenheiten und rückten bis an die Tore von Samaria vor – z. B. zur Zeit Ahabs (874–853 v. Chr.; 1. Kön 20,1–21) und Jorams (852–841 v. Chr.; 2. Kön 6,24–7,7) – aber jedes Mal wurden sie wieder bis in Gebiete östlich des Jordans vertrieben. Als aber der assyrische König Salmanassar III. (858–824 v. Chr.) anfing, nach Süden und Westen vorzustoßen, mussten sich die beiden Gegner trotz ihrer vielen Konflikte miteinander und mit anderen Ländern des Nahen Ostens zusammentun, um die wachsende Gefahr aus Assyrien abzuwehren. 853 v. Chr. traf Salmanassar in Karkar am Orontes auf einen Zusammenschluss von elf oder zwölf Königen aus der Gegend. Der einzige Bericht von diesem Kampf stammt aus Salmanassars Aufzeichnungen. Obwohl er sich selbst als Sieger darstellt, geht daraus hervor, dass das Bündnis die assyrische Bedrohung vorläufig abwendete. Bedeutsam ist die Tatsache, dass Hadad-Eser von Damaskus (in der Bibel Ben-Hadad I.) mit 20 000 Soldaten die größte Infanterie zur Verfügung stellte, während Ahab von Israel die meisten Streitwagen beisteuerte (2 000). Zwar haben Salmanassars Schreiber die Anzahl der beteiligten Streitwagen anscheinend in ihrem Bericht übertrieben,[3] aber es ist doch interessant, dass Hadad-Eser und Ahab als die mächtigsten unter all den verbündeten Königen galten und dass diese beiden, die einander erst kürzlich bekämpft hatten und es bald nach dieser Schlacht wieder tun würden, in Karkar als Verbündete auftraten! Darüber hinaus ist bemerkenswert, dass hier der Araber Gindibu in Erscheinung tritt, der 1 000 Kamele zu den Kriegsaufwendungen beisteuerte: Es zeigt einerseits die wachsende Bedeutung des Kamels als Lasttier, andererseits das Interesse Arabiens an Vorgängen weit im Norden (d. h. sein Interesse daran, die Gewürz- und Weihrauchmärkte und Handelsplätze im Norden zu schützen).

Kurz nach der Schlacht bei Karkar, noch im Jahr 853 v. Chr., kämpften Ben-Hadad und Ahab wieder in Ramot in Gilead. In diesem Kampf fiel Ahab (1. Kön 22,29–37; 2. Chr 18,28–34). Als der mächtige Ahab tot war, erhob sich Moab, das Israel unterworfen war (2. Kön 3,4–27 und die Mescha-Stele in *ANET,* 320–21); es machte sich unabhängig und eroberte die Ebene nördlich der Arnonschlucht bis Medeba, Nebo und Bezer von den israelitischen Stämmen Gad und Ruben. Im Norden war Ahabs Sohn Joram (852–841 v. Chr.) weiter dem heftigen Angriff Arams ausgesetzt und mit der Belagerung Samarias trat eine besonders schwierige Situation ein; schließlich wurde die Stadt aber durch göttliches Eingreifen gerettet (6,24–7,7). Gegen Ende von Jorams Regierung lag Israel wieder im Krieg mit den Aramäern. Joram selbst wurde im Kampf gegen Hasaël in Ramot in Gilead verwundet. Während Joram sich in seinem Wintersitz in Jesreel von seiner Verwundung erholte, zettelte Jehu, der Kommandeur von Jorams Truppen in Ramot (den ein Vertreter des Propheten gesalbt hatte), einen Putsch an und tötete nicht nur Joram, sondern auch Isebel und schließlich alle noch lebenden Nachkommen von Omri und Ahab (841 v. Chr.; 2. Kön 9 und 10).

Im Unterschied zum Nordreich zeigte sich Juda in seiner 345-jährigen Geschichte bedeutend stabiler: Von Salomos Tod (930 v. Chr.) bis zur Plünderung Jerusalems durch die Babylonier (586 v. Chr.) regierten in Juda 19 Könige, die alle aus Davids Familie stammten.[4] Außerdem war Jerusalem, als Salomo starb, schon fest als religiöses und politisches Zentrum des Südreichs etabliert. Die Leviten, die im Norden wohnten, zogen sogar nach Juda, als Israel sich abtrennte, um nicht von den Gottesdiensten im Tempel abgeschnitten zu werden.

Wie schon erwähnt, sieht man eindeutig an der Lage von Rehabeams Festungen und an Schischaks Marschroute bei der

Invasion (925 v. Chr.), dass das Südreich im Grunde auf das Hügelland von Juda und die Schefela beschränkt war. In Rehabeams Regierungszeit (930–913 v. Chr.) hatte Juda keine Kontrolle mehr über die Handelsstraßen, die durch die Küstenebene, den Negeb und Transjordanien führten.

Der Bericht des Chronisten über die Regierung der verschiedenen Könige von Juda zeigt beispielhaft, dass ihr Glaube an Jahwe Segen, Wohlstand und Stärke brachte, ihr Ungehorsam dagegen zu Unglück, Zerstörung, Niederlagen und schließlich zur Verbannung führte. In der Anfangszeit von Asas Regierung z. B. (910–869 v. Chr.) folgte auf den Beweis seines Glaubens an Jahwe der Sieg über die einfallenden Horden von Serach, des Kuschiters, im Tal Zefata bei Marescha (2. Chr 14). Aber später führten Asas Zweifel an der Macht Gottes, mit Baschas Angriff vom Norden fertig zu werden (S. 127), und sein Vertrauen auf das Bündnis mit Ben-Hadad von Damaskus letztendlich zu seinem ruhmlosen Tod (16,7–14).

Asas Nachfolger Joschafat (872–848 v. Chr.) leitete eine Reihe von Reformen in Religion und Rechtswesen ein. Außerdem ließ er Garnisonstädte, Festungen und Vorratsstädte bauen, ließ diese mit Soldaten belegen (2. Chr 17) und richtete im Land Verwaltungsbezirke und Ämter ein (17,2). Joschafats Macht war so groß, dass die Philister im Westen und die Araber im Süden und Osten ihm Tribut brachten (V. 10–11), vielleicht weil Juda unter seiner Herrschaft wieder Teile der überregionalen Handelsstraßen kontrollierte.

In der späteren Regierungszeit Joschafats fielen die Moabiter, Ammoniter und die Bewohner des Gebirges Seïr von Osten in Juda ein (2. Chr 20). Offenbar überquerten sie das Tote Meer an einer Furt, die von der Lisan-Halbinsel nach Westen führte, und lagerten bei Hazezon-Tamar (= En-Gedi). Von dort aus stiegen sie den Pass von Ziz hinauf und wollten anscheinend über die Straße auf dem Bergrücken direkt nördlich des Nahal Arugot ins Gebirge gelangen. Joschafat befragte den Herrn und zog ihnen dann zum Kampf entgegen. Aber noch ehe er ankam, kämpften die Eindringlinge gegeneinander und brachten sich gegenseitig um, so dass das judäische Heer nur noch die Beute einzusammeln brauchte, die sie zurückgelassen hatten. Gott war in der Tat vor den gläubigen Judäern hergegangen.

Trotz seiner Treue zu Jahwe war Joschafat auch bekannt für die engen Beziehungen, die er mit Israel im Norden herstellte. Sein Sohn Joram heiratete sogar Atalja, eine Tochter von Ahab und Isebel (2. Kön 8,18; 2. Chr 21,6). Joschafat kämpfte auch auf Ahabs Seite in der Schlacht von Ramot in Gilead (853 v. Chr.; s. S. 127). Als Ahabs Sohn Joram im Kampf gegen Mescha, den König von Moab, im nördlichen Mischor eine Niederlage erlitt, erlaubte ihm Joschafat, durch Juda zu ziehen und Moab von Südwesten anzugreifen. Joschafat und die Edomiter halfen ihm sogar bei diesem erfolglosen Versuch (2. Kön 3,6–27).

Ein weiterer Beleg für Joschafats Verbundenheit mit dem Nordreich ist sein Versuch, gemeinsam mit Israel die Schifffahrt auf dem Roten Meer wieder zu beleben. Unglücklicherweise hatten die Schiffe, die Joschafat und Ahasja gebaut hatten, kaum den Hafen verlassen, da erlitten sie schon Schiffbruch bei Ezjon-Geber (1. Kön 22,49–50; 2. Chr 20,35–37). Tatsächlich war kein einziges gemeinsames Unternehmen Joschafats mit Israel erfolgreich, weder die Schlacht bei Ramot in Gilead noch der Angriff auf Moab oder die Schifffahrt auf dem Roten Meer; aber wenn Joschafat sich auf Jahwe verließ, hatte er Erfolg wie beim Sieg über die Ammoniter, Moabiter und die Bewohner des Gebirges Seïr.

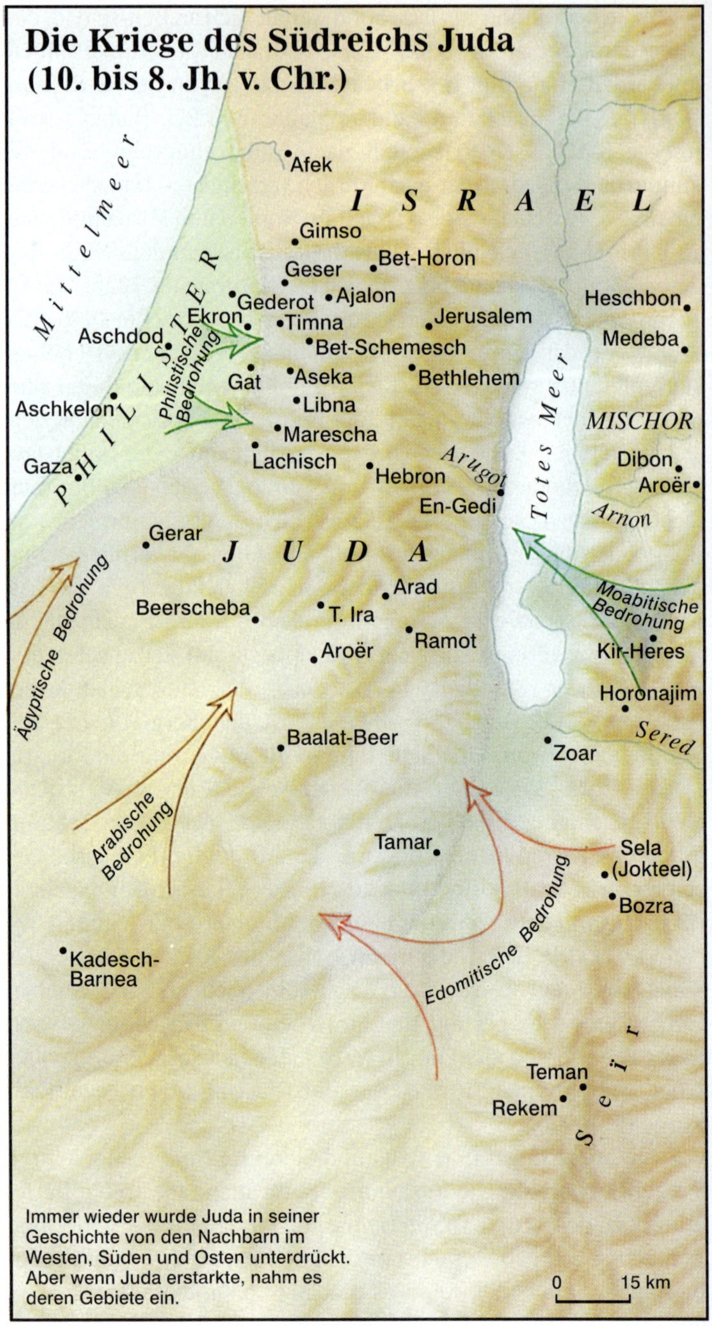

Die Kriege des Südreichs Juda (10. bis 8. Jh. v. Chr.)

Immer wieder wurde Juda in seiner Geschichte von den Nachbarn im Westen, Süden und Osten unterdrückt. Aber wenn Juda erstarkte, nahm es deren Gebiete ein.

Joschafats Sohn Joram regierte von 853 bis 848 v. Chr. mit ihm zusammen; er hatte Ahabs Tochter Atalja geheiratet und er war sehr böse. Unter seiner Herrschaft (853–841 v. Chr.) erlebte Juda eine Reihe von schweren Rückschlägen: Im Südosten rebellierte Edom, ebenso Libna in der Schefela im Westen (2. Kön 8,20–22; 2. Chr 21,8–10). Philister und Araber, die Joschafat früher Tribut gezahlt hatten, brachen jetzt in Juda ein und entführten sogar Mitglieder der königlichen Familie (2. Chr 21,16–17).

Als Joram starb, behielt sein Sohn Ahasja die enge Beziehung mit Israel bei: Er kämpfte bei Ramot in Gilead auf Seiten Jorams von Israel (2. Kön 8,28; 2. Chr 22,5). Aber diese Verbundenheit bezahlte Ahasja mit dem Leben: Als er den verwundeten Joram in Jesreel besuchte, führte Jehu seinen Putsch aus und tötete Ahasja zusammen mit Joram, Isebel und Ahabs letzten Nachkommen (2. Kön 9,27–28; 2. Chr 22,9).

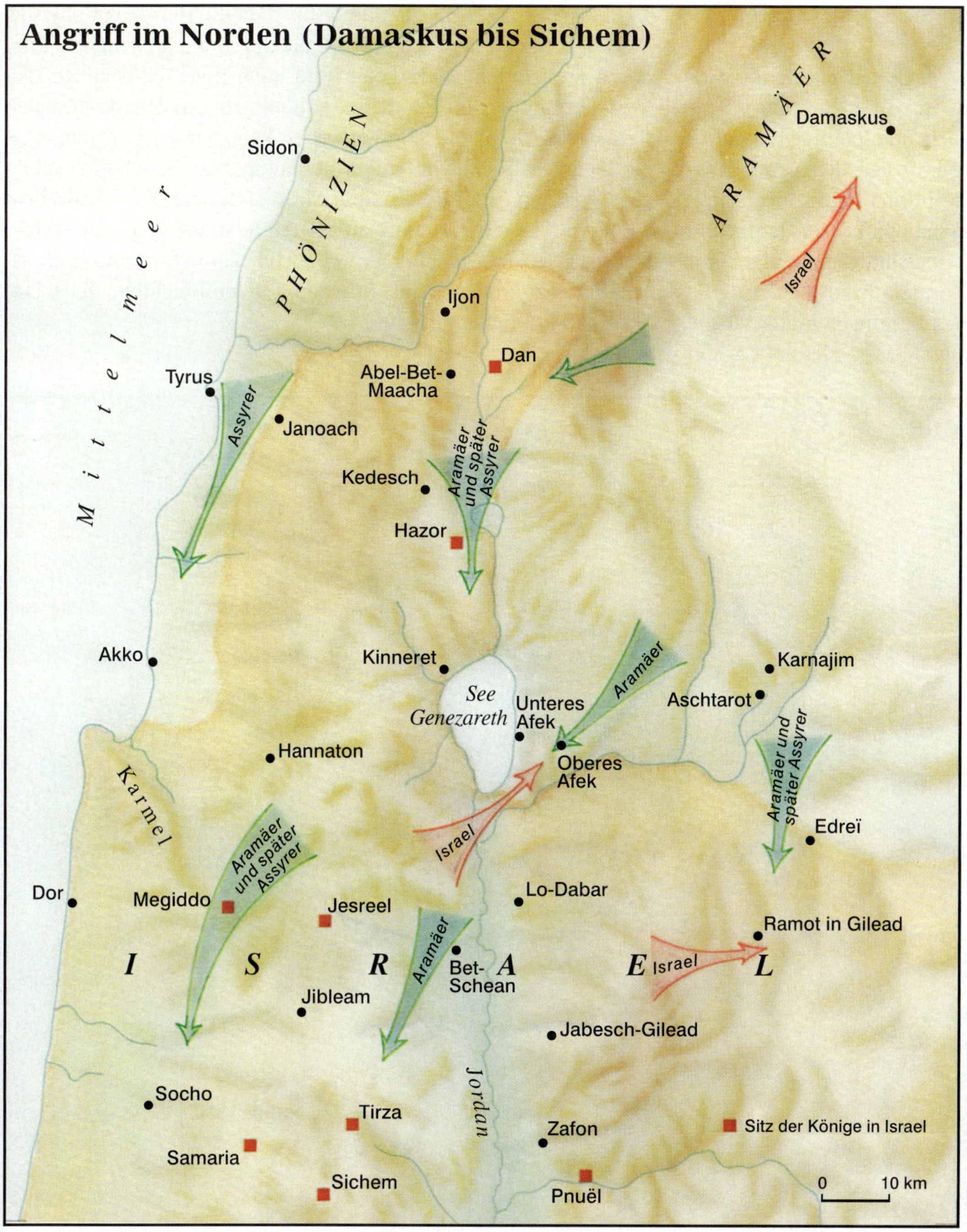

Unterirdisches Wassersystem in Megiddo, das zu einer Quelle außerhalb der Stadtmauer führte; mehr als 60 m lang.

Nur kurze Zeit später wurde die Königsfamilie Davids durch die böse Königin Atalja fast ganz vernichtet (841–835 v. Chr.; 2. Kön 11). Aber eine Priesterfamilie rettete ein Kind aus Davids Nachkommenschaft (Joasch) und ließ es mehrere Jahre lang heimlich bei sich aufwachsen. Mit sieben Jahren wurde Joasch zum König gekrönt und die böse Atalja wurde hingerichtet (2. Kön 11,1–16; 2. Chr 23,1–15). In den Anfangsjahren von Joaschs Regierung leiteten er und der Hohepriester Jojada religiöse Reformen ein (2. Kön 12,1–12; 2. Chr. 24,1–16). Aber gegen Ende seiner Regierungszeit, als Jojada im Alter von 130 Jahren gestorben war, verließ Joasch Jahwe, verehrte Bilder der Aschera und Götzen (2. Chr 24,17–21) und ließ sogar den Sohn seines priesterlichen Beraters ermorden. Erwartungsgemäß führte der Ungehorsam zur Katastrophe und bald war Joasch den Angriffen des aramäischen Königs Hasaël ausgesetzt, der zuerst Gat in der Ebene der Philister einnahm und sich dann ostwärts ins Bergland wandte und auf Jerusalem zukam (2. Kön 12,18–19). Aber als Joasch Hasaël Tribut zahlte, brach Letzterer den Angriff auf Jerusalem ab.

Joasch wurde von unzufriedenen Untertanen ermordet (2. Kön 12,21–22; 2. Chr 24,25–27).

Sein Sohn Amazja folgte ihm auf dem Thron (796–767 v. Chr.). Amazja fing seine Regierung damit an, dass er Edom unterwarf, Sela eroberte und der Stadt den neuen Namen Jokteel gab (2. Kön 14,7; 2. Chr 25,1–14). Bald aber betete Amazja edomitische Götzen an, die er erobert hatte. Seine Herausforderung an die Israeliten, mit ihm zu kämpfen, nahm der israelitische König Joasch an und besiegte ihn im Kampf bei Bet-Schemesch (2. Kön 14,8–14; 2. Chr 25,15–24). Die Israeliten zogen weiter bis Jerusalem, plünderten die Stadt und zerstörten Teile ihrer Mauer. Amazja bekam kaum noch politische Unterstützung. Auf der Flucht aus Jerusalem wurde er von Verschwörern in der judäischen Stadt Lachisch ermordet (2. Kön 14,18–20; 2. Chr 25,26–28).

Amazjas Nachfolger war Asarja, der auch Usija genannt wird (792–740 v. Chr.). Asarja regierte zwar insgesamt 52 Jahre, aber weil er die Herrschaft zeitweise mit Amazja und Jotam teilte, war er nur 17 Jahre lang Alleinherrscher. Er wird von den alten Geschichtsschreibern als »guter« König bezeichnet. Unter seiner Herrschaft nahm Judas Macht erheblich zu. Im Westen nahm er Gat, Jabne und Aschdod ein (2. Chr 26,6–8). Im Süden und Südwesten zahlten ihm die Araber in Gur-Baal und die Mëuniter Tribut, ebenso die Ammoniter im Osten. Im Süden baute er Festungen in der Wüste, unterwarf Edom und baute Elat am Roten Meer wieder auf (2. Kön 14,22; 2. Chr 26,2). So gewann er für Juda die Herrschaft über die Nord-Süd-Handelsstraßen zurück, die durch die Küstenebene und durch Transjordanien verliefen und auch über die wichtige Ost-West-Verbindung von Edom und Arabien zu den Mittelmeerhäfen Gaza und Aschdod. Aus diesem Grund kann man annehmen, dass die Judäer beträchtliche Einkünfte hatten, wie sie sie auch schon gehabt hatten, als Salomo diese Straßen beherrschte. Außerdem baute Asarja die Befestigungsanlagen in Jerusalem aus und errichtete das Eck- und das Taltor. Er war auch bekannt für seine landwirtschaftlichen Projekte, die ihm den Ruf einbrachten, »Lust am Ackerbau« zu haben (2. Chr. 26,9–15).

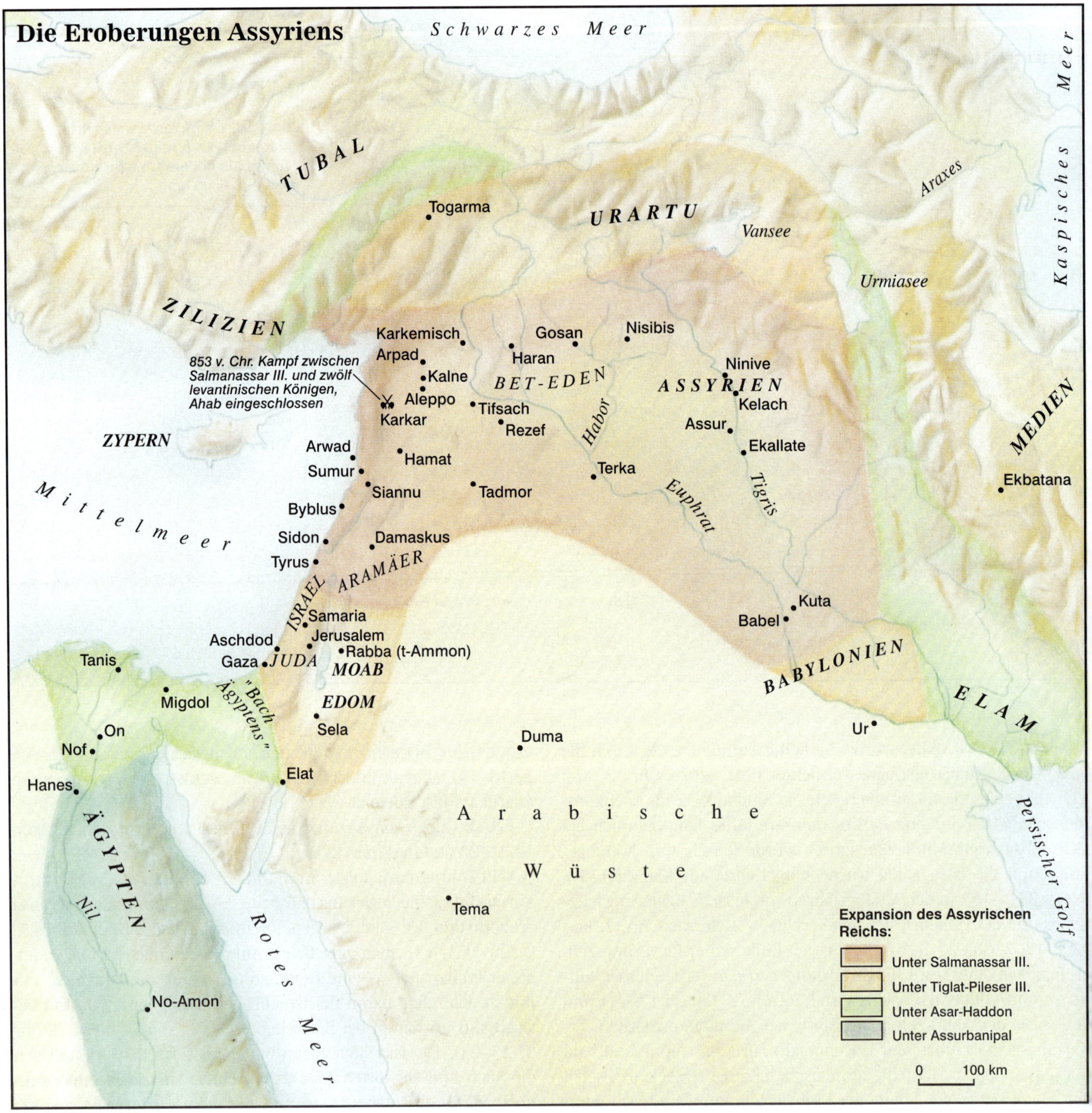

Trotz aller Segnungen, die Asarja und die Judäer genossen, wurde er von den Priestern getadelt und von Gott zur Strafe mit Aussatz geschlagen, als er versuchte, im Tempel Weihrauch zu verbrennen (2. Chr 26,16–21). Anscheinend übernahm zu diesem Zeitpunkt (750 v. Chr.) sein Sohn Jotam die Herrschaft (750–732 v. Chr.). Jotams Regierung wird zwar nur kurz beschrieben (2. Kön 15,32–38; 2. Chr 27,1–9), aber er hatte den Ruf, das Werk seines Vaters weiterzuführen; der Chronist erwähnt seine Bautätigkeit in Jerusalem ebenso wie die Anlage von Städten, Festungen und Türmen in den Bergen von Juda. Aber gegen Ende seiner Herrschaft, als Ahas mit ihm zusammen regierte (anscheinend 735–732 v. Chr.), griffen Pekach von Israel, der Aramäer Rezin von Damaskus und wahrscheinlich der Sohn Tabeals von Transjordanien Juda an. Offenbar wollten sie den Nachkommen Davids durch einen König eigener Wahl ersetzen, nämlich den Sohn Tabeals, der sich mit ihnen in einem Bündnis gegen die Assyrer zusammenschließen würde (2. Kön 16,5–6; 2. Chr 28,5–8; Jes 7,1–17). Die Judäer aber wandten sich an den assyrischen König Tiglat-Pileser III. (744–727 v. Chr.) um Hilfe. Er ging bereitwillig darauf ein und griff Israel von Norden her an (2. Kön 16,7–10; 15,29; 2. Chr 28,16 und 20–21; s. S. 133). Die Judäer waren zwar kurzfristig der Gefahr durch Israel und Aram entgangen, aber später würden sie unter ihrem assyrischen Verbündeten zu leiden haben.

In Ahas' Regierungszeit (735–715 v. Chr.) wurden die religiösen und politischen Bedingungen in Juda schlechter. Man ließ Kinder »durchs Feuer gehen«, machte Baalsbilder und verehrte sie und die heidnischen Bräuche auf den Höhen wurden wieder eingeführt (2. Kön 16,2–4; 2. Chr 28,1–4). Diese Rückschläge auf religiösem Gebiet wurden begleitet von politisch-geografischen Umwälzungen: Beim Angriff der Israeliten und Aramäer fielen 120 000 Judäer (2. Chr 28,6); Edom rebellierte und fiel sogar in Juda ein (2. Kön 16,5–6); die Philister drangen in die Schefela und den Negeb ein und eroberten Bet-Schemesch, Ajalon, Gederot, Socho, Timna und Gimso und die umliegenden Ortschaften (2. Chr 28,17–19). Als Ahas starb (715 v. Chr.), war wirklich ein Tiefpunkt in der Geschichte Judas erreicht.

Unterdessen hatte Jehu im Nordreich Joram ermordet (841 v. Chr.); er fuhr nun mit der »Säuberung« fort, indem er alle lebenden männlichen Nachkommen Ahabs auslöschte, die Priester und Anhänger Baals vernichtete und den Baalstempel in Samaria zerstörte (2. Kön 10). In der Bibel wird es zwar nicht erwähnt, aber aus assyrischen Berichten ist bekannt (*ANET,* 280–81), dass Jehu an Salmanassar III. (858–824 v. Chr.) Tribut entrichtete. 841, offenbar in Jehus erstem Regierungsjahr, war Salmanassar in aramäisches Gebiet eingedrungen, hatte Städte in Gilead erobert und erhielt Tribut von Jehu und den Königen von Tyrus und Sidon in Baal-Rosch (= Berg Karmel). Israel überlebte unter der Führung Jehus und seiner Nachfolger, aber es musste einige Niederlagen hinnehmen. Zum Beispiel drang gegen Ende von Jehus Regierung, wahrscheinlich in den 820er Jahren, der Aramäer Hasaël in Israel ein und eroberte alle Gebiete in Transjordanien, die den Stämmen Manasse, Ruben und Gad gehörten, von der Nordgrenze bis zur Arnonschlucht (2. Kön 10,32–33). Im Südwesten griff Hasaël Gat in der Ebene der Philister, aber auch Juda und Jerusalem an (12,18–19; 2. Chr 24,23–24), was bedeutet, dass er sich im israelitischen Kernland offensichtlich frei bewegen konnte, sogar im Tal Jesreel und in der Ebene Scharon, um diese Ziele zu erreichen.

Auch Jehus Nachfolger Joahas (814–798 v. Chr.) wurde von den Aramäern bedrängt, sowohl von Hasaël als auch von dessen Nachfolger Ben-Hadad. Auch er zahlte den Assyrern Tribut und zwar Adad-nirari (810–783 v. Chr.; *ANET*, 281). Israels Streitmacht bestand nur noch aus 50 Reitern, 10 Streitwagen und 10 000 Fußsoldaten – eine sehr bescheidene Armee, wenn man bedenkt, dass Ahab 853 v. Chr. für die Schlacht bei Karkar 2000 Streitwagen aufgebracht haben soll.

Von etwa 800 bis 740 v. Chr. waren die Assyrer im Nahen Osten anderweitig beschäftigt und das Königreich Israel konnte sich entfalten. Die letzte Blüte Israels fing zur Zeit Joaschs an (798–782

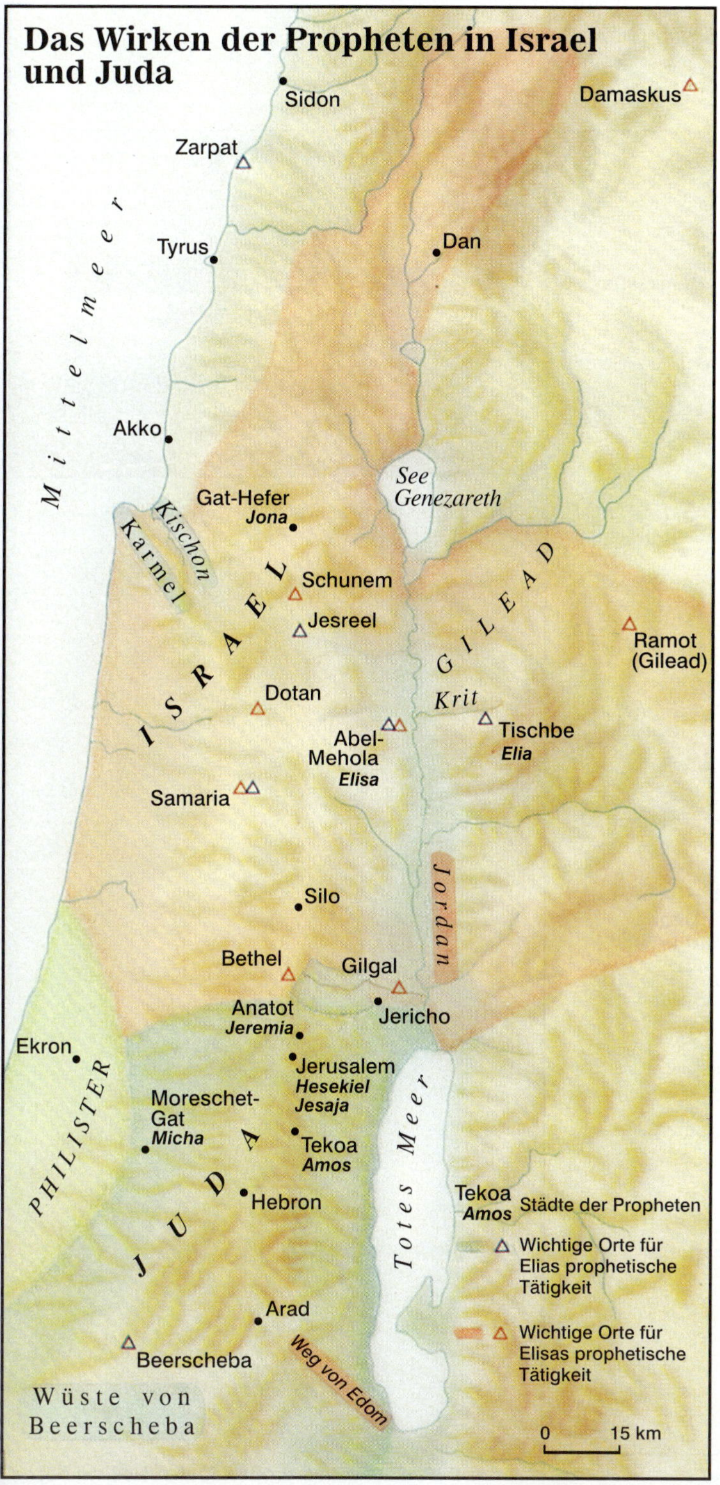

Das Wirken der Propheten in Israel und Juda

v. Chr.), der dem Aramäer Ben-Hadad mehrere Niederlagen zufügte und sogar den arroganten König Amazja von Juda besiegte (s. S. 129). Die größte Ausdehnung und den größten Wohlstand erreichte Israel in der langen Regierungszeit Jerobeams II. (793–753 v. Chr.). Seine Macht reichte von Hamat im Norden bis zum Meer der Araba (= Salzmeer) im Süden und schloss auch die Herrschaft über Damaskus mit ein (2. Kön 14,25–29). Die Herrschaftsbereiche des judäischen Königs Asarja und Jerobeams II. zusammen waren fast so groß wie das Reich Salomos. Die Bibel sagt zwar nichts über die innere Verwaltungsstruktur Israels in dieser Zeit großen Reichtums aus, aber 63 Ostraka (beschriebene Tonscherben), die man bei der Ausgrabung der Festung in Samaria gefunden hat, geben einen wertvollen Einblick in diese Zeit. Diese Scherben dokumentieren, dass Personen, die in Samaria lebten, von landwirtschaftlichen Anwesen in den Dörfern der Umgebung Wein und Öl erhalten hatten. Viele dieser Dörfer kann man identifizieren. Nach den Scherben kann man sogar auf der Landkarte festlegen, wo verschiedene Familien aus dem Stamm Manasse ansässig waren.[5] Das ist eine Fundgrube für die historisch-geografische Forschung, denn die Beschreibung des Stammesgebiets von Manasse (Jos 17) ist sehr kurz und enthält keine Liste von Städten. So haben wir durch die Ostraka von Samaria viel über das Kernland von Manasse erfahren.

Die beiden Nachfolger Jerobeams regierten zusammen nur sieben Monate und beide wurden ermordet. Unter der Regierung Menahems (752–742 v. Chr.) machte sich die assyrische Gefahr dann wieder bemerkbar. Menahem erhob eine Steuer von 50 Schekel von jedem reichen Mann, um Tiglat-Pileser III. 1000 Talente (ca. 37 Tonnen) Silber zahlen zu können (2. Kön 15,19–20 und *ANET*, 283).

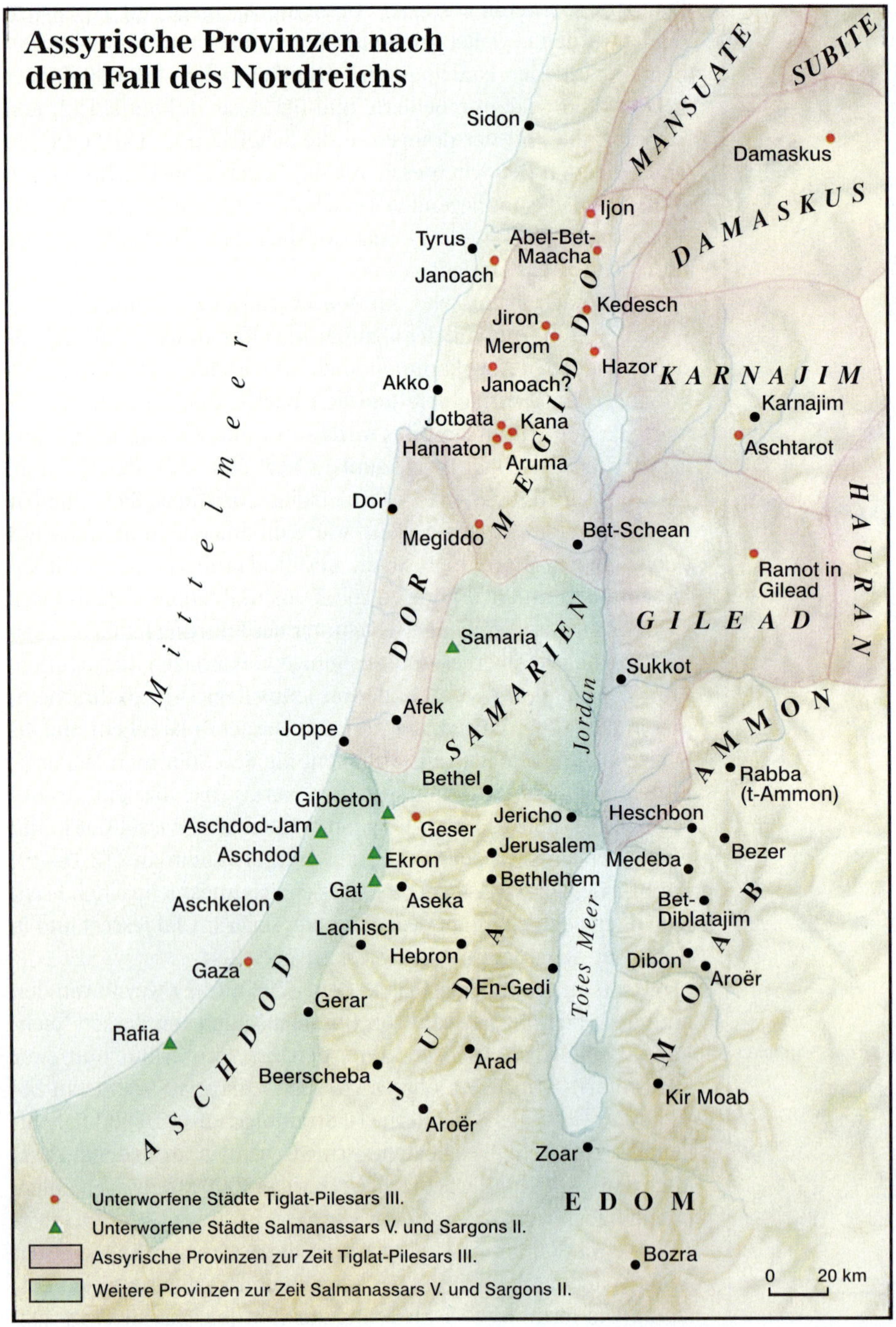

Rekonstruierte israelitische Festung bei Arad.

Reste einer großen Säulen-Halle in Hazor.

Menahems Nachfolger Pekach (752–732 v. Chr.) bekam die volle Wucht des ersten assyrischen Angriffs zu spüren. Um der assyrischen Bedrohung zu begegnen, machte Pekach einen Vertrag mit Rezin von Damaskus und mit dem einflussreichen Sohn Tabeals von Transjordanien (Jes 7,5–6). Diese Bündnispartner versuchten, den judäischen König Ahas zu zwingen, ihrer Allianz beizutreten. Aber obwohl sie Juda verwüsten und Jerusalem bedrohen konnten, gelang der Plan nicht (s. S. 131). Biblische, aber noch mehr assyrische Berichte beschreiben die Feldzüge Tiglat-Pilesers III. (2. Kön 15,29; *ANET,* 282–84): 734 v. Chr. zog er an der Mittelmeerküste nach Süden und eroberte Städte auf dem ganzen Weg bis nach Gaza und zum Bach Ägyptens. 733 v. Chr. kam sein Heer schon wieder und nahm nordisraelitische Städte wie Ijon, Abel-Bet-Maacha, Janoach, Kedesch und Hazor ein (15,29), aber auch Städte in Naftali (Galiläa) und in Gilead. Schließlich schnitt er 732 die Verbindungswege für mögliche Hilfe aus Israel und Ägypten ab, griff Damaskus an und eroberte es. Rezin wurde abgesetzt und Pekach ermordet. Anstelle des Letzteren setzte Tiglat-Pileser III. Hoschea als Marionette auf den Thron Israels.

Kurz nach dem Tod Tiglat-Pilesers III. rebellierte Hoschea, der letzte israelitische König, gegen die Assyrer; daraufhin belagerten sie Samaria. Nach dreijähriger Belagerung, schon fast am Ende der Herrschaft Salmanassars V. (726–722 v. Chr.), wurde Samaria von den Assyrern erobert (2. Kön 17,5–6; 18,9–11; *ANET*, 284–85). Der Schreiber des biblischen Berichts gibt als Grund für den Fall Samarias 722 v. Chr. an, dass die Bevölkerung des Nordreichs die Warnungen seiner Propheten – Elia, Elisa, Jona, Amos, Hosea – nicht beachtet, sondern absichtlich schwere Sünden begangen habe, unter anderen Götzendienst, Zauberei, Wahrsagerei und Kinderopfer (17,7–23).

Die Bibel berichtet keine Einzelheiten, aber der Fall Samarias war für die Israeliten ein schwerer Schlag, denn es war bekannt, wie brutal die Assyrer Aufständische behandelten: nicht nur mit Plündern, Vergewaltigung und Sklaverei, sondern auch mit Enthaupten, Aufspießen und Abziehen der Haut bei lebendigem Leib. Aber nicht jeder wurde so behandelt: Sargon II. (721–705 v. Chr.) begann mit Deportationen, wodurch die Israeliten in mehreren Schüben nach Halach, Gosan, zum Fluss Habor und in verschiedene Städte in Medien gebracht wurden (2. Kön 17,6; 18,10–11). An ihrer Stelle siedelten Sargon II. und spätere assyrische Herrscher fremde Völker aus Babel, Kuta, Awa, Hamat und Sefarwajim an (17,24). Diese Neuankömmlinge brachten ihren heidnischen Götzendienst mit, aber sie versuchten auch, den »Gott des Landes« zu verehren (also Jahwe, V. 25–41). Offensichtlich waren diese Einwanderer, die die verschiedenen Religionen vermischten, die Vorläufer der Volks- und Religionsgruppe, die man später als Samariter kannte.

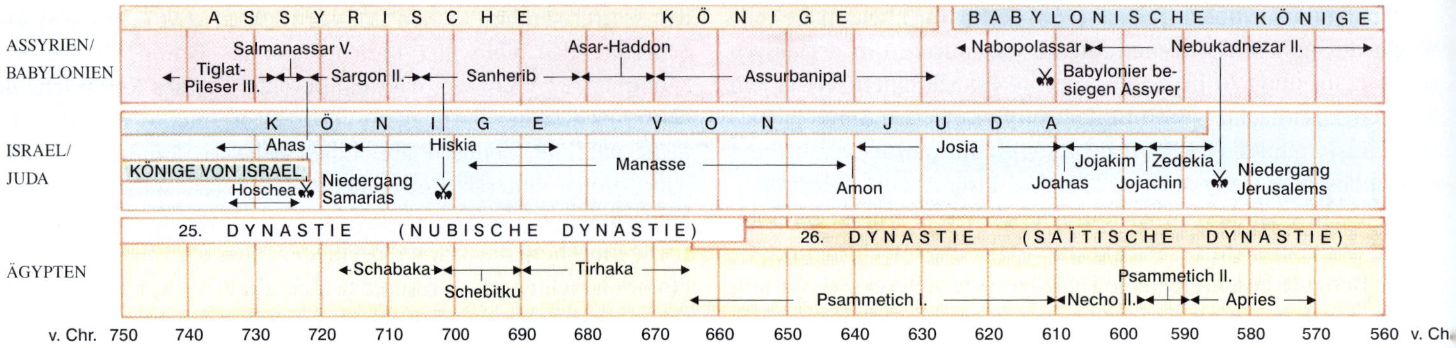

Juda

Die Eroberung Samarias und des Nordreichs Israel durch die Assyrer lenkte die Kriegsgefahr zeitweilig vom Königreich Juda ab (von 735 bis 722 v. Chr.); aber dass Ahas fremde religiöse Bräuche einführte und förderte, war schon fast eine Garantie, dass Gottes Gericht auch das Südreich treffen würde. Und tatsächlich griffen noch zu Ahas' Zeit (735–715 v. Chr.) die Edomiter Juda erfolgreich an und nahmen Gefangene (2. Chr 28,17), während die Philister im Westen die Städte Bet-Schemesch, Ajalon, Gederot, Socho, Timna

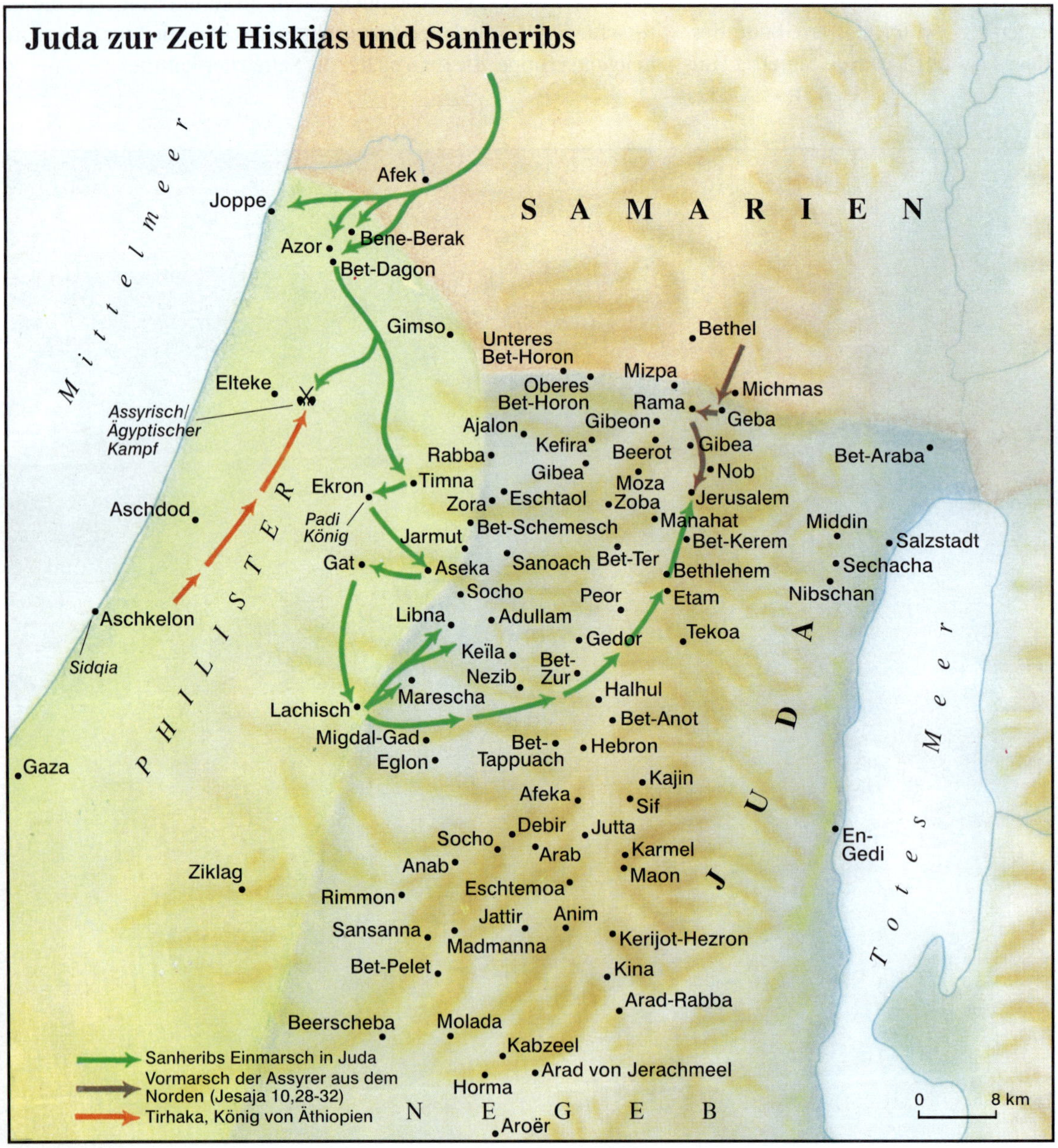

Städteliste von Juda (Josua 15,21–62; s. a. Elb.)

Kabzeel, Eder, Jagur, **Kina**, Dimona, Adada, Kedesch, Hazor, Jitnan, **Sif**, Telem, Bealot, Hazor-Hadatta, **Kerijot-Hezron** (Hazor), Amam, Schema, **Molada**, Hazar-Gadda, Heschmon, **Bet-Pelet**, Hazar-Schual, **Beerscheba**, Bisjotja, Baala, Ijim, Ezem, Eltolad, Kesil, **Horma**, **Ziklag**, **Madmanna**, **Sansanna**, Bet-Lebaot, Schilhim, Ajin, Rimmon; **Eschtaol**, Zora, Aschna, **Sanoach**, En-Gannim, Tappuach, Enam, **Jarmut**, **Adullam**, **Socho**, **Aseka**, Schaarajim, Aditajim, Gedera, Gederotajim; Zenan, Hadascha, Migdal-Gad, Dilan, **Mizpe**, Jokteel, **Lachisch**, Bozkat, Eglon, Kabbon, Lachmas, Kitlisch, Gederot, Bet-Dagon, Naama, Makkeda; Libna, Eter, Aschan, Jiftach, Aschna, **Nezib**, **Keïla**, Achsib, Marescha; **Ekron**, **Aschdod**, **Gaza**; Schamir, **Jattir**, **Socho**, Danna, Kirjat-Sanna (**Debir**), **Anab**, **Eschtemoa**, **Anim**, Goschen, Holon, Gilo; **Arab**, Duma, Eschan, Janum, **Bet-Tappuach**, Afeka, Humta, Kirjat-Arba (**Hebron**), Zior; **Maon**, **Karmel**, **Sif**, **Jutta**, Jesreel, Jokdeam, Sanoach, Kajin, Gibea, Timna; Halhul, Bet-Zur, Gedor, Maarat, Bet-Anot, Eltekon; Kirjat-Baal (Kirjat-Jearim), **Rabba**; **Bet-Araba**, **Middin**, **Sechacha**, **Nibschan**, **die Salzstadt**, **En-Gedi**.

In Fettdruck: Städte, die auf der Karte eingezeichnet sind.

und Gimso eroberten, die alle in oder nahe der Schefela lagen (V. 18–19). Die Judäer, die in diesen Grenzgebieten wohnten, flüchteten wahrscheinlich – zumindest für eine gewisse Zeit – ins Hügelland von Juda, um sich zu retten. Man muss auch annehmen, dass viele Israeliten aus dem Nordreich nach Juda und Jerusalem zogen, um nicht den heftigen Angriffen der Assyrer Tiglat-Pileser III., Salmanassar V. und Sargon II. ausgesetzt zu sein. Dieser Zustrom von Einwanderern ist deutlich daran abzulesen, dass Jerusalem aus einer Stadt von 15 ha zu einer von 61 ha anwuchs[1] und dass auch die Anzahl der Siedlungen im Hügelland von Juda unter Ahas und Hiskia (735–686 v. Chr.) zunahm.[2]

Mit dem Tod des bösen Ahas 715 v. Chr. begann Hiskias Alleinherrschaft.[3] Im ersten Abschnitt seiner Regierung leitete Hiskia in Jerusalem und außerhalb eine Reihe von Reformen ein. Höhenheiligtümer wurden abgerissen, Steinmale zerbrochen, Aschera-bilder umgehauen und sogar die eherne Schlange (Nehuschtan), die Mose in der Wüste aufgerichtet hatte (4. Mose 21,4–9), wurde in Stücke zerbrochen (2. Kön 18,3–7; 2. Chr 29,2–19). Außerdem wurde der Tempel neu geweiht und in Jerusalem wurde ein großes Passafest gefeiert. Nicht nur die Bürger des Südreichs nahmen an dem Fest teil, sondern man sandte auch Boten ins Nordreich Israel, das jetzt zum Großreich Assyrien gehörte, und einige Männer aus Manasse, Sebulon und Asser kamen zum Fest nach Jerusalem.

Den Tod des assyrischen Königs Sargon II. im Jahr 705 v. Chr. verstanden viele Länder im Nahen Osten als Signal für den Versuch, ihre Unabhängigkeit zurückzugewinnen. Hiskia (728/715–686) gelang es z. B., die Philister zu besiegen und das Land bis Gaza wieder einzunehmen (2. Kön 18,8). Dabei setzte er offenbar kleine Stadtkönige ab, die noch zu Assyrien hielten, und ersetzte sie durch Herrscher, die ihm besser gefielen (z. B. Padi, der proassyrische König von Ekron, wurde abgesetzt und als Gefangener nach Jerusalem gebracht).

Der babylonische König Merodach-Baladan II. (721–710 und 703 v. Chr.) war daran interessiert, Aktionen gegen Assyrien an dessen Südwestflanke zu fördern; er schickte vermutlich 703 v. Chr. Gesandte nach Jerusalem. Indem er dieser Gruppe stolz seine Schätze zeigte, provozierte Hiskia Jesajas beängstigende Prophetie, in späterer Zeit würden die Babylonier seine Reichtümer und auch seine Nachkommen verschleppen (2. Kön 20,14–18; Jes 39,3–7).

Hiskia muss wohl vorausgesehen haben, dass der neue assyrische König Sanherib (704–681 v. Chr.) früher oder später auf sein rebellisches Verhalten reagieren würde. Höchstwahrscheinlich stationierte Hiskia Kriegstruppen in allen strategisch wichtigen Städten im Hügelland von Juda und in der Schefela. Diese Truppen hatten Offiziere, Waffen, Schilde und Lebensmittelvorräte. Bei Ausgrabungen in zahlreichen judäischen Städten aus dieser Zeit hat man sehr viele Kruggriffe mit Prägungen gefunden. Sie zeigen vierflüglige Skarabäen oder zweiflüglige Sonnenscheiben und auch eine hebräische Inschrift, die »Eigentum des Königs« bedeutet. Dann folgt jeweils einer der vier Städtenamen Hebron, Socho, Sif und der einer unbekannten Stadt *mmšt*. Diese Städte waren offensichtlich die Zentren der königlichen Weinberge, deren Produkt von dort aus zu den Truppen in verschiedenen Städten transportiert wurde.[4]

Besonders beachtenswert sind Hiskias Vorsichtsmaßnahmen in und um Jerusalem: Die Quellen in der Nähe der Stadt wurden verdeckt und man grub eine 533 m lange unterirdische Wasserleitung durch den massiven Felsen, um Wasser von der Gihonquelle, die östlich von Jerusalem liegt, in einen Teich innerhalb der Stadtmauern zu leiten. Dieser Teich war auch näher für die Bewohner des neubesiedelten Berges im Westen (s. S. 194). Außerdem besserte Hiskia Teile von Jerusalems Mauer aus, errichtete Türme zur Verteidigung und ließ die Terrassen neu befestigen, auf denen ein Teil der Stadt erbaut war (2. Chr 32,2–8). In dieser Zeit wurde auch eine neue Mauer gebaut, um das gesamte Gebiet des Berges im Westen in den befestigten Teil Jerusalems einzubeziehen. Sogar Jesajas Ausspruch: »Ihr zähltet auch die Häuser Jerusalems und brachet sie ab, um die Mauer zu befestigen« (Jes. 22,10), ist von den Archäologen bestätigt worden: N. Avigad hat eine massive, 7 m dicke Mauer entdeckt, die im heutigen jüdischen Viertel auf dem Berg im Westen liegt.[5]

Zu Hiskias Vorbereitungen im eigenen Land kam noch die Tatsache, dass Luli, der König von Sidon, und Sidkia, der König von Aschkelon, sich an dem Aufstand beteiligten. Mit dem Tod des proassyrischen ägyptischen Königs Schabaka 702 v. Chr. und der Thronbesteigung von Schebitku (702–690 v. Chr.) trat wahrscheinlich eine Wende in der ägyptischen Außenpolitik zu einer antiassyrischen oder zumindest neutralen Haltung ein. Ein großer Teil der Bevölkerung der Südwestspitze des Fruchtbaren Halbmonds revoltierte und Sanherib war gezwungen, seine Herrschaft dort wieder zu sichern.

Sanheribs Vorgehen 701 v. Chr. ist eines der bestdokumentierten Ereignisse im Altertum. Die Bibel schildert seine Invasion vom Standpunkt Judas aus (2. Kön 18–19; 2. Chr 32,1–23; Jes 36–37; sehr wahrscheinlich Mi 1,8–16 und vielleicht Jes 10,28–32). Vom Standpunkt der Assyrer beschreibt das »Taylor-Prisma« (*ANET*, 287–88) seinen Angriff sehr genau, und diese Quelle kann noch durch Sanheribs kürzlich entdeckten »Brief an Gott« ergänzt werden.[6] Außerdem stellen Steinreliefs, die den Thronraum seines Palastes in Ninive schmückten, verschiedene Aspekte seines Feldzugs nach Juda dar, darunter ein anschauliches Bild von der Belagerung der judäischen Stadt Lachisch.[7]

Sanherib zog von Assyrien erst nach Westen zum Mittelmeer und dann weiter an der phönizischen Küste entlang nach Süden. Luli, der aufständische König von Sidon, flüchtete und an seiner Stelle wurde der unterwürfige Etbaal zum König eingesetzt. Andere Küstenstädte einschließlich Sidon, Mahaleb, Uzu, Achsib und Akko ergaben sich. Sanherib berichtet, dass ihm acht Könige von Amurru Tribut leisteten. Er zog weiter nach Süden, nahm Sidkia, den König von Aschkelon, gefangen und verschleppte ihn samt seinen Angehörigen und Göttern nach Assyrien. Städte im nördlichen Philisterland – z. B. Bet-Dagon, Joppe, Bene-Berak und Azuru – wurden eingenommen. Die Ägypter und Äthiopier, die Hiskias Hilferuf gefolgt waren, wurden in der Ebene von Elteke besiegt. Anscheinend wendete sich Sanherib dann nach Osten und zog das Tal Sorek hinauf. Er eroberte die Stadt Timna und schnitt so den Versorgungsweg zwischen Ekron und seinem judäischen Verbündeten Hiskia ab. Danach wurde die Stadt Ekron eingenommen und ihr früherer König Padi, den Hiskia gefangen genommen hatte, wurde wieder eingesetzt. Sanherib zog weiter nach Süden zum Elahtal und eroberte erst Aseka und dann Gat.[8]

Dann zog Sanherib noch weiter nach Süden und griff die judäische Festung Lachisch an. Die Belagerung und Eroberung von Lachisch muss einer der Höhepunkte von Sanheribs Machtentfaltung gewesen sein, denn der Thronraum seines Palastes in Ninive war mit Reliefs geschmückt, die diese Eroberung darstellten. Ausgrabungen, die unter der Leitung von David Ussishkin aus Tel Aviv in Lachisch vorgenommen wurden, haben eindeutig bewiesen, dass es die dritte Ebene dieser Stadt war, die Sanherib zerstört hat. Man hat sogar an manchen Stellen 2 bis 3 m Asche und Schutt von der Zerstörung gefunden.[9]

Von seinem Feldlager bei Lachisch und später von Libna aus schickte Sanherib seine obersten Befehlshaber und Feldherren mit einem Heer, um die Übergabe von Jerusalem zu fordern (2. Kön 18,17). Es gelang ihm, Hiskia einzuschließen als »Gefangenen in seiner königlichen Residenz in Jerusalem, wie einen Vogel im Käfig«, aber Jerusalem wurde nie vom assyrischen Heer besiegt. In der gesamten schweren Zeit hielt Hiskia treu an seinem Glauben an Jahwe fest.

Am Ende war es nicht Tirhaka, der spätere kuschitische König von Ägypten (2. Kön 19,9),[10] der die Judäer rettete. Die Befreiung kam vielmehr, als der lebendige Gott seinen Engel sandte, 185 000 Assyrer zu vernichten (19,35–36; 2. Chr 32,21–22). Natürlich hat Sanherib diesen katastrophalen Verlust von Soldaten in seinen Inschriften nicht erwähnt; er betonte stattdessen, wie er 46 befestigte Städte und zahllose Dörfer belagert und erobert, wie er Hiskia in Jerusalem eingesperrt habe und viele Könige in der Gegend, auch Hiskia, ihm Tribut gezahlt hätten.

Über die spätere Zeit von Hiskias Regierung (715–686) nach Sanheribs Angriff weiß man nicht viel. Offenbar regierte sein Sohn Manasse (697–642) eine Zeit lang mit ihm zusammen. Trotz Sanheribs Verlusten auf dem Feldzug nach Juda war Assyrien immer noch mächtig. Im ersten Teil der 55 Jahre langen Regierungszeit Manasses jedoch mussten die Assyrer Aufstände in der Gegend von Babel und Elam unterdrücken. 689 v. Chr. wurde Babel durch Sanherib zerstört und bis zur Regierung seines Nachfolgers Asar-Haddon nicht wieder aufgebaut.

Um 670 wurden die Assyrer an der Mittelmeerküste und in Ägypten wieder aktiv. Aber der ägyptische König Tirhaka (690–664 v. Chr.) war sehr mächtig und ehrgeizig und wollte den Einfluss Ägyptens nach Nordosten über den Sinai bis Israel ausdehnen. Dort kam er mit den Assyrern unter Asar-Haddon (681–669) und Assurbanipal (669–627) in Konflikt. 674 v. Chr. wurde der eindringende Asar-Haddon bei El-Arisch von Tirhaka besiegt, aber 671 v. Chr. siegte Asar-Haddon bei Aschkelon, drang bis ins eigentliche Ägypten vor und eroberte Memfis. Nach einer Reihe von Aufständen der Ägypter unter Tirhaka drang Assurbanipal bei günstiger Gelegenheit nach Süden bis Oberägypten vor, eroberte 667 v. Chr. Theben und plünderte es. Tirhaka musste fliehen, um sich zu retten.

Die Bücher der Könige und der Chronik schreiben nichts über diese Ereignisse. Man muss annehmen, dass Juda die meiste Zeit über zu den Assyrern hielt. In der Bibel wird von Manasse hauptsächlich berichtet, dass er in Juda wieder heidnische Bräuche wie Opferhöhen und Baalsaltäre einführte, ein Standbild der Aschera aufrichtete, die Sterne anbetete, sein Kind verbrennen ließ und im Tempel Götzenbilder aufstellte (2. Kön 21,2–9.16; 2. Chr 33,1–20). Aber mindestens einmal revoltierte Manasse und wurde von den Assyrern für kurze Zeit als Gefangener nach Babel gebracht (2. Chr 33,11–13). Vielleicht geschah das 663 v. Chr. unter der Herrschaft Assurbanipals, als Tyrus (und Juda?) aufbegehrte. Die Bibel schildert kurz, dass Manasse, als er seine Sünden bereute, nach Jerusalem zurückkehren und die Stadtmauer wieder aufbauen durfte; er durfte auch »Hauptleute in alle festen Städte Judas« legen (V. 12–14). Diese Unternehmungen zeigen vielleicht, dass die Assyrer ihn als ergebenen Untertanen betrachteten, der ihnen bei ihren Feldzügen gegen die Pharaonen nützen würde, weil sein Land in der Nähe Ägyptens lag.

Manasses böser Sohn Amon regierte nur zwei Jahre (642–640 v. Chr.) und wurde dann ermordet. Ihm folgte sein achtjähriger Sohn Josia, der 31 Jahre regierte (640–609 v. Chr.). Dieser junge Herrscher stand sicher unter dem Einfluss von Priestern und Propheten, denn er ist bekannt als Erneuerer des Glaubenslebens. Im achten Jahr seiner Regierung (632 v. Chr.) suchte Josia Gott und im zwölften Jahr fing er an, Juda und Jerusalem von den Opferhöhen, den Standbildern der Aschera und von Götzenbildern zu reinigen. Diese Reinigung reichte bis in das frühere Nordreich hinein, denn es werden Städte »Manasses, Ephraims, Simeons und bis nach Naftali ... im ganzen Lande Israel« genannt (2. Chr 34,3–7).[11] Es ist zwar nicht klar, wie viel Einfluss oder welche Machtmittel Josia im Nordreich hatte, aber es ist belegt, dass er für die Instandsetzung des Tempels in seinem 18. Regierungsjahr (622 v. Chr.) Beiträge nicht nur von Juda, Benjamin und Jerusalem, sondern auch von Manasse, Ephraim und dem Rest Israels bekam (V. 8–13). All dies scheint darauf hinzuweisen, dass er einen gewissen Einfluss auf einen Teil der Israeliten ausübte, die im früheren Nordreich geblieben waren. Trotzdem war das Kernland dieses größeren Gebietes, das er beherrschte, wahrscheinlich auf das Hügelland von Benjamin und Juda begrenzt, das zwischen Geba im Norden und Beerscheba im Süden liegt (2. Kön 23,8). Man hat zwar auf dem Boden der Küstenstadt Aschdod-Jam ein hebräisches Ostrakon gefunden (Beschriftungstext in *ANET,* 588), so dass man weiß, dass Menschen hebräischer Sprache in der Gegend ansässig waren; wahrscheinlich aber war ein großer Teil der Ebene der Philister schon seit dem Feldzug des mächtigen Psammetich (664–610 v. Chr.) nach Aschdod im Jahr 635 und seit seinem Sieg über die Skythen, die 627 v. Chr. durch das Philisterland gezogen waren, unter ägyptischer Herrschaft.

Wie schon erwähnt, wurden die Assyrer in Manasses letzten Regierungsjahren immer mehr von dem Versuch in Anspruch genommen, Babel und die aramäischen Stämme im Süden Mesopotamiens und auch in Elam zu beherrschen. Nach Assurbanipal (669–627) folgten in Assyrien eine Reihe schwacher Könige. 626 eroberte der aufständische Chaldäer Nabupolassar (626–605 v. Chr.) Babel von den Assyrern und leitete damit den Prozess ein, der zum Sturz Assyriens führen sollte. 620 v. Chr. hatte Nabupolassar die Macht im südlichen Mesopotamien schon fest in der Hand und konnte nun gegen Assyrien selbst vorgehen.

Aber auch die starken Meder, die 624 v. Chr. die Skythen besiegt hatten, bedrängten die Assyrer im Nordosten. 616 v. Chr. gelang es einem vereinten ägyptisch-syrischen Heer unter Psammetich I. von Ägypten und Sinscharrischkun von Assyrien, Nabupolassars Expansionspläne zu vereiteln; aber 614 v. Chr. eroberten die Meder sogar die assyrische Stadt Assur und zerstörten sie. Daraufhin schlossen sich Meder und Babylonier zusammen und eroberten 612 v. Chr. Ninive. Der letzte assyrische Herrscher, Assur-ubalit II. (612–609 v. Chr.), zog sich nach Westen zurück und errichtete in Haran eine Festung. Gemeinsam mit seinem ägyptischen Verbündeten Necho II. (610–595 v. Chr.) versuchte er vergeblich, die Stadt gegen die vereinten Truppen der Meder und Babylonier zu verteidigen (610

Der Niedergang des Assyrischen Reichs

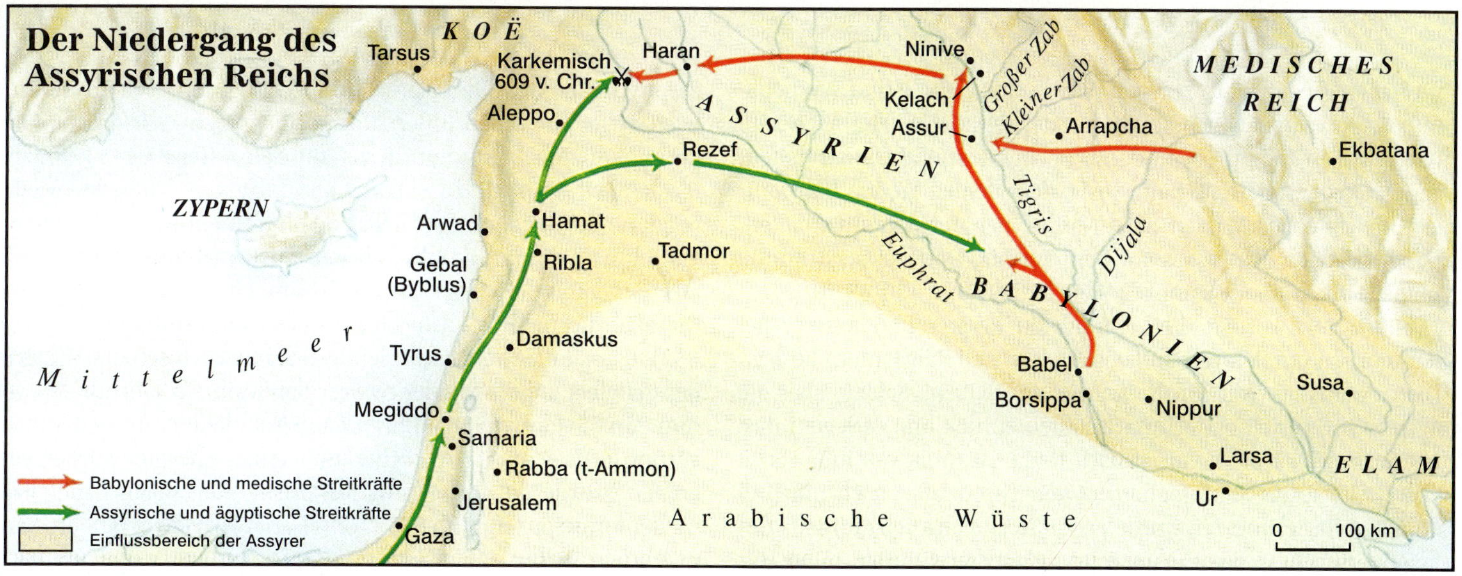

Der Aufstieg des Neubabylonischen Reichs

v. Chr.). Assur-ubalit II. zog sich noch weiter zurück und versuchte 609 v. Chr. einen Gegenangriff. Als der ägyptische Pharao Necho nach Norden zog, um seinem assyrischen Verbündeten zu helfen, versuchte der judäische König Josia, der offenbar zu den Babyloniern hielt, Nechos Marsch nach Norden bei Megiddo aufzuhalten, gleich nördlich des Passes am Berg Karmel. Dort fiel der fromme Judäer 609 v. Chr. im Kampf (2. Kön 23,29–30; 2. Chr 35,20–27).

609 v. Chr. wurden die verbündeten Ägypter und Assyrer bei Karkemisch von den verbündeten Medern und Babyloniern besiegt. Diese Niederlage war für die Assyrer der tödliche Schlag, aber die Ägypter zogen sich einfach nach Süden zurück und verlegten ihre Aktionsbasis von Karkemisch nach Ribla. Das Volk von Juda setzte 609 v. Chr. Josias Sohn Joahas auf den Thron, aber nach nur drei Monaten Regierungszeit wurde er von Necho abgesetzt und als Gefangener nach Ägypten gebracht; dort starb er (2. Kön 23,30–34; 2. Chr 36,1–4). Pharao Necho setzte Eljakim in Jerusalem zum König ein und änderte seinen Namen zu Jojakim (2. Kön 23,34–36; 2. Chr 36,4–5; Jer 22,1–12).

Jojakims elfjährige Herrschaft (609–598 v. Chr.) war alles andere als fromm und er war ein beständiger Feind des Propheten Jeremia. Er legte dem Volk auch hohe Steuern auf, um Tribut an Necho zu zahlen (2. Kön 23,35). Offensichtlich verschwendete er Geld für einen neuen Palast für sich selbst. Zwischen 608 und 605 v. Chr. fanden in der Nähe des Euphrat eine Reihe von Kämpfen zwischen ägyptischen und babylonischen Truppen statt. 605 v. Chr. wurden Nechos Soldaten von dem späteren König Nebukadnezar (605–562) geschlagen; er verfolgte die Ägypter nach Süden bis zum Bach Ägyptens und nahm auf diesem Weg gleich Aschkelon ein (604 v. Chr.). Juda musste sein Bündnis aufkündigen und war nun nicht mehr von Ägypten, sondern von Babel abhängig. Zu dieser Zeit (605 v. Chr.) deportierte Nebukadnezar einige begabte Judäer der Oberschicht und brachte sie gefangen nach Babel – das ist die erste von vier Deportationen von Judäern, von denen die Bibel berichtet (Dan 1,1–4; Jer 46,2; vgl. 52,28–30). Mit der Niederlage der Ägypter in Karkemisch 605 v. Chr. übernahmen die Babylonier so viel Land, dass ihr Reich schließlich eine größere Ausdehnung hatte als das Assyrische. Dieses neue »Weltreich« wird das Neubabylonische Reich genannt (605–539 v. Chr.).

Zusätzlich zur babylonischen Unterdrückung hatten die Judäer unter Jojakim (609–598 v. Chr.) auch unter den Aramäern, Moabitern und Ammonitern zu leiden (2. Kön 24,2–4). Gegen Ende seiner Regierung, vielleicht nach 601 (da wurde Nebukadnezar an der Grenze Ägyptens von den Ägyptern zurückgeschlagen), revoltierte Jojakim gegen die babylonische Oberherrschaft.

Nebukadnezar reagierte schnell und griff Juda 597 v. Chr. an. Ganz kurz vor der Einnahme der »Stadt Judas« (Jerusalem) durch Nebukadnezar,[12] am 16. März 597 v. Chr., starb Jojakim. Jojachin, Jojakims Sohn (2. Kön 24,6), regierte nur drei Monate lang (598–597 v. Chr.); unter seiner Herrschaft wurde die Stadt erobert. Bei dieser zweiten Deportation (2. Kön 24,13–16) wurden er und mehr als 10 000 Judäer – darunter Offiziere, Soldaten, Handwerker und Künstler samt Schätzen aus dem Tempel und dem Palast – als Gefangene nach Babel gebracht. Jojachin blieb als Gefangener in Babel[13] bis zu seiner Freilassung am 22. März 561 v. Chr. (25,27–30).

Nebukadnezar setzte Mattanja als König ein und nannte ihn um in Zedekia. Zedekia regierte elf Jahre (597–586 v. Chr.), zuerst als loyaler Untertan Babels. Dann aber, vielleicht um 588 v. Chr., als der ägyptische König Hofra/Apries (589–570 v. Chr.) einen Feldzug nach Tyrus und Sidon unternahm, schloss sich Zedekia den Ländern Edom, Moab, Ammon, Tyrus und Sidon (Jer 27,1–11; und offensichtlich Ägypten) zu einem Aufstand gegen Babel an. Wieder reagierte Nebukadnezar schnell. Und obwohl seine Marschroute ins Land Juda nicht im Einzelnen bekannt ist, weiß man doch sowohl aus der Bibel (34,6–7) als auch von einem der hebräischen Ostraka, die man in Lachisch gefunden hat (Nummer IV; *ANET,* 332), dass er die strategisch wichtigen Städte Lachisch und Aseka in der Schefela angriff wie der Assyrer Sanherib ein Jahrhundert vor ihm. Am 15. Januar 588 v. Chr. begann Nebukadnezar mit der Belagerung Jerusalems. Als Gerüchte umliefen, die Ägypter würden eingreifen, wurde die Belagerung kurzfristig aufgehoben, aber bald wieder fortgesetzt. Im Juli 586 v. Chr. wurde Jerusalem erobert. Vom

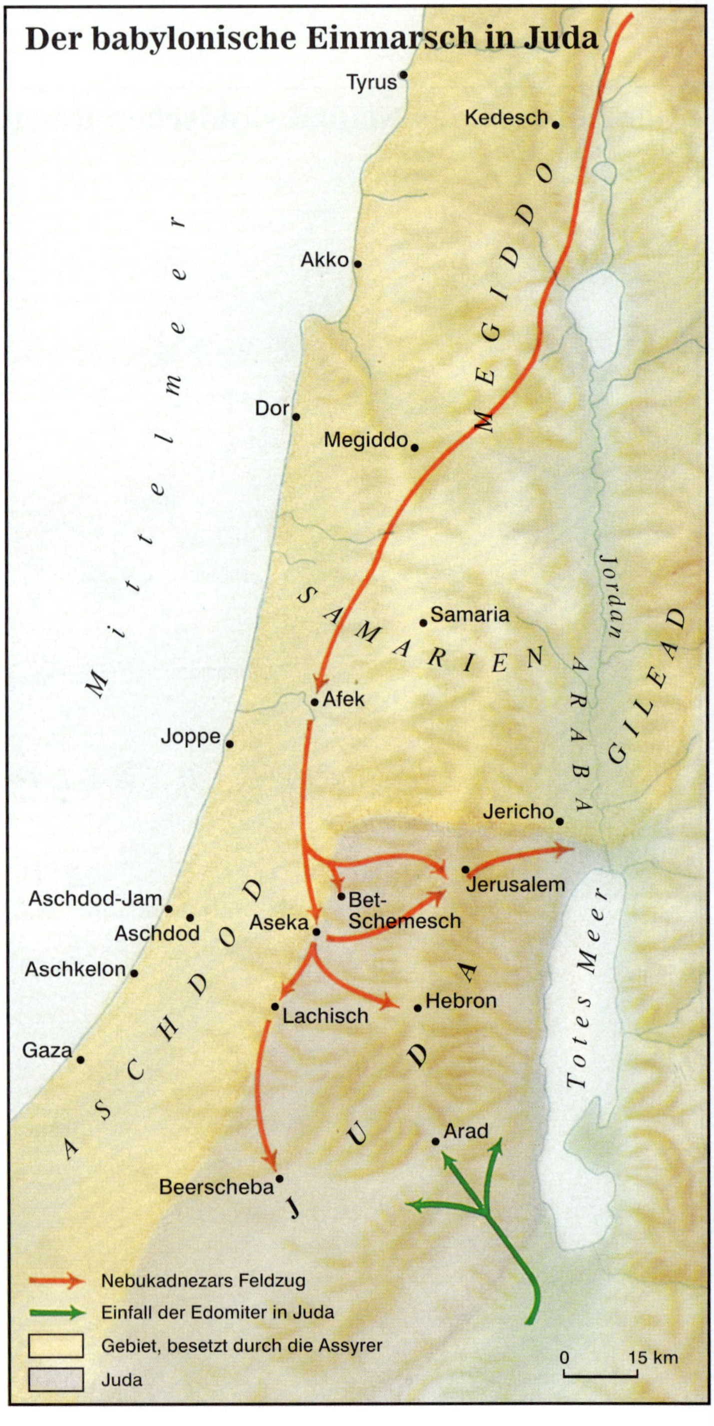

14. bis zum 17. August wurde die Stadt von Nebusaradan, dem Obersten der königlichen Leibwache, geschleift und der Tempel abgebrannt. Zedekia, der in Richtung Araba geflohen war, wurde in der Ebene von Jericho festgenommen und in Nebukadnezars Hauptquartier in Ribla gebracht. Dort wurden seine Söhne hingerichtet. Er selbst wurde geblendet und nach Babel deportiert (2. Kön 25,1–7).

Mit dem Fall Jerusalems 586 v. Chr. hörte das unabhängige judäische Reich, das mehr als 400 Jahre lang bestanden hatte, auf zu existieren. Die Wirkung auf das Volk Gottes muss niederschmetternd gewesen sein: Die heilige Stadt, in der Gott nach eigenem Beschluss seinen Namen wohnen ließ, lag in Trümmern, der Tempel des wahren, lebendigen Gottes war zerstört, es gab keine Opfer mehr, und die stolzen Erben des einst großen Hauses David waren jetzt im Exil gefangen. Hatte Gott sein Volk verlassen? Was war aus den herrlichen Verheißungen geworden, die Israels Vorvätern gegeben worden waren? Erst allmählich würde das Volk Gottes in der Zeit seiner Verbannung die Antwort auf diese und viele andere Fragen erkennen. Es würde einen »zweiten Auszug« geben müssen, diesmal nicht aus Ägypten, sondern aus Babel, damit Gott sein Volk aus dem Elend erlösen konnte, in das es geraten war.

Ruinen von Babylon; im Vordergrund Blick auf das Ischtar-Tor.

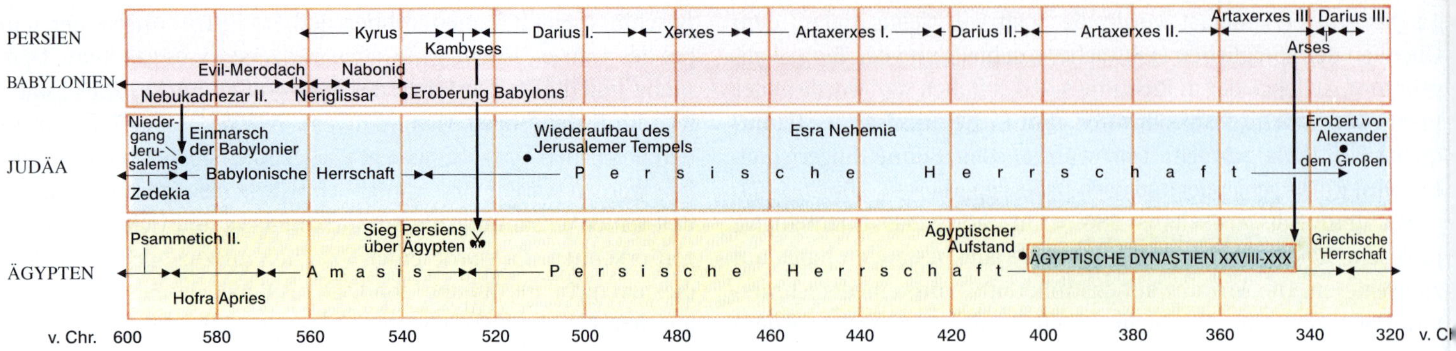

Exil und Rückkehr

Mit der Einnahme Jerusalems durch die Babylonier im Jahre 586 v. Chr. wurde die Bevölkerung Judas in alle Richtungen zerstreut. Einige Judäer wurden als Gefangene ins südliche Mesopotamien verschleppt, einige erhielten die Erlaubnis, in ihrem Land Juda zu bleiben, während andere in die Nachbarländer flohen – einschließlich Ammon, Moab und Ägypten. Als die Hauptstreitmacht Babyloniens sich aus Juda zurückzog, ernannte Nebusaradan, der Oberste der Leibwache, Gedalja zum Statthalter über die Judäer, die im Land geblieben waren (Jer 40,1–41,15). Gedalja gründete sein Hauptquartier in Mizpa, 12 Kilometer nördlich von Jerusalem. Die Dauer von Gedaljas Regierungszeit ist unbekannt, aber seine Machtbefugnis wurde eingeschränkt, als die Judäer aus Ammon und Moab zurückkehrten. Jischmael, der von Baalis (König der Ammoniter; Jer 40,14) gesandt worden war, erschlug Gedalja und tötete auch Männer aus Sichem, Silo und Samaria, die auf ihrem Weg zu den Tempelruinen von Jerusalem, wo sie dem Herrn Opfer darbringen wollten, in Mizpa Halt gemacht hatten. Obwohl einige der Verschwörer hingerichtet worden waren, gelang Jischmael die Flucht in das Gebiet der Ammoniter östlich des Jordan.

Da die Babylonier in dem Gebiet immer noch sehr aktiv waren (man bedenke die dreizehnjährige Belagerung von Tyrus, die im Jahre 585 v. Chr. begann), fürchteten die Judäer, die jetzt unter der Führung von Johanan, dem Sohn von Kareach, standen, erneute Angriffe der Babylonier (Jer 41,16–17). Trotz Jeremias gegenteiliger Anweisungen flohen große Teile des judäischen Volkes nach Ägypten und verschleppten Jeremia (42,1–44,30). Nach ihrer Ankunft in Tachpanhes im östlichen Nildelta weissagte Jeremia, dass Nebukadnezar seinen Thron dort errichten würde und dass die fliehenden Judäer entweder getötet oder ins Exil geschickt würden (43,8–13). Wieder hörte das Volk nicht auf die Worte Jeremias. Wahrscheinlich starb er im Exil in Ägypten. Im Jahre 582 v. Chr. zogen die Babylonier erneut in die Gegend von Juda. Zu dieser Zeit wurden mehrere Tausend weitere Judäer ins Exil verschleppt (52,30). Es ist nicht sicher, ob diese vierte und letzte Deportation eine Antwort auf die Ermordung Gedaljas war. Aber die Berichte Babyloniens erzählen von der Unterwerfung zweier Völker, der Ammoniter – zu denen der Mörder Jischmael geflohen war – und der Moabiter in demselben Jahr.

Genaue Hinweise hinsichtlich des Lebens in Judäa zwischen der Eroberung Jerusalems im Jahre 586 v. Chr. und der ersten Rückkehr aus Babylonien im Jahre 538 v. Chr. fehlen. Da die Babylonier keine Fremden in ihr Land brachten, um die verlassenen Gebiete neu besiedeln zu lassen, nahm wahrscheinlich in einigen Gebieten die Bevölkerungsdichte ab. Es wird allgemein angenommen, dass die Edomiter, die zur Zeit des Alten Testaments südlich und östlich vom Toten Meer im südlichen Transjordanien lebten, unter dem Druck der Araber in den südlichen Teil des Hügellandes von Juda zogen, und zwar in die Region zwischen Bet-Zur und Beerscheba. Diese Bevölkerungsgruppe wurde später bekannt unter dem Namen Idumäer.

Am östlichen Ende des Fruchtbaren Halbmondes flossen Tribute, Steuerabgaben und Einkünfte aus dem Handelsverkehr in die Schatzkammern von Babel. Und mit diesen Einnahmen vergrößerte Nebukadnezar Babel und andere südliche Städte Mesopotamiens. Das geschwächte Ägypten wurde im Jahre 568 v. Chr. von Nebukadnezar erobert, womit sich die Prophezeiung Jeremias erfüllte (43,8–13). Ein ehemaliger Heerführer, Amasis (568–526 v. Chr.), wurde auf den Thron Ägyptens gesetzt. Dennoch war der babylonische Einfluss in Ägypten nicht von Dauer, denn Amasis gelang es, einen ziemlich unabhängigen politischen Kurs einzuschlagen. Er rief Bauprojekte im eigenen Land ins Leben und ging erst gegen die griechischen Siedler und dann mit diesen in Nordafrika vor.

Der Nachfolger des babylonischen Herrschers Nebukadnezar wurde Evil-Merodach (562–560 v. Chr.). Während seiner Regierungszeit wurde Jojachin, der König von Judäa, der im Jahre 597 v. Chr. ins Exil geschickt worden war, am 22. März 561 v. Chr. aus seiner Gefangenschaft entlassen (2. Kön 25,27–30; Jer 52,31–34). Unter der Regierung Evil-Merodachs und seinen Thronfolgern Nergal-schar-usur (559–556 v. Chr.) und Labschi-Marduk (556 v. Chr.) begannen neue Königreiche ihren Einfluss geltend zu machen. Diese umfassten Lydien im westlichen Kleinasien (der heutigen Türkei) und die Meder, die nördlich und östlich vom Fruchtbaren Halbmond angesiedelt waren. Letztere expandierten westwärts in das Gebiet um Urartu und sogar bis ins nördliche Mesopotamien. Die Meder und Perser kämpften im Jahre 550 v. Chr. bei Ekbatana gegeneinander. Aber bald nach der Schlacht wurden die beiden Königreiche unter der Führung des persischen Regenten Kyrus (559–530 v. Chr.) vereinigt.

Der letzte Herrscher des Babylonischen Reiches war Nabonid (556–539 v. Chr). In den ersten Jahren seiner Regierungszeit führte er Schlachten in Zilizien, Syrien, Edom und Nordarabien. Dadurch dass er arabische Städte einnahm – einschließlich Tema, Dedan und Jathrib –, gewann er praktisch die Herrschaft über die Handels-

Flucht der Juden nach Ägypten

straßen, die durch Arabien in den Norden und in den Westen führten. In Tema, einer Oase in der arabischen Wüste, ließ er sich für zehn Jahre nieder und entsagte Marduk, um Sin, den Mondgott, anzubeten. Er ließ seinen Sohn Belsazar als Hauptverwalter in Babel zurück (*ANET*, 315–16). Während seiner Abwesenheit wurde das Fest des Hauptgottes Marduk nicht zelebriert – sehr zum Missfallen der ansässigen Bevölkerung und der Priester. In der Tat wurde die Eroberung Babels durch die Perser im Jahre 539 v. Chr. von den Babyloniern als göttliches Urteil über Nabonid gedeutet, weil er es zugelassen hatte, dass dieses Fest nicht feierlich begangen wurde.

Obwohl die Lage im Exil trostlos war, scheint zumindest ein Teil des jüdischen Volkes zu Macht, Ansehen und Wohlstand gelangt zu sein. Zum Beispiel wurde Daniel ein Ratgeber von Nebukadnezar, Belsazar und Darius dem Meder; Hesekiel hatte die Erlaubnis, sich frei zu bewegen und sich um die Bedürfnisse seines Volkes zu kümmern; der verbannte judäische König Jojachin und sein Gefolge erhielten Verpflegung von den Babyloniern (*ANET*, 308).

Der Zusammenbruch des Babylonischen Königreiches kam plötzlich und schnell. Nach dem Sieg über die Meder im Jahre 550 v. Chr. schlug Kyrus der Perser (559–530 v. Chr.) ein vereinigtes Heer von Babyloniern, Ägyptern und Lydiern. Dann rückte Kyrus Richtung Nordwesten nach Kleinasien vor und besiegte Kroisos, den mächtigen Führer des Königreiches Lydien, bei Sardes (um 546 v. Chr.).

Nach dem Sieg über die Babylonier bei Opis an dem Fluss Tigris war die Einnahme Babels im Jahre 539 v. Chr. selbst relativ leicht. Kyrus behandelte die Bevölkerung mit Nachsicht und Milde und war deshalb sehr beliebt. Der Kyrus-Zylinder (*ANET*, 315–16) berichtet, wie einige Völker, die von den Babyloniern ins Exil geschickt worden waren, unter persischer Regierung die Erlaubnis erhielten, in ihre Heimatländer zurückzukehren, und wie zerstörte Heiligtümer wieder aufgebaut wurden und Gottesbilder wieder an ihre eigentlichen Plätze zurückkehrten.

Innerhalb dieses allgemeinen Rahmens ist Kyrus' Erlass hinsichtlich der Juden einzuordnen (2. Chr 36,22–23; Esr 1,1–4; 6,3–5), der es jedem Juden erlaubte, nach Judäa zurückzukehren. Ebenso erteilte er die Erlaubnis, den Tempel – mit Hilfe einer königlichen finanziellen Unterstützung – wieder aufzubauen und ordnete an, dass die Tempelgefäße nach Jerusalem zurückgebracht werden sollten. 49 697 Personen kehrten mit Scheschbazar nach Judäa zurück (Esr 2,64–65). Das war der größte der drei Heimkehrerzüge. Aber eine große Anzahl von Juden entschied sich dafür, im südlichen Mesopotamien zu bleiben. Viele der Heimkehrer, die in Esra 2 aufgelistet sind, werden durch ihre Familiensippe, ihre Berufe und ihre Geburtsorte identifiziert (V. 21–35). Ein guter Teil der Heimkehrer ließ sich in einundzwanzig Dörfern, ihren Ursprungsorten, nieder, die sich primär in den alten Stammesgebieten von Benjamin und Dan nordöstlich, nördlich und nordwestlich von Jerusalem befanden. Während dieser ersten Phase der ersten Heimkehr um 537 v. Chr. wurden die Grundmauern für den Tempel gelegt und das Laubhüttenfest wurde festlich begangen (Esr 1–3). Aber aufgrund der Feindseligkeit der Samariter (Esr 4,1–4) mussten die Arbeiten am Tempel bis zum zweiten Jahr der Herrschaft des Darius (ca. 520 v. Chr.) ruhen. In der Zwischenzeit vergrößerte Kyrus sein Königreich Richtung Osten und annektierte ein Gebiet, welches sich über das ganze Gebiet bis hin zu den Flüssen Indus und Oxus erstreckte. Nach Kyrus' Tod bestieg Kambyses (530–522) den Thron. Nachdem er seine Rivalen ermordet und seine Position als König gesichert hatte, marschierte Kambyses Richtung Süden die palästinische Küste entlang nach Ägypten. Ein arabischer König (von Kedar?) versorgte ihn mit Wasser und Kamelen und sollte als Gegenleistung steuerfreien Status für ein Gebiet am nördlichen Sinai erhalten, das sich von Gaza bis Ienysus erstreckte (Herodot, 3.4–5), wenngleich der arabische König den persischen Herrscher mit einem jährlichen »Geschenk« von ein paar tausend Talenten Weihrauch bedachte (Herodot, 3.97). Nach anfänglichen Siegen bei Pelusium und Memfis war Kambyses schließlich erfolgreich bei der Einnahme von ganz Ägypten, das daraufhin eine persische Satrapie wurde. Auf seinem Heimweg beging Kambyses aus unbekannten Gründen in der Nähe des Gebirges Karmel 522 v. Chr. Selbstmord.

Innerhalb von zwei Jahren konnte Darius I. (522–486), ein ehemaliger Offizier im Heer, sich den Thron sichern, indem er seinen Rivalen Gautama hinrichtete. Er schlug auch die Aufstände im ganzen Königreich nieder: in Medien, Parthien, Hyrkania, Armenien und Babel. In den Jahren 519–518 v. Chr. eroberte er Ägypten zurück. Das Persische Königreich erlebte eine Zeit des relativen Friedens und des Wohlstands.

Die zweite Phase der ersten Rückkehr der Juden wurde von dem Drängen der Propheten Haggai und Sacharja angestoßen. Während dieser zweiten Phase baten die Juden um die Erlaubnis, den Tempel wieder aufzubauen – und erhielten sie. Unter der Führung von Serubbabel begann die Arbeit im Jahre 520 v. Chr. und wurde um 516 v. Chr. fertiggestellt (Esr 4,24–6,22) – zu der Zeit, als ein fröhliches Passafest in Jerusalem gefeiert wurde. Es ist interessant, dass die Erlaubnis zum Wiederaufbau im Jahre 520 gewährt wurde – kurz vor Darius' Schlacht in Ägypten. Darius wollte wahrscheinlich versuchen, sich die Treue der Juden zu sichern, indem er ihrer Bitte nachkam.

Obwohl sich die Unterteilung des Persischen Königreiches von Zeit zu Zeit änderte, war sie traditionell in große Verwaltungseinheiten geteilt, die man Satrapien nannte; nach Aussage des griechischen Historikers Herodot (450 v. Chr., 3.89–95) gab es zwanzig solcher Satrapien. Aber gelegentlich wurden Satrapien verbunden und/oder geteilt, so dass sowohl ihre Anzahl als auch ihre Größe ständig wechselte. Zur Zeit der ersten Heimkehr der Juden aus dem Exil bildete Juda offensichtlich eine große Satrapie, die man »Babel und Jenseits des Flusses (Euphrat)« nannte. Aus Keilschriftdokumenten weiß man, dass Uschtannu der damalige Statthalter (Satrap) war (ca. 520 v. Chr.). Es scheint, dass die Satrapie um 520 v. Chr. in mindestens zwei Untereinheiten unterteilt wurde, von denen die eine »Jenseits des Flusses« genannt wurde. Diese Verwaltungseinheit, die später eine eigene Satrapie wurde (nach Herodot, 3.90, war es Nummer fünf), erstreckte sich von der oberen Euphrat-Orontes-Flussregion südwärts durch den Libanon, Syrien und Palästina bis zum nördlichen Sinai; nicht mit eingeschlossen war das Wüstengebiet im Osten und Südosten und die Sinai-Küste von Gaza bis Ienysus, die beide unter der Herrschaft der Araber standen (Herodot, 3.5,91). Keilschriftdokumente besagen, dass Tattenai, ein Untergebener von Uschtannu, der Statthalter des Gebiets »Jenseits des Euphrat« war. Mit diesem mussten Serubbabel und Jeschua verhandeln, als sie versuchten, die Erlaubnis für den Wiederaufbau des Tempels zu erhalten (Esr 5,6).

Während der Regierungszeit von Darius I. (522–486 v. Chr.) erreichte das Persische Reich seine größte Ausdehnung: Es erstreckte sich vom Indus im Osten über das ganze Gebiet bis nach Thrazien und Mazedonien im Westen und umfasste auch Ägypten und Libyen in Nordafrika (Satrapie sechs). Unter Darius' Regierung wurde das Prägen von Münzen (der goldene Dareikos und der silberne Schekel) üblich; ein System von Gerichtshöfen und Richtern, welches helfen sollte, Streitigkeiten zu schlichten, etablierte sich, ein Postsystem und Straßen (einschließlich der berühmten »Königsstraße«, die von Sardes in Lydien bis nach Babel, Susa und Persepolis führte) waren in vollem Betrieb. Sogar ein bedeutender Kanal, der den Golf von Suez und den Nil miteinander verbinden sollte, wurde fertig gestellt.

Ungefähr in der Mitte von Darius' langer Regierungszeit, um ca. 500 v. Chr., braute sich in dem ägäischen Gebiet mit dem Ionischen Aufstand ein Unheil zusammen. Dieser wurde von den Persern nie-

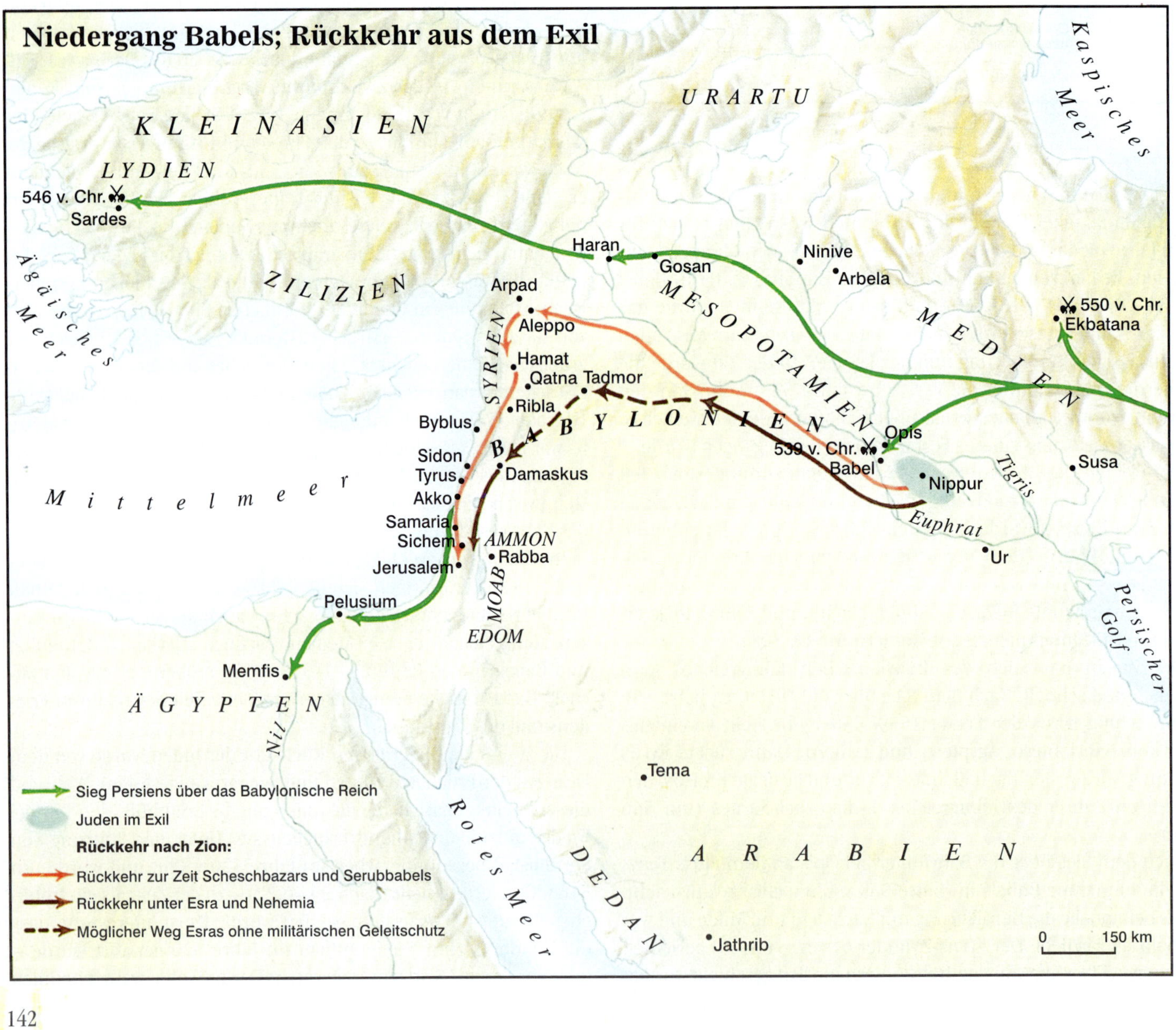

dergeschlagen und die Stadt Milet wurde eingenommen und zerstört. Aber im Jahre 490 v. Chr. erlitt das einmarschierende persische Heer eine ernste Niederlage auf dem griechischen Festland bei Marathon. Der persische Gegenschlag erfolgte nicht sofort, weil Darius bald nach dieser Niederlage starb. Die ersten Jahre der Regierungszeit von Xerxes (486–464 v. Chr.), dem Sohn von Darius, wurden damit zugebracht, Aufstände in der näheren Umgebung niederzuschlagen. Doch im Jahre 480 v. Chr. versuchte Xerxes, die griechischen Rebellen zu unterwerfen. Bei den Thermopylen trug er den Sieg davon. Er begann Athen einzunehmen und niederzubrennen; aber seine Seestreitmacht wurde bei Salamis in die Flucht geschlagen, so dass Xerxes gezwungen war, sich nach Kleinasien zurückzuziehen. Es scheint, dass Xerxes danach mehr Interesse an den inneren Angelegenheiten seines Reiches zeigte, denn er begann eine Reihe von Bauprojekten in seinem eigenen Land. Bald nach diesen Ereignissen wurde Ester zur Königin ernannt (Est 2,16–17; Dezember 479 v. Chr. oder Januar 478 v. Chr.).

Nachdem Xerxes ermordet worden war, stieg Artaxerxes I. (464–424 v. Chr.) auf den Thron. Bereits in den ersten Jahren seiner Regierungszeit brach in Ägypten – mit der Unterstützung von Griechenland – ein Aufstand aus. Dieser Aufstand (460–455 v. Chr.) wurde von dem mächtigen Feldherrn Megabyzos niedergeschlagen, der Statthalter der Satrapie »Jenseits des Flusses« wurde. Es hing wahrscheinlich mit Persiens Wunsch, sich den Eintritt nach Ägypten zu sichern, zusammen, dass den Juden im Jahre 458 v. Chr. weitere Zugeständnisse gemacht wurden (Esr 7,7–9). Nach dem königlichen Erlass (V. 12–26) durfte eine unbegrenzte Anzahl von Juden nach Judäa zurückkehren. Die Zugeständnisse, welche den Juden gewährt wurden, schlossen finanzielle Unterstützung von den königlichen Schatzhäusern, das Recht der Judäer, ihre eigenen Angelegenheiten auf der Basis der Gesetze ihres Gottes zu regeln, die Ernennung von Richtern und Rechtspflegern und die Zusicherung von Steuerbefreiung des Tempelpersonals mit ein. Es waren wahrscheinlich weitaus weniger als 50 000 Juden, welche in Verbindung mit der ersten Heimkehr der Juden erwähnt werden: Denn nur 1 758 männliche Erwachsene werden in Verbindung mit dem zweiten Heimkehrerzug genannt (8,1–20). Die bedeutende Errungenschaft der zweiten Heimkehrer scheint der religiöse Neuanfang der Judäer gewesen zu sein – einschließlich der Auflösung der Mischehen (Kapitel 9). Während der Zeit zwischen der Ankunft Esras im Jahre 458 v. Chr. und der Ankunft von Nehemia im Jahre 445 v. Chr. wurde offensichtlich ein Versuch unternommen, die Stadtmauern

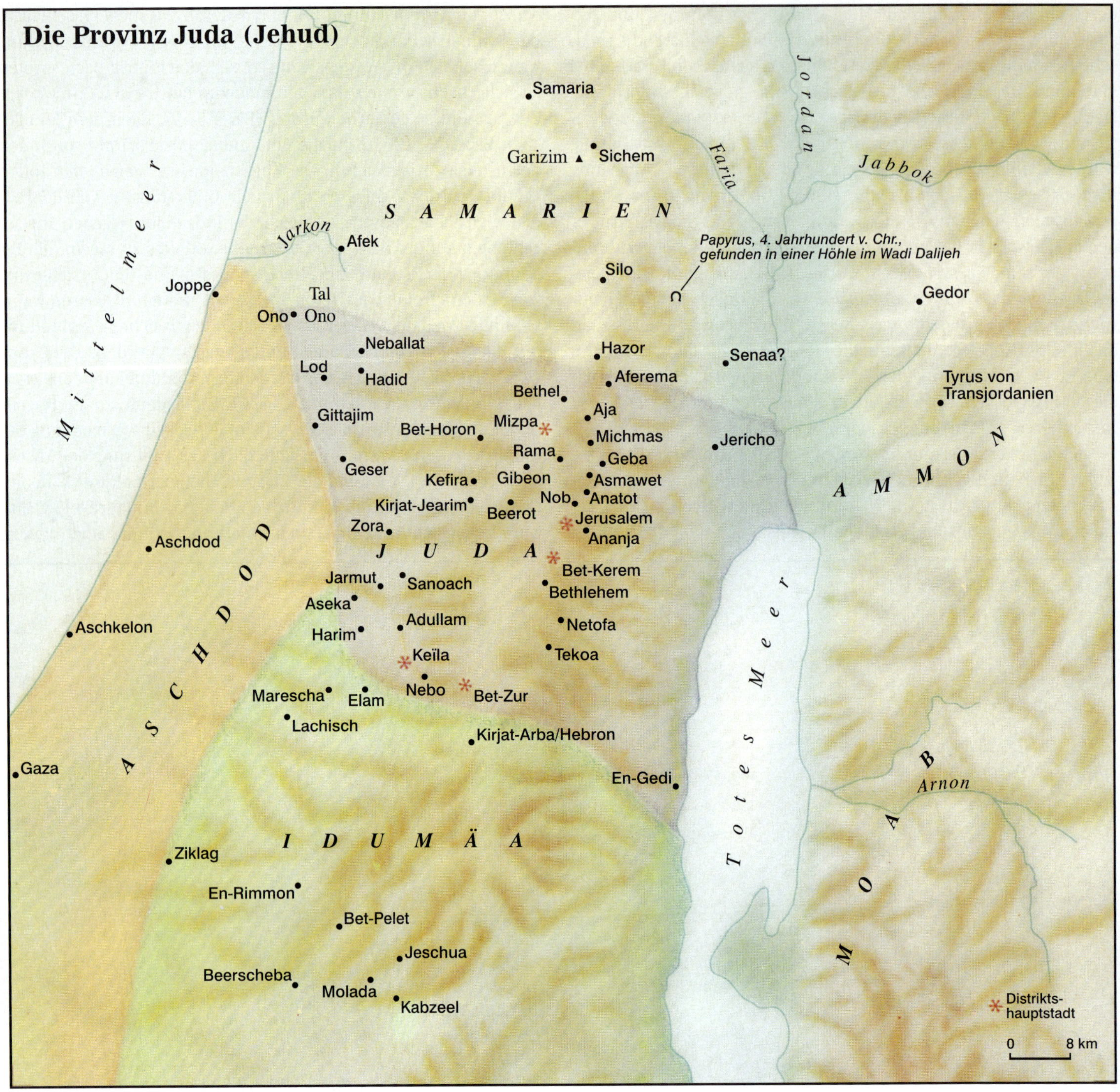

Die Provinz Juda (Jehud)

von Jerusalem wieder aufzubauen (vgl. den Brief aus dieser Zeit in Esra 4,7–23), aber wegen des lokalen Widerstandes wurde der Wiederaufbau nicht vollendet.

Im Jahre 446 v. Chr. wurde der baufällige Zustand von Jerusalems Verteidigungsanlagen dem frommen Juden Nehemia zur Kenntnis gebracht, der am persischen Königshofe als Mundschenk des Königs Artaxerxes diente. Artaxerxes' Antwort auf Nehemias Gesuch, den Wiederaufbau der Stadtmauern von Jerusalem zu überwachen, fiel günstig aus, weil er spürte, dass eine königstreue jüdische Bevölkerung helfen würde, den Kräften entgegenzuwirken, welche den Aufstand des Statthalters Megabyzos gegen die Perser getragen hatten. Nehemia kehrte im Jahre 445 v. Chr. nach Judäa zurück – mit einem Brief des Königs, der ihm die Erlaubnis erteilte, die Stadtmauern wieder aufzubauen, anderen »Statthaltern jenseits des Euphrat« (Neh 2,7–9) befahl, Nehemia sicheres Geleit zu geben und Asaf, den obersten Aufseher über die Wälder des Königs, aufforderte, Nehemia mit Holz zu versorgen. Als Nehemia schließlich in Jerusalem ankam, untersuchte er zunächst den Zustand der Befestigungsanlagen der Stadt (V. 11–16). Daraufhin versammelte er die Juden hinter sich. Trotz des Widerstandes von Sanballat, Tobija, den Arabern, Ammonitern und Aschdoditern errichtete er die Stadtmauern in zweiundfünfzig Tagen (Neh 2,17–7,3).

Als der Wiederaufbau der Stadtmauern vollendet war, veranlassten Esra und Nehemia eine religiöse Erneuerung, die schließlich darin gipfelte, dass eine feste Abmachung unterschrieben wurde, worin das Volk sich dazu verpflichtete, das eigene Leben so auszurichten, dass es in Einklang mit Moses Gesetz stand. Nachdem Nehemia zwölf Jahre lang als Statthalter gedient hatte (Neh 5,14;

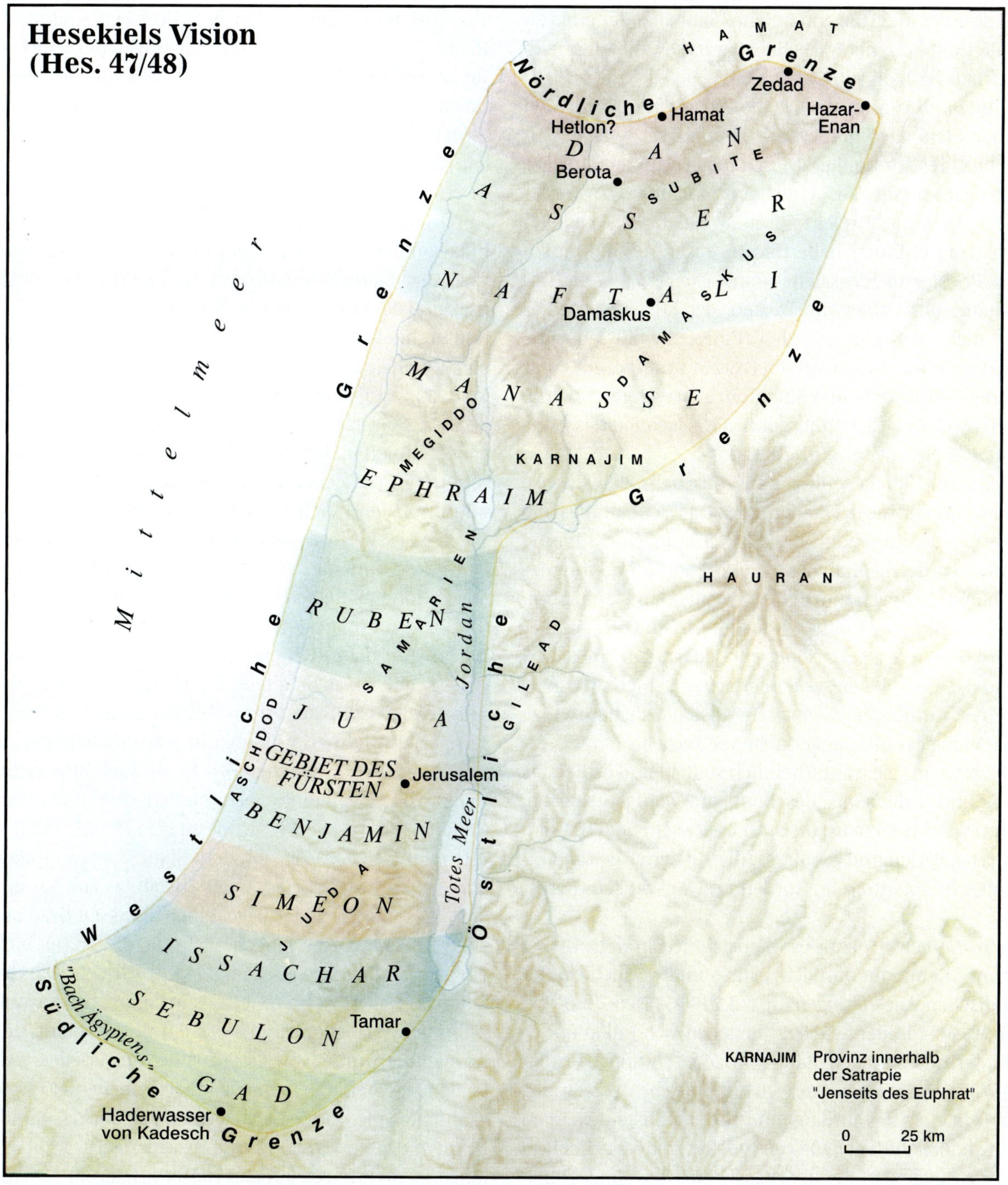

Hesekiels Vision (Hes. 47/48)

13,6), kehrte er im Jahre 433/432 v. Chr. an den persischen Hof zurück. Er verbrachte eine unbestimmte Zeit dort und ging dann nach Judäa zurück, um erneut als Statthalter zu dienen. Doch von seinen Aktivitäten während seiner zweiten Amtsperiode wird nichts berichtet.

Anhand der biblischen und außerbiblischen Angaben ist es möglich, ein recht gutes Bild von Judas Position im Persischen Reich zu erhalten. Es ist wahrscheinlich, dass während oder kurz nach der Regierung des Darius die große Satrapie namens »Babel und Jenseits des Flusses« in mindestens zwei Gebiete unterteilt wurde, so dass »Jenseits des Flusses« eine eigenständige Satrapie wurde – wahrscheinlich mit Damaskus als Hauptstadt.[1] Zu Lebzeiten von Ester (ca. 473 v. Chr.) war das Persische Reich noch mehr zergliedert: in 127 Provinzen (Est 1,1; 8,9), welche abwechselnd auf verschiedene Art und Weise kombiniert wurden, um Satrapien zu bilden. Es wird allgemein angenommen, dass die Provinzen in der Satrapie »Jenseits des Flusses« (z. B. Hamat, Subite, Damaskus, Karnajim, Hauran, Gilead, Megiddo, Samaria, von denen einige bei dem Propheten Hesekiel (47,15–20) genannt werden), welche von den Assyrern ins Leben gerufen und von den Babyloniern beibehalten worden waren, auch von den Persern erhalten wurden. Juda war ebenfalls eine Provinz in der Satrapie »Jenseits des Flusses«.

Nördlich von Juda lag die Provinz Samarien, deren Statthalter, Sanballat der Horoniter, in direkten Konflikt mit Nehemia geriet (Neh 2, 4 und 6). Die Größe der Provinz Samarien ist nicht mit Sicherheit zu benennen, aber wahrscheinlich erstreckte sie sich von dem Tal Jesreel im Norden bis nach Juda im Süden und von dem Fluss Jordan im Osten bis zu der Küstenebene Scharon im Westen.[2]

Es ist möglich, dass das »Tal Ono«, in welches Sanballat Nehemia zu locken versuchte (Neh 6,2), neutrales Gebiet war: sowohl außerhalb von Juda als auch außerhalb von Samarien.

Östlich von Juda und vom Jordan lag die Provinz Transjordanien oder Gilead. Der Statthalter dort war – zumindest zu Lebzeiten Nehemias – Tobija, der Ammoniter. Dieser Tobija war einer aus der Reihe von Herrschern, die aus einer prominenten transjordanischen Familie stammten, welche ihren Wohnsitz in Tyrus von Transjordanien (Iraq el-Emir) hatte und in enger Verbindung zu Eljaschib, dem Priester in Jerusalem, stand (Neh 13,4–7).[3] Hinsichtlich des Status des Gebiets im Westen, der Küstenebene der Philister, kann nicht viel gesagt werden. Einige der Küstenstädte mögen den Städten Tyrus und Sidon übertragen worden sein, aber das war nur eine vorübergehende Situation. Dieses Gebiet wurde wahrscheinlich »Aschdod« genannt, denn die »Aschdoditer« werden als Nehemias Gegner erwähnt (Neh 4,1).

Außer Sanballat und Tobija schloss sich »Geschem, der Araber« (Neh 6,1) dem Bund der Gegner Nehemias an. Er scheint dieselbe Person zu sein wie der Geschem, dessen Name in eine silberne Schale eingraviert wurde, die man bei Tell el-Maskuta, 14,5 Kilometer westlich von dem heutigen Ismailia, in Ägypten fand. Sein Sohn Qaynu weihte die Schale der Gottheit Han-Ilat (*ANET,* 657). In dieser Inschrift wird Geschem als der König von Qedar (dem biblischen Kedar) bezeichnet. Die Größe dieses Königreiches ist nicht bekannt, aber wahrscheinlich umfasste es einen Teil der nördlichen Wüste Sinai, die sich entlang der Mittelmeerküste von Gaza bis Ienysus erstreckte. Und es breitete sich wahrscheinlich südlich und östlich bis zum Roten Meer und Arabien aus. Geschem hatte wohl die Aufgabe, den Überlandtransport von Luxusgütern zu überwachen (z. B. Gold, Weihrauch, Myrrhe, Perlen und Gewürze), die auf dem Weg von Arabien in die städtischen Zentren im Norden und Westen sein Gebiet durchquerten.

Was Juda selbst anbetrifft, kam es offensichtlich in dem Gebiet des alten Stammes Benjamin nördlich, östlich und westlich von Jerusalem zu jüdischen Ansiedlungen (Esr 2,21–35; Neh 7,26–38; 11,31–36). Im Westen, in der Schefela, siedelten sich Juden in En-Rimmon, Zora, Jarmut, Sanoach, Adullam, Lachisch und Aseka an (Neh 11,29–30). Im Osten erstreckte sich das jüdische Gebiet wahrscheinlich bis zum Ufer des Jordans und bis zur Küste des Toten Meeres. In dem südlichen Hügelland von Juda erwähnt der Bibeltext jüdische Niederlassungen in Kirjat-Arba (= Hebron) und Dibon (Identifikation unbekannt) und weiter südlich in der Region, wo das Hügelland von Juda auf die Wüste Negeb trifft. Die Städte Kabzeel, Jeschua, Molada, Bet-Pelet, Hazar-Schual und Beerscheba werden genannt, ebenso wie Ziklag und Mechona, die beide wahrscheinlich im westlichen Negeb lagen (Neh 11,25–28).

Zusätzlich zu den oben genannten Angaben können Hinweise hinsichtlich der Binnenstruktur von Juda aus Nehemia 3 entnommen werden. Dieses Kapitel beschreibt, wie bestimmte Gruppen von Männern sich bei dem Wiederaufbau der Stadtmauern Jerusalems einsetzten. In manchen Fällen werden die Dörfer, aus denen sie stammten, genannt. Diese Dörfer umfassen Keïla, Sanoach, Bet-Zur, Tekoa, Bet-Kerem, Jerusalem, Gibeon, Mizpa und Jericho. Einige Ausdrücke (wie »Bezirk« und »halber Bezirk«), welche die Existenz von Verwaltungsuntereinheiten innerhalb von Juda anzeigen, werden in Verbindung mit Keïla, Bet-Zur, Bet-Kerem, Jerusalem und Mizpa genannt. Obwohl Alternativen möglich sind, klingt Aharonis Beschreibung von fünf Bezirken – eine in der Schefela (Keïla, Sanoach) gelegen, drei im Hügelland von Juda (Bet-Zur – Tekoa; Bet-Kerem und Jerusalem – Gibeon) und eine in Benjamin (Mizpa – Jericho) – recht vernünftig und überzeugend.[4]

Viele haben wie Alt argumentiert, dass Juda von der Zeit der ersten Rückkehr der Juden (538 v. Chr.) bis zu den Tagen Nehemias (445 v. Chr.) keine unabhängige Provinz war, sondern ein Teil Samariens. Doch Avigads Studien haben das Gegenteil gezeigt: dass Juda von der ersten Rückkehr der Juden an eine unabhängige Provinz war.[5] Seine Schlussfolgerung basiert auf einer direkten Interpretation der biblischen (Esr 5,14; Hag 1,1.14; Neh 5,14–15; 12,26) und archäologischen Quellen (Bullen, Siegel, Prägungen in Krug- oder Topfhenkeln, Papyrusrollen von der Nilinsel Elephantine und Münzen). Avigad war sogar in der Lage, eine vorläufige Liste der jüdischen Statthalter zu erstellen, zu denen Scheschbazar, Serubbabel, Elinathan, Jeho'ezer, Ahzai, Nehemia, Bagohi und Jehezqijah gehörten – von denen der erste, zweite und sechste in der Bibel erwähnt werden. Nach dem Tod von Artaxerxes I. wurde Darius II. (423–404 v. Chr.) der Herrscher des Persischen Reiches. Papyrusdokumente, die man auf der Nilinsel Elephantine, einer Ausgrabungsstätte in Südägypten bei Syene, fand (siehe *ANET,* 491–92), liefern Einblicke in das Leben der jüdischen Gemeinschaft in Judäa. Dort hatte sich eine jüdische Kolonie gebildet – möglicherweise schon im siebten oder sechsten Jahrhundert v. Chr. –, die als militärische Garnison für die Ägypter diente. Man baute dort einen Tempel, um Jahwe in Elephantine anzubeten, aber dieser Tempel wurde um 410 v. Chr. zerstört. Es ist auch offensichtlich, dass die Juden von Elephantine gelegentlich den Blick nach Jerusalem wandten, um von dort Führung zu bekommen, denn sie korrespondierten mit Bogoas/Bagohi, dem Statthalter von Judäa. Ägypten seinerseits war in der Zeit von der 28sten bis zur 30sten Dynastie (ca. 404–343 v. Chr.) in der Lage, einen gewissen Grad an Unabhängigkeit von Persien zu erlangen. Während dieser Zeit hielt Ägypten vereinzelte antipersische Kontakte zu Griechenland (Sparta und Athen), Zypern, Syrien und Palästina aufrecht. Obwohl im Jahre 386 v. Chr. ein Friedensvertrag zwischen Griechenland und Persien unterzeichnet wurde, war es ein ruheloser Frieden zwischen diesen beiden Mächten. Bei mehreren Gelegenheiten (373 und 351 v. Chr.) versuchten die Perser, nach Ägypten einzudringen und schließlich – bei dem dritten Versuch – war Artaxerxes III. (359–338 v. Chr.) im Jahre 343 v. Chr. erfolgreich. Dieser Sieg eröffnete eine zehnjährige Periode harter persischer Herrschaft in Ägypten, welche durch die Eroberung von Alexander dem Großen im Jahre 332 v. Chr. zu einem Ende gebracht wurde.

Nach der Ermordung von Artaxerxes III. und der kurzen Regierungszeit von Arses wurde Darius III. Kodomannos (336–330 v. Chr.) der neue König der Perser, während Alexander, der Mazedonier, beständig westwärts vorrückte und Provinz um Provinz eroberte. Dieser nahm die Stadt Persepolis ein und brannte den großartigen Palast, der von Xerxes errichtet worden war, nieder. Im Jahre 330 v. Chr. kam es zur Entscheidungsschlacht und damit zum Niedergang des Persischen Reiches. Bessos, der Satrap von Baktrien, tötete Darius III., als dieser versuchte, vor dem heranrükkenden Alexander zu fliehen. In den Jahrhunderten nach der Ankunft Alexanders (ca. 332 v. Chr.) veränderten sich Politik, Religion, Sprache und Kultur des Orients grundlegend durch den griechisch-römischen Einfluss.

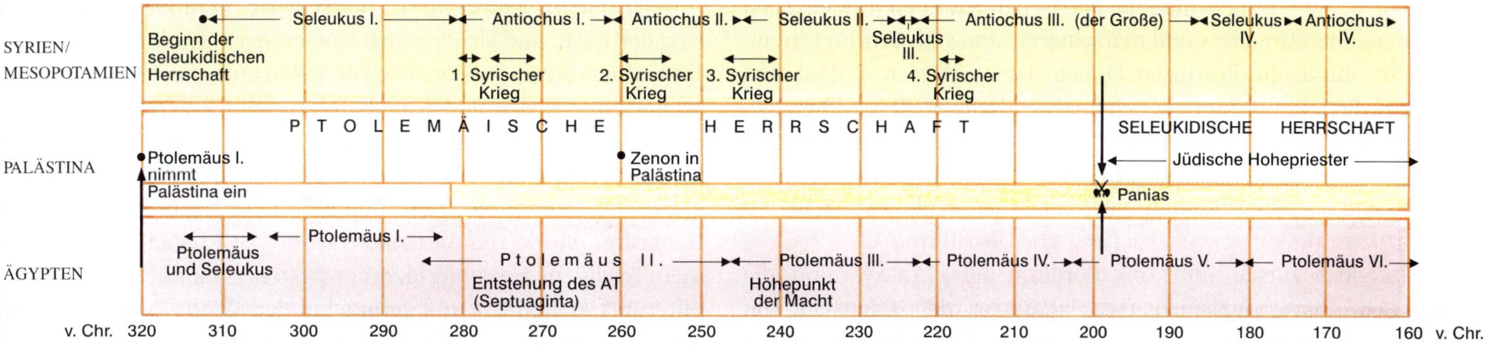

Die Ankunft der Griechen

Die Perser, die in Griechenland einmarschiert waren, wurden von den griechischen Streitkräften in die Enge getrieben und zuerst im Jahre 490 v. Chr. bei Marathon und dann, zehn Jahre später, bei Salamis geschlagen. Während der letzten Jahre des fünften Jahrhunderts v. Chr. und während der ersten zwei Drittel des vierten Jahrhunderts förderten die Griechen zwar antipersische Aktivitäten in Ägypten, dem Orient und Kleinasien, aber an der Ausdehnung des persischen Herrschaftsbereichs änderte sich in diesen Gebieten nichts.

Ungefähr in der Mitte des vierten Jahrhunderts v. Chr. festigte Philipp II. seine Position als Herrscher von Mazedonien in Nordgriechenland. Zeit seines Lebens strebte er die Vereinigung der griechischen Stadtstaaten unter seiner Herrschaft und den Sturz der persischen Regierung an. Er schaffte es, sein erstes Ziel zu erreichen. In dem Prozess der Vereinigung Griechenlands wandelte er sein mazedonisches Heer in eine kleine, aber gefährliche Streitmacht um. Dann wurde Philipp im Jahre 336 v. Chr. ermordet, nachdem er die Pläne für einen Einmarsch in Kleinasien vollendet hatte.

Sein Sohn Alexander (»der Große«), geboren im Jahr 356 v. Chr., wollte die Ziele seines Vaters verwirklichen. Obwohl er erst zwanzig Jahre alt war, hatte man Alexander bereits auf seine neue Rolle als Herrscher von Mazedonien vorbereitet: Er war von dem griechischen Philosophen Aristoteles erzogen und unterrichtet worden und hatte im Auftrag seines Vaters schon in seiner Jugend Feldzüge angeführt. Doch bevor er mit dem Einmarsch in Kleinasien die Ziele seines Vaters verwirklichen konnte, musste Alexander seine Oberherrschaft über Nachbarländer und Stadtstaaten ebenso wie über Griechenland geltend machen. Dies gelang ihm in einer relativ kurzen Zeitspanne. Dann war er bereit, Richtung Osten vorzurücken, um die Perser anzugreifen. Alexander überquerte die Dardanellen im Jahre 334 v. Chr., schlug die persischen Satrapen in Kleinasien bei dem Fluss Granikus und marschierte dann südwärts im Uhrzeigersinn durch die Provinzen Mysien, Lyzien, Karien, Lydien und Pamphylien. In Gordium, der ehemaligen Hauptstadt von Phrygien, traf er auf Parmenio, seinen Heerführer, der direkt von Sardes nach Gordium vorgerückt war. Die Griechen schlugen jeglichen Widerstand entlang beider Routen nieder, nahmen Städte ein, sicherten Schatzkammern und ersetzten persische Oberherren.

Alexander rückte nun von Gordium über Ankyra und die Zilizische Pforte südöstlich nach Tarsus vor, der Hauptstadt von Zilizien. Er setzte seinen Weg um die nordöstliche Ecke des Mittelmeers fort und durchschritt die Syrische Pforte im Amanos-Gebirge, bevor ihm klar wurde, dass Darius ein großes Heer bei Issos hinter sich versammelt hatte. Alexander marschierte denselben Weg, den er gekommen war, wieder zurück, empfing Darius III. und schlug ihn in der Schlacht von Issos im Jahre 333 v. Chr. Trotz beträchtlicher Verluste war Darius noch in der Lage, Richtung Osten zu fliehen. Er begann, seine Streitkräfte für einen späteren Kampf gegen Alexander neu zu gruppieren.

Nach seinem Sieg bei Issos marschierte Alexander südlich entlang der Küste und sicherte sich bzw. eroberte Arad, Byblus, Sidon, Tyrus (im Jahre 332 v. Chr., nach dem Bau eines Dammes zu der Insel und einer siebenmonatigen Belagerung), Gaza (nach einer zweimonatigen Belagerung) und andere Städte. In der Zwischenzeit nahmen Truppenkontingente von Alexanders Heer die Volksstämme in dem Libanon-Gebirge fest. Und die strategisch bedeutende Stadt Damaskus wurde von Alexanders Feldherrn Parmenio eingenommen. Nachdem Alexander den nördlichen Sinai durchquert hatte, unterwarf er Ägypten und verbrachte den Winter 332/331 v. Chr. dort. Zu dieser Zeit wurde die Stadt Alexandria am westlichen Arm des Nils nahe am Mittelmeer gegründet.

Nachdem Alexander zum Sohn des ägyptischen Gottes Ammon erklärt worden war, was bedeutete, dass man ihn zum legitimen Herrscher von Ägypten ernannt hatte, verließ er – betraut mit der Aufgabe, das Land zu regieren – die Stadt Ptolemaïs und begann, den Weg nordwärts durch den Orient zurückzuziehen. Es ist nicht sicher, ob Alexander Jerusalem besuchte; es gilt als wahrscheinlich, dass die Juden ihn nicht an seinem Vormarsch entlang der Küste

hinderten und dass sie daher ihrerseits nicht von ihm belästigt wurden. Die Samariter nördlich von Judäa hingegen ermordeten ihren Statthalter (Andromachos), der von Alexander ernannt worden war; als Vergeltungsmaßnahme zerstörte Alexander die Stadt Samaria und besiedelte sie wieder neu mit mazedonischen Veteranen. Auf diese Weise wurde der im Wesentlichen samaritanischen/semitischen Bevölkerung der Region ein großes fremdes (griechisches) Element beigemischt.

Alexander zog zunächst Richtung Norden, dann weiter Richtung Osten und passierte das nördliche Mesopotamien, wobei er sowohl den Euphrat als auch den Tigris überquerte. Östlich vom Tigris, auf der Ebene zwischen Gaugamela und Arbela, wurden die Perser vernichtend geschlagen, doch Darius selbst konnte der Gefangennahme entfliehen. Er floh ostwärts und wurde von Bessos, dem Satrap von Baktrien, einem ehemaligen Verbündeten, ermordet. So war die beinahe hundert Jahre lange Herrschaft der Perser im Nahen Osten zu Ende.[1]

Alexander setzte seinen Marsch ostwärts zu den Flüssen Oxus und Jaxartes fort, bevor er dann von dort Richtung Süden weiter in das Indus-Tal zog. Als seine Truppen sich weigerten, weiter östlich nach Indien zu gehen, ließ er sich auf einen beschwerlichen Marsch durch die Wüsten und das Gebirge von Südpersien (dem heutigen Iran) nach Babylonien ein.

Da Alexander starb, ohne einen designierten Nachfolger zu hinterlassen, war die Zeit zwischen 323 v. Chr. und 301 v. Chr. eine Zeit der Kriege. Am Anfang stritten eine Reihe von seinen Heerführern (z. B. der Feldherr Perdikkas und später Antigonus Monophthalmus und sein Sohn Demetrius) darüber, ob das Königreich ein vereinigtes Ganzes bleiben oder ob es unter den konkurrierenden Mächten (Ptolemäus I., Herrscher von Ägypten, ebenso wie Seleukus I., der seinen Anspruch auf Syrien und Mesopotamien geltend machte) aufgeteilt werden sollte. Im Jahre 320 v. Chr. annektierte Ptolemäus I. Palästina für Ägypten, und eine Reihe von Schlachten folgte, in denen er sich mit Seleukus I. und Lysimachos gegen Antigonus Monophthalmus und dessen Sohn Demetrius verbündete. In den Jahren nach der Schlacht von Ipsus im Jahre 301 v. Chr., in der Antigonus und seine Verbündeten geschlagen wurden, folgte eine Periode des relativen Friedens, in der Antipater und Kassander sich in Mazedonien und Griechenland niederließen; Lysimachos wurde in Thrazien und Kleinasien eingesetzt, Seleukus I. in Syrien, Mesopotamien und Persien (das ganze Gebiet bis zu dem Fluss Indus) und Ptolemäus I. in Ägypten und Palästina.

Mit der Ernennung von Ptolemäus zum König von Ägypten begann die Herrschaft seiner Dynastie von 304 v. Chr. bis 30 v. Chr. Diese Könige oder Königinnen hießen jeweils Ptolemäus oder Kleopatra. Nicht nur der König war griechischer Herkunft, sondern der ethnische Hintergrund fast aller Verwalter in der Regierung war ebenfalls griechisch. Viele der einheimischen nichtgriechischen Beamten lernten bald die griechische Sprache und nahmen griechische Sitten und Bräuche an. Die Hauptstadt von Ägypten wurde die neu erbaute Stadt Alexandria. Dort begrub Ptolemäus I. Alexander den Großen. Ihm gelang es, die Stadt zu einem der führenden Handels- und Geisteszentren der Welt zu machen. Während seiner Regierungszeit wurde die berühmte Bibliothek von Alexandria gegründet, ebenso das Museion. Da die frühen griechischen Herrscher weder Ägyptisch sprechen noch die Hieroglyphen lesen

»Grab des Zacharias« am Osthang des Kidrontales, geprägt von hellenistischen und ägyptischen Einflüssen.

Ptolemäische Hyparchien (312-198 v. Chr.)

konnten, waren sie auf Übersetzer und Dolmetscher angewiesen. Deshalb schrieb Manetho, der Ägypter, während der Regierungszeit von Ptolemäus I. (304–282 v. Chr.) seine berühmte Geschichte von Ägypten in Griechisch.

Ptolemäus gelang es schließlich, die ptolemäische Herrschaft nicht nur bis zu der Insel Zypern auszudehnen, sondern auch bis zur Südtürkei, bis Karien und Lyzien und sogar bis zum griechischen Festland: bis Korinth.

Nördlich von Palästina errichtete Seleukus I. (312–280 v. Chr.) ein mächtiges Königreich. Nachdem er Lysimachos im Jahre 281 v. Chr. besiegt hatte, erlangte er sogar die Herrschaft über Kleinasien. Seleukus machte die Stadt Antiochia zur Hauptstadt, die an dem Fluss Orontes lag: in der Nähe, aber nicht direkt an der nordöstlichen Küste des Mittelmeers. Der Einfluss des Seleukidischen Staates war so beherrschend, dass das kalendarische System, welches im Nahen Osten Hunderte von Jahren benutzt worden war, nach dem Beginn der Regierungszeit des Seleukus I. berechnet wurde, der heute als das Jahr 312 v. Chr. bekannt ist. Zu Lebzeiten von Seleukus I. herrschte zwischen dem Seleukidischen Staat im Norden und Ägypten im Süden ein relativer Frieden. Dies war wahrscheinlich der Tatsache zu verdanken, dass Ptolemäus I. Seleukus das Leben gerettet und ihn im Kampf gegen ihren gemeinsamen Feind, Antigonus, beschützt und unterstützt hatte.

Im dritten Jahrhundert v. Chr. gab es eine Reihe von vier großen Kriegen zwischen den Seleukiden und den Ptolemäern, die Syrischen Kriege. Letztendlich waren die Ptolemäer doch bei der Verteidigung ihres Gebietes erfolgreich. Tatsächlich wehrte Ptolemäus III. (246–222) während des Dritten Syrischen Krieges in den späten 240ern den Angriff der Seleukiden ab, indem er im Norden in ihr Gebiet einmarschierte und dann Richtung Osten durch Mesopotamien und Persien bis zur Grenze nach Indien weitermarschierte. Selbst Seleuzia, die Hafenstadt Antiochias, fiel in ptolemäische Hände (ca. 240–219 v. Chr.). Aber die Eroberungen waren nicht von Bestand.

Für die Ptolemäer war Palästina zum einen wichtig als ein Pufferstaat, der als Ägyptens erste Verteidigungslinie gegen seleukidische Angriffe diente. Zum anderen diente Palästina als ein landwirtschaftlich nutzbares Hinterland, von welchem Ägypten hochwertiges Olivenöl, Weine und Holzprodukte gewinnen konnte – und gelegentlich auch Sklaven.[2]

Generell[3] erstreckten sich die ptolemäischen Besitztümer nördlich entlang des Mittelmeers bis zum Fluss Eleutherus. Doch ihr Gebiet im Landesinneren Transjordaniens reichte nicht bis zu der Stadt Damaskus, welche die meiste Zeit unter seleukidischer Herrschaft stand. Das Zentrum der ptolemäischen Regierung lag offensichtlich in Alexandria, von wo aus ein Statthalter und ein Finanzverwalter von Syrien und Phönizien die Angelegenheiten kontrollierten. Palästina[4] war in eine Reihe von Verwaltungseinheiten, in Hyparchien, unterteilt. Diese waren den persischen »Provinzen« (*medinah* im Aramäischen) ähnlich. Im Allgemeinen hatte jede Hyparchie drei griechische Hauptbeamte: einen Statthalter, einen Finanzbeamten und eine Person, welche die Befehlsgewalt über das Heer bzw. die Polizei innehatte. Über die Hyparchie Judäa während des dritten Jahrhunderts ist nicht viel bekannt. Aber da sie sich Alexander dem Großen unterworfen hatte und da sie nicht tief in die Syrischen Kriege verstrickt war, wird allgemein angenommen, dass nur wenige Veränderungen an der Größe oder der Verwaltung im Innern, deren oberster jüdischer Beamter der Hohepriester war, vorgenommen wurden. Nördlich von Judäa machte die Hyparchie Samarien einige Veränderungen durch. Die Einwohner der Stadt Samaria hatten sich gegen den Statthalter erhoben und Andromachos bei lebendigem Leibe verbrannt. Als Rachezug wurde die Stadt Samaria eingenommen, ihre Bevölkerung hingerichtet oder verbannt und die Stadt mit mazedonischen Veteranen neu besiedelt, so dass sich eine lebensfähige griechische Kolonie in der Stadt und um sie herum bildete. Der übrig gebliebene Teil der Hyparchie Samarien wurde wahrscheinlich von den Samaritern beherrscht, welche ihre religiösen und politischen Institutionen auf und in der Nähe von dem Berg Garizim beibehielten und bewahrten. Nördlich von Samarien gab es königliche Besitzungen im Jesreel-Tal und nördlich davon lag die Hyparchie Galiläa, welche in der Tat in den Zenon-Papyrusdokumenten (Anm. 2) erwähnt werden. Das Verwaltungszentrum von Galiläa könnte sich bei der Festung von Itabyrium auf dem Gipfel des Berges Tabor befunden haben oder – was wahrscheinlicher ist – in Skythopolis (der »Stadt der Skyther« = AT Bet-Schean). Nördlich und westlich von Galiläa, entlang der phönizischen Küste, besaßen Küstenstädte wie Tyrus und Sidon einen

Seleukidische Eparchien (198-142 v. Chr.)

hohen Grad an Unabhängigkeit, doch sie blieben der ptolemäischen Herrschaft unterworfen und lieferten der gewaltigen ptolemäischen Seemacht Schiffe und Seemänner ebenso wie eine Handelsflotte. In der Tat waren die Ptolemäer während des dritten Jahrhunderts v. Chr. die vorherrschende Seemacht im östlichen Mittelmeer. Weiter südlich, entlang der Mittelmeerküste, lag Akko, deren Bedeutung noch durch die Tatsache betont wurde, dass sie eine der wenigen Städte war, welche den dynastischen Namen Ptolemaïs erhielt. Weiter südlich, entlang der Ebenen Scharon und denen der Philister, waren Küstenstädte – Dor, der Stratonsturm (später Cäsarea), Joppe, Jamnia, Azotos (= AT Aschdod), Aschkelon und Gaza und viele andere – von der hellenistischen Kultur beeinflusst worden und hatten sich, obwohl sie zumindest die namentliche Treue zur ptolemäischen Dynastie aufrechterhalten mussten, unterschiedliche Grade der Unabhängigkeit bewahren können.

Östlich der Ebene der Philister lag die Hyparchie Idumäa. Deren westliche Ausrichtung unter griechischem Einfluss wurde dadurch verstärkt, dass – obwohl das Gebiet sich ostwärts zum Toten Meer hin erstreckte – die Hauptstadt Marescha im Westen lag, in der Schefela. In Transjordanien waren die großen assyrischen, babylonischen und persischen Bezirke im Allgemeinen in kleinere Verwaltungseinheiten unterteilt. Es ist vermutet worden, dass diejenigen Bezirke, deren Namen u. a. auf -itis enden, während der Zeit der ptolemäischen Herrschaft errichtet wurden; zum Beispiel wurde der alte Bezirk Hauran in Trachonitis und Auranitis unterteilt. Abgesehen von den neuen Bezirksnamen wurden den Hauptstädten griechische Namen gegeben, in denen eine hellenistische (oder hellenisierte) Bevölkerung zu blühen begann: Rabba der Ammoniter wurde in Philadelphia umbenannt, Pella/Peheli wurde zu Berenike. Und in Westjordanien wurde – wie bereits erwähnt – Akko zu Ptolemaïs, Bet-Schean zu Skythopolis, etc. In diesen Städten waren es die oberen Klassen, die daran interessiert waren, die griechische Sprache und griechische Sitten und Bräuche zu übernehmen. Dennoch muss angenommen werden, dass ein ziemlich großer Teil der lokalen Bevölkerung ihre traditionellen semitischen Sprachen (z. B. Hebräisch, Aramäisch) und Gewohnheiten beibehielten, denn später, als der griechisch-römische Einfluss zurückging, waren die semitischen Einflüsse immer noch vorherrschend. Zum Beispiel verwandelte sich der Name der Stadt Skythopolis (griechisch) schließlich wieder in eine Form des alten Namens »Bet-Schean« (semitisch) zurück, wodurch deutlich wird, dass die lokale Bevölkerung diesen Namen über Jahrhunderte griechisch-römischer Herrschaft hinweg weiter benutzt hatte.

Mit der Thronbesteigung von Ptolemäus IV. (222–203 v. Chr.) in Ägypten und von Antiochus III. (223–187 v. Chr.) in Seleuzia begann sich die Macht im Osten zu Gunsten der Seleukiden zu verlagern. In dem Vierten Syrischen Krieg (221–217 v. Chr.) gelang es Antiochus, Seleuzia, den Hafen der Hauptstadt Antiochia (219 v. Chr.), zurückzuerobern, sich weiter Richtung Süden nach Galiläa, in das Jesreel-Tal und nach Transjordanien (218 v. Chr.) voranzukämpfen und die ganze Strecke südlich bis nach Gaza und Rafia (217 v. Chr.) vorzurücken. Doch die letzte seleukidische Eroberung von Palästina wurde in den nächsten beiden Dekaden vereitelt, als Antiochus bei Rafia geschlagen wurde und die Streitkräfte von Ptolemäus IV. Palästina und Phönizien zurückerobern konnten.

Im nächsten Jahrzehnt wurde Antiochus III. davon in Anspruch genommen, die Aufstände in Kleinasien und in den östlichen Regionen seines Königreiches in Schach zu halten bzw. einzudämmen. Im Jahre 203 v. Chr. bestieg Ptolemäus V. (203–181 v. Chr.) im Alter von sieben Jahren den Thron von Ägypten – als erster in einer Reihe von schwachen ptolemäischen Königen, die stark von ihren Ehefrauen, Müttern, Schwestern und Feldherrn beeinflusst werden würden. Im Jahre 201 v. Chr. leitete Antiochus III. einen Vorstoß nach Palästina, der schließlich in der Abtretung Palästinas von ptolemäischer Herrschaft an die seleukidische gipfelte. Doch als Antiochus III. seine ganze Aufmerksamkeit der Eroberung von Pergamon im westlichen Kleinasien widmete, betrat der ägyptische Feldherr Skopas wieder Palästina und beanspruchte es für Ägypten. Antiochus kehrte zurück, um sich dieser neuen Bedrohung zu stellen und traf in der entscheidenden Schlacht bei Panias im Jahre 198 v. Chr. mit Skopas zusammen; das ägyptische Heer wurde vertrieben und Skopas war gezwungen, nach Sidon zu fliehen. In der Folgezeit nach der Schlacht marschierte Antiochus südwärts durch Teile von Batanäa in Transjordanien und nach Samarien und Judäa. Er wurde offensichtlich wohlwollend von der jüdischen Bevölkerung in Jerusalem empfangen, welche ihm bei der Vertreibung der ptolemäischen Garnison behilflich war, die hier stationiert worden war. So begann – als ein Ergebnis der Schlacht bei Panias – beinahe ein halbes Jahrhundert seleukidischer Herrschaft in Judäa (198–142 v. Chr.).

Während der Herrschaft von Antiochus III. (223–187) und der ersten Zeit der Regierung von Seleukus IV. (187–175 v. Chr.) scheinen die Judäer unter der Führung des Hohenpriesters Onias III. (198–174) zu Wohlstand gekommen zu sein. Da die jüdische Bevölkerung von Jerusalem Antiochus III. so bereitwillig und gern empfangen hatte, wurden ihnen besondere Privilegien eingeräumt, einschließlich des Wiederaufbaus von Jerusalem, begrenzte Steuerbefreiungen, finanzielle Unterstützungen für den Tempel und die Erlaubnis, nach den Gesetzen ihrer Vorfahren zu leben (Jos, Altert., 12.3.3,4).

Doch die Übernahme von Palästina erfolgte zu einer Zeit, als die Macht der Seleukiden allmählich abzunehmen begann. Während der 190er Jahre verloren die Seleukiden nach und nach die Herrschaft über ihre Besitzungen in Kleinasien an ein aufstrebendes Rom. In dem Frieden von Apamäa (189 v. Chr.) traten sie schließlich die Herrschaft über alle ihre Gebiete westlich des Taurus-Gebirges ab. Die Herrschaft der Seleukiden über den östlichen Teil des Reiches wurde ebenfalls angefochten und Palästina selbst geriet mit dem Aufstand der Makkabäer und dem Emporkommen der hasmonäischen Dynastie in eine Zeit des Aufruhrs und der Intrige.

Angesichts dieser Fluktuation innerhalb der seleukidischen Herrschaftsgebiete und angesichts einer sehr begrenzten Anzahl von historischen Quellen, auf die man zurückgreifen kann, ist es lediglich möglich, die Geografie Palästinas auf eine äußerst allgemeine Art und Weise zu beschreiben, denn man muss bedenken, dass Gebietsgrenzen, Einflusssphären und die gesamte Bevölkerung der Städte in einem konstanten Wandel begriffen waren.[5] Die Seleukiden waren viel mehr daran interessiert, die Ausbreitung und Verbreitung der griechischen Sprache, Kultur und der griechischen Sitten und Bräuche zu fördern, als es bei den Ptolemäern vor ihnen der Fall war. Sie führten nicht nur die griechische Kultur in den bestehenden Städten ein, sondern errichteten auch neue Städte nach dem Modell der griechischen Polis. Um die Angelegenheiten der jeweiligen Städte zu diskutieren und zu regeln, trafen sich erwachsene und fähige Männer. Die Seleukiden änderten auch die semitischen Namen der Städte in griechische um, was ihren beherrschenden Einfluss in vielen Städten verdeutlichte. Aus Jerusalem wurde zum Beispiel Antiochia, Gerasa wurde zu Antiochia-on-Chrysorrhoas, Gadara zu Antiochia Seleuzia, Abila zu Seleuzia und Ptolemaïs zu Antiochenes. Aber diese seleukidischen Namen hielten sich nur eine kurze Zeit. Dann nahmen die Städte oft wieder ihre früheren Bezeichnungen an. Zudem wurden auch neue Städte errichtet, wie z. B. Antiochia (in der Nähe von Panias und Dan) und Seleuzia in Gaulanitis.

Es scheint, dass die Seleukiden eher größere Verwaltungseinheiten bevorzugten als jene, die unter ptolemäischer Herrschaft entstanden waren, denn sie verbanden mehrere ptolemäische Hyparchien, um eine größere Verwaltungseinheit zu bilden, welche man Eparchie nannte. Offensichtlich gab es vier solcher Eparchien in Palästina. Eine der größten davon war die Eparchie Samarien, deren Statthalter in der Stadt Samaria residierte. Diese Eparchie umfasste die Bezirke Judäa, Samarien, Galiläa und Peräa. Die ersten drei Bezirke sind bereits weiter vorne im Text beschrieben worden (S. 150–51); Peräa lag östlich des Jordans, genau nördlich vom Toten Meer. Dieses schmale Gebiet, welches im Osten an das Gebiet der Ammoniter angrenzte, bestand wahrscheinlich aus alten Domänen des Tobias, welche nun Samarien einverleibt waren.

Südlich der Eparchie Samarien lag die Eparchie Idumäa. Da Marescha, Azotos, Jamnia und andere Städte zeitweise zu diesem Gebiet dazugehörten, reichte es offensichtlich zumindest in einem begrenzten Gebiet bis zum Mittelmeer. Entlang der Mittelmeerküste erstreckte sich Paralia, eine in die Länge gewachsene Eparchie, die sich von der Grenze Ägyptens im Süden bis zur Spitze von Tyrus im Norden zog, wobei der idumäische Korridor zum Meer in der Azotos-Jamnia-Gegend nicht dazugehörte. Östlich Samariens und des Jordans lag die große Eparchie Galaaditis, welche Batanäa, Gaulanitis, Ammonitis und Moabitis umschloss, aber Peräa ausschloss. Dort in Transjordanien, entlang der Handelsstraßen, scheinen die griechischen Städte geblüht zu haben. Schließlich vereinigten sich einige dieser Städte, um ein Bündnis zu bilden, welches als Dekapolis bekannt wurde (s. S. 160).

Während der letzten Zeit der Herrschaft unter Antiochus III. (223–187 v. Chr.) erfuhr dieser eine Reihe von Niederlagen durch die Römer: zunächst bei den Thermopylen im Jahre 191 v. Chr. und dann bei Magnesia im Jahre 190 v. Chr. Im Jahre 189 v. Chr. wurde der Vertrag von Apamäa unterzeichnet, in welchem Antiochus die Herrschaft über den größten Teil von Kleinasien abtrat und sich verpflichtete, einen hohen Tribut an Rom zu zahlen. Um eine Garantie für den Eingang der Zahlungen zu erhalten, wurde einer von Antiochus' Söhnen, der später als Antiochus IV. regieren würde, als Geisel mit nach Rom genommen. Antiochus III. bereitete es größte Schwierigkeiten, die Tributzahlungen einzuhalten. Und er musste deshalb auf die Plünderung der Tempel zurückgreifen, um die Staatseinkünfte anzuheben. Im Jahre 187 v. Chr. wurden er und einige seiner Truppen auf einem derartigen Plünderfeldzug von den Elymäern ermordet.

Der Nachfolger von Antiochus III. dem Großen war Seleukus IV. Philopator (»der Vaterliebende«), der von 187 bis 175 v. Chr. regierte. Dadurch, dass er sich an die Abmachungen des Friedens von Apamäa hielt, gelang es ihm, gute Beziehungen zu Rom aufrechtzuerhalten. Er unterhielt freundschaftliche Beziehungen zu den Ägyptern, denn Ptolemäus V. heiratete seine Schwester, die nach dem Tode ihres Gatten im Jahre 181 v. Chr. Ägypten bis zum Jahre 176 v. Chr. als Kleopatra I. regierte. In den frühen Jahren seiner Regierungszeit pflegte Seleukus IV. gute Beziehungen zu den Judäern und gab ihnen sogar Geschenke für den Tempel in Jerusalem (2. Makk 3,3). Doch gegen Ende seiner Regierungszeit versuchte ein Jude namens Simon, der den frommen Onias III. aus seinem Amt als Hoherpriester vertreiben wollte, sich bei den seleukidischen Autoritäten einzuschmeicheln, indem er Apollonius, den Statthalter von Zölesyrien und Phönizien darin bestärkte, den Schatz des Tempels in Jerusalem zugunsten des Königs, Seleukus IV., zu enteignen. Ein hoher Minister des Königs wurde nach Jerusalem geschickt, um den Schatz zu konfiszieren, aber es wird berichtet, dass er aufgrund von göttlichem Eingreifen nicht in der Lage war, diesen Plan durchzuführen (2. Makk 3). Gegen Ende seiner Regierungszeit sandte Seleukus IV. seinen Sohn Demetrius I. nach Rom, um Antiochus IV. als Geisel zu ersetzen. Wegen dieses Austauschs war Antiochus in der Lage, nach dem Tode von Seleukus IV. im Jahre 175 v. Chr. den Thron an sich zu reißen. Mit dem Aufstieg von Antiochus IV. begann für die Judäer eine kritische Phase in ihrer Geschichte.

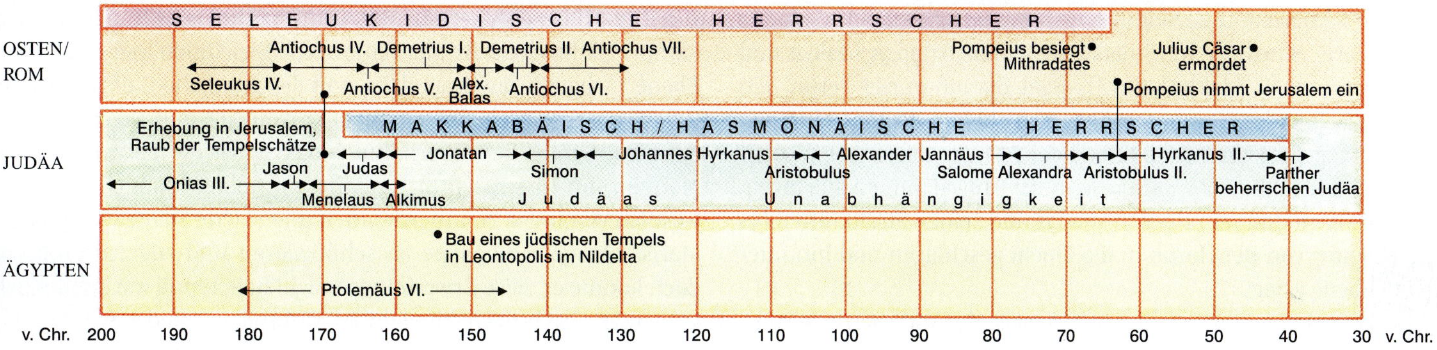

Der Makkabäeraufstand und die hasmonäische Dynastie

Antiochus IV. (174–164 v. Chr.) stieß auf keine großen Schwierigkeiten, als er nach der Ermordung von Seleukus III. den seleukidischen Thron bestieg.[1] Um der aufsteigenden Bedrohung des mächtigen Rom entgegenzuwirken, versuchte Antiochus IV., sein Königreich durch Hellenisierung zu festigen. In Judäa unterstützten gewisse Teile der Bevölkerung diesen Prozess. Diese gewannen noch mehr Einfluss, nachdem Jason den frommen Onias III. seines Amtes enthob (2. Makk. 4,7) und sich selbst zum Hohenpriester ernannt hatte. Antiochus IV. hatte seine Zustimmung dazu gegeben, nachdem Jason ihm Bestechungsgelder gezahlt hatte. Viele Juden nahmen schnell den neuen Lebensstil an (2. Makk 4). Kurze Zeit später, um 171 v. Chr., hatte Menelaus, ein anderer Förderer des Hellenismus, Jason abgesetzt und sich selbst zum Hohenpriester ernannt, nachdem er Antiochus IV. eine größere Bestechungssumme angeboten hatte. Er hatte sogar Onias III. ermorden lassen. So war der Judaismus tief gesunken, als das Amt des Hohenpriesters an den Meistbietenden verkauft wurde.

Antiochus IV. marschierte im Jahre 169 v. Chr. erfolgreich in Ägypten ein, aber er zog sich in demselben Jahr zurück, um einen noch sehr jungen Mann (Ptolemäus VI. Philometor) als König von Ägypten zurückzulassen. In Judäa verbreitete sich das Gerücht, dass Antiochus IV. gestorben sei, während er noch in Ägypten weilte. Jason, der ehemalige Hohepriester, der diesen Moment für eine geeignete Gelegenheit hielt, seine verlorene Position zurückzugewinnen, griff Jerusalem an, um Menelaus seines Amtes zu entheben. Antiochus schlug zurück und eroberte Jerusalem zurück. Tausende von Juden wurden getötet.

168 v. Chr. inszenierte Antiochus IV. einen zweiten Angriff auf Ägypten. Als er sich der Stadt Alexandria näherte, stieß er auf den römischen Legaten C. Popilius Laenas, der ihm Roms Ultimatum überreichte, auf der Stelle Ägypten zu verlassen. Antiochus IV. versuchte, Zeit zu gewinnen, aber Laenas zog im Sand einen Kreis um ihn und befahl ihm, seine Entscheidung zu treffen, bevor er den Kreis verließe. Angesichts Roms massiver Drohung zogen ein gedemütigter Antiochus IV. und seine Streitkräfte sofort ab.

Da Ägypten ihn abgelehnt hatte, beschloss Antiochus offensichtlich, den südlichen Zugang zu seinem Königreich zu stärken, indem er seine Position in Palästina festigte. Im Jahre 167 v. Chr. schickte er Truppen nach Jerusalem, wo ein Teil der Bevölkerung niedergemetzelt wurde und es wurde versucht die Bevölkerung weiter zu hellenisieren. Außerdem wurden Teile der Stadtmauern Jerusalems niedergerissen, und eine heidnische Zitadelle, welche man Akra nannte, wurde an einem strategisch günstigen Ort innerhalb der Stadt errichtet. Der Tempel in Jerusalem wurde in einen Tempel des olympischen Zeus verwandelt. Am 16. Dezember 167 v. Chr. wurde diesem ein unreines Opfer dargebracht (2. Makk 6,1–11).

167–164 v. Chr. unternahm Antiochus IV. eine Reihe von Feldzügen nach Parthien, Armenien, Persien und Medien, auf denen er die Bevölkerung unterjochte und die Tempelschätze auf dem Wege plünderte. Schließlich starb er im Jahr 164 v. Chr. in Persien. Während Antiochus sich auf diesen Feldzügen befand, war Lysias verantwortlich für das Gebiet westlich des Flusses Euphrat; daher war er es, der sich mit einem ernst zu nehmenden Aufstand in Judäa auseinander zu setzen hatte. Im Jahre 167 v. Chr. versuchte ein Abgesandter von Antiochus IV., einen Priester namens Mattatias, welcher in Modeïn lebte, zu zwingen, einer heidnischen Gottheit zu opfern. Mattatias weigerte sich, aber ein anderer Jude erklärte sich freiwillig dazu bereit, den Ritus durchzuführen. Daraufhin tötete Mattatias beide: den seleukidischen Abgesandten des Königs und den vom Wege abgeirrten Juden; so begann der makkabäische Aufstand (1. Makk 2,1–48). Der betagte Mattatias starb bald eines natürlichen Todes und hinterließ seine fünf Söhne (1. Makk 2,49–70), welche den Aufstand weiterführen sollten.

Der erste und vorderste Führer des Aufstands war Judas, der mittlere Sohn, der auch Makkabäus (wahrscheinlich »der Hämmerer«) genannt wurde. Der Aufstand wurde nach ihm benannt, doch die Zeit des Aufstands schließt nicht nur die Tage seiner Führung, sondern auch diejenigen unter der seines Bruders Jonatan (160–142 v. Chr.) und bis zu einem gewissen Grad ebenfalls die seines Bruders Simon (142–135 v. Chr.) ein. Mit Hilfe der Unterstützung der Hasidäer, der »Gemeinde der Frommen«, welche den alten jüdischen Gesetzen treu waren, zogen Judas und seine Anhänger durch das Land, rissen heidnische Altäre nieder und beschnitten jüdische Kinder.

Der erste Versuch, den Aufstand niederzuschlagen, wurde von Apollonius, dem Statthalter des Gebiets und Befehlshaber der Garnison in Samarien, unternommen. Als er südwärts Richtung Judäa marschierte, wurde er von Judas und seinen Truppen besiegt und später getötet (1. Makk 3,1–12). Bald darauf wurde Seron, ein seleukidischer Heerführer, dorthin geschickt, um den Aufstand niederzuschlagen. Während er versuchte, von der Küstenebene über die traditionelle Bet-Horon-Straße in das Hügelland einzudringen, wurden Seron und sein Heer von Judas und seinen Streitkräften bei der Steigung von Bet-Horon in die Flucht geschlagen und hinunter in die Ebene gejagt.

Im Jahre 165 v. Chr. versammelte Lysias, der Vorgesetzte Serons, ein großes Heer unter der vereinigten Führung von Ptolemäus, dem Sohn des Dorymenes, Nikanor und Gorgias. Dieses Heer zog südwärts entlang der Küstenebene und stellte bei Emmaus, wo die Steigung der Straße nach Jerusalem in das Hügelland beginnt, seine Zelte auf. Judas inspizierte seine Krieger bei dem alten Stammeszentrum von Mizpa im Hügelland von Benjamin. Während Gorgias und ein Teil des syrischen Heeres zu einer Such- und Zerstörungsmission in die Hügellandschaft marschierten, fielen Judas und seine Männer über den Teil des seleukidischen Heeres her, der bei Emmaus im Tal von Ajalon geblieben war. Die überraschten Seleukiden wurden geschlagen und zogen sich bis zur Küste zurück – ebenso wie Gorgias und seine Truppen die Flucht ergriffen, als sie zu ihrem geplünderten Lager bei Emmaus zurückkehrten (1. Makk 3,27–4,25).

Nach diesen drei anfänglichen Niederlagen übernahm Lysias die Führung der seleukidischen Truppen in einem vierten Feldzug gegen die Makkabäer (164 v. Chr.). Lysias zog wieder südwärts entlang der Küstenebene und marschierte aber weiter Richtung Süden, wahrscheinlich zu der freundlichen hellenistischen Stadt Marisa, und von dort drang er in das Hügelland von Judäa im Gebiet Adorajim/Hebron ein, einer idumäischen Region, die den Seleukiden ebenfalls freundlich gesinnt war. Als Lysias Richtung Norden marschierte, zog Judas südwärts entlang des Wassergrabens. Die beiden Heere trafen sich bei Bet-Zur, einem Dorf, das sich am südlichen Rand Judäas befand, zum Kampf. Dort wurde das Heer von Lysias in die Flucht geschlagen; Gott begünstigte in der Tat ihre gerechte Sache (1. Makk 4,26–35). Judas und seine Krieger marschierten nach Jerusalem und eroberten die gesamte Stadt zurück, außer der Akra, welche in den Händen der Hellenisierer blieb. In der Gegend des Tempels befahl Judas, dass Jahwes Altar wieder aufgerichtet werden sollte. Der Tempel wurde gesäubert. Und am 25. Tage des neunten Monats (14. Dezember), der Kislew heißt, im Jahre 164 v. Chr., wurde der Tempel wieder geweiht und reine, jüdische Opfer wurden dargebracht. Dieses Ereignis feiern die Juden schon jahrhundertelang Jahr für Jahr mit dem sogenannten Fest von Chanukkah, dem jüdischen Tempelweihefest (V. 36–61).

Nach dem Tod von Antiochus IV. im Jahre 164 v. Chr. kam es zu einem erbitterten Machtwettstreit zwischen Lysias und einem gewissen Philippus: Beide erhoben den Anspruch, der Vormund des jungen Antiochus V. zu sein (1. Makk 6,1–17; 2. Makk 9). Währenddessen gelang es Judas und seinen Brüdern, ihren Einfluss in und um Judäa zu vergrößern. Die Juden, die in Akrabattena, welches sich in Samarien nördlich von Jerusalem befand, und in Transjordanien von den Beonitern unterdrückt wurden, befreite Judas. Im Nordosten wurden die Juden in den Gilead- und Golan-Gebieten, in den Dörfern Bozra, Datema, Alema, Kaspin, Maked, Bosor, Charax, Rafon und Karnajim ebenso wie in Efron und Skythopolis, ebenfalls von ihren Unterdrückern befreit. Während Judas in Transjordanien kämpfte, führte sein Bruder Simon eine Expedition in die Scharon-Ebene (Arbatta), das Jesreel-Tal und das westliche Galiläa, um die Juden, die in diesen Gebieten lebten, von Not und Bedrängnis zu befreien. Schließlich übernahm Judas selbst die Führung seiner Männer, um Überraschungsangriffe auf Gebiete südlich und südwestlich von Judäa zu unternehmen und solche Städte wie Hebron, Marisa, Azotos und Joppe zu schikanieren und/oder zu erobern; doch konnte er diese Erwerbungen nicht halten und war schließlich gezwungen, sich nach Odollam (= AT Adullam) in die Schefela zurückzuziehen (1. Makk 5,1–68).

Es gab jedoch immer noch einen großen einflussreichen Teil der Bevölkerung, welcher engere Beziehungen zu den Seleukiden wünschte und den hellenistischen Lebensstil bevorzugte. Diese Hellenisierer baten Antiochus V. dringend um Unterstützung. Und Lysias wurde erneut mit einem großen Heer nach Judäa geschickt. Seine Marschroute ähnelte derjenigen, welche er bereits beim vorherigen Mal gegangen war: Küstenebene – Marisa – Hebron – Bet-Zur. Dann ging er weiter nordwärts entlang der Wasserscheide des Hügellandes von Judäa und stieß bei dem Dorf Bet-Sacharja auf Judas. In der Schlacht setzte Lysias – sehr zum Schaden von Judas' Streitkräften – Kriegselefanten ein und Judas' Bruder, Eleasar, wurde getötet, als einer der Elefanten auf ihn fiel. Er war der erste der fünf Brüder, der sterben musste. Lysias siegte und rückte weiter nach Jerusalem vor, während Judas und seine Truppen in die abgelegenen Regionen des Landes flohen (1. Makk 6,18–54). Doch als

Der makkabäische Aufstand 167-152 v. Chr.

Lysias wieder die Stadt belagern wollte, erhielt er die Nachricht, dass sein Rivale und Todfeind Philippus soeben von Persien nach Antiochia aufgebrochen war, um seine Ansprüche auf den seleukidischen Thron geltend zu machen. Da Lysias nun nach Antiochia zurückkehren musste, schloss er mit Judas Frieden und garantierte den Juden Religionsfreiheit (V. 55–63), allerdings mit der Auflage, dass die Stadtmauern von Jerusalem niedergerissen werden sollten. So waren trotz Judas' Niederlage im Kampf zumindest die religiösen Errungenschaften des Aufstands bewahrt geblieben. Doch Menelaus, der Hohepriester, wurde von Lysias angeklagt, ein Anstifter des Aufstands gewesen zu sein. Er wurde in Beröa getötet und durch Alkimus, einen anderen hellenisierenden Hohenpriester, ersetzt (2. Makk 13,3–8).

Nach seiner Rückkehr nach Syrien gelang es Lysias, Philippos zu schlagen. Er konnte sich jedoch nicht lange auf seinen Lorbeeren ausruhen, denn Demetrius I., der Sohn von Seleukus IV., der als Geisel in Rom gehalten worden war, hatte flüchten können und war auf dem Weg nach Syrien. Demetrius I. reiste über Lyzien nach Syrien und landete in Tripolis, wo das Volk sich ihm als dem legitimen Thronerben anschloss. Lysias und sein Marionettenherrscher Antiochus V. wurden entthront und hingerichtet (1. Makk 7,1–4).

Demetrius I. bestätigte Alkimus als Hohenpriester, aber Alkimus musste noch in Jerusalem eingeführt werden. Dies geschah, indem man eine militärische Streitmacht unter der Führung von Bakchides, einem mächtigen Feldherrn, der für das ganze Gebiet westlich des Flusses Euphrat verantwortlich war, nach Jerusalem schickte. Die Hellenisten von Jerusalem waren natürlich bereit und willig, die Anordnung von Demetrius I. zu akzeptieren; aber überraschenderweise waren auch die Hasidäer dazu bereit, weil Alkimus legitimer, aaronitischer, priesterlicher Abstammung war. So kehrten Judas' Verbündete vorübergehend der aufständischen Bewegung den Rücken. Doch nachdem Alkimus als Hoherpriester eingesetzt worden war, richtete er sechzig Hasidäer hin. Bakchides tötete sogar noch mehr Juden bei Bet-Sajit, als er nach Antiochia zurückkehrte (1. Makk 7,5–25). Danach kehrten die Hasidäer zu Judas zurück und die Makkabäer begannen, Alkimus und die Hellenisierer unter Druck zu setzen.

Nikanor, der syrische Befehlshaber, den Bakchides mit der Verantwortung für die Garnison in Jerusalem zurückgelassen hatte, versuchte, die Befreiung von dem makkabäischen Druck zu erreichen und wagte sich bei einem Versuch, die Straße, welche von Jerusalem zur Küste führte, freizumachen, aus Jerusalem heraus. Er wurde bei Kafar-Salama, 10 Kilometer nordwestlich von Jerusalem, von Judas geschlagen. Später versuchte Nikanor erneut, die Herrschaft über die Straße zur Küste zu erlangen, aber dieses Mal wurde er selbst in der Schlacht bei Adasa getötet. Dieser Sieg wird immer noch als »Nikanors Tag« am dreizehnten Tag des jüdischen Monats Adar gefeiert (ursprünglich 9. März, 161 v. Chr.; 1. Makk 7,26–50).

Judas wusste, dass der mächtige Bakchides antworten würde. So bat er Rom um Hilfe, aber diese kam nicht rechtzeitig an. Im Jahre 160 v. Chr. begann Bakchides seinen Vorstoß nach Jerusalem. Er zog südwärts entlang der westlichen Meeresküste von Galiläa und tötete auf seinem Weg die Juden, welche in Arbela lebten, bevor er durch Samarien nach Jerusalem weiter vorrückte. Nachdem Bakchides in Jerusalem angekommen war, marschierte er – wie Nikanor vor ihm – nordwestlich aus der Stadt hinaus, um die Bet-Horon-Straße zur Küste zu sichern. Judas und seine Truppen wurden in der Nähe des Dorfes Elasa stark geschwächt.

Judas selbst wurde getötet und die überlebenden Mitglieder seiner Streitmacht flohen in die Wüste Juda und schlugen am Wasser des Brunnens Asfar in der Wüste Tekoa ein Lager auf. Dort versuchte Judas' Bruder Jonatan, die makkabäische Streitmacht wieder aufzubauen. Bakchides errichtete seinerseits eine Kette von Festungen in Judäa: in Orten wie Bethel, Jericho, Pharaton, Oberes Bet-Horon, Emmaus, Tamna und Tekoa. So war der Aufstand, der im Jahre 167 v. Chr. mit Mattatias' Tat bei Modeïn begonnen und eine Menge bedeutender Ziele erreicht hatte, nun in großer Gefahr, um 160 v. Chr. zusammenzubrechen. Der Führer Judas war tot, seine Truppen verstreut. Und der Feind hatte die Herrschaft über das Land.

Im Jahre 159 v. Chr. starb Alkimus. Die Seleukiden ernannten keinen Nachfolger. Offiziell unterstand Judäa direkter syrischer Kontrolle; Bakchides blieb in Jerusalem und regierte von dort aus ein unterjochtes Volk. Aber im Jahre 157 v. Chr. kehrte Bakchides nach Antiochia zurück. Jonatan nutzte diesen Vorteil, um es wieder mit dem Feind aufzunehmen. Jonatan und seine Truppen eroberten die verlassene Festung Bet-Basi, 2 Kilometer südöstlich von Bethlehem. Bakchides kehrte im Jahre 156 v. Chr. nach Judäa zurück, um sich mit dieser neuen Phase der Volkserhebung auseinanderzusetzen und belagerte Bet-Basi. Während Simon die Festung verteidigte, rekrutierte Jonatan zusätzliche Streitkräfte aus den Stämmen Odomera und Fasiron, die in der Wüste Juda lebten. Dann griffen Simon und Jonatan beide mit ihren Truppen Bakchides' Streitkräfte an. Simon gelang es, die Belagerungsmaschinen (Sturmböcke) zu verbrennen. Ein geschwächter Bakchides bat um Frieden. Die Abmachungen des Übereinkommens gaben Jonatan die Erlaubnis, sich in Michmas, 11 Kilometer nördlich von Jerusalem, niederzulassen, während die Hellenisten in Jerusalem blieben. Als Bakchides seine Truppen wieder aus Judäa zurückzog, war Jonatan in der Lage, zumindest eine begrenzte Herrschaft über das Land wiederzuerlangen, obwohl beide, Jerusalem und Bet-Zur, in den Händen der Hellenisten blieben.

Diese Übereinkunft währte mehrere Jahre, bis die jüdisch-seleukidischen Beziehungen im Jahre 152 v. Chr. in eine neue Phase traten. Zu jener Zeit stellte ein gewisser Alexander Balas, der behauptete, der Sohn von Antiochus IV. zu sein, die Königswürde des tyrannischen Demetrius I. in Frage. Beide versuchten, um die Loyalität von Jonatan zu buhlen. In diesem Wettstreit ließ Demetrius I. alle jüdischen Geiseln frei und erlaubte Jonatan, von Michmas nach Jerusalem zu ziehen. Alexander Balas konterte, indem er Jonatan zum Hohenpriester und »Freund des Königs« ernannte und ihm die Symbole der Regierung – ein Purpurgewand und eine goldene Krone – schickte. Demetrius I. überbot Alexanders Geschenk, indem er Jonatan Steuerbefreiung, die Auslieferung der Akra, die Übergabe der drei Toparchien von Samarien bis Judäa, finanzielle Unterstützungen für das Heer und den Tempel und Geld für die Wiederaufrichtung der Stadtmauern Jerusalems versprach. Jonatan entschied sich für Alexander Balas. Und als ein Ergebnis dieser Intrigen war er in der Lage, seine Position erheblich zu verbessern. Auf dem Laubhüttenfest im Jahre 152 v. Chr. trug Jonatan die Gewänder des Hohenpriesters; so war das Amt wieder bekleidet, dieses Mal von einem Hasmonäer.

Obwohl Alexander Balas in der Lage gewesen war, Demetrius I. zu schlagen und zu töten, war sein Kampf um den Thron noch nicht vorbei, denn Demetrius II. kehrte aus seinem Zufluchtsort in Knidos zurück. Nach seiner Ankunft im Orient im Jahre 147 v. Chr. verbündete sich das Volk mit ihm, um Widerstand gegen Alexander Balas zu leisten. Demetrius II. ernannte Apollonius zum Befehlshaber von Zölesyrien und beauftragte ihn, Jonatan anzugreifen, der seinen Rivalen unterstützte. Jonatan war es gelungen, den Hafen von Joppe anzugreifen und zu erobern. Und zwischen Joppe und Azotos kam es zum Kampf zwischen Jonatan und Apollonius. Apollonius wurde geschlagen und floh in den Ort Azotos, der dann auch noch von Jonatan erobert wurde. Jonatan zog weiter südlich nach Aschkelon und wurde dort wohlwollend aufgenommen. So hatten die Judäer sich zwanzig Jahre nach dem Ausbruch des Makkabäeraufstands als eine bedeutende militärische Macht erwiesen. Demetrius II., der das erkannte, gab Jonatan den Bezirk Akkaron als einen Staat und übertrug die Bezirke Lydda, Arimathäa und Aferema seiner Herrschaft.

Im Jahre 145 v. Chr. spitzte sich der innere seleukidische Streit zu, als die Truppen von Alexander Balas und Ptolemäus VI. in einer Schlacht nahe bei Antiochia gegen Demetrius II. kämpften. Beide, Alexander Balas und Ptolemäus VI., kamen dabei um, und Demetrius II. wurde der alleinige Herrscher von Syrien. Obwohl Jonatan und Demetrius II. Feinde gewesen waren, sandte Jonatan ihm Geschenke. Demetrius II., der von Jonatans Heldenmut und Kühnheit beeindruckt war, bestätigte ihn als Hohenpriester und »Freund des Königs« und garantierte ihm die Herrschaft über drei Bezirke Samariens. Die Regierung von Demetrius II. und die neue Wiederannäherung zwischen Demetrius und Jonatan sollten nicht lange andauern, denn Tryphon, ein Feldherr von Alexander Balas, beanspruchte den seleukidischen Thron für Antiochus VI., ein Kind von Alexander Balas. Zu Anfang unterstützte Jonatan Demetrius II., aber als der Letztere sich gegen ihn wandte, schloss sich Jonatan den Reihen Tryphons und Antiochus' VI. an. Deswegen wurde Jonatan zum Führer der zivilen und religiösen Angelegenheiten in Judäa ernannt, während sein Bruder Simon als Verantwortlicher für das Heer eingesetzt wurde. Im Jahre 144 v. Chr. marschierte Demetrius II. in Palästina ein und errichtete bei Kadasa in Obergaliläa ein bedeutendes Basislager. Jonatan und sein Heer zogen nördwärts und stießen in der Schlacht bei Hazor auf die Streitkräfte von Demetrius II. Diese wurden geschlagen und Jonatan eroberte das syrische Lager bei Kadesch. Ein Jahr später, im Jahre 143 v. Chr., kämpfte Jonatan erneut gegen das Heer von Demetrius II., dieses Mal weiter nördlich von Palästina in der Ebene von Hamat. Wieder wurde das Heer von Demetrius II. geschlagen und Jonatan konnte als Sieger durch das nördliche Zölesyrien marschieren, einschließlich Damaskus.

Demetrius II. musste sich mit den Parthern auseinandersetzen, was Tryphon und Antiochus V. erlaubte, ihre Macht über Zölesyrien geltend zu machen. Tryphon hielt Jonatan für zu mächtig und ehrgeizig. Im Jahre 143 v. Chr. marschierte er ins südliche Palästina ein. Jonatan empfing ihn bei Skythopolis mit einem starken Heer. Tryphon, der den direkten Kampf fürchtete, überredete Jonatan, alle seine Männer außer 3 000 nach Hause zu schicken und dann veranlasste er ihn, mit nur 1 000 Männern nach Ptolemaïs zu kommen. Nachdem er Jonatan nur mit einer solch kleinen Streitmacht nach Ptolemaïs gelockt hatte, richtete Tryphon sich gegen ihn und nahm ihn gefangen. Mit Jonatan als Geisel marschierte Tryphon südlich entlang der Küstenebene und von der Ebene der Philister aus Richtung Osten über die Städte Marisa, Hebron und Bet-Zur in das Hügelland von Judäa. Sein Ziel war, die Macht von Jonatans Bruder Simon zu brechen und Jerusalem zurückzubekommen. Doch ein schwerer Schneesturm führte ihn in das warme Jordantal. Von dort zog Tryphon nordwärts nach Antiochia, ohne Jerusalem überfallen zu haben. Auf der Route nach Antiochia wurde Jonatan bei Baskama umgebracht. Nach seiner Rückkehr aus Antiochien ließ Tryphon Antiochus VI. ermorden und nahm an seiner Stelle den Thron ein. Natürlich verbündete sich Simon mit Tryphons Gegner, Demetrius II. Der Letztere, welcher die Treue Simons anerkannte, schickte ihm einen Brief, in welchem er Judäas völlige Unabhängigkeit bestätigte. So markiert das Jahr 142 v. Chr. die offizielle Unabhängigkeit Judäas das erste Mal seit 586 v. Chr. 141 v. Chr. wurde die Belagerung der Akra, welche unter Jonatan bereits begonnen hatte, vollendet; damit war ganz Jerusalem in hasmonäischen Händen. Unglücklicherweise wurde Simons Verbündeter, Demetrius II., von den Parthern gefangen genommen und sein Bruder Antiochus VII. regierte an seiner Stelle. Simon verbündete sich mit Antiochus VII. gegen Tryphon und als Gegenleistung gewährte Antiochus VII. ihm die Erlaubnis, Münzen zu prägen – ein weiteres Anzeichen für Judäas wachsende Unabhängigkeit. In der Zwischenzeit hatten die Juden Simon die Position des Statthalters und Hohenpriesters übertragen: »so lange, bis ihnen Gott einen rechten Propheten erwecken würde« (1. Makk 14,25–43). Und so begann die Hasmonäische Dynastie (142–63 v. Chr.) unter Simons Regierung.

Der Machtkampf zwischen Tryphon und Antiochus VII. dauerte noch mehrere Jahre an, bis Antiochus VII. Tryphon schließlich gefangen nahm und ihn zwang, Selbstmord zu begehen. Antiochus VII., welcher die wachsende Macht Simons fürchtete, schickte Kendebäus in die Ebene der Philister, um die Gebiete zurückzuerlangen, die Simon sich seiner Meinung nach unrechtmäßig genommen habe (z. B. Joppe und Gaza). Kendebäus errichtete sein Hauptquartier bei Jamnia und erbaute die Festung von Kidron zwischen Jamnia und Gaza. Johannes Hyrkanus und Judas, zwei Söhne von Simon, verließen ihre Festung bei Gaza und griffen Kendebäus an; die Syrer flohen und die Hasmonäische Herrschaft über die Philister war wiederhergestellt.

Doch selbst als die Hasmonäer diesen Höhepunkt ihrer Macht erreicht hatten, gab es offensichtlich noch einige Anhänger Antiochus' VII. in Judäa, die versuchten, Simon zu stürzen und Judäa an den seleukidischen König auszuliefern. Ptolemäus, der Sohn Abubs, der Schwiegersohn Simons und Statthalter Jerichos, lud Simon und seine Söhne zu einer Feier in seiner Festung ein und ermordete alle geladenen Gäste. Nur Johannes Hyrkanus, der nicht auf dem Bankett gewesen war, konnte dem Blutbad entgehen. Antiochus VII. versuchte, seinen Nutzen aus der Situation zu ziehen, indem er Jerusalem mehr als ein Jahr lang belagerte. Johannes Hyrkanus bat für die Zeit des Laubhüttenfestes um Waffenstillstand. Überraschenderweise erklärte sich Antiochus VII. einverstanden und sandte sogar Geschenke. Durch dieses Zeichen signalisierte Antiochus, dass er bereit war, zu verhandeln. So kapitulierte Jerusalem im Jahre 134 v. Chr. Die Juden hatten fünfhundert Talente Entschädigungssumme zu bezahlen, Geiseln wurden genommen und die Befestigungsanlangen von Jerusalem mussten niedergerissen werden. Johannes Hyrkanus erhielt die Erlaubnis, weiterhin sein Amt als Statthalter und Hoherpriester auszuführen.

Palästina zur Zeit der makkabäischen und hasmonäischen Dynastie

Johannes Hyrkanus blieb unter der Kontrolle von Antiochus VII., bis Letzterer im Kampf gegen die Parther im Jahre 129 v. Chr. getötet wurde. Mit dem Tod von Antiochus VII. hatte es mit der harten seleukidischen Regierung tatsächlich ein Ende und die Judäer konnten sich auf Expansion einlassen. Im Jahre 128 v. Chr. war Johannes Hyrkanus in der Lage, Medeba und Samaga in Transjordanien an sich zu reißen, wodurch er zumindest teilweise die Herrschaft über die Königsstraße errang. In demselben Jahr griff er die Samariter an, welche die Juden gequält und schikaniert hatten, und zerstörte ihren Tempel auf dem Berg Garizim. Johannes Hyrkanus begründete auch ein Bündnis mit Rom und Rom bestätigte dessen Unabhängigkeit. Im Jahre 125 v. Chr. war er in der Lage, gegen Idumäa in den Kampf zu ziehen und die gesamte Toparchie – einschließlich Hebron, Adorajim und Marisa – zu erobern. Die Idumäer waren gezwungen, zum Judaismus zu konvertieren; so erstreckte sich das Gebiet, das nun unter der Herrschaft von Johannes Hyrkanus stand, über das ganze Gebiet Richtung Süden bis nach Beerscheba. Zu einem späteren Zeitpunkt innerhalb seiner Regierungszeit überfiel Johannes Hyrkanus die Stadt Samaria (ca. 108–107 v. Chr.) und vertrieb die Griechen, die dort lebten. Trotz dieses Sieges wurde nur der Bezirk Akrabattena von Judäa annektiert. Etwa um die Zeit seines Todes im Jahre 104 v. Chr. stand ganz Samarien bis hinauf in das Tal Jesreel unter judäischer Herrschaft.

Nach seiner ziemlich langen und erfolgreichen Regierung wurde Johannes Hyrkanus durch seinen Sohn Aristobulus I. ersetzt, der unverzüglich alle anderen in Frage kommenden Konkurrenten für die Ämter des Statthalters und Hohenpriesters ausschaltete. Er ließ alle seine Brüder einkerkern – außer Antigonus, den er schließlich tötete. Aristobulus I. regierte nur ein Jahr lang (104–103 v. Chr.), aber während dieser Zeit eroberte er Galiläa und zwang die nicht-jüdischen Einwohner, zum Judaismus zu konvertieren. Nach Aristobulus' Tod ließ seine Frau Salome Alexandra seine drei Brüder frei und ernannte Alexander Jannäus zum König und Hohenpriester. Sie heiratete ihrerseits Alexander Jannäus – ungeachtet der Tatsache, dass der Hohepriester nur eine Jungfrau heiraten sollte.

Alexander Jannäus' lange Regierungszeit (103–76 v. Chr.) könnte in gewisser Hinsicht als Höhepunkt der Hasmonäischen Macht betrachtet werden, obwohl sie durch innere Uneinigkeit beeinträchtigt wurde. Positiv ist hervorzuheben, dass Alexander Jannäus in der Lage war, die Küstenebene von Gaza bis zum Karmel-Gebirge – außer Aschkelon – zu erobern und zum Judaimus zu bekehren. Er eroberte und beherrschte auch den größten Teil von Transjordanien vom südlichsten Zipfel des Toten Meeres bis in den Norden nach Antiochia (= AT Dan) – außer Philadelphia. Das Hasmonäische Königreich erstreckte sich zumindest kurzzeitig von Dan (Antiochia) im Norden bis nach Beerscheba im Süden.

Die östliche Mauer des Tempels, links die herodianische Mauer, rechts die Mauer aus früherer Zeit.

Doch es kam zu Konflikten mit mehreren aufeinander folgenden nabatäischen Königen. Die Nabatäer waren ein arabisches Volk, welches die Edomiter in dem Gebirge Seïr ersetzt und die Felsenstadt Petra zu ihrer Hauptstadt gemacht hatten. Sie waren seitdem die Herren der Handelsstraßen geworden. Es wurden nicht nur Produkte aus Arabien über diese Straßen transportiert, sondern auch Gewürze aus Indien und Seide aus China. Der Preis dieser Güter verdoppelte sich gelegentlich, solange sie in nabatäischen Händen waren. Da Alexander Jannäus' Königreich quer über die transjordanische Straße nach Damaskus verlief, konnte Alexander Jannäus die nördliche Handelsstraße überwachen; er beherrschte ebenfalls die gesamte Mittelmeerküste bis nach Rhinokolura, südlich von Gaza auf dem Wadi el-Arisch. So wurde der natürliche Fluss der Güter aus Südosten in den Nordwesten bis zum Hafen von Gaza von Alexander Jannäus überwacht. Deshalb kam es mehrere Male während seiner Regierungszeit zu einem Kampf mit den nabatäischen Königen, wobei um die Vorherrschaft über die Handelsstraßen gekämpft wurde.

Negativ ist zu erwähnen, dass sich die inneren Konflikte zwischen den Sadduzäern und den Pharisäern während der Regierungszeit von Alexander Jannäus zuspitzten. Der Statthalter und Hohepriester stellte sich auf die Seite der Sadduzäer. Alexander Jannäus bediente sich fremder Söldnertruppen und kämpfte über sechs Jahre gegen seine eigenen Landsleute – mit dem Resultat, dass schließlich beinahe fünfzigtausend Juden in dem Konflikt getötet wurden.

Im Jahre 88 v. Chr. baten die Pharisäer schließlich den seleukidischen Monarchen Demetrius III. um Hilfe. Ironischerweise wurden die Pharisäer, welche die geistlichen Nachkommen der Hasidäer waren, dazu getrieben, sich an den Herrscher in der großen Linie der Hellenisierer (mit denen sie beinahe ein Jahrhundert lang Krieg geführt hatten) zu wenden. Demetrius III. antwortete, indem er in Palästina einmarschierte und Alexander Jannäus bei Sichem schlug. Doch einige der Juden sagten sich nun von Demetrius III. los. Durch diese Desertionen war Demetrius gezwungen, sich zurückzuziehen. Alexander Jannäus, der in Jerusalem wieder eingesetzt wurde, behandelte seine Widersacher alles andere als gnädig. Achthundert Pharisäer wurden gekreuzigt, während ihre Frauen und Kinder vor ihren Augen umgebracht wurden. Dieser tragische Vorfall zeigt, dass der Konflikt zwischen den Pharisäern und Sadduzäern, der sich im Neuen Testament zeigt, mehr als nur eine theologische Auseinandersetzung war.

Alexander Jannäus gab auf seinem Totenbett seiner Gattin Salome Alexandra die Anweisung, Frieden mit den Pharisäern zu schließen. Nach seinem Tod übernahm Salome Alexandra das Staatsruder (76–67 v. Chr.). Da sie nicht Hoherpriester werden konnte, ernannte sie Alexander Jannäus' Sohn Hyrkanus II. zum Nachfolger. Salome Alexandra schloss Frieden mit den Pharisäern und ihre Herrschaft war insgesamt durch Frieden gekennzeichnet. Dennoch gab es ständige Unruhe durch Aristobulus II., den jüngsten Sohn von Alexander Jannäus, der selbst zum Hohenpriester ernannt werden wollte.

Ein paar Monate nach dem Tod von Salome Alexandra entfernte Aristobulus II. Hyrkanus II. aus seinem Amt des Hohenpriesters und setzte sich selbst als Hoherpriester und Herrscher (67–63 v. Chr.) ein. Hyrkanus II. zog sich kurzzeitig in das private Leben zurück, aber Antipater II., ein Idumäer, ging geschickt vor, indem er Hyrkanus II. benutzte, um mit seiner Hilfe die Herrschaft über Judäa zu erlangen. Weder Antipater II. noch seine Nachkommen konnten Hoherpriester werden, denn sie stammten nicht aus der Linie Aarons; in der Tat war ihr wahres Judentum in gewisser Weise zweifelhaft, denn die Idumäer waren nur durch die Heldentaten von Johannes Hyrkanus im Jahre 125 v. Chr. »jüdisch« geworden (s. S. 156). Deshalb gründete Antipater II. eine Koalition mit Hyrkanus II., der für das Amt des Hohenpriesters qualifiziert war und veranlasste Aretas, den nabatäischen König, Jerusalem anzugreifen und zu versuchen, Aristobulus II. zu überwältigen.

In der Zwischenzeit war Rom beständig weiter östlich durch Kleinasien vorgerückt; nachdem Pompeius im Jahre 66 v. Chr. Mithridates von Pontus geschlagen hatte, stieß Rom schnell vorwärts. Der römische Feldherr Skarus wurde nach Damaskus geschickt (65 v. Chr.). Und beide, Aristobulus II. und Hyrkanus II., erschienen vor ihm mit Geschenken – in der Hoffnung, zum Hohenpriester ernannt zu werden. Skarus bestätigte Aristobulus II. und zwang Aretas, sich aus Jerusalem zurückzuziehen. Als Pompeius selbst in Damaskus ankam (63 v. Chr.), erschienen ebenfalls Aristobulus II. und Hyrkanus II. vor ihm, wobei beide hofften, zum Hohenpriester und Herrscher ernannt zu werden; doch dieses Mal erschienen auch die Pharisäer und verlangten die Aufhebung der Hasmonäischen Regierung.

Pompeius scheint seine Entscheidung hinausgezögert zu haben, als er einen Feldzug gegen die Nabatäer unternahm. Doch als Aristobulus diesen Feldzug absagte, wandte Pompeius sich gegen ihn und marschierte in Judäa ein. Obwohl der römische Feldherr Gabinus anfänglich von Jerusalem abgehalten worden war, marschierte Pompeius südwärts durch das Jordantal nach Jericho und von dort hinauf nach Jerusalem. Die Unterstützer von Hyrkanus II. öffneten die Stadttore der oberen Stadt (des westlichen Hügels) für Pompeius, aber die Anhänger von Aristobulus II. behaupteten sich auf dem Tempelberg. Nach einer dreimonatigen Belagerung betraten die Römer das Tempelgebiet. Zwölftausend Juden wurden getötet. Trotz des Kampfes hörten die Priester bis zum Schluss nicht auf, weitere Opfer darzubringen. Nach der Einnahme des Tempels betrat Pompeius selbst das Allerheiligste, aber bald darauf ordnete er an, dass der Tempel gereinigt und die Opferhandlungen wieder eingesetzt werden sollten. Aristobulus II. und die meisten von seiner Familie wurden als Gefangene mit nach Rom genommen. Hyrkanus II. wurde zum zweiten Mal als Hoherpriester eingesetzt (63–40 v. Chr; vorher diente er von 76 bis 67 v. Chr., s.o.), allerdings war seine Macht viel beschränkter, denn Judäa und Jerusalem waren nun fest unter römischer Herrschaft.

So hörte der seit 142 v. Chr. unabhängige Hasmonäische Staat im Jahre 63 v. Chr. offiziell zu existieren auf. In den nächsten eineinhalb Jahrhunderten würden viele Juden, die nun unter der römischen Herrschaft litten, sehnsuchtsvoll auf den Makkabäeraufstand und die Hasmonäische Monarchie zurückblicken, als Gott zugunsten seines Volks gewirkt hatte. Sie erinnerten sich an jene Jahre als eine Zeit, in der eine »vereinigte« jüdische Gemeinschaft die Seleukiden, eine große Weltmacht, vertrieben hatte. Diese Erinnerungen würden die Herzen der Juden in den Jahren 66 und 132 n. Chr. in Brand setzen, wenn die wenigen und die Schwachen genau wie in alten Tagen wieder versuchen würden, das Joch ihrer Unterdrücker abzuwerfen.

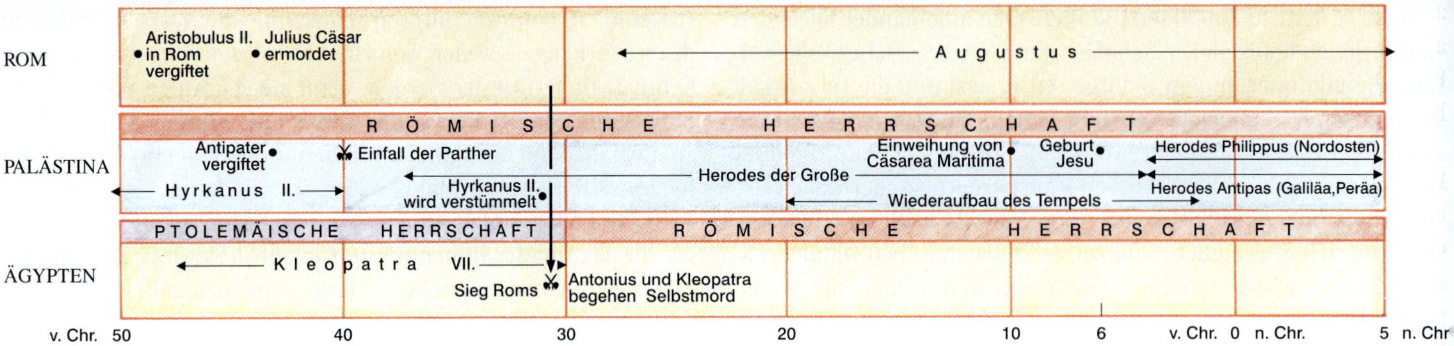

Die frühe römische Herrschaft in Palästina

Als Pompeius sich aus dem Nahen Osten zurückzog, ließ er einen Prokonsul zurück, der die Provinz Syrien regieren sollte;[1] es ist wahrscheinlich, dass Palästina auch unter der Herrschaft dieses Prokonsuls stand.[2] Nördlich von Judäa gewährten die Römer den Samaritern beschränkte Unabhängigkeit und das Esdrelon-Tal wurde von Galiläa abgetrennt. Den Städten entlang der Mittelmeerküste von Rafia im Süden bis Dora im Norden war ein autonomer Status bewilligt worden, durch den sie direkt dem Prokonsul unterstanden. Die jüdische Hafenstadt Joppe war von Judäa losgelöst worden. Die Städte östlich des Jordans – einschließlich Gadara, Hippos, Abila, Dium, Pella und Gerasa – zusammen mit Skythopolis westlich des Jordans waren ebenfalls von der jüdischen Herrschaft befreit worden. Ihre nichtjüdische Bevölkerung (welche von den Makkabäern und Hasmonäern ins Exil geschickt worden war) wurde dazu ermutigt zurückzukehren. Später vereinigten sich jene griechischen Städte zur sogenannten Dekapolis (»Zehn Städte«). Das Entstehungsdatum dieses Bündnisses (die Zahl variierte von Zeit zu Zeit) ist umstritten. Die Römer mögen das Wachstum dieser griechisch-römischen Städte gefördert haben, um die transjordanische Fernstraße und ihre Verbindung zum Mittelmeer zu sichern, die besiedelten Gebiete vor Überfällen der Wüstenstämme zu schützen und ein Gegengewicht zu der starken jüdischen Bevölkerung westlich des Jordans zu bilden.[3] Nördlich und östlich des Sees Genezareth wurden den Ituräern der See Semechonitis und die Gebiete Panias und Gaulanitis zugebilligt, aber sie verloren ihre Zugänge zum Mittelmeer. Die Folge dieser Veränderungen war, dass das jüdische Gebiet auf das eigentliche Judäa, das Gebirge und die Wüste südlich und östlich von Judäa (= östliches Idumäa), auf Peräa und einen Teil von Galiläa beschränkt war.

Die Römer ernannten Hyrkanus II. (63–40 v. Chr.), einen Sohn des Hasmonäers Alexander Jannäus, zum Hohenpriester. Doch bereits zu Beginn der Amtszeit von Hyrkanus II. unternahmen Hyrkanus' Bruder Aristobulus II. und seine beiden Söhne, Alexander und Antigonus, mehrere Versuche, in Palästina Macht zu erlangen, aber jedes Mal war Gabinius, der Prokonsul von Syrien (57–55 v. Chr.), erfolgreich bei der Unterdrückung der Rebellen.

Gabinius versuchte einmal, jüdisches Gebiet in fünf Gebiete zu unterteilen, die ihren Hauptsitz in Sepphoris (Galiläa), Ammathus (Peräa), Jericho, Jerusalem und Adorajim (östliches Idumäa) hatten. Doch diese Unterteilung wurde schon bald durch Erlässe von Cäsar rückgängig gemacht. Gabinius' Ersatzmann M. Licinius Crassus (54–53 v. Chr.) setzte die Unterdrückung der Juden fort und konfiszierte zweitausend Talente Gold und achttausend Talente wertvoller Objekte aus dem Tempel in Jerusalem.

Unter der Regierung von Hyrkanus II. (63–40 v. Chr.) wurde das Römische Reich von Bürgerkriegen gepeinigt, die ihren Anfang nahmen, als Cäsar 49 v. Chr. den Rubikon überschritt, und bis zum Tode von Antonius im Jahre 30 v. Chr. andauerten. Im Jahre 49 v. Chr. forderte Cäsar die Unterstützung von dem Hasmonäer Aristobulus II. an, um die Anhänger von Pompeius zu bekämpfen. Aber Aristobulus wurde vergiftet, bevor er in der Lage war, Rom zu verlassen; und bald darauf wurde einer seiner Söhne, Alexander, auf Pompeius' Befehl hin enthauptet. Um 48 v. Chr. gewann Cäsar allmählich die Oberhand über Pompeius, als er ihm nach Ägypten folgte. Cäsar erhielt willkommene Unterstützung, als Hyrkanus II., der Hohepriester von Jerusalem, den Juden von Ägypten die Anweisung gab, Cäsar zu Hilfe zu kommen. Zudem unterstützte der Idumäer Antipater, die Macht hinter Hyrkanus, Cäsars Verbündeten Mithradates von Pergamon bei der Belagerung und Einnahme von Pelusium im östlichen Nildelta. Als Gegenleistung für die Unterstützung der beiden bestätigte Cäsar Hyrkanus II. als Hohenpriester und Ethnarchen und ernannte seinen Mitstreiter Antipater zum Prokurator. Cäsar gewährte außerdem die Erlaubnis, die Stadtmauern von Jerusalem wieder aufzubauen. Und es ist möglich, dass die Hafenstadt Joppe und das Esdrelon-Tal zu dieser Zeit (im Sommer des Jahres 42 v. Chr.) wieder unter jüdische Herrschaft zurückkehrten.

Antipater sicherte seine Macht über das Land, indem er seine Söhne Phasaël und Herodes als Statthalter in Jerusalem und Galiläa ernannte. Herodes zeigte seine Regierungsfähigkeit, indem er energisch aufständische Elemente in Galiläa unterdrückte. Die jüdischen Autoritäten in Jerusalem versuchten, Herodes' wachsende Macht zu drosseln, indem sie ihn einer illegalen Ermordung eines gewissen Ezekias anklagten, aber der römische Statthalter, Sextus Cäsar, intervenierte und befahl, Herodes freizusprechen.

Im Jahre 44 v. Chr. wurde Julius Cäsar ermordet und der Bürgerkrieg in Rom entbrannte aufs Neue. Cassius – der einer der Kämpfer im Bürgerkrieg und Statthalter von Syrien geworden war – legte seinen Untertanen einschließlich der Judäer schwere Steuerabgaben auf, um seine Kriegsleistungen zu finanzieren. Sowohl Antipater als auch Herodes waren ihm sehr nützlich, indem sie die Steuern in Palästina erhöhten, aber Cassius' Behandlung der palästinischen Bevölkerung war über die Maßen hart und grausam.

Im Jahre 43 v. Chr. wurde Antipater vergiftet, während er mit Hyrkanus II. aß. Herodes ließ im Gegenzug Malichus, den Mörder, ermorden, um auf diese Art und Weise den Tod seines Vaters zu rächen. Als Cassius im Jahre 42 v. Chr. Syrien verließ, wurden die Zustände in diesem Landstrich recht chaotisch. Der Herrscher der phönizischen Stadt Tyrus eroberte Teile von Galiläa. Doch Herodes und Phasaël waren in der Lage, ihre Herrschaft sowohl über Judäa als auch über Jerusalem zu festigen.

Nachdem Cassius von Antonius, einem römischen Statthalter und Rivalen von Octavian, geschlagen worden war, wurde Letzterer Eigentümer der römischen Besitzungen in Asien. Bei zwei Gelegenheiten baten jüdische Führer von Jerusalem Antonius darum, Phasaël und Herodes zu entlassen, aber Hyrkanus II. gelang es, sie beide in ihren Positionen bestätigen zu lassen. Die Zugeständnisse, die Hyrkanus errungen hatte, waren jedoch kurzlebig, denn im Jahre 40 v. Chr. marschierten die Parther in Palästina ein. Nachdem Pakoros, der König der Parther, und Barzaphernes, sein Satrap, Damaskus und Galiläa erobert hatten, marschierten sie südwärts nach Jerusalem. Antigonus, der überlebende Sohn von Aristobulus II., hoffte, die hasmonäische Souveränität über die Juden wiederzuerlangen und schloss sich den Parthern an, als sie auf Jerusalem zumarschierten. Nachdem die Parther mit der Belagerung von Jerusalem begonnen hatten, wurden Phasaël und Hyrkanus II. zu einem Treffen mit dem parthischen König hergelockt, bei dem sie dann gefangen genommen und in Ketten gelegt wurden. Phasaël beging in der Gefangenschaft Selbstmord. Die Parther setzten Antigonus II.,

Aquädukt mit Wasserleitung nach Cäsarea.

den Hasmonäer, als König und Hohenpriester in Jerusalem ein; Hyrkanus' II. Ohren wurden verstümmelt, so dass er nicht länger für das Amt des Hohenpriesters geeignet war. Er wurde als Gefangener nach Parthien gebracht. Herodes floh Richtung Süden von Jerusalem nach Tekoa und Orhesa, dann ostwärts zu der Felsenfestung von Masada. Herodes ließ seinen Bruder Josef dort, der seine Familie verteidigen sollte, und zog weiter nach Ägypten, als der nabatäische König Malichus II. sich weigerte, ihm zu helfen. Herodes setzte seinen Weg nach Rom fort. Dort wurde er herzlich von Octavian und Antonius empfangen, die den Senat überredeten, Herodes zum König von Judäa zu ernennen und Samarien und West-Idumäa zu seinem Königreich hinzuzufügen.

Der erste Abschnitt von Herodes' Regierung – von 40 v. Chr. bis 37 v. Chr. – war eine Phase der Eroberung: In dieser Zeit kämpfte Herodes, um die Herrschaft über das Territorium zu erlangen, welche die Römer ihm zugebilligt hatten. Um diese Zeit, als er im Jahre 38 v. Chr. in Ptolemaïs landete, hatten sich die Parther bereits aus Palästina zurückgezogen; dennoch war ein großer Teil der jüdischen Bevölkerung noch gegen Herodes eingestellt und Antigonus, der Hasmonäer, regierte in Jerusalem.

Herodes begann seine Eroberung von Palästina aus, indem er sich Richtung Süden entlang der Küstenebene vorarbeitete und die Hafenstadt Joppe einnahm, welche in jüdischen Händen gewesen war. Dann rückte er weiter ins Landesinnere vor, um seine Familie aus Masada, der Festung an der Westküste des Toten Meeres, zu befreien, wo sie Zuflucht gesucht hatte, während Herodes in Rom weilte. Dann marschierte er gegen Antigonus in Jerusalem, aber sein Versuch, die Stadt einzunehmen, misslang, als Silo, der römische Feldherr, der ihn unterstützen sollte, die belagerte Stadt verließ und sich in ein wärmeres Klima an der Küstenebene zurückzog, wo seine Truppen den Winter verbrachten. Herodes hob dann die Belagerung von Jerusalem auf und marschierte durch Samarien nach Galiläa. Nachdem er die Stadt Sepphoris in einem Schneesturm eingenommen hatte, verbrachte er den Winter 39/38 v. Chr. dort. In dieser Zeit wurde Galiläa trotz des starken lokalen Widerstandes unterworfen.

Im Jahre 38 v. Chr. besuchte Herodes Antonius in Samosata (einer Stadt im ehemaligen Landstrich Kommagene, welcher in der heutigen südöstlichen Türkei liegt), um sich Unterstützung für seine militärischen Aktivitäten zu sichern. Während Herodes fort war, zog der römische Feldherr Machärus von der Küste Palästinas aus Richtung Osten und eroberte den Ort Emmaus, einen Kontrollpunkt, von wo aus die Straßen überwacht wurden, welche von Westen hinauf nach Jerusalem führten. Ungefähr um die gleiche Zeit zog Herodes' jüngerer Bruder Pheroras Richtung Süden hinunter ins Jordantal. Nachdem er das Alexandrium neu befestigt hatte, richtete er sein Lager bei Jericho auf, um sich vor möglichen Angriffen von Osten nach Jerusalem zu schützen. Nach seiner Rückkehr nach Palästina führte Herodes seine Truppen von Jericho hinauf in die Berge nördlich von Jerusalem. Dort, bei Isana, wurde Antigonus' Feldherr Pappus geschlagen. Herodes' Volk, die Idumäer, beherrschten nun das Gebiet von Judäa und Jerusalem, während die Römer im Westen über Emmaus verfügten, und Herodes hatte die Herrschaft über die Benjamin-Hochebene und Jericho im Osten inne. Die tatsächliche Belagerung Jerusalems begann im Winter 38/37 v. Chr. Die Stadt fiel im Sommer 37 v. Chr. Herodes in die Hände. Am Ende wurde Antigonus enthauptet und Herodes wurde als König in Jerusalem eingesetzt.

Herodes festigte das Königreich von ungefähr 37 v. Chr. bis 25 v. Chr. Er musste innerhalb seines Reiches erheblichem Widerstand von Seiten der Pharisäer, dem Rest der hasmonäischen Familie und von Teilen des Volkes und der Aristokratie ins Auge sehen. Während dieser Zeit der Konsolidierung wurden die Opponenten systematisch eliminiert oder neutralisiert.

Herodes, der idumäischer Abstammung war, wurde von der jüdischen Bevölkerung nicht als ein wahrer Jude akzeptiert. In der Tat war das Judentum aller Idumäer suspekt, weil sie unter der Regierung von Johannes Hyrkanus (134–104 v. Chr.) zwangsweise zum Judentum übergetreten waren. Herodes versuchte, seinen Anspruch auf die Königsherrschaft zu legitimieren, indem er Mariamne, eine Frau von hasmonäischer Herkunft, während der Belagerung von Jerusalem im Jahre 38 v. Chr. heiratete. Obwohl Mariamne selbst niemals direkt in irgendwelche Intrigen gegen ihren Gatten verwickelt war, waren es ihre hasmonäischen Verwandten umso mehr. In der Tat gelang es ihrer Mutter Alexandra, sich eine sichere Stellung in der Regierung zu sichern, indem sie es arrangierte, dass ihr siebzehnjähriger Sohn Aristobulus zum Hohenpriester ernannt wurde. Aristobulus war sehr beliebt beim jüdischen Volk, das ihn als legitimen jüdischen Ersatz für Herodes, den Idumäer, ansah. Herodes war deshalb außer sich vor Wut und sorgte dafür, dass einige seiner Freunde den jungen Aristobulus beim Schwimmen in einem der Bäder in Jericho etwas zu lange unter Wasser hielten. Trotz Herodes' vorgetäuschtem Kummer über den tödlichen »Unfall« von Aristobulus war es sehr wohl bekannt, dass er in Wirklichkeit der Anstifter des Verbrechens war.

Während dieser Phase der Konsolidierung wurden weitere Mitglieder der hasmonäischen Familie eliminiert. Herodes ließ sogar Mariamne, seine Gattin, im Jahre 29 v. Chr. ermorden. Ein Jahr später wurde Mariamnes Mutter, Alexandra, die versucht hatte, eine gefestigte Stellung und stärkeren Einfluss in Jerusalem zu erlangen, ebenfalls ermordet. Der ehemalige Hohepriester und Freund von Herodes, der betagte Hyrkanus, war schon vorher hingerichtet worden (ca. 31 v. Chr.) und bald wurden auch seine männlichen Nachkommen eliminiert – zum Teil auf der Basis von Gerüchten, die von Salome und Cyprus verbreitet worden waren.

Zusätzlich hatte sich Herodes mit einer ernst zu nehmenden äußeren Bedrohung aus Ägypten durch Kleopatra auseinanderzusetzen, welche die Wiederaufrichtung und Expandierung des Ptolemäischen Reiches nach Palästina und Arabien im Sinn hatte. Antonius, ihr Geliebter und Herrscher des Ostens, unterwarf sich ihren Forderungen und billigte ihr im Jahre 35 v. Chr. große Teile von Herodes' Herrschaftsgebiet und Arabien zu. Auf diese Weise erlangte sie die Herrschaft über die Küstengebiete Phönizien und die der Philister – außer den Städten Tyrus und Sidon. Dadurch wurden Herodes' direkte Verbindungen zum Mittelmeer und damit auch zu Rom abgeschnitten. Antonius gab Kleopatra die reiche Oase von Jericho, östlich von Herodes' Königreich, wo es Palmen- und Balsambaumplantagen gab und wo Parfüms hergestellt wurden. Da Kleopatra also sowohl die Mittelmeerküste als auch einen Teil Arabiens unter ihrer Herrschaft hatte, war sie in der Lage, die lukrative Gewürz- und Weihrauchroute zu kontrollieren.

Kleopatra scheint auch geplant zu haben, die gesamte Herrschaft über Herodes' Königreich an sich zu reißen. Aber Bürgerkriege in-

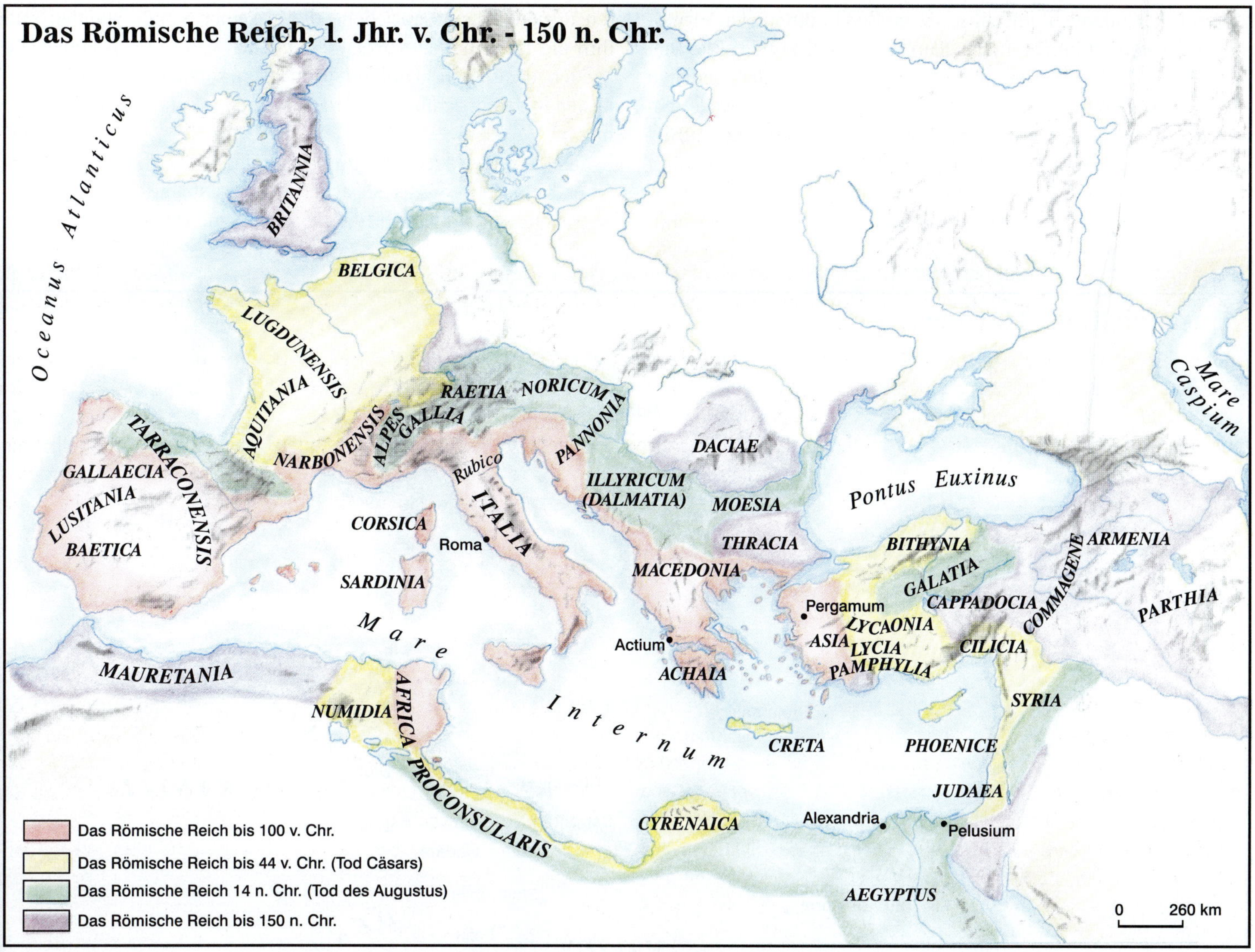

nerhalb des Römischen Reiches führten im Jahre 31 v. Chr. in der Seeschlacht nahe bei Aktium (Griechenland) zu Antonius' Niederlage durch Octavian und im Jahre 30 v. Chr. begingen Kleopatra und Antonius lieber Selbstmord, als dem Zorn Roms ausgesetzt zu sein. Während Antonius und Kleopatra immer mehr an Macht verloren, löste Herodes geschickt sein Bündnis mit Antonius zu Gunsten von Octavian auf, so dass Herodes, wenn Octavian als Sieger aus dem Kampf hervorgehen würde, in einer Position war, aus der er Nutzen ziehen konnte. Und er hatte sich nicht verrechnet: Er profitierte davon, denn Octavian gab ihm die Gebiete zurück, die er an Kleopatra verloren hatte – einschließlich solcher Städte wie Jericho, Gadara und Hippos im Osten, Samaria im Hauptgebiet seines Königreiches und Gaza, Anthedon, Joppe und Stratonsturm entlang der Mittelmeerküste.[4]

Die dritte Phase der Regierung des Herodes (25–14 v. Chr.) kann als eine Zeit der Blüte, der Errichtung von Bauwerken und der zusätzlichen Gebietserweiterungen charakterisiert werden.[5] Herodes gewann nicht hauptsächlich durch militärische Eroberungen Gebiete dazu, sondern vielmehr durch Gebietsabtretungen von seinen römischen Oberherren. Octavian gab ihm im Jahre 30 v. Chr. Städte zurück, die Kleopatra von Mark Antonius erhalten hatte. Im Jahre 23 v. Chr. wurde Herodes mit der Aufgabe betraut, eine Gruppe von Plünderern in Batanäa, Auranitis und Trachonitis zu unterwerfen; dann wurden diese Gebiete seinem Königreich hinzugefügt. Im Jahre 20 v. Chr. wurden Gaulanitis, Ulatha und Panias und einige der Besitzungen von Zenododrus, dem letzten König der Ituräer, Herodes' Herrschaft übertragen.

Zu jenem Zeitpunkt hatte Herodes' Königreich seine größte Ausdehnung erreicht. Im Süden verlief die gemeinsame Grenzlinie mit dem Nabatäischen Königreich irgendwo in der näheren Umgebung des Wadi Beerscheba in der Nähe der Festung Malatha. Entlang des Mittelmeers erstreckte sich Herodes' Territorium südlich von Gaza bis leicht nördlich nach Cäsarea, seine Besitzungen wurden nur von der freien Stadt Aschkelon unterbrochen. Obwohl die Spitze des Gebirges Karmel und die Ebene von Akko außerhalb seines Königreiches lagen, gehörten große Teile von Unter- und Obergaliläa dazu. Die nördlichste Grenze seines Königreiches verlief bei Panias. Der Nordosten seines Königreiches umfasste die Gebiete Gaulanitis, Batanäa, Auranitis und Trachonitis. Herodes besaß weder die Städte der Dekapolis noch das Königreich der Nabatäer, welches sich östlich des Jordans und des Toten Meers befand. Doch Peräa, ein schmaler, langer Landstrich, der östlich des Jordans lag und sich ungefähr von Ammathus im Norden bis Machärus im Süden erstreckte, gehörte zu seinem Königreich.

Herodes' Königreich umschloss die großen traditionellen Verwaltungseinheiten – Idumäa, Judäa, Samarien, Galiläa und Peräa. Diese größeren Einheiten (*meris* im Griechischen) wurden weiter in etwa zwanzig Bezirke (Toparchien) unterteilt, die jeweils ein »strategus« regierte, welcher von Herodes ernannt wurde. Außerdem wurden neu erworbene Territorien (einschließlich Gaulanitis, Batanäa, Auranitis und Trachonitis) direkt vom König als Militärbezirke regiert. Herodes konnte in diesen vornehmlich unbewohnten Regionen Leute ansiedeln, die in seiner Schuld standen und ihm die Treue halten würden. Schließlich gab es noch königliche Staaten, die über das Land verstreut lagen, von denen sich die wichtigsten in dem fruchtbaren Jesreel-Tal und in und um Jericho befanden.

Aus Furcht vor Kleopatra und davor, dass seine jüdischen Untertanen aufbegehren oder sogar dass seine nabatäischen Nachbarn angreifen könnten, ergriff Herodes eine Reihe von Maßnahmen. Er

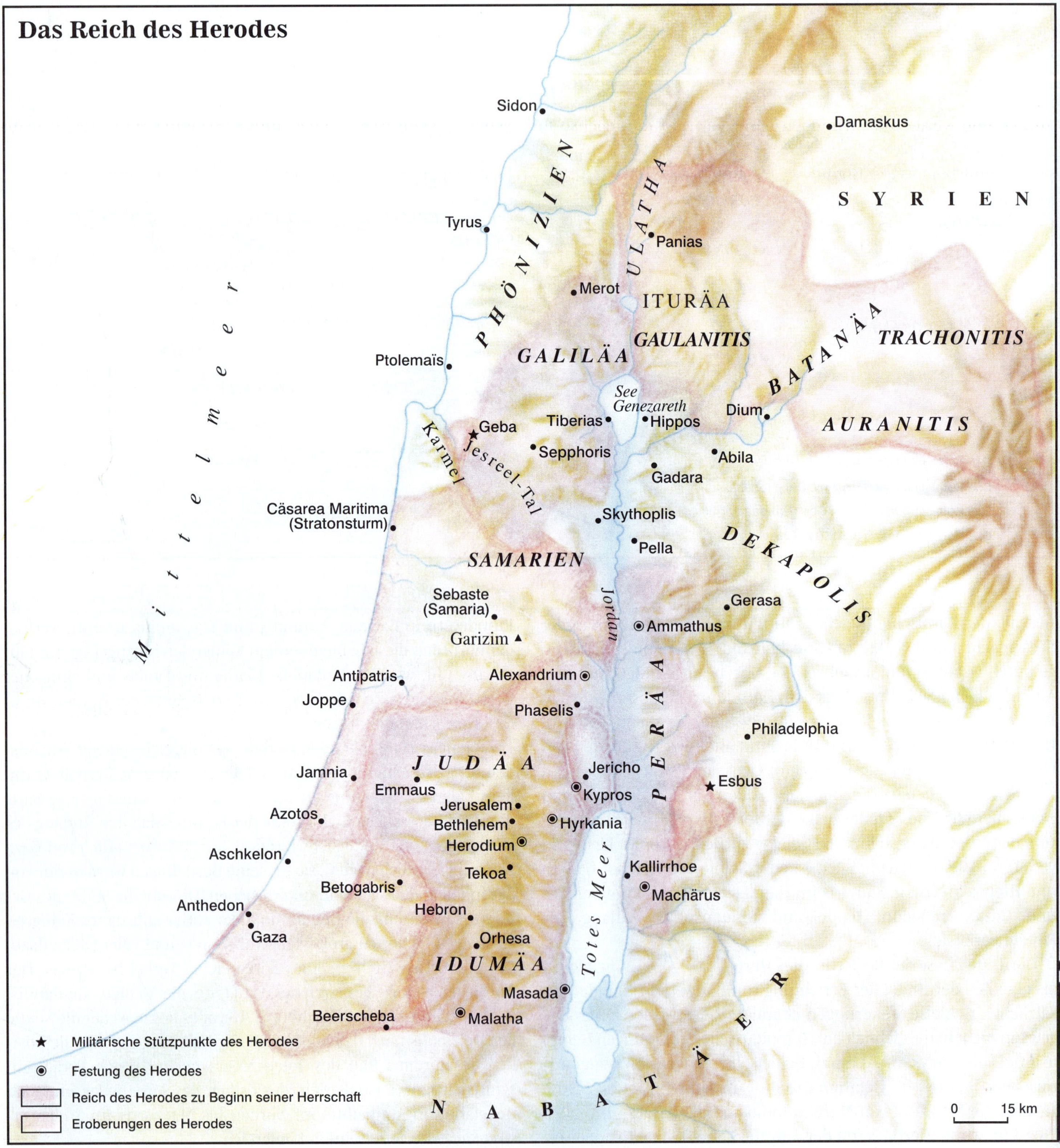

richtete mindestens zwei militärische Kolonien ein: eine bei Geba, die den nordwestlichen Zugang zum Jesreel-Tal überwachen sollte und eine bei Esbus (AT = Heschbon), welche die östliche Grenze vor nabatäischer Aggression schützen sollte. Zusätzlich errichtete oder erneuerte Herodes eine Reihe von Festungen in oder in der Nähe der Wüste. Zu diesen Bollwerken gehörten das Alexandrium, Kypros, Hyrkania, Masada und Malatha ebenso wie Machärus östlich vom Toten Meer. Diese Festungen waren gewöhnlich mit königlichen Annehmlichkeiten (wie Palästen und Bädern) ausgestattet. Garnisonen lagen in diesen Burgen oder in der Nähe davon.

Herodes ließ auch Städte entlang der griechisch-römischen Linie erbauen oder wieder aufrichten und Nichtjuden dort ansiedeln.

Zum Beispiel wurde Samaria wieder aufgebaut, erhielt den alten Namen Sebaste (der griechische Name für Augustus, den Kaiser) zurück und wurde mit Nichtjuden besiedelt. Dort und ebenso in anderen griechisch-römischen Städten ließ Herodes Tempel für Augustus und heidnische Gottheiten errichten, außerdem Theater, Amphitheater und andere Bauwerke.

Nachdem nun die Mittelmeerküste wieder in seinem Besitz war, unternahm Herodes alle erforderlichen Schritte, um wieder einen sicheren Hafen für sich einzurichten, von dem aus er ständigen Kontakt zu Rom aufrechterhalten konnte. Er war auch erpicht darauf, in dem nördlichen Teil seines Landes einen Hafen zu besitzen, von dem aus er die Getreideernten aus seinen Gebieten Gaulanitis, Batanäa, Auranitis und Trachonitis und seinen königlichen Staaten im Jesreel-Tal nach Rom und überallhin exportieren könnte. Es gab mehrere Städte, die als Häfen für Herodes hätten dienen können, aber von den beiden am ehesten in Frage kommenden Orten war Joppe von vorwiegend jüdischem Charakter und zu weit im Süden. Während Ptolemaïs im Norden lag, war diese Stadt in phönizischen und syrischen Händen. So wählte er einen kleinen Anlegeplatz namens Stratonsturm als den Ort, wo er einen neuen Hafen bauen ließ, der seinen Zwecken dienen sollte. Stratonsturm hatte eine gute Lage. Hinzu kam, dass dieser Ort günstige Verbindungen zu Sebaste und Antipatris im Osten und Süden bot. So erbaute Herodes die Hafenstadt Cäsarea Maritima bei Stratonsturm und benannte sie so nach dem Kaiser. Ein riesiger Hafen mit Wellenbrechern, Hafenanlagen und Kaianlagen entstand, der Piräus, den Hafen von Athen, an Größe noch übertraf. Prachtvolle Bauten wurden in der Stadt errichtet, wie z. B. ein Tempel für Augustus, ein Theater, ein Amphitheater und andere öffentliche Bauwerke. Es dauerte mehr als zwölf Jahre, bis die Errichtung der Stadt Cäsarea vollendet war. Im Jahre 10 v. Chr. wurde sie feierlich eingeweiht: Zur Feier des Tages wurden besondere kulturelle Höhepunkte einschließlich athletischer Wettkämpfe, Theatervorstellungen und Gladiatorenkämpfen dargeboten. In den darauffolgenden Jahren expandierte Cäsarea weiter und gewann an Bedeutung, so dass sie bald die Hauptstadt des Landes wurde, eine Stellung, die sie beinahe sechshundert Jahre aufrechterhalten würde.

In Jerusalem begann Herodes im Jahre 20 v. Chr. mit der Erneuerung des gesamten Tempelbereiches. Doch da er immer die Kontrolle über die Bevölkerung behalten wollte, verstärkte er die Antonia-Festung, von wo aus man den Tempelbereich überblicken und kontrollieren konnte. Für sich selbst ließ Herodes einen prachtvollen Palast am westlichen Rand des westlichen Hügels errichten und befestigte den Zugang dazu vom Norden her, indem er drei riesige Türme erbauen ließ, welche er nach Hippikus (einem Freund), Mariamne (seiner Gattin, die er hatte ermorden lassen) und Phasaël (seinem Bruder) benannte. Außerdem erbaute bzw. erneuerte er das Theater, das Amphitheater und das Stadion. Er mag wohl auch einen Teil des Aquäduktes konstruiert haben.

Während dieser blühenden Zeit hielt er feste Verbindungen mit Rom aufrecht, wo zwei seiner Söhne erzogen wurden. Herodes selbst war eifrig damit beschäftigt, enge persönliche Freunde des Kaisers zu besuchen oder zu Gast zu haben. Das schien seinen Höhepunkt im Jahre 14 v. Chr. mit dem Besuch des engsten Vertrauten des Kaisers, Agrippa, in Herodes' Königreich zu haben.

Während der vierten Phase seiner Regierung (15 v. Chr.– 4 v. Chr.) wurden bedeutende Bauprojekte wie die Umgestaltung des Tempels fortgeführt, während andere (z. B. der Bau Cäsareas) vollendet wurden. Mit Rom wurden weiterhin freundliche Beziehungen gepflegt, wenngleich Herodes zumindest einmal vor Kaiser Augustus treten mußte. Dabei ging es jedoch um die Frage, welcher von Herodes' Söhnen der Nachfolger des betagten Königs werden sollte.

Die rechtmäßigen Anwärter des Thrones waren Antipater, der Sohn von Doris, und Alexander und Aristobulus, die beiden Söhne von Mariamne. Herodes verfasste mindestens sechs Testamente, in denen er mal den einen, mal den anderen von seinen Söhnen zu seinem Nachfolger ernannte. Aber schließlich ließ Herodes Alexander und Aristobulus in Samaria (7 v. Chr.) erdrosseln und ordnete den Tod von Antipater nur fünf Tage vor seinem eigenen Tod im Jahre 4 v. Chr. an.

Gegen Ende dieser Phase verschlechterte sich Herodes' Gesundheit rapide. Herodes starb unter quälenden Schmerzen im Frühling des Jahres 4 v. Chr. in Jericho. Obwohl die jüdische Bevölkerung seinen Tod bejubelte, bereiteten ihm seine Familie und seine Soldaten eine luxuriöse Beerdigung und trugen seine Leiche mit großem Prunk zu seinem Mausoleum, dem Herodium.

Mit seinem Tod hinterließ Herodes ein Königreich, das in voller Blüte stand. Viele der Bauprojekte, die er unternommen hatte, um sich selbst zu verherrlichen und sich in Rom einzuschmeicheln, waren von solcher Größe und Pracht, dass die Überreste davon durch die Jahrhunderte hindurch erhalten wurden. Während all seiner Regierungsjahre versuchte Herodes stets, sehr gute Beziehungen zu den Römern zu pflegen; deshalb gab es ein gewisses Maß an Frieden und Stabilität in seinem Königreich. Doch dieser Frieden wurde zu einem hohen Preis aufrechterhalten. Denn mit seinen Untertanen, die gegen ihn oder gegen die römische Regierung handelten, wurde sehr rauh und hart verfahren. Sogar in seiner eigenen Familie ließ er zwei von seinen zehn Frauen ermorden, mindestens drei seiner Söhne, seinen Schwiegersohn und den Großvater seiner Frau. So kann man sich die Reaktion von Herodes lebhaft vorstellen, als die Weisen aus dem Morgenland in Jerusalem erschienen und in Herodes' Gegenwart fragten: »Wo ist der neugeborene König der Juden?«: »Als das der König Herodes hörte, erschrak er und mit ihm ganz Jerusalem« (Mt 2,1–3). Das Töten von männlichen Neugeborenen in Bethlehem, womit Herodes eine mögliche Bedrohung seines Thrones aus dem Weg räumen wollte, war eine Tat, die sicherlich seinem Charakter entsprach.

Von einem ewigen Standpunkt aus gesehen können die bleibenden Werke des einen, der im Herodium begraben wurde – einem prachtvollen Steinmonument – in keiner Weise mit denen des Einen verglichen werden, der in Bethlehem beinahe im Schatten des Herodium geboren wurde.

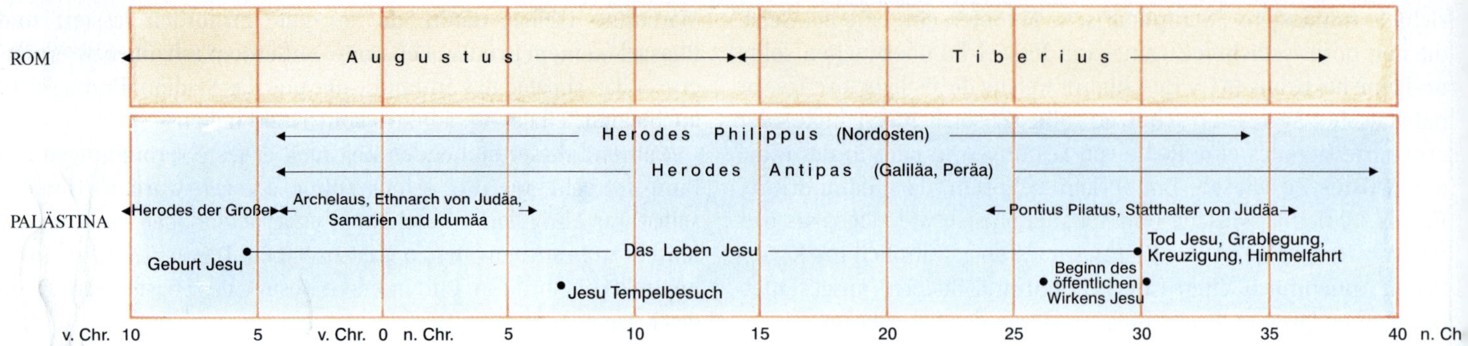

Das Leben Christi

Zur Zeit des Todes von Herodes dem Großen war die Frage der Nachfolgerschaft immer noch nicht gelöst worden, obwohl sein sechstes und letztes Testament Archelaus als König von Idumäa, Judäa und Samarien designierte, Antipater als Herrscher über Galiläa und Peräa benannte und Philippus als Statthalter der Länder nordöstlich des Sees Genezareth ausersah. Doch bevor Archelaus die Königswürde annehmen konnte, musste seine Ernennung bestätigt werden. Dazu reisten er und Antipater nach Rom. In der Zwischenzeit lehnten sich Herodes feindlich gesinnte und antirömische Teile der Bevölkerung auf und es bedurfte der persönlichen Intervention von Varus, dem Legaten von Syrien, und dreier Legionen, um die Aufstände zu unterdrücken.

In Rom wurden Archelaus, Antipater und Philippus als Herrscher über die festgelegten Gebiete bestätigt. Doch Archelaus gab man den geringeren Titel »Ethnarch«, wenngleich die Möglichkeit des Königtums offen gelassen wurde, wenn seine Ausführung des Amtes es rechtfertigte.[1] Archelaus' zehnjährige Herrschaft (4 v. Chr. – 6 n. Chr.) war von Brutalität gekennzeichnet, die solche Ausmaße annahm, dass er sogar einige seiner jüdischen und samaritanischen Untertanen niedermetzelte. Im Jordantal erbaute er ein Dorf nördlich von Jericho und besaß die Kühnheit, es nach sich selbst zu benennen – Archelaïs. Während seiner ungerechten Regierung kehrten Maria, Josef und das neugeborene Kind Jesus von Ägypten nach Galiläa zurück. Folglich ist es kein Wunder, dass sie vermieden, nach Judäa zurückzukehren, denn als sie hörten, dass Archelaus in Judäa König war anstatt seines Vaters Herodes, »fürchtete er (Josef) sich, dorthin zu gehen« (Mt 2,22). Stattdessen zogen sie nach Galiläa und ließen sich in dem Dorf Nazareth nieder.

Antipater, der schließlich den dynastischen Namen Herodes erhielt, regierte mehr als vierzig Jahre lang (4 v. Chr.–39 n. Chr.) sowohl über Galiläa als auch über Peräa.[2] Jedes von diesen beiden zerstückelten Gebieten wies eine beträchtliche jüdische Bevölkerung auf, die Herodes Antipater in Schach zu halten vermochte. Bald nachdem er die Herrschaft über Galiläa und Peräa übernommen hatte, baute er die Stadt Sepphoris wieder auf (3 v. Chr.–10 n. Chr.), die ihm als seine Hauptstadt diente; Varus, der römische Legat, hatte sie im Jahre 4 v. Chr. zerstört.

Galiläa, welches von Antipater regiert wurde, erstreckte sich vom Esdrelon-Tal im Süden bis zu dem Gebiet Baca/Gischala im Norden und von Thella in dem Grabenbruch im Osten bis Chabulon, von wo aus man die Ebene Akko im Westen überblicken konnte (Jos, Jüd. Krieg 3.3.1–2). Das Gebiet nördlich von Bersabe und Kefar Hananija war höher gelegen und wurde von Josephus als Obergaliläa bezeichnet. Diese Region von Bergen und tiefen Tälern war abgelegen. Und die Kontakte der Einwohner zur Außenwelt mögen sich genauso Richtung Nordwesten nach Tyrus wie direkt westlich nach Ptolemaïs gerichtet haben. Zum Süden hin war Untergaliläa, dessen breite, weite Täler gutes Land boten, um Getreideernten wachsen und gedeihen zu lassen, viel offener für Einflüsse von außen.

Galiläa muss zur Zeit Jesu intensiv kultiviert und dicht bevölkert gewesen sein, obwohl Josephus' Statistik von 15 000 Menschen, die sogar in den kleinsten Dörfern gelebt haben sollen (was bedeuten würde, dass Galiläa 3 000 000 Einwohner besaß), äußerst übertrieben sein dürfte (Jos, Jüd. Krieg 3.3.2). In den etwa zweihundert Städten und Dörfern lebte eine Bevölkerung von ungefähr 300 000 Menschen. Zur Zeit Jesu war die größte dieser Städte wahrscheinlich Sepphoris mit einer Bevölkerung von 50 000. Herodes Antipater hatte die Stadt mit griechisch-römischen Einrichtungen (z. B. einem Theater) ausgestattet. Ihre Schönheit war so überragend, dass Josephus sie die »Zierde von ganz Galiläa« nannte (Jos, Jüd. Altert. 18.2.1); denn eine kurze Zeit wurde sie Autocratoris genannt.[3] Diese Stadt blickte über wertvolles Ackerland und lag in unmittelbarer Nähe der bedeutenden Ost-West-Straße, welche die Städte der Dekapolis und die Gaulanitis-Regionen mit dem Hafen von Ptolemaïs verband. Andere große Städte von Galiläa waren Tiberias, Tarícheä, Gabara, Jotapata und Jafia.

Jesus wuchs in dem kleinen Dorf Nazareth auf. Obwohl Nazareth selbst klein und unbedeutend war, hatten seine Einwohner wahrscheinlich zahlreiche Beziehungen zu ihren eher weltoffenen Nachbarn. Aller Wahrscheinlichkeit nach kamen sie in Kontakt mit einigen der Karawanen und griechisch sprechenden nichtjüdischen Händler, die im Norden durch Sepphoris und/oder im Süden durch das Esdrelon-Tal (= AT Jesreel-Tal) zogen.

Als Jesus im Alter von ungefähr dreißig Jahren, ca. 26 n. Chr.,[4] zu predigen begann, schien er viel mehr Zeit in Unter- als in Obergaliläa verbracht zu haben. Es wird berichtet, dass er bei mehreren Gelegenheiten seinen Heimatort Nazareth besuchte und dort lehrte, obgleich er dort alles andere als willkommen war. Er predigte ebenfalls in Kana in Galiläa, was als der Ort Khirbet Qana des Altertums identifiziert worden ist, der sich 13 Kilometer nördlich von Nazareth befand. In Kana vollbrachte Jesus sein erstes Wunder (Joh 2,1–11). Bei einer anderen Gelegenheit – auch in Kana – heilte er den Sohn

Die Teilung des Reichs des Herodes

eines römischen Beamten, der von Kapernaum zu ihm gekommen war (Joh 4,43–54) und offenbar stammte Nathanael, einer seiner Jünger, aus Kana (Joh 21,2).

Es sind ungefähr 20 Kilometer von Kana bis zum See Genezareth, etwa ein Fünf- bis Sechs-Stunden-Marsch. Dort, am nördlichen Ufer des Sees Genezareth verbrachte Jesus die meiste Zeit. In jenen Tagen (ca. 26–30 n. Chr.) war die größte Stadt an dem See die neu erbaute Stadt Tiberias (Jos, Jüd. Altert. 18.2.3). Herodes Antipater hatte diese Stadt zwischen 18 und 22 n. Chr. errichtet und dann seine Hauptstadt von Sepphoris nach Tiberias verlegt. Er hatte der Stadt mit einem luxuriösen Palast für sich selbst, einem Stadion, einer Synagoge und möglicherweise einer Stadtmauer Glanz verliehen. Seine Hoffnung, dass sich Juden in dieser Stadt ansiedeln würden, war enttäuscht worden, denn den religiösen Juden widerstrebte es, dort zu leben, weil das Gerücht umging, dass die Stadt über einem Friedhof errichtet worden sei; also muss die Stadt bestenfalls eine gemischte jüdische und heidnische Bevölkerung gehabt haben. Im Süden der Stadt befanden sich heiße Bäder, die für ihre heilenden und therapeutischen Wirkungen bekannt waren. Die Evangelien berichten an keiner Stelle davon, dass Jesus Tiberias irgendwann einmal betreten hätte, obwohl der See Genezareth in Johannes 6,1 und 21,1 als der »See von Tiberias« bezeichnet wird und obwohl an einer

Stelle gesagt wird, dass Boote von Tiberias mit Menschen kamen, die Jesus sehen wollten (6,23).

Sechseinhalb Kilometer nordwestlich von Tiberias, am westlichen Seeufer, ist wahrscheinlich die neutestamentliche Stadt Magadan (Mt 15,39) anzusiedeln. Das ist der Ort, der von Jesus nach der Speisung der Viertausend auf der anderen Seite des Sees besucht wurde. Im Paralleltext bei Markus (8,10) ist von »Dalmanuta« anstatt von »Magadan« die Rede. Es ist nicht sicher, ob die beiden Orte identisch sind. Wahrscheinlich war Dalmanuta der Hafen von Magadan.[5] In den späten griechischen Überlieferungen bei Matthäus steht »Magdala«. Und nach früher christlicher Überlieferung wird der Ort für den Heimatort von Maria Magdalena gehalten. Außerdem scheint derselbe Ort bei Josephus »Taricheä« genannt zu werden (»der Platz des gesalzenen Fisches«), der sich auf Taricheä – eine große Stadt am Ufer des Sees – bezieht und den Schauplatz einer blutigen Schlacht zwischen den Juden und Römern während des ersten jüdischen Aufstands darstellte (ca. 66–70 n. Chr.; Jos, Jüd. Krieg 3.10.1–10).

Abgesehen von Jerusalem ist Kapernaum der bedeutendste aller Orte, die in den Evangelien erwähnt werden. Drei der Jünger stammten aus Kapernaum und Simon Petrus und Andreas waren offensichtlich von Betsaida dorthin gezogen (Mk 1,29). Das Dorf erstreckte sich einen halben Kilometer am Ufer des Sees entlang. Es ist wahrscheinlich, dass Fischen die Hauptbeschäftigung der Einwohner war, obwohl es möglich ist, dass auch Geräte aus Basalt (z. B. Olivenpressen und Getreidemühlen) dort hergestellt wurden. Das Dorf verlief quer über die Hauptstraße, die vom Mittelmeer aus nach Transjordanien und nach Damaskus führte. Offenbar befand sich dort eine Zollstation – wegen der unmittelbaren Nähe zum Jordan und dem Gebiet des Philippus (Mt 9,9). Kapernaum war groß oder bedeutend genug für einen Beamten des Königs (Joh 4,46) und ebenso für einen römischen Hauptmann und dessen Truppen

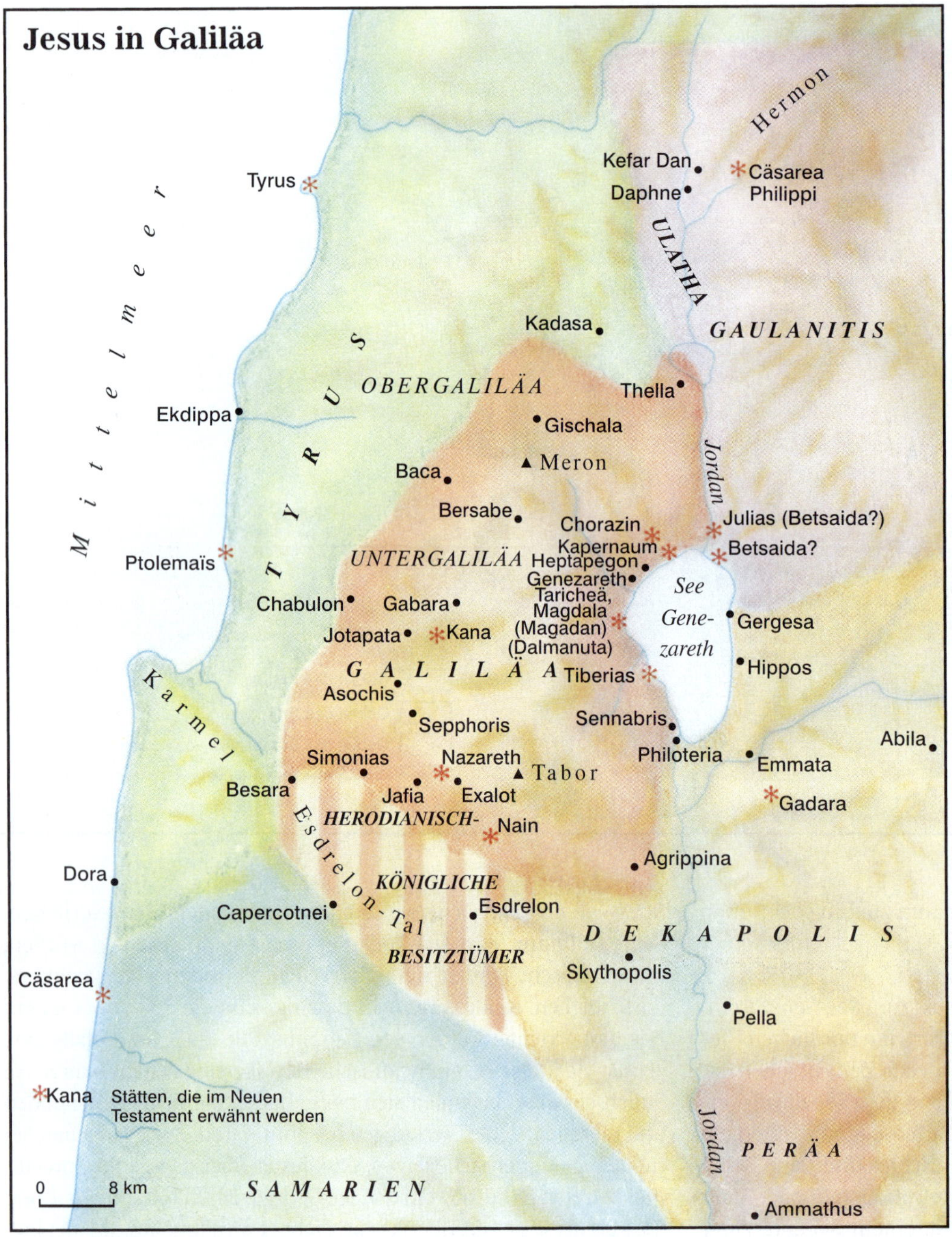

Fischer auf dem See Genezareth.

(Mt 8,5–9). Jesus heilte viele dort, so auch den Knecht des Hauptmanns (Mt 8,5–13), den Lahmen, der durch das Dach eines Wohnhauses heruntergelassen wurde (Mk 2,1–12), und Simon Petrus' Schwiegermutter, die an einem Fieber litt (Mk 1,29–31).

Die Franziskanermönche, die jetzt den größten Teil des Ortes Kapernaum besitzen, haben eine wunderschöne Synagoge aus weißem Kalkstein ausgegraben, die aus dem vierten Jahrhundert n. Chr. stammt; darunter entdeckten sie massive Grundmauern einer Synagoge aus schwarzem Basaltstein.[6] Diese frühere Synagoge stammt wahrscheinlich aus der Zeit Jesu und war diejenige, in der Jesus predigte, als er in Kapernaum war. Die frühe Anwesenheit von Christen an diesem Ort ist durch die Überreste mehrerer Kirchen bewiesen, die über einem Haus gebaut wurden, das man für das Haus von Petrus (Mk 1,33) hält.

Die christliche Überlieferung des vierten Jahrhunderts ging davon aus, dass sich die Bergpredigt (Mt 5–7), die Speisung der Fünftausend (14,13–21) und die Erscheinung des auferstandenen Herrn

vor den Jüngern (Joh 21) in der Nähe des Platzes der sieben Brunnen – Heptapegon (Tabgha) – zugetragen hatten. Dieses Gebiet, das ungefähr drei Kilometer westlich von Kapernaum liegt, mag in der Tat der Schauplatz dieser Ereignisse gewesen sein. Alte und moderne Kirchen stehen dort. Außerdem gibt es zwischen Kapernaum und Tabgha eine kleine Bucht am Seeufer in Form eines natürlichen Theaters; das könnte die Stelle gewesen sein, an der Jesus »in ein Boot stieg und sich setzte, und alles Volk stand am Ufer« und er Gleichnisse erzählte (Mt 13,2–3).[7]

Drei Kilometer nordwestlich von Kapernaum befinden sich die Überreste der Stadt Chorazin. Obwohl diese Stadt nur in dem Zusammenhang erwähnt wird, als Jesus sie verflucht, weil die Einwohner von Chorazin nicht Buße getan haben, lässt dies darauf schließen, dass Jesus den Ort zuvor schon einmal besucht und dort Wunder vollbracht hatte (Mt 11,20–24). Die Stadt lag in einem Basaltgebiet und alle Gebäude waren aus dem harten schwarzen Felsen gebaut. Ausgrabungen in Chorazin haben nicht viele Funde aus der Zeit Jesu hervorgebracht, denn viele der erhaltenen Überreste wurden vom zweiten bis zum vierten Jahrhundert n. Chr. oder später erbaut – einschließlich der schwarzen Synagoge aus Basalt.[8]

Von den Städten und Dörfern, die Jesus besuchte, ist Betsaida die dritte bedeutende Stadt.[9] Der mutmaßliche Standort dieser Stadt ist der Hügel namens Et-Tell, der östlich vom Jordan etwa zweieinhalb Kilometer vor der Mündung des Jordans in den See Genezareth liegt. Diese Stadt wurde von Philippus, dem Sohn von Herodes dem Großen, in den ersten Jahren seiner Regierung (4 v. Chr.–34 n. Chr.) erbaut – wahrscheinlich diente sie ihm als eine Zwischenstation auf der überregionalen Fernstraße, welche zum Mittelmeer führte, und als ein Hafen am See Genezareth (die ehemalige Uferlinie mag weiter nördlich gewesen sein, als sie heute ist). Er nannte die Stadt Julias nach Julia, der Tochter des Kaisers. Nach Josephus starb Philippus dort am Ende seiner Regierung des Friedens (Jos, Jüd. Altert. 18.4.6). Es gibt zusätzliche Beweise für die Theorie, dass es tatsächlich zwei Betsaidas gab, das eine in dem Gebiet des Philippus (Betsaida-Julias) und das andere »in Galiläa« (Joh 12,21). Letzteres betrachtet man teilweise als identisch mit dem kleinen Ort Araj, der in unmittelbarer Nähe von dem Ufer des Sees Genezareth lag. Es wird angenommen, dass der Jordan zur Zeit Jesu einem östlicherem Kurs folgte, als es heute der Fall ist, so dass Araj zur damaligen Zeit westlich des Flusses lag, zum Beispiel »in Galiläa«. Nur Jerusalem und Kapernaum werden in den Evangelien häufiger erwähnt als die Stadt Betsaida, welche die Geburtsstadt von Petrus und Andreas (Joh 1,44) und die Heimatstadt des Apostels Philippus (Joh 12,21) war. In Betsaida wurde ein blinder Mann geheilt (Mk 8,22–26) und an einem einsamen Platz in der Nähe – wahrscheinlich an dem nordöstlichen Ufer des Sees – fand die Speisung der Viertausend statt. Auch Betsaida wurde zusammen mit Chorazin und Kapernaum von Jesus wegen des Unglaubens der Einwohner »verflucht«.

Nordöstlich von Betsaida lag das Gebiet des Philippus, welches Gaulanitis, Batanäa, Auranitis, Trachonitis und Ulatha umfasste.[10] Zu Lebzeiten Jesu war das Gebiet größtenteils von Nichtjuden besiedelt – abgesehen vom westlichen Gaulanitis, das offenbar jüdisch gewesen ist –, aber Jesus verbrachte nicht viel Zeit dort. Doch bei mindestens einer Gelegenheit reiste er mit seinen Jüngern in die Nähe von Cäsarea Philipppi, etwa 40 Kilometer nördlich von Betsaida. Dort, im Quellgebiet des Jordans und am Fuße des Berges

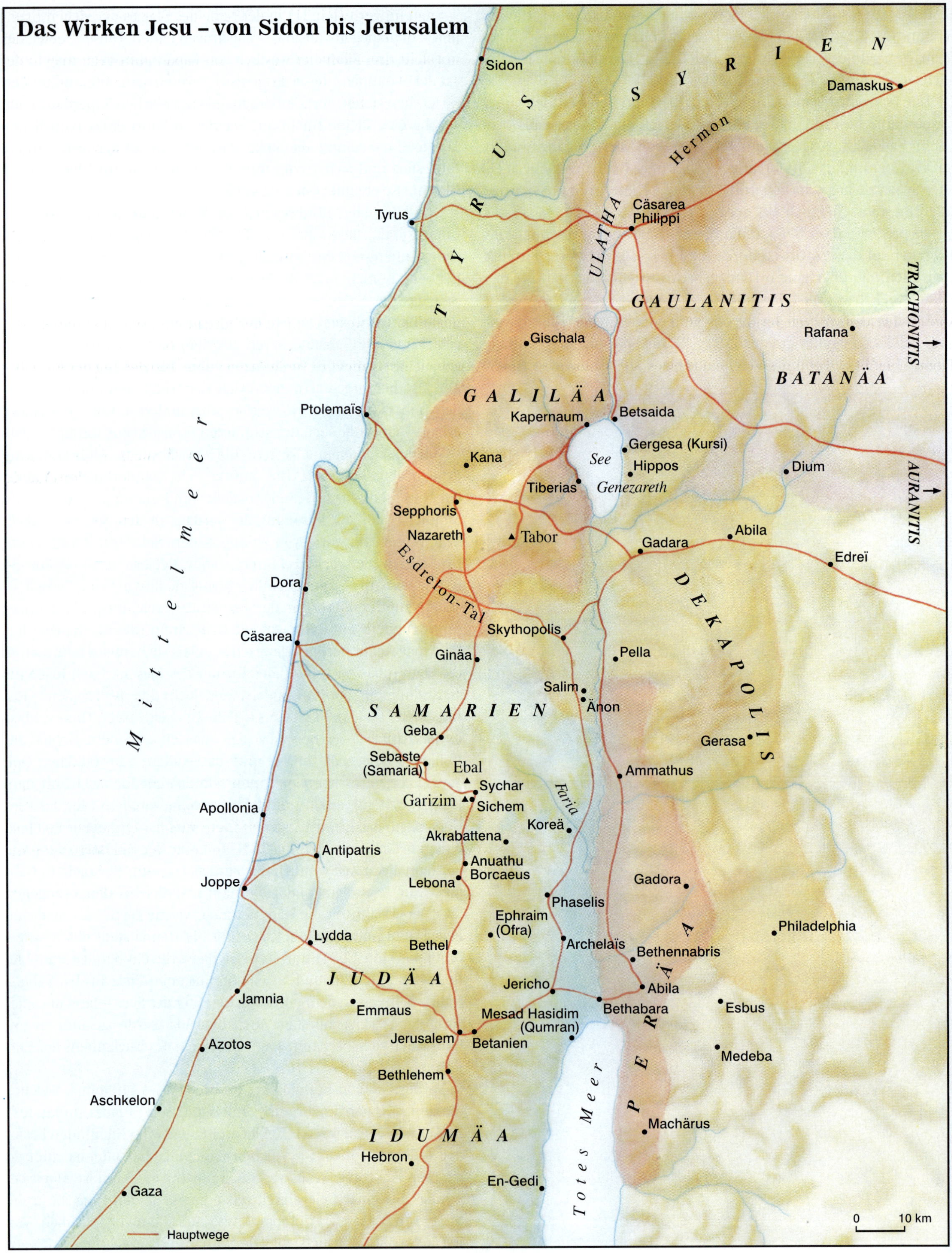
Das Wirken Jesu – von Sidon bis Jerusalem
Sidon
SYRIEN
Damaskus
TYRUS
Hermon
Tyrus
Cäsarea Philippi
ULATHA
GAULANITIS
TRACHONITIS
Rafana
Gischala
BATANÄA
GALILÄA
Ptolemaïs
Kapernaum
Betsaida
Gergesa (Kursi)
See Genezareth
Hippos
Kana
Tiberias
Dium
AURANITIS
Mittelmeer
Sepphoris
Nazareth
Tabor
Esdrelon-Tal
Gadara
Abila
Edreï
Dora
DEKAPOLIS
Cäsarea
Skythopolis
Ginäa
Pella
Salim
Änon
SAMARIEN
Geba
Gerasa
Sebaste (Samaria)
Ebal
Sychar
Garizim
Sichem
Ammathus
Faria
Apollonia
Koreä
Akrabattena
Antipatris
Anuathu Borcaeus
Lebona
Joppe
Gadora
Phaselis
Ephraim (Ofra)
Philadelphia
Lydda
Bethel
Archelaïs
Bethennabris
JUDÄA
Jericho
Abila
Jamnia
Emmaus
Mesad Hasidim (Qumran)
Bethabara
Esbus
Jerusalem
Betanien
PERÄA
Azotos
Medeba
Bethlehem
Totes Meer
Aschkelon
Machärus
IDUMÄA
Hebron
En-Gedi
Gaza
Hauptwege
0 10 km

Hermon, hatte Herodes der Große einen Tempel aus weißem Marmor zu Ehren des Kaisers errichten lassen; dort erbaute sein Nachfolger, Philippus, eine große Stadt, die er nach dem Kaiser benannte – und seinen eigenen Namen dem Kaisertitel hinzufügte, um dieses Cäsarea von dem Cäsarea Maritima zu unterscheiden. Philippus machte Cäsarea Philippi zur Hauptstadt seines Gebiets. Es muss eine blühende Stadt gewesen sein, denn sie lag an der Fernstraße, die von Damaskus nach Tyrus und Sidon führte. In unmittelbarer Nähe Cäsarea Philippis bezeichnete Petrus Jesus als »Christus, des lebendigen Gottes Sohn« (Mt 16,13–20). Bald danach wurde Jesus in Gegenwart von Petrus, Jakobus und Johannes verklärt (Mt 17, 1–8; Mk 9,2–8; Lk 9,28–36). Es ist möglich, dass die Verklärung sich auch in der o.g. Region ereignete, vielleicht auf dem Berg Hermon oder auf dem Hermonit. Andere möglicherweise in Frage kommende Orte für die Verklärung sind vorgeschlagen worden – einschließlich des Berges Meron (Jebel Jarmak) und des Berges Tabor, aber über keinen von ihnen gibt es soviel textliches und geografisches Beweismaterial wie über die unmittelbare Umgebung des Berges Hermon.

Südlich vom Gebiet des Philippus befand sich eines, das als die Dekapolis bekannt war.[11] Es war eine Gruppe von Städten, die als griechisch-römische Städte während der hellenistischen und römischen Zeiten entweder gegründet oder wieder aufgerichtet worden waren. Ihre Bevölkerung bestand hauptsächlich aus Nichtjuden, wenngleich die Dekapolis, als sie für eine kurze Zeit unter der Herrschaft der Juden stand – von den Tagen des Alexander Jannäus (103–76 v. Chr.) bis zur Ankunft von Pompeius (63 v. Chr.) –, eine große jüdische Bevölkerung aufwies. Es waren offenbar ursprünglich zehn Städte – daher der Name Dekapolis (»zehn Städte«) –, aber in den späteren Jahren gehörten oft mehr als zehn Städte dazu. Die Dekapolis umschloss östlich des Grabenbruchs von Norden nach Süden die Städte Damaskus, Rafana, Dium, Hippos, Abila, Gadara, Edreï, Bostra, Pella, Gerasa und Philadelphia (das heutige Amman) sowie Skythopolis westlich vom Jordan.

Die Dekapolis war kein Gebiet, das häufig von Jesus besucht wurde, denn er hatte gesagt, dass er in erster Linie zu den »verlorenen Schafen des Hauses Israel« gesandt worden war (Mt 15,24). Aber einmal heilte er einen von Dämonen besessenen Mann, der dann in die Dekapolis zurückging und dort von allem erzählte, was Jesus für ihn getan hatte (Mk 5,20). Dieses Ereignis wird in allen drei synoptischen Evangelien berichtet, aber bei Markus und Lukas ist nur von einem Besessenen die Rede, während Matthäus von zweien spricht; offenbar fand bei Markus und Lukas nur der berühmtere der beiden Männer, die geheilt wurden, Erwähnung (Mk 5,2; Lk 8,27; vgl. Mt 8,28). Abgesehen von der Zahl der geheilten Männer bieten die verschiedenen griechischen Manuskripte unterschiedliche Versionen an, was den Ort, wo die Heilung(en) stattfand(en), anbelangt: »die Gegend der Gerasener (oder Gadarener)« (Mt 8,28; vgl. Mk 5,1; Lk 8,26). Die Identifikation des Ortes, wo die Heilungen stattfanden, mit der Stadt der Dekapolis Gerasa (heute: Jerasch) ist problematisch, denn Jerasch liegt 56 Kilometer südlich des Sees Genezareth. Auch wenn die Stadt noch Gebiete an dem südöstlichen Ufer des Sees besaß – eine Vermutung, die nicht bewiesen ist –, dann liegt die Stadt immer noch zu weit südlich, um der gemeinte Ort sein zu können. Die Platzierung des Ereignisses in der Nähe der Dekapolis-Stadt Gadara (heute Umm Qeis) ist plausibler, denn sie liegt nur zehn Kilometer südöstlich des Sees. Daher ist es wahrscheinlicher, dass sie Gebiet am Seeufer besaß und nicht Gerasa; doch auch darüber besteht keine Gewissheit. Seit dem fünften Jahrhundert hat die christliche Überlieferung das Ereignis in dem Ort Gergesa (dem heutigen Kursi) angesiedelt, der sich am Ostufer des Sees Genezareth direkt gegenüber von Tarichеä und Tiberias befindet. Dort wurde ein Mönchskloster errichtet, um der Heilung zu gedenken. Und es fällt nicht schwer, sich dort eine Herde Schweine vorzustellen (ein Hinweis darauf, dass es nichtjüdisches Gebiet war), welche die in der Nähe gelegenen Abhänge hinunter in den See stürmen.

Südlich und westlich der Dekapolis gab es eine Region mit dem Namen Peräa. Das ist eine Kurzform eines griechischen Satzes, die mit »andere Seite des Jordans« oder »Regionen jenseits des Jordans« übersetzt werden kann. Nach Josephus (Jüd. Krieg 3.3.3) befand es sich südlich von Pella und erstreckte sich südlich bis nach Machärus. Im Westen bildete der Jordan die Grenzlinie dieses Gebiets und im Osten grenzte es an die Dekapolis-Stadt Philadelphia, wenngleich sie nicht zu Peräa dazugehörte. Von der Zeit der Einnahme des Gebiets durch Jonatan (152 v. Chr.) an war es mit Juden besiedelt. Die Hauptstadt der Region war Gadora und andere berühmte Städte oder Festungen wie Ammathus, Abila, Bet-Ramata (Livias/Julias), Kallirrhoë und Machärus gehörten ebenfalls zu Peräa. Herodes Antipater wurde dieses Territorium nach dem Tode seines Vaters zugesprochen. Und so herrschte er sowohl über Peräa als auch über Galiläa. Peräa, Galiläa und Judäa werden in der Mischna »die drei jüdischen Provinzen« genannt.

Es ist offensichtlich, dass Jesus in Peräa wirkte, da in Lukas 9, 51–18,34 eine ganze Menge Ereignisse dort angesiedelt werden. Außerdem taufte Johannes »in Betanien jenseits des Jordans« (Joh 1,28). Dieses Betanien mag wohl in der Nähe von Bethennabris oder an einer Stelle näher am Jordan nahe bei Wadi el-Kharrar gelegen haben. Wahrscheinlich wurde Jesus in diesem Gebiet getauft.

Später steht im Johannesevangelium: »Johannes aber taufte auch noch in Änon, nahe bei Salim, denn es war da viel Wasser« (Joh 3,23). Einige Forscher nehmen an, dass Johannes immer an ein und demselben Ort taufte und niemals von dort an eine andere Stelle ging, dass Änon also in dem Gebiet von »Betanien jenseits des Jordans« lag. Doch es gibt keinen Ort namens Salim in der Nähe. Andere, die sich auf den literarischen Zusammenhang in Johannes 3–4 stützen, lokalisieren den Platz in Samarien in dem Dorf Salim, in oder in der Nähe des alttestamentlichen Ortes Tirza. Aber das Beste scheint zu sein, sich der Vermutung des frühen Kirchenhistorikers Eusebius (4. Jh. n. Chr.) anzuschließen, dass der Ort sich im Jordantal in der Nähe von Salim, elf Kilometer südlich von Skythopolis, genau westlich des Jordans befand. Diese Theorie würde Johannes' Wirken in dem Gebiet der Dekapolis stattfinden lassen, gerade außerhalb der Einflusssphäre von Herodes Antipater (der über sein Predigen verärgert war) und Pilatus (der ihn für einen Revolutionär hielt). Am Ende wurde Johannes von Herodes Antipater enthauptet, weil er Herodes' Scheidung und Wiederheirat verurteilt hatte. Laut Josephus fand die Hinrichtung bei der Festung Machärus statt, an der südlichsten Spitze von Peräa (weit entfernt von Johannes Anhängern? Jos, Jüd. Altert. 18.5.2).

Die Juden, die in Peräa lebten, pflegten wahrscheinlich enge Kontakte zu Jerusalem, denn es war leicht, die Furt des Jordans gegenüber von Jericho nahe an der Stelle, an der Johannes ursprünglich getauft hatte, zu überqueren, und dann durch Jericho den Weg hinauf nach Jerusalem zu gehen. Seit den Tagen von Alexander dem

Großen war Jericho so etwas wie ein königlicher Staat gewesen, der im Allgemeinen im Besitz und unter der Führung des regierenden Monarchen stand.[12] Die hasmonäischen Regenten hatten dort Paläste errichtet; Herodes hatte das Gebiet für ein paar Jahre von Kleopatra gepachtet; und Herodes und sein Sohn Archelaus bauten und erneuerten Aquädukte, Siedlungen, Festungen, Paläste und Bäder dort. Herodes hatte den Bruder seiner Gattin (Aristobulus) in Jericho ermorden lassen und Herodes selbst war dort gestorben. Zu Lebzeiten Jesu stand Jericho unter der Herrschaft der Römer und deren Ansiedelungen breiteten sich über eine große Fläche aus. Nördlich von Jericho lagen die Dörfer/Siedlungen von Archelaïs, Phaselis und Koreä. Es gilt als wahrscheinlich, dass es eine Straße gab, welche sich die Westseite des Jordantals hinaufschlängelte, diese Orte miteinander verband und vermutlich die ganze Strecke hinauf bis nach Skythopolis führte.

Die Stadt Jericho taucht auffallend oft in den Evangelien auf. Jesus erwähnt sie in dem Gleichnis vom barmherzigen Samariter (Lk 10,25–37) und geht selbst auf dem Weg nach Betanien durch Jericho, als er von Peräa nach Betanien reist, um Lazarus von den Toten aufzuerwecken (Joh 10,40–11,54). In Jericho wurden zwei blinde Männer (Mt 20,29–34; Mk 10,46–52; Lk 18,35–43) geheilt, einschließlich Bartimäus (Mk 10,46). Und dort wurde auch Zachäus, dem Zöllner, gesagt, dass er von dem Baum herunterkommen solle, damit Jesus bei ihm zu Hause einkehren könne (Lk 19,1–10).

Von Jericho aus führte eine vielbereiste Straße durch die Wüste nach Jerusalem. Diese 24 Kilometer lange Wegstrecke ist der Ort des Gleichnisses vom barmherzigen Samariter. Nach einem sechs bis sieben Stunden langen Marsch von Jericho bergauf näherte man sich der östlichen Seite des Ölberges. Etwas südlich von der alten römischen Straße lag das Dorf Betanien, der Heimatort von Maria, Marta und Lazarus, der heute El-Azarijeh heißt (nach Lazarus benannt). Jesus blieb bei vielen Gelegenheiten im Haus dieser Freunde. Ereignisse wie die Zurechtweisung von Marta, die Auferweckung von Lazarus und die Salbung mit kostbarem Öl fanden hier statt. In dem Gebiet Betanien/Betfage stieg Jesus auch auf ein Eselfüllen und zog in Jerusalem ein (an dieses Ereignis denkt man heute am Palmsonntag). Später in derselben Woche machten Jesus und seine Jünger die gleiche Reise zum letzten Mal gemeinsam – zu dem »großen Saal« (Lk 22,12) in Jerusalem, um das Passalamm zu essen und miteinander das Abendmahl zu feiern. Während der letzten Woche seines Lebens verbrachte Jesus mehrere Tage damit, in Jerusalem zu predigen, aber es scheint, dass er jeden Abend nach Betanien zurückkehrte. Die Straße, die von Osten kam, war natürlich nicht die einzige Straße, die nach Jerusalem führte. Die Straße über die Hügelkette führte südwestlich aus Jerusalem heraus Richtung Bethlehem, Hebron und Beerscheba. Sie führte durch Judäa hindurch nach Idumäa und dann in die Wüste Negeb. Von dort konnte man Richtung Osten nach Transjordanien und Arabien, südwestlich in den Sinai oder westlich Richtung Ägypten weiterziehen. Abgesehen von der Erzählung von der Geburt Jesu in Bethlehem berichten die Evangelien von keiner Aktivität Jesu südlich von Jerusalem.

Nördlich von Jerusalem verlief die Straße über den Gebirgskamm Richtung Sichem. Zu Lebzeiten Jesu erstreckte sich das Gebiet von Judäa etwa 56 Kilometer nördlich von Jerusalem bis zu dem Gebiet von Anuathu Borcaeus und Akrabattena. Folgendes Ereignis trug sich wahrscheinlich während des frühen Wirkens Jesu zu: »Danach kam Jesus mit seinen Jüngern in das Land Judäa (nördlich von Jerusalem) und blieb dort eine Weile mit ihnen und taufte (...) obwohl Jesus nicht selber taufte, sondern seine Jünger« (Joh 3,22; 4,2). In seinen letzten Lebensjahren, nachdem er Lazarus von den Toten auferweckt und von einer Verschwörung gegen sein Leben erfahren hatte, zog sich Jesus mit seinen Jüngern in dasselbe Gebiet zurück, in eine »Stadt mit Namen Ephraim« (Joh 11,54). Obwohl das neutestamentliche Ephraim nicht mit absoluter Sicherheit identifiziert werden konnte, ist es wahrscheinlich mit dem alttestamentlichen Ofra (heute Et-Taijiba) gleichzusetzen. Diese Stadt liegt östlich von der Wasserscheide am Rande der Wüste und könnte als ein günstiger Zufluchtsort gedient haben.

Nördlich von Anuathu Borcaeus lag Samarien, welches bis an den südlichen Rand des Esdrelon-Tales zu dem Ort Ginäa (heute Jenin) reichte. Dieses Gebiet wurde wie Judäa und Idumäa im Süden zu Jesu Lebzeiten von dem römischen Beamten Pontius Pilatus regiert. Der Bezirk war nach der alttestamentlichen Stadt Samaria benannt, dann in Sebaste umgetauft worden. Die Samariter beherrschten große Teile dieser Region. Eine bedeutende Straße, die durch Samarien lief, wurde von den jüdischen Einwohnern Galiläas auf ihren Pilgerreisen nach Jerusalem benutzt (Jos, Jüd. Altert. 20.6.1). Laut Josephus nahm diese Reise mindestens drei Tage in Anspruch (Jos,Vita 52), was mindestens zwei Übernachtungen auf dieser Strecke bedeutete. Nachdem die jüdischen Pilger das Tal von Esdrelon überquert und Richtung Süden weitergezogen waren, erreichten sie bei dem Ort Ginäa Samarien. Wahrscheinlich in diesem Gebiet, in dem Grenzgebiet zwischen Samarien und Galiläa (Lk 17,11), stieß Jesus auf zehn Leprakranke und heilte sie, von denen einer ein Samariter war (V. 12–19). Jesus mag entlang der Grenze zwischen Samarien und Galiläa gereist sein, weil er und seine Jünger auf Widerstand der Samariter gestoßen waren, als sie versucht hatten, Samarien zu betreten; Josephus berichtet, dass Juden bei mindestens einer Gelegenheit auf hartnäckigen Widerstand in Ginäa gestoßen waren (Jos, Jüd. Altert, 20.6.1; Jüd. Krieg 2.12.3).[13]

Normalerweise setzten jüdische Wallfahrer ihren Weg Richtung Süden von Ginäa nach Sichem fort. Es erscheint durchaus möglich, dass sie die Nacht in der Umgebung von Geba verbringen mussten, welches einen Tagesmarsch von Galiläa entfernt lag. Von der Gegend um Geba aus setzten die Karawanen gewöhnlich ihren Weg Richtung Süden fort und die Reise am nächsten Tag führte sie über den Berg Ebal und den Berg Garizim. Nachdem sie den Bezirk Samarien dann verlassen hatten, erreichten sie Judäa, bevor sie sich – wahrscheinlich in der El-Lubban (= AT Lebona)-Region – für die Nacht einrichteten. Der dritte und letzte Tag ihrer Reise brachte sie schließlich nach Jerusalem.

Wahrscheinlich bemerkten die Eltern Jesu in der Nähe von El-Lubban, dem Übernachtungsort, der am nächsten an Jerusalem lag, dass Jesus nicht bei dem Zug dabei war, der sich auf dem Heimweg befand und auf Galiläa zusteuerte (Lk 2,41–50). In der Tat muss Jesus diesen Weg ziemlich häufig bereist haben, denn »seine Eltern gingen alle Jahre nach Jerusalem zum Passafest« (V. 41).

Bei dem Jakobsbrunnen in der Nähe der Stadt Sychar (heute Askar) hielt Jesus gegen Mittag an (Joh 4,4–6); man bedenke, dass Sychar etwa eine halbe Tagesreise nördlich von dem Übernachtungsort El-Lubban entfernt liegt. Während seine Jünger in die Stadt gegangen waren, um Essen zu kaufen, traf Jesus die samaritanische Frau am Brunnen. Dort, nahe am Fuße des samaritanischen heiligen Berges, dem Berg Garizim, verwies er sie auf die wahre Quelle lebendigen Wassers (V. 4–42).

Obwohl Jesus die Straßen nördlich und östlich von Jerusalem bereiste, wird in der Bibel nur von einem einzigen Ereignis berichtet, das sich westlich von der Stadt abspielte. Es handelt sich um Jesu Erscheinen vor den beiden Jüngern auf der Straße nach Emmaus (Lk 24,13–35). Laut der besten griechischen Manuskripte war Emmaus 11 Kilometer von Jerusalem entfernt. Seit der Zeit der Kreuzfahrer (1099–1291 n. Chr.) wurden die Städte Abu-Gosch und El-Qubeiba beide als das biblische Emmaus angenommen, da sie jeweils ungefähr 11 Kilometer von Jerusalem entfernt liegen. Doch beide Überlieferungen sind nicht sehr alt (Mittelalter). Ein dritter Ort, der für das biblische Emmaus in Frage käme, ist das in der Nähe befindliche heutige Kalonije/Moza. Dieser Ort liegt 5,6 Kilometer westlich von Jerusalem auf der römischen Straße, die von Jerusalem nach Joppe führte. Eine antike Quelle, die sich auf diesen vermeintlichen Ort Emmaus bezieht, besagt, dass Vespasian, der römische Kaiser, die Ansiedelung von achthundert Veteranen in einer Kolonie dort anordnete (Jos, Jüd. Krieg 7.6.6) – daher der Name Colonia/Kalonije. Fall dies der biblische Ort ist, dann bezeichnet die Entfernung in Lukas 24,13 (Luther übersetzt zwei Wegstunden) die Distanz (11 Kilometer) von Jerusalem nach Emmaus und zurück. Doch das ist eine sehr fragliche Interpretation der Angabe der Entfernung in Lukas. Ein vierter möglicher Ort für das biblische Emmaus ist die Stadt Emmaus/Nikopolis, die zur römischen Zeit sehr bekannt war. Der Name dieser antiken Stadt wurde in der heute zerstörten arabischen Stadt Imwas erhalten, welche den Blick über das strategisch bedeutende Ajalon-Tal bot. Doch dieser Ort liegt etwa 30 Kilometer von Jerusalem entfernt. Auf der anderen Seite ist in einem bedeutenden griechischen Manuskript »160 stadia« (= ca. 32 Kilometer) an Stelle der »60 stadia« (= 11 Kilometer) zu lesen, wodurch der Standort der biblischen Stadt und dieser o. g. sehr bekannten römischen Stadt ein und derselbe sein könnte. Es scheint, dass die Imwas-Emmaus-Identifikation die wahrscheinlichste ist, aber auch sie bringt einige Schwierigkeiten mit sich.[14]

Auf dem Ölberg verließ Jesus seine Jünger und vollendete seinen Auftrag auf Erden (zu Jesus in Jerusalem s. S. 200).

Die Autoren des Neuen Testaments waren darauf bedacht, nachzuweisen, dass es weder der Macht von Herodes dem Großen noch der Macht der römischen Kaiser, sondern nur Jesus zu verdanken ist, dass alle Völker der Erde gesegnet werden sollten (1. Mose 12,3; Gal 3,6–14).

Nordufer des Sees Genezareth; möglicherweise der Ort, wo Jesus vom Boot aus zu den Menschen sprach.

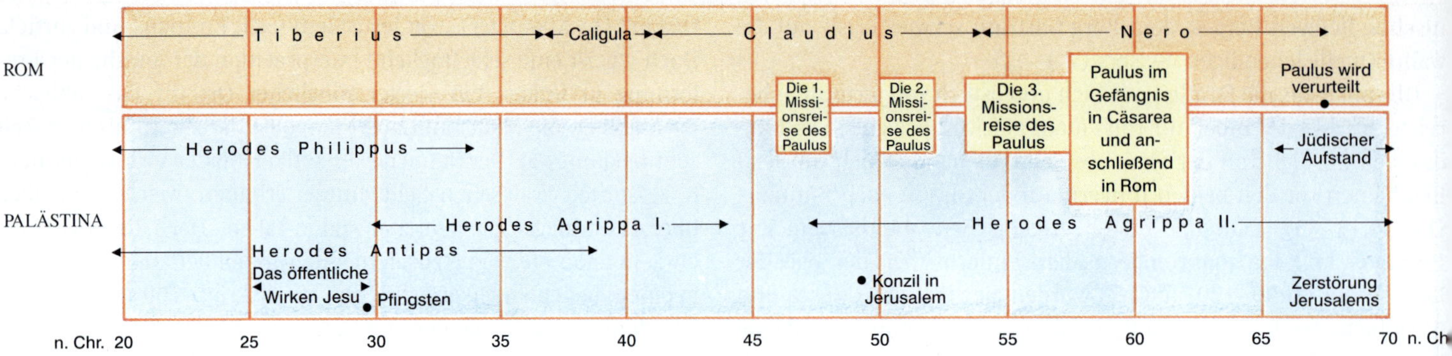

Die Ausbreitung der Frühen Kirche in Palästina

Zur Zeit von Jesu Tod war Pilatus Statthalter von Idumäa, Judäa und Samarien, während Antipater und Philippus immer noch ihre entsprechenden Stellungen im Norden hielten. Philippus starb 34 n. Chr. und sein Gebiet (Gaulanitis, Batanäa, Auranitis und Trachonitis) wurde der Herrschaft der Provinz Syrien übertragen.[1] Doch im Jahre 37 n. Chr. wurden die Bezirke von Syrien losgelöst, als der römische Kaiser Caligula Herodes Agrippa I. (30–44 n. Chr.) zum Herrscher über das ehemalige Gebiet des Philippus ernannte. Als Antipater im Jahre 39 n. Chr. den Kaiser törichterweise um eine Verbesserung seiner Stellung ersuchte, wurde er nach Gallien verbannt und Galiläa und Peräa wurden dem Königreich von Herodes Agrippa I. hinzugefügt. Im Jahre 41 n. Chr. fügte der Kaiser Claudius Agrippas Besitztümern noch Samarien, Judäa und Idumäa hinzu, weil er ihm dankbar war für seine Unterstützung und Hilfe bei der Sicherung seines Thrones. Mit diesen territorialen Erweiterungen erlangte Agrippas Königreich einen ebenso großen Umfang wie das seines Großvaters, Herodes des Großen. Doch Herodes Agrippa konnte sein großes Königreich nicht für lange Zeit zusammenhalten, denn auf dem Höhepunkt seiner Macht wurde er von einer unheilbaren Krankheit dahingerafft. Er starb in Cäsarea im Jahre 44 n. Chr. (Apg 12,19–23; Jos, Jüd. Altert. 19.8.2).

Die Bibel berichtet von ausgewählten Ereignissen aus der Geschichte der Frühen Kirche in der Zeit zwischen der Auferstehung Jesu und dem Tod Agrippas I. (44 n. Chr., Apg 1–12). Die aufeinander folgenden Berichte in der Apostelgeschichte erzählen von dem Wachstum der Kirche (Apg 1,8). Nach Jesu Himmelfahrt versammelten sich die Jünger in Jerusalem, um auf die Erfüllung der Verheißung zu warten, dass der Heilige Geist über sie ausgegossen würde. Apostelgeschichte 2 berichtet über das Pfingstereignis. Zu jener Zeit war Jerusalem voller jüdischer Pilger, welche aus verschiedenen Teilen des Römischen Reichs, aus dem Parthischen Reich im Osten und aus Afrika im Südwesten gekommen waren, um die drei großen jüdischen Feste feierlich zu begehen: das Passafest/Fest der ungesäuerten Brote, das Wochenfest und das Laubhüttenfest. Sie blieben mehrere Monate in Jerusalem. Nachdem die Zuhörer vernommen hatten, wie die Galiläer ihnen den lebendigen Christus in ihrer Muttersprache bezeugten, bekehrten sich mehrere von ihnen. Die Jünger, die von Anfang an dazugehört hatten, begannen, ihnen von Jesus zu erzählen und sie in seiner Lehre zu unterweisen.

Die ersten Kapitel der Apostelgeschichte beschreiben das Wachstum und die Verfolgung der Ekklesia in Jerusalem (Kapitel 2–7). Der Widerstand gegen die frühe Gemeinde wuchs, als eine wachsende Zahl von griechisch sprechenden Juden (Hellenisten) sich den Anhängern Jesu anschloss und einige von ihnen sich mit anderen Gleichgesinnten zusammenschlossen, um deutlich die Konsequenzen aus ihrem neu gefundenen Glauben in seiner Beziehung zum Judentum zu ziehen. Diese Verfolgung erreichte ihren Höhepunkt mit der Steinigung von Stephanus. Danach zerstreute sich ein beträchtlicher Teil der Gemeinde Jerusalems in die Länder Judäa und Samarien (Apg 8,1). Die Gläubigen, die nun voneinander getrennt waren, zogen umher und erzählten anderen Menschen von ihrem Glauben und predigten das Evangelium. Einer von diesen begeisterten Predigern war Philippus: Er »kam hinab in die Hauptstadt Samariens« (Apg 8,5). In dieser nicht namentlich genannten Stadt – es handelte sich wahrscheinlich nicht um Samaria/Sebaste – bekehrten sich die Einwohner Samariens. Tatsächlich predigten sogar Petrus und Johannes (die beiden Säulen der Gemeinde Jerusalems; vgl. Gal 2,9), die gekommen waren, um für die neuen Gläubigen zu beten, das Evangelium in samaritanischen Städten und Dörfern, bevor sie nach Jerusalem zurückkehrten (Apg 8,25).

Apostelgeschichte 8 berichtet auch von dem Wirken des Philippus südlich und westlich von Jerusalem. Dort stieß Philippus auf den Kämmerer aus Äthiopien (Agp 8,26–40). Aller Wahrscheinlichkeit nach reiste der Äthiopier die Straße entlang, die von Bethlehem in den Eichgrund führte, die Straße, welche David genommen hatte, als er seinen Brüdern Essen brachte (1. Sam 17), und diejenige, welche die Römer schließlich mit Meilensteinen gepflastert und gekennzeichnet hatten. Diese Straße führte südlich vom Eichgrund durch das Hügelland der Schefela bis nach Betogabris (in der Nähe des alttestamentlichen Marescha = hellenistisches Marisa). Von dort lief die Straße Richtung Westen weiter bis nach Gaza. Von Gaza führte eine Straße Richtung Westen über den nördlichen Sinai nach Afrika. Es scheint vernünftig, anzunehmen, dass Philippus seinen Weg in der Schefela predigend fortsetzte, bevor er in die Küstenebene der

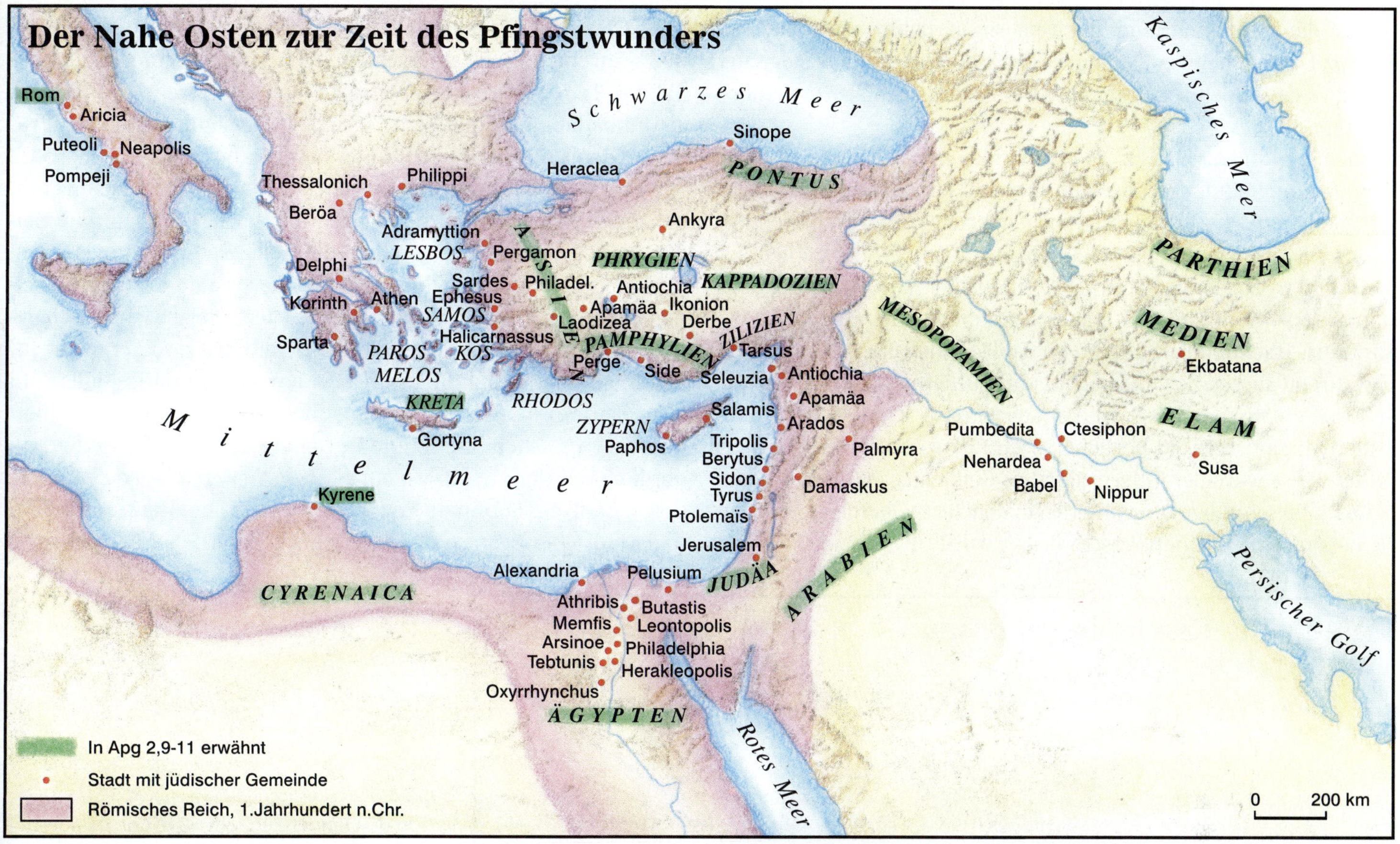

Philister abbog (Azotos [Aschdod]; Apg 8,40) und dann nördlich entlang der Küste nach Cäsarea zog, wo er sich schließlich niederließ (Apg 21,8).

Andere Christen aus Jerusalem wirkten ebenfalls in der Küstenebene. Petrus zum Beispiel heilte Äneas in Lydda und zog dann weiter bis zu der jüdischen Hafenstadt Joppe, wo er Tabita von den Toten auferweckte (Apg 9,32–42). In Joppe hatte Petrus die Erscheinung von den unreinen Tieren und kurz danach nahm er die Einladung an, in das Haus des Hauptmanns Kornelius zu kommen, der in Cäsarea lebte. Als Petrus das Evangelium verkündete, kamen Kornelius und viele andere zum Glauben. In Cäsarea, der Stadt des römischen Statthalters (Pilatus mag wohl zu der Zeit immer noch Statthalter gewesen sein), hielt das Evangelium in die Heidenwelt an den Küsten des Mittelmeers Einzug.

Inzwischen wurde die Verfolgung der Christen in Jerusalem und Judäa fortgeführt. Als Saulus, ein eifriger Pharisäer, der dazu offiziell bevollmächtigt worden war, nach Damaskus reiste, um die Gläubigen dort zu verfolgen, erschien ihm der auferstandene Herr. Saulus befand sich wahrscheinlich zu diesem Zeitpunkt im nördlichen Transjordanien. Nachdem Paulus eine kurze Zeit in Damaskus verbracht hatte, zog er sich nach Arabien zurück (= in das Gebiet des nabatäischen Königs Aretas IV.), wo er drei Jahre lang blieb (Gal 1,17). Nachdem er von dort aus kurz nach Damaskus zurückgekehrt war, reiste er zu einem zweiwöchigen Besuch weiter nach Jerusalem (Apg 9,26–29; Gal 1,18–19) und brach dann nach Tarsus auf, seiner Heimatstadt in Zilizien (in der heutigen südöstlichen Türkei).

In der Apostelgeschichte wird den Ereignissen zwischen der Bekehrung des Saulus (ca. 32/33 n. Chr.) und dem Tod Agrippas I. (44 n. Chr.) wenig Beachtung geschenkt, aber während dieser Zeit

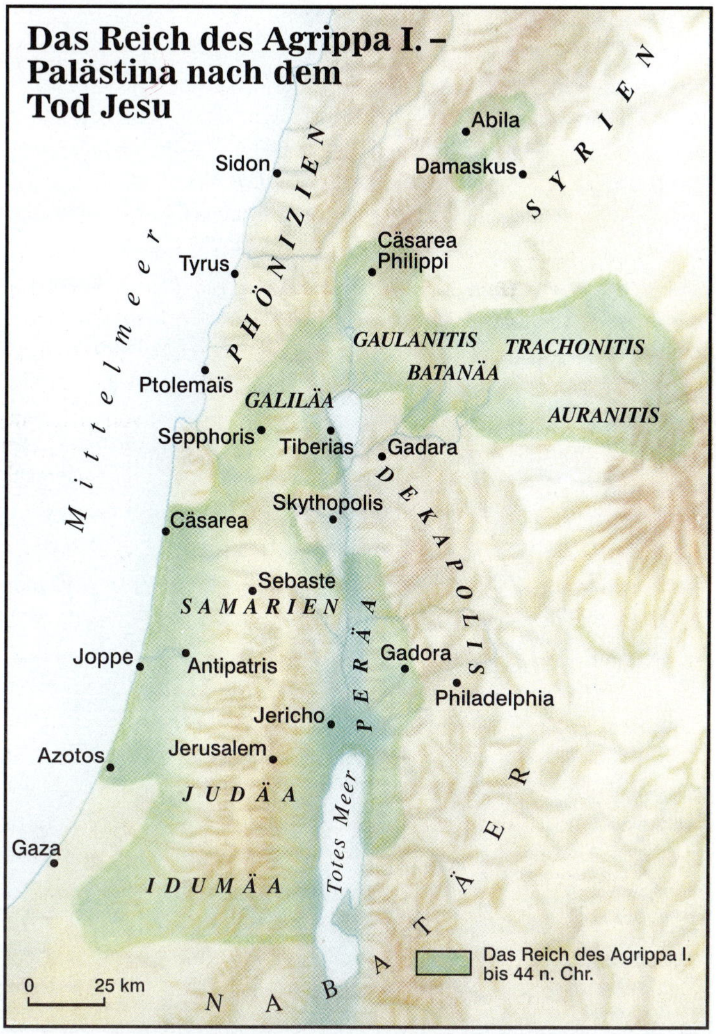

wuchs die Gemeinde und die Opposition nahm ebenfalls zu. Agrippa I. ließ Jakobus, den Bruder des Johannes, töten. Als er sah, dass dies den Juden gefiel, versuchte er, Petrus ebenfalls zu ermorden (Apg 12).

Nach dem Tod Agrippas I., 44 n. Chr., regierten in Cäsarea unfähige und üble Statthalter über den größten Teil von Palästina. Verschiedene jüdische Gruppen versuchten erfolglos zu revoltieren. In der Zwischenzeit wurde Herodes Agrippa II. immer mehr Gebiet von den Römern zugebilligt, so dass er zu der Zeit des Jüdischen Aufstands (66–70 n. Chr.) die Herrschaft über Gaulanitis, Batanäa, Auranitis, Trachonitis und Teile von Galiläa innehatte.

Während dieser Zeit (44–66 n. Chr.) unternahm Paulus seine drei großen Missionsreisen und er kehrte nach seiner zweiten und dritten Missionsreise zu Besuchen nach Judäa zurück. Nach seiner dritten Reise wurde er in Jerusalem ins Gefängnis geworfen – man hatte ihn beschuldigt, einen Heiden in den Tempelbereich gebracht zu haben. Wegen einer Verschwörung wurde Paulus über Nacht nach Cäsarea gebracht und verbrachte über zwei Jahre im Gefängnis. Während dieser Zeit erschien er vor zwei verschiedenen Statthaltern, Felix und Festus, ebenso wie vor dem Macht und Einfluss gewinnenden jüdischen König Agrippa II. Am Ende berief sich Paulus auf den Kaiser und wurde unter Bewachung nach Rom gebracht.

Zu dieser Zeit fuhren die römischen Statthalter von Palästina fort, das jüdische Feingefühl zu verletzen und taten wenig, um die Heiden von Cäsarea zurückzuhalten, die Juden ständig zu belästigen. Zum Beispiel beschlagnahmte Florus, der auf den Greueltaten seiner Vorgänger aufbaute, sogar einen Teil der heiligen Tempelschatztümer. Während seiner Amtszeit (64–66 n. Chr.) revoltierten die Juden in ganz Palästina: in Cäsarea, in Jerusalem und in Galiläa.[2] In Jerusalem wurden der Tempelberg und die Antonia-Festung erobert und die römischen Streitkräfte wurden in den drei Türmen genau nördlich von Herodes' Palast auf dem westlichen Hügel eingesperrt. Gegen Ende des Sommers im Jahre 67 n. Chr. stand ganz Jerusalem unter jüdischer Herrschaft. Im Gegenzug marschierte der römische

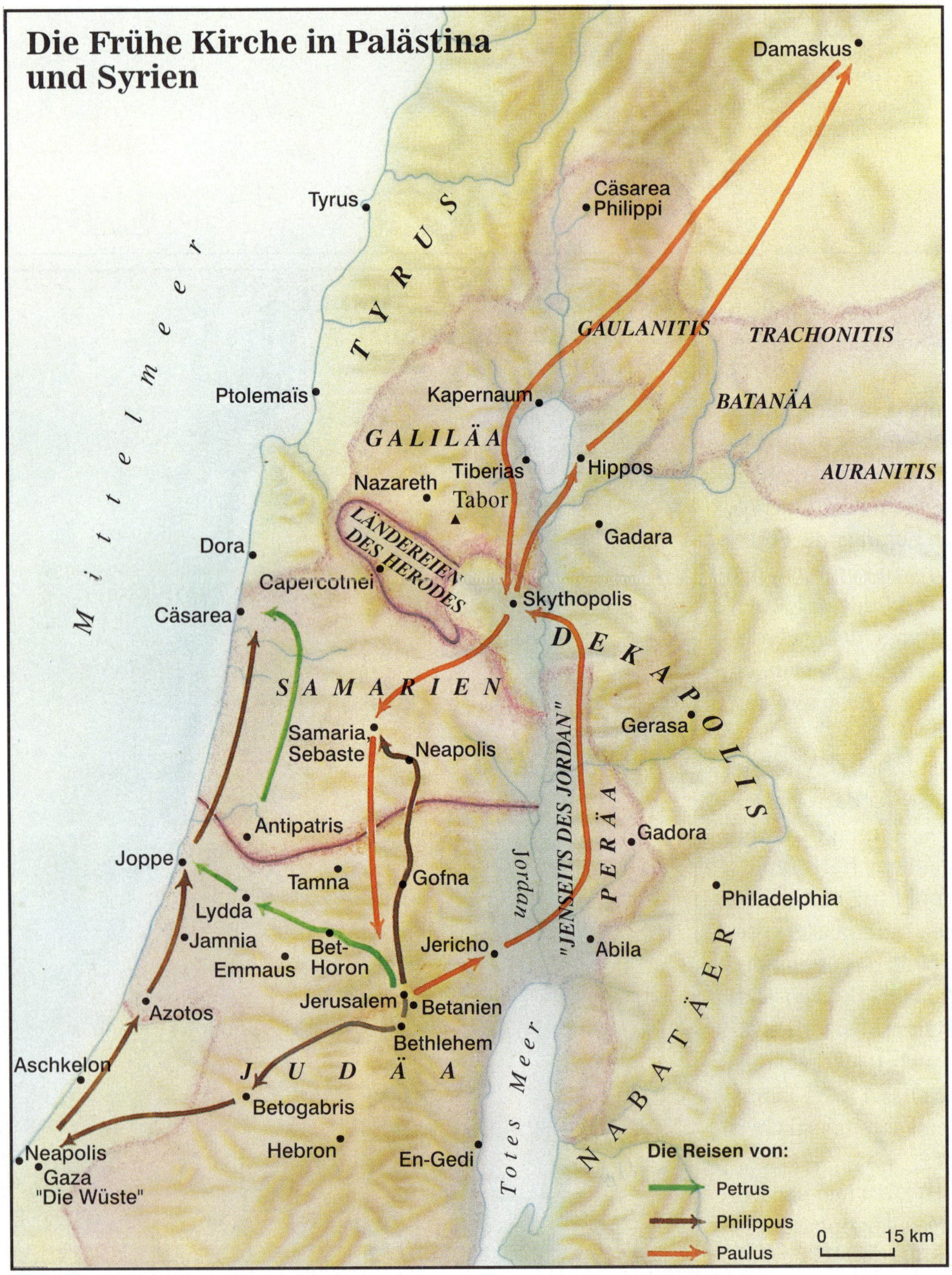

Jüdische Stadt Gamala auf den Golanhöhen, von den Römern im Jahr 67 n. Chr. belagert.

Legat von Syrien mit der Zwölften Legion Richtung Süden und versuchte, Jerusalem zurückzugewinnen. Aber der Versuch schlug fehl und die Legion war stark geschwächt, als sie sich die Bet-Horon-Straße hinunter zurückzog. Obwohl die jüdischen Streitkräfte im Laufe des Aufstands ernsten inneren Spaltungen ausgesetzt waren, entstand eine jüdische Regierung. Münzen wurden geprägt und militärische Verwaltungsbezirke (Kommandobehörden) gebildet. Der berühmteste jener Kommandeure war Josephus, der Sohn eines Priesters, der mit der Aufgabe betraut war, Galiläa zu verteidigen. Der damalige römische Kaiser Nero (54–68 n. Chr.) sandte seinen Feldherrn Vespasian, um den Aufstand niederschlagen zu lassen. Vespasian richtete seine Hauptquartiere in Ptolemaïs ein und machte sich auf, um die drei Legionen, die zu seiner Verfügung standen, einzusetzen: die Zehnte, die Zwölfte und die Fünfzehnte. Sein erstes Ziel war, den nördlichen Teil des Landes, vor allem Untergaliläa, zu sichern. Nachdem Vespasian Sepphoris zurückerobert hatte, belagerte er die Festung von Jotapata. Wenngleich der größte Teil der Verteidigungsgarnison dabei umkam, rettete ihr Befehlshaber, Josephus, sein Leben, indem er sich den Römern ergab. Vespasian zog weiter in Richtung See Genezareth und marschierte durch Tiberias bis nach Tarichеä. Dort traf er auf hartnäckigen jüdischen Widerstand, aber nach blutigen Land- und Seeschlachten schlug er die aufständischen Streitkräfte. Östlich vom See Genezareth, bei Gamala, kämpften die jüdischen Truppen ebenfalls mit großer Tapferkeit und Kühnheit, aber wieder gewannen die Römer die Oberhand und die meisten der Juden wurden niedergemetzelt. Mehrere Orte in Obergaliläa, wie z. B. Kadasa (= AT Kedesch) und Gischala, wurden erobert, so dass am Ende des Jahres 67 n. Chr. Galiläa unter römischer Herrschaft stand. In der Zwischenzeit marschierten römische Truppen die Küste entlang nach Süden und eroberten den jüdischen Hafen von Joppe und zerstörten die kleine jüdische Kriegsflotte. Weiter südlich wurden solche Städte wie Jamnia und Azotos erobert. Im Osten sicherten die Römer samaritanisches Gebiet um die Berge Ebal und Garizim. Im Frühling des Jahres 68 n. Chr. wurde der Kampf fortgeführt und es scheint, als sei es Vespasians Ziel gewesen, Jerusalem erst zu isolieren und dann zu erobern. Um dieses Ziel zu erreichen, marschierten die Römer in Peräa, dem jüdischen Gebiet östlich des Jordans, ein. Zudem zog die Fünfte Legion Richtung Süden die Küste entlang und eroberte die Schefela, einschließlich der Städte Betogabris, Caphartobas und Emmaus. Die Fünfte Legion war bei Emmaus stationiert, um die westlichen Zugangsstraßen nach Jerusalem unter Kontrolle zu haben. Die Römer marschierten auch ostwärts durch Samarien das Wadi Faria hinunter bis nach Koreä und von dort Richtung Süden, die westliche Seite des Jordantales hinunter bis nach Jericho. Nach der Eroberung Jerichos wurde die Zehnte Legion dort stationiert, um den östlichen Zugang nach Jerusalem zu überwachen. Stoßtruppen von Jericho wurden in das nördliche Judäa gegen Städte wie Akrabattena und Gerasa gesandt.

Im Juni des Jahres 68 n. Chr. beging Kaiser Nero Selbstmord und

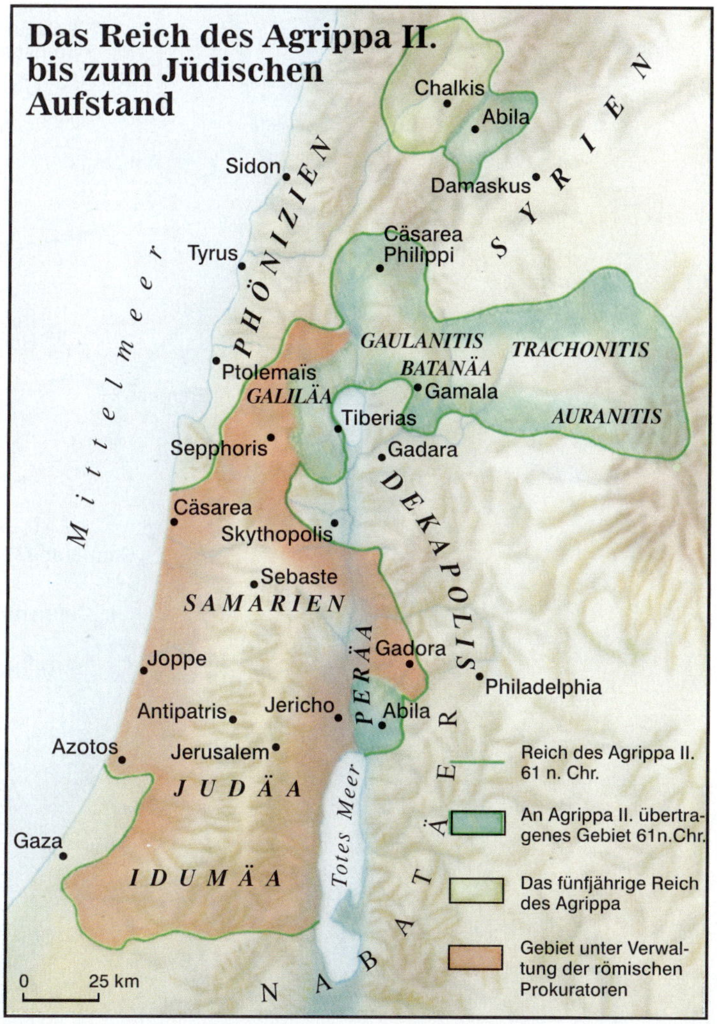

Der Jüdische Aufstand gegen die Römer, 66 – 70 n. Chr.

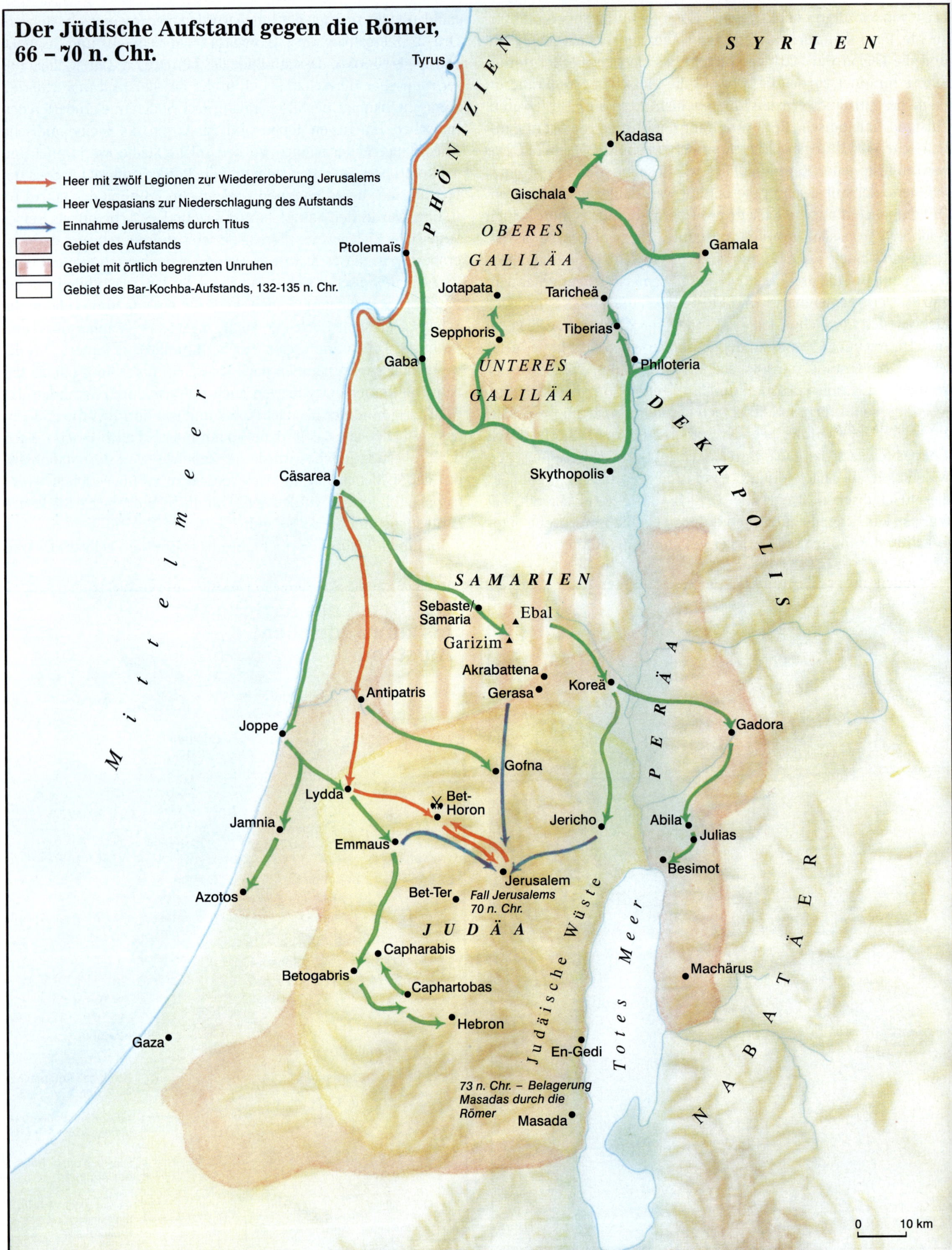

obgleich die Führung Roms von Aufruhr und Unruhe geprägt war, war Vespasian in der Lage, den Druck in Judäa aufrechtzuerhalten. Im Hochsommer des Jahres 69 n. Chr. waren Gofna und Akrabattena im Norden und Hebron und Capharabis im Süden erobert worden, so dass nur noch Jerusalem, die Judäische Wüste, Masada und Machärus in jüdischer Hand geblieben waren.

Im Sommer des Jahres 69 n. Chr. erhoben seine Truppen Vespasian zum Kaiser. Vespasian kehrte nach Rom zurück und im Sommer des Jahres 70 n. Chr. eroberte sein Sohn Titus Jerusalem. Titus näherte sich Jerusalem mit der Zwölften und Fünfzehnten Legion von Norden. Zusätzlich verließ die Fünfte Legion ihr Quartier bei Emmaus und zog von Westen aus nach Jerusalem, während die Zehnte Legion Jericho verließ und sich Jerusalem von Osten her näherte. Jerusalem wurde von Ende Mai bis Mitte August belagert; die Stadtteile Jerusalems wurden systematisch eingenommen, bis schließlich im August der Tempelberg belagert wurde. Ende August zündeten die Römer den Tempel an. Der obere (westliche) Teil Jerusalems behauptete sich einige wenige Wochen länger, aber auch er fiel den Römern zum Opfer. Obgleich Jerusalem erobert und zerstört worden war, wurde es nicht verlassen, sondern die Römer stationierten die Zehnte Legion dort, um weiteren Feindseligkeiten vorzubeugen. Die Eroberung Jerusalems im Jahre 70 n. Chr. markiert das eigentliche Ende des Jüdischen Aufstands, obwohl die Römer sich auf Säuberungsaktionen einlassen mussten, besonders in der Judäischen Wüste. Im Jahre 73 n. Chr. belagerten sie die massive Felsenfestung von Masada. Dort beschlossen 960 der insgesamt 967 Juden, lieber Selbstmord zu begehen, als von den Römern gefangen genommen zu werden (vgl. Jos).

Die Zerstörung des Tempels und die Einstellung der Opfer führte zu einem dramatischen Wandel. Der Sanhedrin, der nun von den Pharisäern beherrscht wurde, bildete sich in Jamnia um und gab dem jüdischen Leben eine neue Richtung. Jüdisches Leben konzentrierte sich nun überall in Palästina auf das Leben in den Dörfern und Städten außerhalb Jerusalems.

In den Anfangsjahren des zweiten Jahrhunderts (132–135 n. Chr.) versuchte das jüdische Volk erneut, das römische Joch abzuwerfen. Dieser zweite Aufstand scheint im Gegensatz zu dem ersten sorgfältig und gewissenhaft geplant worden zu sein. Während die Römer in anderen Teilen des Kaiserreiches beschäftigt waren, wurde Simon Bar Kochba von dem hoch angesehenen Rabbi Akiba zum Führer des jüdischen Volkes ernannt. Der Aufstand hatte sein Zentrum in und um Jerusalem und Judäa. Eine effektive jüdische Verwaltung wurde gebildet, es wurden sogar Münzen geprägt. Anfänglich erfreuten sich die Juden einer Reihe von militärischen Erfolgen. Doch die Römer antworteten erneut mit Härte und schickten mehrere Legionen in das Gebiet, um den Aufstand niederzuschlagen. Bar Kochba musste Jerusalem verlassen und sich nach Bet-Ter, 11 Kilometer südwestlich von Jerusalem, zurückziehen. Die Römer belagerten seine Festung und er und seine Garnison wurden vernichtet. Mit dem Ende des Zweiten Jüdischen Aufstands befahl der Kaiser Hadrian, dass Jerusalem zerstört werden und als eine römische Kolonie namens Aelia Capitolina wieder aufgebaut werden sollte. Den Juden sollte der Eintritt in diese Stadt verwehrt sein. Um »das Jüdische« des Landes noch weiter auszurotten, wurde der Name des Landes von Judäa in Palästina umgewandelt.[3]

Inschrift am Aqädukt von Cäsarea. Die Zehnte Legion widmet ihre Arbeit dem Kaiser Hadrian.

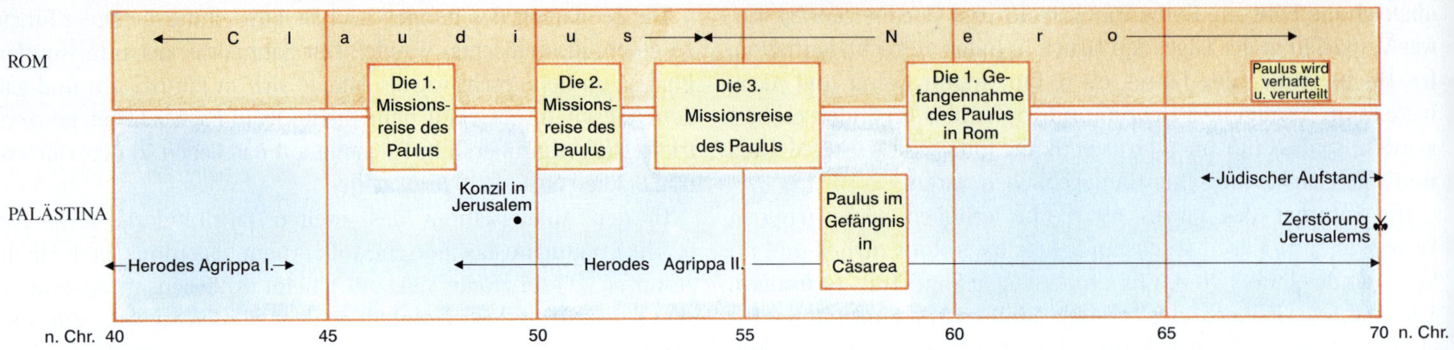

Die Reisen des Paulus

Das frühe Leben des Saulus

Während der Zeit zwischen der Himmelfahrt Christi und dem Fall Jerusalems, das den Römern in die Hände gefallen war (30–70 n. Chr.), wurde das Evangelium nicht nur in Jerusalem, Judäa und Samarien gepredigt (Apg 1–12), sondern im gesamten Römischen Reich (Apg 13–28). In der griechisch-römischen Stadt Tarsus an der südöstlichen Küste von Kleinasien geboren, wurde Saulus nach Jerusalem geschickt, um von dem berühmten Lehrer Rabbi Gamaliel im jüdischen Gesetz unterwiesen zu werden (Apg 22,3; vgl. 5,34). Während seines Aufenthalts in Jerusalem war Saulus bei der Steinigung von Stephanus dabei, aber bald danach bekehrte sich Saulus zu Christus (Apg 9). Nachdem er drei Jahre in Arabien verbracht hatte und gelegentlich zu kurzen Besuchen nach Damaskus und Jerusalem gekommen war, kehrte Saulus schließlich nach Tarsus zurück, von wo aus er offensichtlich sowohl in Zilizien als auch im nördlichen Syrien das Evangelium verkündete.

Die Hauptstadt von Syrien war Antiochia.[1] Mit den Jahren hatte sie sich zu einem bedeutenden Handelszentrum entwickelt, da sie am westlichen Ende der Fernstraßen gelegen war, die von Mesopotamien bis zum Mittelmeer führten, und weil sie außerdem als nordwestlicher Endpunkt der Gewürz- und Weihrauchroute aus Südarabien diente. Viele Jahre lang war sie die Hauptstadt des Seleukidischen Königreiches gewesen und sie wurde die Hauptstadt der römischen Provinz Syrien; zudem diente sie als Roms letzte große Bastion gegenüber dem Königreich der Parther im Osten. Die Heiden bildeten den größten Teil der Bevölkerung von Antiochia, aber es lebte auch eine beträchtliche Anzahl von Juden dort, denn sie hatten als Dank für ihre Unterstützung, die sie in verschiedenen seleukidischen Angelegenheiten gewährt hatten, Eigentumsrechte und das Bürgerrecht erhalten.

Es ist wahrscheinlich, dass einige Christen, die wegen der Christenverfolgung aus Judäa geflohen waren, in Antiochia Zuflucht suchten und begannen, den Bewohnern dort von ihrem Glauben zu erzählen. Da der neue Glaube in dieser Stadt großen Erfolg zu haben schien, sandte die Gemeinde Jerusalems Barnabas nach Antiochia (Apg 11,22). Nachdem Barnabas, der Saulus früher unterstützt hatte, einige Zeit in Antiochia verbracht hatte, ging er nach Tarsus, um Saulus zu suchen und ihn um seine Hilfe bei der Unterweisung der Christen in Antiochia zu bitten. Einige Jahre lang (43–45 n. Chr.) lehrten Barnabas und Saulus zusammen in Antiochia, dem Ort, wo die Gläubigen zum ersten Mal »Christen« genannt wurden (V. 26).

Die erste Missionsreise des Paulus

Nachdem Barnabas und Saulus einige Jahre in Antiochia verbracht hatten, in denen sie eine Reise nach Jerusalem unternommen hatten, um »eine Gabe« zur Linderung der Hungersnot abzuliefern (Apg 11,28–30), wurden die beiden von der Gemeinde in Antiochia fortgeschickt, um in anderen Teilen des Römischen Reiches zu lehren. Von Antiochias bedeutendem Hafen Seleuzia aus brach Saulus zu der ersten seiner drei Missionsreisen (ca. 46–48 n. Chr.) auf. Barnabas und Saulus fuhren per Schiff zur Insel Zypern und legten in Salamis an, einem Ort am östlichen Rand der Insel, genau unterhalb des »Fingers«, der nach Antiochia zeigt. Dort in Salamis predigten sie in der Synagoge, bevor sie über Land bis zu Zyperns Regierungshauptstadt Paphos am südwestlichen Rand der Insel zogen. In Paphos kam der Prokonsul von Zypern, Sergius Paulus, zum Glauben.

Von Paphos aus segelten Paulus und Barnabas 270 Kilometer nordwestlich in das antike Pamphylien an der südlichen Küste der heutigen Türkei. Sie umfuhren den Hafen von Attalia und segelten den Fluss Kestros weiter hinauf bis nach Perge, eine der größten Städte der Provinz. In Perge trennte sich Johannes Markus aus unbekannten Gründen von ihnen und kehrte nach Jerusalem zurück (Apg 13,13). Paulus und Barnabas blieben offensichtlich nicht sehr lange in Perge, sondern zogen weiter Richtung Norden, hinauf in das zerklüftete Taurus-Gebirge. Nachdem sie die steilen, bewaldeten Südhänge hinaufgeklettert waren, erreichten sie die weite, erhabene Hochebene mit dem Namen Pisidien. Von dort setzten sie ihren Weg Richtung Norden nach Phrygien fort, einem Gebiet, das von Völkern aus Mazedonien oder Thrazien besiedelt worden war. Die Bezirke Pisidien und Phrygien waren eng miteinander verbunden, so dass die Stadt Antiochia, die eigentlich in Phrygien lag, auch mit Pisidien

Die erste Missionsreise des Paulus

verknüpft war und so als »Antiochia in Pisidien« bekannt wurde (Apg 13,14). Diese Stadt, welche am Fuße einer Bergkette lag, befand sich genau auf der großen Straße, die von Syrien bis zur ionischen Küste führte. Antiochia diente ebenfalls als Verwaltungszentrum von Südgalatien, der großen römischen Provinz, von der Pisidien und Phrygien ein Teil waren. Paulus und Barnabas predigten an mehreren Sabbaten in der Synagoge von Antiochia in Pisidien. Obwohl die Juden nicht sonderlich empfänglich für ihre Botschaft waren, waren es die Heiden umso mehr. Das Evangelium breitete sich »in der ganzen Gegend« (V. 49) aus. Doch schon bald entstand Widerstand und schließlich wurden Paulus und Barnabas aus der Stadt verbannt.

Paulus und Barnabas zogen weiter nach Ikonion, einem weiteren bedeutenden Handelszentrum auf der Straße von Syrien nach Asien. Dort predigten die beiden wieder in der Synagoge und eine große Anzahl von Juden und Heiden kam zum Glauben. Doch bald zwangen Opposition und Bedrohungen ihres Lebens sie zur Flucht, dieses Mal in die lykaonischen Städte Lystra und Derbe. Wahrscheinlich dachten Paulus und Barnabas, dass Lystra ihnen als ein Ort der Zuflucht vor dem Widerstand dienen würde, da es dieses Mal keine von den größeren Städten der Region war. Aber nachdem Paulus und Barnabas einen Mann geheilt hatten, der von Geburt an behindert gewesen war, dachten die Lykaonier, welche daran glaubten, dass die Götter früher ihre Vorfahren besucht hatten, dass die Götter nun wiederkehrten und sie identifizierten Barnabas mit Zeus und Paulus mit Hermes. Paulus und Barnabas wollten die Stadtbevölkerung davon abbringen, sie als Götter anzubeten, aber als Juden aus Antiochia und Ikonion hinzukamen, hetzten diese das Volk auf, Paulus zu steinigen. Sie schleppten ihn aus der Stadt fort – in dem Glauben, dass er tot sei. Es ist interessant, festzustellen, dass es wahrscheinlich nicht viele Juden in Lystra gab, da an keiner Stelle von einer Synagoge die Rede ist, obwohl Timotheus, dessen Mutter eine Jüdin war, aus der Stadt stammte. Zudem lässt die fehlende Ordnung und Justiz, die in dem Verhalten Paulus gegenüber zum Tragen kommt, darauf schließen, dass nur sehr wenige Römer dort waren oder zumindest war die Justiz sehr stark von lokalen Vorurteilen beeinflusst; dies entsprach der Wahrheit – trotz der Tatsache, dass Lystra zu einer römischen Kolonie gemacht worden war.

Von Lystra reisten Paulus und Barnabas 100 Kilometer Richtung Osten nach Derbe (das als identisch gilt mit Kerti Hujuk oder Devri Sehri, 4 Kilometer südöstlich von Kerti Hujuk) am östlichen Rand der Provinz Galatien. Nachdem Paulus und Barnabas in der Stadt gepredigt hatten, nahmen sie nicht die kurze Strecke über die Zilizische Pforte und Tarsus zurück in das syrische Antiochia; stattdessen statteten sie den Gemeinden, die sie gerade in Lystra, Ikonion und Antiochia in Pisidien aufgebaut hatten, erneut einen Besuch ab und stärkten diese im Glauben. Sie gingen denselben Weg Richtung Süden durch das Taurus-Gebirge zurück und über-

Die zweite Missionsreise des Paulus

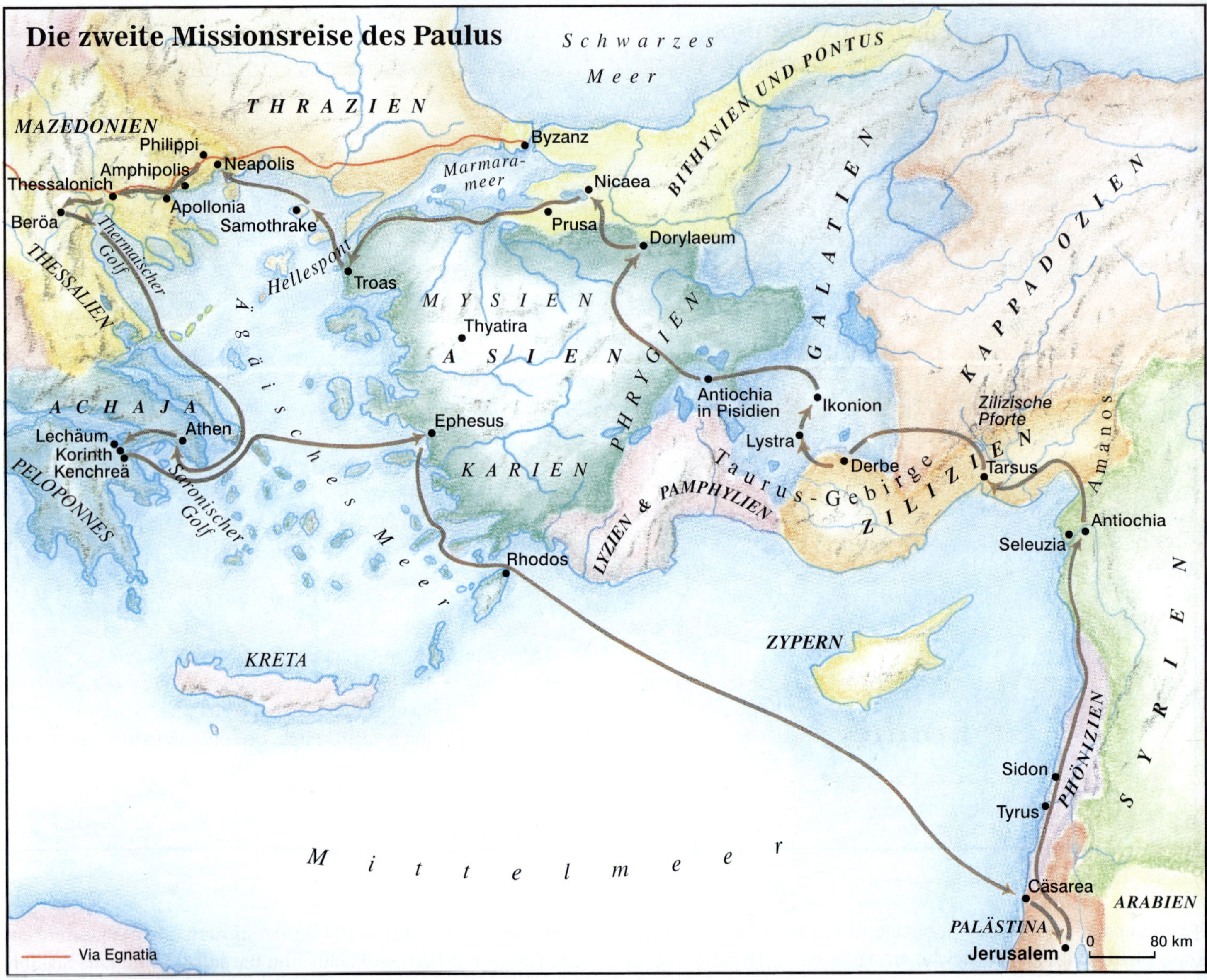

Athen in römischer Zeit

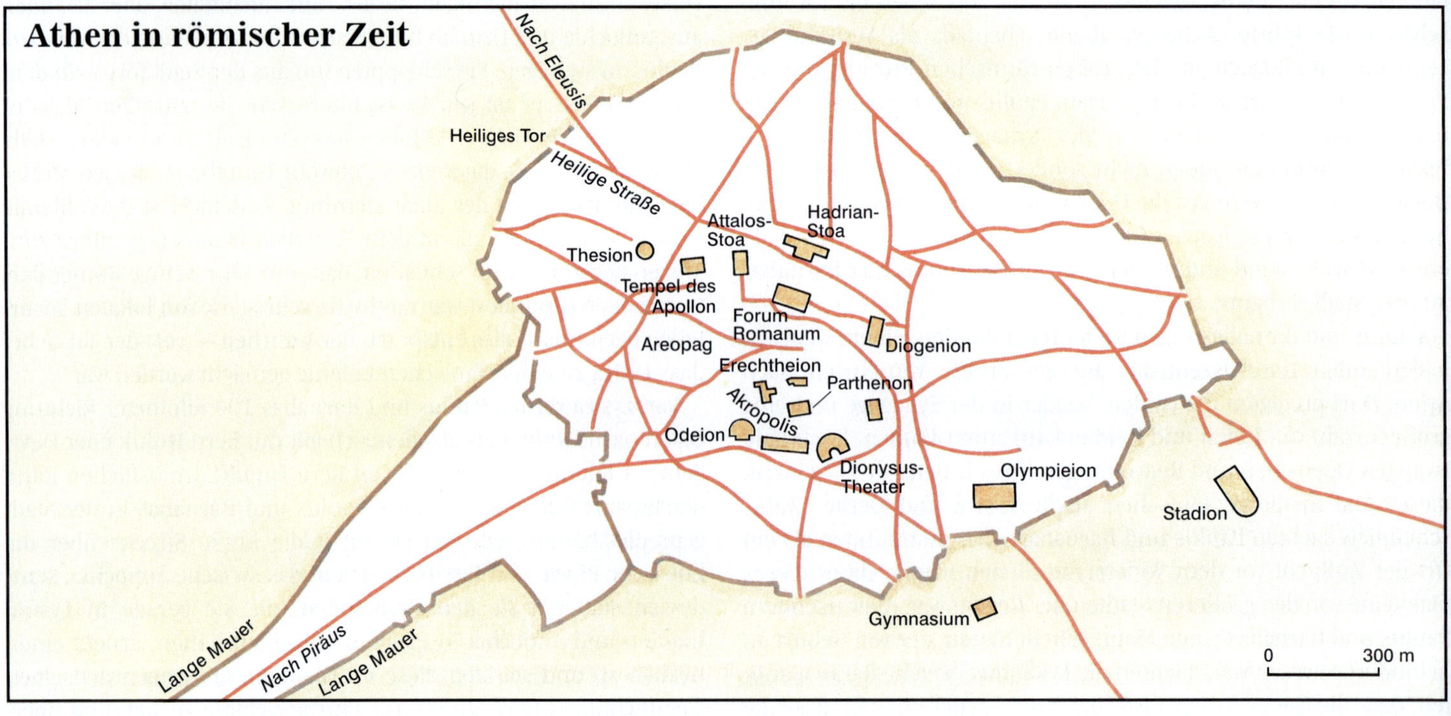

querten die enge Hochebene von Pamphylien bis zu der hübschen Hafenstadt Attalia. Von dort segelten sie zurück nach Antiochia. So wurden bei Paulus' erster Reise bedeutende Gemeinden auf Zypern und in Südgalatien gegründet. Und von strategisch günstig gelegenen Städten wie Antiochia in Pisidien und Ikonion konnten Neubekehrte viele Menschen beeinflussen, welche die Durchgangsstraße nach Asien durchzogen. Auf Paulus' erster Reise wurden einige Juden, aber wesentlich mehr Heiden den ersten christlichen Gemeinden zugeführt.

Obwohl jüdische Proselyten sich der Gemeinde seit den ersten Tagen angeschlossen hatten, kamen durch die Verkündigung von Paulus und Barnabas eine große Anzahl von Heiden zum ersten Mal direkt in die Gemeinde. Dies warf die Frage nach der Beziehung der Heidenchristen zum Mosaischen Gesetz auf. Paulus und Barnabas reisten nach Jerusalem, an der Apostelversammlung teilzunehmen, die einberufen worden war, um über den Streitfall zu diskutieren (Apg 15; ca. 49/50 n. Chr.). Nach bedeutsamen Erörterungen von gläubigen Pharisäern, Petrus, Barnabas und Paulus verkündete Jakobus den Beschluss, dass nur minimale rituelle Forderungen an die Heidenchristen gestellt werden sollten, um die Einigkeit zwischen gläubigen Juden und Heiden zu unterstützen. Mit diesem Ergebnis kehrten Paulus und Barnabas nach Antiochia zurück.

Die zweite Missionsreise des Paulus

Sowohl Paulus als auch Barnabas waren bestrebt, ihre Gemeinden, die sie auf ihrer ersten Reise ins Leben gerufen hatten, noch einmal zu besuchen, aber sie waren sich uneinig in der Frage der Eignung von Johannes Markus als Reisegefährten. Wegen dieser Uneinigkeit beschlossen Paulus und Barnabas, getrennte Wege zu gehen; Barnabas nahm Johannes Markus mit sich und reiste nach Zypern, während Paulus Silas als Gefährten wählte und Richtung Kleinasien fortzog. Auf dieser zweiten Reise (ca. 50–52 n. Chr.) reisten Paulus und Silas nördlich von Antiochia entlang und wanderten durch das Amanos-Gebirge bis nach Zilizien. Aller Wahrscheinlichkeit nach machten sie in Paulus' Heimatstadt Tarsus Halt und zogen dann nordwestlich durch die Zilizische Pforte, einen Pass im Taurus-Gebirge. Danach gingen sie weiter Richtung Westen, um den Gemeinden in Derbe, Lystra, Ikonion und Antiochia in Pisidien den Beschluss des Jerusalemer Konzils bezüglich der Stellung der Heidenchristen mitzuteilen. Auf dem Weg schloss sich Timotheus in Lystra Paulus und Silas als Begleiter auf ihrer Reise Richtung Westen an.

Bald nachdem sie Antiochia in Pisidien verlassen hatten, mussten sie wählen, ob sie die Straße, welche Richtung Westen zu der ionischen Küste durch Bezirke wie Karien und Lyzien der Provinz Asien führte, weitergehen oder ob sie Richtung Norden nach Dorylaeum ziehen wollten. Sie entschieden sich schließlich für letzteren Weg und reisten Richtung Norden durch Phrygien. Auf ihrem Weg predigten sie das Evangelium in verschiedenen Orten. Als sie südwestlich an Bithynien vorbeikamen, bogen sie nordwestlich nach Nicaea oder Prusa ab und zogen von dort weiter Richtung Westen entlang der nördlichen Grenzlinie von Mysien, einem weiteren Bezirk der Provinz Asien, bis zu der Hafenstadt Troas. In der Nähe des Hellespont (der heutigen Meerenge der Dardanellen, welche das Schwarze Meer und das Marmarameer mit dem Ägäischen Meer verbindet), am Ende einer Karawanenstraße aus dem Osten und nahe an Europa gelegen, erfreute sich Troas großer Blüte als römische Kolonie. Und hier traf Paulus Lukas, einen Arzt. Auf eine Vision hin segelten Paulus und seine Gefährten (nun einschließlich Lukas) von Troas nach Europa. Nachdem sie für eine Nacht vor der Insel Samothrake vor Anker gegangen waren, legte das Schiff am nächsten Tag in Mazedonien bei Neapolis an. Von Neapolis reiste die Gruppe ca. 20 Kilometer weiter ins Landesinnere zu der prominenten Stadt Philippi. Diese strategisch günstige Stadt war Teil eines Systems, das Rom mit seinen östlichen Provinzen verband. Als eine römische Kolonie scheint Philipppi vornehmlich mit Heiden bevölkert gewesen zu sein, denn offensichtlich war die jüdische Bevölkerung nicht groß genug, um eine Synagoge zu rechtfertigen. Auf dem Gebetsplatz an dem Fluss Gangitis westlich der Stadt traf Paulus Lydia, die Purpurhändlerin aus der Stadt Thyatira. Paulus wohnte nach ihrer Bekehrung in ihrem Haus, solange er in der Stadt lehrte. In Philippi heilte Paulus ein Sklavenmädchen, das von einem Dämon besessen war. Deshalb ließen ihre Herren Paulus und Silas ins Gefängnis werfen. Nach dem großen Erdbeben mitten in der Nacht und der darauffolgenden Bekehrung des Gefängnisaufsehers und seiner Familie baten die führenden Leute der Stadt Philippi Paulus und Silas, die Stadt zu verlassen. Da der Bericht aus der Wir-Perspektive (Apg 16,10–17), der mit der Reiseschilderung ab Troas begann, mit den Ereignissen in Philippi endet, darf man annehmen, dass Lukas in Philippi zurückblieb, um dort zu lehren. Es scheint, dass der Dienst in Philippi sehr von Erfolg gekrönt war, denn in dem Brief des Paulus an die Philipper drückt er sehr herzliche Gefühle für die Leute aus.

Von Philippi aus reisten Paulus und Silas 110 Kilometer westlich entlang der Via Egnatia über Amphipolis und Apollonia nach Thessalonich. Am nördlichen Rand des Thermaischen Golfes gelegen, war die Stadt nicht nur zur Bezirkshauptstadt aufgestiegen, sondern sie besaß auch den Haupthafen für ganz Mazedonien. Paulus und Silas predigten an drei Sabbaten in der Synagoge. Und eine Reihe von Juden, gottesfürchtigen Griechen und den angesehensten Frauen kamen zum Glauben. Doch wieder entwickelte sich auch Widerstand. Ein zusammengerotteter Pöbel stürmte das Haus von Jason, wo Paulus und Silas untergebracht waren, so dass die beiden noch an demselben Abend die Stadt verlassen mussten. Es scheint, dass selbst nach diesem kurzen dreiwöchigen Aufenthalt von Paulus und Silas der christliche Glaube in Thessalonich Wurzeln schlug. Offensichtlich breitete sich das Evangelium schnell von Thessalonich bis in das Hinterland aus, denn im Laufe der nächsten achtzehn Monate schrieb Paulus an die Thessalonicher: »Denn von euch aus ist das Wort des Herrn erschollen nicht allein in Mazedonien und Achaja, sondern an allen Orten ist euer Glaube an Gott bekannt geworden (...)« (1.Thess 1,8).

Als nächstes zogen Paulus und Silas 80 Kilometer südwestlich nach Beröa (dem heutigen Verria), wo sie die Synagoge betraten und predigten. Die Leute von Beröa waren bekannt für ihr Verlangen, in der Schrift zu forschen. Und eine Reihe von Juden ebenso wie viele griechische Männer und Frauen glaubten, aber die Juden von Thessalonich stifteten Unruhe unter dem Volk von Beröa und verwirrten es. Daraufhin reiste Paulus weiter bis an die Küste, während Silas und Timotheus in Beröa zurückblieben. Paulus reiste wahrscheinlich mit dem Schiff nach Athen, wo er auf die Ankunft seiner Gefährten wartete. Das Athen, welches Paulus besuchte, war zwar nicht mehr die Regierungshauptstadt von Südgriechenland bzw. von der inzwischen römischen Provinz Achaja – Korinth war nun Hauptstadt –, aber es war immer noch als kulturelles und geistiges Zentrum berühmt. Seit seinen goldenen Jahren im fünften Jahrhundert v. Chr. war dieses Athen mit Tempeln und Altären überhäuft worden. Paulus predigte sowohl auf dem Marktplatz als auch in der Synagoge. Daraufhin wurde er von einer Gruppe von epikureischen und stoischen Philosophen eingeladen, auf dem Areopag zu sprechen. Etwa zur Zeit von Paulus' Erscheinen in Athen war dessen Versammlungsort von dem sehr bekannten felsigen Hügel westlich der Akropolis in die Königshalle am Markt verlegt worden. Dort bezeugte Paulus dem Areopag das Evangelium (Apg 17,22–31). Obgleich sich eine Reihe von Athenern bekehrte, scheint dort allgemein keine so große Bereitschaft zur Annahme des Evangeliums vorhanden gewesen zu sein, so dass Paulus die Stadt verließ, um nach Korinth, der Hauptstadt von Achaja, weiterzuziehen.

Korinth war zu jener Zeit ein geschäftiges Verwaltungs- und Handelszentrum.[2] Es war im Jahre 146 v. Chr. von den Römern geplündert, aber im Jahre 44 v. Chr. als eine römische Kolonie neu errichtet worden. Seinen Wohlstand und Reichtum verdankte Korinth seiner geografischen Lage: Es lag genau südlich des schmalen Isthmus (6,5 Kilometer breit), der das griechische Festland mit der Peloponnes verband. Der ganze Verkehr zwischen diesen beiden Stationen musste durch Korinth laufen. Zudem zogen die Alten es vor, die Passagiere und Ladungen über den Isthmus zu transportieren, als die lange und gefährliche Seereise um den südlichen Zipfel der Peloponnes auf sich zu nehmen. Korinth kontrollierte den Hafen von Kenchreä am Saronischen Golf im Osten und dessen Gegenstück, Lechäum am Golf von Korinth im Nordwesten, so dass es sicherlich Einkünfte aus dem Handel zog, der durch den Isthmus floss.

In dieser blühenden, im Aufschwung begriffenen Stadt, welche für ihre Unsittlichkeit und Unmoral berühmt war, lehrte Paulus über achtzehn Monate lang. Hier wurde das Evangelium begierig aufgenommen und Gemeinden entstanden. Paulus schrieb wahrscheinlich beide Briefe an die Gemeinde in Thessalonich während seines Aufenthalts in Korinth. Schon bald wurde Paulus von verärgerten Juden angeklagt, ihre religiösen Gesetze gebrochen zu haben, aber Gallio, der Prokonsul von Achaja, wollte ihre Beschwerden nicht akzeptieren.

Nach seinem ausgedehnten Aufenthalt verließ Paulus in Begleitung von Priszilla und Aquila, bei denen er gewohnt hatte, über den Hafen von Kenchreä Korinth, um die 400 Kilometer lange Reise nach Ephesus anzutreten. In Ephesus machte er kurze Zeit Halt, ließ Priszilla und Aquila dort zurück und lief nach Cäsarea aus, das ungefähr 970 Kilometer entfernt lag. Nach seiner Ankunft in Cäsarea marschierte er hinauf nach Jerusalem und berichtete der Gemeinde dort von seinen Reiseerlebnissen. Danach kehrte er Richtung Norden zu seinem Ausgangspunkt und zugleich seiner Heimatbasis, dem syrischen Antiochia, zurück. Auf dieser zweiten Reise hatte Paulus die Gelegenheit, die Gemeinden der Galater wieder zu besuchen und das Evangelium in Europa – d. h. in Mazedonien und Achaja – zu predigen.

Die dritte Missionsreise des Paulus

Nachdem Paulus einige Zeit im syrischen Antiochia verbracht hatte, brach er zu seiner dritten Reise (ca. 53–57 n. Chr.) auf.

Tempel des Apollo in Korinth.

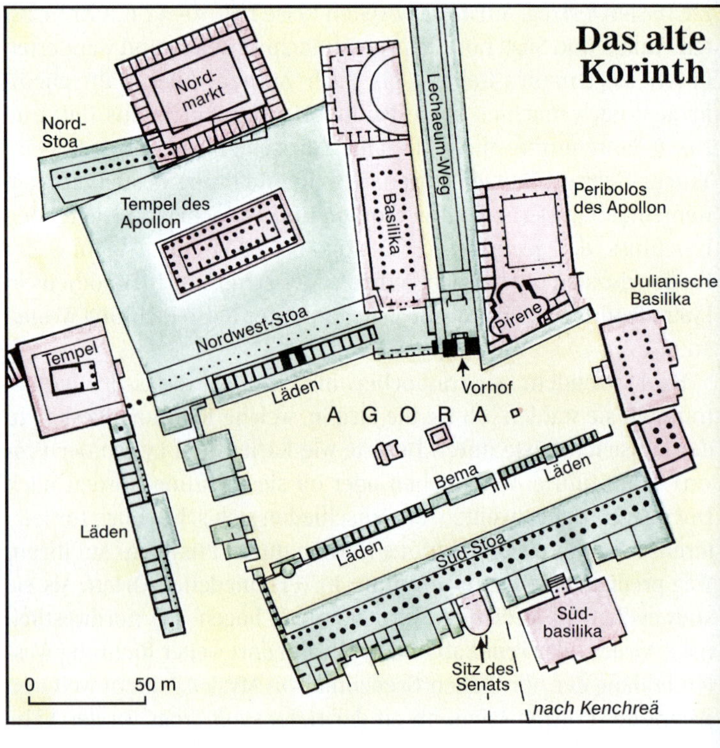

Wahrscheinlich nahm er zunächst denselben Weg wie bei der zweiten Reise, indem er durch Galatien und Phrygien nach Antiochia in Pisidien zog. Aber dieses Mal bog er nicht Richtung Norden ab, sondern zog weiter Richtung Westen in die Provinz Asien nach Ephesus. Diese große Stadt war eine der drei bedeutendsten Städte des östlichen Mittelmeerraumes (die anderen beiden Städte waren das syrische Antiochia und Alexandria in Ägypten). Ephesus hatte sich zu einem bedeutenden Handelszentrum entwickelt, da die Karawanenstraßen aus dem Osten dort zusammenliefen, während es gleichzeitig den Ausgangspunkt des Schiffsverkehrs in Richtung Westen darstellte. Paulus verbrachte drei Jahre in Ephesus, um »den Juden zuerst und ebenso den Griechen« das Evangelium zu verkünden. Und es ist sehr wahrscheinlich, dass er oder die Christen, die er zum Glauben geführt hatte, die Botschaft des Evangeliums in andere Städte Asiens weitertrugen. Sicherlich wuchs so in vielen asiatischen Städten, an die sich Johannes in den ersten drei Kapiteln der Offenbarung wendet – Ephesus, Smyrna, Pergamon, Thyatira, Sardes, Philadelphia und Laodizea –, durch Paulus' Wirken der christliche Glaube.

Ephesus war nicht nur ein wichtiger Knotenpunkt von Transportwegen, sondern es besaß auch den Tempel der Fruchtbarkeitsgöttin Artemis (von den Römern Diana genannt), der als eines der Weltwunder des Altertums betrachtet wurde. Wegen der großen Verbreitung des Evangeliums in Ephesus kam es dort zu einem ernsthaften Rückgang des Geschäfts, das mit dem Kult der Göttin Artemis betrieben wurde. So hetzte der Silberschmied Demetrius die Epheser, die sich in dem 24000 Sitzplätze umfassenden Theater versammelt hatten, gegen Paulus und andere Christen auf, aber der Stadtrichter war in der Lage, den Pöbel davon abzubringen, illegal zu handeln bzw. Lynchjustiz zu üben.

Offenbar brach Paulus kurz danach nach Mazedonien auf, wahrscheinlich über Troas (2. Kor 2,12–13). In Mazedonien besuchte er wahrscheinlich wieder die Gemeinden von Philipppi, Thessalonich und Beröa. Dann zog er weiter westwärts entlang der «Via Egnatia« bis nach Illyrien (Röm 15,19). Irgendwann in dieser Zeit schrieb er offensichtlich den 2. Korintherbrief als Vorbereitung auf seine Ankunft in Korinth (den ersten Brief hatte er geschrieben, während er in Ephesus gelebt hatte). Nachdem Paulus in Mazedonien das Evangelium verkündet und gelehrt hatte, zog er weiter südlich bis nach Achaja und verbrachte den Winter (drei Monate) in Korinth. Wahrscheinlich schrieb er zu jener Zeit seinen berühmten Brief an die Gemeinde in Rom.

Als es Frühling wurde, plante Paulus, direkt nach Judäa zu segeln, um Jerusalem zu Pfingsten zu erreichen. Aber da sein Leben auf diesem Wege durch die Juden bedroht werden würde, verwarf er den Plan wieder und reiste stattdessen über Land nach Philippi (Apg

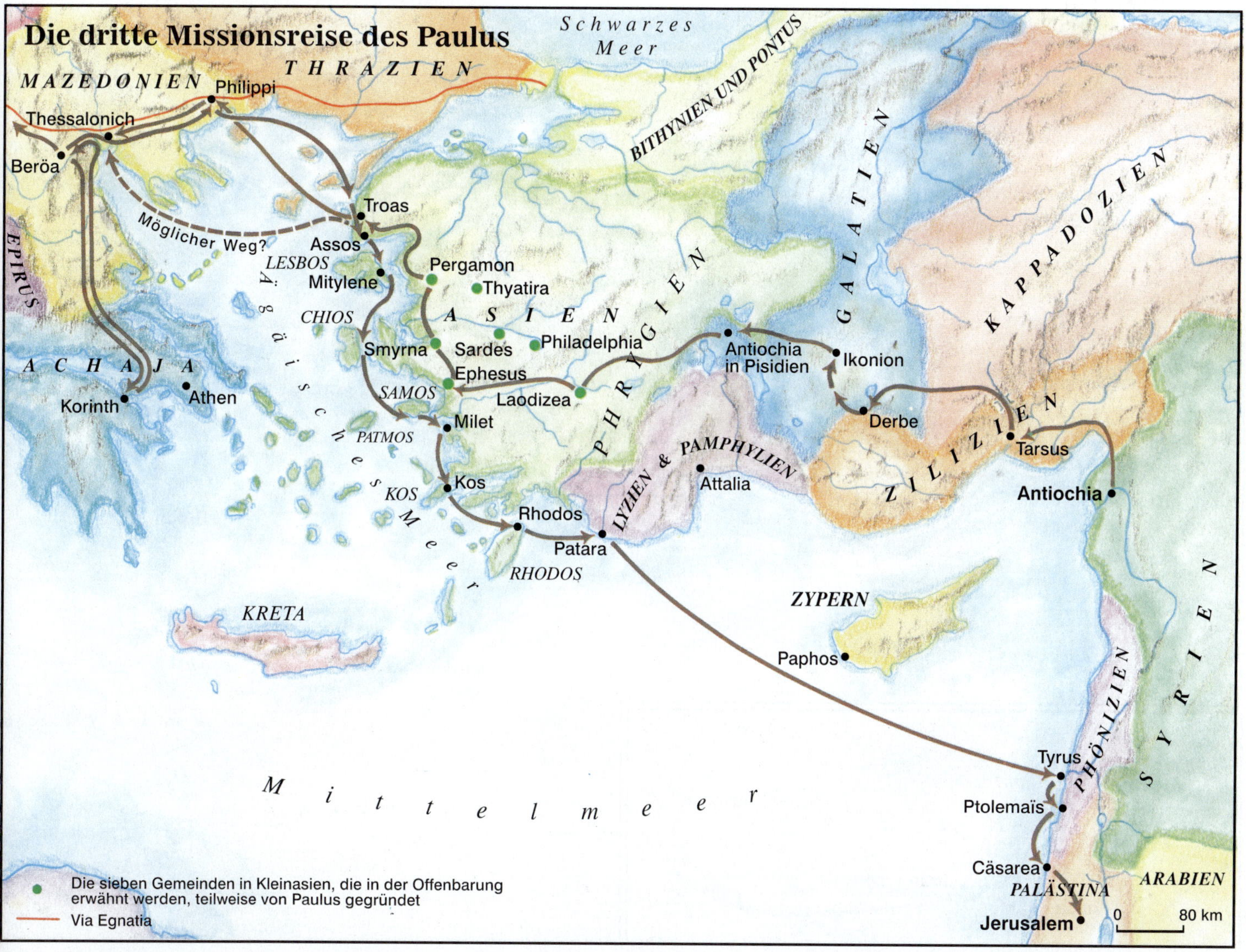

20,3–6). Nach dem Fest der ungesäuerten Brote segelte er nach Troas (auf einem Frachtschiff?). Diese Reise dauerte fünf Tage. Nachdem er sieben Tage in Troas (wo Eutychus von den Toten auferweckt wurde) verbracht hatte, wanderte Paulus die 32 Kilometer über Land nach Assos, während der Rest seiner Begleiter mit dem Schiff fuhr. Sie segelten die ionische Küste hinunter und legten in Mitylene (einem Hafen auf der Insel Lesbos), bei den Inseln Chios und Samos und in Milet an. Milet war früher eine der wichtigsten Hafenstädte von Asien gewesen, aber weil der Hafen immer mehr verschlammte, begann er seine Bedeutung zu verlieren und diese an Ephesus abzutreten. Als Paulus in Milet ankam, rief er die Ältesten der Gemeinde von Ephesus zusammen, die 48 Kilometer nach Milet gereist waren, um ein paar Tage mit ihrem geliebten Lehrer zu verbringen.

Nach einer tränenreichen Verabschiedung gingen Paulus und seine Gefährten an Bord des Schiffes, das von Milet aus in See stach. Nachdem sie die Insel Kos erreicht hatten, fuhren sie weiter nach Rhodos und dann zu der südlichen Küste von Kleinasien, nach Patara, einem Seehafen in der Provinz Lyzien. Es wurde eine Schiffsfracht aufgeladen, die nach Phönizien gebracht werden sollte. Sie segelten an Zypern vorbei und legten in Tyrus an. Während die Fracht abgeladen wurde, bot sich für Paulus die Gelegenheit, dort sieben Tage mit den Christen zu verbringen; dann fuhren sie von Tyrus weiter nach Cäsarea und legten auf dem Weg kurz in Ptolemaïs an. Obwohl einige Christen ihm davon abgeraten hatten, setzte Paulus seinen Weg nach Jerusalem fort. Obgleich er die Absicht gehabt haben mag, wie gewöhnlich nach Antiochia zurückzukehren, war tatsächlich Jerusalem der Endpunkt seiner dritten Reise, denn hier wurde er verhaftet (s. S. 176). Nachdem er nach Cäsarea gebracht worden war, blieb er dort einige Jahre (ca. 57–59 n. Chr.) im Gefängnis, bevor er sich schließlich als römischer Bürger an den Kaiser wandte und Gerechtigkeit erbat.

Die Reise des Paulus nach Rom

Für die Reise nach Rom wurde Paulus einem Zenturio namens Julius unterstellt. Zusammen mit einer kleinen Gruppe, einschließlich Aristarch und wahrscheinlich Lukas, wurde Paulus auf ein Schiff aus Adramyttion (der Name eines Hafens an der westlichen Küste von Kleinasien, östlich von Assos) gebracht. Die Schiffsreise führte sie bis nach Sidon und dann weiter zur südlichen Küste von

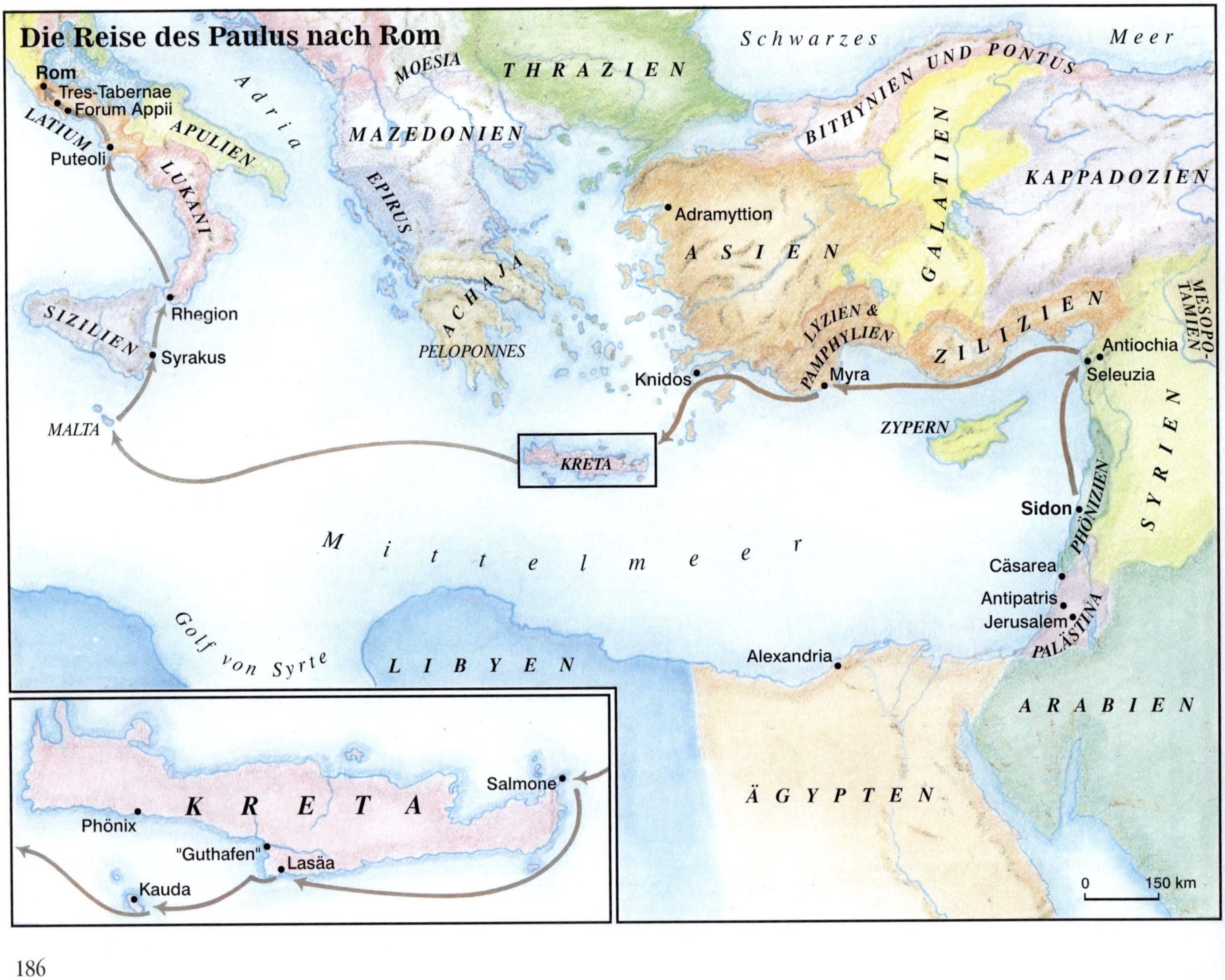

Asien nach Myra, einem bedeutenden Anlaufhafen für Kornschiffe, die nach Rom unterwegs waren. Dort stiegen Paulus und seine Anhänger auf ein Frachtschiff um, das auf direktem Wege nach Italien fahren sollte. Doch aufgrund von Gegenwinden war das Schiff nicht in der Lage, Knidos am südwestlichen Zipfel von Kleinasien (Türkei) zu erreichen. Anstatt zu versuchen, das offene Meer zum südlichen Zipfel der Peloponnes zu überqueren, segelte das Schiff Richtung Süden, mit der Absicht, an der Südseite der Insel Kreta vorbeizufahren. Das Schiff segelte entlang der südlichen Küste von Kreta und ließ einen wintersicheren Hafen, den »Guthafen«, links liegen, um stattdessen zu versuchen, den Hafen in Phönix, 80 Kilometer weiter westlich, zu erreichen, welchen der Kapitän für einen günstigeren Hafen hielt. Da die Fastenzeit (einschließlich des Versöhnungstags; Apg 27,9) bereits vorüber war, muss es Spätherbst gewesen sein und das Segeln auf dem Mittelmeer wurde zu dieser Jahreszeit riskant.

In der Tat kam ein »Nordost«-Wind (Apg 27,14) auf und das Schiff wurde vom Kurs abgetrieben. Und als der Sturm nicht aufhörte, bestand die nicht geringe Gefahr, dass das Schiff auf Grund setzen und auf den länglichen Sandbänken von Syrte vor der Küste Nordafrikas Schiffbruch erleiden würde. Stattdessen lief das Schiff schließlich bei der Insel Malta, 96 Kilometer südlich von Sizilien, auf Grund. Alle 276 Passagiere blieben unversehrt, aber das Schiff und seine Ladung waren gekentert.

Nachdem sie den drei Monate langen Winter auf der Insel verbracht hatten, stiegen sie auf ein anderes alexandrinisches Schiff und segelten über Syrakus (auf Sizilien) und Rhegion nach Italien. Sie legten in Puteoli (dem heutigen Puzzuoli) an – obwohl es sich 225 Kilometer südlich von Rom befand, da Puteoli eine beliebte Anlegestelle für Schiffe war, die aus dem Osten kamen. Eine gute Straße verband Puteoli mit Rom; auf dieser Strecke wurde Paulus bei dem Forum Appii (69 Kilometer) südlich von Rom und bei Tres-Tabernae (53 Kilometer südlich) von den Christen aus der Hauptstadt begrüßt.

Paulus lebte zwei Jahre lang (ca. 59–61/62 n. Chr.) in Rom und stand unter Hausarrest, ohne dass sein Fall jemals vor Gericht gekommen wäre. Nach den christlichen Überlieferungen wurde Paulus um das Jahr 62 n. Chr. aus dem Gefängnis entlassen und reiste in verschiedene Teile des Mittelmeerraumes – wahrscheinlich nach Kreta (Tit 1,5) und vielleicht auch nach Spanien. In den Quellen heißt es auch, dass Paulus im Jahre 67/68 n. Chr. wieder verhaftet und ins Gefängnis geworfen wurde. Während dieser Zeit schrieb er vermutlich seinen letzten Brief (2. Tim). Schließlich wird überliefert, dass Paulus während der Zeit der Christenverfolgungen unter dem Kaiser Nero (68 n. Chr.) außerhalb der Stadtmauern Roms auf der Straße nach Ostia getötet wurde.

Die Ausbreitung des Christentums während des 1. und 2. Jahrhunderts n. Chr.

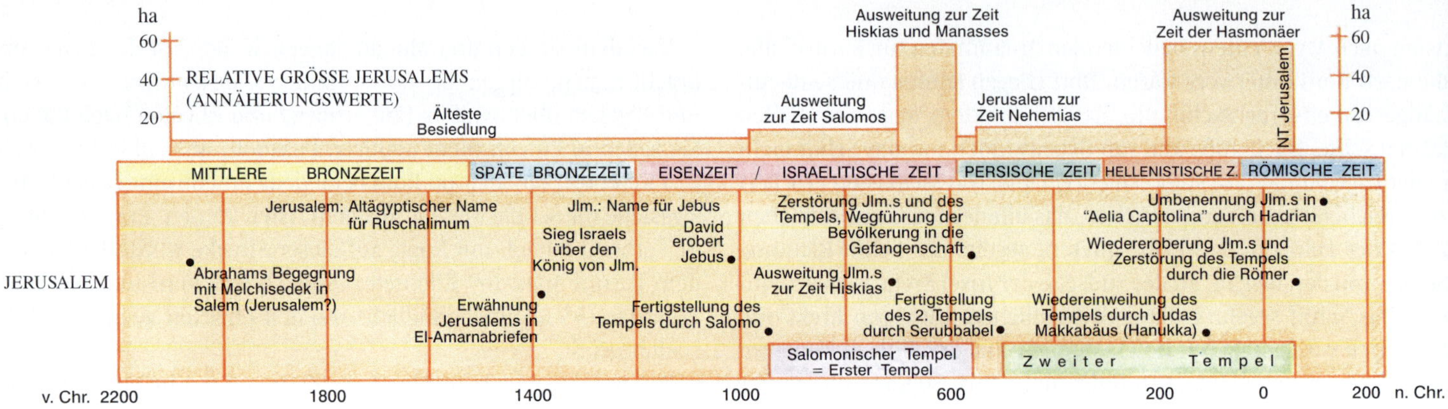

Jerusalem

Jerusalem nimmt einen besonderen Platz in den Herzen und Gedanken der Juden, Christen und Muslime ein.[1] Von allen Städten in der Bibel ist Jerusalem die berühmteste.

Jerusalem wurde nicht wegen der Nähe zu irgendeiner wichtigen überregionalen Hauptverkehrsstraße zu einer bedeutenden Stadt. Tatsächlich liegt sie ziemlich weit von den Hauptverkehrsstraßen an der Küste und in Transjordanien entfernt. Die einzige Straße, welche durch Jerusalem führte, war die Nord-Süd-Straße über den Gebirgskamm und selbst diese verlief etwa einen Kilometer westlich von dem ehemaligen Kern der Stadt. Eine West-Ost-Straße, welche Geser in der Küstenebene und Jericho im Jordantal über Bet-Horon, Rama und Geba verband, befand sich 9 Kilometer nördlich von Jerusalem. Wenngleich diese Straße der natürlichste Zugang zu dem Hügelland war – sowohl von Osten als auch von Westen –, so war sie dennoch vornehmlich von lokaler Bedeutung.

Durch die Lage im Hügelland von Juda auf einer Anhöhe von 760 Metern hatte Jerusalem den Vorteil von vielen natürlichen Verteidigungsanlagen. Das Tote Meer, die steilen Abhänge des Grabenbruchs und die Wüste sorgten für Schutz im Süden und im Osten, wobei die beiden letztgenannten gleichfalls Schutz und Sicherheit im Nordosten gewährleisteten. Es war auch schwierig, sich Jerusalem vom Westen her zu nähern, weil die Hügel der Schefela und die tiefen Täler, welche in den harten Kalkstein der judäischen Hügel eingemeißelt waren, eine zerklüftete und heimtückische Landschaft bildeten. Es war gewissermaßen leichter, sich vom Norden oder Süden her über den Gebirgskamm Jerusalem zu nähern, aber der Zugang zu diesem war sowohl von der Küste als auch von dem Grabenbruch aus beschwerlich. Also war Jerusalem zum einen weit entfernt von den Haupthandelsstraßen und den Hauptstrecken von Militärexpeditionen, zum anderen aber erfreute es sich der Sicherheit seiner natürlichen Verteidigungsanlagen.

Aufnahme von Jerusalem aus dem Jahr 1917; Blick von Südost nach Nordwest.

Jerusalem war aufgrund seiner Lage weder ein natürliches Handelszentrum noch befand es sich im Herzen einer außergewöhnlich reichen landwirtschaftlichen Region. In der Tat lag Jerusalem genau auf der Grenze zwischen der Wüste und dem Ackerland und über den Ölberg im Osten gelangte man sofort in die Randzone der Judäischen Wüste. In Jerusalem und in den Hügeln im Westen regnet es im Winter sehr viel (annähernd 640 mm pro Jahr), so dass der Boden dort eine bunte Vielfalt an Feldfrüchten hervorbringen kann. Doch in frühgeschichtlichen Zeiten wurde infolge der beträchtlichen Baumdecke auf den Hügeln in der und um die Stadt der Boden wenig landwirtschaftlich genutzt. Man begann in der Bronzezeit (ca. 3100 v. Chr.) und setzte es in späteren Zeiten fort, große Bäume zu fällen. Gerodete Gebiete konnten zu landwirtschaftlichen Zwecken genutzt werden und auf ebenerem Terrain – zum Beispiel in dem Tal Refaïm südwestlich von Jerusalem – wurden »Ähren« angebaut (Jes 17,5). Nördlich, südlich und westlich von Jerusalem wurden die natürlichen Terrassen vergrößert, wobei kleine Felder von Felsbrocken befreit wurden, Zäune und Stützmauern errichtet und Feldfrüchte gepflanzt wurden. Etwa zur Zeit des vereinigten Königreiches (ca. 1000 v. Chr.) ließ man alle drei Feldfrüchte in der berühmten Triade von Getreide, Oliven und Weintrauben zusammen mit anderen Feldfrüchten in dem Gebiet in und um Jerusalem wachsen. Doch trotz allem entwickelte sich Jerusalem niemals wirklich zu einem großen Exporteur von landwirtschaftlichen Produkten.

Jerusalem hat ebenfalls keine überwältigende Topographie. Hügel umgeben seinen alten Kern. Das biblische Jerusalem wurde auf zwei parallelen Nord-Süd-Hügelrücken errichtet. Der westliche Hügel, welcher der höhere und breitere der beiden ist, wird durch das Hinnomtal im Westen begrenzt. Dieses Tal, welches nordwestlich von der Stadt beginnt, verläuft genau Richtung Süden und dann direkt nach Osten und bildet deutliche Grenzen auf den westlichen und südlichen Seiten des Hügels. Der niedrigere östliche Hügel wird im Osten vom Kidrontal begrenzt, welches sich in dem Gebiet in und um Jerusalem im Wesentlichen von Norden nach Süden zieht. An der Stelle, an welcher das Hinnomtal auf das Kidrontal trifft, macht das Kidrontal einen Knick Richtung Südosten und läuft im Weiteren durch die dürre Judäische Wüste bis zum Toten Meer. Sowohl das Hinnomtal als auch das Kidrontal werden in der Bibel erwähnt, nicht aber das Tal zwischen ihnen, welches die östlichen und westlichen Hügel voneinander trennt. Dieses dritte Tal, das heute fast völlig zugeschüttet ist, nennen die Geografen – dem Vorschlag des jüdischen Historikers Josephus folgend – das Tyropoiontal (»Käsemacher-Tal«; Jos, Jüd. Krieg 5.4.1).

Im Norden werden beide Hügel immer höher, um dann Richtung Nordwesten abzuschwenken. Das Hinnomtal, das Tyropoiontal – und ein Nebenfluss des Kidrontals – schwenken ebenfalls alle in diese Richtung ab. Das Quertal, das in das Tyropoiontal übergeht, bildet die natürliche nördliche Grenze des westlichen Hügels, wenn sich auch zu einigen Zeiten der Geschichte Jerusalems die Stadt entlang dieses Hügels Richtung Nordwesten ausdehnte. Die nördliche Grenze des östlichen Hügels ist nicht ganz so bemerkenswert, da sie weiter Richtung Nordwesten hinaufragt – nur unterbrochen von einigen kleinen Senkungen, die in das Tal von Bezetha übergehen. Wegen des leichteren Zugangs aus Norden und Nordwesten haben einmarschierende Heere Jerusalem oft von der nördlichen Richtung aus angegriffen.

In vielerlei Hinsicht ist der westliche Hügel der natürlichere, um sich dort niederzulassen, weil er eine relativ große Fläche aufweist und von daher mehr Leute unterbringen kann und weil er höher ist und bessere natürliche Verteidigungsanlagen (höhere, steilere Abhänge) zu besitzen scheint als der östliche Hügel. Trotz dieser Charakteristika war es der niedrigere, zigarrenförmige, 6 ha große südliche Teil des östlichen Hügels, der zuerst besiedelt wurde. Der Grund dafür, dass der alte Kern von Jerusalem sich auf diesem unbedeutenden Hügel unten in einer Senkungsmulde entwickelte, war, dass die einzige größere Quelle in dem gesamten Gebiet – die Gihonquelle – sich an der langen Seite des östlichen Hügels im Kidrontal befand.

Die früheste Ansiedlung auf dem südlichen Teil des östlichen Hügels reicht in die frühe Bronzezeit hinein, wie anhand von Töpferwaren, die in der jüngeren Vergangenheit ausgegraben wurden, nachgewiesen wurde. Bis auf den heutigen Tag jedoch hat man keine Stadtmauer oder Bauwerke gefunden, die eindeutig aus diesen Perioden stammen. Aus der Mittleren Bronzezeit I (MB I; 2200–2000 v. Chr.) existieren sehr wenig Überreste, obgleich Gräber dieser Zeit auf dem Ölberg entdeckt wurden. Einige Wissenschaftler vermuten, dass es noch weitere Gräber der Mittleren Bronzezeit I auf dem Hügel gegeben haben mag, der schließlich der Standort des Salomonischen Tempels wurde.[2] Laut der in diesem Atlas verwendeten Chronologie begegnete Abram während dieser Periode auf seiner Rückkehr – nach der Rettung von Lot – Melchisedek, dem König von Salem (1. Mose 14,18); dieses Salem ist offensichtlich mit Zion (Jerusalem) zu identifizieren, denn die beiden Ausdrücke erscheinen als Synonyme in Psalm 76,3. Dieses Treffen fand »in dem Schawe (das ist das Königstal)« statt, von welchem in dem Buch Samuel gesagt wird, dass es nahe bei Jerusalem lag (1. Mose 14,17; 2. Sam 18,18).

In seinem späteren Leben nahm Abraham seinen Sohn Isaak mit zu einem der Berge in dem »Land Morija«, um ihn zu opfern

(1. Mose 22,2). Die Chronisten identifizierten den Berg, auf dem Salomo einen Tempel errichten ließ, als den »Berg Morija« (2. Chr 3,1). So legt der biblische Text zwei Ereignisse im Leben Abrahams in die nächste Nähe von Jerusalem.

In der Bibel findet Jerusalem während der Mittleren Bronzezeit II (2000–1550 v. Chr.) keine Erwähnung – außer wenn man Abraham dieser Periode zurechnet. Doch Jerusalem wird mehrere Male in den Verfluchungstexten erwähnt (S. 83). Von den Städten, Ländern und Stämmen, die erwähnt werden, wird Ruschalimum (= Jerusalem; was so viel bedeutet wie »Gründung des Salem Gottes« oder »Stadt des Friedens«) zusammen mit den verschiedenen Herrschern mehrere Male in der Bibel genannt. Archäologische Ausgrabungen haben die Existenz von Jerusalem während dieser Periode (ca. 2000 bis 1750 v. Chr.) bestätigt und obwohl nur wenige Überreste von Bauwerken ausgegraben wurden, wurde eine 110 m große und 6 m dicke Mauer von Kenyon und Shilo freigelegt. Diese Mauer wurde offensichtlich um 1800 v. Chr. erbaut, zwischendurch mehrmals wieder aufgebaut und diente bis zum Ende des Königreichs Juda (586 v. Chr.) als Schutz.[3] Die entdeckten Teile erstreckten sich über etwa zwei Drittel des Weges die östliche Böschung des östlichen Hügels hinunter. Offensichtlich war diese Stelle hoch genug über dem Kidrontal und weit genug entfernt vom Fuße des Ölberges, um verteidigungswürdig zu sein, doch sie war weit genug unten am Abhang, um ein maximales Gebiet an Fläche für die Stadt sowie einen leichten Zugang zu der Gihonquelle zu schaffen. Trotz der großen Teile der Mauer, die freigelegt wurden, beruht die exakte örtliche Bestimmung der übrig gebliebenen Bezirke im Süden, Westen und Norden fast nur auf Mutmaßungen. Doch Funde von Töpferwaren oder das Fehlen davon machen deutlich, dass die mit Stadtmauern umringte Stadt auf den südlichen Teil des östlichen Hügels begrenzt war; sie nahm ein Gebiet von annähernd 6 ha in Anspruch und hatte 2000 bis 2400 Einwohner.[4] Im Wesentlichen behielt die Stadt diese Größe, bis sie zur Zeit von David und Salomo Richtung Norden zu expandieren begann.

Um 1400 v. Chr. begannen die Israeliten mit der Eroberung des Landes Kanaan. Nach ihrem anfänglichen Vorstoß in die Hügellandschaft und der Einnahme und Zerstörung von Ai schlossen die Gibeoniter einen Friedensvertrag mit Israel, der die gegenseitige Verteidigung mit einschloss (s. S. 94). Als der König von Jerusalem, Adoni-Zedek, davon hörte, erkannte er, dass seine bedeutende Verständigungslinie mit der Küste und fortan mit Ägypten in Gefahr stand. Um dieser Bedrohung entgegenzuwirken, brachte er eine Koalition von vier anderen amoritischen Königen zusammen und griff Gibeon an (s. Karte S. 94). Gemäß des Paktes kamen Josua und die Israeliten den Gibeonitern zu Hilfe und in der darauf folgenden Schlacht wurde der König von Jerusalem getötet. Der biblische Text weist jedoch nicht darauf hin, dass Jerusalem selbst zu dieser Zeit erobert wurde, obgleich offensichtlich kurz danach der Stamm Juda die Stadt angriff und niederbrannte (Ri 1,8). Aber es hat nicht den Anschein, als ob Juda sich in der Stadt niedergelassen hätte, denn Jerusalem wird in sechs der El-Amarna-Briefe (siehe S. 105–6) erwähnt. Die Korrespondenz zeigt deutlich den nicht-israelitischen

Blick von Süd nach Nord über die Stadt Davids; im Norden ist der Tempelberg sichtbar.

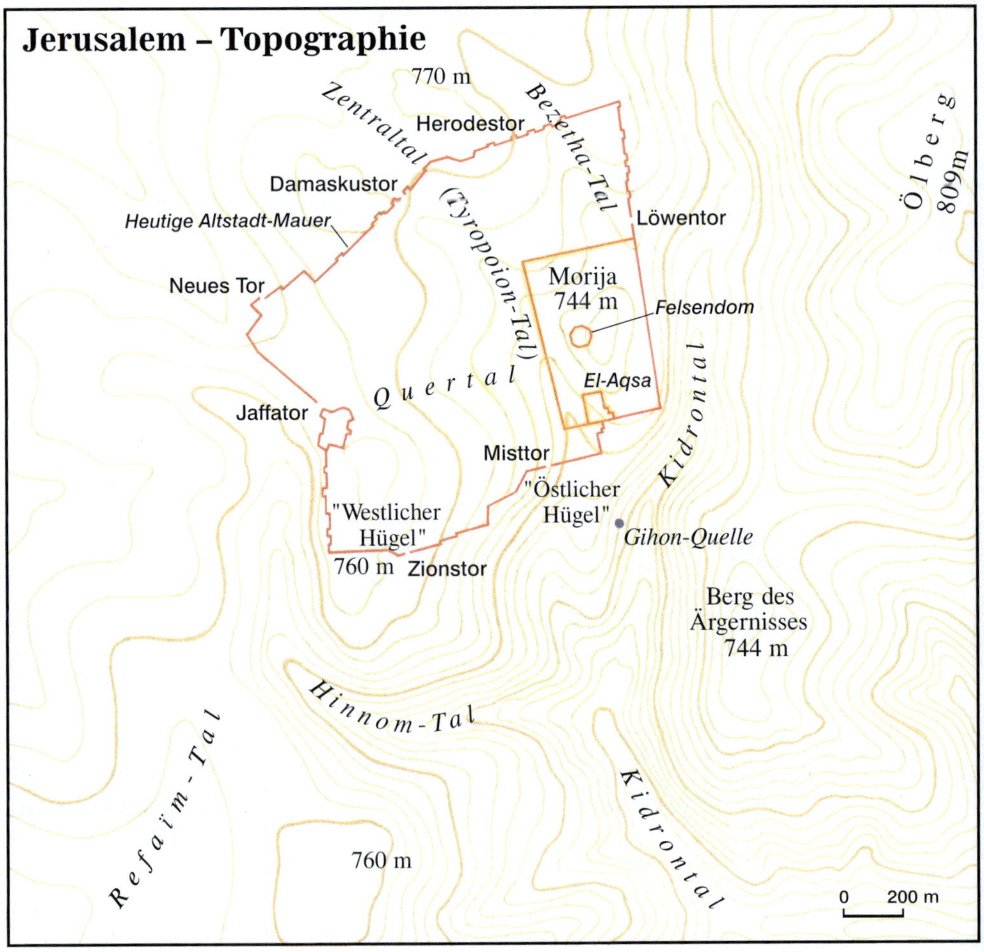

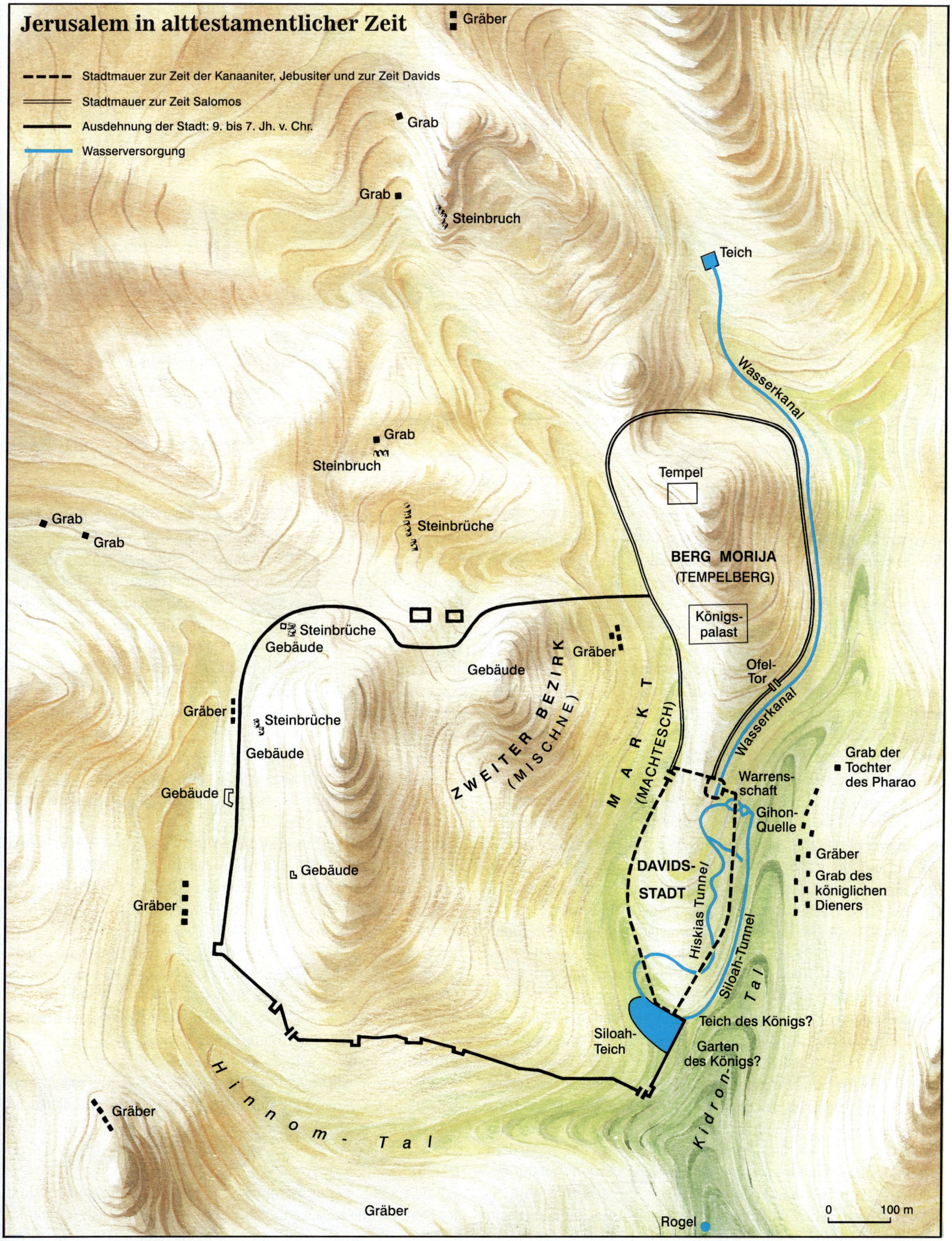
Jerusalem in alttestamentlicher Zeit
Stadtmauer zur Zeit der Kanaaniter, Jebusiter und zur Zeit Davids
Stadtmauer zur Zeit Salomos
Ausdehnung der Stadt: 9. bis 7. Jh. v. Chr.
Wasserversorgung
Gräber
Grab
Grab
Steinbruch
Teich
Wasserkanal
Grab
Steinbruch
Tempel
Steinbrüche
Grab
Grab
BERG MORIJA
(TEMPELBERG)
Königs-
palast
Steinbrüche
Gebäude
Gräber
Gebäude
Ofel-
Tor
Wasserkanal
Gräber
Steinbrüche
ZWEITER BEZIRK
(MISCHNE)
MARKT
(MACHTESCH)
Gebäude
Grab der
Tochter
des Pharao
Warrens-
schaft
Gebäude
Gihon-
Quelle
Gräber
DAVIDS-
STADT
Gebäude
Grab des
königlichen
Dieners
Gräber
Hiskias Tunnel
Siloah-Tunnel
Tal
Teich des Königs?
Siloah-
Teich
Garten
des Königs?
Hinnom-Tal
Kidron-
Gräber
Gräber
Rogel
0
100 m

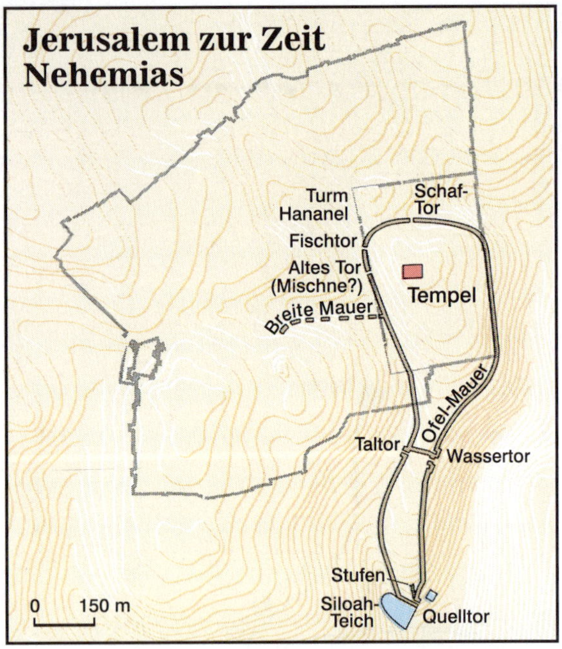

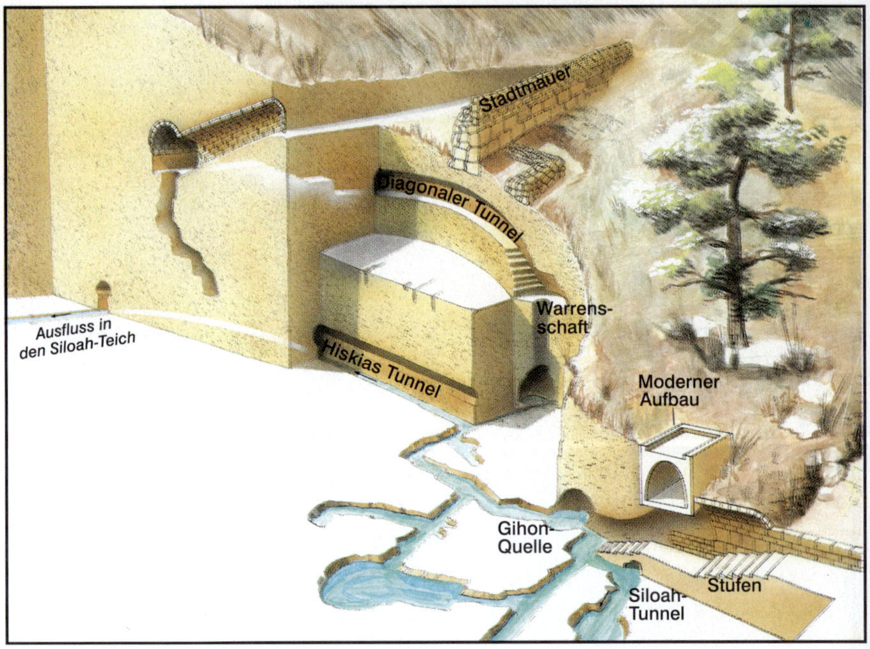

Alte Hauptwasserversorgung Jerusalems in der Nähe der Gihonquelle.

Charakter der Stadt während der Regierungen der ägyptischen Pharaonen Amenophis III. und Echnaton (ca. 1400–1350 v. Chr.) an. In der Tat wird auf den Herrscher von Jerusalem, Abdi-Hepa, verwiesen, einen Namen, der nicht mit Adoni-Besek, welcher in der Bibel erwähnt wird, übereinstimmt.

Zur Zeit der Richter (ca. 1400–1050 v. Chr.), wahrscheinlich eher früher als später, geriet Jerusalem unter die Herrschaft des Volksstammes der sogenannten Jebusiter und wurde in Jebus umgetauft. Dieser Status von Jerusalem wird in der Geschichte des Leviten und seiner Konkubine erwähnt (Ri 19–21), in der es »Jebus ... diese Stadt der Jebusiter ... die Stadt der Fremden« (19,11–12) genannt wird. Zudem wird Jebus in der Beschreibung der Grenzlinien der Stämme Juda und Benjamin, welche aus dieser Zeit stammt, als ein Ort an der Grenze erwähnt. Und es wird besonders hervorgehoben, dass Jebus sich innerhalb des Gebiets des Stammes Benjamin befand und nicht Juda angehörte (Jos 15,8; 18,16; aber vgl. 15,63).

David aus dem Stamme Juda eroberte, nachdem er als König über die nördlichen Volksstämme ebenso wie über Juda eingesetzt worden war, die Stadt in seinem siebten Regierungsjahr (ca. 1003 v. Chr.) und ernannte sie zu seiner Hauptstadt. In der Beschreibung der Eroberung der Stadt wird vermerkt, dass Joab ihm bei der Einnahme behilflich war (1. Chr 11,6) und dass in gewisser Weise die Nutzung/die Einnahme des *sinnor* (2. Sam 5,8: [Wasser-] Schacht) bzw. Joabs Kontrolle über den sinnor ein entscheidender Aspekt beim Angriff auf die Stadt darstellte. Wenngleich eine Reihe von Vermutungen hinsichtlich der Beschaffenheit des sinnor angestellt wurden, scheint es das Beste zu sein, damit das »jebusitische« Wassersystem zu verbinden, das von Charles Warren im Jahre 1867 entdeckt und von Y. Shiloh im Jahre 1980 freigelegt wurde.[5] Der Zweck dieses Systems war, den Bewohnern der Stadt Zugang zu dem Wasser der Gihonquelle zu verschaffen, welche sich zur Zeit der Belagerung außerhalb der Stadtmauer befand. Um dies zu gewährleisten, wurde ein schräglaufender, 39 m langer Tunnel in den Felsen gehauen. Am Ende des Tunnels wurde ein vertikaler, 11m tiefer Schacht eingemeißelt. Der Fuß dieses Schachts wurde durch einen horizontalen, 20 m langen Tunnel mit der Gihonquelle verbunden, so dass das Wasser von der Quelle zum Fuße des Schachts fließen konnte. Auf diese Weise konnten die Einwohner der Stadt Wasser bekommen, ohne sich jemals außerhalb der Stadtmauern begeben zu müssen, denn sie brauchten lediglich ihre Eimer in den vertikalen Schacht hinunterzulassen und Wasser zu schöpfen. Wenn der sinnor ein Hinweis auf den vertikalen Schacht ist, dann könnte die biblische Verweisstelle implizieren, dass Joab und seine Männer den Schacht hinaufkletterten und so die jebusitische Garnison überraschen konnten. Wenn der sinnor sich auf den horizontalen Tunnel bezieht, dann war Joab möglicherweise in der Lage, das Wasser von Gihon umzuleiten, so dass den Jebusitern der Zugang zu ihrer Wasserversorgung verwehrt wurde und sie sich schließlich Joabs Streitkräften unterwerfen mussten.[6]

Die Stadt, welche David eingenommen hatte, war klein – annähernd 6 ha groß –, mit einer Bevölkerung von 2000–2400 Menschen. David errichtete seine Residenz in der alten jebusitischen Festung namens Zion. Und von diesem Zeitpunkt an konnte diese Festung ebenso wie die Stadt als Ganzes »Stadt Davids« genannt werden (z. B. 2. Sam 5,7). Teil der Grundmauer dieser Festung mag das halbkreisförmig abgestufte Bauwerk gewesen sein, zusammen mit den Terrassen aus der Späten Bronzezeit, welche Shiloh auf dem oberen Teil von dem östlichen Abhang des östlichen Hügels entdeckt hatte.[7] David nahm auch Bauprojekte in der Stadt in Angriff, einschließlich des Baus seines eigenen Palastes (2. Sam 5,11). Gegen Ende seiner Regierungszeit erwarb David die Tenne von Arauna, dem Jebusiter, eine Stätte nördlich von dem alten Stadtkern und höher gelegen als derselbe; dies ist die Stelle, an der Salomo schließlich den Tempel errichtete (2. Sam 24,18–25; 1. Chr 21, 18–26).

Bald nach Salomos Thronbesteigung starb David und wurde in der Stadt Davids begraben (1. Kön 2,10). Offensichtlich war ein königlicher Friedhof eingerichtet worden, auf dem viele seiner

Grab aus dem 7. oder 8. Jh. v. Chr. auf dem Gelände der École Biblique in Jerusalem. Studenten schauen in das Grab.

Nachkommen, bis zu Hiskia (welcher 686 v. Chr. starb), begraben wurden. Die Suche nach dem Grab des Königs von Juda gestaltete sich als langwierig und schließlich vergeblich. Die in den Felsen gehauenen Höhlen, die von R. Weill ausgegraben wurden, waren so weggebrochen, dass man unmöglich mit Gewissheit sagen kann, dass es tatsächlich verlassene Gräber waren, die aus der Zeit Davids stammen. Die »Gräber«, die von B. Mazar entdeckt wurden, stammen aus einer Zeit nach David; sie liegen nicht »in der Stadt Davids« und zeigen keinerlei Verzierungen, die man in einem königlichen Grab erwarten würde.[8] Einige der Gräber, die östlich der Stadt Davids, in dem heutigen Dorf Silwan, sorgfältig untersucht wurden, liefern einiges an Beweismaterial dafür, dass es sich hier um die Grabstätten für Mitglieder der oberen Klassen von Jerusalem (z. B. wurde ein Grab eines »königlichen Kämmerers« entdeckt) handelt, aber sie scheinen aus dem achten Jahrhundert v. Chr. zu stammen.[9] Nördlich von Jerusalem, auf den Gartenanlagen der École Biblique, wurden wirklich großartige Gräber aus der Eisenzeit entdeckt, aber sie liegen auch nicht in der Stadt Davids.[10]

Im vierten Jahr seiner Regierung (966 v. Chr.) begann Salomo mit dem Tempelbau – eine Aufgabe, die sieben Jahre in Anspruch nahm. Das Bauwerk lag nach Osten zu und war nur 31,2 m lang, 10,4 m breit und 15,6 m hoch. Der gesamte Tempelbau war von Höfen umgeben, in denen sich der Opferaltar, Waschbecken etc. befanden. Der genaue Standort des Tempels ist nicht bekannt, obwohl eine alte Überlieferung ihn in unmittelbare Nähe des Felsendoms setzt. Wenn man diesen Standort annimmt, stellt sich die Frage, ob sich der Opferaltar oder das Allerheiligste oben auf dem Felsen befand, über den sich das muslimische Bauwerk erstreckt. Doch andere haben die Ansicht vertreten, dass der Tempel sich weder südlich noch nördlich des Doms befand. In den letzten Jahren hat A. S. Kaufman eifrig Argumente dafür gefunden, dass der Tempel im Norden gestanden haben muss, dass der sogenannte »Dom der Geister« der Standort des Allerheiligsten war und dass einige Spuren von Felsschnitzereien in dem Gebiet in der Tat Überbleibsel des salomonischen Tempels seien.[11]

Südlich des Tempels, aber nördlich von dem alten Stadtkern von Jerusalem, wahrscheinlich in der Nähe der heutigen El-Aqsa-Moschee, errichtete Salomo seinen Palast und den Libanon-Waldpalast (1. Kön 7,1–12). Diese beiden Bauten wurden von David Ussishkin mit ähnlichen Bauwerken verglichen, welche man in Anatolien und Nordsyrien fand.[12] Der Waldpalast vom Libanon war wahrscheinlich eine große Basilika, die als Halle für Zeremonien gedient haben mag. Der Palast selbst war wahrscheinlich im *bit-hilanni*-Stil gehalten und hätte den feierlichen Säulengang, den Thronsaal oder den Gerichtssaal umschlossen und ebenso, um den großen Hof herum, Salomos Gemächer, einen Saal für Pharaos Tochter und die Kammern der Bediensteten.

Aller Wahrscheinlichkeit nach befanden sich weitere Gebäude der Verwaltung und des Militärs in der Nähe. Es ist möglich, dass diese königliche Akropolis, welche zumindest teilweise aus Erd- und Steinmaterial nördlich der Stadt Davids, aber südlich des Tempelkomplexes, am naheliegenden Engpass des Hügels, welcher die beiden Gebiete verband, erbaut wurde, in frühen Zeiten Millo (1. Kön 9,15.24; 11,27) genannt, aber später als Ofel (die Akropolis) bekannt wurde. Offensichtlich verstärkte Salomo die Stadtmauer von Jerusalem und umschloss den Millo/Ofel ebenso wie das Tempelgebiet innerhalb der Grenzgebiete der Mauer. So muss die mit Stadtmauern umschlossene Stadt von einer Größe von 6 ha auf annähernd 15 ha expandiert sein. Da die neu eingeschlossenen Gebiete nicht dicht besiedelt waren, mag das salomonische Jerusalem eine Bevölkerung von 4 500 bis 5 000 Menschen gehabt haben.

Mit der Abspaltung des Nordens vom Süden nach Salomos Tod (930 v. Chr.) regierten Salomos Nachfolger über ein viel kleineres Gebiet, das sich aus Juda und einem Teil von Benjamin zusammensetzte. Jerusalem blieb der Regierungssitz für die davidische Dynastie und der salomonische Tempel bildete weiterhin den Mittelpunkt der Verehrung Jahwes.

Während des geteilten Reiches (930–722 v. Chr.) wurde Jerusalem mehrere Male angegriffen: einmal von dem ägyptischen Pharao Schischak während der Regierungszeit von Rehabeam (925 v. Chr.; 1. Kön 14,22–29; 2. Chr 12,2–4; siehe S. 124 und Karte S. 125), und einmal von Hasaël, dem König von Aram Damaskus, während der Regierungszeit von Joasch (ca. 813 v. Chr.; 2. Kön 12,17–20; 2. Chr 24,17–24). Aber in beiden Fällen ließen sich die Angreifer durch verschwenderische Geschenke, die der Tempelschatzkammer entnommen wurden, bestechen. Zu Lebzeiten von Amazja von Juda jedoch griff Joasch von Israel die Stadt an und »riss die Mauer von Jerusalem ein vom Tor Ephraim bis an das Ecktor, vierhundert Ellen lang« (ca. 790 v. Chr.; 2. Chr 25,23). Obgleich in der 2. Chronik und an anderen Stellen mehrere Tore der Stadt erwähnt werden, ist es schwierig, ihren Standort in den Stadtmauern genau festzulegen, außer vielleicht, dass das »Taltor« das massive Tor gewesen sein mag, welches von Crowfoot und Fitzgerald (1927–28) entdeckt wurde.[14]

Wenngleich der biblische Text auf keine bedeutende Expansion Jerusalems während des geteilten Reiches hinweist, werden doch Bauarbeiten erwähnt. Es wird berichtet, dass Joasch (835–798 v. Chr.) den Tempel ausbesserte, wahrscheinlich als Antwort auf die heidnischen Veränderungen des Bauwerkes, welche Atalja vorgenommen hatte, aber Einzelheiten werden nicht genannt (2. Kön 12,5–16; 2. Chr 24,4–14). Zudem wird über Bauarbeiten im achten Jahrhundert v. Chr. berichtet: »Usija baute Türme in Jerusalem am Ecktor und am Taltor und am Winkel ...« (2. Chr 26,9), wie er auch die Verteidigungsanlagen der Stadt verstärkte – wahrscheinlich als Antwort auf die wachsende assyrische Bedrohung in der Person des Tiglat-Pileser III. Es scheint sehr wahrscheinlich, dass Jerusalem während Usijas Regierung (792–740 v. Chr.) und während der Regierung seiner Nachfolger Richtung Westen expandierte, so dass es den südlichen Teil des westlichen Hügelrückens mit einschloss. Der Umfang der Stadt Jerusalem vergrößerte sich zu dieser Zeit wahrscheinlich in so erheblichem Maße infolge der Tatsache, dass Siedler aus dem nördlichen Königreich Richtung Süden zogen, um einem assyrischen Angriff aus dem Weg zu gehen.

Bald nach dem Sturz des Nordreiches im Jahre 722 v. Chr. revoltierte Hiskia gegen seine assyrischen Oberherren (s. S. 135) und er musste für ganz Jerusalem Vorbereitungen für die Verteidigung treffen. Die Vorstadt, welche sich auf dem südlichen Teil des westlichen Hügels entwickelt hatte, wurde von einer neuen Mauer umgeben. Bei seinen Ausgrabungen in dem heutigen jüdischen Stadtviertel der Altstadt von Jerusalem entdeckte Professor N. Avigad einen 65 m langen Abschnitt dieser massiven Mauer, welche 7 m dick war. An manchen Stellen ist sie bis zu einer Höhe von 3 m erhalten geblieben.[15] Später wurden noch weitere Fragmente dieser Mauer in der Zitadelle beim Joppe-Tor gefunden. Zu Hiskias Lebzeiten scheint der gesamte südliche Teil des westlichen Hügelrückens von den Stadtmauern umschlossen worden zu sein, so dass das gesamte Gebiet der von Mauern umschlossenen Stadt auf 61 ha angewachsen war und eine Bevölkerung von etwa 25 000 Menschen aufwies.[16]

Da die Hauptwasserversorgung der Stadt, die Gihonquelle, in einiger Entfernung von der neu umschlossenen Vorstadt lag und so den Angriffen von Feinden ausgesetzt war, ersann Hiskia einen Plan, um das Wasser zu einer Stelle innerhalb der Stadtmauern näher zum westlichen Hügel umzuleiten. Das tat er, indem er einen unterirdischen Tunnel graben ließ, der einem Serpentinenpfad zu einer Stelle im Tyropoiontal folgte, welche, obgleich sie sich außerhalb der alten Stadtmauer der Stadt Davids befand, innerhalb der neu erbauten Stadtmauer lag. Diese Umleitung des Quellwassers wird nicht nur in der Bibel erwähnt (2. Kön 20,20; 2. Chr 32,30), sondern auch in einer hebräischen Inschrift, die am südlichen Ende des 533 m langen Tunnels entdeckt worden ist.

Im Jahre 701 v. Chr. griff Sanherib, der König von Assyrien, Jerusalem an (s. S. 135–36). Obgleich er einen Teil seines Heeres und Befehlshaber nach Jerusalem schickte, um die Kapitulation Jerusalems zu fordern – Sanherib brüstete sich damit, dass er Hiskia in Jerusalem eingeschlossen hätte wie einen Vogel im Käfig –, musste er sich zurückziehen, als laut biblischem Text ein großer Teil seines Heeres durch göttliches Eingreifen vernichtet wurde.

Das achte Jahrhundert zeugt von einem beispiellosen Wachstum Jerusalems. Die Stadt expandierte von einer Größe von 15 auf 61 ha. Jerusalem behielt im Wesentlichen diese Größe bis zur Zerstörung im Jahre 586 v. Chr. bei.

Während des achten und siebten Jahrhunderts v. Chr. gab es sowohl gute als auch schlechte Herrscher in Jerusalem. Zu der schlechten Art von Herrschern gehörten Ahas und Manasse, welche beide im Tal Ben-Hinnom Kinder verbrannten (opferten) (2. Chr 28,3; 33,6; vgl. 2. Kön 23,10). Während Ahas' Regierung wurde zumindest ein Teil des Tempelgebietes umgebaut und ein neuer Altar, basierend auf einem heidnischen Vorbild aus Damaskus, errichtet, um den alten zu ersetzen (2. Kön 16,10–18). Dennoch gab es während dieses Zeitraumes auch zwei gute Könige, Hiskia und Josia, die die Greueltaten ihrer Vorgänger wieder gutmachen wollten, indem sie Schritte unternahmen, um den Tempel zu reinigen und wieder neu auszustatten. Während eines solchen Wiederaufbaus in den Tagen von Josia (ca. 622 v. Chr.) wurde das Gesetzbuch gefunden und zusätzliche Reformen eingeleitet (2. Kön 22; 2. Chr 34).

Aber wegen der fortwährenden Sünden des Volkes und ihrer Führer traf Gottes Strafurteil Jerusalem im Jahre 605 v. Chr., 597 v. Chr. und in gesteigertem Maße im Jahre 586 v. Chr. – dem Jahr, als der babylonische König Nebukadnezar sowohl die Stadt als auch den Tempel zerstörte. Bei Ausgrabungen in der Stadt Davids fand Shiloh beträchtliche Überreste der Bauwerke, welche bei diesem Großbrand zerstört worden waren. In einem Haus mit vier Wohnungseinheiten wurde ein Ostrakon gefunden, welches einen gewissen Ahiel erwähnte. In einem anderen Haus war offensichtlich, dass ein ausgedehnter Brand stattgefunden haben musste.[17] Und in einem dritten Bauwerk, in dem zum Teil Ausgrabungen vorgenommen worden waren, fand man einundfünfzig Siegel (Lehmklumpen, die benutzt wurden, um die Bänder zu versiegeln, mit denen die gefalteten Papyrusdokumente zusammengebunden wurden). Unter den zweiundachtzig leserlichen hebräischen Namen kann »Gemarja, der Sohn des Schafan«, als ein Schreiber im Gericht des judäischen Königs Jojakims identifiziert werden (vgl. Jer 36,9–11). Unglücklicherweise sind die Papyrusdokumente, an welchen die Siegel angebracht waren, vernichtet worden, aber es ist offensichtlich, dass sich hier eine Art öffentliches Archiv befunden hat.[18]

Obwohl der Tempel und bedeutende Bauwerke von Jerusalem vom babylonischen Heer zerstört wurden, gibt es Hinweise darauf, dass einige Juden in oder in der Nähe von Jerusalem blieben.[19]

Beinahe fünfzig Jahre nach der Zerstörung der Stadt setzte infolge des Dekretes, welches Kyrus im ersten Jahr seiner Regierung (539 v. Chr.) erlassen hatte, eine Massenrückkehr nach Jerusalem ein. Von Scheschbazar angeführt, kehrten 49 897 Leute von Babel nach Jerusalem zurück, richteten den Tempelaltar wieder auf und führten den Opferkult wieder ein. Es gelang den Juden jedoch erst zur Zeit des persischen Monarchen Darius, unter der Führung von Serubbabel, den Tempel tatsächlich wieder aufzurichten (520–516 v. Chr.; Esr 6). Wenngleich keine mit Sicherheit zu identifizierenden Überreste des Tempels gefunden wurden, weist die Bibel darauf hin, dass es sich um ein sehr viel bescheideneres Bauwerk handelte als der salomonische Tempel vorher (Esr 3,12).[20]

Die zweite Rückkehr aus Babel (458 v. Chr) wurde von Esra, dem Schreiber, angeführt. Es mag auch ein Versuch unternommen worden sein, die Stadtmauer zu dieser Zeit wieder aufzubauen (Esr 4,12), aber der tatsächliche Wiederaufbau der Mauern musste weitere dreizehn Jahre bis zu Lebzeiten Nehemias (445 v. Chr.) warten. In dem Buch Nehemia beziehen sich Abschnitte dreier Kapitel besonders auf den Charakter des damaligen Jerusalem (Kap. 2; 3 und 12). Es scheint, dass Nehemias Stadt erheblich kleiner war als diejenige, welche von den Babyloniern zerstört worden war. In der Tat war sie im Wesentlichen auf den östlichen Hügelrücken beschränkt und entsprach salomonischen Ausmaßen. Darauf weist die Tatsache hin, dass keine Bauwerke oder andere Artefakte aus den persischen oder frühen hellenistischen Perioden bei Avigads Ausgrabungen auf dem westlichen Hügel gefunden wurden – ein klares Indiz dafür, dass er von 586 bis ca. 200 v. Chr. nicht besiedelt war.[21] Zusätzlich deutet die Tatsache, dass es nur zweiundfünfzig Tage dauer-

Jerusalem in neutestamentlicher Zeit

te, die Stadt wieder zu befestigen, ebenfalls darauf hin, dass man sich beim Wiederaufbau nicht an der langen Umrisslinie von »Hiskias Mauer« orientierte, sondern bescheidenere Maße wählte.

Von der Zeit Nehemias (445 v. Chr.) bis zum Beginn des zweiten Jahrhunderts v. Chr. ist nicht sehr viel über das Jerusalem dieser Zeit bekannt. Im Jahre 332 v. Chr. eroberte Alexander der Große das Morgenland, aber sein sogenannter Besuch in Jerusalem wird gewöhnlich als Legende angesehen. Nach seinem Tod im Jahre 323 v. Chr. gewannen die Ptolemäer die Herrschaft über Palästina und Juda und es wird allgemein angenommen, dass unter ihrer milden Herrschaft eine priesterliche Aristokratie aus Jerusalem regierte. Dennoch gab es gegen Ende des dritten Jahrhunderts v. Chr. beträchtliche Konflikte in dem Gebiet und Jerusalem litt unter der Hand der Ptolemäer. Im frühen zweiten Jahrhundert v. Chr. schlug der seleukidische König Antiochus III. die Ptolemäer (198 v. Chr.) und der Regierungswechsel wurde von den meisten in der jüdischen Bevölkerung willkommen geheißen. Mit der Unterstützung der neuen Regierung wurden Ausbesserungen am Tempel vorgenommen und ein großes Becken – vielleicht der Doppelteich von Betesda – wurde gebaut (Jesus Sirach 50,1–3).

Während der Regierung von Antiochus IV. (175–164 v. Chr.) verschlimmerten sich die Beziehungen zwischen den Juden und den Seleukiden, als Antiochus und seine jüdischen Unterstützer auf ein hellenisierendes Programm unter allen Juden drängten. Der Tempel in Jerusalem wurde entweiht und eine Statue des olympischen Zeus in dem eingefriedeten Tempelbezirk aufgestellt (168 v. Chr.). Zusätzlich wurden andere griechische Bauwerke, einschließlich einer Sporthalle und einer Zitadelle, errichtet. Die Zitadelle, im Griechischen Akra genannt, wurde auf dem östlichen Hügel genau südlich des Tempelbezirks erbaut und sie war so hoch, dass sie das Tempelgebiet überragte. Obwohl es Judas Makkabäus' Streitkräften gelang, Jerusalem wieder zurückzuerobern, den Tempel zu reinigen (164 v. Chr.) und den Opferdienst wieder einzusetzen, blieb die seleukidische Garnison in der Akra ein Dorn im Auge der Juden, bis Judas' Bruder Simon (142–135 v. Chr.) die Zitadelle eroberte und zerstörte – und sogar den Hügel, auf dem sie gestanden hatte, einebnen ließ (Jos, Jüd. Altert. 13.6.7). Bis heute sind keine Überreste der Akra gefunden worden. Und wegen ihrer vollständigen Zerstörung und ebenfalls wegen ihrer wahrscheinlichen Lage unter und/oder in der Nähe des südlichen Teiles des heutigen muslimischen heiligen Bereiches ist es nicht wahrscheinlich, dass irgendwelche Überreste der Akra in der Zukunft gefunden werden.[22]

Simon vervollständigte auch den Bau der Stadtmauern von Jerusalem, ein Projekt, das sein Bruder Jonatan früher bereits begonnen hatte (1. Makk 10,10–11; 13,10). Obgleich besondere schriftliche Details hinsichtlich des genauen Verlaufs der Stadtmauern, welche

Rekonstruktion des Herodianischen Tempels; Blick von Südwest nach Nordost.

von den Hasmonäern errichtet wurden, nicht verfügbar sind, deutet Josephus an, was archäologische Ausgrabungen bestätigen, nämlich dass die Mauern entlang der Umrisslinie von Josephus' »erster Stadtmauer« (s. Karte S. 195) errichtet wurden. In der Tat hat Avigad nicht nur bedeutende Überreste der hasmonäischen Mauer gefunden, welche im Wesentlichen der Ost-West-Linie von »Hiskias Mauer« folgte – auf diese Weise befestigte sie die nördliche Grenze des westlichen Hügels –, aber weitere Teile der hasmonäischen Stadtmauer wurden in der heutigen Zitadelle, unter der Nord-Süd-Mauer südlich der Zitadelle und ebenfalls auf dem oberen Abhang des südlichen Teils vom westlichen Hügel gefunden, welcher die Aussicht auf das Hinnomtal gewährt.[23] Also befand sich der gesamte südliche Teil des westlichen Hügels damals nach einem Zwischenraum von beinahe vierhundert Jahren wieder innerhalb der Stadt. Avigad fand auch Töpfer- und Keramikwaren und Überreste von bescheidenen Gebäuden bei seinen Ausgrabungen im jüdischen Viertel, wodurch bestätigt wird, dass es während der hasmonäischen Periode zu neuen Ansiedlungen auf dem westlichen Hügel gekommen war.[24]

Aus literarischen Quellen geht zweifellos hervor, dass die Hasmonäer einen Palast auf dem östlichen Hang des westlichen Hügels errichteten, welcher die Aussicht über den Tempelberg gewährte (Jos, Jüd. Altert. 20.8.11); ebenso bauten sie eine Brücke, welche sich über das Tyropoiontal erstreckte und den Palast mit

dem Tempelbereich verband. Diese Brücke war offensichtlich ein Vorgänger von dem, was heute als Wilsonbogen bekannt ist. Die einzigen großen, gut erhaltenen Denkmäler in Jerusalem, welche aus der hellenistischen Zeit stammen, sind einige berühmte Mausoleen, die sich im Kidrontal am Fuße des Ölberges befinden: die Grabstätten von Beni Hazir und Sacharja. Es ist interessant, festzustellen, dass diese Grabstätten vom Stil her hellenistische, ägyptische und lokale Charakteristika kombinieren und somit in Denkmalform die verschiedenen kulturellen Kräfte zeigen, die das jüdische Leben während dieser Periode beeinflussten.

Jerusalem wuchs während der langen und blühenden Regierung von Alexander Jannäus (103–76 v. Chr.), aber nähere Einzelheiten dazu fehlen im Allgemeinen in den historischen Quellen. Gegen Ende der hellenistischen Zeit wetteiferten die hasmonäischen Brüder Aristobulus und Hyrkanus II. miteinander um die Hohepriesterschaft und die Herrschaft über das Land. Am Ende marschierte Pompeius auf Jerusalem zu (s. S. 159). Nachdem er seine Quartiere südwestlich und nordwestlich der Stadt aufgeschlagen hatte, wurde ihm die obere Stadt (die Stadtviertel auf dem westlichen Hügel) von den Anhängern Hyrkanus' übergeben. Doch die Unterstützer von Aristobulus nahmen die Verteidigung auf dem östlichen Hügel auf. Im Gegenzug errichtete Pompeius einen Belagerungswall um den Hügel und nachdem er Angriffsrampen aufgebaut hatte, griff er von Westen her – über die Ruinen der Brücke, welche über das Tyropoiontal gespannt worden war – den Tempelbezirk an und vom Norden aus griff er zudem die »Baris«-Festung an. Nachdem er den Tempelbezirk eingenommen hatte, betrat er das Allerheiligste, zerstörte es jedoch nicht, sondern erlaubte schon bald die Wiederaufnahme des Opferdienstes. Die Ankunft von Pompeius markiert den Beginn der römischen und dann der byzantinischen Herrschaft über Jerusalem; die dauerte bis zur Zeit der persischen und arabischen Eroberungen (614 und 639 n. Chr.) – abgesehen von kurzen Unterbrechungen während des ersten und zweiten Jüdischen Aufstands.

Zu Beginn der römischen Herrschaft erfuhr Jerusalem eine Zeit der großen Expansion und Verschönerung unter der Führung des römischen Vasallenkönigs Herodes dem Großen (37–4 v. Chr.). An erster Stelle muss sicherlich Herodes' neue Ausstattung des Tempels und des Tempelberges erwähnt werden. Obwohl seine Möglichkeiten hinsichtlich dessen, was er für das Tempelgebäude selbst tun konnte, begrenzt waren – die Heilige Schrift und die Überlieferung schrieben die Grundrisse vor –, verwandte er über eineinhalb Jahre darauf, das Bauwerk zu verschönern und neu auszustatten. Hinsichtlich der Höfe, welche den Tempel umrahmten, hatte Herodes sich nicht mit derartigen Einschränkungen auseinanderzusetzen und so gab er große Summen aus, um diese zu vergrößern. Es heißt, dass er die Größe des Tempelforums verdoppelte, so dass es seinen heutigen Umfang von 16,2 ha erreichte. Obgleich keine Überreste von Herodes' Tempel gefunden wurden, die als solche mit Sicherheit identifiziert werden können,[25] ist das Forum, auf welchem die Höfe erbaut worden waren, erhalten geblieben. Der Bereich ist jetzt mit muslimischen Bauten bedeckt und wird Haram esch-Scharif – »Erhabenes Heiligtum« – genannt. Bei dem Bau dieses großen Forums machte Herodes Gebrauch von einigen bereits bestehenden Mauern, besonders im Osten, aber er vergrößerte den Platz Richtung Norden, Westen und Süden. In der Tat nahm die westliche Expansion solche Ausmaße an, dass ein Teil des

Tyropoiontals ausgefüllt und überdeckt wurde und bis heute stehen noch etwa sechsundzwanzig Schichten von den Steinen aus der Zeit des Herodes, welche auf dem Grundfelsen gefunden wurden. Diese Steine sind so exakt geschnitten, dass bei dem Bau der Mauer kein Mörtel verwendet wurde. Ein typischer Stein wiegt 1,8 bis 9 Tonnen, während der größte der bekannten Steine 14 x 3 x 3 m misst und 376 Tonnen wiegt! Beinahe alle Steine, mit Ausnahme der sehr niedrigen Grundschichten, haben eine flache, fein ausgemeißelte runde Verzierung und um die Kanten zieht sich ein fein behauener schmaler Rand (s. Foto S. 158).

Entlang des oberen Randes des riesigen Tempelplatzes errichtete oder erneuerte Herodes eine Reihe von überdachten Säulenhallen. Die berühmteste davon war die südliche, die »Königliche Halle«. Sie bestand aus 162 Säulen, welche in vier Reihen angeordnet waren und ein langes, basilikaförmiges Gebäude bildeten. Die Säulen selbst waren 8 m hoch und 1,4 m im Durchmesser und sie waren mit korinthischen Buchstaben verziert. Obwohl heute nichts von der Kolonnade übrig geblieben ist, gibt es Vermutungen über das Aussehen der äußeren Mauer: Viereckige Stützpfeiler (Pilaster) unterbrechen das Baumuster des herodianischen Tempels, welcher die Grabstätte des Patriarchen in Hebron umschließt.

Südlich des Tempelberges entdeckte Benjamin Mazar große Teile der architektonischen Treppe, die hinauf zu den Hulda-Toren führte.[26] Die Sockel der Tore sind immer noch in der südlichen Mauer der Haram-Einfriedung (der sogenannten doppelten und dreifachen Tore) sichtbar. Obgleich sie jetzt geschlossen sind, sind die unterirdischen Gänge, welche hinauf bis zur Spitze des Berges innerhalb der Mauer führen, immer noch erhalten. Bei seinen Ausgrabungen entlang des südlichen Teils der westlichen Grenzmauer fand Mazar Teile der Nord-Süd-Straße, einen Stadtgraben und interessanterweise die Stützpfeiler, welche einen Treppenabsatz und eine Treppe stützten, die südlich von einem Tor im südlichen Teil der westlichen Mauer des Tempelberges in das Tyropoiontal führte.[27] Außerdem entdeckte Mazar einen großen behauenen Stein mit einer hebräischen Inschrift: »Für den Ort, wo die Trompete geblasen wird«.[28] Offensichtlich war dieser Stein aus seiner Position auf dem südwestlichen Gipfel des Tempelberges herausgefallen, wo er die Stelle markierte, an welcher der Priester stand und die Trompete blies, um den Bürgern von Jerusalem den Beginn des Sabbat, des Neumonds, des Neuen Jahres etc. anzukündigen.

Es kostete Herodes beinahe zehn Jahre, das bedeutende Bauwerk auf dem Tempelberg fertig zu stellen, aber sowohl zu Lebzeiten Jesu arbeiteten immer noch Baukolonnen an dem Projekt (Joh 2,20; ca. 28 n. Chr.) als auch noch während der Regierung des Statthalters Albinus (62–64 n. Chr; Jos, Jüd. Altert. 20.9.) am Vorabend des ersten Jüdischen Aufstands, welcher im Jahre 66 n. Chr. begann.

Teil des Wasserleitungssystems (»Der Siphon«), das Wasser von den südlichen Quellen nach Jerusalem brachte; Datierung unsicher.

Nordwestlich des Tempels richtete Herodes die Festung »Baris« wieder auf und nannte sie »Antonia« – nach seinem Freund Mark Antonius. Diese Festung, welche sich auf einer felsigen Böschung befand, überragte den Tempelbereich und beherbergte eine Garnison, deren Aufgabe es war, die Menschenmengen, welche sich in dem Tempelbereich versammelten, zu überwachen und zu kontrollieren.

Auf dem westlichen Hügel errichtete sich Herodes einen prächtigen Palast – und zwar an einer Stelle, welche sich in dem heutigen armenischen Viertel der Altstadt befand. Nur Teile des Fundaments sind erhalten geblieben.[29] Nördlich von seinem Palast erbaute er einen massiven Verteidigungskomplex, der aus drei Türmen bestand, die folgende Namen trugen: Hippikus (nach einem Freund), Phasaël (nach seinem Bruder) und Mariamne (nach seiner Gattin). Das massive Fundament von einem dieser Türme (wahrscheinlich Hippikus oder Phasaël) ist in dem heutigen Zitadellenkomplex genau südöstlich vom Jaffa-Tor erhalten geblieben. Außerdem ließ Herodes eine zweite Stadtmauer bauen, die in der Nähe dieser Türme begann – bei dem Gennath-Tor – und bei der Antonia-Festung endete und das nördliche »zweite Stadtviertel« der Stadt umschloss (Jos, Jüd. Krieg 5.4.2). Der exakte Verlauf dieser Mauer ist nicht bekannt, aber sie lief wahrscheinlich durch das Muristan-Viertel der Altstadt bis zu dem Gebiet des heutigen Damaskus-Tores. Und so begrenzte sie einen Teil der nördlichen Bereiche des Tyropoiontals. Über den Standort der anderen Bauten von Herodes wie z. B. das Hippodrom, das Stadion, das Theater und Amphitheater ist wenig bekannt. Doch Avigads neuere Ausgrabungen in dem jüdischen Viertel auf dem östlichen Hang des westlichen Hügels haben bedeutende Beweise und Hinweise hinsichtlich des Lebens in diesem Gebiet während der Regierungszeit des Herodes geliefert.[30] Große Häuser sind ausgegraben worden, die Höfe, rituelle Bäder, mit Fresken bedeckte Wände, feine Töpferwaren, Steingeschirr, riesige Steinkrüge, aus Stein gemeißelte Tische, Mosaikböden etc. enthielten. Die Art der archäologischen Funde – darunter die Entdeckung eines Gewichts mit dem Namen einer priesterlichen Familie, Kathros – und Daten aus literarischen Quellen liefern den Beweis, dass priesterliche und andere aristokratische Familien in diesem Gebiet lebten.

Das Jerusalem, das Jesus während seines Wirkens auf Erden (26–30 n. Chr.) kannte, war im Wesentlichen das gleiche wie das Jerusalem zu Herodes' Zeiten, welches oben beschrieben wurde.[31]

Die meisten Informationen über Jesus in Jerusalem entstammen den Berichten über die letzte Woche seines irdischen Wirkens. Jesus verbrachte offensichtlich die Nächte dieser letzten Woche mit seinen Freunden in Betanien, 2,5 Kilometer von Jerusalem entfernt, auf der Ostseite des Ölberges, und er hielt seinen triumphalen Einzug in Jerusalem auf einem Esel, auf den er bereits im Gebiet Betfage

Blick vom Ölberg in westlicher Richtung über Jerusalem.

gestiegen war. Nachdem er über den Ölberg geritten war, stieg er unter »Hosianna«-Rufen hinab in das Kidrontal. Obgleich er den Tempelkomplex von Norden oder Osten her betreten haben mag, wie es üblicherweise angenommen wird, ist es wahrscheinlicher, dass er von Süden her über die gewaltige Treppe kam, die hinauf zu den Hulda-Toren führte. Am Montag betrat er wieder den Tempelbereich und dieses Mal vertrieb er die Geldwechsler, die wahrscheinlich in der Königlichen Halle entlang der südlichen Peripherie des Vorhofes der Heiden tätig waren. Am Dienstag betrat Jesus erneut den Tempelkomplex und später unterwies er offensichtlich seine Jünger auf dem Ölberg. Nachdem er am Mittwoch in Betanien geblieben war, schickte Jesus einige seiner Anhänger in die Stadt, um einen Raum zu besorgen, damit er das Passafest mit seinen Jüngern feiern konnte. Trotz der Tatsache, dass der Bau auf der überlieferten Stätte des letzten Abendmahls, der Abendmahlssaal (das Coenaculum), aus der Zeit der Kreuzfahrer stammt (mindestens 1100 Jahre nach dem Ereignis), ist es wahrscheinlich, dass die Stätte selbst, die auf dem südlichen Teil des westlichen Hügels in einer wohlhabenden, wahrscheinlich essenischen Gegend der Stadt gelegen ist, sich in der Nähe der Stelle befand, wo das Mahl stattfand. Nach dem Mahl gingen Jesus und seine Jünger hinunter in den Garten Gethsemane, am westlichen Fuße des Ölberges, in der Nähe des Kidrontales. Nachdem Jesus dort eine Zeit lang gebetet hatte, wurde er gefangen genommen. In derselben Nacht erschien er vor Kaiphas, dem Hohenpriester, vor dem Statthalter Pilatus und vor Herodes Antipater, dem Herrscher über Galiläa, der wegen der Festlichkeiten in Jerusalem weilte. Der genaue Schauplatz jeder dieser Befragungen ist nicht bekannt, aber wahrscheinlich befand sich der Regierungssitz von Kaiphas irgendwo auf dem südlichen Teil des westlichen Hügels und es ist möglich, dass Herodes Antipater sich in dem alten hasmonäischen Palast auf dem östlichen Hang des westlichen Hügels aufhielt, von wo aus man auf den Tempel schauen kann. Obgleich Jesus in der Festung Antonia vor Pilatus getreten sein könnte – an dieser Sicht wird üblicherweise festgehalten –, ist es wahrscheinlicher, dass Pilatus als Herrscher des Landes in Herodes' Palast residierte und dass Jesus dort verurteilt wurde.

Nach den Evangelien wurde Jesus aus der Stadt herausgeführt, dort gekreuzigt und in einem nahe gelegenen Grab, das Josef von Arimathäa gehörte, begraben. In Jerusalem erheben heute zwei Lokalitäten den Anspruch, der Ort dieser Ereignisse zu sein. Zum einen ist dies Gordon's Golgatha – nördlich des heutigen Damaskus-Tores – mit dem Gartengrab in der Nähe. Obwohl diese Stätte sowohl außerhalb der ehemaligen als auch der heutigen Stadtmauer liegt und einige christliche Gruppierungen, z. B. anglikanische Christen, das Gartengrab tatsächlich für die Stätte halten, an der Jesus beigesetzt wurde und auferstanden ist, gibt es keinen zwingenden Grund, zu denken, dass dies Golgatha und/oder das Grab Jesu sei – in Wahrheit mag das Grab bis in die Eisenzeit (1000–586 v. Chr.) zurückreichen und folglich könnte es kein Grab sein, »in dem noch nie jemand gelegen hatte« (Lk 23,53).[32]

Viel zwingender, wenn auch immer noch nicht sicher, ist die Annahme, dass die Grabeskirche (Kirche des Heiligen Grabes) die Stelle dieses dramatischen Ereignisses markiert. Es ist wahrscheinlich, dass dieser Ort sich zur Zeit Jesu außerhalb der Stadtmauern befand und in der Tat ein Friedhof war. Viele alte christliche Überlieferungen, die mindestens bis zu den Tagen von Eusebius (4. Jh. n. Chr.) zurückreichen, vermuten, dass die Grabeskirche den wahrscheinlicheren Schauplatz der beiden zur Debatte stehenden Stellen markiert.

Während der frühen apostolischen Zeit (30–41 n. Chr.) war die Gemeinde auf Jerusalem konzentriert. Offensichtlich trafen sich die ersten Christen oft in Salomons Halle (Apg. 3,11; 5,12) – wahrscheinlich der Säulenhalle an der inneren Seite der östlichen Grenzmauer des Tempelbereiches. Aber es ist schwierig, den genauen Schauplatz weiterer Ereignisse zu bestimmen.

Seit den Tagen von Herodes dem Großen (37–4 v. Chr.) hatte sich die Stadt beständig Richtung Norden ausgedehnt und schließlich wurde während der Regierung von Herodes Agrippa I. (41–44 n. Chr.) ein Versuch unternommen, das nördliche Viertel der Stadt (Bezetha) mit einer Mauer einzugrenzen. Diese Mauer verlief nordwestlich von dem heutigen Jaffa-Tor bis zu dem Turm von Psephinus (wahrscheinlich in oder in der Nähe des heutigen russischen Viertels und bog dort in Richtung Osten zum Kidrontal ab, von wo die Mauer südlich weiterverlief bis hin zur nordöstlichen Ecke des Tempelberges; Jos, Jüd. Krieg 5.4.2–3). Doch Agrippa bekam Angst, dass die Römer ihn der Rebellion bezichtigen könnten und er brach die Arbeiten an der Mauer ab. Archäologen haben lange Abschnitte der Ost-West-Teile dieser Mauer nördlich der heutigen Altstadtmauer entdeckt.[33]

Nach dem Tod Agrippas I. (44 n. Chr.) wurde Jerusalem wieder direkt von römischen Statthaltern regiert, bis der erste Jüdische Aufstand ausbrach (66–70 n. Chr). Einer der unmittelbaren Ursachen dieses Aufstands war der Versuch des Kaisers Caligula, seine Statue im Tempel von Jerusalem errichten zu lassen. Der Statthalter von Syrien, Cestius Gallus, hatte anfänglichen Erfolg bei der Unterwerfung des Aufstands im Jahre 66 n. Chr., aber er war nicht in der Lage Jerusalem einzunehmen. Den Juden gelang es schließlich, die Herrschaft über die Stadt und größtenteils den Rest des Landes zu erlangen. Doch in den nächsten drei Jahren überwanden die Römer langsam, aber sicher die Rebellen. Im Frühling des Jahres 70 n. Chr. marschierten die Fünfte, Zehnte, Zwölfte und Vierzehnte Legion und ihre gefangenen Sklaven mit insgesamt etwa 80 000 Männern auf Jerusalem zu. Die Juden versuchten, die dritte oder nördliche Stadtmauer, welche Agrippa I. zu bauen begonnen hatte, zu befestigen, aber Ende Mai hatten die Römer sie durchbrochen. Einige Tage später war die zweite Mauer ebenfalls durchbrochen und ein Belagerungswall wurde um den Rest der Stadt errichtet. Das Leiden innerhalb der Stadt war fürchterlich und im späten Juli wurde die Festung Antonia angegriffen und eingenommen. Von dort marschierten die Römer in den Tempelbereich und am neunten des Ab (28. August) wurde der Tempel niedergebrannt. Gegen Ende September wurden die untere Stadt (die alte Stadt Davids) und die obere Stadt (auf dem südlichen Teil des westlichen Hügels) erobert. Obgleich Josephus' Zahlen von 1 000 000 toten Juden und 97 000 Gefangenen wahrscheinlich übertrieben sind, illustrieren diese Zahlen doch das große Ausmaß der Niederlage. Titus, der römische Feldherr, der später Kaiser wurde, befahl, einen Großteil der Stadt niederzureißen, außer den drei Türmen genau nördlich des Palastes von Herodes. Diese ließ er als stumme Huldigung an die Größe der Stadt, welche er gerade erobert hatte, stehen.

Die historische Geografie als Wissenschaft

Interesse an historischen und geografischen Einzelheiten gab es bereits in biblischer Zeit. Gelegentlich stellten die Übermittler von mündlichen Überlieferungen, die Autoren und Herausgeber von Texten und die Abschreiber von Schriftrollen fest, dass einige ihrer Hörer und Leser die geografischen Bezüge in einem historischen Bericht nicht wieder erkennen könnten und deshalb fügten sie den damals zeitgenössischen Namen eines Ortes ein, so dass der historische Rahmen eines Ereignisses verständlicher sein würde. So wurden die Hörer und Leser darüber informiert, dass Bela (ein Name, der ihnen nicht vertraut war) das Gleiche war wie die Stadt, welche sie als Zoar kannten (1. Mose 14,2), dass das Tal Siddim das Gleiche war wie das Salzmeer (14,3), En-Mischpat das Gleiche wie Kadesch (14,7), Kirjat-Sefer das Gleiche wie Debir (Jos 15,15), Kirjat-Arba das Gleiche wie Hebron (15,54), Kirjat-Baal das Gleiche wie Kirjat-Jearim (15,60), Lus das Gleiche wie Bethel (Ri 1,23) und so weiter.

Philologie: Textstudien

Obgleich die moderne Forschung auf dem Gebiet der historischen Geografie erst zur Zeit von Napoleons Einmarsch in Ägypten und einem Teil des Orients in den Jahren 1798–99 begann, war die biblische Geografie mindestens seit den Lebzeiten von Eusebius (4. Jh. n. Chr.) ein Forschungsgebiet. Eines der Hauptziele der biblischen Geografen ist es gewesen, die biblischen Ortsnamen und andere geografische Verweise auf existierende Städte, Kleinstädte, Dörfer, Stätten des Altertums, Regionen etc. zu identifizieren. Mit Hilfe dieser Identifikationen kann man weiter versuchen, Stammes- und Sippenzuweisungen, Verwaltungsbezirke und Grenzen zwischen den Staaten zu definieren. Darüber hinaus kann ein Verständnis des historisch-geografischen Hintergrundes eines Ereignisses in gro-

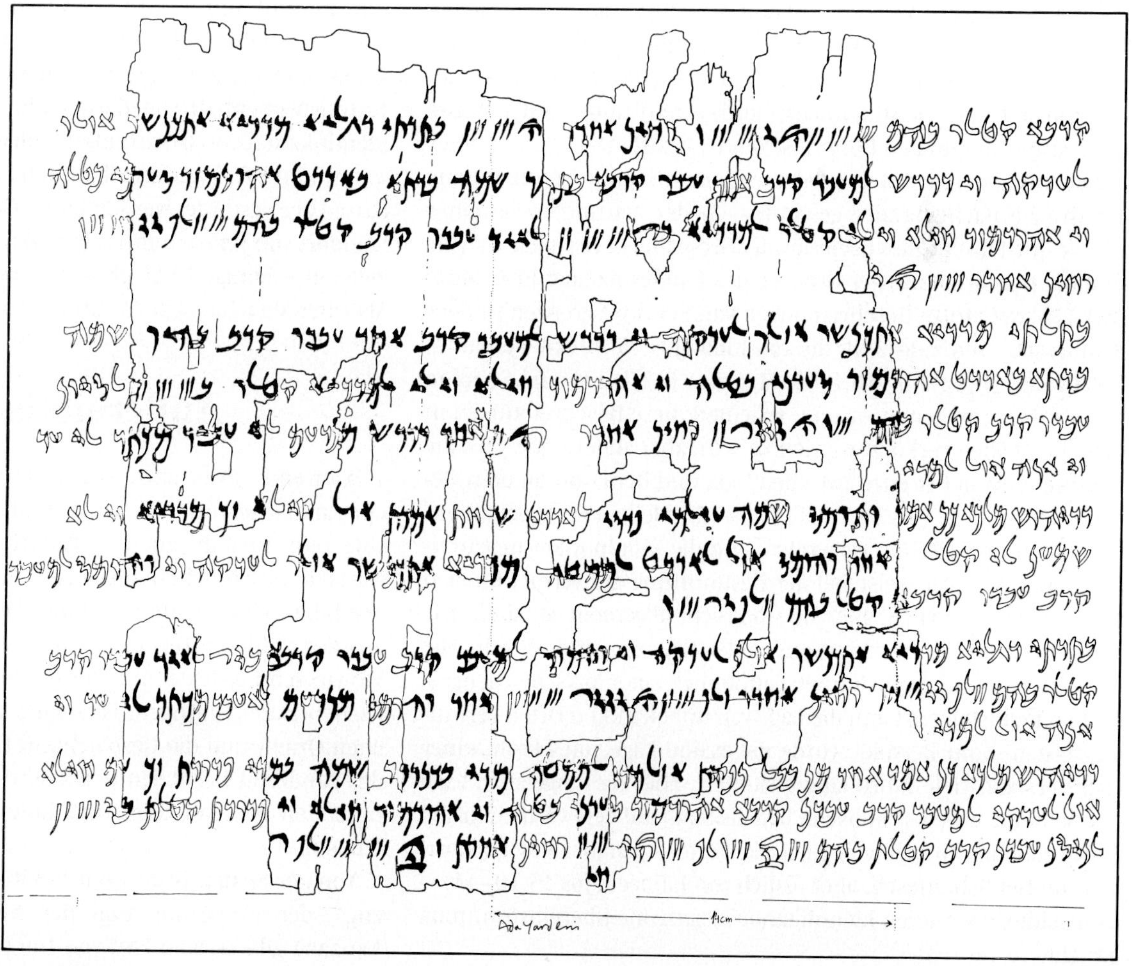

Aramäische Übersetzung aus dem 5. Jh. v. Chr.; Inschrift (Behistun) von Darius I., dem Großen, mit der Aufzählung seiner zahlreichen Eroberungen von Städten.

ßem Maße für das Gesamtverständnis der biblischen Erzählungen hilfreich sein.

Zwei Arten von Textquellen sind dem biblischen Geografen verfügbar. Die erste ist natürlich die Bibel selbst, die, obwohl sie keinesfalls hauptsächlich ein Buch über Geografie oder Geschichte ist, viel Material historisch-geografischer Natur beinhaltet. Die zweite Art stellen alte Inschriften dar, welche im Nahen Osten gefunden wurden.

Die Bibel

In seinem verständlichen Buch *The Land of the Bible: A Historical Geography* unterscheidet Yohanan Aharoni drei Arten von biblischen Dokumenten, die von geografischem Interesse sind: historisch-geografische Beschreibungen, territoriale Beschreibungen und die Berichte von militärischen Expeditionen und Eroberungen.[1] Die historisch-geografischen Beschreibungen scheinen vornehmlich zu geografischen Zwecken zusammengestellt worden zu sein. Dazu gehören die Völkertafel (1. Mose 10), die Liste der kanaanitischen Könige, die von den Israeliten geschlagen wurden (Jos 12), und vielleicht die Beschreibungen der »Völker, die der Herr übrig ließ« (Jos 13,1–6; Ri 3,1–4), sowie der Wüstenzug der Israeliten (4. Mose 33).

Von besonderem Interesse für den historischen Geografen sind die territorialen Beschreibungen, die in den Geschichtsbüchern der Bibel verstreut sind. Einige dieser Grenzbeschreibungen sind sehr kurz: nur die »Endpunkte« werden genannt. Beispiele sind die Beschreibung des Landes Israel, das sich »von Dan [im Norden] bis nach Beerscheba [im Süden]« erstreckt (z. B. 2. Sam 24,2) und die Beschreibung des Verheißenen Landes (2. Mose 23,31), welche vier »Endpunkte« auflistet: »von dem Schilfmeer (Süd(ost)en) bis an das Philistermeer (= Mittelmeer; Nordwesten) und von der Wüste (Südwesten) bis an den Euphratstrom (Nordosten)«.

Doch in anderen Fällen werden eine Reihe von Punkten entlang der Grenze nacheinander genannt – in der Art und Weise einer »Punkt-für-Punkt«-Beschreibung der Grenzlinien. Beispiele hierfür sind die Beschreibung der Grenzen des Landes Kanaan in 4. Mose 34,1–12 und einige Beschreibungen von Stammesgrenzen in dem Buch Josua, und zwar z. B. die von Juda (Jos 15,2–12), Benjamin (18,12–20), Ephraim (16,1–9), Manasse (17,7–11) und Sebulon (19,10–16). Um genau zu sein, scheinen diese Beschreibungen in manchen Fällen verkürzt worden zu sein, aber andere, wie z. B. die Beschreibung der Grenze zwischen Juda und Benjamin in dem Gebiet bei Jerusalem (Jos 15,7–9; 18,15–17), bleiben recht detailliert.

Für den historischen Geografen sind die »Endpunkt«-Beschreibungen in gewisser Weise bei der Bestimmung der vermeintlichen Staatsgrenzen nützlich, aber sie sind recht allgemein gehalten. Die »Punkt-für-Punkt«-Beschreibungen der Grenzen sind oft sehr viel brauchbarer. Und da die Namen gewöhnlich einer logischen geografischen Reihe folgen, kann die Lage von unbekannten Orten vermutet werden. Zum Beispiel wurde die exakte Lage von Ekron, einer Philisterstadt, viele Jahre lang diskutiert, aber die ungefähre Lage war bekannt, weil der biblische Text die Stadt auf den westlichen Teil der nördlichen Grenze von Juda platzierte – genauer gesagt, westlich von Bet-Schemesch, aber östlich von Jabneel (Jos 15,10–11) – zwei Städte, über deren Identifikation allgemeine Übereinstimmung besteht.

Außerdem wurden Gebiete beschrieben, indem man eine Liste von Städtenamen aufstellte, denen jeweils ein Stamm oder ein Bezirk zugeteilt wurde. Obwohl die Entstehungszeit und die Funktion dieser Städtelisten Gegenstand vieler Diskussionen war, sind wir sicher, dass mindestens eine von ihnen, die Liste der zwölf salomonischen Bezirke in 1. Könige 4,7–19, administrativen Zwecken diente. Zu den bekannten unter diesen Verzeichnissen zählen die Städtelisten von Juda (Jos 15,21–63; mehr als 100 Städte werden erwähnt!), Simeon (Jos 19, 1–9 sowie die Listen der levitischen Städte (Jos 21; 1. Chr 6,39–66; etwa 48 Städte), obgleich es noch viele andere ähnliche Listen gibt.[2]

Die Städteliste von Juda ist von besonderem Interesse, weil sie so umfangreich ist und weil eine Unterteilung in mindestens neun oder zehn Bezirke erfolgt (die Septuaginta geht sogar von einem elften Bezirk um Bethlehem aus – in Josua 15,59). Wenngleich das Entstehungsdatum und die ursprüngliche Funktion der Städteliste von Juda in Josua 15 Gegenstand der Diskussion gewesen ist, haben diese Angaben sich als sehr nützlich und hilfreich bei der Identifikation der Lage von Städten erwiesen, deren Standort umstritten war. Zum Beispiel lag Debir, das von einigen Quellen in Tell Bet Mirsim in der Schefela angesiedelt wurde, in Wirklichkeit in einem Gebiet im südlichen Hügelland (V. 49),[3] während Adullam, das einige in das Hügelland von Juda verlegten, in Wirklichkeit in dem nördlichen Gebiet des »westlichen Vorgebirges« (= Schefela; V. 35) lag.

Der dritte Typus der biblischen Quellengrundlage – abgesehen von historisch-geografischen und territorialen Beschreibungen – sind die Berichte über Expeditionen und Eroberungen. So können unter anderem die Routen von militärischen Expeditionen wie die von Abija (2. Chr 13,19), Ben-Hadad (1. Kön 15,20) und Tiglat-Pileser (2. Kön 15,29) mit einiger Gewissheit hergeleitet werden. Wenn man von der berechtigten Voraussetzung ausgeht, dass die Texte gewissenhaft von diesen Einmärschen berichten, kann die Identifikation von bestimmten biblischen Städten bestätigt werden, während im Fall von unbekannten Städten zumindest deren ungefähre Lage vermutet werden kann. Obwohl zum Beispiel der exakte Standort von Janoach umstritten ist, kann man ihn auf der Grundlage von 2. Könige 15,29 ohne weiteres in die unmittelbare Nähe von Abel-Bet-Maacha, Kedesch und Hazor platzieren.

Außerbiblische Texte

Während der letzten hundert Jahre wurden zahlreiche epigraphische Funde in Ägypten, Mesopotamien, Syrien und in geringerem Ausmaß auch in Palästina/Israel gemacht. Nahezu die meisten wesentlichen Textkorpi, die für die historische Geografie der Bibel relevant sind, stammen aus Ägypten. Bedeutende Funde aus der Mittleren Bronzezeit II (2000–1550 v. Chr.) schließen die Verwünschungstexte mit den dazugehörigen Listen von geografischen Bezeichnungen, Personen- und Stammesnamen im südlichen Orient und die Geschichte von Sinuhe mit der Beschreibung des Landes »Ober-Retenu« ein, einschließlich der gelegentlich auftretenden geografischen und kulturellen Verweise auf das Land Kanaan.[4]

Von der Späten Bronzezeit (1550–1200 v. Chr.; der Zeit des Auszugs, der Eroberung und der Niederlassung der Israeliten in Kanaan) gibt es eine Flut von Informationen, einschließlich einer

Beschreibung der Fahrt der Hyksos von Ägypten zurück nach Kanaan. Von der 18ten Ägyptischen Dynastie werden einige der Feldzüge von Thutmosis III. (1504–1450 v. Chr.), insbesondere der erste, in seinen Annalen und auch in anderen Schriften in allen Einzelheiten berichtet. Die Kopien seiner großen topografischen Liste schließen mindestens 119 geografische Namen aus dem Orient ein. Erwähnenswert sind auch die Beschreibungen des Feldzuges von Amenophis II. (1540–1425 v. Chr.) nach Kanaan während der ersten Jahre seiner Regierung. Zudem gibt es von der Regierung des Amenophis III. (1417–1379 v. Chr.) und des Echnaton (1379–1362 v. Chr.) das diplomatische Archiv, geschrieben in Akkadisch, welches in El-Amarna entdeckt wurde. Es berichtet ausführlich von den Beziehungen zwischen Ägypten und dem Orient sowie den inneren Kämpfen im Land Kanaan. Von der 19ten Dynastie sind die Feldzüge von Sethos I. (1318–1304 v. Chr.) und Ramses II. (1304–1237 v. Chr.) recht bekannt, und die Stele von Merenptah (1236–1223 v. Chr.) erwähnt sogar Israel als ein Volk unter anderen Gruppen, das im südlichen Orient lebt. Diese Texte werden durch die Papyrusrolle von Anastasius I. ergänzt, welche die Geografie von Kanaan recht detailliert beschreibt, sowie durch die Geschichte von Wen-Amon und andere Texte. Von späteren Zeiten ist nur der Bericht von Schischaks Einmarsch in Israel (925 v. Chr.) mit der Auflistung von nahezu 150 Siedlungen in Israel und der Negeb-Wüste bedeutend. Epigraphische Funde aus Mesopotamien leisten weniger einen Beitrag zu der historischen Geografie der Bibel als die aus Ägypten, obgleich die Verweise auf Hazor und Lajisch (= Dan) in den Keilschrifttafeln, die man in dem syrischen Ort Mari fand, willkommenes Licht auf die Mittlere Bronzezeit II warfen. Ab dem achten, siebten und sechsten Jahrhundert v. Chr. liefern die Berichte von den Expeditionen der assyrischen und babylonischen Könige (z. B. diejenigen von Tiglat-Pileser III., Sargon II., Sanherib, Asar-Haddon, Assurnassirpal, Nebukadnezar II.) ebenfalls eine beträchtliche Anzahl von relevanten geografischen Details in Bezug auf Israel und seine Nachbarn. Außerdem ist es möglich, dass die Tafeln, welche man in Nordsyrien, in Tell Mardich (dem ehemaligen Ebla), entdeckte, einen Beitrag zu dem leisten, was bis heute ein »epigraphisch dunkles Zeitalter« in unserem geografischen Verständnis von Palästina war, nämlich das dritte Jahrtausend v. Chr.

Epigraphische Funde in Israel und Jordanien waren selten. Ein paar Keilschrifttexte aus der Späten Bronzezeit (1550–1200 v. Chr.) sind in Tell el-Hesi, Bet-Schemesch, am Berg Tabor, in Taanach, Hazor und Afek entdeckt worden, aber ihr Beitrag zur historischen Geografie des Landes war minimal. Aus der Eisenzeit (1200–586 v. Chr.) werfen die Ostraka, die man in Samaria entdeckte, willkommenes Licht auf einen Teil des Stammeserbes von Manasse, einem Gebiet, welches die Bibel nicht ausführlich behandelt (Jos 17). Der Moabitische Stein (Mescha-Stele) liefert Informationen über das Gebiet östlich des Toten Meeres während des achten Jahrhunderts v. Chr. Von Israel selbst enthalten die Arad-Ostraka ein paar geografische Hinweise – ebenso wie die Ostraka, welche man in Lachisch entdeckte.[5] Schließlich leisten aus der hellenistischen und den frühen römischen Perioden klassische Autoren (z. B. Herodot), Papyrusrollen aus Ägypten (die Zenon-Papyrusrollen), die Septuaginta, die Bücher der Apokryphen, die Schriftrollen vom Toten Meer, Josephus sowie andere epigraphische Funde alle Beiträge zu unserem historisch-geografischen Verständnis der intertestamentlichen und neutestamentlichen Perioden (= Zweite Tempel-Periode). Eines der Ziele der historischen Geografie ist der Versuch, eine Geschichte von einem Ort oder einem Gebiet zu schreiben, die so vollständig wie möglich ist und auf allen verfügbaren Quellen basiert. Die Sammlung aller Hinweise auf eine Stadt oder ein Gebiet in den literarischen Quellen kann recht komplex sein, denn es mag mehrere Städte mit demselben Namen gegeben haben. Oder eine einzelne Stadt oder ein einzelnes Gebiet kann mehr als einen Namen gehabt haben. Aber selbst wenn ein ähnlicher Name in verschiedenen Sprachen benutzt wird, muss der Wissenschaftler sich mit dem Problem auseinander setzen, wie ein Name übertragen wurde, denn die Phonetik und Orthografie verschiedener Sprachen sind nicht völlig identisch. So kann der Name eines Ortes in hebräischen, ägyptischen und babylonischen Dokumenten auftreten, aber der Name bezieht sich nicht in allen Dokumenten auf denselben Ort, während gelegentlich offensichtlich verschiedene Namen sich auf ein und denselben Ort beziehen.

Eine weitere Komplikation ergibt sich daraus, dass einige der Quellen lange nach dem Zeitpunkt der Ereignisse, von denen sie berichten, geschrieben wurden. Dies bedeutet, dass ein geografischer Name, der in solch einer Quelle oder einem Teil der Quelle benutzt wurde, der Name sein kann, der zur Zeit des Ereignisses verwendet wurde oder der Name des Ortes, der zur Zeit des Schreibens in Gebrauch war. Obwohl das 1. Buch Mose von Ereignissen berichtet, die sich zu Lebzeiten von Abraham, Isaak und Jakob zugetragen haben, wurde das Buch sicherlich einige Zeit nach den erzählten Ereignissen geschrieben, und wie oben bereits bemerkt, war der Schreiber in einigen Fällen darauf bedacht, den neuen Namen einer Stadt zusammen mit dem alten anzugeben.

Die Primärquellen, die von gewissenhaften Gelehrten der historischen Geografie der Bibel bewältigt werden müssen, sind zahlreich und ausreichende Sprachkenntnisse des Hebräischen, Aramäischen, Griechischen, Lateinischen, Ugaritischen und verschiedener Formen der ägyptischen Hieroglyphen wünschenswert. Dies ist scheinbar eine kaum zu bewältigende Aufgabe und die Kooperation zwischen Experten verschiedener Sprachen und Dialekte ist eine Notwendigkeit.

Toponymie: Ortsnamenkunde

Einer der erfolgreichsten Wege, zu versuchen, den alten Namen einer Siedlung mit dem korrekten Ort in einem Gebiet und danach mit der entsprechenden Stelle auf einer Landkarte unserer Zeit in Verbindung zu bringen, ist, festzustellen, ob der betreffende Name über die Jahrhunderte hinweg bis zur heutigen Zeit erhalten geblieben ist.

Auf den ersten Blick mag diese Reihe von Recherchen in gewisser Weise aussichtslos erscheinen – angesichts der Jahrtausende, die uns von der Zeit der Bibel trennen. Aber die gut bewässerten Gebiete des Landes Israel/Palästina sind recht beständig von Einheimischen bewohnt worden, die den Namen eines bestimmten Ortes gewöhnlich von Generation zu Generation durch mündliche Überlieferung weitergegeben haben könnten und es in vielen Fällen auch taten.[6] So haben sich Namen wie Jerusalem, Hebron, Akko und Tiberias seit Jahrtausenden gehalten. Die Erhaltung von alten Ortsnamen wurde dadurch unterstützt, dass über Jahrhunderte hinweg die Sprachen von einheimischen Volksgruppen alle semitisch waren.

Doch in entfernteren Gebieten, z. B. dem Sinai, scheinen entscheidende Lücken in der Kette der Einheimischen aufgetreten zu sein. Und so sind die alten geografischen Namen durch die Jahrhunderte hindurch nicht so gut erhalten geblieben.

Da die Beibehaltung der Ortsnamen in erster Linie ein mündlicher Prozess war, kann der moderne Forscher entweder die Einheimischen, in der Regel Arabisch sprechende, befragen oder er/sie kann geschriebene Werke konsultieren, welche die mündlichen Überlieferungen zu gewissen Zeitpunkten festgehalten haben. In diesen Sekundärquellen werden Orte überliefert, die in den Primärquellen der biblischen Zeit erwähnt werden (aber diese sind natürlich Primärquellen für ihre eigene Zeit). Zu den bedeutenden Sekundärquellen gehören Josephus, rabbinische Literatur, das Onomastikon von Eusebius, welches von Hieronymus übersetzt und darüber hinaus erweitert wurde, die Pilgerreisen aus den byzantinischen und Kreuzfahrerzeiten, die Werke von arabischen Geografen und das Werk des jüdischen Gelehrten Eschtori ha-Parchi und anderen.

Die heutige Wissenschaft der Toponymie begann im Jahre 1838 mit der Reise von Edward Robinson und Eli Smith nach Palästina. Robinsons Forschungen wurden von der seines ehemaligen Schülers Smith ergänzt, der viele arabische Dialekte fließend sprach und seinen Lehrer auf seiner ersten Reise begleitete, später aber Missionar in Beirut wurde. Auf dieser ersten Reise und auf einer Reise, die Robinson im Jahre 1852 allein unternahm, stellte sich heraus, dass die alten Namen vieler biblischer Orte mit heutigen Ortsnamen identifiziert werden konnten, da sie in den »modernen« lokalen Ortsnamen erhalten geblieben waren.

Obgleich viele mit individuellen Beiträgen die Pionierarbeit von Smith und Robinson nach und nach ergänzten, war es die große britische Erforschung Palästinas zwischen 1871 und 1877, welche wesentliche Angaben zu den verfügbaren toponymischen Daten hinzufügte. Als ein Ergebnis dieser Untersuchung wurden sechsundzwanzig große Landkarten, welche ungefähr das Gebiet von Dan bis Beerscheba, westlich vom Jordan und dem Toten Meer, abdeckten, herausgegeben; dazu eine Reihe von Bänden, welche die topografischen, kulturellen, linguistischen und archäologischen Erkenntnisse der Erforschung beschrieben. Von besonderem Interesse ist der Band mit arabischen Ortsnamen, zusammengestellt und überarbeitet von E. Palmer. Obwohl das Werk von Robinson und Smith und das des britischen Teams nicht frei von Fehlern oder Irrtümern ist und obwohl diese beiden Werke von neueren Landkarten/Untersuchungen und archäologischen Ausgrabungen in dem Gebiet korrigiert und ergänzt wurden, bleiben diese beiden Quellen große Fundgruben lokaler, einheimischer, mündlicher toponymischer Überlieferungen.

Heutige Toponyme können den Namen eines alten Siedlungsortes beibehalten haben, aber diese Namen sind nicht immer mit dem genauen Ort verbunden, an dem der biblische Siedlungsort sich befunden hat. Zum Beispiel lag der ehemalige Ort des biblischen Jericho in Tell es-Sultan, aber der Name blieb in dem nahe gelegenen Dorf Er-Rahia erhalten. Während »Er-Rahia« für einen Laien nicht wie »Jericho« aussehen mag, sind die Experten, welche mit den Klängen, Schriftzeichen und phonetischen Gesetzen des Hebräischen, Aramäischen und Arabischen vertraut sind, in der Lage, mit Gewissheit solche Identifikationen vorzunehmen. So gelten Gleichsetzungen wie z. B. von Michmas mit dem arabischen Dorf Mukhmas, von dem Oberen Bet-Horon mit Beit Ur el-Foqa und viele andere Identifikationen als ziemlich sicher. Außer dem Fall, dass der alte Name in dem alten Ort selbst oder in dem Namen eines nahe gelegenen Ortes beibehalten wird, kann er auch in dem Namen eines in der Nähe befindlichen Grabes (der Name Geser wurde in dem Namen des Grabes von Scheich Jezari oben auf dem Ausgrabungshügel erhalten) oder einer Wasserquelle (das biblische Bet-Schemesch wurde in dem Namen der Quelle Ajin Schems, die sich in der Nähe des ehemaligen Ortes befindet, erhalten, und der Name Jabesch [Gilead] wurde in dem Namen des Wadi Jabis, an welchem der Ort gelegen hatte, beibehalten) erhalten bleiben.

Außer der Komplikation, dass der Name bisweilen nicht genau für den gleichen Ort beibehalten wird, könnte auch erwartet werden, dass eine dominante Bevölkerungsgruppe und/oder Sprache (wie z. B. das Griechische oder in geringerem Ausmaß das Lateinische während der hellenistischen und der römischen Zeit) die Dinge noch verkomplizieren könnte. Doch das ist nicht oft der Fall. Denn obwohl z. B. der offizielle Name von Bet-Schean während der hellenistischen Zeit in Skythopolis umgewandelt wurde, hielt sich der neue Name nicht, denn offensichtlich behielt die lokale Bevölkerung den alten semitischen Namen insgeheim bei. Und mit dem Verschwinden des griechisch-römischen Einflusses setzte sich der Gebrauch einer Form des alten Namens wieder durch. So ist der Name bis zur heutigen Zeit erhalten worden als der Name des kleinen arabischen Dorfes Beisan, welches in der Nähe des Fußes des Ausgrabungshügels liegt, wo die biblische Stadt sich befand. Auf der anderen Seite wurden Formen von griechischen und lateinischen Städtenamen, die während der römischen Zeit festgelegt worden waren, oft von der lokalen semitischen Bevölkerung beibehalten:

Typisches Hügeldorf mit lehmbedeckten Wohnhäusern, Steinmauern und Gärten.

Tiberias ist als Tabarije und Cäsarea als Qeisarije erhalten geblieben. Doch in einigen seltenen Fällen wurden alte semitische Namen durch ein griechisch-römisches Pendant ersetzt: zum Beispiel wurde das biblische Sichem während der griechisch-römischen Zeit in Neapolis umbenannt. Und es ist genau dieser Name, welcher in dem Namen der heutigen Stadt Nablus erhalten blieb.

Die oben genannten Beispiele sind nur einige wenige Fälle des komplizierten Prozesses der Überlieferung und Erhaltung von Namen durch die Jahrhunderte hindurch. Natürlich ist jede vermutete Identifikation eines Ortes sehr viel wertvoller, wenn der alte Name in einer Reihe der oben genannten Sekundärquellen aufgespürt werden kann, besonders, wenn diese Quellen aus verschiedenen Zeiten stammen und den Siedlungsort beständig in dem ursprünglichen geografischen Gebiet platzieren. Wenn dies der Fall ist, dann kann man wirklich sicher sein, dass der Name von der lokalen Bevölkerung beibehalten wurde und man kann mit großer Wahrscheinlichkeit behaupten, dass der alte Ort an dem Standort des »modernen« Toponyms oder zumindest in der Nähe davon gelegen hat.

Archäologie

Der Prozess der Gegenüberstellung eines geografischen Namens und eines bestimmten antiken Ortes – gewöhnlich einer Stadt, eines Ausgrabungshügels (Tell) oder einer Ruine – beinhaltet den Versuch, die bekannte Geschichte eines Ortes (siehe oben) mit den archäologischen Überresten, die an der vermuteten Stelle gefunden wurden, in Beziehung zu setzen. Wenn zum Beispiel Orte wie Bethel, Ai, Hebron, Gerar und Sichem in den Erzählungen über das Leben von Abraham, Isaak und Jakob erwähnt werden, bedeutet das, dass alle von ihnen oder nur einige davon Städte zur Zeit der Erzväter waren? (Ein Tor, das in Verbindung mit Hebron genannt wird [1. Mose 23,18] und ein Bauwerk mit einem zweiten Stockwerk, das in Verbindung mit Gerar [26,8] Erwähnung findet, zeigen zumindest, dass diese städtische Gebiete waren.) Wenn man glaubt, dass der Text wahrheitsgetreu die Ereignisse berichtet, die sich zur Zeit der Erzväter zutrugen, dann kann man logischerweise erwarten, archäologische Überreste aus dieser Zeit bei den alten Plätzen zu finden, die als mögliche Identifikationsorte für Gerar, Hebron etc. in Frage kommen. Wenn man jedoch glaubt, dass der Zweck des Textes ein anderer als ein historischer ist und dass die Geschichten Legenden sind, dann braucht man nicht zu erwarten, aus der Zeit des berichteten Ereignisses an besagtem Ort Überreste zu finden. So kann das Schreiben einer »Geschichte« des alten Schauplatzes eine ziemlich komplexe Aufgabe sein und die daraus resultierende »Geschichte« hängt in hohem Maße von den Voraussetzungen ab, von denen der Wissenschaftler ausgeht.[7]

Charakteristisch geformter Tel, Tell el-Hammeh, im Jordantal.

Aber wenn einmal eine »Geschichte« der Stadt geschrieben worden ist, versucht der Wissenschaftler, festzustellen, welche der vielleicht mehreren möglichen alten Stätten, in Wirklichkeit der tatsächliche Standort der alten Stadt ist. Wenn dann der am ehesten in Frage kommende Ort gewählt worden ist – oft auf der Basis von anfänglichen Oberflächenuntersuchungen der verschiedenen Stätten –, dann können die Ausgrabungen beginnen. Obwohl das Schwergewicht hier auf der Rolle liegt, welche die Archäologie bei der Ortsidentifikation spielen kann, sind gewöhnlich andere Gründe bei der Auswahl von alten Stätten für Ausgrabungen viel hervorstechender.

Heute werden zwei bedeutende Methoden bei der Ausgrabung eines Tells angewandt. Die erste kann die Wheeler-Kenyon-Methode genannt werden: Die Archäologen wählen ein Gebiet des Hügels aus, gewöhnlich irgendwo in der Nähe des Randes, wo sie einen Graben ausheben, der einem dünnen Stück gleicht, das von einem Schichtkuchen weggenommen wird. Sie hoffen, dass dieser Graben in der Tat alle Strata innerhalb des Hügels durchkreuzt und dass er alle Befestigungsanlagen, die an der Seite erhalten geblieben sein könnten, durchläuft. Dieser »Graben« besteht tatsächlich aus fünf mal fünf Meter großen Quadraten, die in einer Reihe und manchmal in Paaren angeordnet sind, welche eine Ein-Meter-Trennwand (Balken) besitzen, die sie voneinander trennt. Wenn die Ausgrabungen fortschreiten, wird äußerst genau Buch geführt und Zeichnungen und Fotografien werden angefertigt und Messungen durchgeführt. Auf diese Weise wird die exakte Herkunft von jedem Artefakt, sei es nun ein Tonkrug, ein Schmuckstück oder etwas anderes, aufgezeichnet. Es wird eine Zeichnung von architektonischen Überresten (Mauern, Bauwerke, Böden, Befestigungsanlagen etc.) angefertigt, um den Lageplan und die Verteidigungsanlagen des alten Siedlungsortes zu rekonstruieren. Dann versuchen sie, die verschiedenen »Schichten« oder »Strata« des Tells zu bestimmen. Einige Tells wie z. B. Megiddo oder Hazor mögen mehr als zwanzig Strata besitzen, während andere wie etwa die untere Stadt von Arad vier oder vielleicht sogar weniger hat. Einmal ausgegraben, werden die Funde von einem bestimmten Stratum (Töpferwaren, Schmuck etc.) zu einem »Ensemble« zusammengesammelt, von welchem man Rückschlüsse auf die Kultur der Menschen ziehen kann, die zu jener Zeit gelebt haben. Als Hilfe für das Heraussortieren der Strata werden die Seiten der Fünf-Meter-Quadrate vollkommen vertikal gehalten. Und so sind die Archäologen in der Lage, auf diese als Bezugspunkte zurückzublicken, die ihnen helfen, zusätzliche Angaben über die Strata zu sammeln, welche sie durchgraben haben. In der Tat sind Fotografien und/oder Zeichnungen von diesen vertikalen Oberflächen Teil der permanenten Aufzeichnung der Ausgrabung.

Wenn ein »Graben« einmal bis hinunter zum unberührten Boden oder zum Grundgestein ausgehoben worden ist, ist es sehr wahrscheinlich, dass der Graben alle Strata des Tells durchkreuzt hat. Beinahe immer stammen die unteren Strata aus einer früheren Epoche als die oberen, aber wie kann diese relative Zeitfolge in eine absolute Datierung verwandelt werden? Als Beweismaterial können in einem bestimmten Stratum gefundene Inschriften, die eine bekannte und zeitlich fixierbare historische Gestalt oder ein Ereignis erwähnen, bei der Festlegung des zeitlichen Rahmens dieses Stratums und anderer Strata sehr nützlich sein. Unglücklicherweise wurden nicht viele Inschriftenfunde aus der biblischen Zeit in den Tells von Israel/Palästina entdeckt – mit Ausnahme der Münzen aus der hellenistischen und römischen Zeit. In einigen Fällen kann die

Warum gibt es überhaupt Tells ?

Die Menschen des Altertums haben nicht von sich aus Tells gebaut. Vielmehr dauerte es oft Jahrhunderte, bis diese sich herausbildeten. Bei dem Prozess der Entwicklung von Tells spielten folgende Faktoren eine wichtige Rolle:

1. Die Menschen lebten vorzugsweise in fruchtbaren Gegenden mit gutem Acker- und Weideland.

2. Oft ließen sie sich in der Nähe von kleinen oder größeren Handelsstraßen nieder, was zur Entstehung von Orten führte. Andere Stätten können sich auf Grund religiöser Bedeutung oder ihrer Nähe zu Naturschätzen entwickelt haben.

3. Man bevorzugte auch Gebiete, in denen es Wasser gab, wie z. B. Quellen, Brunnen oder auch - aber eher seltener - fließende Bäche.

4. Wenn sich die Menschen auf einem Hügel oder in der Nähe einer Wasserquelle ansiedelten, waren sie eher in der Lage, ihre nähere Umgebung zu beobachten und zu verteidigen.

5. Wenn Steinmauern, Fundamente aus Stein oder einfach lose Steine von früheren Bewohnern noch vorhanden waren, konnten diese gut für den Wiederaufbau verwendet werden. In einigen Gebieten waren Lehmanhäufungen, die von Lehmziegeln herrührten, ein wichtiger Grund für die Entwicklung von Tells.

Wasserquellen und Hügel in deren unmittelbaren Umgebung waren selten. Wenn diese aber auch noch Reste früherer Bauten aufwiesen, entstanden hier neue Ansiedlungen auf alten Mauern. Dieser Prozess wiederholte sich mehrere Male, so dass schlussendlich ein unverwechselbarer Wall entstand, der heute als Tell bezeichnet wird.

Luftaufnahme von Tel Beerscheba mit ausgegrabenen Abschnitten.

Restauration von Töpferwaren in einem Museum

moderne Technologie – etwa die Anwendung der Radiokarbonmethode (C-14-Methode) – bei der Altersbestimmung der organischen Überreste hilfreich sein, aber diese Methoden sind nicht so präzise, wie es die Archäologen wünschen – zumindest nicht für die historischen Zeiten, um die es hier geht.

Die »Typologie« bestimmter Funde ist ebenso bedeutend für die Zeitbestimmung. Wenn man annimmt, dass ein Stratum älter ist als das andere, ist man in der Lage, die stilistische Entwicklung der Artefakte (Öllampen, Kochtöpfe, Tore, Paläste, Tempelgestaltungen etc.) von frühen Zeiten bis zu Epochen, die näher an unsere heranreichen, zu vergleichen. In den vergangenen fünf Jahren haben sich diese Typologien, besonders Tonwarentypen mit ihren verschiedenen Formen, Verzierungen und Strukturen, gut herausgebildet. Verschiedene Formen waren mit Strata verknüpft, welche wiederum mit ägyptischer und/oder mesopotamischer Geschichte in Zusammenhang stehen können, deren absolute Chronologien sich mit einem ziemlich hohen Grad an Wahrscheinlichkeit herausgebildet haben. So kann heute trotz des Fehlens epigraphischer Funde eine bestimmte Schicht auf der Basis des Tonwarentypus, den es enthält, zeitlich festgelegt werden.[8]

Diese Ausgrabungsmethode erlaubt dem Archäologen, mit relativ wenig Zeit- und Geldaufwand einen Überblick über die Gesamtgeschichte des Tells zu erhalten. Zudem lässt diese Methode große Teile des Tells unberührt, so dass die künftigen Generationen von

Öllampen aus unterschiedlichen Zeiten.

Aus der Bronzezeit

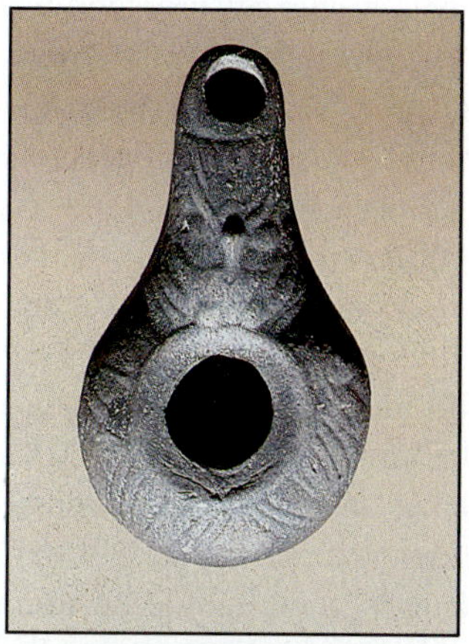

Hellenistisch

Herodianisch

Samaritisch

Römisch

Byzantinisch

Archäologen mit besseren Methoden und besserer Ausrüstung zurückkommen und die Stätte neu ausgraben können, um frühere Schlussfolgerungen zu überprüfen und gegebenenfalls zu korrigieren. Doch da nur ein kleines Gebiet des Ruinenhügels ausgehoben wurde, können gewöhnlich nur Teile der Bauwerke und anderer interessanter Gebilde freigelegt werden – es kann tatsächlich sein, dass ein bestimmtes Stratum irgendwo an einer anderen Stelle auf dem Hügel vertreten, aber tatsächlich in dem Gebiet, in dem der Graben ausgehoben wurde, nicht vorhanden ist. Und so können hinsichtlich der Besiedelungsgeschichte der Stätten unvollständige und ungenaue Schlussfolgerungen gezogen werden.

Eine zweite Methode der Ausgrabung, die oft in Verbindung mit der ersten angewandt wird, zielt auf das Öffnen von großen Teilen des Ruinenhügels, um sich ein Gesamtbild der Baustrukturen, Städteplanungen etc. machen zu können. Diese Methode ist recht zeitintensiv und kostspielig und wenn eine bestimmte Schicht einmal vollständig von dem Hügel entfernt worden ist, kann sie niemals wieder ausgegraben werden. In der Tat haben einige große Kontroversen der modernen Archäologie wenig Aussicht auf eine Lösung, weil vorherige Archäologen die Strata, um die es geht, vollständig aus einem Hügel entfernt haben.

Ungeachtet der Methode, die man benutzt, ist eine Ausgrabung immer ein kostspieliges Unternehmen. In neuerer Zeit hat eine Methode namens »Oberflächenuntersuchung« zu einigen sehr produktiven Ergebnissen bei vergleichsweise niedrigen Kosten geführt. Bei dieser Methode werden alle charakteristischen Oberflächenbestandteile (Topografie, Mauerumrisse, militärische Anlagen etc.) eines Tells maßstabsgetreu gezeichnet. Tonscherben (zerbrochene Töpferwaren) werden von der Kuppe, den Seiten und dem Fuße des Hügels in der Annahme gesammelt, dass sich einige Artefakte von dem Rand jedes Stratums ihren Weg nach oben an die Oberfläche gebahnt haben. Oft werden bestimmte Gebiete im Voraus ausgewählt und die Scherben aus jedem Teil werden von denjenigen, die in anderen Teilen gefunden wurden, getrennt gehalten. Dies ist manchmal bei der Entwicklung einer genaueren Geschichte der Besiedelung der jeweiligen Stätte hilfreich. In jedem der beiden Fälle kann ein Archäologe durch die Analyse der Töpferwaren zu einigen ersten Schlussfolgerungen hinsichtlich der Zeit der Belagerung kommen. Doch man muss in Erinnerung behalten, dass die Scherben von einer bestimmten Schicht vielleicht nicht ihren Weg an die Oberfläche, die Seiten oder den Fuß des Hügels gefunden haben, und so kann das Ergebnis der Belagerungsgeschichte unvollständig sein. Aber durch die Anwendung dieser Methode kann eine große Anzahl von alten Stätten schnell untersucht werden und eine allgemeine Belagerungsgeschichte von jeder Stätte kann entwickelt werden.

So kann die Ausgrabung oder Untersuchung einer mutmaßlichen Stätte helfen, die Hypothese bezüglich der angenommenen Identifikation dieser Stätte entweder zu verifizieren oder zu verwerfen. Wenn die archäologischen Angaben nicht mit der bekannten Geschichte eines Ortes übereinstimmen, dann können alternative Thesen aufgestellt werden. Zum Beispiel glaubte man über Jahre hinweg, dass Tell esch-Schech Ahmed el-Areni zu der geografischen Beschreibung der Philisterstadt Gat passen würde; diese Annahme basierte auf der Interpretation der historischen Quellen, die damals geläufig waren. Und diese Identifikation wurde auch auf gedruckten Landkarten festgehalten. Doch als die Stätte ausgegraben wurde und keine Überreste der Philister gefunden wurden, ließ man die Identifikation fallen, Landkarten wurden geändert und alternative Vermutungen über die wahre Identifikation der »Philisterstadt« Gat wurden angestellt.

In anderen Fällen kann der historische Geograf bei der Benutzung von geschriebenen Quellen fast sicher sein, was den geografischen Hintergrund einer alten Siedlung und die Identifikation eines Tells mit dieser Siedlung betrifft, doch wenn die archäologische Skizze der Stätte, um die es sich handelt, nicht mit der bekannten Geschichte des Ortes übereinstimmt, mag der Geograf beginnen, die Gründlichkeit der Untersuchung oder Ausgrabung und/oder seine oder ihre Interpretation der historischen Quellen zu hinterfragen. So kann die Archäologie helfen, eine These zur Identifikation eines alten Siedlungsortes zu bekräftigen oder zu verwerfen. Und in manchen Fällen führt sie die Wissenschaftler zu einer neuen Auswertung ihrer historischen Quellen. Doch gewöhnlich ist der Forscher zu einem gewissen Zeitpunkt der Ortsidentifikation in der Lage, zu sagen, dass die angenommene Identifikation entweder sicher, wahrscheinlich, möglich oder unhaltbar ist – unter der Prämisse, dass selbst »sichere« Identifikationen manchmal im Lichte neuer Forschungsergebnisse revidiert werden müssen.

Geografie

Obwohl die Geografie eine breit gefächerte Wissenschaft ist, sind bestimmte Teildisziplinen davon, wie z. B. die Ermittlung der lokalen Topografie, Geologie, Bodentypen, Wasserquellen und klimatischen Bedingungen, unter anderem nützlich beim Studium alter Siedlungsmuster, der Lokalisierung von Straßen und der ökonomischen Grundlage einer Region. Da die ersten Kapitel dieses Buches sich damit beschäftigt haben, wie die damaligen Leute in ihrer unmittelbaren Umgebung lebten, werden diese Themen hier nicht behandelt werden und der Leser wird auf die entsprechenden Studien der jeweiligen Region in dem geografischen Teil dieses Atlas (S. 11–68) verwiesen.

Zusammenfassung

Obgleich dieser Atlas das Schwergewicht auf den faszinierenden Prozess der Ortsidentifikation legt, ist der historische Geograf auch an umfassenderen Fragen interessiert, wie etwa an historischen Rekonstruktionen und wie die damaligen Menschen in ihrem Umfeld lebten. Wenn man solchen geografischen sowie ökologischen Fragen nachgeht und auch die Disziplinen der Philologie, Toponymie und Archäologie mit einbezieht, kann man beginnen, ein Gesamtbild der Region zu zeichnen. Entlang dieser Linie haben bereits gewissenhafte detaillierte regionale Untersuchungen begonnen und sie versprechen, in den nächsten Jahren die Aufmerksamkeit der historischen Geografen auf sich zu ziehen.

Anmerkungen

Einführung zum Nahen Osten, S. 12–15

[1] Der Teil dieser Straße, der von Gaza über Megiddo nach Hazor führte, wird in vielen Werken als »Weg am Meer« oder »Via Maris« bezeichnet. Dieser Name kommt aus der lateinischen Übersetzung von Jesaja. Seit kurzem gibt es aber Hinweise, dass dieser Teil der Straße in biblischer Zeit nicht so genannt wurde und auch andere Vermutungen, welches der biblische »Weg am Meer« sei. Dazu Z. Meshel: »Was there a Via Maris?«, *IEJ* 23 (1973), 162–166 und A. F. Rainey: »Toponymic Problems: The Way of the Sea«, *Tel Aviv* 8 (1981), 146–149.

Die Geografie Israels und Jordaniens, S. 16–54

[1] Y. Karmon: *Israel: A Regional Geography* (New York: Wiley-Interscience, 1971), 178. Vgl. aber D. Baly: *The Geography of the Bible,* rev. Neuauflage (New York: Harper & Row, 1974), 154.

[2] M. Ben-Dov: »[נָפָה] – A Geographical Term of Possible »Sea People« Origin, *Tel Aviv,* 3.2 (1976), 70–73.

[3] »The Journey of Wen-Amon«, *ANET,* 25–29.

[4] In Anm. 4 zum Kapitel »Die Ankunft der Griechen« findet sich eine kurze Erläuterung zu diesem Begriff.

[5] I. Schattner: *The Lower Jordan Valley,* Bd.11 der *Scripta Hierosolymitana* (Jerusalem: Magnes), 23.

[6] Ebd., 35.

[7] Har-El, M.: »The Pride of the Jordan – The Jungle of the Jordan«, *BA* 41 (1978), 69.

[8] Siehe den Moabitischen Stein, die Mescha-Stele, Zeile 13 in *ANET,* 320–21.

Die Geografie Ägyptens, S. 57–84

[1] Nach Schätzungen haben sich seit 3000 v. Chr. über 6 m Schlick auf den Feldern abgelagert.

[2] Die hier angewendete Einteilung folgt dem Entwurf von Y. Aharoni, *The Land of the Bible,* rev. und erw. Auflage, hg. und üb. von A. F. Rainey (Philadelphia: Westminster, 1979), 93–97.

Die Geografie Syriens und des Libanon, S. 62–84

[1] D. Baly und A. D. Tushingham: *Atlas of the Biblical World* (New York: World 1971), 13.

Die vorpatriarchalische Zeit, S. 70–75

[1] Zum Beispiel, *EAEHL* 1:340.

[2] J. Baines und J. Malek, *Atlas of the Ancient Egypt,* (New York: Facts on File, 1980), 140–141.

[3] Vgl. z. B. Y. Aharoni, *The Archaelogy of the Land Israel,* Hg. M. Aharoni, Übers.: A. F. Rainey (Philadelphia: Westminster, 1982), 9–47.

[4] M. Boshi und R. Gophna, »The Settlements and Population of Palaestine During the Early Bronze Age I–III« in BASOR 253 (1984), 41–53.

[5] Ebd., 45.

[6] Eine geeignete Zusammenfassung der Daten bei H. Shanks, »Have Sodom und Gomorrah been found?«, in *BAR* 6:5 (Sept./Okt. 1980), 26–36.

[7] Vgl. z. B. das frühe Werk von G. Pettinato, »The Royal Archives of Tell Mardik-Ebla«, *BA* 39:2 (Mai 1976), 46. Und D. N. Freedman, »The Real Story of the Ebla Tablets, Ebla and the Cities of the Plain, *BA* 41 (1978, 143–164), aber vgl. die negativen Kommentare über das Ebla-»Team« im Bericht von J. D. Muhly »Ur and Jerusalem Not Mentioned In The Ebla Tablets, Say Ebla Expedition Scholars« in BAR 9:6 (Nov./Dez. 1983), 74/75.

Die Patriarchen und das Leben in Ägypten, S. 76–85

[1] Eine andere Ansicht, die Ur ins nordwestliche Mesopotamien legt, vertritt C. H. Gordon: »Where Is Abram's Ur?« in *BAR* 3.2 (Juni 1977), 20/21, 52.

[2] Ein »relatives Datum« ist ein Datum, das in Bezug auf andere Personen, Ereignisse usw. gegeben wird (wie »im vierten Regierungsjahr Salomos«). Ein »absolutes Datum« versucht, solch ein Datum in Bezug zu unserem Gregorianischen Kalender zu setzen. Wenn chronologische Studien beweisen können, dass Salomo seine Herrschaft im Jahre 970 v. Chr. antrat, dann ist das vierte Jahr seiner Herrschaft (ein »relatives Datum«) 966 v. Chr. (ein »absolutes Datum«, jedenfalls in Bezug auf den Gregorianischen Kalender). Da jedoch das Jahr 970 v. Chr. auf geschichtlichen Wahrscheinlichkeiten beruht, könnte es sein, dass es sich irgendwann als nicht richtig erweist und z. B. 980 v. Chr. das wirkliche Jahr des Regierungsbeginns Salomos war. Dann müsste das vierte Jahr seiner Herrschaft auf 976 v. Chr. geändert werden. Daher sind die »absoluten Daten« nicht absolut sicher. Im zweiten Jahrtausend v. Chr. kann es dabei durchaus eine Abweichung von 20–30 Jahren geben, abhängig von dem Zeitschema, das man anlegt. Im ersten Jahrtausend v. Chr. beträgt die Abweichung wahrscheinlich nicht mehr als fünf Jahre; und am Ende des ersten Jahrtausends sind mögliche Abweichungen auf ca. ein Jahr beschränkt.

[3] Thiele hat den Schlüssel entdeckt, demzufolge ein in sich stimmiges Muster der relativen Daten der Könige von Juda und Israel entwickelt werden konnte. Dadurch war es ihm möglich, absolute Daten für die verschachtelte Struktur der Königsherrschaft festzulegen: Er verband bekannte Daten dieser Könige mit Daten, an denen sie Kontakt mit assyrischen Regenten hatten, z. B. Ahabs Kampf gegen Salmanassar III. bei der Schlacht von Karkar im Jahre 853 v. Chr. (E. R. Thiele, *The Mysterious Numbers of the Hebrew Kings,* überarb. Ausg. [Grand Rapids: Zondervan, 1983], 43–60, 67–87). So konnten das ganze chronologische Gebäude der Könige von Juda und Israel auf eine feste Grundlage gestellt und die absoluten Daten der Könige, inklusive Salomos, festgelegt werden.

[4] Die Debatte unter evangelikalen Gelehrten über das »frühe« Datum des Exodus geht weiter, doch wird das Datum, das dieser Atlas bevorzugt, gut gestützt durch die schlichte Lektüre des Textes und stimmt gut mit außerbiblischen Funden in Palästina überein, vgl. z. B. J. J. Bimson, *Redating Exodus and Conquest* (Sheffield: Almond Press, 1981); L. Wood, *A Survey of Israel's History,* überarb. Ausg. (Chicago: Moody, 1986), 222–234 und J. J. Bimson und D. Livingstone, »Redating the Exodus« in BAR 13:5 (Sept./Okt. 1987), 40–68, aber vgl. auch B. Halpern »Radical Exodus Dating Fatally Flawed« in *BAR* 3:6 (Nov./Dez.1987), 56–61.

[5] Für eine genauere Beschreibung der Datierung interner relativer Daten von Salomos Tagen zurück in die Patriarchenzeit vgl. Wood, *A Survey ...* , 19–25, 65–86.

[6] Der Begriff »Chaldäer« oder »chaldäisch« bezieht sich in der Regel auf Menschen des südlichen Mesopotamiens während des 1. Jahrtausends v. Chr. Man hat angenommen, der Begriff sei dem hebräischen Text des 1. Buches Mose in dieser Periode zugefügt worden, um den Israeliten zu erklären, wo – das inzwischen vergessene? – Ur lag.

[7] G. Dossin, »Une mention de Cananéens dans une lettre de Mari« in *Syria* 50 (1973): 277–282.

[8] Siehe z. B. L. Vigano, »Literary Sources for the History of Palestine and Syria: The Ebla Tablets«, übers. und hg. von D. Pardee in *BA* 47:1 (März 1984), 11.

[9] Z. Zevit, »The Problem of Ai« in *BAR* 11:2 (März/April 1985), 61/62.

[10] *EAEHL,* S.191/192; Bimson, *Redating* 58,69.

[11] Eine allgemeinverständliche, gern gelesene Darstellung der Mittleren Bronzezeit I gibt R. Cohen, »The Mysterious MB I People – Does the Exodus Tradition in the Bible Preserve the Memory of Their Entry into Canaan?« in *BAR* 9:4 (Juli/Aug. 1983), 16–29.

[12] R. Gonen, »Was the Site of the Jerusalem Temple Originally a Cemetery?« in *BAR* 11.3 (Mai/Juni 1985), 54.

[13] Einen Überblick der Vorschläge von möglichen Zuordnungen gibt Cohen: »The Mysterious MB I People«.

[14] Tatsächlich hat Cohens Entdeckung im Negeb, dass Siedlungen aus der MB I (2200–2000 v. Chr.) direkt auf Siedlungen aus der FB II (2850–2650 v. Chr.) gebaut waren, manche dazu gebracht, den Zusammenhang zwischen beiden Zeiten neu zu überdenken: Könnten FB und MB I sich teilweise überlappt haben, zeitweise nebeneinander bestanden haben? Hat die MB I schon vor 2200 begonnen und/oder die FB länger gedauert als bis 2200 (vgl. Anm. 32)?

[15] Dieses Siedlungsmuster scheint extrem unlogisch und sollte wahrscheinlich in die oben genannte Diskussion (Anm.14) eingeführt werden.

[16] Die meisten glauben, dieser Text sei während des Mittleren Reichs geschrieben worden und beschreibe die Bedingungen der Ersten Zwischenzeit, dennoch glauben manche (z. B. M. Lichtheit: *The Old and Middle Kingdoms,* Band 1 in *Ancient Egyptian Literature; A Book of Readings* [Berkeley: University of California, 1973], 194/195), dass es eher eine späte literarische Quelle sei, die das allgemeine Thema des »sozialen Chaos« beschreibt, statt sich auf tatsächliche geschichtliche Ereignisse zu beziehen.

[17] Über den frühen Gebrauch des Wortes »Philister« in Verbindung mit dem König von Gerar siehe K. A. Kitchen, »The Philistines« in *Peoples of the Old Testament Times,* Hg. D. J. Wiseman (Oxford: Oxford University Press, 1973), 53–78.

[18] Beachte die Bedeutung von Beerscheba: »Beer« = Brunnen; »scheba« = von sieben oder schwören(d); vgl. 1. Mose 21,32 und 26,33.

[19] Für den Standort des salomonischen Tempels hält man den Berg Morija (2. Chr 3,1). Diese Gleichsetzung wurde auch in einer Grabinschrift aus dem 7. Jahrhundert v. Chr. in Khirbel gefunden: W. G. Dever, »Iron Age Epigraph Material from the Area of Khirbel el-Kom« im Jahrbuch *Hebrew Union College Annual* 40–41 (1969–1970), 139–204, und wird unterstützt von den Schriften des Josephus aus dem ersten Jahrhundert n. Chr. (*Jüd. Altert.* 7.13.4).

[20] Die heutige Stadt hat sich in alle Richtungen ausgedehnt und viele der Täler und Hügel überzogen, in denen man erwarten könnte, archäologische Reste zu finden, wodurch Ausgrabungen sehr erschwert und wahrscheinlich einige archäologische Überreste zerstört worden sind.

[21] Normalerweise interpretiert als ein alter Name für das Land von Babylon; aber eine nördlichere »assyrische« Gegend ist auch vorgeschlagen worden (*ZPEB*, 1:407).

[22] Der Ort ist unbekannt, möglicherweise eine Stadt im Gebiet Harans (*NBD, 323)*.

[23] Südwestliches Persien/Iran.

[24] Bedeutet »Völker«, Identifikation unsicher, aber möglicherweise in Syrien *(ZPEB, 2:771)*.

[25] Beachte, dass die Bibel die Erklärung enthält, dass das alte Bela inzwischen Zoar genannt wird, wodurch angezeigt wird, dass in den Tagen des Schreibens von 1. Mose (oder, gemäß manchen Gelehrten, ersatzweise in den Tagen eines späteren Abschreibers) der Ort Bela nicht mehr so bekannt war und der Schreiber/Überarbeiter seine Leser deshalb mit einem »aktuellen« Hinweis versehen musste, wo es gelegen habe. Beachte entsprechende »Aktualisierungen«, die sich auch in 1. Mose 14 finden: »Tal von Siddim«, ergänzt durch »Salzmeer« (V. 3), »Aschtarot« ergänzt durch »Karnajim« (V. 5), »Schawe«, ergänzt durch »Kirjatajim« (V. 5), »En-Mischpat«, ergänzt durch »Kadesch« (V. 7), »Hazezon«, ergänzt durch »Tamar« und »das Tal von Schawe«, ergänzt durch »Königstal« (V. 7). Anderswo in den

Erzählungen über die Patriarchen gibt es die folgenden »Aktualisierungen«: »Ur« wird durch »Chaldäer« ergänzt (11,31; 15,7), »Kirjat Arba« durch »Hebron« (23,2; 35,27) und »Lus« durch »Bethel« (28,19; 35,6, häufig wiederkehrend), »Efrata« durch »Bethlehem« (48,7).

[26] Zur Identifikation dieser Orte siehe lexikalischer Anhang.

[27] Die Erdharzgruben (1. Mose 14,10: Erdpechgruben) geben der Erzählung zusätzliche Farbe, denn Josephus stellt fest, dass im Altertum Erdpech (Bitumen) am Meer gewonnen wurde (Jüd. Krieg 4.8.4.), siehe auch S. 45.

[28] Dass »Dan« in dieser Geschichte erwähnt wird, erscheint problematisch, denn der frühere Name »Lajisch«/»Leschem« wurde erst in der Zeit der Richter (ca. 1400–1050 v. Chr.) in »Dan« geändert (Jos 19,47; Ri 18,29). Möglicherweise hat ein späterer »Herausgeber« den Text aktualisiert, indem er »Lajisch« durch »Dan« ersetzte. Oder, weniger wahrscheinlich, war ein anderes, uns heute unbekanntes, Dan im Blick. Wo Hoba nördlich von Damaskus lag, ist nicht sicher.

[29] Genaue Lage unbekannt, aber offensichlich nahe Jerusalem (vgl. 2. Sam 18,18).

[30] Salem muss offensichtlich mit Jerusalem identifiziert werden (vgl. Ps.76,3).

[31] Einen Überblick über die Literatur zu den Städten der Ebene gibt D. Howard jun., »Sodom und Gomorrah Revised« in *JETS* 27:4 (Dez. 1984), 385–400.

[32] Die interne Chronologie der Bibel erscheint gesichert. Deshalb bleibt einem nur die Spekulation, was die archäologischen Zeiten und ihre Datierung betrifft. Ist es möglich, dass die Zeiten FB II/III und MB I einander viel näher stehen als bisher normalerweise angenommen (vgl. Cohen, »The Mysterious MB I People«, 26–28)? Könnten diese Zeiten sich sogar überschnitten haben? Wenn das so wäre, würde das erklären, wieso viele MB I-Siedlungen in den trockenen Gebieten Palästinas gefunden werden (im Negeb und in Transjordanien): Denn wenn die fruchtbaren Hügelländer und die Ebenen von den kraftvollen FB-Völkern dicht besiedelt waren, wie ihre zahlreichen, großen Städte belegen, und zusätzlich dichte Wälder in den Gebirgsgebieten verbreitet waren, dann mussten hinzukommende MB-Völker an den Randgebieten leben. Es ist absurd zu glauben, sie hätten freiwillig in diesen Gebieten gelebt, wenn die fruchtbaren Ebenen und Hügelgebiete damals menschenfreundlicher gewesen wären und der [Neu-] Besiedelung völlig offen gestanden hätten, wie das heute gültige archäologische Datierungsschema nahe legt.

Wenn FB II/III und MB I gleichzeitig abgelaufen sind und wenn die Enddaten dieser »rekonstruierten Zeiten« auf bis 2000 v. Chr. verschoben werden könnten – was zur Zeit nicht wahrscheinlich erscheint –, dann könnten die fünf Orte aus der FB III südöstlich des Toten Meeres mit den fünf Städten der Ebene identifiziert werden. Außerdem wäre die behauptete Erwähnung von Sodom und Gomorra in den Ebla-Tafeln, die zur Zeit noch auf 2400 v. Chr. datiert werden, für die aktuellen Städte, die die Bibel erwähnt, viel bedeutungsvoller. Tatsächlich sind, ausgehend von den gegenwärtigen Daten der Archäologie, Sodom, Gomorra, Adma, Zebojim und Bela (Zoar) nicht sicher identifiziert worden, doch wenn man bedenkt, dass zwei der FB III Orte (Numeira und Feifa) beschrieben werden als mit Aschenerde bedeckt oder mit einer dicken schwammigen Kohle, was auf ihre Zerstörung durch Feuer hinweist, dann wundert man sich doch (H. Shanks, »Have Sodom and Gomorrah been Found?« in *BAR* 6:5 (Sept./Okt. 1980), 29/30.

[33] Eine neuere archäologische Beschreibung der MB-II-Zeit bei Y. Aharoni, *The Archaeology of the Land Israel,* Hg. M. Aharoni, Übers. A. F. Rainey (Philadelphia: Westminster, 1982), 90–112.

[34] Retenu war einer der ägyptischen Namen für das Kanaan dieser Zeit. Dessen ursprüngliche Bedeutung und die Grenzen Retenus sind jedoch umstritten. Möglicherweise ist »Ober-Retenu« eine Gegend nördlich des Tales Jesreel, während Nieder-Retenu südlich des Tales lag (Y. Aharoni, *The Land of the Bible,* überarb., erw. und übers. v. A. F. Rainey [Philadelphia: Westminster, 1979], 66/67).

[35] Eine detaillierte Studie sowohl der »Geschichte der Sinuhe« als auch der Verwünschungstexte findet man, wenn auch nicht im Zusammenhang mit der Geschichte der Patriarchen, bei A. F. Rainey, »The World of Sinuhe«, in *Israel Oriental Studies* 2 (1972), 369–408.

[36] Eine neuere Untersuchung dieser Inschrift bei W. H. Shea, »Aristic Balance Among the Beni Hasan Asiatics«, *BA* 44 (1981), 219–228.

[37] W. H. Shea, »A Date for the Recently Discovered Eastern Chanal of Egypt«, in *BASOR* 226 (1977), 31–38.

[38] Die Übersetzung von »Hyksos« mit »Schäferkönigen« beruht darauf, dass Josephus eine Fehlübersetzung des Ägyptischen (hq3 *h*3 św t) benutzte. Außerdem sind Josephus' Beschreibungen von den Hyksos als einer eingedrungenen Horde und seine Angaben über die Dauer ihrer Herrschaft über Ägypten mit 511 Jahren (*AqAp* 1.14 [75–92]) nicht allgemein anerkannt.

[39] Neuere Übersichten über die archäologischen Funde dieser Periode bei Aharoni, *Archaeology,* 90–112, und bei Dever, »The Middle Bronze Age: The Zenith of the Urban Canaanite Era«, *BA* 50:3 (Sept. 1987), 149–177.

[40] Einen Überblick über die Beziehungen zwischen dem Nahen Osten des Altertums und der Bibel gibt A. Malamat in »Mari«, *BA* 34:1 (1971), 2–22.

[41] Dossin, »Une mention de Cananéens«. Es ist schwierig, genau zu bestimmen, wo Kanaan zu dieser Zeit gelegen haben mag, aber es könnte sich nördlich von Galiläa befunden haben.

[42] Siehe auch A. Malamat, »Silber, Gold und Edelsteine aus Hazor? Handel und Händel in einem neuen Mari-Dokument« in, *Journal of Jewish Studies* 33:1 (1982), 70–79. Er stellt Beziehungen zu den Mari-Texten her und zu vielen Studien, die er zu diesem Thema veröffentlicht hat.

[43] Dazu Y. Yadi, *Hazor: The Rediscovery of the Great Citadel of the Bible* (London: Weidenfeld and Nicolson, 1975).

[44] Malamat, »Hazor, the Head of All Those Kingdoms«, *IBL* 79 (1960), 12–19. Es bleibt dennoch zweifelhaft, ob Hazor die Hauptstadt von Amurru war, denn die Texte scheinen darauf hinzuweisen, dass Amurru nördlich von Hazor lag.

[45] A. Malamat, »Syro-Palestinian Destinations in a Mari Tin Inventory«, *IEJ* 21:1 (1971), 31–38.

[46] »Hurriter-Land« oder »Hurru-Land« bei Aharoni, *Land of the Bible,* 67. Aber der gegenwärtig seltene Textbeleg aus Kanaan selbst (einige Personennamen in einer Tafel aus Hazor, die einen Gerichtsprozess beschreibt) zeigt, dass es sich um eine amoritische (westsemitische) Bevölkerung handelte (W. W. Hallo und H. Tadmor, »A Lawsuit from Hazor«, *IEJ* 27 [1977]:10. Beachte, dass in den Mari-Texten der Name des Königs von Hazor amoritisch ist.

[47] A. Kempinski, »Tell el Ajjul – Beth-Aglayim or Sharuhen?«, *IEJ* 24 (1974), 145–152, hat überzeugend argumentiert, dass Sharuhen eher mit Tell ejjul identisch sei als mit Tell el-Farah (im Süden).

Exodus und Eroberung, S. 86–95

[1] J. M. Weinstein, »The Egyptian Empire in Palestine: A Reassessment«, in *BASOR* 238 (1981), 43–46.

[2] R. Gonen, »Urban Canaan in the Late Bronze Period«, in *BASOR* 253 (1984), 61–73.

[3] Literarische Quellen, die den Feldzug beschreiben, finden sich in *ANET,* 234–243.

[4] Vgl. Y. Aharoni, *»The Land of the Bible«,* revid., ergänzt, hg. und übers. von A. F. Rainey (Philadelphia: Westminster, 1979), 152–166, mit grundlegender Diskussion dieses Textes mit Querverweisen. Heute auch Z. Gal., »The Late Bronze Age in Galilee«, in *BASOR* 272 (1988), 79–84.

[5] Vgl. C. F. Aling, »The Biblical City of Ramses« , *JETS* 25:2 (Juni 1982), 129–137. Später, in der 19. Dynastie, wurde eine Residenzstadt der Ramessiden-Herrscher in der Gegend gebaut, möglicherweise bei Tell Abu el Seifa, nördlich von Qantir. Ägyptische Quellen würden diesen Ort Pi-Ramesse genannt haben. Die Gelehrten, die die Meinung vertreten, dass der Exodus erst später stattgefunden habe (ca. 1250 v. Chr.), argumentieren, dass es diese Stadt war, die die Israeliten bauten, vermutlich für Ramses II. (1304–1237 v. Chr.), so dass der Name der biblischen Stadt eine Kurzform des ägyptischen Begriffs für »Besitztum des Ramses« wäre. Andererseits meinen J. J. Bimson und D. Livingstone, der Name Ramses werde in 2. Mose 1,11 »rückwirkend« gebraucht und beziehe sich auf Bauaktivitäten, die zwischen dem 19. und 17. vorchristlichen Jahrhundert in der Gegend um Quantir stattgefunden hätten (»Redating the Exodus«, in *BAR* 13.5 [Sept./Okt. 1987], 41/42).

[6] Pitom mag eine Form des Ägyptischen Per-Atom sein (»der Besitz/der Tempel von Atum«) verkürzt auf Pi-Tum. Reste eines Tempels, der dem Atum geweiht war, sind bei Tell el-Maskuta gefunden worden, der in der Nähe liegt, und sowohl Tell el-Maskuta als auch Tell er-Retabah enthalten die nötigen archäologischen Reste (Bimson und Livingstone, »Redating«, 43).

[7] Dies trifft zu, wenn man nicht die ganzen archäologischen Perioden umdatiert. Siehe dazu E. Anati, »Has Mount Sinai Been Found?« in *BAR* 11:4 (Juli/Aug. 1985), 42–57, vgl. aber auch W. H. Steibing jun., »Should the Exodus and the Israelite Settlement in Canaan be Redated? in *BAR* 11:4 (Juli/Aug. 1985), 58–69, und aus einem anderen Blickwinkel, R. Cohen, »The Mysterious MB I People – Does the Exodus Tradition in the Bible Preserve the Memory of Their Entry into Canaan?« in *BAR* 9:4 (Juli/Aug. 1983), 16–29.

[8] Eine umfassende Beschreibung der verschiedenen Standpunkte zum Exodus und zum Zug aus geografischer Sicht findet sich bei M. Har-El, *»The Sinai Journeys:* The Route of the Exodus« (San Diego: Ridgefield, 1983). Sein hebräischer Name bedeutet »Berg Gottes«!

[9] M. Har-El, »The Exodus Route in the Light of Historical-Geographical Research« in *Geography in Israel,* hg. von D. H. Amiran und Y. Ben-Arieh (Jerusalem: Israel National Committee), International Geographical Union, 1976), 374.

[10] Oren nennt ein Dutzend archäologischer Orte aus dem Neuen Reich, die zwischen dem Suez-Kanal und der Bardawil-Lagune liegen: E. D. Oren, »Migdol: A New Fortress on the Edge of the Eastern Nile Delta«, *BASOR* (1984), 35.

[11] »Der Weg durch die Wüste« könnte die Straße gewesen sein, die von Ägypten durch Suez verlief, dann den Sinai durchquerte und nach Elat führte (s. S. 60).

[12] Oren, »Migdol« 311, merkt an, eine ganze Menge Orte namens Migdol seien im Neuen Reich erwähnt und weist darauf hin, dass das Migdol des Exodus nicht Tell el-Heir sein kann, wie in manchen Bibel-Atlanten behauptet (vgl. *MBA*), wegen fehlender zutreffender archäologischer Überbleibsel (34/35).

[13] Har-El, »Exodus Route«, 377–380.

[14] ebd., 383–391.

[15] Oft wird unter *midbār* eine bergige, mit Steinen übersäte, unfruchtbare Gegend verstanden.

[16] Der Name »Paran« scheint erhalten geblieben zu sein im Namen der größten Oase des südlichen Sinai: der Feiran-Oase.

[17] Möglicherweise lag Kadesch an der Grenze zwischen der Wüste Paran und der Wüste Zin (4. Mose 12,16; 33,36).

[18] Wenn Jebel Sin Bischer als Berg Sinai akzeptiert wird, dann ist der Name des biblischen Ritma (4. Mose 33,18) möglicherweise im heutigen »Ein [Quelle von] Rithmah« im Wadi Suder erhalten geblieben; s. Har-El, »Exodus Route«, 392.

[19] Das 4. Buch Mose 13,17, 22 setzt voraus, dass der Negeb nicht nur ein richtungsweisendes Wort ist (»südwärts«, »südlich«), sondern tatsächlich ein Gebiet nördlich von Kadesch.

[20] Wenn auch einige der Orte entlang der südlichen Grenze nicht mit Sicherheit identifiziert werden können (siehe Ortsregister), ist die Lage der oben genannten relativ sicher. Eine exakte Untersuchung der Grenzen des Landes Kanaan beschreibt Aharoni, *Land of the Bible,* 67–77.

[21] Ebd., 72, 73, 439.

[22] Dass der Jordan eine eindeutige Grenze zwischen dem »Land Kanaan« im Westen und dem Gebiet östlich davon bildete – oft »Land Gilead« genannt –, wird durch die Bibel gut belegt (vgl. Jos 22 und Ri 9–12).

[23] Aharoni, *The Land of the Bible,* 202. Imaret el-Khureischech ist ein niedriger, aber eindeutiger Hügel, der an der Kreuzung mehrerer Straßen liegt; sein Gipfel ist umwallt von einer geheimnisvollen Steinmauer.

[24] Vgl. z. B. die Kommentare von L. Wood, *A Survey of Israel's History,* revid., hg. von D. O'Brien (Grand Rapids: Zondervan, 1986), S. 131/132. Aber vgl. auch Aharoni, *Land of the Bible,* 55/56.

[25] Eine übersichtliche Bewertung der Ansichten Gluecks findet sich bei G. L. Mattingly,

»The Exodus-Conquest and the Archaeology of Transjordania: New Light on an Old Problem«, *Grace Theological Journal 4* (1983), 245–262, und bei Bimson und Livingstone, »Redating«, 43/44.

[26] Die Orte der MB II und der SB sind aufgeführt und kommentiert worden von Mattingly, »Exodus-Conquest«, 253–256. Unter den dort aufgeführten Orten sind auch Amman, Tell Safut, Sahab, Na'ur, Madeba, Khirbet El Mekhayyat und Qla'et-Twal (auch andere, die erst kürzlich erforscht worden sind).

[27] Vgl. mit der Selektivität der Evangelien und der Apostelgeschichte.

[28] Die genaue Lage Gilgals ist unbekannt, muss aber recht nahe bei Jericho gewesen sein.

[29] Y. Shiloh, »The Population of Iron Age Palestine in the Light of a Sample Analysis of Urban Plans, Areas and Population Density«, *BASOR* 239 (1980), 30.

[30] Wegen der Kompatibilität der Beweise siehe B. K. Waltke, »Palestine Artifactual Evidence Supporting the Early Date of the Exodus«, in *Bibliotheca Sacra* 129 (Januar 1972), 33–47.

[31] Sogar Yigael Yadin vertrat öffentlich die Ansicht vor seinem Tod: H. Shanks, » BAR Interviews Yigael Yadin«, *BAR* 9:1 (Jan./Feb. 1983), 17. Es erscheint logisch, das »Fehlen« befestigter Städte in der SB I (siehe Gonen, »Urban Canaan in the Late Bronze Period«) mit der Tatsache zu erklären, dass die Mauern der MB II-Städte noch wenigstens ein Jahrhundert später in Gebrauch waren als die Archäologen normalerweise garantieren. Siehe auch Bimson und Livingstone, »Redating«, 45/46, 51–53.

[32] A. Zevit, »The Problem of Ai«, in *BAR* 11:2 (März/April 1985), 61/62.

[33] Ebd., 58.

[34] Zevit, »The Problem of Ai«, 61–64 enthält eine Zusammenfassung von Vorschlägen.

[35] Genau genommen Ras et-Tahuna (grid. ref. 170146) in el-Bira.

[36] D. Livingston, »Bethel Is Still Beitin«: *Westminster Theological Journal* 33 (1970), 20–44, and »Traditional Site of Bethel Questioned«, Westminster Theological Journal 34:1 (1971), 39–50.

[37] A. F. Rainey, »Bethel Is Still Beitin« in *Westminster Theological Journal* 33 (1971), 171–188. Zudem ist in Khirbet Nisya keine ummauerte Stadt gefunden worden (Bimson und Livingston, »Redating«, 48–51).

[38] Zevits Vorschlag, der biblische Bericht sei nicht mehr als ein Bardengesang, ist für Menschen, die die Bibel hochschätzen, sehr schwer zu akzeptieren. Z. Zevit, »The Problem of Ai«, 67/68.

[39] A. Zertal, »Has Josuas' Altar Been Found on Mt. Ebal?« in *BAR* 11:1 (Jan./Feb. 1985), 26–42, aber vgl. die Erwiderung A. Kempinskis, »Josuas Altar – An Iron Age Watchtower«, *BAR* 12:1 (Jan./Feb. 1986), 42–49.

[40] Für diese Volksgruppe siehe geeignete Darstellung in *ZPEB* oder noch ausführlicher T. Ishida, »The Structure and Historical Implications of the Lists of the Pre-Israelite Nations«, *Biblica* 60 (1970), 461–490 und B. Mazar, »The Early Israelite Settlement in the Hill Country«, *BASOR* 241 (1981), 75–85.

[41] Vgl. S.41 wegen der Beschreibung der Straße Bet-Horon. Die zweite Straße (und ihre Abzweigungen), die die Gibeoniter beherrschten, führte westlich von Gibeon weg über Bergkämme, an Kefira oder Kirjat-Jearim vorbei, zum Tal von Ajalon.

[42] Aus den El-Amarna-Briefen geht eindeutig hervor, dass der König von Jerusalem wenigstens teilweise in seiner Verteidigung abhängig war von der Unterstützung der Ägypter (siehe El-Amarna-Briefe Nr. 287, 288 und 289 in *ANET*, 488/489).

[43] Zur Identifikation Makkedas siehe D. Dorsey, »The Location of Biblical Makkedah«, *Tel Aviv* 7 (1980), 185–193.

[44] Da der Text nicht ausdrücklich festhält, dass diese Städte niedergebrannt wurden, muss man nicht bei jeder dieser Stätten des Altertums nach verbrannten Schichten von 1400 v. Chr. suchen. Das Einzige, was der biblische Text hergibt ist, dass die gesamte Bevölkerung umgebracht wurde, siehe E. H. Merrill, »Palestininan Archaology and the Date of Conquest: Do Tells Tell Tales?« in *Grace Theological Journal 3* (1982), 107–121. Es ist klar durch die archäologischen Funde – heidnische Tempel, heidnische Kultobjekte usw. –, aber auch durch die El-Amarna-Korrespondenz, dass die Nicht-Israeliten zurückkehrten, um in den »besiegten« Städten zu wohnen.

[45] Die Lesart »Madon« (Jos 11,1; 12,19 a) ist problematisch. Möglicherweise war die Stadt nahe Khirbet Madin, südlich der Hörner von Hattin, wobei Khirbet den biblischen Namen Madon bewahrt hat. Jedenfalls hat Aharoni die Lesart »Merom« anstelle von »Madon« vorgeschlagen, womit er der Übersetzung des Alten Testaments ins Griechische folgt. Meron wird in der Wendung »Wasser von Merom« in 11,5 und 11,7 erwähnt (*Land of the Bible,* 117/118, 226); die hebräischen Buchstaben für »r« und »d« sehen einander sehr ähnlich und könnten verwechselt worden sein. Allerdings ist schwer zu verstehen, weshalb das Meronin 11,1 in Madon verwandelt worden sein sollte, denn das erstere erscheint zweimal in diesem Zusammenhang und man wird nicht erwarten, dass ein Schreiber das wohlbekannte Meron zweimal in »Madon« verwandeln sollte. Es ist wahrscheinlicher, dass das hebräische »Madon« die originale Lesart ist.

[46] Die Lage des alttestamentlichen Merom ist umstritten, aber Aharonis Vorschlag, Merom mit Tell El-Khirbet gleichzusetzen (*Land of the Bible,* 225/226, grid. ref. 190275) – ein kanaanitisches Fort an der Kreuzung mehrerer Straßen in Obergaliläa – ist plausibel (für eine ins Einzelne gehende Diskussion siehe A. F. Rainey, »Merom, Waters of«, *ZBEP* 4, 192/193). Jedenfalls ist es schwierig, sich vorzustellen, wie Pferde-Kampfwagen (Jos. 11,4) in dieser zerklüfteten Gegend wirksam eingesetzt worden sein sollen. Es erscheint viel sinnvoller, dass die Könige entweder ihre Verteidigung weiter südlich aufbauten – in oder nahe dem Tal Jesreel – wie ein späterer Jabin, der auch König von Hazor war, es in seiner Schlacht gegen Debora und Barak tat (Ri 4–5), oder näher an Hazor.

[47] Die Stadt, die man Josua zuschreiben könnte, ist die Schicht III, auf der das spätere El-Amarna stand. Schicht III wurde ungefähr 1400 v. Chr. zerstört. Die Stadt der Schicht II müsste dann durch den Ägypter Seti ungefähr 1300 v. Chr. zerstört worden sein, während Schicht I durch Barak und Debora vernichtet wurde, ca. 1200 v. Chr.

All das passt gut zu den biblischen Daten. Wenn man behauptet, dass Schicht I von Josua zerstört wurde (1200 v. Chr.), dann wurde eine ohne Zerstörung durch Debora und Barak gelassen oder man muss die beiden Darstellungen umstellen (z. B. Aharoni in *MBA*, 46–47); beide Lösungen befinden sich im Gegensatz zu der einfachen Lesart des Textes. Zur Diskussion von Hazor s. Waltke, »Palestinian Artifactual Evidence«, 42–47.

Besiedelung des Landes Kanaan, 96–109

[1] Zehn sind im hebräischen Text aufgezählt, während ein zusätzlicher elfter zusammengesetzt ist aus den Städten »Tekoa, Efrata, das ist Bethlehem, Peor, Etam, Kulon, Tatam, Schorem, Kerem, Gallim, Bet-Ter, Manocho. Das sind elf Städte mit ihren Gehöften« (Jos 15,59 b).

[2] Das wird zum Beispiel getan, indem man ein Gebiet des Stammes Benjamin oder beide (Jos. 18,21–27) entweder alleine oder gemeinsam denen von Juda zuschlägt.

[3] Vgl z. B. M. Kochavi, »The Land of Judah«, 19–89, in: *Judaea, Samaria and the Golan: Archaeological Survey 1967–1968,* hg. v. M. Kochavi (Jerusalem: Carta, 1972) (hebräisch).

[4] Die für Juda berichtete Landzuteilung wäre dann ein Beispiel einer frühen Grenzbeschreibung (Jos 15,1–11), die später durch eine Städteliste ergänzt wurde (V. 21–63).

[5] Z. B. während der Regentschaft Königs Usias (790–739 v. Chr.), König Hiskias (728/15–686 v. Chr.) und Josias (640–609 v. Chr.). Vielleicht spiegelt Josua 15,45–47 diese Lage wider, aber Juda nahm offensichtlich dieses Gebiet in den Tagen der Richter nicht ein (Ri 1,18).

[6] Englische Übersetzungen weisen gewöhnlich darauf hin, dass diese Städte »innerhalb von« oder »in« Issachar und Asser lagen, aber eine genauere Übersetzung der hebräischen Präposition wäre »neben«/«nahe bei«.

[7] Es gibt keinen Grund zu bezweifeln, dass sie in Josuas Tagen fertig wurde (Jos18,9), aber es ist nicht zwingend anzunehmen, dass die folgende Beschreibung der Stammesgebiete aus seiner Zeit stammt. Es ist möglich, dass das Originalmaterial von Zeit zu Zeit »aktualisiert« oder durch »modernere« Listen ersetzt wurde. Zu neueren, gut verständlichen Berichten über Ausgrabungen in Silo siehe I. Finkelstein, »Shiloh Yields Some, But Not All of Its Secrets« in *BAR* 12:1 (Jan./Feb. 1986), 22–41.

[8] Aharoni, *Land of the Bible*, 315, 355/356. Manche glauben, die Städteliste und die Grenzbeschreibung stammten nicht aus derselben Zeit, denn die umschriebenen Gebiete scheinen nicht deckungsgleich zu sein. Zum Beispiel scheint die Grenzbeschreibung zu zeigen, dass Bethel in Ephraim liege (Jos 18,12; vgl. 16,2 und Ri 1,22–26), während es auf der Liste der Städte (Jos 18,22) liegt. Außerdem liegt Ofra, wenn es richtig identifiziert worden ist, beträchtlich nördlich der Nordgrenze Benjamins.

[9] Darf nicht mit dem heutigen Jafia westlich von Nazareth gleichgesetzt werden (Aharoni, *Land of the Bible,* 437), da der Ort hinter Daberat gefunden werden müsste; zudem entbehrt das »moderne« Jafia jeglichen überzeugenden archäologischen Fundes, der als Überbleibsel des biblischen Jafia eingestuft werden könnte.

[10] Später das Zuhause des Propheten Jona (2. Kön 14,25).

[11] Von denen, die aufgezählt sind, haben wahrscheinlich in Sebulon gelegen: Sarid, Marala, Jafia, Gat-Hefer, Et-Kazin, Rimmon, Hannaton, Kattat, Nahalal, Jidala und Bethlehem. Die Beschreibung des Sebulon zugeteilten Landes erscheint zusammengesetzt: Der Grenzbeschreibung folgt eine kurze Städteliste, in der jene Städte ausgelassen sind, die bei der Grenzbeschreibung schon erwähnt worden waren.

[12] In Z. Gal, »The Settlement of Issachar: Some New Observations« in *Tel Aviv 9* (1982), 79–86, finden sich eine Erörterung des Gebiets, des Datums der Städteliste und neuere Identifikationen von Orten.

[13] Vgl. die Erörterung bei Aharoni, *Land of the Bible,* 257/258.

[14] Möglicherweise spiegelt der Hinweis auf Juda eine Zeit wider, als das davidische Königshaus das Gebiet Baschan beherrschte (d. h. stammt vielleicht aus den Tagen Davids oder Salomos)? In diesem Zusammenhang beachte besonders den hebräischen Text 2. Kön 14,28, dem eine Anmerkung in der NIV zugewiesen ist.

[15] Die Beziehung zwischen Hukkok an der Grenze Naftalis (Jos 19,34) und Hukok (1. Chr 6,75), einer levitischen Stadt in Asser, ist problematisch. Vermutlich ist die levitische Stadt »Hukok« (1. Chr 6,59/60) eine andere Bezeichnung für Helkat (Jos 19,34/21,30).

[16] Es ist offensichtlich, dass die Menschen jener Zeit sich dieses Unterschieds bewusst waren. So legt zum Beispiel Josephus die Grenze zwischen den beiden Teilen Galiläas nach Beerscheba, das heute H. Beer Sheva heißt, Grid Ref. 18259 (*Jüd Krieg* 3.3.1).

[17] Möglich ist, dass »Timna, Ekron« in Josua 19,43 als »Timna bei Ekron« gelesen werden muss, um es von anderen Timnas zu unterscheiden (wie den in Jos 15,57; 19,50, Ri 2,9 genannten, siehe Aharoni, »The Solomonic Districts«, *Tel Aviv* 3 [1976], 7–10).

[18] Eine Erörterung der danitischen Liste bei Aharoni, Solomonic Districts, 6–10.

[19] Beachte die gaditischen Städte Dibon und Atarot (4. Mose 32,34), von denen die erstere Ruben zugewiesen wurde (Jos 13,17) und die zweite im Gebiet Rubens lag (Jos 13,15–23). Vgl. auch Meschas Hinweis auf die Gaditer in diesem moabitischen Gebiet im 9. Jahrhundert v. Chr. (*ANET* 320/321).

[20] Viele haben vorgeschlagen, die Listen aus Josua 31 und 1. Chr. 6,54–81 müssten in die Regierungszeit Davids und Salomos datiert werden (1010–931 v. Chr.), nicht in die Tage Josuas (ca. 1400 v. Chr.). Dieser Vorschlag wird gemacht, weil die Annahme zugrunde gelegt wird, die Listen stammten aus einer Zeit, in der Israel diese Städte tatsächlich beherrschte. Zum Beispiel waren die Städte, die als zum Stamm Asser gehörig bezeichnet werden, nur kurz in der Regierungszeit Davids und Salomos unter israelitischer Herrschaft, daher müsse dieser Teil der Liste aus dieser Zeit stammen (Aharoni, *Land of the Bible*, 301). Andererseits kann die Liste ursprünglich ein »ideales« (oder utopisches) Register gewesen sein und vielleicht haben Leviten in manchen dieser Städte erst lange nach Josua gesiedelt. Es kann auch sein, dass ein späterer Herausgeber oder Abschreiber die Städteliste für seine Zeitgenossen »aktualisiert« hat.

[21] Eine Rekonstruktion der ursprünglichen Listen von Josua 21 und 1. Chronik 6 versucht Aharoni, *Land of the Bible,* 303/304.

[22] Ebd., 305.

[23] Eine neuere bekannte Erörterung Echnatons bei D. B. Redford, »The Monotheism of the Heretic Pharaoh«, *BAR* 13,3 (Mai/Juni 1987), 16–32.

[24] Othniel hatte früher Debir in Juda erobert und offensichtlich dort gewohnt (Jos 15, 15–19; Ri 1,11–15).

[25] M. Kline, »The Ha-Bi-Ru – Kin or Foe of Israel« – *Westminster Theological Journal* 20 (1957), 54–61.

[26] »Naharajim« ist möglicherweise eine spätere beschönigende Einfügung des Schreibers, nachdem Edom durch Aram ersetzt worden war.

[27] Auch wenn die Amalekiter normalerweise mit dem Sinai oder der Negeb in Zusammenhang gebracht werden, waren diese spezifischen Unterdrücker ein Zweig der amalekitischen Stämme, der nahe dem Bergland Ephraim lebte (vgl. Ri 5,14; 12,15 mit Hinweisen auf diese Assoziation).

[28] Yenóam wird heute identifiziert mit T. esh-Shinab – folgt man N. Naaman, »Yenóam«, *Tel Aviv* 4 (1974), 168–177.

[29] Es ist genauso möglich, dass der Begriff »Sohn Anats« keine geografische Information enthält, er könnte sogar irgendeine Art von Titel gewesen sein. Anat war eine Kriegsgöttin.

[30] Eine Untersuchung der Militärbasis zwischen Megiddo und Taanach bei A. F. Rainey, »The Military Camp Ground at Taanach bei the Waters of Megiddo«, 61–66 in *Y. Aharoni Memorial Volume,* Eretz-Israel 15 (Jerusalem: Israel Exploration Society, 1981), und »Toponomic Problems: Haroshet-Hagojim« in *Tel Aviv* 20 (1983), 46–48.

[31] Vermutlich wurde Hazor zu dieser Zeit eingenommen und zerstört (d. h. Lage I der unteren Schicht und Schicht XIV der oberen Stadt, die 1230 v. Chr. zerstört wurde). Es ist nicht nötig, den Bericht von Josuas Einnahme von Hazor mit der von der Schlacht Deboras und Baraks in Verbindung zu bringen (wie Aharoni es getan hat: *MBA:* 46,47 und in *The Land of the Bible).* Die Zerstörung durch Josua (ca. 1400 v. Chr) könnte in der unteren Stadt in Schicht III abgebildet sein, die durch den ägyptischen Köng Seti I. (ca. 1318 v. Chr.) in der Schicht II und die durch Barak (ca. 1230 v. Chr.) in Schicht I: Vgl. B. Waltke, »Palestinian Artifactual Evidence Supporting the Early Date of the Exodus« in *Bibliotheca Sacra* 129 (Jan 1972), 42–47.

[32] Neue Identifikation nach Z. Gal: »The Settlement of Issachar: Some New Observations«, *Tel Aviv* 9 (1982), 83.

[33] Es ist gut möglich, dass Baal-Berit (Herr des Bundes, V. 4) und El-Berit (Gott des Bundes, V. 46) verschiedene Namen für denselben Tempel sind. Er stand auf einer künstlichen Plattform, die man Bet-Millo (Haus der Füllung, V. 6) nannte. Der massige Turm/Tempel, den man in Sichem bei Ausgrabungen gefunden hat, könnte der hier erwähnte Baal/El-Berit sein.

[34] Wo Tebez liegt, ist nicht bekannt. Manche vermuten, es sei das heutige Tubas nordöstlich von Sichem (185192 im Kartengitter); Aharoni schließt nicht aus, dass Tebez aus Tirza entstanden ist (182188; Aharoni: *Land of the Bible,* 265).

[35] Auch Abimelechs Residenz in Aruma (südöstlich von Sichem), Beer (wohin Jotam floh – Lage unbekannt) und der Berg Garizim (südlich von Sichem) sind in Betracht gezogen worden.

[36] Die Identifikation von Schamir mit Samaria ist unsicher (z. B. *MBA:* 183).

[37] Die NIV übersetzt den hebräischen Ausdruck an einigen Stellen verschieden: Havvoth Jair (4. Mose 32, 41; 5. Mose 3, 14; Ri 10, 4; 1. Chr 2, 23) und »Dörfer Jairs« (Jos 13, 30 (in Baschan); 1. Kön 4, 13 (in Gilead). Bei Luther durchweg »Dörfer Jaïrs«.

[38] Wahrscheinlich nicht die Stadt Aroër bei der Arnonschlucht, sondern die an der ammonitischen Grenze (Jos 13, 25). Lage unbekannt.

[39] Lage unbekannt.

[40] Zum Bericht über diesen Sieg siehe *ANET,* 262–63 und *ANEP,* 7, 9, 57, 341, 813.

[41] Es ist fraglich, ob die Philister so weit im Süden Land erobert haben oder ob Ramses III. sie in seinem Herrschaftsbereich ansiedelte. Eine Tjekker-Siedlung in Dor wird in der »Reise des Wen-Amon nach Phönizien« erwähnt, *ANET,* 25–29.

[42] Nach bisher üblicher Meinung haben die Philister die technischen Fertigkeiten mitgebracht, Eisen zu bearbeiten; s. z. B. J. D. Muhly: »How Iron Technology Changed the Ancient World – And Gave the Philistines a Military Edge«, *BAR* 8:6 (Nov./Dez. 1982), 40–52. Neuerdings wird die Führungsrolle der Philister aber in Frage gestellt: s. z. B. die unentschiedenen Kommentare von T. Dothan: *The Philistines and their Material Culture* (New Haven: Yale University, 1982) und die gegenteilige Meinung von Y. Aharoni, der anführt, dass Eisen erst kürzere Zeit vor der israelitischen Königsherrschaft allgemein für Handels- und Kriegszwekke genutzt wurde (*The Archaeology of the Land of Israel,* Hg. M. Aharoni, Üb. A. F. Rainey, Philadelphia: Westminster 1979, 156–57). Die Bibel gibt anscheinend Hinweise, dass die Kanaaniter schon Eisen für Kriegszwecke gebrauchten, z. B. »eiserne Wagen« (Jos 17, 16 und 18; vgl. Ri 1, 19), als Kanaan um 1400 v. Chr. unter Josua erobert wurde. Aber es gibt auch Anzeichen, dass es zu der Zeit als »edles Metall« galt; man beachte die gemeinsame Erwähnung mit Silber, Gold und Bronze als Kriegsbeute, die die Israeliten gewannen (4. Mose 31, 22; Jos 6, 24; 22, 8).

[43] Sorek bedeutet »erlesene Weintraube«.

[44] Lage unbekannt, wahrscheinlich im Bergland von Juda.

[45] Ein Tempel der Philister, den A. Mazar in Tel Qasile entdeckt hat, hatte Zwillingssäulen, auf denen das Dach ruhte, ebenso wie der Dagontempel, den Simson zum Einsturz brachte.

Übergang zur Königsherrschaft Samuel und Sauls, S. 110–115

[1] M. Kochavi und A. Demsky: »An Israelite Village from the Days of the Judges«, *BAR* 4:3 (Sept./Okt. 1978), 19–21.

[2] Eine Abhandlung über Silo als Kultzentrum: I. Finkelstein: »Shiloh Yields Some, But Not All of ist Secrets«, *BAR* 12:1 (Jan./Feb. 1986), 22–41.

[3] Da die Lade sieben Monate bei den Philistern war, muss die Schlacht von Afek/Eben-Eser im Oktober stattgefunden haben, direkt vor dem Beginn der Regenzeit. Es ist bemerkenswert, dass Simson nach der innerbiblischen Chronologie in derselben Zeit in der Gegend von Bet-Schemesch lebte und wirkte.

[4] Wegen der großen Zahl der Getöteten – 50 070 (eine ungeheuer große Zahl für die dörfliche Umgebung) oder 70 – beachte man die Kommentare, außerdem J. W. Wenham: »Large Numbers in the Old Testament«, *Tyndale Bulletin* 18 (1967), 22 oder die Anmerkung in der *NIV Study Bible*.

[5] Samuels Rama wird gewöhnlich mit dem heutigen Er-Ram identifiziert, aber auch Albrights alter Vorschlag, es mit Ramallah zu identifizieren, verdient Beachtung. Wenn es wirklich Ramallah ist, brauchte Samuel auf seiner jährlichen Rundreise von Rama nach Bethel, Gilgal, Mizpa und wieder nach Rama keinen Weg zurückzugehen. Rama bedeutet »Höhe« oder »hochgelegener Ort«; der Name würde zu beiden Orten passen. Näheres dazu in F. A. Rainey: »RAMAH, RAMA«, *ZPEB* 5,29–33.

[6] Diese Jahreszahl vermutet L. Wood in *A Survey of Israel's History*, rev. Aufl., Hg. D. O'Brien, Grand Rapids: Zondervan 1986, 194.

[7] Dieses Eben-Eser braucht nicht derselbe Ort zu sein, der in 1. Sam 4,1 und 5,1 erwähnt ist, könnte es aber sein. Der Ort Schen ist unbekannt.

[8] Über die Beziehung von Sauls Familie zu Gibeon s. A. Demsky: »The Genealogy of Gibeon (1. Chr 9: 35–44): Biblical and Epigraphic Considerations«, *BASOR* 202 (1971), 16–23.

[9] Eine ganze Reihe von Dörfern auf den Hügeln, die über die Benjamin-Hochebene verstreut sind, wurden nach ihrer Höhenlage benannt, z. B. Rama/Ramatajim (die hebräische Wurzel bedeutet »hoch liegen«), Mizpa (»Wachtturm«) und aus der hebräischen Wurzel *gbᶜ* (»Hügel«) Namen wie Geba, Geba Benjamins, Gibeat, Gibea in Benjamin, Gibea Gottes, Gibea Sauls und Gibeon. Verwechslungen in dieser letzten Gruppe machen den Überblick schwierig (z. B. 2. Sam 5, 25 hebr. Geba, s. Anm. in der NIV; vgl. aber 1. Chr 14, 16 [Gibeon]). Eine wichtige Abhandlung über diese Schwierigkeit ist A. Demsky: »Geba, Gibeah, and Gibeon – An Historic-Geographic Riddle«, *BASOR* 212 (1973), 25–31.

[10] Über die Möglichkeit, diese Zeit aus dem schwierigen Vers 1. Sam 13, 1 herauszulesen, s. Wood: *Survey of Israel's History*, 203.

[11] Über diese Identifikation s. Demsky, »Geba«, 30.

[12] Die frühe Einführung des Eisens durch die Philister wird heute angezweifelt, und die Waffen aus 1. Sam 13, 19–20 waren wahrscheinlich aus Bronze, s. o., »Besiedlung des Landes Kanaan«, Anm. 42.

[13] M. Kochavi: »Rescue in the Biblical Negeb«, *BAR* 6:1 (Jan./Feb. 1980), 27.

[14] Hier zeigt sich auch, wie dicht Gat am Tal Elah lag, was für die Identifikation von Gat mit Tell es-Safi spricht; s. A. Rainey: »The Identification of Philistine Gath – A Problem in Source Analysis for Historical Geography«, in *Nelson Glück Memorial Volume*, ed. B. Mazar, Eretz-Israel 12, Jerusalem: Israel Exploration Society 1975, 63*-76*.

[15] Über die Bedeutung des hebräischen *nahweh* als »Hirtensiedlung« s. A. Malamat, »Mari«, *BA* 34:1 (1971), 16–17.

[16] Y. Aharoni: *The Land of the Bible*, rev. u. erw. Aufl., üb. und hg. von A. F. Rainey, Philadelphia: Westminster 1979, 291.

[17] Ebd. S. 261 und »The Negeb of Judah«, *IEJ* 8 (1958), 26–38.

[18] Der Ausdruck »Besorschlucht« in der NIV ist etwas irreführend: In dieser Gegend ist das Wadi nicht besonders tief.

[19] Später ließ David die sterblichen Überreste von Saul und Jonatan im Familiengrab in Zela in Benjamin beisetzen (2. Sam 21, 12–14).

Das geeinte Reich: David und Salomo, S. 116–123

[1] Über eine einleuchtende Zeitfolge von Davids Eroberungskriegen s. A. Malamat: »Aspects of the Foreign Policies of David and Solomon«, *JNES* 22 (1963), 1–17. Seine Anordnung der Ereignisse wird hier im Prinzip beibehalten.

[2] Ebd., 3.

[3] Ebd.

[4] R. Cohen, »The Fortresses King Solomon Built to Protect His Southern Border«, *BAR* 121 (Mai/Juni 1985), 56–70; Z. Herzog, »Enclosed Settlements in the Negeb and the Wilderness of Beersheba«, BASOR 250 (1983), 41–49; R. Cohen, »The Iron Age Fortresses in the Central Negeb«, BASOR 236 (1979), 61–79.

[5] Mehr über diese These s. C. Rasmussen, »The Economic Importance of Caravan Trade for the Solomon Empire«, *A Tribute to Gleason Archer: Essays on the Old Testament, hg. v. W.* Kaiser Jr. und R. Youngblood, Chicago: Moody 1986, 153–66.

[6] Y. Ikeda, »Solomon's Trade in Horses and Chariots in Its International Setting«, *Studies in the Period of David and Solomon and Other Essays,* Hg. T. Ishida, Winona Lake, Ind.: Eisenbrauns, 215–38; C. Hauer Jr., »The Economics of National Security in Solomonic Israel«, *JSOT* 18 (1980), 63–73.

[7] N. Glueck, »Ezion-geber«, *BA* 28 (1965), 70–87; H. Shanks, »Nelson Glueck and King Solomon – A Romance That Ended«, *BAR* (März 1975), 10–16; B. Rothenberg, *Timna*, London: Thames and Hudson 1972, 63, 180.

[8] S. Ahituv, »Economic Factors in the Egyptian Conquest of Canaan«, *IEJ* 28 (1978), 93–105.

[9] D. Ussishkin, »King Solomon's Palaces«, *BA* 36:3 (Sept. 1973), 78–105; Y. Aharoni, *The Archaeology, of the Land of Israel*, ed. M. Aharoni, A. F. Rainey, Philadelphia: Westminster 1982, 220–21 und 226–34.

[10] Unterschiedliche Ansichten über das Alter der Paläste finden sich bei Aharoni, *Archaeology,* 205–8 (David) und Ussishkin, »Solomon's Palaces«, 94–104 (Salomo).

[11] Y. Kaufman, »Where the Ancient Temple of Jerusalem Stood«, *BAR* 9:2 (1983), 56–58.

[12] Über diese Lesart anstatt Alot s. F. Cross in G. E. Wright, »The Provinces of Solomon (1. Kön 4:7–19)«, *E. L. Sukenik Memorial Volume*, Hg. N. Avigad, M. Avi-Yonah, H. Z. Herschberg und B. Mazar, Eretz-Israel 8, Jerusalem: Israel Exploration Society 1967, 59*.

[13] Über die Identifizierung von Arubbot s. A. Zertal, »The Roman Siege System at Khirbet el-Hamman (Narbata) in Samaria«, *Qadmoniot* 143–4 (1981), 114.

[14] In Y. Aharoni, »The Solomonic Districts«, *Tel Aviv* 3 (1976), 5–15 werden verschiedene Möglichkeiten genannt.

[15] T. Mettinger, *Solomonic State Officials: A Study of the Civil Government Officials of the Israelite Monarchy*, Coniectanea Biblica, Old Testament Series 5, Lund: CWK Gleerups 1971, 126–27.

[16] Mettinger, *Solomonic State Officials*, S. 112 gibt zusätzliche Argumente.

[17] K. A. Kitchen, *The Third Intermediate Period in Egypt (1100–650 B. C.),* Warminster,

Aris & Phillips 1973, Abs. 231 und 235; A. Malamat, »Aspects of the Foreign Policies of David and Solomon«, *JNES* 22 (1963), 9–10.

[18] F. C. Fensham, »The Treaty Between the Israelites and Tyrans«, *Supplements to Vetus Testamentum* 17 (1969), 71–87.

Das geteilte Reich, S. 124–133

[1] Vollständige Besprechung des Textes in K. A. Kitchen, *The Third Intermediate Period in Egypt (1100–650 B. C.),* Warminster: Aris & Phillips 1973, Abs. 252–60 und 398–415, und in Y. Aharoni, *The Land of the Bible*, rev. und erw. Aufl., hg. und üb. von A. F. Rainey, Philadelphia: Westminster 1979, 323–30.

[2] R. Cohen, »The Fortresses King Solomon Built to Protect His Southern Border«, *BAR* 11:3 (Mai/Juni 1985), 69–70.

[3] N. Naaman, »Two Notes on the Monolith Inscription of Shalmaneser III from Kurkh«, *Tel Aviv* 3 (1976), 97–102, geht anstatt von 2000 von der wahrscheinlicheren Zahl 200 aus.

[4] Atalja war die einzige Frau auf dem Thron und die einzige, die nicht aus Davids Familie stammte.

[5] Aharoni, *The Land of the Bible*, 356–68.

Juda, S. 134–139

[1] M. Broshi, »The Expansion of Jerusalem in the Reigns of Hezekiah and Mannasse«, *IEJ* 24 (1974), 21–26 und H. Shanks, »Yigal Shiloh«, *BAR* 14:2 (März/April 1988), 20–21.

[2] M. Kochavi, »The Land of Judah«, in: *Judea, Samaria and the Golan: Archaeological Survey 1967–1968*, Hg. M. Kochavi, Jerusalem: Carta 1972, 19–89.

[3] Über das schwierige Problem von Hiskias Regierungszeit s. E. R. Thiele, *The Mysterious Numbers of the Hebrew Kings,* rev. Aufl., Grand Rapids: Zondervan 1983, 129–38 und 174–76.

[4] Siehe z. B. A. F. Rainey, »Wine from the Royal Vineyards«, *BASOR* 245 (1982), 57–62, und die dort angegebene ältere Literatur.

[5] N. Avigad, *Discovering Jerusalem* (Nashville: Thomas Nelson 1983), 46–60.

[6] N. Naaman, »Sanherib's 'Letter to God' on His Campaign to Judah«, *BASOR* 214 (1974), 26–28.

[7] Über alte Texte und Bilder aus dem Nahen Osten s. am besten *ANET,* 287–288 und *ANEP*, Abb. 371–374; über die Folge der Ereignisse s. K. A. Kitchen, *The Third Intermediate Period in Egypt (1100–650 B. C.)*, Warminster: Aris and Phillips 1973, Abs. 126–37 und 345–54, und Y. Aharoni, *Land of the Bible*, rev. und erw. Aufl, üb. und hg. v. A. F. Rainey (Philadelphia: Westminster 1979), 367–400.

[8] In Naaman, »Sanherib's 'Letter to God'« steht die Beschreibung dieses Teils des Feldzuges.

[9] D. Ussishkin, »Answers at Lachish«, *BAR* 5:6 (Nov./Dez. 1979), 16–39.

[10] Zur Zeit der Auseinandersetzung zwischen Assyrien und Ägypten war Sebitku (702–690 v. Chr.) König von Ägypten, aber offenbar war es sein zwanzigjähriger Bruder Tirhaka, der die ägyptischen Truppen auf dem Feldzug ins Philisterland anführte. Tirhaka wurde später König (690–664 v. Chr.); der Schreiber des Bibeltextes hat den Titel »der König von Kusch« also anscheinend rückblickend gebraucht. Über diese Frage s. Kitchen, *Third Intermediate Period*, Abs. 128–29, und A. F. Rainey, »Taharqa and Syntax«, *Tel Aviv* 3 (1976), 38–41.

[11] Vielleicht waren einige Simeoniten aus ihrem Stammesgebiet in der Gegend um Beerscheba nach Norden gezogen (Jos 19, 1–9; vgl. 2. Chr 15, 7).

[12] Text der Babylonischen Chronik in *ANET,* 564.

[13] Eine Schreibtafel aus dem frühen 6. Jh. v. Chr., die in Babylon gefunden wurde, erwähnt Nahrungszuteilungen an Jojachin, den König von Juda *(ANET,* 308).

Exil und Rückkehr, S. 140–46

[1] Eine detaillierte Beschreibung und Geografie von »Trans-Euphrates« findet sich bei A. F. Rainey, »The Satrapy 'Beyond the River'«, *Australien Journal of Biblical Archaeology* 1:2 (1969), 51–78.

[2] Eine detaillierte Erörterung zur Provinz Samarien im Lichte der Papyrusdokumente des vierten Jahrhunderts v. Chr. von dem Wadi Dalijeh findet sich bei F. M. Cross, »Papyri of the Fourth Century B.C. from Dalijeh: A Preliminary Report on Their Discovery and Significance«, in *New Directions in Biblical Archaeology*, Hg. D. N. Freedman and J. C. Greenfield (Garden City: Doubleday, 1969), 41–62, und F. M. Cross, »A Reconstruction of the Judean Restoration«, *JBL* 94 (1975), 4–18.

[3] Eine ausführliche Abhandlung zu dieser Familie findet sich bei B. Mazar, »The Tobiads«, *IEJ* 7 (1957), 229–38.

[4] Y. Aharoni, *The Land of the Bible*, rev., erw., hg. und übers. v. A. F. Rainey (Philadelphia: Westminster, 1979), 418; aber vgl. M. Avi-Yonah, *The Holy from the Land Persian to the Arab Conquest (536 B. C. – 640 A. D.): A Historical Geography*, rev. und hg. (Grand Rapids: Baker, 1977), 19–23.

[5] N. Avigad, *Bullae and Seals from a Post-Exilic Judean Archive*, Qedem 4 (Jerusalem: Hebrew University Press, 1976), 30–36.

Die Ankunft der Griechen, S. 147–152

[1] Zu Voraussagen hinsichtlich der Ankunft von Alexander dem Großen (Ziegenbock mit einem ansehnlichen Horn) und der Niederlage der Perser (Widder mit zwei Hörnern) siehe Daniel 8 und 11, 1–3.

[2] Das Zenon-Archiv ist eine Sammlung von Papyrusdokumenten, die in Philadelphia im Faijum westlich des Nils gefunden wurden. Sie werfen unter anderem viel Licht auf die Handelsbeziehungen zwischen Ägypten und Palästina. Diese Dokumente berichten ausführlich von einer Reise, die Zenon, ein ägyptischer Sekretär und Vertrauensmann, während der Regierung von Ptolemäus II. im Jahre 259 und 258 v. Chr. nach Palästina unternahm. Zu den Orten, die er besuchte, gehörten Pegae, Jerusalem, Abila, Tyrus, Lakasa, Naveh, Eeitha, Beth-Anat, Kadesch und Ptolemaïs, und seine Aktivitäten weisen darauf hin, dass Palästina als ein wichtiges Agrar-Hinterland für Ägypten diente.

[3] Die folgende Erörterung basiert auf der detaillierten Abhandlung von M. Avi-Yonah, *The Holy Land from the Persian to the Arab Conquests (536 B. C. to A. D. 640): A Historical Geography* (Grand Rapids: Baker, 1977), 32–41.

[4] Mangels eines besseren Namens wird der Ausdruck »Palästina« in diesem und den folgenden Kapiteln in etwas unterschiedlicher Bedeutung benutzt. An manchen Stellen wird er sich auf das traditionelle Gebiet beziehen, das zu dem »Land Israel« gehörte. An anderen Stellen mag es nicht nur dieses einschließen, sondern auch Transjordanien (wie Gilead und/oder Moab und Edom) sowie den Territorialbesitz der herrschenden Regierung weiter nördlich. Dies mag verwirrend sein, aber Tatsache ist, dass während der hellenistischen Zeit (332–63 v. Chr.) die Grenzen von allen Ländern, Provinzen, Verwaltungsbezirken etc. sich ständig veränderten. Außerdem ist der Ausdruck – wie alle Namen für dieses Gebiet der Welt – problematisch dadurch, dass er in sich Hinweise auf die politische Überzeugung des heutigen Benutzers mit sich trägt. Indem ich diesen Ausdruck benutze, versuche ich nicht, irgendeine moderne politische Stellungnahme abzugeben. Ich habe mich dafür entschieden, diesen Namen während der griechisch-römischen Zeit als ein allgemeines Bezugswort zu benutzen, da es zuerst von dem griechischen Historiker Herodot (ca. 450 v. Chr.; 1.105; 2.106; 2.104; 7.89; 3.5) zu jener Zeit verwendet wurde. Obwohl der Name offensichtlich von dem Wort »Philistia« (= Griechisch: Palästina) abgeleitet wurde und er sich ursprünglich nur auf das begrenzte Siedlungsgebiet der Philister entlang der südlichen Küste bezogen haben mag, erhielt dieses Wort später eine weitreichende Bedeutung. Es wurde auch von dem jüdischen Historiker Josephus im späten ersten Jahrhundert n. Chr. verwendet. Auf jeden Fall ist es sehr schwierig, die genauen Grenzen von Herodots' »Palästina« zu definieren und das könnte uns eine gewisse Rechtfertigung geben, den Begriff auch in einem allgemeinen Sinn zu gebrauchen. Auf diese Weise braucht der Schreiber – und Leser – nicht ständig mit einer langen Liste von Provinzen und/oder Bezirken konfrontiert zu werden, wenn er sich auf den südlichen Orient bezieht.

[5] Die folgende Beschreibung macht Gebrauch von der detaillierten Erörterung von M. Avi-Yonah, *Holy Land,* 42–52.

Der Makkabäeraufstand und die hasmonäische Dynastie, S. 153–59

[1] Es wurde nicht der Versuch unternommen, jede Bemerkung im Hinblick auf antike oder Sekundärquellen zu dokumentieren. Der interessierte Leser kann direkt das Erste oder Zweite Buch der Makkabäer ebenso wie Josephus' Werke (Geschichte des Jüdischen Kriegs und besonders die Jüdischen Altertümer) konsultieren. Ein detailliertes Standardwerk, das jede Quellenangabe in einer Fußnote angibt und eine ausführliche Bibliographie sowohl von alten als auch von modernen Werken enthält, findet sich bei E. Schurer, *The History of the Jewish People in the Age of Jesus Christ*, hg. und erw. von G. Vermes, F. Millar und M. Black (Edinburgh: T. & T. Clark, 1979), 1: 125–242. Eine detaillierte fachliche Erörterung der historischen Geografie dieser Zeit befindet sich bei M. Avi-Yonah, *The Holy Land from the Persian to the Arab Conquests (536 B. C.–640 A. D.): A Historical Geography (*Grand Rapids: Baker, 1977), 42–85.

Die frühe römische Herrschaft in Palästina, S. 160–65

[1] Der historische Bericht der meisten Ereignisse, auf welche dieses Kapitel Bezug nimmt, kann in den entsprechenden Teilen von Josephus' Werken (Der Jüdische Krieg und Jüdische Altertümer) gefunden werden. Ein detailliertes Standardwerk, das jede Quellenangabe in einer Fußnote angibt und eine ausführliche Bibliografie sowohl von alten als auch von modernen Werken enthält, findet sich bei E. Schurer, *The History of the Jewish People in the Age of Jesus Christ*, hg. und rev. von G. Vermes, F. Millar, und M. Black (Edinburgh: T. & T. Clark, 1979), 1: 233–329. Eine detaillierte fachliche Erörterung der historischen Geografie dieser Zeit findet sich bei M. Avi-Yonah, *The Holy Land from the Persian to the Arab Conquests (536* B. C.*–640 A. D.): A Historical Geography* (Grand Rapids: Baker, 1977), 77–85.

[2] Zum Gebrauch des Begriffs »Palästina« siehe »Die Ankunft der Griechen«, Anm. 4.

[3] Eine neuere Erörterung des Bündnisses findet sich bei S. T. Parker, »The Decapolis Reviewed«, *JBL* 94 (1975), 437–41.

[4] Eine detaillierte fachliche Erörterung der historischen Geografie von Herodes' Königreich findet sich bei Avi-Yonah, *The Holy Land*, 86–101.

[5] Berichte von neuesten Ausgrabungen und Untersuchungen von Überbleibseln des Königreiches von Herodes können in den Ausgaben des *Biblical Archaeology Review* und des *Biblical Archaeologist* gefunden werden.

Das Leben Christi, S. 166–73

[1] Eine detaillierte historische Untersuchung zur Regierung von Archelaus findet sich bei E. Schurer, *The History of the Jewish People in the Age of Jesus Christ*, hg. und rev. v. G. Vermes, F. Millar und M. Black (Edinburgh: T. & T. Clark, 1979), 1: 330–35, 353–57; und eine Studie über den geografischen Hintergrund der Zeit findet sich bei M. Avi-Yonah, *The Holy Land from (the Persian to the Arab Conquests 536 B .C. to A .D. 640): A Historical Geographie* (Grand Rapids: Baker, 1977), 102–7.

[2] Eine detaillierte historische Untersuchung zur Regierung von Herodes Antipater findet sich bei Schurer, *History of the Jewish People*, 340–53, und in der dort zitierten Bibliografie.

[3] Eine neuere bekannte Untersuchung zur Geschichte und Archäologie von Sepphoris findet sich bei E. M. Meyers, E. Netzer und C. L. Meyers, »Sepphoris 'Ornament of All Galilee'«, *BA* 49: 1 (März 1986), 4–19.

[4] Es gibt verschiedene Versionen hinsichtlich der exakten Daten von Jesu Wirken auf Erden. Die Daten hier folgen den »traditionellen« Angaben – siehe T. W. House, *Chronological and Background Charts of the New Testament* (Grand Rapids: Zondervan, 1981), 102–3,

aber vergleiche H. Hoehner, *Chronological Aspects of the Life of Christ* (Grand Rapids: Zondervan, 1977).

[5] Hinsichtlich der Identifikation von Dalmanuta siehe J. C. Laney, *Geographical Aspects of the Life of Christ*, second edition (doctoral dissertation presented to Dallas Theological Seminary, 1977), 150–55, aber vgl. B. Pixner, »The Land of Galilee that Jesus Walked: A Historical Map«, (Rosh Pina, Israel: Corazin, 1983).

[6] Eine bekannte Beschreibung der neuesten Entdeckungen in Kapernaum findet sich bei J. F. Strange and H. Shanks, »Synagogue Where Jesus Preached Found at Capernaum«, *BAR* 9: 6 (Nov./Dez. 1983), 24–31.

[7] Bezüglich der akustischen Eigenarten eines Naturtheaters an der Küste des Sees Genezareth zwischen Kapernaum und Tabgha siehe B. C. Crisler, »The Acoustics and Crowd Capacity of Natural Theaters in Palastine«, *BA* 39:4 (Dez. 1976), 134–38.

[8] Z. Yeivin, »Ancient Chorazin Comes Back to Life«, *BAR* 12: 5 (Sept./Okt. 1987), 22–36, und »Korazim – 1983/84«, *Excavations and Surveys in Israel 1984 3* (1984), 66–71.

[9] Eine neuere Erörterung zur Lage von Betsaida siehe B. Pixner, »Searching for the New Testament Site of Bethsaida«, *BA* 48: 4 (Dezember 1985), 207–16.

[10] Eine detaillierte Geschichte von Philippus' Herrschaft findet sich bei Schurer, *History of the Jewish People*, 336–40 und in der Bibliografie und den alten Quellen, die dort zitiert werden; und bezüglich der Geografie siehe Avi-Yonah, *The Holy Land*, 102–7.

[11] Bezüglich einer Liste der Städte der Dekapolis (Mt 4,25; Mk 5,20; 7,3) siehe Plinius d. Ä. (23–79 n. Chr.), *Natural History* 5.16 (74). Eine neuere Erörterung findet sich bei S. T. Parker, »The Decapolis Reviewed«, *JBL* 94 (1975), 437–41.

[12] Eine alte Beschreibung von Jericho und der umliegenden Region findet sich bei Josephus (*Jüd. Krieg* 4.8.2–3).

[13] Lukas 17,11–19 scheint über den Beginn von Jesu letzter Reise von Galiläa nach Jerusalem zu berichten. Da von einem Umweg die Rede ist, kann angenommen werden, dass Jesus und seine Jünger weiter Richtung Osten von dem Gebiet Ginäa in die Region um Skythopolis zogen. Und von dort könnten sie auf beiden Seiten des Jordan Richtung Süden gegangen sein. Der nächste Ort, an dem sie vorbeikamen, war Jericho, welcher am südlichen Ende des Jordantales gelegen ist (Lk 19,1).

[14] Der Codex Sinaiticus und die palästinisch-syrische Version lesen 160 Stadien, aber es mag auch so gewesen sein, dass ein Abschreiber die Entfernung von 60 in 160 umwandelte, um sie mit dem sehr bekannten Emmaus/Nikopolis in Einklang zu bringen. Eine weitere Schwierigkeit hat mit dem Problem der beiden Jünger zu tun, welche die Entfernung nach und von Jerusalem in solch einer kurzen Zeitspanne zurücklegten. Weitere Details dazu siehe in den entsprechenden Artikeln in *ZPEB, ISBE* oder *IDB*.

Die Ausbreitung der Frühen Kirche in Palästina, S. 174–79

[1] Bezüglich der antiken außerbiblischen Texte, die sich auf diese Zeit beziehen, siehe in den relevanten Teilen bei Josephus (*Der Jüdische Krieg* und *Jüdische Altertümer*). Ein detailliertes Standardwerk, das jede Quellenangabe in der Fußnote angibt, findet sich bei E. Schurer, *The History of the Jewish People in the Age of Jesus Christ*, hg. und rev. v. G. Vermes, F. Millar und M. Black (Edinburgh: T. & T. Clark, 1979), 1: 336–55; eine historische Geografie findet sich bei M. Avi-Yonah, *The Holy Land from the Persian to the Arab Conquests* (536 B. C. to A. D. 640): *A Historical Geography* (Grand Rapids: Baker, 1977), 102–17.

[2] Eine bewegende Beschreibung findet sich bei Josephus, *Der Jüdische Krieg*.

[3] Eine Erörterung zu diesem Begriff findet sich in »Die Ankunft der Griechen«, Anm. 4.

Die Reisen des Paulus, S. 180–87

[1] Beschreibungen der verschiedenen Städte, die Paulus auf seinen Reisen besuchte, finden sich bei J. Finegan, *The Archeology of the New Testament: The Mediterranean World of the Early Christian Apostles* (Boulder, Colo: Westview 1981), und bei E. Yamauchi, *The Archaeology of New Testament Cities in Western Asia Minor* (Grand Rapids: Baker, 1980) und in den dort zitierten Bibliografien.

[2] Kürzlich erschienene Beschreibungen von Korinth finden sich bei J. Murphy-O'Connor, »The Corinth that Saint Paul Saw«, *BA* 47: 3 (September 1984), 147–59, und in ders., *St. Paul's Corinth, Texts and Archaeology* (Wilmington, Del.: Michael Glazier, 1983).

Jerusalem, S. 188–200

[1] Es gibt zahlreiche Studien über die Geschichte und Archäologie von Jerusalem. Der interessierte Leser ist eingeladen, die unten genannten Werke oder die neuere Untersuchung von W. Harold Mare, *The Archaeology of the Jerusalem Area* (Grand Rapids: Baker, 1987), zu konsultieren, worin zusätzliche bibliografische Angaben gefunden werden können.

[2] R. Gonen, »Was the Site of the Jerusalem Temple Originally a Cemetery?«, *BAR* 11: 3 (Mai/Juni), 44–55.

[3] Y. Shiloh, *Excavations at the City of David I: 1978–1982*, Qedem 19 (Jerusalem: The Institute of Archaeology of the Hebrew University, 1981), 28.

[4] Die geschätzten Bevölkerungszahlen, die in diesem Kapitel genannt werden, basieren auf den Schätzungen von M. Broshi: »Estimating the Population of Ancient Jerusalem«, *BAR* 6: 2 (Juni 1978), 12 und »The Expansion of Jerusalem in the Reigns of Hiskia and Mannasse«, *IEJ* 24 (1974), 20–26.

[5] Der tatsächliche Zeitpunkt der Konstruktion dieses Wassersystems ist umstritten, aber es gibt keinen zwingenden Grund, ein vor-davidisches Datum aufzugeben. Y. Shiloh, »Jerusalems' Water Supply During Siege – The Rediscovery of Warren's Shaft«, *BAR* 7: 4 (Juli/August 1981), 24–39 findet sich eine kürzlich erschienene Beschreibung des Systems.

[6] B. Mazar, *The Mountain of the Lord*, assisted by G. Cornfeld und D. N. Freedman (Garden City, N. Y.: Doubleday, 1975), 168–69.

[7] Y. Shiloh, »The City of David: 1978–1983«, in *Biblical Archaeology Today*, hg. v. J. Amitai (Jerusalem: Israel Exploration Society, 1985), 455–57.

[8] Mazar, *The Mountain*, S. 186–87.

[9] D. Ussishkin, »The Necropolis from the Kingdom of Judah at Silwan, Jerusalem«, *BA*, 33 (1970), 34–46.

[10] H. Shank's, »Have the Tombs of the Kings of Judah Been Found?« *BAR*, 13: 4 (Juli/August 1987), 54–56. Eine Beschreibung der Gräber selbst findet sich bei G. Barkay and A. Kloner, »Jerusalem Tombs From the Days of the First Temple«, *BAR* 12: 2 (März/April 1986), 22–39; und die Vermutung, dass es sich um Gräber späterer judäischer Könige handeln könnte, findet sich bei A. Kloner, »The 'Third Wall' in Jerusalem and the 'Cave of the Kings' (Josephus, Jüd. Krieg V 147)«, *Levant* 18 (1986): 121–29.

[11] A. S. Kaufman, »Where the Ancient Tempel of Jerusalem Stood«, *BAR* 9: 2 (März/April 1983), 40–59.

[12] D. Ussishkin, »King Solomon's Palaces«, *BA* 36 (1974), 78–105.

[13] Es ist schwierig, die exakte Lage und Funktion von dem Millo und dem Ophel festzulegen. Die ehemalige wortwörtliche Bedeutung von Millo lautet »Auffüllung« und im Gegensatz zu der oben vertretenen Interpretation wurde angenommen, dass dieser Ausdruck sich auf die Stützterrassen bezieht, die auf den steilen Hängen gebaut und auf denen Bauwerke errichtet wurden – daher die Notwendigkeit, sie in gutem Zustand zu halten. Der Ausdruck »Ophel« scheint sich auf die königliche Akropolis zu beziehen, welche auf dem östlichen Gebirgskamm zwischen der Stadt Davids im Süden und dem Tempelberg im Norden lag. In der Tat werden Ophels und Akropolen in Verbindung mit den Städten von Samarien (2. Kön 5,24) und Dibon (*ANET*: 320 [Zeilen 21–22]), königlichen Zentren des nördlichen Königreiches beziehungsweise von Moab, genannt. In dem biblischen Text wurde der Ausdruck Millo wahrscheinlich früh in der frühen Königsherrschaft verwendet, aber später durch den Terminus Ophel ersetzt, oder im anderen Falle könnte der Millo einen begrenzten Teil innerhalb des Ophels bezeichnet haben. Ein Bericht über die Entdeckung eines Tores und/oder eines öffentlichen Bauwerkes aus dem Gebiet, in dem der Ophel situiert war, findet sich bei E. Mazar, »Ophel Excavations, Jerusalem«, *IEJ* 37 (1987), 60–62, und in »Royal Gateway to Ancient Jerusalem Uncovered«, *BAR* 15: 3 (Mai/Juni 1989), 38–51.

[14] J. W. Crowfoot and G. M. Fitzgerald, *Excavations in the Tyropoeon Valley*, 1927, Annual of the Palestine Exploration Fund 5 (London, 1929).

[15] N. Avigad, *Discovering Jerusalem* (Nashville: Thomas Nelson, n. d.), 46–60. Shiloh, *Excavations*, S. 12.

[16] M. Broshi, *Estimating*, S. 28–29

[17] Y. Shiloh, *Excavations*, S. 28–29

[18] Y. Shiloh, »The City of David: 1978–1983«, S. 460–62.

[19] Textliches Beweismaterial findet sich in 2. Könige 25,9; und die zusätzliche Anmerkung, dass nach der Zerstörung des Tempels acht Männer hinauf nach Jerusalem zum »Hause des Herrn« gingen und »Speisopfer und Weihrauch« mitbrachten, findet sich in Jeremia 41,5; dadurch wird deutlich, dass eine Art Gottesdienst inmitten der Ruinen des Tempels stattfand. Zudem wurden Gräber aus dieser Zeit in der unmittelbaren Umgebung von Jerusalem gefunden und die Artefakte in ihnen scheinen anzuzeigen, dass immer noch einige wohlhabende Leute in dem Gebiet lebten – siehe G. Barkay, »St. Andrew's Church Jerusalem«, *IEJ* 26 (1976), 57–58 und »News from the Field: The Divine Name Found in Jerusalem«, *BAR* 9: 2 (März/April 1983), 14–19. Darüber hinaus ist es offensichtlich, dass die Babylonier große Teile von Jerusalems Mauer unversehrt gelassen hatten, denn Nehemia 3 betont den Wiederaufbau bestimmter Tore und Türme, aber nicht der gesamten äußeren Umgrenzungslinie der Mauer. Diese Annahme würde auch helfen, die Kürze der Zeit, die für die erneute Befestigung der Stadt gebraucht wurde – 52 Tage – zu erklären. Es ist also möglich, dass bereits zu einem früheren Zeitpunkt in erheblichem Maße damit begonnen worden war, die Stadtmauern zu errichten (Esr 4,12). Siehe H. G. M. Williamson, »Nehemia's Walls Revisited«, *PEQ* 116 (1984), 81–88.

[20] Aber vergleiche A. S. Kaufman, »Where the Ancient Temple of Jerusalem Stood«.

[21] Avigad, *Discovering Jerusalem*, 61–63.

[22] Y. Tsafrir, »The Location of the Seleucid Akra in Jerusalem«, *Revue Biblique*, 82. 4 (1975): 501–22 und B. Mazar, »The Temple Mount«, in *Biblical Archaeology Today*, hg. v. J. Amitai (Jerusalem: Israel Exploration Society, 1985), 463–68.

[23] Avigad, *Discovering Jerusalem*, 61–63.

[24] Ebd., 74–79.

[25] Aber vergleiche A. S. Kaufman, »Where the Ancient Temple of Jerusalem Stood«.

[26] Mazar, *The Mountain*, 140–48.

[27] Ebd., 135 ff.

[28] Ebd., 138 ff.

[29] A. D. Tushingham, »Excavations in the Armenian Garden on the Western Wall«, in *Excavations in Jerusalem 1961–1967*: *Volume I*, ed. A. D. Tushingham (Toronto: Royal Ontario Museum), 25–44.

[30] Avigad, *Discovering Jerusalem*, 81–204.

[31] Eine angemessene Zusammenfassung aller Aspekte von Jerusalem während der Zeit Jesu findet sich bei J. Wilkinson, *Jerusalem as Jesus Knew It: Archaeology as Evidence* (London: Thames and Hudson, 1978).

[32] G. Barkai, »The Garden Tomb: Was Jesus Buried Here?«, *BAR* 12: 2 (März/April), 40–57.

[33] Eine Erörterung jüngeren Datums zur Entstehungszeit und Funktion der »Dritten Stadtmauer«, mit Verweisen auf frühere Literatur, findet sich bei Kloner, »The Third Wall«.

Die historische Geografie als Wissenschaft, S. 201–208.

[1] Y. Aharoni, *The Land of the Bible*, überarb., erw. und übers. v. A. F. Rainey (Philadelphia: Westminster, 1982, 1979), 81-104.

[2] Y. Aharoni, 87-91.

[3] M. Kochavi, „Khirbet Rabud = Debir", Tel Aviv, Bd. 1:2-33.

[4] siehe Historischer Teil und Aharoni, *The Land*.

[5] *Ancient Near Eastern Texts Relating to The Old Testament*, 3. Aufl., hg. v. F. B. Pritchard (Princeton: Princeton University, 1969).

[6] Aharoni, *The Land*, 105-30; A. F. Rainey, „Toponymics of Eretz-Israel", „Bulletin of the American Schools of Oriental Research 232" (1978): 1-17.

[7] s. Historischer Teil.

[8] Zum Beispiel kann die Zerstörung von Lachisch III Sennacherib (701 v. Chr.) zugeordnet werden, die Ebene II Nebukadnezar (587/6 v. Chr.).

Bibliografie

Abel, F.-M., *Géographie de la Palestine: Géographie physique et historique,* Bd. 1. 3. Aufl. Paris: J. Gabalda, 1933.

Géographie de la Palestine: Geographie politique. Les villes, Bd. 2. 3. Aufl. Paris: J. Gabalda, 1938.

Aharoni, Y. *The Land of the Bible*. Übers. und hg. von A. F. Rainey. Philadelphia: Westminster, 1979.

The Archaeology of the Land of Israel. Hrsg. von M. Aharoni, übers. von A. F. Rainey. Philadelphia: Westminster, 1982.

Aharoni, Y., und Avi-Yonah, M. *The Macmillan Bible Atlas*. New York: Macmillan, 1977.

Amitai, J., Hg. *Biblical Archaeology Today: Proceedings of the International Congress on Biblical Archaeology Jerusalem, April 1984,* Jerusalem: Israel Exploration Society, 1985.

Archer, G. L., Jr. *A Survey of Old Testament Introduction*. Chicago: Moody, 1975.

Atlas of Israel. 3. Aufl. New York: Macmillan, 1985.

Avi-Yonah, M. *The Holy Land from the Persian to Arab Conquests (536 B.C. to A.D. 640): A Historical Geography*. Grand Rapids: Baker, 1977.

Gazetteer of Roman Palestine. Qedem 5. Jerusalem: The Institute of Archaeology, the Hebrew University and Carta, 1976.

Avi-Yonah, M. und Stern, E., Hg., *Encyclopedia of Archaeological Excavations in the Holy Land*, 4 Bde., Jerusalem: Masada Press, 1975–1978.

Avigad, Nahman. *Discovering Jerusalem*. Nashville: Thomas Nelson, 1980.

Baines, J. und Malek, J. *Atlas of Ancient Egypt*. New York: Facts On File, 1982.

Baly, Denis, *The Geography of the Bible*. New York: Harper & Row, 1974.

Baly, D. und Tushingham, A. D. *Atlas of the Biblical World*. New York: World, 1971.

Beek, M. A. *Atlas of Mesopotamia*. Übers. von D. R. Welsh und hrsg. von H. H. Rowley. New York: Thomas Nelson, 1962.

Beitzel, Barry J. *The Moody Atlas of Bible Lands*. Chicago: Moody, 1985.

Bimson, J. J. *Redating the Exodus and Conquest*. Journal for the Study of the Old Testament Supplement, 5. Sheffield: Sheffield University Press, 1978.

Blaiklock, E. M. und Harrison, R. K., Hg. *New International Dictionary of Biblical Archaeology*. Grand Rapids: Zondervan, 1983.

Bright, J. *A History of Israel*. 3. Aufl. Philadelphia: Westminster, 1981.

Bromiley, G. W., Hg. *The International Standard Bible Encyclopedia*. 4 Bde. Grand Rapids: Eerdmans, 1979–1988.

Cornell, T. und Matthews, J. *Atlas of the Roman World*. New York: Facts On File, 1982.

Excavations and Surveys in Israel. Bd. 1. Jerusalem: Israel Department of Antiquities and Museums, 1982.

Grollenberg, L. H. *Atlas of the Bible*. London: Thomas Nelson, 1959.

Hallo, W. W. und Simpson, W. K. *The Ancient Near East: A History*. New York: Harcourt Brace Jovanovich, 1971.

Hayes, J. H., und Miller, J. M., Hg. *Israelite and Judean History*. Philadelphia: Westminster, 1977.

Kallai, Zecharia. *Historical Geography of the Bible: The Tribal Territories of Israel*. Jerusalem: Magnes Press, Hebrew University, 1986.

Karmon, Y. Israel: *A Regional Geography*. New York: Wiley-Interscience, 1971.

Kitchen, K. A. *The Third Intermediate Period in Egypt (1100–650 B. C.)*. Warminster, England: Aris & Phillips, 1973.

Levi, P. *Atlas of the Greek World*. New York: Facts On File, 1980.

Mare, W. Harold. *The Archaeology of the Jerusalem Area*. Grand Rapids: Baker, 1987.

May, H. G., Hg. *Oxford Bible Atlas*. 3. Aufl. von J. Day. New York: Oxford, 1984.

Mazar, Benjamin. *The Mountain of the Lord*. Garden City, N. Y.: Doubleday, 1975.

Merrill, E. H. *Kingdom of Priests: A History of Old Testament Israel*. Grand Rapids: Baker, 1987.

Miller, J. M., und Hayes, J. H. *A History of Ancient Israel and Judah*. Philadelphia, Westminster, 1986.

Monson, J., Hg. Student Map Manual: *Historical Geography of the Bible Lands*. Jerusalem: Pictorial Archive, n.d.

Naaman, N. *Borders and Districts in Biblical Historiography, Seven Studies in Biblical Geographical Lists*. Jerusalem: Simor, 1986.

O'Connor, Jerome Murphy. *The Holy Land: An Archaeological Guide from Earliest Times to 1700*. Oxford: University, 1986.

Orni, E., und Efrat, E. *Geography of Israel*. 3. Aufl. Jerusalem: Israel Universities Press, 1971.

Pritchard, J. B., Hg. *Ancient Near East in Pictures Relating to the Old Testament*. 2. Aufl. Princeton: Princeton University Press, 1969.

Ancient Near Eastern Texts Relating to the Old Testament. 3. Aufl. Princeton: Princeton University Press, 1969.

The Harper Atlas of the Bible. New York: Harper & Row, 1987.

Robinson, E. *Biblical Researches in Palestine and Adjacent Regions*. 3 Bde. Jerusalem: Universitas Booksellers, 1970.

Schoville, K. N. *Biblical Archaeology in Focus*. Grand Rapids: Baker, 1978.

Schurer, E. *The History of Jewish People in the Age of Jesus Christ*. Bd. 1 hrsg. von G. Vermes, F. Millar, und M. Black. Edinburgh: T. & T. Clark, 1973.

The History of the Jewish People in the Age of Jesus Christ. Bd. 2 hg. und rev. von G. Vermes, F. Millar, und M. Black. Edinburgh: T. & T. Clark, 1979.

The History of the Jewish People in the Age of Jesus Christ. Bd. 3.1 hg. und rev. von G. Vermes, F. Millar und M. Black. Edinburgh: T. & T. Clark, 1986.

Shanks, H., Hg. *Recent Archaeology in the Land of Israel*. Washington D.C.: Biblical Archaeology Society, 1984.

Hg. Ancient Israel: *A Short History from Abraham to the Roman Destruction of the Temple*, Washington, D.C.: Biblical Archaeology Society, 1988.

Simons, J. *The Geographical and Topographical Texts of the Old Testament*. Leiden: Brill, 1959.

Smith, G. A. *The Historical Geography of the Holy Land*. Fontana Library edition, 1973. London: Collins, 1931.

Tenney, M. C., Hg., *Zondervan Pictorial Encyclopedia of the Bible*. 5 Bde. Grand Rapids: Zondervan, 1975.

Thiele, E. R. *The Mysterious Numbers of the Hebrew Kings*. Grand Rapids: Zondervan, 1983.

Thompson, J. A. *Handbook of Life in Bible Times*. Downers Grove, Ill.: InterVarsity, 1986.

van der Woude, A. S., Hg. *The World of the Bible*. Bible Handbook, Bd. 1. übers. von S. Woudstra aus dem Holländischen. Grand Rapids: Eerdmans, 1986.

Vogel, E. K. *„Bibliography of Holy Land Sites," Hebrew Union College Annual*, Bd. 42 (1971): 1-96.

Vogel, E. K. und Holtzclaw, B. *„Bibliography of Holy Land Sites*, Part II," *Hebrew Union College Annual* 52 (1981), 1-92.

Wilkinson, John. *Jerusalem as Jesus Knew It: Archaeology as Evidence*. London: Thames und Hudson, 1978.

Wood, L. J. *A Survey of Israel's History*. Hrsg. von D. O'Brien. Grand Rapids: Zondervan, 1986.

Wright, G. E. und Filson, F. V., Hg. *The Westminster Historical Atlas to the Bible*. Philadelphia: Westminster, 1956.

Yamauchi, E. *The Archaeology of the New Testament Cities in Western Asia Minor*. Grand Rapids: Baker, 1980.

Deutsche Literatur

Herders großer Bibelatlas. Hg. von J. B. Pritchard, J. Bartlett u. F. F. Bruce. Dt. Ausg. hrsg. u. bearb. von O. Keel u. M. Küchler. Freiburg, Basel, Wien: Herder, 1989.

Jerusalemer Bibellexikon. Hg. Kurt Henning. Stuttgart: Hänssler, 1989.

Archäologisches Bibellexikon. Hg. Abraham Negeb. Stuttgart: Hänssler, 1986.

Blok, A., u. Steiner, M. *Jerusalem: Ausgrabungen in der Heiligen Stadt.* Hg. R. Riesner. Gießen, Basel, 1996.

Millard, A. *Schätze aus biblischer Zeit: Ihre Entdeckungsgeschichte, ihre Bedeutung*. 4. Aufl. Gießen: Brunnen, 1994.

Hornung, E. *Grundzüge der ägyptischen Geschichte.* 4., unveränd. Aufl. Darmstadt: Primus Verl., 1996.

Fritz, V. *Einführung in die biblische Archäologie.* 1985.

Burkhardt, H., F. Laubach u. G. Maier, Hg. *Der neue Bibelatlas.* Wuppertal u. a.: Brockhaus, Brunnen, 1992.

Aharoni, Y., u. M. Yonah. *Der Bibelatlas.* Augsburg: Weltbild, 1990.

Biblische

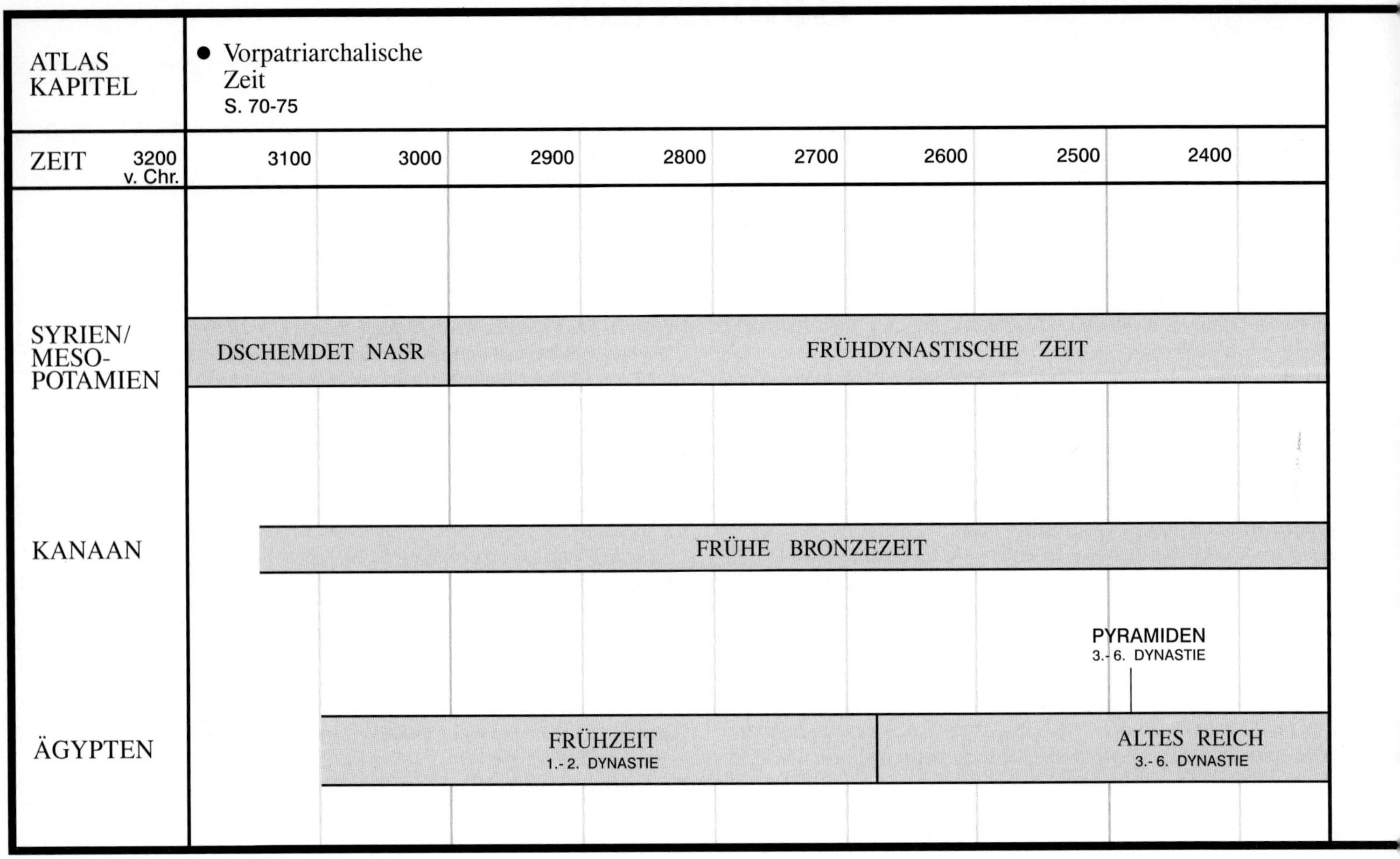
ATLAS KAPITEL
● Vorpatriarchalische Zeit S. 70-75
ZEIT
3200 v. Chr.
3100
3000
2900
2800
2700
2600
2500
2400
SYRIEN/ MESO-POTAMIEN
DSCHEMDET NASR
FRÜHDYNASTISCHE ZEIT
KANAAN
FRÜHE BRONZEZEIT
PYRAMIDEN
3.-6. DYNASTIE
ÄGYPTEN
FRÜHZEIT
1.-2. DYNASTIE
ALTES REICH
3.-6. DYNASTIE

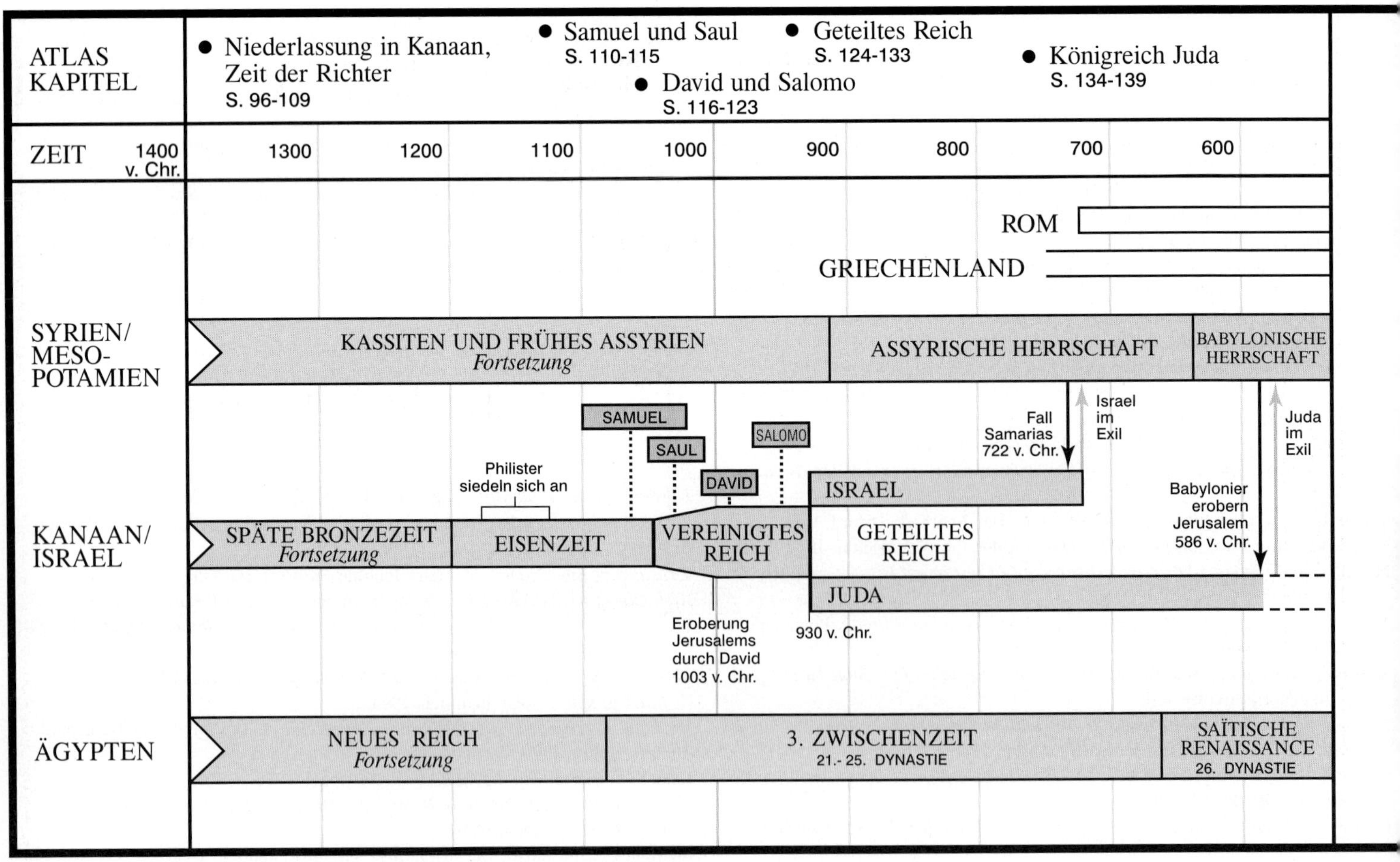
ATLAS KAPITEL
● Niederlassung in Kanaan, Zeit der Richter S. 96-109
● Samuel und Saul S. 110-115
● David und Salomo S. 116-123
● Geteiltes Reich S. 124-133
● Königreich Juda S. 134-139
ZEIT
1400 v. Chr.
1300
1200
1100
1000
900
800
700
600
ROM
GRIECHENLAND
SYRIEN/ MESO-POTAMIEN
KASSITEN UND FRÜHES ASSYRIEN
Fortsetzung
ASSYRISCHE HERRSCHAFT
BABYLONISCHE HERRSCHAFT
SAMUEL
SAUL
DAVID
SALOMO
Philister siedeln sich an
Fall Samarias 722 v. Chr.
Israel im Exil
Juda im Exil
Babylonier erobern Jerusalem 586 v. Chr.
KANAAN/ ISRAEL
SPÄTE BRONZEZEIT
Fortsetzung
EISENZEIT
VEREINIGTES REICH
ISRAEL
GETEILTES REICH
JUDA
Eroberung Jerusalems durch David 1003 v. Chr.
930 v. Chr.
ÄGYPTEN
NEUES REICH
Fortsetzung
3. ZWISCHENZEIT
21.-25. DYNASTIE
SAÏTISCHE RENAISSANCE
26. DYNASTIE

Geschichte

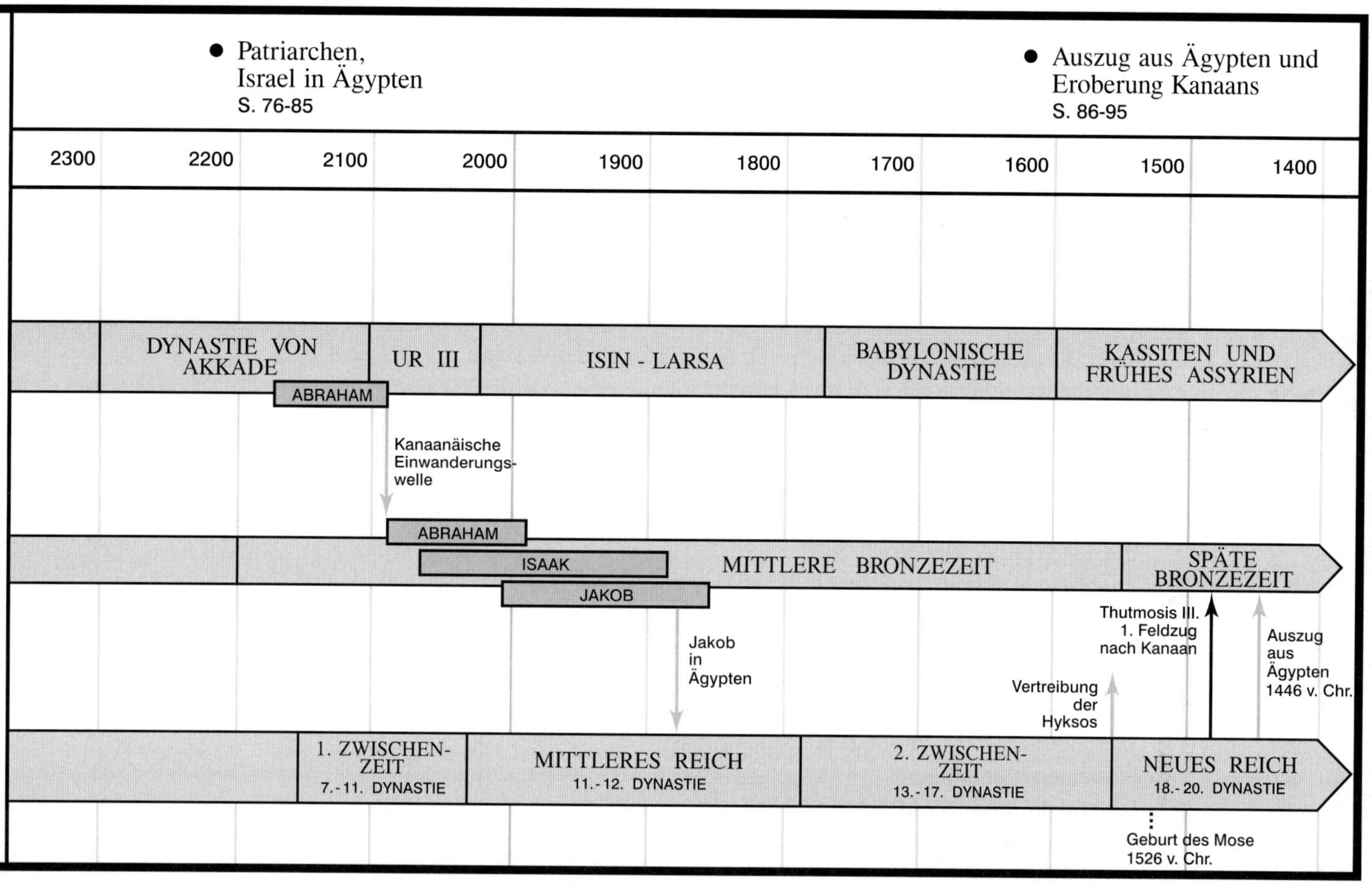

Patriarchen, Israel in Ägypten S. 76-85
Auszug aus Ägypten und Eroberung Kanaans S. 86-95
2300
2200
2100
2000
1900
1800
1700
1600
1500
1400
DYNASTIE VON AKKADE
UR III
ISIN - LARSA
BABYLONISCHE DYNASTIE
KASSITEN UND FRÜHES ASSYRIEN
ABRAHAM
Kanaanäische Einwanderungswelle
ABRAHAM
ISAAK
JAKOB
MITTLERE BRONZEZEIT
SPÄTE BRONZEZEIT
Thutmosis III. 1. Feldzug nach Kanaan
Auszug aus Ägypten 1446 v. Chr.
Jakob in Ägypten
Vertreibung der Hyksos
1. ZWISCHENZEIT 7.-11. DYNASTIE
MITTLERES REICH 11.-12. DYNASTIE
2. ZWISCHENZEIT 13.-17. DYNASTIE
NEUES REICH 18.-20. DYNASTIE
Geburt des Mose 1526 v. Chr.

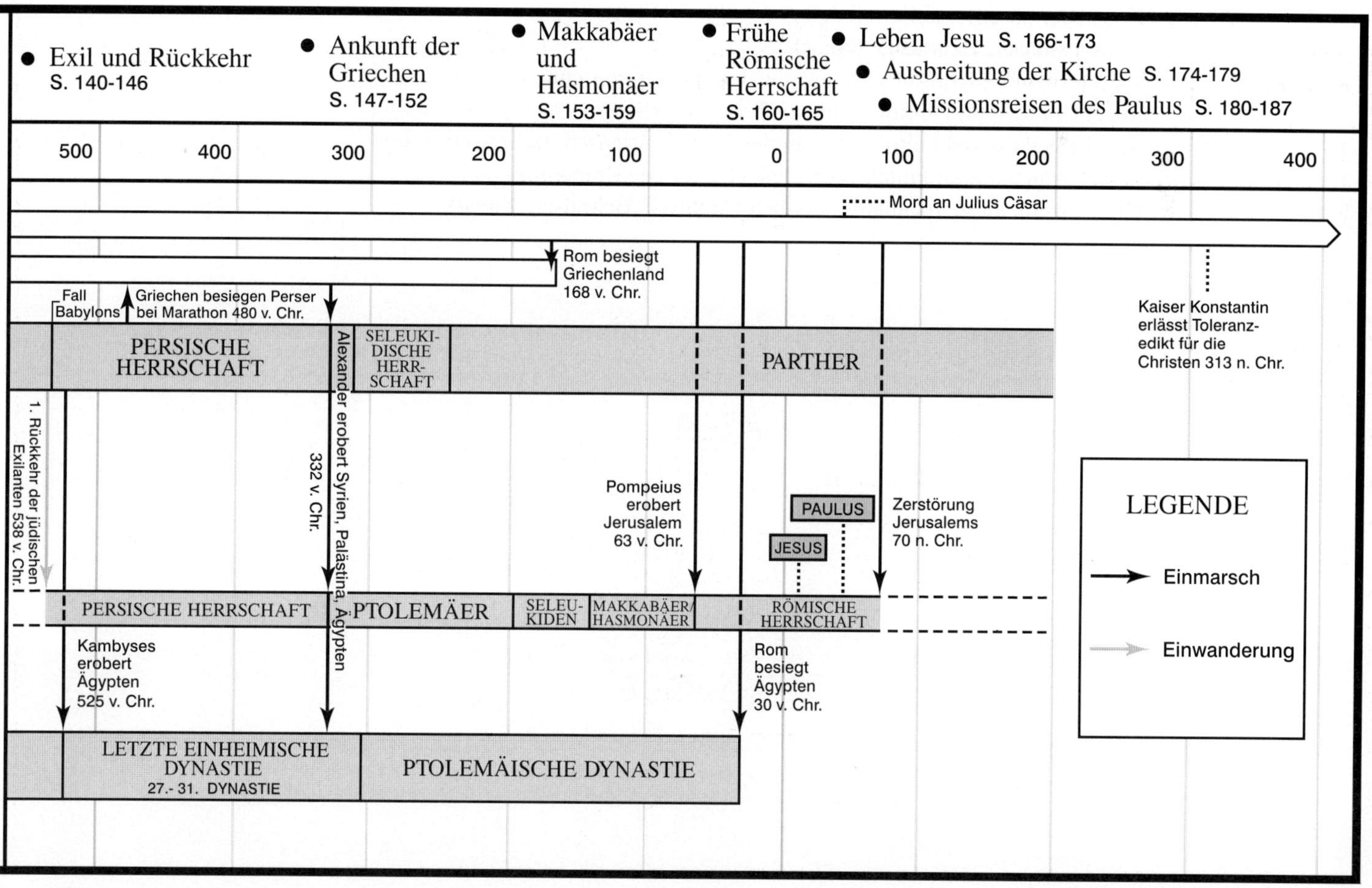

Exil und Rückkehr S. 140-146
Ankunft der Griechen S. 147-152
Makkabäer und Hasmonäer S. 153-159
Frühe Römische Herrschaft S. 160-165
Leben Jesu S. 166-173
Ausbreitung der Kirche S. 174-179
Missionsreisen des Paulus S. 180-187
500
400
300
200
100
0
100
200
300
400
Mord an Julius Cäsar
Rom besiegt Griechenland 168 v. Chr.
Fall Babylons
Griechen besiegen Perser bei Marathon 480 v. Chr.
Kaiser Konstantin erlässt Toleranzedikt für die Christen 313 n. Chr.
PERSISCHE HERRSCHAFT
SELEUKIDISCHE HERRSCHAFT
PARTHER
1. Rückkehr der jüdischen Exilanten 538 v. Chr.
Alexander erobert Syrien, Palästina, Ägypten 332 v. Chr.
Pompeius erobert Jerusalem 63 v. Chr.
PAULUS
JESUS
Zerstörung Jerusalems 70 n. Chr.
LEGENDE
Einmarsch
Einwanderung
PERSISCHE HERRSCHAFT
PTOLEMÄER
SELEUKIDEN
MAKKABÄER/HASMONÄER
RÖMISCHE HERRSCHAFT
Kambyses erobert Ägypten 525 v. Chr.
Rom besiegt Ägypten 30 v. Chr.
LETZTE EINHEIMISCHE DYNASTIE 27.-31. DYNASTIE
PTOLEMÄISCHE DYNASTIE

Glossar

Äolisch	durch Windeinwirkung entstanden (von Geländeformen und Ablagerungen; Geol.)
Alluvial	(durch Ströme) angeschwemmt, abgelagert (Geol.)
Beer	Brunnen (Hebräisch)
Beit	Haus (Arabisch; Hebräisch: Bet, Beth)
Beqa	Tal, Becken (Arabisch; Hebräisch: Emeq)
Darb	Pfad, Straße (Arabisch)
Ein	Quelle (Arabisch; Hebräisch: En)
Emeq	Tal, Becken (Hebräisch; Arabisch: Beqa)
En	Quelle (Hebräisch, Arabisch: Ein)
Har	Berg (Hebräisch; Arabisch: Jebel)
Horbat	Trümmerhaufen (Hebräisch; Arabisch: Khirbet)
Jebel	Berg (Arabisch; Hebräisch: Har)
Khirbet	Trümmerhaufen (Arabisch; Hebräisch: Horbat)
Kurkar	Versteinerte Sanddünen
Levante	Die Mittelmeerländer östlich von Italien
Makhtesch	Vertiefung im Felsen, ausgehöhlter Stein, woraus Wasser fließt
Mischor	Ebene (Hebräisch)
Nahal	Fluss, Strom, ausgetrocknetes Flussbett (Hebräisch; Arabisch: Wadi)
Nahar	Fluss (Hebräisch; Arabisch: Nahr)
Nahr	Fluss (Arabisch; Hebräisch: Nahar)
Septuaginta	Die älteste und wichtigste Übersetzung des Alten Testaments; Zeichen: LXX
Tel	Hügel aus Bau- und Kulturresten antiker Städte (Hebräisch; Arabisch: Tell)
Tell	Hügel aus Bau- und Kulturresten antiker Städte (Arabisch; Hebräisch: Tel)
Transjordanisch	Gebiet östlich des Jordantals oder Gebiet östlich des Grabenbruchs
Wadi	Fluss, Strom, ausgetrocknetes Flussbett (Arabisch; Hebräisch: Nahal)

Bibelstellenregister

Rut

1. Samuel

2. Samuel

1. Könige

2. Könige

1. Chronik

2. Chronik

Personenregister

Ortsregister

Der Zweck des Ortsregisters ist, dem Bibelleser eine Hilfe bei der Lokalisierung von Orten sowohl in diesem Atlas als auch auf heutigen Landkarten zu bieten. Das Ortsregister listet alle Orte auf, die im Text und auf den Landkarten aufgeführt wurden; Seitenzahlen im Normaldruck beziehen sich auf den Text, die fett gedruckten Seitenzahlen beziehen sich auf die Seiten, auf denen spezifische Landkarten gefunden werden können.

Es werden zusätzliche Informationen zu den biblischen Ortsnamen geliefert. Zunächst wird die Bedeutung des Orts kurz mit den biblischen Belegen beschrieben. Es ist zu beachten, dass nicht jede Bibelstelle für Orte angegeben wird, die mehrere Male in der Bibel erwähnt werden (z. B. Jerusalem, Babylon, Bethel). Zudem werden viele Orte detaillierter im Text behandelt (z. B. Jerusalem, das in einem gesonderten Kapitel besprochen wird, und ländliche Regionen wie Baschan, Schefela, , Edom und Moab); der Leser sollte die entsprechenden Abschnitte im Text hinzuziehen.

Dieser Beschreibung folgt – wann immer es möglich ist – eine Identifikation des alten Ortes mit einem „heutigen" Ort; diese Ausführungen sind kursiv gedruckt. Ich habe versucht, die aktuellsten Identifikationen von Orten zu verwenden. Einige Identifikationen sind umstritten; in diesen Fällen habe ich die Identifikation zitiert, die ich für die wahrscheinlichste halte. (Zu dem Prozess der Ortsidentifikation siehe in dem Kapitel über „Die historische Geografie als Wissenschaft".)

Die moderne Bezeichnung jedes Ortes wird in lateinischen Buchstaben geliefert. Es wurde ein vereinfachtes System der Transkription aus dem Arabischen, Hebräischen, Türkischen, Griechischen usw. verwendet; dahinter steht die Absicht, dem Leser das Verständnis zu erleichtern. Bei Orten, die sich in Israel befinden, wird gewöhnlich zuerst der arabische Name und dann der hebräische genannt. Bei Orten im südlichen Orient (Israel, Jordan-Tal und manchmal Libanon und Syrien) wird in Klammern eine sechsstellige Zahl als Hinweis angegeben, um noch eine genauere Lokalisierung des Ortes auf Karten im Maßstab 1:250 000, 1:100 000 und 1:50 000 zu gewährleisten, die für diese Länder vorhanden sind (die ersten drei Stellen dienen zur Lokalisierung des Ortes auf der Nordsüd-Achse, während die letzten drei Ziffern ihn auf der Ostwest-Achse lokalisieren). Der Verweis auf die ungefähre Entfernung („Luftlinie") und Richtung eines Ortes von einem großen bekannten alten Ort (wie z. B. Jerusalem, Joppe, Jericho, Nazareth, Akko etc.) wird zur schnellen Orientierung geliefert. Für die Himmelsrichtungen werden Abkürzungen verwendet: N = Nord(en); n. = nördlich; NW = Nordwest(en); nw. = nordwestlich; NNW = Nordnordwest(en); nnw. = nordnordwestlich etc. Bei Orten, die nicht in Israel liegen, wird das Land, in dem sie sich befinden, vermerkt. Auf diese Weise kann der Leser einen Ort sowohl in diesem Atlas als auch auf einer aktuellen Landkarte schnell finden.

Bei biblischen Orten wurde durchgängig die Schreibweise der Lutherbibel von 1984 verwendet. Doch im Allgemeinen wird es auch keine Schwierigkeiten bereiten, die Ortsnamen in diesem Ortsregister zu finden, wenn andere Bibelübersetzungen verwendet werden. In wenigen Fällen ist auch die Elberfelder Übersetzung angegeben, wenn diese wörtlichere Übertragung für den Informationsgehalt notwendig ist. Dem Charakter eines Atlasses gemäß sind die Beschreibungen und Erläuterungen zu den Orten knapp gehalten. Außerbiblische Orte, die in diesem Atlas erwähnt werden, sind nicht kommentiert worden, aber aus den Landkarten ist ihre Lage zu ersehen. Der Schlüssel für die Abkürzungen, die in dem Ortsregister gebraucht werden, findet sich auf S. 218 (Glossar).

meter nnw. von Aleppo – **130, 142**
Arqa – 105
Arqad – 72
Arrapcha – 137
Arsinoe – 175
Artakauna – 148
Arubbot – Bezirkshauptquartier von einem der Amtsleute von Salomo (1. Kön 4, 10) – *Kh. el-Hammam (152201), 27 Kilometer nw. von Sichem* – **122**
Arugot, Nahal – 43, 44, 128, **128**
Aruma – Abimelech, der Sohn von Gideon, floh dorthin, nachdem er aus Sichem vertrieben worden war (Ri 9,41) – *Kh. el-Ormah (180172), 8 Kilometer sö. von Sichem* – **38, 43, 98, 132**
Aruna – 27, **28, 33, 38,** 87, **88, 126**
Arwad – Insel/Stadt, 4 Kilometer von der syrischen Küste entfernt. Bekannt wegen ihrer mächtigen Flotten (Hes 27,8.11) – *Er-Ruad (229473), ca. 48 Kilometer n. von Tripoli* – **13, 62,** 64, **71,** 72, **105, 123, 130, 134, 137**
Aschan – Ort in dem Gebiet der Schefela, der zuerst Juda zugeteilt wurde, aber später Simeon zufiel (Jos 19,7; 1. Chr 4,32). Levitische Stadt (1. Chr 6,44). David und seine Männer zogen dort umher (1. Sam 30,30) – *ungewiss; vielleicht Tell Beit Mirsim (141096), 26 Kilometer sw. von Hebron. Dort mag es zwei Orte namens Aschan gegeben haben: eines von dem Stamm Juda in der Schefela und eines von dem Stamm Simeon im Negeb (Südland)* – 98, 134
Aschdod (Stadt/Gebiet) – Bedeutende Philisterstadt, in der Küstenebene Philister gelegen, 35 Kilometer s. von Joppe, 16 Kilometer n. von Aschkelon. Wird einundzwanzigmal im AT und in der Apg 8,40 (Azotos) erwähnt. Normalerweise stand Aschdod unter nicht-israelitischem Einfluss – *Esdud/T. Aschdod (117129), 5 Kilometer vom Mittelmeer entfernt im Landesinneren* – 16, **18, 28, 46,** 47, **82, 90, 94, 103,** 108, **109,** 110, **111, 113, 114, 125, 126, 128,** 130, **130, 132,** 134, **134,** 136, **138, 143, 144,** 146, 151, 175
Aschdod-Jam – 125, 132, 136, **138**
Aschkelon/Askalon – Bedeutende Philisterstadt in der Küstenebene der Philister, 52 Kilometer s. von Joppe, 19 Kilometer nnö. von Gaza. Aschkelon wird dreizehnmal im AT erwähnt. Gewöhnlich stand es unter nicht-israelitischem Einfluss – *Asqalan/T. Ashqelon (107118), am Mittelmeer* – 16, **18, 46,** 47, **49, 82,** 83, **90, 94, 97, 103, 105, 107,** 108, **109, 114, 125, 126, 128, 132, 134,** 135, 136, 138, **138, 144, 150,** 151, 156, **157,** 158, **161,** 163, **164, 167, 170, 176**
Aschna (Juda) – Im ersten Schefela-Bezirk von Juda (Jos 15,33) – *unbekannt.*
Aschna (Juda) – In dem dritten Schefela-Bezirk von Juda (Jos 15,43) – *Vielleicht Idna (147107), 13 Kilometer wnw. von Hebron.*
Aschtarot – Hauptstadt des Königs Og von Baschan (5. Mose 1,4; Jos 9,10; u.a.). Aschtarot wurde von den Israeliten eingenommen und dem halben Stamm Manasse zugeteilt (Jos 13,31). Levitische Stadt (1. Chr 6,56) – *T. Ashtarah (243244) in Transjordanien, 35 Kilometer ö. vom See Genezareth* – **18,** 23, 27, 28, **28, 29,** 30, 52, **53,** 75, **91,** 92, **93, 101, 102, 105, 126, 129, 132**
Aschtarot-Karnajim – Der frühere Name Aschtarot wurde durch den Bezug auf Karnajim weiter identifiziert, Karnajim ersetzte Aschtarot später als bedeutendste Stadt in der Region (1. Mose 14,5).
Aseka – Stadt in der Schefela, die Juda zugeteilt wurde (Jos 15,35), an der Grenze zwischen Juda und der Küstenebene. Josua jagte der amoritischen Koalition bis nach Aseka nach (Jos 10,10-11). David kämpfte in unmittelbarer Nähe von Aseka gegen Goliat (1. Sam 17,1). Rehabeam baute die Stadt als Festung aus (2. Chr 11,9); später griff Nebukadnezar Aseka an (Jer 34,7; Brief aus Lachisch). Nach dem Exil wurde Aseka von den Juden zurückerobert (Neh 11,30) – *Kh. T. Zakariyeh/T. Azeqa (144123), 24 Kilometer nw. von Hebron* – **43, 46,** 48, **94,** 95, **97,** 113, **113, 125, 128, 132, 134,** 135, **138,** 139, **144,** 146
Asfar (Brunnen) – 154, 155
Asien, Asia – In NT-Zeiten war Asien eine römische Provinz, die das w. Drittel der Türkei vom Ägäischen Meer bis zu den zentralen Hochländern umfasste. Asien wird neunzehnmal im NT erwähnt. Paulus gründete Gemeinden dort. Johannes schrieb die Offenbarung an sieben der Gemeinden in Asien. Ephesus war offensichtlich die bedeutendste Stadt – 14, 38, 47, 59, 83, 87, 161, **163, 175, 181,** 181, **182,** 183, 185, **185,** 186, 187
Askar – 172
Asmawet/Bet-Asmawet – Stadt, in der die Juden nach dem Exil lebten (Esr 2,24; Neh 12,29) – *Ras Dkubeir (174137) in der Nähe von Hitzmeh, ca. 8 Kilometer nnö. von Jerusalem* – **144**
Asnot-Tabor – Grenzstadt auf der SW-Grenze von Naftali (Jos 19,34) – *ungewiss; vielleicht Kh. el-Jebeil/T. Aznot Tavor (186237), 5 Kilometer n. vom Berg Tabor* – **99**
Asochis – 168
Asphaltitis – 45
As-Salt – 25
Asser – Israelitischer Stamm, der sich in W-Galiläa und in und entlang der Ebene von Akko niederließ – 32-34, 97, 98, 99, **99,** 100, **102,** 108, 116, 122, 135
Assos – Hafenstadt in Westasien. Paulus durchquerte sie auf seiner dritten Missionsreise – *Behramkoy in der Türkei* – **185,** 186
Assuan – Siehe Syene
Assur – Sohn von Sem (1. Mose 10,22; 1. Chr 1,17). Hauptstadt von Assyrien (Hes 27,23; u.a.) – *Qalaat Sherqat, 90 Kilometer s. von Mosul/Ninive am W-Ufer von dem Fluss Tigris im Irak* – **13, 65,** 66, **71, 72,** 73, **77, 78, 80, 130, 134,** 136, **137**
Assyrien – Land entlang des Oberen Tigris im heutigen Irak. Großer überregionaler Einfluss von ca. 900 – 600 v. Chr. Führte das Nordreich (Israel) 722 v. Chr. in Gefangenschaft – 9, 12, 16, 23, 62, 63, 66-68, 73, 76, **80,** 105, **130, 134,** 135, 136, **137,** 194
Atach – Stadt in S-Juda, welcher David einen Teil von der Beute der Feinde des Herrn sandte (1. Sam 30,30) – *unbekannt; vielleicht ein Schreibfehler bei der Schreibung des Ortes Eter.*
Atarim – Vielleicht eine Stadt in S-Juda. Die Israeliten reisten »auf dem Wege von Atarim«, als sie von dem König Arad angegriffen wurden (4. Mose 21,1) – *unbekannt.*
Atarot (Ephraim) – Stadt im NO von Ephraim an der Grenze des Gebietes Manasse (Jos 16, 2.7) – *unbekannt.*
Atarot, Atrot (Gad) – Transjordanische Stadt, die Gad zugeteilt wurde (4. Mose 32,3.34). Laut dem Meschastein der Moabiter (10–14) hat der Stamm Gad immer dort gelebt – *Kh. Attarus, 15 Kilometer nw. von Dibon (213109).*
Atbara – 58
Athen – Stadt in Griechenland, welche Paulus auf seiner zweiten und dritten Missionsreise besuchte (Apg 17,15-16.22; 18,1; 1. Thess 3,1). Bedeutendes Kultur- und Bildungszentrum zur Zeit von Paulus – *8 Kilometer landeinwärts vom Ägäischen Meer* – **13,** 143, **143,** 146, **147,** 165, **175, 182,** 184, **185**
Äthiopien – Siehe Kusch – 57, **58,** 59, 72, 75, 174
Äthiopisches Hochland – 58
Athribis – 175
Atlit – 39
Atrot-Addar – Ort an der Grenze zwischen den Gebieten von Benjamin und Ephraim (Jos 16,5; 18,13) – *ungewiss; vielleicht Kh. Raddana (169146), 15 Kilometer nnw. von Jerusalem* – **98**
Atrot-Bet-Joab – Vielleicht ein Ort in der Nähe von Bethlehem (1. Chr 2,54) – *unbekannt.*
Atrot-Schofan – Ort in Transjordanien, erbaut von den Söhnen Gad (4. Mose 32,35) – *ungewiss; vielleicht Rujm Atarus, 2 ½ Kilometer nö. von Atarot (Gad).*
Attalia – Hafenstadt in Pamphylien. Von dort führte eine Straße in das Landesinnere; Paulus und Barnabas fuhren am Ende der ersten Reise von Attalia aus mit dem Schiff wieder zurück nach Antiochia (Apg 14,25) – *Andaliya in der S-Türkei* – 180, 183, **181, 185, 187**
Augusta Treverorum – 187
Auja – Siehe Wadi Auja – 42, 54
Auja (Quelle) – 53
Auranitis – Siehe Haran – **29, 150,** 151, 163, **164,** 164, 165, **167,** 169, **170,** 174, **175,** 176, **177**
Autocratoris – 166
Avaris – 85, **86,** 88, **89**
Avdat – 28
Awa – Stadt/Stadtstaat in N-Syrien, die/der von den Assyrern erobert wurde (2. Kön 18,34; 19,13; Jes 37,13) und von wo Salmanassar V. Leute wegführte, um sie in Israel anzusiedeln (2. Kön 17,24). – *unbekannt* – 133
Awim – Stadt, die dem Stamm Benjamin zugeteilt wurde (Jos 18,23) – *ungewiss; wahrscheinlich in der Umgebung von Bethel.*
Awit – Stadt in Edom. Heimatstadt von Hadad, einem Sohn Bedads, des Königs von Edom (1. Mose 36,35; 1. Chr 1,46) – *unbekannt.*
Azmon – Stadt an der SW-Grenze von Kanaan (4. Mose 34,4) und Juda (Jos 15,4), ö. vom Wadi von Ägypten (Wadi el-Arisch) – *ungewiss; vielleicht Ein Muweilih (085010), 80 Kilometer sw. von Beerscheba* – **97**
Azor – 78, 90, 109, 134
Azotos – Griechisch-römischer Name für Aschdod (Apg 8,40). Siehe Aschdod – **150,** 151, **151,** 152, 154, 156, **157, 161, 164, 167, 170,** 175, **175, 176,** 177, **177, 178, 187**
Azuru – 135
Baala – Stadt im Negeb, die dem Stamm Simeon zufiel (1. Chr 4,29). Wahrscheinlich derselbe Ort wie in Jos 19,3 und in Jos 15,29 – *unbekannt; in S-Juda.*
Baala (Negeb) – Stadt im Negeb-Bezirk von Juda (Jos 15,29) – *unbekannt; vielleicht identisch mit Baalat-Beer.*
Baala(t) von Juda – Früherer Name für Kirjat-Jearim an der Grenze von Juda und Benjamin (Jos 15,9-10), von wo David die Bundeslade Gottes nach Jerusalem holte (2. Sam 6,2; 1. Chr 13,6). Von Salomo wurde B. zur festen Stadt ausgebaut (2. Chr 8,6;) – **117**
Baala, Berg – Berg an der Grenze zwischen Juda und Benjamin (Jos 15,11); wahrscheinlich in der Nähe von Baalat (Dan).
Baalat (Dan) – Stadt des Stammes Dan (Jos 19,44) – *Vielleicht el-Mughar (129138). Die Hinweise in 1. Chr 4,33 (N-Grenze des Gebietes von dem Stamm Simeon in der Schefela) sowie in 2. Chr 8,6 und 1. Kön 9,18 (von Salomo zur Festung ausgebaut) könnten sich auf den o.g. Ort beziehen, gleichwohl die letzten beiden Hinweise auch auf Kirjat-Jearim hindeuten könnten* – **100, 120,** 121
Baalat-Beer – Simeonitische Stadt im Negeb (Südland) (Jos 19,8), auch »Rama im Südland« genannt – *ungewiss; siehe Rama im Südland* – **120, 128**
Baalbek – 64
Baal-Gad – Stadt im Tal beim Gebirge Libanon (Jos 11,17; 12,7), am w. Fuße des Berges Hermon (Jos 13,5). N-Grenze von Josuas erobertem Gebiet – *unbekannt.*
Baal-Hamon – Es heißt, dass Salomo einen Weinberg dort hatte (Hld 8,11). Vielleicht nur ein poetischer Ausdruck – *unbekannt.*
Baal-Hazor – Ort in der Nähe der Grenze von Ephraim, wo Absalom Amnon umbrachte (2. Sam 13,23) – *Jebel Asur/T. Asur (177153), 24 Kilometer nnö. von Jerusalem* – **18,** 40, **119**
Baal-Hermon – Stadt an der Grenze von Manasse in Transjordanien (1. Chr 5,23). Die Hiwiter lebten dort (Ri 3,3) – *unbekannt; wahrscheinlich in der Nähe des Berges Hermon.*
Baal-Meon – Stadt in Transjordanien, von den Rubenitern bzw. den Söhnen Ruben besiedelt (4. Mose 32,38; 1. Chr 5,8); zeitweise stand Baal-Meon unter moabitischer Herr-

dig (Hos 4,15; 5,8; 10,5) – *ungewiss, vielleicht T. Maryam (175141), 11 Kilometer nö. von Jerusalem* – **98,** 112, **112**

Bet-Baal-Meon – Stadt, die dem Stamm Ruben zugeteilt wurde (Jos 13,17). Siehe Baal-Meon.

Bet-Bara – Ort im Jordan-Tal; in der Nähe davon wurden die Ephraimiter von Gideon dazu ermutigt, die fliehenden Midianiter abzufangen (Ri 7,24) – *unbekannt; einige korrigierten den Bibeltext dahingehend, dass sie die Übersetzung »die Furten über den Jordan« wählten.*

Bet-Basi – 154, 155

Bet-Biri – Stadt im Negeb (?), die von den Simeonitern bewohnt wurde (1. Chr 4,31). In der Parallelstelle in Jos 19,6 steht »Bet-Lebaot« – *unbekannt.*

Bet-Dagon (Asser) – Grenzstadt von Asser in N-Israel (Jos 19,27) – *unbekannt.*

Bet-Dagon (Juda) – Stadt in der Schefela, die Juda zugeteilt wurde (Jos 15,41) – *unbekannt* – **134,** 134, 135

Bet-Diblatajim – Stadt in Moab, die von Jeremia »verflucht« wurde (Jer 48,22). Siehe Almon-Diblatajim – **132**

Bet-Eden – Wurde von Amos zusammen mit Damaskus und dem Volk von Aram verflucht (Am 1,5) – *Aramäisches Fürstentum in der Nähe des oberen Euphrat-Tales. Vielleicht äquivalent zu den »Leuten von Eden« (2. Kön 19,12 = Jes 37,12) und »Eden« (Hes 27,23). In assyrischen Quellen wird es Bit-Adini genannt* – **130**

Bet-Eked – Ort, wo Jehu die Verwandten von Ahasja, dem König von Juda, ergriff und abschlachtete (2. Kön 10,12.14) – *unbekannt; wahrscheinlich n. von Sichem in der Nähe des Jesreel-Tales.*

Bet-Emek – Stadt an der Grenze von Asser (Jos 19,27) – *T. Mimas/T. Bet Ha-Emeq (164263), 6 Kilometer nö. von Akko* – **99, 111**

Beten – Stadt, die dem Stamm Asser zugeteilt wurde (Jos 19,25) – *ungewiss; vielleicht Kh. Ibtin/H. Ivtan (160241), in der n. Küstenebene von Israel, 18 Kilometer ssö. von Akko* – **99**

Bet-Ezel – Stadt, die von Micha beklagt wird, weil Unheil über sie kommen wird, das sie in eine Stadt der Trauer und des Leids verwandeln wird (Mi 1,11), wahrscheinlich in den Tagen von Sanherib (ca. 701 v. Chr.) – *unbekannt; wahrscheinlich in der Schefela von Juda.*

Betfage – Ort an dem Ölberg, durch den Jesus auf seinem Weg von Betanien nach Jerusalem am Tage seines triumphalen Einzugs kam (= Palmsonntag; Mt 21,1; Mk 11,1; Lk 19,29) – *Et-Tur (173131), 1 Kilometer ö. von Jerusalem* – 172, 199

Bet-Gader – Haref wird der »Vater Bet-Gaders« genannt (= Herrscher, 1. Chr 2,51) – *ungewiss; vielleicht im Gebiet von Juda gelegen, es mag sein, dass der Ort identisch ist mit Geder.*

Bet-Gamul – Stadt in Moab, die von Jeremia verflucht wurde (Jer 48,23) – *Kh. el-Jumeil (235099), in Transjordanien, ö. vom Toten Meer, 53 Kilometer s. von Amman.*

Bet-Gan – Ahasja, der König von Juda, floh vor Jehu »auf Bet-Gan zu« (2. Kön 9,27) und wurde dabei verwundet – *Jenin (178207), 18 Kilometer sö. von Megiddo am S-Rand des Jesreel-Tales* – **33,** 36, **38**

Bet-Gilgal – Die Sänger von Bet-Gilgal nahmen an der Einweihung der Mauer von Jerusalem teil (Neh 12,29) – *unbekannt; wahrscheinlich in der Umgebung von Jerusalem.*

Bethabara – 170

Bet-Haram – Stadt in Transjordanien, die Gad zugeteilt wurde (Jos 13,27; vgl. 4. Mose 32,36) – *Tell Iktanu (214136), 29 Kilometer wsw. von Amman* – **101**

Bethel (Benjamin) – Stadt, die einundsiebzigmal im AT erwähnt wird und nur zweimal in Verbindung mit Jerusalem. Zentrum der Erzväter, wo Abram sein Zelt aufschlug (1. Mose 12,8; 13,3) und wo Jakob von der Leiter träumte, die mit der Spitze den Himmel berührte (1. Mose 28,19). Bethel wurde von den Israeliten eingenommen (Jos 12,16) und dem Stamm Benjamin zugeteilt (Jos 18,22). Die Stadt lag an der Grenze der Gebiete Benjamin und Ephraim (Jos 16,1-2; 18,13). Jerobeam errichtete hier eine Opferstätte mit einem goldenen Kalb (1. Kön 12,29-33). Daher wurde Bethel zur Zielscheibe von prophetischem Tadel (z. B. Am 4,4; 5,5-6). Nach dem babylonischen Exil wurde Bethel wieder von Juden besiedelt (Esr 2,28; Neh 7,32; 11,31). Siehe auch Lus – *Beitin (172148), 19 Kilometer n. von Jerusalem* – 18, **18,** 28, **28,** 40, 41, 43, **43,** 77-80, 77, **78, 82, 84, 90,** 93, 94, **94, 98,** 104, **105,** 106, 107, **107, 109,** 110, **111,** 111, **112,** 124, **125, 126,** 127, **131, 132, 134, 144, 154,** 155, **170, 189,** 201, 205

Bethel (Juda) – Siehe Betuël/Betul.

Bethel, Hügelland von – Hügel in der Region von Bethel, durch welche die Ephraim-Benjamin-Grenze verlief (Jos 16,2). Hier musterte Saul seine Truppen zur Vorbereitung auf den Kampf gegen die Philister (1. Sam 13,2) – 111

Bethennabris – 170, 171

Bethlehem (Juda) – Judäische Stadt, die vierzigmal im AT erwähnt wird, meistens in Verbindung mit David. Naomi und Rut stammten von dort, ebenso wie David. Von dem König Rehabeam wurde B. zur Festung ausgebaut (2. Sam 23,24). Während der postexilischen Periode wurde Bethlehem von den Juden besiedelt (Esr 2,21; Neh 7,26). B. wird achtmal im NT genannt, hauptsächlich im Zusammenhang mit der Geburt von Jesus – *Beit Lahm (169123), 8 Kilometer ssw. von Jerusalem* – 18, **18,** 28, 42, **43,** 43, **46,** 48, **84, 97, 99,** 104, **105, 107,** 108, **111, 112, 114, 125, 128, 132, 134, 144, 154,** 155, **164,** 165, **170,** 172, 174, **176, 189,** 202

Bethlehem (Sebulon) – Stadt, die dem Stamm Sebulon zugeteilt wurde (Jos 19,15). Der Richter Ibzan stammte von dort (Ri 12,8.10) – *Beit Lahm/Bet Lehem Hagelilit (168238), 11 Kilometer wnw. von Nazareth* – **99,** 108

Bet-Hogla – Stadt sö. von Jericho auf der Grenze zwischen Juda und Benjamin (Jos 15,6; 18,19); wurde dem Stamm Benjamin zugeteilt (Jos 18,21) – *ungewiss; vielleicht Deir Hajlah (197136), 6 Kilometer sö. von Jericho* – **97, 98**

Bet-Horon (Oberes und Unteres) – Zwillingsstädte, 3 Kilometer voneinander entfernt; diese beiden kleinen Orte auf der Hügelkette beherrschten die wichtige Zugangsstraße von der Küstenebene in das Hügelland. In Ephraim, in der Nähe der Grenze zwischen Ephraim und Benjamin (Jos 21,22; 1. Chr 6,53); eine der Zwillingsstädte oder beide waren levitische Städte (Jos 21,22; 1. Chr 6,53). Bet-Horon wird vierzehnmal im AT erwähnt. Josua verfolgte die fliehenden Amoriter hinab nach Bet-Horon (Jos 10,9-15). Salomo baute das untere Bet-Horon wieder auf, um eine der Zugangsstraßen aus dem W nach Jerusalem zu sichern (1. Kön 9,17; 2. Chr 8,5) – *Oberes Bet-Horon = Beit Ur el-Foqa (160143); Unteres Bet-Horon = Beit Ur et-Tahta (158144), 19 Kilometer nw. von Jerusalem* – **28,** 41, **43, 46,** 47, 48, 95, **94, 98, 102,** 110, 112, **111, 112,** 116, **117,** 117, **120,** 121, 124, **126, 128, 144,** 154, 155, 176, **176, 178,** 188, **189,** 204

Bet-Jerach – 33, 34, 54, 74, **75, 78**

Bet-Jeschimot – Letzter Lagerplatz für die Israeliten (im Jordantal der Moabiter; 4. Mose 33,49), bevor sie den Fluss Jordan überquerten, um nach Kanaan zu gelangen. An der äußersten Grenze des Landes von dem König Sihon, dem Gebiet der Amoriter, gelegen (Jos 12,3). Wurde dem Stamm Ruben zugewiesen (Jos 12,20), aber später eine Stadt der Moabiter (Hes 25,9) – *T. el-Azeimeh (208132), 35 Kilometer wsw. von Amman* – 92, **92, 94, 101**

Bet-Kar – Die Israeliten jagten den Philistern von Mizpa aus Richtung W bis zu einem Punkt unterhalb von Bet-Kar nach (1. Sam 7,11) – *unbekannt; wahrscheinlich im w. Benjamin/Ephraim* – 111

Bet-Kerem – Stadt im Hügelland, die Juda zugeteilt wurde (Jos 15,59b; LXX). Hier konnte ein Fluchtzeichen (Feuer) für die Juden aufgerichtet werden, die von Jerusalem flohen (Jer 6,1). Zu Nehemias Lebzeiten war Bet-Kerem die Hauptstadt eines Bezirkes von Juda, dessen Herrscher das Misttor von Jerusalem baute und Türen, Schlösser und Riegel einsetzte (Neh 3,14) – *Kh. Salih/Ramat Rahel (170127), 5 Kilometer ssw. von Jerusalem oder weniger wahrscheinlich Ein Karim/En Kerem (165130), 8 Kilometer w. von Jerusalem* – 32, 41, **43, 134, 144,** 146

Bet-Kerem-Tal – 18, 19, 31, 32, **33**

Bet-Leafra – Stadt in/in der Nähe der Schefela, wird in der Weissagung von Micha (1,10) erwähnt – *ungewiss; vielleicht el-Taijibeh (153107), 8 Kilometer nw. von Hebron.*

Bet-Lebaot – Stadt im Negeb, die dem Stamm Simeon zugeteilt wurde (Jos 19,6). Vielleicht ist sie mit dem Ort Bet-Lebaot in Jos 15,32, der Juda zugeteilt wurde, und Bet-Biri in 1. Chr 4,31 identisch – *unbekannt; in S-Israel/Juda – 134*

Bet-Markabot – Dorf im Negeb (Südland), das Simeon zugeteilt wurde (Jos 19,5; 1. Chr 4,31) – *Vielleicht ist Bet-Markabot identisch mit Madmanna, welches in der Liste der Städte des Stammes Juda im Südland hinter Ziklag steht (Jos 15,31); ansonsten ist der Ort nicht bekannt; in S-Juda.*

Bet-Meon – Siehe Baal-Meon

Bet-Netofa (Tal) – 99

Bet-Nimra – Stadt, die Gad zugeteilt wurde, in der Nähe von gutem Weideland (4. Mose 32,36; Jos 13,27). In 4. Mose 32,3 wird Bet-Nimra Nimra genannt – *T. el-Bleibil (210146), in Transjordanien, 29 Kilometer ö. von Amman* – **101**

Betogabris – 164, 174, **176,** 177, **178**

Betonim – Stadt, die dem Stamm Gad zugeteilt wurde (Jos 13,26) – *Kh. Batneh (217154), 26 Kilometer nö. von Jericho in Transjordanien* – **101**

Bet-Pazzez – Stadt, die dem Stamm Issachar zufiel (Jos 19,21) – *ungewiss; vielleicht Sheikh Mazghith (199221), 9 Kilometer n. von Bet-Schean.*

Bet-Pelet – Stadt, die Juda zugeteilt wurde, im Gebiet des Südlandes (Jos 15,27). Nach dem Exil siedelten sich Juden hier an; offensichtlich im Negeb (Südland) (Neh 11,26) – *ungewiss; vielleicht T. es-Saqti/T. Shoqet (141079), 10 Kilometer nnö. von Beerscheba* – **97, 134,** 134, **144,** 146

Bet-Peor – Ort in/nahe bei dem Tal von Moab, wo die Israeliten sich lagerten. Schauplatz der Gesetzgebung von 5. Mose (3,29; 4,46). Mose wurde hier begraben (5. Mose 34,5.6). Bet-Peor wurde dem Stamm Ruben zugeteilt (Jos 13,20) – *ungewiss; vielleicht Kh. esh-Sheikh Jayil (215133), 29 Kilometer wsw. von Amman* – **101**

Bet-Ramata – 167, 171

Bet-Rehob – Aramäisches Fürstentum n. von Israel. In der Nähe liegt das Tal von Lajisch/Dan (Ri 18,28). Die Ammoniter warben Soldaten von Bet-Rehob an, um gegen Davids Truppen zu kämpfen (2. Sam 10,6). In 2. Sam 10,8 wird Bet-Rehob Rehob genannt – *Wahrscheinlich im libanesischen Beqa, n. von Israel gelegen* – **117,** 118

Bet-Sacharja – 154

Betsaida – Stadt am N-Ufer des Sees Genezareth. Die Jünger Philippus, Andreas und Petrus stammten aus Betsaida (Joh 1,44; 12,21). Jesus vollbrachte dort Wunder, (z. B. heilte er einen blinden Mann (Mk 8,22) und speiste 5000 Menschen in der Umgebung von B. (Mt 14,13; Mk 6,45 ff.), doch die Stadt wurde von Jesus wegen des Unglaubens seiner Bewohner verflucht (Mt 11,21; Lk 10,13) – *Vielleicht gab es zwei Betsaidas, eines w. des ehemaligen Verlaufs des Jordanflusses, das andere am O-Ufer. Das erstere würde ein kleines Fischerdorf »Betsaida in Galiläa« (Joh 12,21) gewesen sein und bei el-Araj (208255, am Ufer des Sees Genezareth) gelegen haben.* Im Gegensatz dazu war das zweite Betsaida eine große heidnische Stadt, die von Herodes Philippus, dem Tetrarchen von Gaulanitis, erbaut worden war. Sie wurde auch »Julias« genannt und in außerbiblischer Literatur erwähnt – *Et-Tell (209257), 2 ½ Kilometer n. vom Seeufer* – **31, 34,** 35, **157,** 168, **168,** 169, **170**

Betsaida-Julias – Siehe Betsaida und Julias – 169

Bet-Sajit – 154, 155

Sinne kann sich der Name auch auf eine geografische Region oder ein aramäisches Königreich beziehen. Damaskus wird 43-mal im AT und 15-mal im NT erwähnt. Für kurze Zeit stand Damaskus unter der Herrschaft von David und Salomo, aber die meiste AT-Geschichte hindurch war es Israels Feind. Antiochia am Orontes ersetzte es als Hauptstadt von Syrien in der Hellenistischen Zeit. Paulus hatte seine berühmte Erscheinung auf der Straße nach Damaskus – *Esh-Sham/Dimasq (272324), Oasenstadt, 2000 Fuß hoch, ö. des Antilibanon in Syrien. Im S, W, und N wird sie von Bergen begrenzt und von zwei Flüssen (biblisch Barada und Parpar) gespeist* – **13,** 14, 16, **17, 18,** 20, **21,** 22, 23, 27, 28, **28, 29,** 30, 32, 36, 56, **58,** 62-64, **62,** 67, 77, **77, 80, 84,** 87, **88, 91, 93,** 100, 101, **103, 105, 107, 117,** 118, **120,** 121, 123, **123, 125, 126,** 127, 128, **129, 130,** 131-33, **131, 132, 137, 142, 143,** 145, **145, 147,** 148, **148, 149,** 150, **150,** 156, **157,** 159, 161, **164, 167,** 168, **170,** 171, 175, **175-77,** 180, **181, 187,** 193, 194, 199, 200

Damaskus-Oase – 30

Damghan – 143

Dan – Der Name des Stammes Dan wurde der Stadt Lajisch/Leschem gegeben, welche der Stamm Dan erobert hatte (Ri 18,7; Jos 19,47). Der Stadtname taucht etwa 24-mal im AT auf. Die Stadt befand sich auf der N-Grenze von Israel. Dan wird 7-mal in der vertrauten Beschreibung von Israels Gebiet benutzt, das sich von »Dan bis Beerscheba« erstreckte (2-mal in der umgekehrten Reihenfolge). Normalerweise wird Dan als die erste Stadt erwähnt, welche Angriffe von Eindringlingen aus dem N zu ertragen vermochte. In Dan errichtete Jerobeam eine heilige Stätte mit einem goldenen Kalb (1. Kön 12,29) – *T. el-Qade/T. Dan (211294), 28 Kilometer nnö. von Hazor am NO-Rand des Hule-Tales nahe bei dem Fuße des Berges Hermon* – 16, **17, 18,** 19, **21,** 22, 23, 25, **25,** 28, **28, 29,** 30-32, **31,** 50, **62,** 81, **82,** 84, 85, **90, 95,** 96, **99,** 100, **100,** 101, **102,** 104, 109, **109, 117,** 118, 119, **119, 120,** 122, **122,** 124, **125, 126,** 127, **129, 131,** 141, **145,** 152, **157,** 158, 202-4

Dan-Jaan/Jan – Ort in N-Israel, der als eine Station auf dem Weg von Joabs Zählung des Kriegsvolkes erwähnt wird (2. Sam 24,6; siehe auch Elb.). Es könnte sich hier um ein Dorf in der Nähe der Stadt Dan handeln; vielleicht sollte die Bibelstelle als »nach Dan und Ijon (Jaan)« gelesen werden; zwei Städte in der Region werden auch in 2. Kön 15,29 zusammen erwähnt.

Danna – Dorf im Hügelland von Juda (Jos 15,49) – *unbekannt.*

Daphne – 168

Darb el-Gaza – 49, 60, 91

Darb el-Hagg – 49, 51, 59, **60,** 90

Darb es-Sultan – Siehe König(s)straße – 91

Dardanellen, Meerenge – 147, 147, 183

Daschur – 81

Datema – 154, **157**

Davids, Stadt – Anderer Name für Jerusalem. In Lk 2,11 wird er für Bethlehem, den eigentlichen Heimatort von David, gebraucht.

Debeltum – 187

Debir (Gad) – Stadt des Stammes Gad in Gilead (Transjordanien; Jos 13,26) – *Wenn es sich um denselben Ort wie Lo Debar handelte, dann ist es heute Umm ed-Dabar (207219) im Jordan-Tal, 16 Kilometer s. vom See Genezareth* – **101**

Debir (Hügelland von Juda) – Kanaanitische Stadt, früher bekannt als »Kirjat-Sefer« und »Kirjat-Sanna« (Jos 15,15.49). Debir wurde von den Israeliten erobert (Jos 10; 11,21; 12,13) und später (?) von Otniël geschlagen (Jos 15,15; Ri 1,11). Debir wurde dem Stamm Juda zugeteilt (Jos 15,49). Levitische Stadt (Jos 21,15; 1. Chr 6,43) – *Kh. Rabud (151093), 14 Kilometer ssw. von Hebron* – 42, **43, 46, 82, 94,** 95, **97, 102, 107, 134,** 134, 201, 202

Debir (Judäischer Grenzpunkt) – Dorf (?) auf der N-Grenze von Juda in der Nähe des Tales Achor (Jos 15,7) – *unbekannt*

Dedan(iter) – Name einer Person, eines Volkes, eines Gebiets und vielleicht einer Siedlung. Dedan findet sich hauptsächlich in prophetischer Literatur in Verbindung mit arabischen (Jes 21,13) Orten/Völkern wie Tema, Bus (Jer 25,23), Edom (Jer 49,7.8), Teman (25,13) und Saba (38,13.14). Wahrscheinlich war es eine Wegstation auf der Weihrauchroute von S-Arabien nach Syrien/Palästina – *El-Ula-Oase in W-Arabien* – **71,** 72, 140, **142, 143**

Deir Alla – Siehe auch Sukkot (Transjordanien) – 52, **53**

Deir el-Balah – 90

Dekapolis – Bündnis von (normalerweise) zehn griechisch-römischen (heidnischen) Städten, hauptsächlich ö. vom See Genezareth und dem Jordan-Tal, einschließlich Pella, Dium, Philadelphia, Gadara, Gerasa, Hippos, Damaskus, Skythopolis, Rafana, Kanata und anderen. Leute aus dieser Region folgten Jesus nach (Mt 4,25), der dort einen Besessenen heilte (Mk 5,20) und später die Region auf seinem Weg nach Galiläa besuchte (7,31). Teile der Region befinden sich jetzt im heutigen Syrien, Jordanien und Israel – 35, 52, **53, 54,** 152, 160, **161,** 163, **164,** 166, **167, 168, 170,** 171, **175-78**

Delphi – 13, 143, 175

Der – 143

Derbe – Lykaonische Stadt, die von Paulus auf seiner ersten (Apg 14,6.20) und zweiten (Apg 16,1) Reise besucht wurde. Paulus' Reisegefährte Gajus stammte von dort (20,4) – *Kerti Huyuk in der Türkei, 22 Kilometer nnö. von Karaman, oder Devri Sehri sö. von Kerti Huyuk* – **143, 175,** 181, **181,** 183, **187**

Devri Sehri – 181

Dhahab – 60

Dibla – Siehe Ribla.

Dibon (Moab) – Eine der bedeutendsten Städte Moabs. Dibon wurde von Israel erobert (4. Mose 21,30), dem Stamm Ruben zugeteilt (4. Mose 32,3; Jos 13,17) und von Gad gebaut (4. Mose 32,34); auch Dibon-Gad genannt (4. Mose 33,45-46)). Später wurde Dibon von Moab zurückgewonnen. Dibon wird auf dem Meschastein der Moabiter und in prophetischen Weissagungen erwähnt (Jes 15, wahrscheinlich identisch mit »Dimon«; Jer 48) – *Dhiban (224101), 21 Kilometer ö. vom Toten Meer und 5 ½ Kilometer n. von der Arnon-Schlucht* – **17, 18,** 23, **53,** 55, **56, 75, 92, 94, 101, 126, 128, 132,** 146

Dibon-Gad – Siehe Dibon.

Dienstzaum (Metheg Ammah) – »Zaum der Hauptstadt« (Anm. Elb.). Diesen Ort nahm David den Philistern (2. Sam 8,1) weg. In der parallelen Textstelle (1. Chr 18,1) steht Gat – *unbekannt, falls es nicht ein anderer Name für Gat ist.*

Dijala, Fluss – 65, 137

Dijarbakir – 67

Dilan – Dorf in der judäischen Schefela (Jos 15,38) – *unbekannt.*

Dimna – Sebulonitisches Dorf, das den Namen einer levitischen Stadt trägt – *Wahrscheinlich identisch mit Rimmon (1. Chr 6,62; Jos 19,13).*

Dimon – Variante von Dibon Moab; Jes 15,9

Dimona – Stadt im Negeb (Südland), die Juda zugeteilt wurde (Jos 15,22) – *unbekannt; vielleicht ist Dibon (Juda) eine Variante davon.*

Dinhaba – Hauptstadt von Bela, einem Sohn von Beor, dem König von Edom (1. Mose 36,32; 1. Chr 1,43) – *unbekannt.*

Di-Sahab – Ort ö. vom Jordan in der Araba (dem Jordantal/-graben), wo Mose die Botschaft Gottes aus dem 5. Buch Mose an das Volk weitergab. (5. Mose 1,1) – *unbekannt; das vermutete Dhahab am Roten Meer (104769) scheint nicht zu dem biblischen Standort zu passen.*

Dium – 160, **161, 164, 167, 170,** 171

Dodaniter – 71

Dofka – Lagerplatz im Sinai, irgendwo zwischen Ägypten und dem Berg Sinai (4. Mose 33,12-13) – *unbekannt.*

Dok – 157

Donau – 143

Dor – Hafenstadt, deren König von Josua besiegt worden war (Jos 12,23). Dor fiel dem Stamm Manasse zu (17,11), wurde aber von Ephraim besiedelt (1. Chr 7,29). Das Gebiet um Dor wurde offensichtlich »Hügelland von Dor« genannt (Jos 11,2; 12,23; 17,11). Der König von Dor bzw. vom Hügelland von Dor kämpte gegen Josua (Jos 11,2; 12,23). Salomo setzte einen besonderen Amtsmann für dieses Gebiet ein (1. Kön 4,11). Dor stand oft unter nicht-israelitischer Herrschaft – *Kh. el-Burj/T. Dor (142224), 24 Kilometer s. von Haifa, 13 Kilometer n. von Cäsarea* – 16, **18, 33,** 34, 39, 75, **82, 90, 95,** 97, **98, 103,** 104, 108, **109,** 122, **122, 125, 126, 129, 132, 138, 150,** 151

Dor, Küste von – 16, **17, 33,** 39

Dora – AT Dor – **151, 157,** 160, **161, 167, 168, 170, 176**

Dörfer Jaïrs – Ansiedlungen in N-Gilead (1. Kön 4,13), die ein Teil des Königreichs von Og waren (Jos 13,30). Sie wurden von einem Nachkommen des Stammes Manasse namens Jaïr angesiedelt (Jos 13,30; 4. Mose 32,41; 5. Mose 3,14). Wahrscheinlich stammte der Richter Jaïr aus dieser Gegend (Ri 10,4). Später war die Region Teil eines salomonischen Bezirkes (1. Kön 4,13). Zu einem anderen Zeitpunkt wurde die Region von den Geschuritern und den Aramäern erobert (1. Chr 2,23) – *Wahrscheinlich die Gegend von N-Gilead in der Nähe des Flusses Jarmuk* – **29,** 30, **101, 107,** 108

Dorylaeum – 82, 183

Dotan – Berühmte Stadt, in deren Nähe Josef von seinen Brüdern verkauft wurde (1. Mose 37,17). Elisa wurde hier von den Syrern bedrängt (2. Kön 6,13) – *T. Dothan (172202), 18 Kilometer nnw. von Samaria und 8 Kilometer s. des Jesreel-Tals* – **28, 33,** 36, **38,** 40, **82, 84, 90, 98, 131**

Dotan-Tal – 33, 36, 40

Drachenquell – Quelle in der Nähe von Jerusalem, zwischen dem Taltor und dem Misttor (Neh 2,13) – *unbekannt.*

Drehem – 76, **78, 80**

Dschemdet-Nasr – 67, **72,** 73, **216**

Duma (Arabien, Edom?) – Sohn von Ismael (1. Mose 25,14; 1. Chr 1,30) und Gründer des arabischen Stammes, dessen Zentrum in der Nähe von Dumet ej-Jendel in Arabien, auf halbem Wege zwischen dem Persischen Golf und dem Golf von Akaba/Elat, lokalisiert werden könnte. Vielleicht ist der Ort identisch mit dem Duma, das von Jesaja erwähnt wird (Jes 21,11), obwohl es in Edom gelegen haben mag – *ungewiss* – **13, 123, 130,** 134, **137, 143**

Duma (Juda) – Stadt, die Juda zugeteilt wurde (Jos 15,52) – *Kh. ed-Deir Domeh (148093), 16 Kilometer sw. von Hebron im Hügelland* – **97**

Dungul, Oase – 58

Dur Scharrukin – 65

Dura, Ebene (von) – Ebene in der Nähe von Babel, wo Nebukadnezar eine riesige Statue errichten ließ (Dan 3,1) – *unbekannt; wahrscheinlich in der Nähe von Babylon.*

E(i)n Feschcha – 18, 20, 43, **43**

Ebal, Berg – Hier baute Josua einen Altar und ließ alle Worte des Gesetzes ausrufen, den Segen und den Fluch, wie es im Gesetzbuch geschrieben stand (Jos 8,30.33) und wie es angeordnet worden war (5. Mose 11,29; 27,4.13). *Jebel Islamiyeh, 940m hoch auf dem Gipfel, genau n. von Sichem (176179)* – **18, 38,** 40, **77,** 94, **94, 107, 170,** 172, 177, **178**

Eben-Eser – Hier verloren die Israeliten zwei Schlachten gegen die Philister (1. Sam 4,1; 5,1). Vielleicht handelt es sich um denselben Ort, an dem Samuel einen Stein zur Erinnerung an Gottes Hilfe in einem späteren Sieg über die Philister aufstellte (»zwischen Mizpa und Schen«; 1. Sam 7,12) – *ungewiss; vielleicht Isbat Sarta 146167), 21 Kilometer ö. von Joppe* – **38,** 110, 111, **111**

Ebez – Eine der Städte, die dem Stamm Issachar zugeteilt wurden (Jos 19,20) – *ungewiss; vielleicht ein namenloser*

Geschur(iter) (Süden) – Ein Volk, das s. und sw. von dem Gebiet der Philister lebte (Jos 13,2). David fiel in ihr Land ein, als er im Dienst von Achisch, dem König von Gat, stand (1. Sam 27,8) – *Gebiet im NO-Sinai* – 104, 115, 116

Geser – Stadt in der N-Schefela, deren König von Josua geschlagen wurde (Jos 1,33; 12,12). Geser wurde dem Stamm Ephraim zugeteilt (Jos 16,3), dem es nicht gelang, die Kanaaniter, die dort lebten, zu vertreiben (Jos 16,10; Ri 1,29). Levitische Stadt (Jos 21,21; 1. Chr 6,52). David vertrieb die Philister aus dem Gebiet um Jerusalem nach Geser (2. Sam 5,25; 1. Chr 14,16). Geser wurde von dem ägyptischen Pharao erobert und seiner Tochter, die Salomo heiratete, als Mitgift gegeben (1. Kön 9) – *T. Jezer (Abu Shusheh)/T. Gezer (142140), 27 Kilometer sö. von Joppe* – **28**, 41, **43**, **46**, 47, **75**, **80**, **82**, **84**, **90**, **94**, **98**, 100, **100**, **102**, 103, **103**, 104-6, **105**, **107**, **109**, 110, **111**, **112**, **114**, 116, **117**, **119**, **120**, 121, 122, **123**, **125**, **126**, **128**, **132**, **144**, 188, **189**, 204

Gethsemane – Garten (Joh 18,1), wohin Jesus mit seinen Jüngern zum Beten ging und wo er gefangen genommen wurde (Mt 26,36; Mk 14,32) – *Ö. vom Tempelberg in Jerusalem, am niedrigen W-Hügel des Ölberges (Lk 22,39)* – **195**, 200

Ghab, Tal – 64

Gharandal (Edom) – 55, 56, **56**

Gharandal (Sinai) – 89, **89**

Ghor – 20, **53**, 54

Giach – Ort in Benjamin, an dem Abner vorbeikam, während er von Gibeon aus Richtung O. floh, als er von Joab und Abischai verfolgt wurde (2. Sam 2,24) – *unbekannt; in Benjamin, wahrscheinlich ö. von der Wasserscheide, nahe am Rande der Wüste.*

Gibbar – Stammvater einer Familie, die aus dem Exil zurückkehrte (Esr 2,20); in der parallelen Textstelle (Neh 7,25) steht »Gibeon«.

Gibbeton – Philisterdorf im N. der Philisterebene, das dem Stamm Dan zugeteilt wurde (Jos 19,44). Levitische Stadt (Jos 21,23). Hier ermordete Bascha Nadab (1. Kön 15,27), und Simri wurde König von Israel (1. Kön 16,15) – *T. Melat/T. Malot (137140), 24 Kilometer sö. von Joppe, 5 Kilometer w. von Geser* – **100**, **102**, **126**, **132**

Gibea (Ephraim) – Ort im Hügelland von Ephraim, wo Eleasar, der Sohn Aarons, begraben wurde (Jos 24,33). Wahrscheinlich stammte Abijas Mutter von dort (2. Chr 13,2) – *unbekannt.*

Gibea (in/von Benjamin) – Stadt, die dem Stamm Benjamin zugeteilt wurde (Jos 18,28). Männer aus Gibea missbrauchten die Nebenfrau eines Leviten, und zur Strafe wurde die Stadt zerstört (Ri 19-20; darauf wird Bezug genommen in Hos 9,9; 10,9-10) – *T. el-Ful (172136), 5 Kilometer n. von Jerusalem (der Ort wurde später »Gibea Sauls« genannt)* – Zwei- oder dreihundert Jahre später startete Jonatan einen Angriff auf die Philister aus Gibea in Benjamin (1. Sam 13,2.15; 14,16), das damals 5 Kilometer nö. des alten Gibeas lag – *Jeba (175140). Es wird auch in 2. Sam 23,29; 1. Chr 11,31; Jes 10,29; Hos 5,8 erwähnt* – **18**, 18, 28, 41, **43**, **46**, 104, **105**, **107**, 111, **111**, 112, **112**, **114**

Gibea (Juda) – Stadt, die Juda zugeteilt wurde, im Hügelland sö. von Hebron (Jos 15,57) – *unbekannt.*

Gibea Gottes – Hügel in der Nähe von Gibeon, wo die Wache der Philister sich befand (1. Sam 10,5) und wo Saul auf eine Prophetenschar traf (10,10). Siehe auch Gibeon, Höhe bei – *Nabi Samwil (167137), 8 Kilometer nw. von Jerusalem* – 111, **111**, **112**

Gibea Sauls – Einige Jahrhunderte nach der Zerstörung von Gibea (in/von Benjamin) baute Saul es als seine Hauptstadt wieder auf. In 1. Sam 10,26; 11,4; 14,2; 15,34; 22,6; 23,19; 26,1 wird es Gibea (von Saul) genannt. Siehe auch Gibea in/von Benjamin – *T. el-Ful (172136)* – 112, **112**, **126**, **134**

Gibeon – Bedeutende Stadt im Hügelland, die an der Spitze des gibeonitischen (hiwitischen) Bundes stand, der Josua betrog und dazu brachte, einen Friedenspakt mit ihnen abzuschließen (Jos 9-11). Josua rettete die Einwohner vor dem Angriff der amoritischen Koalition. Gibeon wurde dem Stamm Benjamin zugeteilt (Jos 18,25). Levitische Stadt (21,17). Wahrscheinlich war es Sauls Heimatstadt (1. Chr 9,35-39). Hier kämpften Joab und Abner (2. Sam 2-3), und David vertrieb die Philister aus der Umgebung von Gibeon (1. Chr 14,16, aber im hebräischen Text von 2. Sam 5,25 wird es Geba genannt). Jeremia verfluchte einen Propheten aus Gibeon (Jer 28,1). Hier kämpfte Johanan mit Jischmael (Jer 41,12.16). Die Männer aus der Stadt halfen beim Wiederaufbau der Stadtmauern von Jerusalem nach dem Exil (Neh 3,7; siehe auch 7,25) – *El-Jib (167139), 10 Kilometer nw. von Jerusalem* – 41, **43**, **46**, 47, **78**, **82**, **90**, 94, 95, **94**, **98**, **102**, **105**, 106, 111, **111**, 112, **112**, **114**, 116, **117**, **119**, **120**, **125**, **126**, **134**, **144**, 146, **189**, 190

Gibeon, Höhe bei – Kultstätte in der Nähe von Gibeon, wo die Stiftshütte (»Wohung des Herrn«) sich während der Regierung von David und Salomo befand (1. Chr 16,39; 21,29; 2. Chr 1,3.5.13; wahrscheinlich auch 1. Kön 3,4.5; 9,2). Siehe Gibea Gottes.

Gibeon, Tal (von) – Tal in der Umgebung von Gibeon (el-Jib, 167139), wo Gott für sein Volk kämpfte (Jes 28,21); vielleicht ein Verweis auf Josua, der die Amoriter besiegte (Jos 10,10-12) – *unbekannt.*

Giddi-Pass – **60**

Gidom – Die geschlagenen Benjaminiter wurden bis nach Gidom verfolgt, wo einige Tausend getötet wurden (Ri 20,45) – *unbekannt; wahrscheinlich im NO Benjamins.*

Gihon (Fluss) – Einer der vier Flüsse, die in Verbindung mit dem Garten Eden genannt werden (1. Mose 2,13) – *unbekannt* – 70, 71

Gihon (Quelle) – Die bedeutende Wasserquelle für die Stadt Jerusalem, genau ö. der Stadt im Kidrontal. Hier wurde Salomo zum König gekrönt (1. Kön 1,33.38-45). Hiskia verschloss die obere Wasserquelle des Gihon (2. Chr 32,30) und reparierte die Stadtmauer darüber (33,14) in Erwartung eines assyrischen Angriffes auf Jerusalem – *Ein Umm, ed-Deraj/Ein Sitti Maryan* – 116, 120, 135, 189, **190**, **191**, 192, 194

Gilboa, Berg – Berg(kette), wo Saul und drei seiner Söhne in der Schlacht gegen die Philister starben (1. Sam 28,4; 31,1.8; 2. Sam 1,6.21; 21,12; 1. Chr 10,1.8) – *Jebel Fuquah/Berg Gilboa, 27 Kilometer sw. vom See Genezareth, gewährt die Aussicht über den Jordan, Harod und die Jesreel-Täler* – **33**, 36, **38**, 39, 40, 42, **114**, 115, 116

Gilead (Land) – Vornehmlich geografischer Ausdruck für die gebirgige Region s. von Jarmuk, n. der O-W-Linie, die sich am N-Ende des Toten Meeres entlangzieht und sich ö. vom Jordan bis zum Rand der Wüste erstreckt (Gilead wird gelegentlich als ein Stammesname und Personenname verwendet). Gilead wird über 97-mal im AT verwendet – 16, **17**, **18**, 23, 27-30, **29**, 36, 52, **53**, 54, **54**, 55, 77, **78**, 81, 83, **84**, **91**, 92, **92**, **93**, 97, 101, **101**, **103**, 104, **107**, 107, 108, 111, **112**, 115, 116, 118, **119**, **120**, 121, 124, 127, 128, 131, **131**, **132**, 133, **138**, **145**, 146, 154

Gilgal – Ort w. vom Fluss Jordan in der Umgebung von Jericho, wo das Volk Israel sich lagerte, als es nach Kanaan kam (Josua). Gilgal bestand in den Tagen von Samuel und Saul weiterhin als Kultzentum (1. Sam) und wurde später zum Symbol der Bosheit und Schlechtigkeit (Hosea und Amos). Gilgal wird 35-mal im AT erwähnt – *ungewiss; vielleicht in dem Gebiet um Kh. el-Mefjer (193143), 2 Kilometer nö. vom AT Jericho* – 93-95, **94**, 97, **98**, **107**, 110-13, **111**, **112**, **131**

Gilgal (Ephraim) – Elisa und Elia kamen auf ihrem Weg hinunter nach Bethel und Jericho an Gilgal vorbei (2. Kön 2,1). Später kehrte Elisa hierher zurück (4,38) – *unbekannt.*

Gilgal (Galiläa?) – In der Liste der Könige, die Josua geschlagen hat, wird der »König von Völkern in Galiläa« genannt (Jos 12,23; LXX: Galiläa) – *unbekannt; wahrscheinlich nicht identisch mit anderen Orten namens Gilgal.*

Gilo – Stadt, die dem Stamm Juda zugeteilt wurde, im s. Hügelland (Jos 15,51). Heimatstadt von Ahitofel, dem Ratgeber von David und Absalom (2. Sam 15,12; 23,34) – *unbekannt.*

Gimso – Stadt, die von den Philistern in den Tagen von Ahas erobert wurde (2. Chr 28,18) – *Jimzu/Gimzo (145148), 24 Kilometer ösö. von Joppe* – **75**, **128**, 131, **134**, 135

Gina – **90**, **105**

Ginäa – **170**, 172

Gischala – 166, **167**, **168**, **170**, 177, **178**

Gita – **81**

Gittajim – Dorf, in welches die Leute aus Beerot flohen (2. Sam 4,3). Nach dem Exil lebten Juden hier (Neh 11,33) – *Ras Abu Humeid (140145), 22 Kilometer sö. von Joppe* – **46**, 47, 144

Giza – **58**, **72**, **86**

Gob – Ort, wo Davids Männer zweimal gegen die Philister kämpften (2. Sam 21,18-19). 1. Chr 20,4 impliziert, dass Gob ein anderer Name für Geser ist.

Gofna – **154**, **161**, **176**, **178**, 179

Gojim/Völker – Tidal, der König von Gojim (Völker), nahm an dem Angriff auf die Städte der Ebene teil (1. Mose 14,1.9). »Tidal« mag ein hetitischer Name sein – *unbekannt* – **78**, 78, 80

Golan – Transjordanische Stadt von Manasse, die den Leviten zugeteilt wurde (Jos 20,8; 1. Chr 6,56). Eine der sechs Zufluchtsstädte (5. Mose 4,43; Jos 21,27). In NT-Zeiten gab es einen Bezirk, der als Gaulanitis bekannt war – *Sahm el-Jolan (238243), 29 Kilometer ö. vom See Genezareth* – **17**, **18**, 22, **78**, 79, **102**, 103, 154

Golan-Höhen – 28

Golgatha – Stätte (Hügel?) außerhalb der Stadtmauern des neutestamentlichen Jerusalems, wo Jesus gekreuzigt wurde (Mt 27,33; Mk 15,22; Joh 19,17) – *Wahrscheinlich die Grabeskirche in der heutigen Altstadt von Jerusalem.* – **195**, 200

Gomorra – Eine der Städte der Ebene, die von den Königen aus dem N angegriffen wurden (1. Mose 14). Gomorra wurde zerstört wegen der Bosheit und Sittenlosigkeit der Leute dort (1. Mose 18-19). Sodom und Gomorra wurden Symbole des Bösen und des Gerichtes (23mal in der Bibel) – *unbekannt; vielleicht einer der Orte aus der Frühen Bronzezeit III, ö. und sö. vom Toten Meer.* – 75, 78, 81

Gordium – **147**, 148, **148**, **181**

Goren-Atad bzw. »Der Ägypter Klage« – Ort, an dem der Trauerzug nach dem Tod Jakobs sich sieben Tage lang aufhielt, um eine große und feierliche Totenklage über Jakob zu halten; daher wird der Ort auch »Der Ägypter Klage« genannt (1. Mose 50,11). In der Bibel heißt es, dass der Ort sich »jenseits des Jordans« befand, was jedoch nicht recht zu dem Weg von Ägypten nach Hebron passen will – *unbekannt.*

Gortyna – **143**, **175**, **187**

Gosan – Stadt und Region, die von den Assyrern erobert wurden (2. Kön 19,12; Jes 37,12) und wohin die Israeliten verschleppt wurden (2. Kön 17,6; 18,11; 1. Chr 5,26) – *T. Halaf, 265 Kilometer nö. von Aleppo (Syrien), an einem Nebenfluss des Flusses Habor* – **13**, 67, **130**, 133, **142**

Goschen (Ägypten) – Region Ägyptens, wo Jakob und seine Nachkommen sich niederließen (Goschen wird 15-mal im AT erwähnt). Vielleicht wurde das Gebiet später in der Geschichte »Land Ramses« genannt (1. Mose 47,11) – *Gebiet ö. vom Nildelta, in der Nähe und n. vom Wadi Tumilat* – **58**, 59, **80**, **81**, 83, 87

Goschen (Juda) – Stadt, die Juda zugeteilt wurde; im s. Hügelland (Jos 15,51). Goschen ist auch der Name einer Region, vielleicht in dem gleichen Gebiet (Jos 10,41; 11,16) – *unbekannt* – 134

Granikus, Fluss – **147**, 148

Griechenland – Wird 6-mal in Lu 84 erwähnt. Paulus besuchte Griechenland auf seiner zweiten und dritten Reise –

Allgemeines Gebiet des heutigen Griechenlands, abhängig von dem Zeitrahmen, der im Text vorliegt – 12, **13**, 64, 143, 146, 147, 149, 163

Gudgoda – Lagerplatz der Israeliten auf ihren Wanderungen durch die Wüste; zwischen Moser und Jotbata gelegen (5. Mose 10,7; in 4. Mose 33,32.33 wird es »Hor-Gidgad« genannt) – *unbekannt.*

Gur, Höhe von – Stelle in der Nähe von Jibleam (177205; S-Seite vom Jesreel-Tal), wo Ahasja tödlich von Jehus Dienern verwundet wurde (2. Kön 9,27) – *unbekannt.*

Gur-Baal – Usija von Juda schlug die Araber, die in Gur-Baal lebten (2. Chr 26,7) – *Nicht sicher; s. oder sö. von Juda* – 130

Guthafen – Hafen an der S-Zentral-Küste von Kreta, wo Paulus auf der Seereise nach Rom Schiffbruch erlitt (Apg 27,8) – *Bucht in der Nähe von Lasäa an der S-Küste von Kreta, ö. vom Kap Littinos, 8 Kilometer ö. vom Kap Matala* – 187, **186**

Guvrin-Tal – 46, 48

Guzana – Siehe auch Gosan

Haarava – 51

Habor/Habur (Fluss) – Die weggeführten Israeliten wurden von den Assyrern in der Region am Habor angesiedelt (2. Kön 17,6; 18,11; 1. Chr 5,26) – *Fluss Khabur in NO-Syrien* – 62, **62**, 65, **72**, **77**, **80**, 84, **130**, 133

Hachila, Hügel – Hügel in der judäischen Wüste, wo Saul David verfolgte (1. Sam 23,19; 26,1) – *unbekannt; wahrscheinlich in der Nähe von Sif.*

Hadascha – Stadt in dem Bezirk der judäischen Schefela (Jos 15,37) – *unbekannt.*

Haderwasser (Meriba) – Ort in der Nähe von Kadesch-Barnea, wo Mose an den Felsen schlug anstatt zu ihm zu reden, wie Gott es befohlen hatte (4. Mose 20,13.24; 27,14; 5. Mose 33,8; Ps 81,8; 106,32) – *In der Umgebung von Kadesch-Barnea.*

Hadid – Stadt, die nach der Rückkehr der Juden aus dem Exil wieder von Juden besiedelt wurde (Esr 2,33; Neh 7,37; 11,34) – *El-Haditheh/T. Hadid (145152), 18 Kilometer ösö. von Joppe an der Küstenebene* – **144**

Hadrach, Land – Gegenstand der Prophezeiung von Sacharja (Sach 9,1). In assyrischen Texten wird das Land Hadrach auch »Hatarikka« genannt – *Tell Afis, 45 Kilometer sw. von Aleppo, Syrien.*

Hafarajim – Stadt, die dem Stamm Issachar zugeteilt wurde (Jos 19,19) – *Affuleh (177223), 10 ½ Kilometer önö. von Megiddo* – **99**

Hagoschrim – 78

Haifa (Bucht) – 25, 32

Hakeldamach – »Blutacker«; Feld, das mit Judas' »Blutgeld« gekauft wurde und für Bestattungen genutzt werden sollte (Apg 1,19) – *Überlieferte Identifikation: an dem s. Abhang des Hinnomtales in Jerusalem.*

Halab – Siehe Aleppo – 64

Halach – Ort in der Gegend von Gosan in der Nähe des Flusses Habor, wohin die Israeliten von den Assyrieren verbannt wurden (2. Kön 17,6; 18,11; 1. Chr 5,26) – *unbekannt* – 133

Halaf – 67

Halhul – Stadt im Bezirk des Hügellandes von Juda (Jos 15,58) – *Halhul (160109), 6 ½ Kilometer n. von Hebron* – **134**

Hali – Stadt, die dem Stamm Asser zugeteilt wurde (Jos 19,25) – Kh. Ras Ali/T. Hali (164241), 18 Kilometer ssö. von Akko – **99**

Halicarnassus – 175

Ham – Ort in Transjordanien, wo die Susiter lebten (1. Mose 14,5) – *Ham (226213), 64 Kilometer nnw. von Amman in Gilead.*

Ham, Land – Anderer Name für Ägypten (Ps 105,23.27; 106,22) – **71**

Hamaktesch-Hagadol – 18, 19

Hamat – Stadt am S-Rand des Königreichs von Hamat, wird in der Bibel als eine Stadt erwähnt, die auf der N-Grenze von Kanaan lag (4. Mose 13,21; 34,8; Hes 47,16.20; 48,1). Nördlichster Punkt des »idealen« Israels (Jos 13,5; Ri 3,3; 1. Chr 13,5; 1. Kön 8,65; 2. Kön 14,25; 2. Chr 7,8; Am 6,14) – *Lebweh (277397), im libanesischen Beqa (Tal), 72 Kilometer n. von Damaskus* – 28, **62**, 64, 72, **88**, 91, **91**, 104, **107**, **117**, 118, 119, 121, 123, **123**, **130**, 132, 133, 145, **145**

Hamat (Land) – Stadtstaat genau n. von Kanaan. Das israelitische Gebiet reichte in den Tagen von David, Salomo und Jerobeam II. bis an die S-Grenze von Hamat. Es wird 24-mal im AT erwähnt – *In NW-Syrien; Hauptstadt Hamat (= Hama; 312503), 192 Kilometer nnö. von Damaskus* – **13**, 28, **62**, 64, **71**, 72, **77**, **80**, **88**, 91, 104, **117**, 118, 119, 121, 123, **123**, 132, 133, **137**, **142**, **143**, 145, **145**

Hamat, Ebene von – 156

Hamat-Zoba – Stadt im aramäischen Staat Zoba, die von Salomo erobert wurde (2. Chr 8,3) – *unbekannt; vielleicht Beqa im Libanon* – 121, 123

Hammat (Jordantal) – 38, 106, **107**

Hammat (Kiniter) – Herkunftsort von einige Kinitern (1. Chr 2,55) – *unbekannt.*

Hammat (Naftali) – Stadt, die dem Stamm Naftali zugeteilt wurde (Jos 19,35) – *Hammam Tabarije/Hame Teveriya (201241), am W-Ufer des Sees Genezareth* – **31**, **33**, **34**, 35, **99**

Hammat Gader – 34, 35

Hammemat – 58

Hammon – Levitische Stadt in Naftali (1. Chr 6,61) – *ungewiss; vielleicht identisch mit Hammot-Dor.*

Hammon (Asser) – Stadt, die dem Stamm Asser zugeteilt wurde (Jos 19,28) – *Umm el-Awamid (164281), im Libanon, 23 Kilometer nnö. von Akko* – **99**

Hammot-Dor – Levitische Stadt im Gebiet von Naftali (Jos 21,32). Vielleicht ist sie identisch mit Hammat (Naftali) von Jos 19,35 und Hammon von 1. Chr 6,61).

Handwerker, Tal der – Niedrig gelegenes Gebiet im n. Teil der Küstenebene der Philister, in dem sich die Nachkommen von Kenas (1. Chr 4,14) und Benjamin (Neh 11,35) niederließen – *Ein etwa dreieckiges Gebiet mit Joppe, Lod und Afek als die Endpunkte des Dreiecks und Ono ungefähr im Mittelpunkt* – *47*

Hanes – Ägyptische Stadt, die in Jes 30,4 erwähnt wird – *unbekannt, vielleicht Herakleopolis Magna, 80 Kilometer s. von Memfis oder Herakleopolis Parva im O-Delta* – **130**

Hanita – 78

Hannaton – Stadt an der NW-Grenze von Sebulon (Jos 19,14) – *T. el-Bedeiwiyeh/T. Hannaton (174243), 22 Kilometer sö. von Akko* – 27, **28**, **31**, **33**, 34, 36, **90**, 99, **99**, 105, **105**, **126**, **129**, **132**

Har Jeroham – Siehe Jeroham – 78

Har Rahama – 75

Har Ramon – 51

Hara – Ort, wohin die Assyrer die verbannten Israeliten brachten (1. Chr 5,26; aber der Text ist schwierig; vgl. 2. Kön 17,6; 18,11) – *unbekannt.*

Harada – Wüstenlagerplatz der durch die Wüste ziehenden Israeliten (4. Mose 33,24-25) – *unbekannt.*

Haran – Ort in N-Mesopotamien am Fluss Balich, wohin Abram zog. Hier lebte Jakob mit seinem Onkel Laban. Später wurde Haran von den Assyrern erobert; es wurde ihre letzte Hauptstadt. Haran wird 11-mal im AT, 2-mal im NT erwähnt – *Haran, 184 Kilometer nö. von Aleppo in der O-Türkei, in der Nähe der türkisch-syrischen Grenze* – **13**, **62**, 63, 67, 76, 77, **77**, **78**, **80**, **84**, **123**, **130**, **137**, 138, **142**, **143**

Harim – Die Leute aus diesem Dorf gehörten zu den Juden, die bei der ersten Heimkehr aus dem babylonischen Exil dabei waren (Esr 2,32; Neh 7,35) – *ungewiss; vielleicht Kh. Hauran/Mezad Hakhlil (1244117), 13 Kilometer nö. von Lachisch in der Schefela* – **144**

Harmagedon – Schauplatz einer großen eschatologischen Schlacht (Offb 16,16) – *Gewöhnlich wurde der Ort mit AT Megiddo (167221) am SW-Rand vom Jesreel-Tal gleichgesetzt, besonders, da der griechische Name von dem hebräischen Har Megiddo = Berg Megiddo kommt. Alternative Interpretationen und Identifikationen sind vorgeschlagen worden (siehe Kommentare)* – 36

Harmozia – 148

Harod, Fluss – 33

Harod, Quelle – Platz, an dem sich Gideon mit seinen Kriegsleuten lagerte, um sich für den Kampf gegen die Midianiter bereitzuhalten (Ri 7,1). Zwei von Davids mächtigen Männern stammten aus einer Stadt mit dem Namen Harod (2. Sam 23,25) – *Ein Jalud/En Harod (183217), 14 Kilometer wnw. von Bet-Schean* – 108

Harod, Tal (von) – 17, 18, 20, 25, 33, 34, 36, **38**, 40, **53**, 54, 55, 97, **98**, 108, 115, 116, **117**, 122

Haroschet der Heiden – Ort, an dem Sisera, der Feldhauptmann von Jabins Heer, residierte und herrschte und wohin sich seine Truppen zurückzogen, als sie Debora und Baraks Heer gegenüberstanden (Ri 4,2.13.16) – *ungewiss; vielleicht ein Verweis auf die bewaldete(n) Region(en) von Galiläa oder besser noch auf die Siedlungen der Heiden im Jesreel-Tal in der Umgebung von Taanach und Megiddo.*

Haschabu – 105

Haschmona – Lagerplatz der Israeliten während der Jahre der Wüstenwanderung (4. Mose 33,29-30) – *unbekannt.*

Hasi – 105

Hassuna – 67

Hatnub – 81

Hatti – 105

Hattin, Hörner von – Siehe Alema und Merom, Wasser von – 34

Hattuscha – 13, 80

Hauran – Assyrischer Bezirk ö. vom See Genezareth, wird im Zusammenhang mit den Grenzen des Verheißenen Landes erwähnt (Hes 47,16-17). In neutestamentlicher Zeit wird es Auranitis genannt. Siehe Jebel Druze – *Gebiet genau w. von Jebel Druze* – **132**, 145, **145**, 151

Hauran, Berg – 29, 30

Hawila – Land, durch welches der Fluss Pischon fließt (1. Mose 2,11) – *Es gibt verschiedene Vermutungen, aber die genaue Identifikation ist unbekannt. Hawila ist auch bekannt als Region, in deren Nähe sich die Amalekiter ansiedelten (1. Mose 25,18; 1. Sam 15,7) – Wahrscheinlich NO-Sinai oder möglicherweise O-Negeb* – 71, **71**, 113

Hawwara – 60, 89, **89**

Hazar, See – 65

Hazar-Addar – Ort an der S-Grenze von Kanaan (4. Mose 34,4) – *ungewiss; vielleicht Ein Qedeis (100999) oder die in der Nähe liegende Festung (103000), ca. 82 Kilometer sw. von Beerscheba.*

Hazar-Enan – Ort an der NO-Grenze von Kanaan (4. Mose 34,9.10; Hes 47,17; 48,1) – *Qaryatein (360402), 113 Kilometer nö. von Damaskus* – **62, 145**

Hazar-Gadda – Dorf im Bezirk Negeb (Südland), das dem Stamm Juda zugeteilt wurde (Jos 15,27) – *unbekannt.*

Hazarmawet – 71

Hazar-Schual – Dorf im Negeb (Südland), das sowohl Juda (Jos 15,28) als auch Simeon (19,3; 1. Chr 4,28) zugeteilt wurde. Nach dem Exil siedelten sich dort Juden an (Neh 11,27) – *unbekannt* – 134, 146

Hazar-Susa – Dorf im Negeb (Südland), das dem Stamm Simeon zugeteilt wurde (Jos 19,5). Der Name bedeutet »Stuten/Pferdehürde«. (1. Chr 4,31) – *unbekannt; vielleicht Ställe oder Militärstationen.*

Hazerot – Dritter Lagerplatz, nachdem die Israeliten den Berg Sinai verlassen hatten. Hier hinterfragten Mirjam und Aaron die Heirat von Mose mit einer kuschitischen Frau und seine Position als Führer (4. Mose 11,35; 12,16; 33,17-18; 5. Mose 1,1) – *ungewiss; vielleicht Ein Khadra (096814), 64 Kilometer nö. von Jebel Musa (Berg Sinai?)* – 90

Wüste ins Tote Meer fließt – 119, 120, 149, 156, 189, 190, **190, 191, 195,** 197, 200

Kilmad – Wird mit Assur und anderen Orten genannt, die mit Tyrus gehandelt haben (Hes 27,23) – *unbekannt; wahrscheinlich nicht in der Nähe des alten Israels.*

Kimham – Ort in der Nähe von Bethlehem, wo Johanan in eine Herberge einkehrte, bevor er von dort hinunter nach Ägypten zog (Jer 41,17) – *unbekannt.*

Kina – Stadt im Negeb (Südland), die Juda zugeteilt wurde (Jos 15,22) – *ungewiss; vielleicht Kh. Taiyib/H. Tov (163081), 30 Kilometer onö. von Beerscheba* – **134**

Kinneret – Stadt, die Naftali zugeteilt wurde (Jos 19,35). Ben-Hadad eroberte Kinneret (oder das Gebiet um Kinneret; 1. Kön 15,20) – *Kh. Ureime/T. Kinrot (200252), an dem NW-Ufer des Sees Genezareth. Im NT wird es »Genezareth« genannt* – 28, **31, 34,** 35, **90,** 91, **95, 99, 126, 129**

Kinneret, See – Gebräuchlicher Name für den See Genezareth (4. Mose 34,11; Jos 12,3; 13,27). Offensichtlich wurde in 5. Mose 3,17 und Jos 11,2 eine verkürzte Form benutzt, obwohl sich diese Verweise auch auf die Stadt Kinneret beziehen könnten. Siehe Galiläisches Meer; Genezareth, See – 35

Kir – Ort, wohin Tiglat-Pileser III., der König von Assyrien, die Gefangenen von Damaskus wegführte (2. Kön 16,9). Die Aramäer stammten ursprünglich aus Kir (Am 9,7). Kir wird in Am 1,5 und Jes 22,6 erwähnt – *Gewöhnlich wird angenommen, dass Kir sich in Mesopotamien befand, aber die tatsächliche Identität ist unbekannt.*

Kir (in) Moab – Jes 15,1. Siehe Kir-Heres – 28, **28, 117, 120, 132**

Kir Moab – 28, 120

Kir-Heres – Offensichtlich war Kir-Heres während der Monarchie die bedeutendste Stadt von Moab. Sie wurde von Israel, Juda und Edom angegriffen (2. Kön 3,25). Kir-Heres wird in prophetischen Sprüchen erwähnt (Jes 16,7.11; Jer 48,31.36), oft zusammen mit Moab. In Jes 15,1 wird die Stadt »Kir in Moab« genannt – *El-Kerak (217066), 16 Kilometer ö. vom Toten Meer* – 55, **56, 128**

Kirjat – Siehe Kirjat-Jearim

Kirjatajim, Ebene – Transjordanischer Ort, wo Kedor-Laomer die Emiter schlug (1. Mose 14,5) – *unbekannt.*

Kirjatajim (Naftali) – Levitische Stadt in Naftali (1. Chr 6,61) – *ungewiss; vielleicht identisch mit Kartan in Jos 21,32.*

Kirjatajim (Ruben) – Transjordanische Stadt, die Ruben zugeteilt wurde (4. Mose 32,37; Jos 13,19). Sie wird in prophetischen Sprüchen gegen Moab erwähnt (Jer 48,1.23; Hes 25,9) – *ungewiss; vielleicht Qaryat el-Mekhaiyet (220128), 14 Kilometer ö. vom Toten Meer* – **101**

Kirjat-Arba – Alter Name (Ri 1,10) für Hebron (1. Mose 23,2; 35,27; Jos 14,15; 15,13.54; 20,7; 21,11), der nach dem babylonischen Exil benutzt wurde (Neh 11,25). Siehe Hebron – **84,** 134, **144,** 146, 201

Kirjat-Baal – Siehe Kirjat-Jearim – 134, 201

Kirjat-Huzot – Stadt in Moab, wohin Balak mit Bileam zog (4. Mose 22,39) – *unbekannt; wahrscheinlich ö. vom N-Ende des Toten Meeres.*

Kirjat-Jearim – Stadt des alten hiwitischen Bundes, mit der Israel einen Friedensvertrag abschloss (Jos 9,17). Kirjat-Jearim wurde Juda zugeteilt (Jos 15,60), aber es lag am N-Rand von Juda (V. 9) und an der SW-Grenze von Benjamin (18,14-15). Die Daniter lagerten sich in dem Gebiet (Ri 18,12). Später wurde die Bundeslade dort aufbewahrt (1. Sam 6,21; 7,1-2), bis David sie nach Jerusalem brachte (1. Chr 13,5-6; 2. Chr 1,4). Jeremia (26,20) erwähnt einen Propheten aus Kirjat-Jearim. Das Volk aus Kirjat-Jearim kehrte nach dem Exil nach Juda zurück (Esr 2,25; Neh 7,29). Der Ort wurde auch »Kirjat-Baal« (Jos 15,60; 18,14), »Baala (von Juda)« (Jos 15,9.10; 2. Sam 6,2; 1. Chr 13,6) genannt und vielleicht »Kirjat« (Jos 18,28), »Jaar« (Ps 132,6) sowie »Baalat« (2. Chr 8,6; 1. Kön 9,18) – *Deir el-Azar/T. Qiryat Yearim (159135); 14 Kilometer w. von Jerusalem* – **18, 43,** 48, 94, **94, 97, 98,** 100, 110, **111, 117,** 118, **120,** 121, **126,** 134, **144, 189,** 201

Kirjat-Sanna – Siehe Debir (Hügelland von Juda).

Kirjat-Sefer – Siehe Debir (Hügelland von Juda).

Kisch – 72, 73

Kischjon – Stadt, die Issachar zugeteilt wurde (Jos 19,20). Levitische Stadt (Jos 21,28; in der Parallelstelle in 1. Chr 6,57 steht »Kedesch«) – *El-Khirba/T. Qishyon (187229), 10 Kilometer sö. von Nazareth nahe am Fuße des S-Hanges vom Berg Tabor* – **90, 99, 102**

Kischon, Bach – Bach, der das Jesreel-Tal von O nach NW durchflutet. Hier kämpften Debora und Barak gegen die Kanaaniter (Ri 4,7.13; 5,21; Ps 83,10), und Elia schlachtete dort die Propheten Baals ab (1. Kön 18,40) – *Nahr el-Muqatta/Nahal Qishon* – **31,** 32, 36, 98, 107, **107, 131**

Kislot-Tabor – Siehe Kesullot – **99**

Kitlisch – Stadt in der Schefela, die Juda zugeteilt wurde (Jos 15,40) – *unbekannt.*

Kitron – Stadt in Sebulon, von wo die Kanaaniter nicht vertrieben wurden (Ri 1,30). Vielleicht ist sie mit Kattat (Jos 19,15) identisch – *unbekannt* – 99

Kittim (Kition) – Nachkomme von Jawan (1. Mose 10,4; 1. Chr 1,7) und alter Name für Zypern (4. Mose 24,24; Jer 2,10) und für die Stadt, die an Zyperns SO-Küste lag. Siehe Zypern – **71, 143**

Kizil Kum (Wüste) – 148

Klageeiche (Allon Bachut) – Grabstätte von Debora, der Amme von Rebekka (1. Mose 35,8) – *unbekannt, nahe bei Bethel.*

Kleinasien – 109, 140, 141, **142,** 143, 147, **147,** 148-52, **148,** 159, 180, 183, 186, 187

Knidos – Griechische Halbinsel an der SW-Spitze der Türkei; Paulus' Schiff kam auf dem Weg nach Rom daran vorbei (Apg 27,7) – 156, 187, **186**

Knossos – Siehe Knossus – **13**

Knossus – Siehe Knossos – **187**

Koa – unbekanntes Volk und/oder Land (Hes 23,23), vielleicht nö. von Babylonien.

Kode – 87

Koë – Ort, wo Salomo seine Pferde kaufte (1. Kön 10,28; 2. Chr 1,16) – Im Wesentlichen das gleiche Gebiet wie Zilizien, in der SO-Türkei – 121, **123, 137**

Kolossä – Stadt in der römischen Provinz Asien, an deren Gemeinde Paulus einen Brief schrieb (Kol 1,2). Wahrscheinlich hatte er diese Gemeinde jedoch auf seinen Reisen nicht besucht (Kol 2,1); zu Lebzeiten von Paulus hatte Kolossä zugunsten von Laodizea, das 21 Kilometer nw. von Kolossä lag, an Bedeutung verloren – *In der SW-Türkei, im Lykus-Tal, gelegen* – **187**

Kom Abu Bille – 86

Kom el-Hisn – 81, 86

Kommagene (Commagene) – 162, **163**

Königsstraße/weg – Während das Volk Israel in Kadesch (Barnea) weilte, bat es den König von Edom um Erlaubnis, diese Straße zu benutzen (4. Mose 20,17). Eine ähnliche Anfrage richteten die Israeliten an Sihon, den König der Amoriter, der von Heschbon aus regierte (4. Mose 21,22 und vielleicht 5. Mose 2,27) – *Die erste Angabe bezieht sich vielleicht auf die O-W-Route, genannt Darb es-Sultan, welche durch Nahal Zin in Richtung Edom verläuft. Die zweite Angabe mag sich auf den Teil der transjordanischen N-S-Route beziehen, die Ägypten mit Orten im N verbindet* – 23, 27, 28, 30, 91, **92,** 121, 127, 142, 158

Königstal – Tal Schawe, wo Abram den König von Sodom traf; es wurde nach dem Sieg über die angreifenden Könige das »Königstal« genannt (1. Mose 14,17). Absalom errichte sich im »Königsgrund« eine Säule als Erinnerungsmal, das sogenannte »Absaloms Mal« (2. Sam 18,18) – *ungewiss; vielleicht in der Nähe von Jerusalem, wenn das Treffen mit Melchisedek kurz nach dem feindlichen Zusammenstoß mit den anderen Königen stattfand und falls Salem mit Jerusalem gleichzusetzen ist. (siehe 1. Mose 14)* – 81, 189

Koreä – 170, 172, 177, **178**

Korinth – Große antike Stadt, strategisch günstig, genau s. vom Isthmus, verbindet das Festland Griechenland mit der Peloponnes. Paulus besuchte die Stadt auf seiner zweiten (Apg 18,1-18) und dritten (wahrscheinlich Apg 20,3) Reise; zwei von seinen Briefen an die Gemeinde in Korinth sind erhalten geblieben. Die Stadt Korinth war ein bedeutendes Handelszentrum. Zudem war sie bekannt für ihre Sittenlosigkeit – **147,** 150, **175, 182,** 184, **184,** 185, **185**

Korinth, Golf von – 184

Kos – Kleine griechische Insel an der SW-Küste der Türkei; Paulus' Schiff fuhr auf seiner dritten Missionsreise daran vorbei, als er von Ephesus nach Rhodos reiste (Apg 21,1) – **175, 185,** 186

Koseba – Dorf, das von den Nachkommen Judas besiedelt wurde (1. Chr 4,22). Vielleicht identisch mit Achsib (Juda).

Kreta, Creta – Griechische Insel im Mittelmeer. Ca. 256 Kilometer lang, etwa 288 Kilometer s. von Athen gelegen. Kreta wird 7-mal im NT erwähnt. Am Pfingsttag in Jerusalem waren auch Leute aus Kreta dort (Apg 2,11). Paulus' Schiff fuhr auf seiner Reise nach Rom s. von Kreta in einen Sturm hinein (27,7-16) – **13,** 108, **109, 143, 175, 181, 182, 185, 186,** 187

Krit, Bach – Elia ging an diesen Bach, als die vorhergesagte Dürreperiode eintraf (1. Kön 17,3-7) – *unbekannt; wahrscheinlich ein Wadi ö. vom Fluss Jordan, einige vermuten, dass es sich um den Wadi Jabesch handelte* – **131**

Krocodilonpolis – 38, 39

Krokodilfluss – Siehe Nahal Tanninim – 38

Kufrinje – 25

Kumidi – 87, **105**

Kun – Eine Stadt von Hadad-Eser, dem König von Zoba, aus der David eine große Menge an Kupfer nahm (1. Chr 18,8) – *ungewiss; vielleicht Ras Baalbek (283406), im libanesischen Beqa, 88 ½ Kilometer nö. von Beirut* – **117,** 118

Kurkur, Oase – 58

Kursi – Siehe Gadarener, Region der – **34, 170,** 171

Kusch – Land, das unmittelbar s. von Ägypten, aber n. von Äthiopien lag. Sein Herzland befand sich zwischen dem zweiten und dritten Katarakt des Nils; es gab Zeiten, in denen es sich Richtung N zum ersten Katarakt hin und Richtung S zum vierten Katarakt hin ausbreitete. Gelegentlich scheint es mit S-Arabien in Verbindung gebracht zu werden (1. Mose 10,7) und vielleicht mit Mesopotamien (1. Mose 2,13;). Das Land und seine Bewohner werden ca. 50-mal im AT erwähnt – 57, **58,** 71, **71,** 72

Kuschan – Wird nur in Hab 3,7 zusammen mit Midian genannt. Vielleicht war es die Region in/nahe bei Midian. Vgl. Moses »kuschitische Frau« (4. Mose 12,1) –106

Küstenebene – 16, **17,** 19, 24, 37, 38, 40-42, 45, 47-49, 63, 64, 99, 100, **103,** 104, 106, 111–113, 116, 122, 124, 128, 130, 145, 146, 154, 156, 158, 162, 174, 175, 188

Kut el-Amara – 65

Kuta – Stadt in S-Mesopotamien. Nach dem Sturz des N-Reichs ließ Sargon II. Leute von Kuta nach N-Israel kommen, um sie dort wohnen zu lassen (2. Kön 17,24-30) – *Vielleicht Tel Ibrahim, ca. 32 Kilometer nö. von Babylon* – **130,** 133, **137**

Kuweit – 13

Kypros – 165, **164**

Kyrene – Bezirkshauptstadt der römischen Provinz Cyrenaica in N-Afrika. Simon, der Jesus das Kreuz getragen hatte, stammte aus Kyrene (Mt 27,32; Mk 15,21; Lk 23,26). Am Pfingsttag in Jerusalem waren auch Juden aus Kyrene anwesend (Apg 2,10), und Juden aus Kyrene stritten mit Stephanus (Apg 6,9). Einige von ihnen bekehrten sich und predigten das Evangelium (11,20; 13,1) – *Shakhat, in Libyen, ö. von dem Golf von Sidra, etwa 160 Kilometer onö. von Benghazi, ein paar Kilometer landeinwärts vom Meer* – **13, 175, 187**

Laban (Sinai) – Lagerplatz der Israeliten (5. Mose 1,1). Vielleicht identisch mit Libna (Sinai) – *unbekannt.*

Madai – 71

Madaura – 187

Madmanna – Stadt im Negeb (Südland), die Juda zugeteilt wurde (Jos 15,31). Wahrscheinlich identisch mit Bet-Markabot in Jos 19,5 – *Kh. Tatrit (143084), 14 ½ Kilometer nö. von Beerscheba* – **97, 134**

Madmen – Stadt, die in den Weissagungen gegen Moab erwähnt wird (Jer 48,2) – *ungewiss; vielleicht Kh. Dimna (217077), 16 Kilometer ö. vom Toten Meer in Jordanien, 12 Kilometer n. von Kerak.*

Madmena – Stadt n. von Jerusalem auf der Linie des überlieferten Kriegswegs aus dem N (Jes 10,31) – *unbekannt; wahrscheinlich s. von Anatot.*

Madon – Galiläische Stadt, deren König Jobab Jabin, den König von Hazor, im Kampf gegen Josua unterstützte (Jos 11,1; 12,19) – *ungewiss; vielleicht identisch mit Merom* – 95, **95**

Magadan – Jesus und seine Jünger gingen in »das Gebiet von Magadan«, nachdem sie 4000 Menschen gespeist hatten (Mt 15,39). Im Paralleltext (Mk 8,10) steht »Dalmanuta« – *ungewiss; vielleicht Majdal (198247), 5 Kilometer nw. von Tiberias an der NW-Küste des Sees Genezareth* – 168, **168**

Magbisch – Stadt, die von Juden nach der Rückkehr aus dem Exil besiedelt wurde (Esr 2,30) – *unbekannt.*

Magdala – Maria, eine von Jesus' Anhängerinnen, stammte aus Magdala (Joh 19,25; 20,1.18; »Magdalena« kommt 9-mal im NT vor) – *ungewiss; vielleicht identisch mit Magadan/Dalmanuta (NT) und Taricheä (Josephus)* – **34,** 35, 168, **168**

Maghara – 89

Magnesia – 148, 152, **187**

Magog – Ort oder ein Volk, das von »Gog« regiert wurde (Hes 39,1.11) – *ungewiss; vielleicht bedeutet Magog einfach »Land von Gog«, obwohl es einige mit dem alten Königreich von Lydien in der W-Türkei identifizieren. In der Offenbarung stellen Gog und Magog die Himmelsopponenten des Messias/Erlösers dar (Offb 20,8).*

Mahaleb – Stadt im Gebiet des Stammes Asser, wo die Kanaaniter lebten (Ri 1,31; Jos 19,29) – *Problematisch; wahrscheinlich eine Variante von Ahlab. Warscheinlich ist der Ort identisch mit Kh. el-Mahalib (172303), 8 Kilometer nö. von Tyrus an der Mittelmeerküste* – 99, **99, 103,** 135

Mahanajim – Ort, wo Jakob auf dem Rückweg nach Kanaan die Engel Gottes begegneten (1. Mose 32,2). Mahanajim lag an der Grenze zwischen Gad und Manasse (Jos 13,26.30), aber es diente als levitische Stadt in Gad (Jos 21,38; 1. Chr 6,65). Hier machte Abner Isch-Boschet zum König über Gilead (2. Sam 2,8.12.29). David floh dorthin, als Absalom zu seinem Feind wurde (2. Sam 17,24.27; 19,33; 1. Kön 2,8). Mahanajim war eines von Salomos Verwaltungszentren (1. Kön 4,14) – *ungewiss; vielleicht edh-dhahab el-Gharbi (214177), 11 Kilometer ö. vom Fluss Jordan, n. vom Jabbok, oder vielleicht T. er-Reheil (228177), 25 Kilometer ö. vom Fluss Jordan, n. vom Jabbok* – 52, **53, 54, 84, 93,** 101, **101, 102,** 116, **117,** 119, **119, 122, 126**

Majan Baruch – 78

Maka – 143

Makaz – Eine der vielen verschiedenen Städte, die den zweiten Verwaltungsbezirk von Salomo bildeten (1. Kön 4,9) – *ungewiss; wahrscheinlich in der alten Region der Daniter in der N-Schefela und/oder N-Philistäa.*

Maked – 154

Makhelot – Lagerplatz der Israeliten auf der Wüstenwanderung, zwischen Harada und Tahat (4. Mose 33,25.26) – *unbekannt.*

Makhtesch Ramon – 49

Makkeda – Fünf amoritische Könige versteckten sich in der Höhle von Makkeda und wurden von Josua gefangen genommen (Jos 10). Diese Schefela-Stadt wurde erobert (12,16) und Juda zugeteilt (15,41) – *Kh. el-Kum (146104), 14 Kilometer w. von Hebron* – 95, **94, 97,** 134

Malatha – 157, 163, 165, **164**

Malatja, Gebirge – 62, 65

Malta – Insel (18 mal 9 Kilometer), wo Paulus auf dem Weg nach Rom Schiffbruch erlitt (Apg 28,1); Malta wurde von den Griechen und Römern Melita genannt – *Malta, im Mittelmeer, 93 Kilometer s. von Sizilien* – **186,** 187

Mampsis – 28

Mamre – Ort in der Nähe von Hebron, wo Abraham und Isaak sich lagerten (1. Mose 13,18; 18,1; 35,27). Die Höhle von Machpela befand sich »östlich von Mamre« (1. Mose 23,17.19; 25,9; 49,30; 50,13) – *ungewiss; vielleicht Ramat el-Khalil (160107), 4 Kilometer n. von Hebron* – **84**

Manahat – Stadt, in die man einige Benjaminiter aus Geba als Gefangene brachte (1. Chr 8,6; vgl. 2,54). Vielleicht identisch mit Manocho – *El-Malhah/Manahat (167128), 6 Kilometer sw. von Jerusalem* – **134**

Manasse – Sohn von Josef und ein israelitischer Stamm. Manasse wird über 141-mal im AT erwähnt. Der Stamm Manasse siedelte sich in den Hügeln s. vom Jesreel-Tal und n. von Ephraim und in Gilead ö. vom Fluss Jordan an – **17, 18,** 19, 36-40, **38,** 42, 52, 54, 77, 87, 96, 97, **98,** 99, 101, **101, 102,** 104, 107, 108, 115, 118, 122, 131, 132, 135, 136, 202, 203, 194

Manasse, Hügelland von – 38, 39, 40, 77, **103**

Manocho – Stadt im Hügelland, die Juda zugeteilt wurde (Jos 15,59b; LXX) – *Vielleicht identisch mit Manahat.*

Mansuate – 132

Maon – Stadt im Hügelland, die Juda zugeteilt wurde (Jos 15,55). Nabal, der ein Gegner Davids war, stammte aus Maon (1. Sam 25,2); David heiratete seine Witwe, Abigajil – *Kh. Main (162090), 13 Kilometer ssö. von Hebron* – 42, **43,** 44, **97,** 114, **114, 134,** 134

Maon, Wüste – Wüstengebiet ö. und sö. von Maon, wo David sich vor Saul versteckte (1. Sam 23,24-25; 25,1) – **114**

Mara – Oase, ungefähr drei Tagesreisen von Ägypten entfernt. Hier warf Mose ein Stück Holz in das bittere (»Mara«) Wasser, das daraufhin süß wurde (2. Mose 15,23; 4. Mose 33,8-9) – *ungewiss; vielleicht Bir Marah, 16 Kilometer ö. von Suez in dem w.-zentralen Sinai; oder aber Ein Hawarah, 75 Kilometer sö. von Suez* – 88, 89

Marakanda – 148

Marala – Stadt an der W-Grenze von Sebulon (Jos 19,11) – *ungewiss; vielleicht T. el-Ghaltah/T. Reala (166232), am NW-Rand vom Jesreel-Tal, 11 Kilometer nnw. von Megiddo; oder vielleicht T. Thorah/T. Shor (166228), 8 Kilometer nnw. von Megiddo* – 99, **99**

Marathon – 143, **143,** 147, **147**

Mare Caspium – Siehe Kaspisches Meer

Mare Internum – Siehe Mittelmeer

Marescha – Stadt in der Schefela, die Juda zugeteilt (Jos 15,44) und von Rehabeam zur Festung ausgebaut wurde (2. Chr 11,8). Asa von Juda kämpfte in der Nähe von Marescha gegen den Äthiopier Serach (2. Chr 14,8-9). In den Tagen von Joschafat weissagte der Sohn Dodawas von Marescha (2. Chr 20,37). Marescha wird in dem Prophetenbuch Micha erwähnt (Mi 1,15). Während der hellenistischen und der römischen Perioden war Marescha ein wichtiges Zentrum, das als Marisa bekannt war – *T. Sandahannah/T. Maresha (140111), 21 Kilometer nw. von Hebron in der Schefela* – **43, 46,** 48, **97, 125,** 128, **128,** 134, **134, 144,** 134, 151, 152, 174

Margiana – 143

Mari – 13, 14, **62,** 63, **65,** 67, **72,** 76, 77, **77, 78, 80,** 84, **84,** 85, 203

Marisa – Siehe Marescha – 48, **150, 151,** 154, **154,** 156, **157,** 158, 174

Marmarameer – 182, 183

Marot – Wird in dem Prophetenbuch Micha erwähnt (Mi 1,12) – *ungewiss; offensichtlich in der judäischen Schefela.*

Masada – 43, **43,** 45, **49, 157, 161,** 162, 165, **164, 167, 178,** 179

Maschal – Siehe Mischal

Masreka – Königliche Stadt von Edom, die mit Samla assoziiert wird (1. Mose 36,36; 1. Chr 1,47) – *unbekannt.*

Massa – Ort in der Nähe vom Horeb und Refidim, wo die Israeliten sich beklagten, weil sie kein Wasser zum Trinken hatten. Mose »schlug« an den Fels, und es kam Wasser heraus (2. Mose 17,7; auf dieses Ereignis wird Bezug genommen in 5. Mose 6,16; 9,22; 33,8 und Ps 95,8) – *unbekannt; irgendwo im Sinai.*

Massaga – 148

Mattana – Lagerplatz der Israeliten auf der Reise ins Moabiterland (4. Mose 21,18-19) – *ungewiss; wahrscheinlich in Jordanien, ö. vom Toten Meer und n. von der Arnon-Schlucht.*

Mauretania – 163, 187

Mazaka – 187

Mazedonien – Römische Provinz in N-Griechenland, wird 23-mal im NT erwähnt. Paulus besuchte Mazedonien auf seiner zweiten und dritten Reise. Paulus bezieht sich in seinen Briefen (Römer, 1. und 2. Korinther, Philipper, 1. Thessalonicher, 1. Timotheus) auf die Provinz Mazedonien und auf eine beträchtliche Anzahl von mazedonischen Christen. Zu den bedeutenden Städten Mazedoniens gehörten Philippi, Thessalonich und Beröa – *Bergige Gegend in N-Griechenland, S-Jugoslawien und S-Albanien* – 142, **143,** 147, **147,** 149, 180, **181, 182,** 183-85, **185-87**

Meara – Stadt, die den Sidoniern gehörte und nw. von Israel lag (Jos 13,4) – *unbekannt*

Mechona – Stadt, die nach dem Exil von Juden besiedelt wurde (Neh 11,28) – *ungewiss; vielleicht im nw. Negeb oder der Schefela von Juda* – 146

Medeba – Moabitische Stadt, die von Sihon eingenommen (4. Mose 21,30) und dem Stamm Ruben zugeteilt wurde (Jos 13,9.16). Joab eroberte Medeba (1. Chr 19,7). Die Stadt Medeba wird in den Weissagungen gegen Moab erwähnt (Jes 15,2). Bei einer Vielzahl von Gelegenheiten wurde es von Moab und von Israel zurückerobert – *Madeba (225124), in Jordanien, 32 Kilometer s. von Amman, 20 Kilometer ö. vom Toten Meer* – **17,** 23, 52, **53,** 55, **56, 101, 117,** 118, **119, 125,** 127, **128, 132, 157,** 158, **161, 170**

Medien (Medisches Reich) – Sw. vom Kaspischen Meer, aber nö. des Zagrosgebirges. Medien/Meder wird 20-mal im AT erwähnt, ausschließlich am Ende der AT-Periode. Die Perser übernahmen die Herrschaft über die Meder; ihr König wurde der »König der Meder und Perser« genannt – **130,** 133, **137,** 141, **142, 143,** 153, **175**

Medina – 51, **58**

Meer am Jordantal/Araba – Anderer Name für das Salzmeer (5. Mose 3,17; 4,49, Jos 3,16; 12,3; 2. Kön 14,25) – *Totes Meer* – 41, 51, 93, **94,** 132

Mefaat – Transjordanische Stadt, die Ruben zugeteilt wurde (Jos 13,18). Levitische Stadt (Jos 21,37; 1. Chr 6,64). Sie wird im Spruch gegen Moab erwähnt (Jer 48,21) – *ungewiss; vielleicht T. Jawah (239140), 11 Kilometer s. von Amman in Jordanien* – **101, 102**

Megiddo (Stadt/Gebiet) – Bedeutende kanaanitische Stadt, die von Josua eingenommen wurde (Jos 12,21) und dem Stamm Manasse zugeteilt wurde (Jos 17,11; 1. Chr 7,29), der nicht in der Lage war, die Stadt in Besitz zu nehmen (Ri 1,27). Offensichtlich kam es unter David unter israelitische Herrschaft, denn es war ein Verwaltungsbezirk von Salomo (1. Kön 4,12), der es zur Festung ausbaute (1. Kön 9,15). Ahasja von Juda starb in Megiddo (2. Kön 9,27), ebenso der König Josia (2. Kön 23,29.30; 2. Chr 35,22). Megiddo wird in einer Klage von Sacharja (12,11) erwähnt – *T. el-Mutesellim/T. Megiddo (167221), am SW-Rand des Jesreel-Tales, die Festungsanlage überwachte einen wichtigen Pass, der durch die Karmel-Bergkette verlief* – **13, 21,** 27, 28, **28, 31, 33,** 36, 37, **38,** 61, **72,** 74, 75, **75,** 78, **78, 80, 82,** 83, 87, **88, 90, 91, 95,** 97, **98,** 99, **99, 103,** 105, **105, 107, 109, 114,** 116, **117, 119, 120,** 121,

Rabbit – Stadt, die Issachar zugeteilt wurde (Jos 19,20). Vielleicht war Rabbit eine Variante von Daberat, einer levitischen Stadt in Issachar (Jos 21,28; 1. Chr 6,57), die nicht in der Städteliste von Jos 19 erwähnt wird.

Raetia – **163, 187**

Rafana – 30, **167, 170,** 171

Rafia – **28, 49, 58,** 59, **60, 125, 132, 149,** 151, **157,** 160, **161**

Rafon – 154

Ragma – Personenname und Name eines Stammes (1. Mose 10,7; 1. Chr 1,9; Hes 27,22) – *ungewiss; wahrscheinlich in Arabien gelegen, aber die exakte Lage ist umstritten* – **71**

Rakkad, Nahal (Tal) – Siehe Rakkad – 27, **28,** 29, **29,** 30, **31**

Rakkad, Fluss/Tal – Siehe Nahal Rakkad

Rakkat – Stadt, die Naftali zugeteilt wurde, zwischen Hammat und Kinneret (Jos 19,35), beide an der W-Küste vom See Genezareth – *Kh. el-Quneitireh/T. Raqqat (199245), 4 Kilometer nw. von Tiberias* – **99**

Rakkon – Stadt, die Dan zugeteilt wurde (Jos 19,46) – *unbekannt; falls es eine Stadt war, dann lag sie in der Nähe von Joppe, aber der hebräische Text ist schwierig.*

Rama (Asser) – Stadt an der N-Grenze von Asser in der Nähe von Tyrus und Sidon (Jos 19,29) – *unbekannt.*

Rama (Benjamin) – Stadt, die Benjamin zugeteilt wurde (Jos 18,25). Debora richtete Israel in der Nähe von Rama (Ri 4,5); offensichtlich befand sich Rama n. von Gibea (Ri 19,13). Heimatstadt von Samuel (1. Sam 1,19; 2,11; wird auch Ramatajim(-Zofim) genannt (1. Sam 1,1), von wo er zu seiner Rundreise aufbrach (1. Sam 7,15-17). Rama wird häufig in Verbindung mit den Geschichten von Saul und David erwähnt (1. Sam 1,1). Bascha von Israel baute Rama zur Festung aus (1. Kön 15,17; 2. Chr 16,1), aber Asa entfernte die Festungsanlagen (1. Kön 15,21-22; 2. Chr 16,5-6). Rama wird als eine Stadt erwähnt, die auf dem überlieferten Kriegsweg aus dem N Richtung Jerusalem lag (Jes 10,29), und sie taucht in prophetischen Sprüchen auf (Hos 5,8; Jer 31,15; Mt 2,18). Jeremia wurde von den Babyloniern bei Rama befreit (Jer 40,1), und nach dem Exil siedelten sich in Rama Juden an (Esr 2,26; Neh 7,30; 11,33) – *Er-Ram (172140), 8 Kilometer n. von Jerusalem* – 18, **18,** 28, **28,** 41, **43, 46, 98,** 104, **105,** 107, **107,** 110, 111, **111, 112,** 113, **114,** 124, **126, 134, 144,** 188, **189**

Rama (Naftali) – Stadt, die Naftali zugeteilt wurde; an der Grenze zwischen dem Unteren und dem Oberen Galiläa gelegen (Jos 19,36) – *Kh. Zeitun er-Rameh (187259), 30 Kilometer von Akko* – **33, 99,** 100

Rama im Südland (Negeb) – Stadt auf der Grenze von Simeon (Jos 19,8) – *ungewiss; vielleicht Kh. Ghazzah/H. Uza (165068), 32 Kilometer osö. von Beerscheba.* – **97**

Ramatajim – Siehe Rama (Benjamin) – 110

Ramat-Lehi – Ort, in dessen Nähe Simson die Philister in die Flucht schlug (Ri 15,17). Siehe Lehi – 109

Ramat-Mizpe – Stadt, die Gad zugeteilt wurde (Jos 13,26) – *ungewiss; vielleicht Iraq el-Emir (221147), 18 Kilometer wsw. von Amman* – **101**

Ramot (Gilead) – Der Ort wird auch Ramot (2. Kön 8,28; 2. Chr 22,5) und Ramot in Gilead (5. Mose 4,43; Jos 20,8; 21,38) genannt. Levitische Zufluchtsstadt, die Gad zugeteilt wurde (5. Mose 4,43; Jos 20,8; 21,38; 1. Chr 6,65). Hauptresidenz des Sohnes Gebers in einem salomonischen Bezirk (1. Kön 4,13). Hier kämpften Ahab und Joschafat gegen die Aramäer (1. Kön 22; 2. Chr 18) – *T. Ramith (244210), 58 Kilometer n. von Amman in Jordanien* – **13, 18,** 23, **25,** 28, **28,** 36, 52, **53,** 77, **77, 93, 102, 103,** 103, **117, 119, 120, 122, 125, 126,** 127, 128, **129, 131, 132**

Ramot (Issachar) – Levitische Stadt in Issachar (1. Chr 6,58). Wegen der Position in der Liste ist es wahrscheinlich dieselbe Stadt wie Jarmut (Jos 21,29) und Remet (Jos 19,21)

Ramot (Negeb) – Ort, wohin David einen Teil der Beute schickte (1. Sam 30,27; Elb.) – *ungewiss; vielleicht Kh. Ghazzah/H. Uza (165068), 32 Kilometer osö. von Beerscheba. Vielleicht ist der Ort mit Rama im Südland (Negeb) identisch (Jos 19,8)* – **128**

Ramses – Eine der Vorratsstädte der Israeliten, die in Ägypten gebaut wurden (2. Mose 1,11). Zur Zeit des Auszugs aus Ägypten (Exodus) reisten die Israeliten von hier nach Sukkot (2. Mose 12,37; 4. Mose 33,3.5) – *ungewiss; vielleicht Tell el-Daba, ca. 99 Kilometer nö. von Kairo* – **86,** 87, 88, **89**

Ramses, Land – Region im NO-Nildelta, wo Jakob und seine Nachkommen sich ansiedelten (1. Mose 47,11). Gebräuchlicher ist der Name (das Land) Goschen.

Ras Ali – **75**

Ras el-Jeifa – **89**

Ras en-Naqb – 55, **56**

Ras et-Tahuna – Siehe Zemarajim

Recha – unbekannte Stadt in Juda (1. Chr 4,12).

Refaïm, Ebene/Tal – Tal/Ebene, Gebiet wsw. von Jerusalem, auf der Grenze zwischen Juda und Benjamin (Jos 15,8; 18,16). Bei verschiedenen Gelegenheiten lagerten sich die Philister in der Ebene Refaïm, als sie versuchten, in Juda/Israel einzudringen (2. Sam 5,18.22; 1. Chr 11,15; 14,9). Dieses relativ flache Gebiet diente als Kornkammer für Jerusalem (Jes 17,5) – *Das breite »Baqa«-Gebiet wsw. von Jerusalem (in dem sich jetzt verschiedene Nachbarn von Jerusalem niedergelassen haben), durch welches eine Eisenbahnstrecke Richtung W läuft, bevor die Ebene in das schmale Tal weiter w. einmündet* – **114,** 116, 189, **190**

Refidim – Lagerplatz der Israeliten vor dem Berg Sinai, wo sie Wasser aus dem Felsen erhielten und wo die Amalekiter Israel angriffen (2. Mose 17,1.8; 19,2; 4. Mose 33,14-15) – *ungewiss; einige vermuten den Ort bei der Feiran-Oase im SW-Sinai, aber die tatsächliche Lage ist auch davon abhängig, wo der Berg Sinai liegt.*

Rehob (Bet-Rehob) – Israelitische Kundschafter reisten durch den N nach Rehob (4. Mose 13,21), und Truppen von dort kämpften gegen Davids Heer (2. Sam 10,8). Kurzform für Bet-Rehob. Aramäisches Fürstentum n. von Israel. Siehe auch Bet-Rehob – 91, 118

Rehob (Jordan-Tal) – **38,** 83, **90, 107, 125, 126**

Rehob (nördliches Asser) – Stadt an der N (NO?)-Grenze von Asser (Jos 19,28) – *ungewiss; vielleicht T. el-Balat (177280), 19 Kilometer sö. von Tyrus im Libanon.*

Rehob (südliches Asser) – Stadt, die dem Stamm Asser zugeteilt wurde (Jos 19,30), der nicht in der Lage war, die Kanaaniter zu vertreiben (Ri 1,31). Levitische Stadt (Jos 21,31; 1. Chr 6,60) – *ungewiss; vielleicht T. el-Bir el-Gharbi/T. Bira (166256), 8 Kilometer osö. von Akko* – **33,** 99, **99, 102, 103**

Rehobot (Edom) – Ort, aus dem der edomitische Herrscher Schaul stammte (1. Mose 36,37; 1. Chr 1,48) – *unbekannt; in Edom, nicht am Euphrat, wie einige vermuten.*

Rehobot-Ir – Wahrscheinlich keine Stadt, aber es handelt sich offenbar um Stadtviertel oder Randsiedlungen von Ninive oder Kelach (1. Mose 10,11) – *Im N-Irak, in/in der Nähe von Ninive/Kelach.*

Rekem – Stadt, die Benjamin zugeteilt wurde (Jos 18,27) – *unbekannt; wahrscheinlich w. von der Wasserscheide* – **125, 128**

Remet – Stadt, die Issachar zugeteilt wurde (Jos 19,21). Wahrscheinlich ist sie identisch mit Ramot (1. Chr 6,58) und Jarmut (Jos 21,29) – **99**

Resen – Ort, der in Verbindung mit Ninive und Kelach erwähnt wird (1. Mose 10,12) – *unbekannt; vielleicht steht der Hinweis auf ein großes Wasserleitungssystem mit dem Gebiet in Zusammenhang.*

Retenu – **80,** 83, 202

Rezef – Sanherib erwähnt in der Botschaft an Hiskia, wie er die Götter von Rezef überwältigt hat (2. Kön 19,12; Jes 37,12) – *ungewiss; vielleicht das heutige Risafa, 24 Kilometer s. vom Euphrat, in der Nähe von Sura in Syrien, oder ein Rezef, das näher an Jebel Sinjar im N-Irak liegt* – **130, 137**

Rhagae – **148**

Rhegion – Paulus' Schiff legte auf der Reise von Malta nach Puteoli hier an (Apg 28,13) – *Reggio an der S-Spitze von Italien, gegenüber von Sizilien* – **186,** 187

Rhinokolura – **149, 157,** 159

Rhodos – Die Einwohner von Rhodos handelten mit Tyrus (Hes 27,15). Paulus' Schiff legte hier auf der Rückreise von der dritten Missionsreise an (Apg 21,1) – *Rhodos, griechische Insel, die zweitgrößte Insel im Ägäischen Meer (ca. 72 Kilometer mal 35 Kilometer), ca. 19 Kilometer von der SW-Küste der Türkei entfernt* – **13,** 72, **175, 181, 182, 185,** 186

Ribla – Ort an der NO-Grenze von Kanaan (4. Mose 34,11) – *unbekannt; wahrscheinlich ö. oder nö. vom See Genezareth.*

Ribla – Stadt n. von Israel am Fluss Orontes, wo der Pharao Necho den König Joahas ins Gefängnis legte (2. Kön 23,33). Hier richtete Nebukadnezar von Babylon ein großes Lager in dem Feldzug gegen die Staaten der S-Levante und Ägypten auf. In Ribla wurde Zedekia, der letzte König von Juda, umgebracht – ebenso wie andere politische und religiöse Führer (2. Kön 25,6.20-21; Jer 39,5.6; 52,9-10.26-27). Siehe auch die Anmerkung in der Elberfelder-Übersetzung zu Hes 6,14 – *Ribleh (296427), in Syrien, 105 Kilometer nnö. von Damaskus* – **62, 137,** 138, 139, **142**

Rimmon – Stadt im Negeb (Südland), die Juda (Jos 15,32) und Simeon (19,7; 1. Chr 4,32) zugeteilt wurde. In Sach 14,10 scheint der Ort auch in S-Juda platziert zu werden – *ungewiss; vielleicht Tell Khuweilifeh/Tel Halif (137087), 15 Kilometer nnö. von Beerscheba, aber vgl. Horma* – **134**

Rimmon (Fels) – Ort, wohin die 600 Benjaminiter flohen, nachdem sie von dem Rest der Israeliten geschlagen worden waren (Ri 20,45.47; 21,13) – *ungewiss; vielleicht im Gebiet von Rammun (178148), 18 Kilometer nö. von Jerusalem* – **98, 105**

Rimmon (Sebulon) – Stadt auf der NO-Grenze von Sebulon (Jos 19,13); levitische Stadt (= Dimna in Jos 21,35; = Rimmon in 1. Chr 6,62) – *Rummaneh/H. Rimona (179243) oder vielleicht der in der Nähe befindliche Ort bei 177243, 10 Kilometer nnö. von Nazareth* – 99, **99, 101**

Rimmon-Perez – Lagerplatz der Israeliten, zwischen Ritma und Libna (4. Mose 33,19-20) – *unbekannt.*

Rissa – Lagerplatz der Israeliten, zwischen Libna und Kehelata (4. Mose 33,21-22) – *unbekannt.*

Ritma – Lagerplatz der Israeliten, zwischen Hazerot und Rimmon-Perez (4. Mose 33,18-19) – *unbekannt.*

Rogel, Quelle – Quelle genau s. von Jerusalem auf der Grenze von Benjamin und Juda (Jos 15,7; 18,16). Hier versteckten sich die Spione von David (2. Sam 17,17), und hier fand Adonajis überstürzte Krönung statt (1. Kön 1,9) – *Bir Ayyub (172130), weniger als 1 ½ Kilometer s. von Jerusalem im Kidrontal* – **97, 98,** 120, **191**

Roglim – Heimatort von Barsillai von Gilead, der David auf seiner Flucht vor Absalom unterstützte (2. Sam 17,27; 19,31) – *ungewiss; vielleicht Bersinya (223215), 26 Kilometer sö. vom See Genezareth oder in der Nähe von Dhaharat Soqa* – 119, **119**

Rom, Roma – Hauptstadt des Römischen Reichs. Die Juden aus Rom waren am Pfingsttag in Jerusalem anwesend (Apg 2,10). Claudius hatte allen Juden geboten, Rom zu verlassen (Apg 18,2). Paulus wollte sie besuchen (19,21) und schrieb einen Brief an die christliche Gemeinde dort (Röm 1,7.15). Er besuchte schließlich Rom, aber als ein Gefangener (Apg 23,11; 25,25; 28,14.16; 2. Tim 1,17) – *Rom im w-zentralen Italien* – 61, 69, 152, 153, 155, 158-62, **163,** 165, 166, **175,** 176, 179, 180, 183, 185-87, **186, 187**

Rosch HaNiqra/Haniqra – Siehe Leiter von Tyrus – 16, **17, 18, 31,** 32, **75, 78**

Der Begriff wird 20-mal in der Bibel erwähnt – 33, 37, 42, **43,** 45, 47, 48, **46, 94,** 95, 96, 98, 105, 109, 113, **113,** 115, 119, **119,** 124, 128, 131, 135, 138, 146, 151, 154, 174, 177, 188, **189,** 202

Schefer, Gebirge – Lagerplatz der Israeliten zwischen Kehelata und Harada (4. Mose 33,23-24) – *unbekannt.*

Schema – Stadt im Negeb, die Juda zugeteilt wurde (Jos 15,26) – *unbekannt.*

Schemer, Berg Samaria – Siehe Samaria – 127

Schen – Samuel nahm einen Stein und stellte ihn zwischen Mizpa und Schen auf und nannte dieses Denkmal, das an den Sieg über die Philister erinnern sollte, Eben-Eser (1. Sam 7,12) – *ungewiss; vielleicht eine Variante von Jeschana* – 111

Schihor (Fluss) – Wasserlauf im Osten Ägyptens, der die SW-Grenzen des Landes markierte, die zu erobern blieben, (Jos 13,3) und die Grenze von Davids Einflussbereich bildete (1. Chr 13,5). Der Fluss Schihor wird auch in Jes 23,3 erwähnt – *NO-Teil der pelusischen Nilmündung im O-Delta von Ägypten oder der Grenzkanal in dem weit entfernten O-Delta* – 118

Schikkaron – Stadt im W-Teil der N-Grenze von Juda, zwischen Ekron im O und dem Berg Baala im W (Jos 15, 11) – *T. el-Ful (132136), 27 Kilometer sö. von Joppe* – **97**

Schilfmeer – Siehe Rotes Meer – 88, 202

Schilhim – Stadt im Negeb (Südland), die Juda zugeteilt wurde (Jos 15,32) – *unbekannt; aber siehe Scharuhen.*

Schimon – Siehe Schimron – **90**

Schimron – Kanaanitische Stadt, deren König gegen Israel kämpfte (Jos 11,1). Sie wurde Sebulon zugeteilt (Jos 19,15). Vielleicht war sie mit Simeon identisch (2. Chr 34,6) – *Kh. Sammuniyeh/T. Shimron (170234), 15 Kilometer nnö. von Megiddo* – **31, 33,** 36, 95, **95, 97,** 99, **99, 105**

Schimron-Meron – Eine der 31 Städte, die von den Israeliten überwältigt wurden (Jos 12,20). Vielleicht eine vollständigere Bezeichnung von Schimron, es sei denn, die LXX hätte recht mit der Behauptung, dass es sich um zwei Städte handelte: Schimron und Meron.

Schinar – Hebräischer Name für Babylonien: Land, das die Städte Erech, Akkad und Kalne umfaßte (1. Mose 10,10) und in dem sich Babel befand (11,2). Amrafel war der König von Schinar (1. Mose 14,1.9). Achan stahl einen »babylonischen Mantel« (Jos 7,21; Hebräisch »Schinar«). Schinar wird auch im hebräischen Text in Jes 11,11, Dan 1,2 und Sach 5,11 erwähnt – *Im S-Irak* – 72, **78,** 78, 80

Schion – Stadt, die Issachar zugeteilt wurde (Jos 19,19) – *ungewiss; vielleicht Kh. Mugheir (183232), 6 Kilometer sö. von Nazareth.*

Schiqma, Nahal – 46, 78

Schittim – Letzter Lagerplatz der Israeliten, bevor sie unter Josua den Jordan überquerten (4. Mose 25,1; Jos 2,1; Mi 6,5). Von hier wurden die Kundschafter nach Jericho geschickt (Jos 3,1). Siehe Abel-Schittim – *T. el-Hammam (214138), in den Ebenen von Moab, ö. von dem Fluss Jordan, nö. vom Toten Meer.*

Schivta, Horbat – 49

Schual – Eine Angriffstruppe der Philister wandte sich in Richtung Ofra in das Gebiet von Schual (1. Sam 13,17) – *ungewiss; siehe Ofra.*

Schubat-Enlil – 67

Schunem – Stadt, die Issachar zugeteilt wurde (Jos 19,18), in deren Nähe die Philister sich lagerten und sich auf den Kampf mit Saul vorbereiteten (1. Sam 28,4). Abischag, die David diente (1. Kön 1-2), stammte von dort. Eine Frau aus Schunem unterstützte Elisa (2. Kön 4) – *Solem (181223), 15 Kilometer ö. von Megiddo, am s. Fuße des Berges More* – **33,** 34, **99, 114,** 115, **125, 131**

Schur – Die Israeliten wanderten in der Wüste Schur, nachdem sie das Rote Meer überquert hatten (2. Mose 15,22). In zahlreichen Bibelstellen diente die Wüste Schur als Grenzgebiet (1. Mose 16,7; 20,1; 25,18; 1. Sam 15,7; 27,8) – *ungewiss; vielleicht eine Reihe ägyptischer Festungen in der Nähe oder ö. des heutigen Suez-Kanals* – 59, 79, 113, 115

Schwarzes Meer – 13, 80, 130, 143, 148, 163, 175, 182, 183, **185-187**

Schwur – Name des Brunnens, der von Isaak im Negeb (Südland) gegraben wurde und später Beerscheba genannt wurde (1. Mose 26,33).

Seba/Saba – Land, das mit Ägypten und Kusch (1. Mose 10,7; 1. Chr 1,9; Jes 43,3) und mit Scheba (Ps 72,10) in Verbindung gebracht wird – *ungewiss; vielleicht das Gebiet von Äthiopien, obwohl wahrscheinlich einige Stammesmitglieder in Richtung Osten über die Meerenge von Bab el-Mandeb gezogen und in NW-Arabien umhergewandert sind (vgl. »die (Menschen) aus Saba« in Hiob 1,15; Hes 23,42; Joel 4,8), aber Jes 45,14 nennt einige Leute von Seba in Zusammenhang mit Ägypten und Kusch* – **71,** 72

Sebam – Andere Form für Sibma (4. Mose 32,3).

Sebaste – AT Samaria – **164,** 165, **167, 170,** 172, 174, **175-78**

Sebkha – 49, 51, **56**

Sebulon – Sohn von Jakob und Stamm von Israel, wird 49-mal in der Bibel erwähnt. Der Stamm Sebulon siedelte sich im Unteren Galiläa, genau n. vom Jesreel-Tal, an – 34, 36, 97-100, **99, 102,** 107, 108, 122, 135, 202

Sechacha – Stadt im Wüstengebiet, die Juda zugeteilt wurde (Jos 15,61) – *ungewiss; vielleicht Kh. es-Samrah (187125), 16 Kilometer sö. von Jerusalem* – **97, 134**

Sechu – Ort in Benjamin, wohin Saul ging, um Informationen über Samuel und David einzuholen (1. Sam 19,22) – *unbekannt; wahrscheinlich in der Gegend von Gibea und Rama, n. von Jerusalem.*

Sefar – Ort auf der Grenze der Länder von Joktan (1. Mose 10,30) – *ungewiss; wahrscheinlich in S-Arabien.*

Sefarad – Obadja (V.20) bezieht sich auf die Weggeführten von Jerusalem, die in Sefarad lebten – *ungewiss; vielleicht in der Nähe des Unteren Flusses Zab im NO-Irak; einige vermuten dahinter Sardes in der W-Türkei.*

Sefarwajim – Die Leute von dort wurden von den Assyrern in N-Israel angesiedelt (2. Kön 17,24.31). Die Eroberung der Stadt und ihrer Götter wurde sprichwörtlich (2. Kön 18,24; 19,13; Jes 36,19; 37,13) – *unbekannt; wahrscheinlich in Syrien, aber es gibt zahlreiche andere Vermutungen* – 133

Seïr – Name des Stammesvaters der Gruppe der Horiter (1. Mose 36,20-30), die von den Edomitern vertrieben wurden (5. Mose 2,12). Seïr wird 38-mal im AT erwähnt (19-mal in der Zusammensetzung »Gebirge Seïr«, und 3-mal in der Kombination »Land Seïr«) – *Gewöhnlich wird Seïr mit dem Gebirge in Jordanien, ö. vom Araba-Tal (Jordantal) identifiziert, das sich von Sered im N bis nach Akaba im S erstreckt; aber zahlreiche biblische Texte zeigen an, dass der Name auch gebraucht wurde, um das Gebiet w. von der Araba (dem Grabenbruch/Jordantal) zu bezeichnen (z. B. 5. Mose 1,2.44; 33,2; Jos 11,17; 12,7; 1. Chr 4,42-43; u. a.). Manchmal wurde es als ein Synonym für das Land Edom gebraucht (z. B. 1. Mose 32,4)* – 23, 56, 83, **84, 92,** 104, 128, 159

Seïr, Gebirge Berg (Juda) – Geografischer Markierungspunkt an der N-Grenze von Juda (Jos 15,10) – *ungewiss; vielleicht der Gebirgskamm w. von Kirjat-Jearim und n. von Kesalon, ca. 18 Kilometer w. von Jerusalem* – **17, 18,** 23, **56,** 56, **78,** 83, 104, 128, **128,** 159

Seïra – Ort, wohin Ehud floh, nachdem er Eglon ermordet hatte (Ri 3,26) – *unbekannt; wahrscheinlich w. oder nw. von Jericho; es könnte eine Stadt oder eine bewaldete Region gewesen sein* – 106

Sela – Edomitische Festung, die von Amazja erobert wurde, der sie in Jokteel umbenannte (2. Kön 14,7). Sie wird in einer Weissagung erwähnt, die Moab betrifft (Jes 16,19). Der Grenzpunkt des amoritischen Gebiets mag vielleicht derselbe Ort gewesen sein, vielleicht aber auch nicht (Ri 1,36) – *ungewiss; vielleicht es-Sela (205020), 37 Kilometer sö. von der S-Spitze des Toten Meeres in Jordanien. Umm el-Bayyara (192971) scheint zu weit s. zu liegen für die moabitischen Verknüpfungen mit diesem Ort* – **56, 125, 128,** 129, **130**

Sela-Machlekot – An diesem Ort (»Trennungsfelsen«) ließ Saul davon ab, David nachzujagen; (1. Sam 23,28) – *unbekannt; wahrscheinlich ö. oder sö. von der Wüste Maon (23,25).*

Seleuzia – Hafenstadt von Antiochia in Syrien (ca. 26 Kilometer ö.), von wo Paulus und Barnabas zu ihrer ersten Missionsreise mit dem Schiff aufbrachen (Apg 13,4) – *Stätte in der Nähe von Samandag in der Türkei, in der NO-Ecke des Mittelmeers, einige Kilometer n. von dem heutigen Verlauf des Flusses Orontes* – **149,** 150, 151, **151,** 152, **157, 175,** 180, **182, 186**

Seleuzia (Abila) – Siehe Abila (Mesopotamien)

Seleuzia (Mesopotamien) – 65, 148

Seleuzia Pieria – 181

Sem – 71, 71

Semechonitis, See – 20, 31, **31,** 160, **161**

Senaa – Einige Einwohner dieser Stadt kehrten aus dem Exil mit Serubbabel zurück (Esr 2,35; Neh 7,38) – *unbekannt* – **144**

Senir – Amoritischer Name für den Berg Hermon (5. Mose 3,9), obwohl einige Bibelstellen diese Bezeichnung von dem Berg Hermon zu unterscheiden scheinen (1. Chr 5,23; Hld 4,8; Hes 27,5) – *Berg Hermon in N-Israel/SW-Syrien oder einer seiner berühmten Gipfel* – **29,** 30

Sennabris – 168

Senne – Felsklippe oder eine andere geografische Besonderheit in der Nähe von dem Lager der Philister, die dort von Jonatan geschlagen wurden (1. Sam 14,4) – *Vielleicht eine Felsklippe am Rande des Wadi Suweinit (ca. 176141), 11 Kilometer nnw. von Jerusalem, in der Nähe von Michmas* – 112, **112**

Sepphoris – 33, 33, 34, **157,** 160, **161,** 162, **164,** 166, **167, 168, 170, 175,** 177, **177, 178**

Serabit el-Khadim – 60, 60, **81, 89**

Sered, Bach – Die Israeliten hielten sich eine Weile am Bach Sered auf, bevor sie sich auf dem Weg ins Land der Moabiter bei der Arnon-Schlucht lagerten (4. Mose 21,12; 5. Mose 2,13-14) – *Wadi el-Hesa, der von OSO nach WNW in Richtung SO-Ecke des Toten Meeres floss* – **17, 18,** 20, 23, 28, **28,** 55, **56, 92, 125**

Sered, Nahal (Tal) – Siehe Sered Bach – 23, 55

Siannu – 130

Sibma – Stadt, die Ruben aus dem Gebiet von Sihon zugeteilt wurde (4. Mose 32,38; Jos 13,19). Sibma fiel in die Hände der Moabiter. Die Stadt war bekannt für ihre Weinberge (Jes 16,8-9; Jer 48,32) – *unbekannt.*

Sibrajim – Ort auf der N-Grenze von Israel, zwischen Damaskus und Hamat (Hes 47,16) – *unbekannt; n. von Damaskus.*

Sichem – Der Ort wird nahezu 60-mal in der Bibel erwähnt. Bedeutendes nicht-israelitisches Zentrum, bekannt durch die Geschichten von Abraham, Jakob und später Abimelech (Ri 9). In den Tagen Josuas scheint Sichem als israelitisches Stammes- und religiöses Zentrum gedient zu haben. Es befand sich auf der Grenze zwischen Manasse und Ephraim (Jos 17,2.7). Levitische Stadt und Zufluchtsstadt (Jos 20,7; 21,21; 1. Chr 6,51-52). Sichem diente kurze Zeit als erste Hauptstadt des N-Königreichs; dann wurde es von Tirza und Samaria ersetzt. Während der griechisch-römischen Periode wurde es Neapolis genannt – *T. Balatah (176179), 48 Kilometer n. von Jerusalem, an der O-Seite von Nablus* – **17,** 18, **18, 21, 25,** 28, **28, 38,** 40-42, 52, **53,** 77, 77, **78,** 80, **80, 82-84,** 83, 84, **88, 90-92,** 94, **94, 98, 102,** 103-5, **105, 107,** 108, **112, 114, 117, 119, 120, 122,** 124, **125, 126,** 127, **129,** 140, **142, 144, 157,** 159, **161, 170,** 172, **189,** 205

Sichem, Nahal (Tal)– 38, 40, 127

Siddim, Tal – Ort, wo die vier Könige des Nordens sich mit den Königen der Städte der Ebene trafen (1. Mose